Alexander Solschenizyn

Alexander Solschenizyn

Der Archipel GULAG

Scherz

Einzig autorisierte Übersetzung aus dem Russischen von Anna Peturnig ·
Titel der bei YMCA-Press, Paris, erschienenen Originalausgabe: Архипелаг
ГУЛАГ (»Archipelag GULAG«)
Copyright © 1973 by Alexander Solschenizyn. Deutsche Übersetzung © 1974
by Scherz Verlag Bern. Gesamtdeutsche Rechte beim Scherz Verlag Bern und
München. Alle Rechte der Verbreitung, auch durch Funk, Fernsehen, foto-
mechanische Wiedergabe, Tonträger jeder Art und auszugsweisen Nachdruck,
sind vorbehalten.

1918-1956
Versuch einer
künstlerischen Bewältigung

All jenen gewidmet,
die nicht genug Leben hatten,
um dies zu erzählen.
Sie mögen mir verzeihen,
daß ich nicht alles gesehen,
nicht an alles mich erinnert,
nicht alles erraten habe.

In diesem Buch gibt es weder erfundene Personen noch erfundene Ereignisse. Menschen und Schauplätze tragen ihre eigenen Namen. Wenn Initialen gebraucht werden, geschieht dies aus persönlichen Überlegungen. Wenn Namen überhaupt fehlen, dann nur darum, weil das menschliche Gedächtnis sie nicht behalten hat – doch es war alles genau wie beschrieben.

Bedrückten Herzens habe ich das fertige Buch jahrelang zurückgehalten: Die Pflicht gegenüber den noch Lebenden überwog die Pflicht gegenüber den Verstorbenen. Doch nun, da das Manuskript in die Hände des Staatssicherheitsdienstes gefallen ist, bleibt mir keine andere Wahl, als es unverzüglich zu veröffentlichen.

September 1973

Prolog

Im Jahre 1949 etwa fiel uns, einigen Freunden, eine bemerkenswerte Notiz aus der Zeitschrift *Die Natur*, herausgegeben von der Akademie der Wissenschaften, in die Hände. Da stand in kleinen Lettern geschrieben, man habe bei Ausgrabungen am Fluß Kolyma eine unterirdische Eislinse freigelegt, einen gefrorenen Urstrom, und darin ebenfalls eingefrorene Exemplare einer urzeitlichen (einige Jahrzehntausende zurückliegenden) Fauna. Ob's Fische waren oder Tritonen: der gelehrte Korrespondent bezeugte, sie seien so frisch gewesen, daß die Anwesenden, sobald das Eis entfernt war, die Tiere MIT GENUSS verspeisten.

Die keineswegs zahlreichen Leser der Zeitschrift waren wohl nicht wenig verwundert zu erfahren, wie lange Fischfleisch im Eis seine Frische zu bewahren imstande ist. Doch nur einzelne vermochten den wahren, den monumentalen Sinn der unbesonnenen Notiz zu erfassen.

Wir begriffen ihn sofort. Wir sahen das Bild klar und in allen Details vor uns: Wie die Anwesenden mit verbissener Eile auf das Eis einhackten; wie sie, alle hehren Interessen der Ichthyologie mit Füßen tretend, einander stoßend und vorwärtsdrängend, das tausend Jahre alte Fleisch in Stücke schlugen, diese zum Feuer schleppten, auftauen ließen und sich daran sättigten.

Wir begriffen es, weil wir selbst zu jenen *Anwesenden* gehörten, zu jenem auf Erden einzigartigen mächtigen Stamm der *Seki*, der Strafgefangenen, der Lagerhäftlinge, die allein es zustande brachten, einen Triton MIT GENUSS zu verspeisen.

Kolyma aber war die größte und berühmteste Insel, ein Grausamkeitspol in diesem sonderbaren Land GULAG, das die Geographie in Inseln zerrissen, die Psychologie aber zu einem festen Kontinent zusammengehämmert hat, jenem fast unsichtbaren, fast unspürbaren Land, welches besiedelt ist von besagtem Volk der *Seki*.

Das Inselland ist eingesprenkelt in ein anderes, das Mutterland; kreuz und quer durchsetzt es seine Landschaft, bohrt sich in seine Städte, überschattet seine Straßen — und trotzdem haben manche nichts geahnt, viele nur vage etwas gehört, bloß die Dortgewesenen alles gewußt.

Doch als ob sie auf den Inseln des Archipels die Sprache verloren hätten, hüllten sie sich in Schweigen.

Durch eine unerwartete Wendung in unserer Geschichte kam einiges über das Inselreich — verschwindend weniges — ans Tageslicht. Dieselben Hände aber, die uns die Handschellen angelegt, strecken sich uns nun in versöhnlicher Geste entgegen:»Wozu? ... wozu Vergangenes aufwühlen? ... ›An Vergangenem rühren — ein Auge verlieren!‹« Das Sprichwort stimmt, allein sie verschweigen, wie es zu Ende geht:»Vergangenes vergessen — beide Augen verlieren!«

Es vergehen Jahrzehnte, die Narben und Geschwüre verblassen mit der Zeit und damit für immer. Manch eine Insel ist inzwischen erschüttert worden und zerronnen, das Eismeer des Vergessens läßt seine Wogen über sie hinwegrollen. Und irgendwann im kommenden Jahrhundert werden dieses Inselreich, seine Luft und die Gebeine seiner Bewohner, in einer Eislinse eingefroren, als unglaubwürdiger Triton erscheinen.

Ich wage es nicht, die Geschichte des Archipels zu schreiben; der Zugang zu Dokumenten war mir verschlossen. Aber werden sie jemals für jemanden zugänglich sein? ... Die sich nicht ERINNERN wollen, hatten (und haben) Zeit genug, alle Dokumente bis aufs letzte Blatt zu vernichten.

Der ich gelernt habe, meine dort verbrachten elf Jahre nicht als Schande, nicht als verfluchten Alptraum zu verstehen, sondern jene häßliche Welt beinahe zu lieben; der ich jetzt durch glückliche Fügung zum Vertrauten vieler späten Erinnerungen und Briefe wurde: Vielleicht gelingt es mir, etwas aus Knochen und Fleisch hinüberzuretten? — aus noch lebendem Fleisch übrigens, vom heute noch lebenden Triton.

Dieses Buch allein zu schaffen, hätte ein einzelner nicht die Kraft gehabt. Außer dem, was ich vom Archipel mitnahm, am Leib, im Gedächtnis, durch Aug und Ohr, dienten mir als Material die Erzählungen, Erinnerungen und Briefe von 227 Personen, deren Namen hier verzeichnet stehen müßten.

Persönliche Dankbarkeit brauche ich ihnen nicht auszudrücken: Es ist unser gemeinsames Denkmal für alle Gemordeten und zu Tode Gemarterten.

Aus dieser Liste möchte ich jene hervorheben, die viel Mühe aufgewendet haben, mir dabei zu helfen, daß dieses Buch mit bibliographischen Stützpfeilern untermauert werde: mit Zitaten aus Büchern der heutigen Bibliotheksbestände, aber auch aus solchen, die längst eingezogen und vernichtet worden sind, so daß es hartnäckigen Suchens bedurfte, ein übriggebliebenes Exemplar aufzustöbern; und mehr noch sind jene hervorzuheben, die geholfen haben, das Manuskript in manch schwerem Augenblick zu verstecken und später zu vervielfältigen.

Doch die Stunde, da ich es wagen könnte, sie zu nennen, ist noch nicht gekommen.

Der lang eingesessene Häftling des Lagers im Kloster Solowki Dmitrij Petrowitsch Witkowski hätte der Redakteur dieses Buches sein sollen. Doch das halbe Leben, *dort* verbracht (seine Lagererinnerungen heißen auch so: »Ein halbes Leben lang«), rächte sich an ihm mit vorzeitiger Paralyse. Bereits unfähig zu sprechen, konnte er nur mehr einige abgeschlossene Kapitel lesen und sich davon überzeugen, daß ÜBER ALLES BERICHTET WERDEN WIRD.

Sollte meinem Land die Freiheit noch lange nicht dämmern, dann wird das Lesen und Verbreiten dieses Buchs allein schon eine große Gefahr bedeuten, so daß ich auch vor den zukünftigen Lesern mich in Dankbarkeit verneigen muß — anstelle von *jenen*, den Zugrundegegangenen.

Als ich dieses Buch 1958 zu schreiben begann, waren mir irgendwessen Memoiren oder künstlerische Werke über die Lager nicht bekannt. Ehe es 1967 vollendet war, lernte ich allmählich Warlam Schalamows Kolyma-Erzählungen und die Erinnerungen von Dmitrij Witkowski,

Jewgenija Ginsburg, S. Adamowa-Sliosberg kennen, auf die ich mich im weiteren wie auf allseits bekannte literarische Fakten berufe (denn eines Tages werden sie es doch sein).

Entgegen ihren Absichten, wider ihren Willen, haben mir folgende Autoren wertvolles Material für dieses Buch geliefert, indem sie viele wichtige Tatsachen, auch Zahlen, ja, die Atmosphäre selbst festhielten, in der sie lebten: M. I. Lazis (Sudrabs); N. W. Krylenko — während vieler Jahre Staatsanwalt; sein Nachfolger A. J. Wyschinski* mit seinen juristischen Helfershelfern, von denen besonders I. L. Awerbach zu nennen ist.

Material für dieses Buch lieferten auch SECHSUNDDREISSIG VON MAXIM GORKI angeführte sowjetische Schriftsteller, die Verfasser des Buches über den Weißmeer-Kanal, jenes schändlichen Werkes, in dem zum ersten Mal in der russischen Literatur der Sklavenarbeit Ruhm gesungen wurde.

---

*Biographische Daten über Persönlichkeiten der russischen bzw. sowjetischen Geschichte und Zeitgeschichte siehe im Anhang II.

Erster Teil
Die Gefängnisindustrie

*»In der Epoche der Diktatur, überall umgeben
von Feinden, zeigten wir manchmal unnütze
Milde, unnütze Weichherzigkeit.«*

Staatsanwalt Krylenko während des Prozesses gegen
die Industriepartei, 1930

1   Die Verhaftung

Wie gelangt man auf diesen geheimnisvollen Archipel? Stunde für
Stunde machen sich Flugzeuge, Schiffe, Züge auf den Weg dorthin —
doch es weist keine einzige Inschrift den Bestimmungsort aus. Beamte
am Fahrkartenschalter würden nicht weniger erstaunt sein als ihre Kollegen vom *Sowtourist-* oder *Intourist*-Reisebüro, wollte jemand eine Fahrt
dorthin buchen. Sie kennen weder den Archipel als Ganzes noch eine
seiner zahllosen Inseln, sie haben nie etwas davon gehört.

Wer hinfährt, um den Archipel zu regieren, der nimmt den Weg durch
die Lehranstalten des MWD*.

Wer hinfährt, um den Archipel zu bewachen, der wird von der Mili-
täreinberufungsstelle hinbeordert.

Und wer hinfährt, um dort zu sterben, wie wir beide, Sie, mein Leser, und ich, dem steht dazu unausweichlich und einzig der Weg über
die Verhaftung offen.

Die Verhaftung! Soll ich es eine Wende in Ihrem Leben nennen?
Einen direkten Blitzschlag, der Sie betrifft? Eine unfaßbare seelische Er-
schütterung, mit der nicht jeder fertig werden kann und oft in den
Wahnsinn sich davor rettet?

Das Universum hat so viele Zentren, so viele Lebewesen darin wohnen. Jeder von uns ist ein Mittelpunkt des Alls, und die Schöpfung
bricht in tausend Stücke, wenn Sie es zischen hören: »SIE SIND VERHAF-
TET!«

Wenn schon *Sie* verhaftet werden — wie soll dann etwas anderes vor
diesem Erdbeben verschont bleiben?

Unfähig, diese Verschiebungen im Weltall mit benebeltem Gehirn zu
erfassen, vermögen die Raffiniertesten und die Einfältigsten unter uns
in diesem Augenblick aus der gesamten Erfahrung ihres Lebes nichts
anderes herauszupressen als dies:

»Ich?? Warum denn??« — Eine Frage, die schon zu Millionen und
Abermillionen Malen gestellt wurde und niemals eine Antwort fand.

---

*Hier und im folgenden werden bei Abkürzungen russischer Begriffe die
kyrillischen Anfangsbuchstaben dem deutschen Gebrauch entsprechend in
Lateinschrift transkribiert (GPU, GULAG, NKWD usw.). Die Aufschlüsse-
lung siehe im Abkürzungsverzeichnis (Anhang III).

Die Verhaftung ist eine jähe, mit voller Wucht uns treffende Versetzung, Verlegung, Vertreibung aus einem Zustand in einen anderen.

Da jagten wir glücklich oder trabten wir unglücklich durch die lange winkelige Straße unseres Lebens, an Zäunen, Zäunen, Zäunen entlang, vorbei an moderigen Holzplanken, an Lehmmauern und Eisengittern, vorbei an Umfriedungen aus Ziegel und Beton. Wir verloren keinen Gedanken daran, was wohl dahinter lag. Weder versuchten wir hinüberzublicken, noch uns hinüberzudenken — dahinter aber begann das Land GULAG, gleich nebenan, keine zwei Meter von uns entfernt. Auch hatten wir in diesen Zäunen die Unmenge von genau eingepaßten, gut getarnten Türen und Pförtchen nicht bemerkt. Alle, alle diese Pforten standen für uns bereit — und es öffnete sich rasch die schicksalhafte eine, und vier weiße Männerhände, an Arbeit nicht, dafür aber ans Zuschnappen gewöhnt, packen uns an Beinen, Armen, Haaren, am Ohr oder am Kragen, zerren uns wie ein Bündel hinein, und die Pforte hinter uns, die Tür zu unserem vergangenen Leben, die schlagen sie für immer zu.

Schluß. Sie sind — verhaftet!

Und keine andere Antwort finden Sie darauf als ein verängstigtes Blöken: »W-e-e-r? I-i-ch?? Warum denn??«

Ver-haf-tet-wer-den, das ist: ein Aufblitzen und ein Schlag, durch die das Gegenwärtige sofort in die Vergangenheit versetzt und das Unmögliche zur rechtmäßigen Gegenwart wird. Das ist alles. Mehr zu begreifen gelingt Ihnen weder in der ersten Stunde noch nach dem ersten Tag.

Noch blinkt Ihnen in Ihrer Verzweiflung wie aus der Zirkuskuppel ein künstlicher Mond zu: »Ein Irrtum! Das wird sich schon aufklären!«

Alles andere aber, was sich heute zur traditionellen und sogar literarischen Vorstellung über die Verhaftung zusammengefügt hat, entsteht und sammelt sich nicht mehr in Ihrem bestürzten Gedächtnis, sondern im Gedächtnis Ihrer Familie und der Wohnungsnachbarn.

Das ist: ein schrilles nächtliches Läuten oder ein grobes Hämmern an der Tür. Das ist: der ungenierte stramme Einbruch der an der Schwelle nicht abgeputzten Stiefel des Einsatzkommandos. Das ist: der hinter ihrem Rücken sich versteckende eingeschüchterte Zeuge als Beistand. (Wozu der Beistand? — Das zu überlegen, wagen die Opfer nicht, und die Verhafter haben es vergessen, aber es ist halt Vorschrift; so muß er denn die Nacht über dabeisitzen und gegen Morgen das Protokoll unterschreiben. Auch für den aus dem Schlaf gerissenen Zeugen ist es eine Qual: Nacht für Nacht dabeisein und helfen zu müssen, wenn man seine Nachbarn und Bekannten verhaftet.)

Die traditionelle Verhaftung — das heißt auch noch: mit zitternden Händen zusammensuchen, was der Verhaftete dort brauchen könnte: Wäsche zum Wechseln, ein Stück Seife und was an Essen da ist, und niemand weiß, was notwendig und was erlaubt ist und welche Kleidung am besten wäre, die Uniformierten aber drängen: »Wozu das alles? Dort gibt's Essen genug. Dort ist's warm.« (Alles Lüge. Und das Drängen dient nur zur Einschüchterung.)

Die traditionelle Verhaftung hat noch eine stundenlange Fortsetzung, später, wenn der arme Sünder längst abgeführt ist und die brutale, fremde, erdrückende Gewalt sich der Wohnung bemächtigt. Das sieht so aus: Schlösser aufbrechen, Polster aufschlitzen, alles von den Wänden runter, alles aus den Schränken raus, ein Herumwühlen, Ausschütten, Aufschneiden, ein Reißen und Zerren — und Berge von Hausrat auf dem Boden, und Splitter unter den Stiefeln. Und nichts ist ihnen heilig während der Haussuchung! Während der Verhaftung des Lokführers Inoschin stand der kleine Sarg mit seinem eben verstorbenen Kind im Zimmer. Die *Rechtshüter* kippten das Kind aus dem Sarg heraus, sie suchten auch dort. Sie zerren Kranke aus ihren Betten und reißen Verbände von Wunden*. Und was alles wird während der Haussuchung als verdächtig erkannt werden! Beim Antiquitätensammler Tschetweruchin beschlagnahmten sie »soundso viel Blätter mit zaristischen Verordnungen«, konkret gesprochen: je einen Erlaß über die Beendigung des Krieges gegen Napoleon, über die Gründung der Heiligen Allianz und ein Bittgebet gegen die Choleraepidemie von 1830. Bei unserem besten Tibetkenner Wostrikow wurden wertvolle alte tibetische Handschriften konfisziert (und den Schülern des Verstorbenen gelang es erst dreißig Jahre später, dem KGB die Beute wieder zu entreißen!). Nach der Verhaftung des Orientalisten Newski wurden tangutische Handschriften beschlagnahmt (für deren Entschlüsselung der Verstorbene fünfundzwanzig Jahre später postum den Leninpreis bekam). Bei Karger ergatterten sie ein Archiv über die Jenissej-Ostjaken und verboten das von ihm entwickelte Alphabet samt der dazugehörigen Fibel — so blieb denn das kleine Völkchen ohne eigene Schrift. In intellektueller Sprache dies alles zu beschreiben, würde zu lange dauern, das Volk aber sagt dazu: *Sie suchen, was sie nicht hingelegt.*

---

*Als im Jahre 1937 das Institut des Dr. Kasakow aufs Korn genommen wurde, ließ die »Kommission« die Gefäße mit den von ihm entdeckten *Lysaten* zertrümmern, obwohl rundum die geheilten und noch zu heilenden Krüppel, auf Krücken hüpfend, darum bettelten, das Wunderpräparat zu erhalten. (Nach der amtlichen Version hatten die *Lysate* als Gift zu gelten — warum hat man sie dann nicht als Beweisstück aufbewahrt?)

Das Geraffte führen sie fort, bisweilen muß es der Verhaftete selber schleppen. Auch Nina Alexandrowna Paltschinskaja durfte den Sack mit den Papieren und Briefen ihres unermüdlich tätig gewesenen verstorbenen Gatten, des großen russischen Ingenieurs, schultern — und er verschwand im Rachen der GPU auf Nimmerwiedersehen.

Für die aber, die nach der Verhaftung zurückbleiben, beginnen ab nun lange Monate eines zerrütteten, verwüsteten Lebens. Die Versuche, mit Paketen durchzukommen. Und überall nur bellende Antworten: »Den gibt es nicht!«, »Nicht in den Listen!« Zuvor aber muß man an den Schalter gelangen, aus dem das Gebell schallt, und das bedeutete in den schlimmen Leningrader Zeiten fünf Tage Schlangestehen. Und erst nach Monaten oder nach einem Jahr läßt der Verhaftete selbst von sich hören, oder aber es wird einem das »Ohne Brieferlaubnis« an den Kopf geworfen. Das aber heißt — für immer. »Ohne Brieferlaubnis«, das steht fast sicher für: erschossen*.

So stellen wir uns die Verhaftung vor.

Es stimmt auch. Die nächtliche Verhaftung von der beschriebenen Art erfreut sich bei uns gewisser Beliebtheit, weil sie wesentliche Vorzüge zu bieten hat. Alle Leute in der Wohnung sind nach den ersten Schlägen gegen die Tür vor Entsetzen gelähmt. Der zu Verhaftende wird aus der Wärme des Bettes gerissen, steht da in seiner halbwachen Hilflosigkeit, noch unfähig, einen klaren Gedanken zu fassen. Bei einer nächtlichen Verhaftung ist das Einsatzkommando in einer stärkeren Position: Sie kommen, ein halbes Dutzend bewaffneter Männer gegen einen, der erst die Hose zuknöpft; mit Sicherheit ist auszuschließen, daß sich während der Abführung und der Haussuchung am Hauseingang mögliche Anhänger des Opfers sammeln. Das gemächliche und systematische Aufsuchen von einer Wohnung hier, einer anderen dort, einer dritten und vierten in der darauffolgenden Nacht gewährt den bestmöglichen Einsatz des operativen Personals und die Inhaftierung einer vielfach größeren Zahl von Einwohnern, als der Personalstand ausmacht.

Einen weiteren Vorzug zeigen die nächtlichen Verhaftungen auch darin, daß weder die Nachbarhäuser noch die Straßen zu sehen bekommen, wieviele da nächtens abtransportiert werden. Erschreckend für die aller-

---

* Mit einem Wort: »Wir leben unter verfluchten Bedingungen, wo ein Mensch spurlos verschwindet und auch seine Allernächsten, Frau und Mutter . . ., jahrelang nichts über sein Schicksal erfahren.« Stimmt's? Nein? Dies schrieb Lenin im Jahre 1910 in seinem Nachruf auf Babuschkin. Doch sei hier geradeheraus festgehalten: Babuschkin leitete einen Waffentransport für den Aufstand, dabei wurde er auch erschossen. Er wußte, was er in Kauf nahm. Anders wir, die Karnickel.

nächsten Hausparteien, sind sie für die Entfernteren nicht existent. Sind wie nicht dagewesen. Über denselben Asphaltstreifen, über den zur nächtlichen Stunde Gefangenenwagen hin und her flitzen, marschieren am hellen Tage frohgemute Jugendscharen, mit Fahnen und Blumen und unbeschwerten Liedern.

Doch die *Verhaftenden*, deren Dienst ja einzig aus solchen Akten besteht, denen die Schrecken der Festzunehmenden längst etwas Vertrautes und Öde-Langweiliges geworden sind, betrachten den Inhaftnahmevorgang in einem viel weiteren Sinne. Die haben eine große Theorie; man glaube nur ja nicht naiv, es gäbe sie nicht. Die Inhaftnahme, das ist ein wichtiger Abschnitt im Lehrplan der allgemeinen Gefängniskunde, in der eine grundlegende gesellschaftliche Theorie als Basis nicht fehlt. Die Verhaftungen werden nach bestimmten Merkmalen klassifiziert: Verhaftungen am Tag und in der Nacht; zu Hause, im Dienst und unterwegs; erstmalige und wiederholte; Einzel- und Gruppenverhaftungen. Die Verhaftungen werden nach dem Grad der erforderlichen Überrumpelung eingestuft und nach der Stärke des zu erwartenden Widerstandes (doch in Dutzenden Millionen von Fällen wurde kein Widerstand erwartet und auch keiner geleistet). Die Verhaftungen unterscheiden sich nach der Gewichtigkeit der geplanten Haussuchung*; nach der Notwendigkeit, bei der Beschlagnahme Protokolle zu führen, das Zimmer oder die Wohnung zu versiegeln, welche Notwendigkeit nicht immer gegeben ist; je nach Bedarf im weiteren Verlaufe auch die Frau des Abgeführten zu verhaften, die Kinder aber ins Kinderheim zu bringen, bzw. den Rest der Familie in die Verbannung, bzw. auch noch die greisen Eltern ins Lager.

O nein, die Formen der Verhaftung sind mitnichten eintönig. Frau Irma Mendel, eine Ungarin, erhielt einmal (im Jahre 1926) in der *Kom-*

---

*Dazu gibt es auch noch eine komplette Wissenschaft der Haussuchung. Ich hatte Gelegenheit, eine Broschüre für Fernstudenten der Juristischen Hochschule von Alma-Ata zu lesen. Dort wird speziell jenen Juristen Lob zuteil, die die Mühe nicht scheuten, 2 Tonnen Dünger, 6 Kubikmeter Holz und 2 Fuhren Heu zu durchwühlen, einen Bauernhof vom Schnee zu räumen, Ziegel aus dem Ofen herauszubrechen, die Senkgrube zu leeren, Klosettschüsseln zu untersuchen, in Hundehütten, Hühnerställen und Vogelhäusern zu suchen, Matratzen aufzuschneiden, Pflaster von der Haut zu reißen und Metallzähne aufzubrechen, um sich zu vergewissern, daß darunter keine Mikrofilme verborgen lagen. Den Studenten wird wärmstens empfohlen, mit der Leibesvisitation zu beginnen und damit auch wieder abzuschließen (könnte doch sein, daß der Betreffende während der Aktion noch etwas unterschlagen hat) und nochmals an den gleichen Ort zurückzukehren, zu anderer Tageszeit – und die Durchsuchung zu wiederholen.

intern zwei Karten für das Bolschoitheater, die Plätze ganz vorn. Der Untersuchungsrichter Klegel machte ihr den Hof, so lud sie ihn ein, mit ihr zu gehen. Sie verbrachten einen trauten Abend, danach fuhr er sie direkt ... auf die Lubjanka[1]*.

Und wenn 1927 auf dem Kusnezki-Most die rundwangige, blondzöpfige Schönheit Anna Skripnikowa, die sich eben blauen Stoff für ein Kleid gekauft hatte, von einem jungen Gecken in eine Droschke verfrachtet wird (und der Kutscher, der hat schon begriffen und schaut finster drein: um den Fuhrlohn ist er bei den *Organen* betrogen) — dann sollten Sie wissen, daß dies kein romantisches Rendezvous ist, sondern auch eine Verhaftung: Gleich biegen sie zur Lubjanka ein und fahren in den schwarzen Rachen des Tores. Und wenn (zweiundzwanzig Lenze danach) der Fregattenkapitän Boris Burkowski, weiße Uniform, teures Eau de Cologne, eine Torte für ein Mädchen kauft, dann wissen Sie nicht, ob diese Torte bis zu der Freundin gelangt oder nicht eher, von den Messern der Durchsuchenden zerstückelt, dem Kapitän in seine erste Zelle folgen wird. Nein, niemals vernachlässigte man bei uns die Verhaftung am Tage, und die Verhaftung unterwegs, und die Verhaftung in brodelnder Menschenmenge. Und es klappte dennoch immer, und die Opfer selbst — das ist das Seltsame daran! — benehmen sich, in voller Übereinstimmung mit den Verhaftenden, maximal wohlerzogen, auf daß die Lebenden vom Untergang des Gezeichneten nichts bemerken.

Nicht jedermann ist in seinem Heim, nach vorherigem Klopfen an der Tür, festzunehmen, nicht jedermann auch an seinem Arbeitsplatz. Bei vermuteter Böswilligkeit des zu Fassenden ist es besser, ihn *in Absonderung* zu verhaften, fern von der gewohnten Umgebung, von der Familie, den Kollegen, den Gleichgesinnten und den Geheimverstecken: daß er nicht die Zeit habe, etwas zu vernichten, zu verbergen, zu übergeben. Hohe Würdenträger in Partei und Armee wurden bisweilen an andere Orte versetzt, per Salonwagen auf die Reise geschickt und unterwegs verhaftet. Irgendein namenloser Sterblicher hingegen, ein angstgeschüttelter Zeuge der Verhaftungen rundum, den schiefe Blicke seiner Vorgesetzten seit einer Woche schon Böses ahnen ließen, wird plötzlich zum Gewerkschaftsrat beordert, wo man ihm strahlend einen Reisebonus für ein Sanatorium in Sotschi überreicht. Er dankt, er eilt jubelnd nach Hause, um den Koffer zu packen. In zwei Stunden fährt der Zug, er schilt die umständliche Gattin. Und schon am Bahnhof!

---

* Die hochgestellten Ziffern beziehen sich auf die entsprechenden Nummern der Anmerkungen (Anhang I).

Noch bleibt Zeit. Im Wartesaal oder an der Theke, wo er rasch ein Bier kippt, wird er von einem überaus sympathischen jungen Mann angesprochen: »Erkennen Sie mich nicht, Pjotr Iwanytsch?« Pjotr Iwanytsch wird verlegen: »Eigentlich nicht ... ich weiß nicht recht ...« Der junge Mann ist ganz freundschaftliches Entgegenkommen: »Aber, aber, Sie werden sich gleich erinnern ...« Und mit ehrfürchtiger Verbeugung zur Gattin hin: »Verzeihen Sie bitte, ich entführe Ihren Gatten bloß für *einen Augenblick* ...« Die Gattin gestattet, der Unbekannte hakt sich bei Pjotr Iwanytsch vertraulich unter und führt ihn ab — für immer oder für zehn Jahre.

Der Bahnhof aber lebt sein hastiges Leben — und merkt nichts ... Mitbürger, die Ihr gern Reisen unternehmt! Vergeßt nicht, daß es auf jedem Bahnhof einen Außenposten der GPU gibt mit einigen Gefängniszellen dazu.

Diese Aufdringlichkeit angeblicher Bekannter ist so ungestüm, daß es einem Menschen ohne wölfische Lagererfahrung einfach schwerfällt, sie abzuschütteln. Glauben Sie bloß nicht, daß Sie, wären Sie auch ein Angestellter der Amerikanischen Botschaft, namens, sagen wir Al-der D., davor gefeit sind, am hellichten Tage auf der Gorkistraße beim Hauptpostamt verhaftet zu werden. Da kommt er schon auf Sie zugestürzt, Ihr unbekannter Freund, mit ausgebreiteten Armen, durch die dichte Menge: »Sascha!« ruft er ganz ungeniert. »Ewig dich nicht gesehen! ... Schau, wir stehn im Weg, komm doch zur Seite.« Doch wo er Sie hinzieht, an den Rand des Gehsteigs, da ist eben eine *Pobeda* vorgefahren ... (Einige Tage danach wird die TASS voller Entrüstung erklären, es sei über das Verschwinden des Al-der D. in kompetenten Kreisen nichts bekannt.) Ach, wozu viel reden! Unsere Prachtkerle erledigten solche Verhaftungen sogar in Brüssel (so erwischten sie Schora Blednow), da ist Moskau nichts dagegen.

Man muß den *Organen* Gerechtigkeit widerfahren lassen: In einer Zeit, da Festreden, Theaterstücke und Damengarderoben den Stempel der Serienproduktion zu tragen scheinen, zeigt sich die Verhaftung in vielfältigem Gewand. Man winkt Sie beiseite, nachdem Sie eben am Fabrikstor Ihren Passierschein vorgewiesen haben — und drin sind Sie; man schleppt Sie aus dem Lazarett mit 39 Grad Fieber fort (Ans Bernstein), und der Arzt hat nichts gegen Ihre Verhaftung einzuwenden (soll er's nur versuchen!); man verhaftet Sie vom Operationstisch weg, auf dem Sie wegen eines Magengeschwürs lagen (N. M. Worobjow, Gebietsschulinspektor, 1936) — und bringt Sie, mehr tot als lebendig, blutverschmiert in die Zelle (so erinnert sich Karpunitsch); Sie bemühen

sich um eine Besuchsbewilligung (Nadja Lewitskaja) bei Ihrer abgeurteilten Mutter, man gewährt sie Ihnen — und dann erweist sich der Besuch als Gegenüberstellung und Verhaftung! Im großen Lebensmittel-
geschäft *Gastronom* werden Sie in die Bestellabteilung gebeten und
dort verhaftet; ein Pilger verhaftet Sie, der um Christi willen Beher-
bergung bei Ihnen erbat; ein Monteur verhaftet Sie, der gekommen ist,
den Gaszähler abzulesen; ein Radfahrer, der auf der Straße in Sie hin-
einfuhr; ein Eisenbahnschaffner, ein Taxifahrer, ein Schalterbeamter
der Sparkasse und ein Kinodirektor — sie alle verhaften Sie, der Sie zu
spät den gut versteckten weinroten Ausweis erblicken.

Manch eine Verhaftung gleicht einem Spiel: Unerschöpflich ist der
darin investierte Erfindergeist, unversiegbar die saturierte Energie, aber
das Opfer, das würde sich ja auch sonst nicht wehren. Ob die Einsatzkommandos auf diese Weise ihren Sold und ihre Vielzahl rechtfertigen
wollen? Es würde doch, scheint's, fürwahr genügen, allen in Aussicht
genommenen Karnickeln Vorladungen zu schicken — und sie kämen auf
die Minute genau zur bestellten Zeit eingetrudelt mit ihrem Bündel und
marschierten gehorsam durch das schwarze Eisentor des Staatssicherheitsdienstes, um das Fleckchen Boden in der ihnen zugewiesenen Zelle
in Besitz zu nehmen. (Mit dem Kolchosbauern wird es genauso gehandhabt, wozu auch die Mühe, nachts auf lausigen Straßen zu seiner Hütte
zu fahren? Man beordert ihn zum Dorfrat, dort schnappen sie ihn.
Einen Hilfsarbeiter bestellen sie ins Kontor.)

Gewiß, keine Maschine kann mehr schaffen, als ihr in den Rachen
geht. In den angespannten, randvollen Jahren 1945/46, als aus Europa
Züge um Züge angerollt kamen, die allesamt verschlungen und auf den
Archipel GULAG verfrachtet werden mußten, da fehlte schon solch
überschüssiges Spiel, die Theorie selbst verbleichte, der rituelle Feder-
schmuck fiel ab, und es glich die Verhaftung von Zehntausenden einem
armseligen Appell: Vorn standen sie mit Namenslisten, ließen die Fracht
aus einem Waggon antreten und in einen anderen verstauen, womit die
ganze Verhaftung auch schon zu Ende war.

Jahrzehntelang zeichneten sich die politischen Verhaftungen bei uns
eben dadurch aus, daß Leute geschnappt wurden, die unschuldig waren
— und daher auf keinerlei Widerstand vorbereitet. Die Folge war ein
allgemeines Gefühl der Verlorenheit, die (bei unserem Paßsystem mitnichten unbegründete) Vorstellung, es sei unmöglich, der GPU-NKWD
zu entfliehen. Und selbst in Zeiten wahrer Verhaftungsepidemien, als
die Menschen sich allmorgendlich von ihrer Familie verabschiedeten,
weil sie nicht sicher waren, abends nach der Arbeit auch wieder heimzu-

kehren — selbst damals ergriff fast keiner die Flucht (und nur wenige begingen Selbstmord). Was ja auch bezweckt wurde. Ein sanftes Schaf ist des Wolfes Leckerbissen.

Es geschah auch aus mangelnder Einsicht in die Mechanik der Verhaftungsepidemien. Die *Organe* verfügten meist über keine fundierte Motivierung für die Auswahl der zu Verhaftenden, der auf freiem Fuß zu Belassenden, sie hatten ja einzig und allein die Sollziffer zu erreichen. Die Erzielung der vorgegebenen Zahl konnte nach bestimmten Richtlinien erfolgen, ein andermal aber auch völlig zufällig sein. Im Jahre 1937 kam eine Frau ins Empfangsbüro der Nowotscherkassker NKWD, um sich zu erkundigen, was mit dem hungrigen Säugling ihrer verhafteten Nachbarin geschehen solle. »Nehmen Sie bitte Platz«, sagte man ihr, »wir werden uns erkundigen.« Sie wartete zwei Stunden — dann führte man sie aus dem Empfangsraum in eine Zelle: Die Zahl mußte raschest »aufgefüllt« werden, an einsatzbereiten Mitarbeitern mangelte es — wozu in der Stadt suchen, wenn diese da schon hier war! Und umgekehrt ging's auch: Als sie kamen, den Letten Andrej Pavel in der Nähe von Orscha zu verhaften, da sprang er, ohne die Tür zu öffnen, aus dem Fenster, schüttelte die Verfolger ab und fuhr geradewegs nach Sibirien. Und obwohl er dort unter seinem eigenen Namen lebte und in seinen Papieren als ständigen Wohnort Orscha stehen hatte, wurde er niemals verhaftet, weder je vorgeladen noch irgendwann verdächtigt. Denn es gibt drei Fahndungsarten: auf Unions-, Republiks- und Gebietsebene, fast die Hälfte aller in jenen Seuchenjahren Verhafteten wurde aber bloß im Gebietsbereich zur Verhaftung ausgeschrieben. Wo zufällige Umstände, zum Beispiel die Denunziation eines Nachbarn, zur Verhaftung führten, da konnte der dazu Vorgemerkte leicht durch einen anderen Nachbarn ersetzt werden. Wie im Falle von Andrej Pavel wurden Menschen, die zufällig in eine Razzia gerieten und den Mut hatten, sogleich, noch vor der ersten Einvernahme, zu fliehen, niemals verfolgt oder belangt; wer aber blieb, auf daß ihm Gerechtigkeit widerfahre, der wurde verurteilt. Und die erdrückende Mehrzahl verhielt sich so: kleinmütig, hilflos, schicksalergeben.

Wahr ist auch, daß die NKWD bei Abwesenheit des Gesuchten den Verwandten die schriftliche Verpflichtung auferlegte, ihren Wohnort nicht zu verlassen; nichts leichter für sie, als die Zurückgebliebenen später anstelle des Flüchtigen zu *verbuchen*.

Allgemeine Schuldlosigkeit bewirkt auch allgemeine Untätigkeit. *Vielleicht holen sie dich nicht?* Vielleicht geht's vorbei? A. I. Ladyschenski, dem Oberlehrer an der Schule des gottverlassenen Städtchens

Kologriw, wurde im siebenunddreißiger Jahr auf dem Markt von einem Bauern die Warnung zugesteckt:»Alexander Iwanytsch, geh fort, du bist *in den Listen!*« Er blieb: Hängt nicht die ganze Schule an mir, gehen nicht auch *ihre* Kinder in meine Klasse — warum sollten sie mich holen? . . . (Einige Tage später war er verhaftet.) Nicht jedem ist es wie Wanja Lewitski gegeben, mit vierzehn bereits zur Einsicht zu gelangen:»Jeder ehrliche Mensch kommt ins Gefängnis. Jetzt sitzt Papa, wenn ich groß bin — holen sie mich.« (Sie verhafteten ihn mit dreiundzwanzig.) Die schimmernde Hoffnung läßt die meisten dumm werden. Ich bin unschuldig, warum sollten sie mich holen? *Ein Mißverständnis!* Schon packen sie dich am Kragen, schleifen dich fort, du aber kannst es nicht lassen, dich selbst zu beschwören:»Ein Mißverständnis! Es wird sich *erweisen!*« Die anderen holen sie massenweise, ohne Logik auch dort, und doch bleibt in jedem einzelnen Fall ein Vielleicht:»Vielleicht ist gerade der . . .?« Du aber, du bist doch ohne Zweifel unschuldig! Für dich sind die *Organe* eine menschlich-logische Institution: Unschuld erwiesen — in Freiheit gesetzt.

Wozu solltest du demnach davonlaufen? . . . Und warum solltest du dann Widerstand leisten? . . . Du würdest deine Lage damit bloß verschlimmern, die Wahrheitsfindung erschweren. Was Widerstand?! — Auf Zehenspitzen, wie befohlen, gehst du die Treppe hinab, damit die Nachbarn gottbehüt nichts hören*.

Und dann — wogegen sich eigentlich wehren? Dagegen, daß sie dir den Hosengürtel abnehmen? Daß sie dir befehlen, in der Ecke stehen zu bleiben — oder das Haus zu verlassen? Der Abschied besteht aus vielen winzigen Rundherums, aus zahllosen Nichtigkeiten, um die im ein-

---

* Im Lager später wurmte es einen: Was, wenn jeder von *ihnen* nicht sicher gewesen wäre, ob *er* vom nächtlichen Einsatz zurückkäme; wenn *er* sich von seiner Familie zu verabschieden gehabt hätte? Wenn in den Zeiten der *Massenverhaftungen,* z. B. als sie in Leningrad gut ein Viertel der Stadt festsetzten, was, wenn die Menschen — statt, daß jeder in seinem Bau sich verkriechen und beim leisesten Geräusch an der Tür, beim Poltern von fremden Schritten im Stiegenhaus vor Angst vergehen würde — begriffen hätten, daß es nichts mehr zu verlieren gab; wenn sie also in ihren Häusern sich zusammengetan hätten, ein Haufen tapferer Männer mit Äxten, Hämmern, Schürhaken und sonstigem, was eben zur Hand war? Man wußte doch von vornherein, daß die nächtlichen Gesellen nichts Gutes im Schilde führten, da konnte man nicht fehlgehen, dem Halsabschneider einmal über'n Schädel zu hauen. Und der Gefängniswagen auf der Straße, mit dem einsamen Fahrer darin — warum ihn stehenlassen, warum nicht die Reifen aufschneiden? Bald hätten die *Organe* Mangel an Personal und Fahrzeugen verspürt, und es wäre das verfluchte Räderwerk trotz Stalins Eifer zum Stillstand gekommen! Wenn . . . Ja wenn . . . Es fehlte uns an

zelnen zu streiten es wohl keinen Sinn hätte (derweilen die Gedanken des Verhafteten um die einzige gewaltige Frage kreisen: »Wofür?«) – doch all dieses Nebensächliche fügt sich unabwendbar zur Verhaftung zusammen.

Ja, wer weiß denn überhaupt, was sich im Herzen eines Frischverhafteten abspielt! – Dies allein verdiente ein eigenes Buch. Da fänden sich Gefühle, die wir gar nicht vermuten würden. Als im Jahre 1921 die neunzehnjährige Jewgenija Dojarenko verhaftet wurde und drei Tschekisten ihr Bett und ihre Kommode durchwühlten, blieb sie ruhig und gelassen: Wo nichts ist, werden sie nichts finden. Plötzlich stießen sie auf ihr intimes Tagebuch, das sie selbst der Mutter nicht gezeigt hätte, und dies allein: daß feindselige fremde Kerle darin lesen konnten, erschütterte sie stärker als die ganze Lubjanka mit ihren Gitterfenstern und Verließen. Wo die Verhaftung solche persönliche Gefühle und Regungen aufrührt, tritt für viele sogar die Angst vor dem Gefängnis in den Hintergrund. Ein Mensch, der innerlich nicht auf Gewalt vorbereitet ist, wird dem Gewalttäter gegenüber stets den kürzeren ziehen.

Nur wenige ganz Schlaue und Waghalsige vermögen prompt zu reagieren. Der Direktor des Geologischen Instituts der Akademie der Wissenschaften Grigorjew, den sie 1948 abholen kamen, verschanzte sich in seiner Wohnung und hatte zwei Stunden Zeit, Dokumente zu verbrennen.

Manchmal aber ist das erste Gefühl des Festgenommenen jenes der Erleichterung, ja sogar der FREUDE! Auch das liegt in der Natur des Menschen. Und ist auch früher schon vorgekommen: Die in Sachen Alexander Uljanow gesuchte Lehrerin Serdjukowa aus Jekaterinodar

Freiheitswillen. Und vorher noch – an Einsicht in die wahre Lage der Dinge. Wir hatten uns in dem einen ungestümen Aufbruch des Jahres 17 verausgabt und *beeilten* uns danach, wieder gefügig zu werden, fanden *Freude* daran, wieder gefügig zu sein. (Arthur Ransome beschreibt eine Arbeiterkundgebung 1921 in Jaroslawl. Vom Zentralkomitee in Moskau waren Vertreter gekommen, sich mit den Arbeitern über die Kernpunkte der damaligen Gewerkschaftsdiskussion zu beraten. J. Larin von der Opposition erklärte den Arbeitern, daß ihre Gewerkschaft einen Schutz gegen die Betriebsverwaltung bilden müsse, daß sie, die Arbeiter, sich Rechte erobert haben, die sie nicht aus der Hand geben dürfen. Die Arbeiter verharrten in völliger Gleichgültigkeit, *begriffen* einfach nicht, wogegen der Schutz und wofür die Rechte zu bestehen hätten. Als aber ein Vertreter der Generallinie der Partei das Wort ergriff und die Arbeiter abkanzelte, weil sie faul und nachlässig seien, und sie aufforderte, Opfer zu bringen, unbezahlte Überstunden zu leisten, sich im Essen zu beschränken und sich in militärischem Gehorsam der Verwaltung zu fügen – da erntete er begeisterten Applaus.) Wir haben alles weitere einfach VERDIENT.

fand ihre Ruhe erst wieder, als sie verhaftet wurde. Doch tausendfach wiederholte es sich in Zeiten von Verhaftungsepidemien: Wenn rundum zu Dutzenden Leute verhaftet werden, die so sind wie du, hier einer und dort einer, aber dich holen sie nicht, dich lassen sie noch zappeln – da leidest du mehr, als wenn sie dich schon verhaftet hätten, da finden sich am Ende auch die Willensstärksten total zermürbt. Wassilij Wlassow, ein furchtloser Kommunist, von dem im folgenden noch öfter die Rede sein wird, hatte es, entgegen den guten Ratschlägen seiner parteilosen Mitarbeiter, abgelehnt, die Flucht zu ergreifen, und litt unsäglich darunter, daß sie ihn, der allein von der gesamten Leitung des Kadyjsker Bezirkes (1937) in Freiheit geblieben war, durchaus nicht holen wollten. Er hätte dem Angriff gern ins Auge gesehen, konnte es nicht anders, beruhigte sich erst, als der Schlag erfolgt war, und fühlte sich in den ersten Tagen nach der Verhaftung so wohl wie schon lange nicht mehr.

Vater Iraklij, ein Geistlicher, fuhr 1934 nach Alma-Ata, um die dorthin verbannten Gläubigen zu besuchen; unterdessen wurde er zur Verhaftung ausgeschrieben und dreimal in seiner Moskauer Wohnung gesucht. Als er zurückkam, wurde er am Bahnhof von Mitgliedern seiner Gemeinde abgefangen und nicht nach Hause gelassen: Acht Jahre lang versteckten sie ihn von Wohnung zu Wohnung. Am Ende war er von diesem gehetzten Leben derart entnervt, daß er freudig Gott pries, als sie 1942 seiner doch noch habhaft wurden.

Wir sprachen in diesem Kapitel bislang immer nur von der Masse, von den Karnickeln, die, wer weiß, wofür, ins Gefängnis kamen. Dennoch wird es wohl nicht zu umgehen sein, in diesem Buch auch jene zu erfassen, die in der neuen Ära echte *politische* Häftlinge blieben. Vera Rybakowa, Studentin und Sozialdemokratin, *wünschte* sich, solange sie noch frei war, in den Susdaler Politisolator[2]: Nur dort konnte sie mit älteren Genossen zusammenkommen (von denen war niemand mehr frei), um sich weltanschaulich zu bilden. Die junge Sozialrevolutionärin Jekaterina Olizkaja glaubte 1924 sogar, des Gefängnisses *nicht würdig* zu sein: Rußlands beste Menschen waren den Weg durch die Kasematten gegangen – was hatte sie Großes für Rußland zu tun die Zeit gehabt? Doch auch die freie Welt wollte nichts mehr von ihr wissen. So schritten sie beide ins Gefängnis: stolz und frohen Mutes.

»Widerstand! Wo war euer Widerstand?« – So werden heute die Betroffenen von den Verschontgebliebenen getadelt.

Gewiß, hier hätte er beginnen müssen, bei der Verhaftung selbst.

Und hatte nicht begonnen.

So werden Sie denn *abgeführt*. Bei einer jeden Tagesverhaftung gibt es diesen kurzen, unwiederbringlichen Augenblick, da Sie — getarnt, nach feiger Absprache, oder auch ganz offen, mit gezückten Pistolen — durch eine hundertköpfige Menge von ebenso unschuldigen und verlorenen Menschen geführt werden. Ihr Mund ist nicht geknebelt! Sie können *schreien*, hätten unbedingt *schreien* müssen! Brüllen, daß Sie verhaftet wurden! Daß verkleidete Männer auf Menschenjagd ausgehen! Daß eine falsche Anzeige genügt, um eingesperrt zu werden! Daß in aller Stille Millionen mundtot gemacht werden! Und solche Schreie zu jeder Stunde und an allen Ecken und Enden einer Stadt — sie hätten unsere Mitbürger vielleicht aufhorchen lassen? sie gezwungen aufzubegehren? die Verhaftung um einiges erschwert?

Im Jahre 1927, als unsere Gehirne durch blinden Gehorsam noch nicht vollends aufgeweicht waren, versuchten zwei Tschekisten am hellichten Tag auf dem Serpuchow-Platz eine Frau zu verhaften. Sie klammerte sich an einen Laternenpfahl, begann zu schreien, wollte nicht freiwillig mitgehen. Ringsherum versammelte sich eine Menschenmenge. (Was not tat, war so eine Frau, aber auch so eine Menge! Nicht jeder Passant senkte den Blick, nicht jeder versuchte vorbeizuhuschen!) Die sonst so fixen Kerle wurden sofort kleinlaut. Im Lichte der Öffentlichkeit können sie nicht *arbeiten*. Sie sprangen in ihr Auto und fuhren ab. Die Frau hätte sofort auf den Bahnhof und wegfahren müssen! Sie ging aber nach Hause. Und wurde nachts auf die Lubjanka gebracht.)

Doch über *Ihre* angsttrockenen Lippen kommt kein einziger Laut, und die vorbeiströmende Menge nimmt Sie und Ihre Henker, sorglos wie sie ist, für promenierende Kumpane.

Ich selbst hatte mehrmals Gelegenheit *zu schreien*.

Es war am elften Tag nach meiner Verhaftung, als ich in Begleitung von drei Schmarotzern von der Armeeabwehr, denen ihre vier Beutekoffer eine größere Last waren als ich (daß sie sich auf mich verlassen konnten, hatten sie während der langen Fahrt bereits erfaßt), auf dem Bjelorussischen Bahnhof in Moskau ankam. Sie nannten sich *Sonderbewachung*, in Wahrheit störten sie die Maschinengewehre bloß, wo sie doch die vier zentnerschweren Koffer schleppen mußten — mit Sachen, die sie und ihre Vorgesetzten von der *Smersch*-Abwehr der 2. Bjelorussischen Front in Deutschland zusammengestohlen hatten und nun unter dem Vorwand, mich bewachen zu müssen, den Lieben in der Heimat brachten. Den fünften Koffer schleppte ich selbst, ohne jede Begeisterung: es waren darin meine Tagebücher und Werke — die Indizien meiner Untaten.

Alle drei kannten sich in der Stadt nicht aus, so mußte ich den kürzesten Weg zum Gefängnis wählen, mußte ich sie selbst zur Lubjanka führen, wo sie niemals gewesen waren (ich aber verwechselte das Ganze mit dem Außenministerium).

Nach einem Tag in der Armeeabwehr; nach drei Tagen in der Frontabwehr, wo mich die Zellengenossen bereits aufgeklärt hatten (darüber, wie die Untersuchungsrichter lügen, drohen und prügeln; darüber, daß keiner, einmal verhaftet, wieder freigelassen wird; daß die *zehn Jahre* unentrinnbar feststehen), fand ich mich plötzlich wie durch ein Wunder in der freien Welt. Vier Tage lang fuhr ich als *Freier* unter *Freien* durchs Land, obwohl mein Körper bereits auf faulendem Stroh neben dem Latrinenkübel gelegen, obwohl meine Augen bereits die Geprügelten und Schlaflosen gesehen, meine Ohren die Wahrheit vernommen, mein Mund vom Häftlingsfraß gekostet hatte — warum also schweige ich? Warum schleudere ich nicht die Wahrheit in die betrogene Menge, jetzt, in meiner letzten öffentlichen Stunde?

Ich schwieg in der polnischen Stadt Brodnica — mag sein, sie verstanden dort kein Russisch? Kein Wort rief ich auf den Straßen von Bialystok — mag sein, dies alles ging die Polen gar nichts an? Keinen Laut verlor ich auf der Station Wolkowysk — doch die war fast menschenleer. Wie selbstverständlich spazierte ich mit den drei Banditen über den Bahnsteig von Minsk — doch der Bahnhof war zerstört. Nun aber führe ich die drei *Smersch*-Leute durch die weißbekuppelte runde Eingangshalle der Metrostation *Bjelorusskaja*, eine Flut von elektrischem Licht, und von unten herauf, uns entgegen über parallel laufende Rolltreppen, zwei Ströme dichtgedrängter Moskauer. Es kommt mir vor, als schauten sie mich alle an! Sie werden heraufgetragen, eine endlose Reihe, aus den Tiefen des Nichtwissens unter die strahlende Kuppel — zu mir, um ein winziges Wörtchen Wahrheit zu erfahren — warum schweige ich denn?!

Aber jeder hat immer ein Dutzend wohlgefälliger Gründe parat, die ihm recht geben, daß er sich nicht opfert.

Der eine hofft noch immer auf einen glimpflichen Ausgang und fürchtet, sich durch Schreie die Chancen zu verbauen (wir haben ja keine Nachricht aus der jenseitigen Welt, wir wissen ja nicht, daß sich unser Schicksal vom Augenblick der Verhaftung an für die schlechteste Variante entschieden hat und es nichts mehr daran zu verschlimmern gibt). Die anderen sind noch nicht reif für Begriffe, die sich zu Warnrufen an die Menge zusammenfügen könnten. Denn einzig der Revolutionär trägt seine Losungen auf den Lippen und läßt ihnen freien Lauf;

woher kämen sie dem gehorsamen, unberührten Durchschnittsbürger? Er weiß einfach nicht, *was* er rufen sollte. Und schließlich gibt es jenen Schlag Menschen, deren Brust randvoll ist, deren Augen zuviel gesehen haben, als daß sich diese Flut in einigen zusammenhanglosen Aufschreien hätte ergießen können.

Ich aber — ich schweige auch noch aus einem anderen Grund: Für mich sind diese Moskauer, die da auf den Stufen zweier Rolltreppen sich drängen, noch immer zu wenige — zu *wenige!* Zweihundert, zweimal zweihundert Menschen würden hier meinen Klageschrei hören — was aber mit den zweihundert Millionen? ... Ganz vage schwebt mir vor, daß ich irgendwann einmal auch zu den zweihundert Millionen sprechen werde ...

Einstweilen aber werde ich, der ich den Mund nicht aufbrachte, von der Rolltreppe ins Fegefeuer getragen.

Und werde auch in der Station *Ochotnyj rjad* schweigen.

Und beim Hotel *Metropol* den Mund nicht öffnen.

Und nicht die Arme emporwerfen auf dem Golgatha des Lubjanka-Platzes ...

Ich erlebte wahrscheinlich von allen vorstellbaren Arten der Verhaftung die allerleichteste. Sie riß mich nicht aus den Umarmungen der Familie, sie entriß mich nicht dem uns so teuren heimischen Alltag. Eines mattmüden europäischen Februartages erwischte sie mich auf einer schmalen Landzunge an der Ostsee, wo wir die Deutschen oder, was unklar war, die Deutschen uns, umzingelt hielten — und beraubte mich lediglich der gewohnten Truppenabteilung samt der Eindrücke aus den letzten drei Kriegsmonaten.

Der Brigadekommandeur beorderte mich zum Kommandoposten, bat mich aus irgendeinem Grunde um meinen Revolver, den ich ihm gab, nichts Böses ahnend — da stürzten aus der reglosen, wie gebannten Offiziersgruppe in der Ecke zwei Abwehrleute hervor, durchquerten mit einigen Sätzen das Zimmer: Vier Hände verkrallten sich gleichzeitig in den Stern auf der Mütze, in die Achselklappen, das Koppel, die Kartentasche; dazu riefen sie dramatisch:

»Sie sind verhaftet!!!«

Versengt, durchbohrt vom Scheitel bis zur Sohle, fiel mir nichts Klügeres ein als:

»Ich? Weswegen?!«

Obwohl es auf diese Frage üblicherweise keine Antwort gibt, o Wunder, ich bekam sie! Es verdient erwähnt zu werden, weil es so gar nicht unseren Gepflogenheiten entspricht. Nachdem die *Smersch*-Leute aufgehört hatten, mich auszuweiden, wobei sie mir samt der Tasche meine schriftlichen politischen Betrachtungen wegnahmen und mich nun, irritiert durch das Klirren der Fensterscheiben im deutschen Granatfeuer, eiligst zum Ausgang hin bugsierten, hörte ich plötzlich jemanden zu mir sprechen — ja doch! Über diese blinde Mauer, die das schwer auf dem Raum lastende Wort »verhaftet« zwischen mir und den Zurückbleibenden errichtet hatte, über diese Pestwehr hinweg, die kein Wort mehr übertreten durfte, drangen zu mir die undenkbaren, märchenhaften Worte des Brigadekommandeurs:

»Solschenizyn! Kehren Sie um.«

Und ich, durch eine jähe Wendung aus den Händen der *Smersch*-Leute befreit, machte einen Schritt zurück. Ich kannte den Oberst kaum, er ließ sich nie zu simplen Gesprächen mit mir herab. In seinem Gesicht sah ich immer nur Befehl, Ungeduld, Zorn. Jetzt aber war es nachdenklich erhellt: War es Scham wegen der erzwungenen Teilnahme an einer schmutzigen Sache? War es Aufruhr gegen das lebenslange klägliche Sich-ducken-Müssen? Aus dem Kessel, in dem vor zehn Tagen seine Artillerieabteilung mit zwölf schweren Geschützen geblieben war, habe ich meine Aufklärungsbatterie fast ohne Verluste heil herausgebracht — sollte er sich nun wegen eines Fetzens abgestempelten Papiers von mir lossagen?

»Haben Sie ...«, begann er mit Nachdruck, »einen Freund an der Ersten Ukrainischen Front?«

»Halt! ... Das ist verboten!« fuhren die beiden vom *Smersch*, ein Kapitän und ein Hauptmann, den Oberst an. Erschrocken duckte sich das Gefolge der Stabsoffiziere, als hätten sie Angst, einen Teil von des Chefs unglaublicher Leichtfertigkeit auf sich nehmen zu müssen (die Männer von der Polit-Abteilung machten Ohren — im Hinblick auf das gegen den Brigadekommandeur zu liefernde *Material*). Immerhin, ich hatte genug gehört: Ich begriff sofort, daß ich wegen des Briefwechsels mit meinem Schulfreund verhaftet worden war, begriff auch, aus welcher Richtung ich die Gefahr zu erwarten hatte.

Hier hätte er auch innehalten können, mein Sachar Georgijewitsch Trawkin! Doch nein! Noch muß er sich besudelt, noch brüskiert gefühlt haben, denn er erhob sich (niemals in jenem früheren Leben war er aufgestanden wegen mir!), streckte mir über die Pestwehr hinweg die Hand entgegen (niemals hatte er mir, solange ich frei war, die Hand gereicht!), ergriff sie fest, zum stummen Entsetzen des Gefolges, und sagte, warme Entspanntheit auf dem immer strengen Gesicht, furchtlos und deutlich:

»Ich wünsche Ihnen . . . Glück . . . Hauptmann!«

Nicht nur war ich kein Hauptmann mehr — ich war ein entlarvter Feind des Volkes (denn es ist bei uns jeder Festgenommene von Anfang an auch schon vollkommen entlarvt). Wem also wünschte er Glück — einem Feind?

Die Fensterscheiben klirrten. Zweihundert Meter entfernt wurde die Erde von deutschen Einschlägen mißhandelt, die daran erinnerten, daß *solches* tiefer im Inneren unseres Landes, unter dem Glassturz des geordneten Daseins nicht hätte geschehen können . . . Nur hier, unter dem Hauch des nahen und für alle gleichen Todes*.

Dieses Buch wird nicht Erinnerung an mein eigenes Leben sein. Darum will ich davon absehen, über die komischsten Einzelheiten meiner ganz und gar unüblichen Verhaftung zu erzählen. In jener Nacht mühten sich die *Smersch*-Leute vergeblich mit ihrer Straßenkarte ab (sie verstanden sich nicht aufs Kartenlesen), resignierten bald und überreichten sie schließlich mir, mit liebenswürdigen Komplimenten und der Bitte, dem Fahrer doch den Weg zur Armeeabwehrstelle zu zeigen. Mich selbst und meine Begleiter wies ich denn in dieses Gefängnis ein und wurde zum Dank dafür sogleich nicht in eine Zelle, sondern in den Karzer gesperrt. Diese Speisekammer eines deutschen Bauernhofes, die provisorisch als Karzer diente, möchte ich allerdings nicht übergehen.

Sie hatte die Länge eines ausgestreckten Menschenkörpers und die Breite von drei dicht aneinandergereihten Männern, ein vierter mußte sich bereits hineinzwängen. Dieser vierte war ich, eingeliefert nach Mitternacht, die drei Liegenden blinzelten mich im Licht der Ölfunzel verschlafen und unfreundlich an und rückten ein wenig, so daß ich Platz hatte, mich dank der Schwerkraft allmählich zwischen zwei Körper hineinzukeilen, bis auch meine Seite das auf dem Boden liegende Stroh berührte. So waren unser in der Kammer acht Stiefel gegen die Tür und vier Uniformmäntel. Sie schliefen, ich loderte. Je selbstbewußter ich als Hauptmann noch tags zuvor war, desto schmerzlicher traf es mich, eingezwängt am Boden dieser Kammer zu liegen. Die steifgewordenen

---

* Merkwürdig indes: Man kann *doch* ein Mensch bleiben! — Trawkin geschah gar nichts. Vor kurzem kamen wir freundschaftlich zusammen und lernten einander erst richtig kennen. Er ist General im Ruhestand und außerdem Revisor eines Jagdvereins.

Glieder ließen meine Nachbarn ein ums andere Mal aufwachen, dann drehten wir uns in einem gemeinsamen Schwung auf die andere Seite.

Gegen Morgen hatten die anderen ausgeschlafen, man gähnte, ächzte, zog die Beine an, verkroch sich in die verschiedenen Ecken und ging daran, Bekanntschaft zu machen.

»Und du, wofür sitzt du?«

Mich jedoch hatte unter dem vergifteten Dach des *Smersch* bereits der dumpfe Hauch des Auf-der-Hut-Seins angeweht, so tat ich einfältig erstaunt:

»Keine Ahnung. Glaubt ihr, die sagen's einem, die Hunde?«

Meine Nachbarn hingegen, Panzerleute in schwarzen Helmmützen, verschwiegen nichts. Drei ehrliche, drei natürliche Burschen waren es, von der Art Menschen, die ich liebgewonnen hatte während des Krieges, selber komplizierter und auch schlechter als sie. Alle drei waren Offiziere. Auch ihnen hatte man wild und hastig die Achselstücke abgerissen, das Futter sah an manchen Stellen hervor. Helle Flecken auf den verschmutzten Blusen waren die Spuren der abgenommenen Orden, dunkle, rote Narben an den Händen und in den Gesichtern — die Male von Verwundungen und Verbrennungen. Zu ihrem Pech war ihre überholungsbedürftige Abteilung ins selbe Dorf eingezogen, in dem die Abwehr *Smersch* der 48. Armee in Quartier lag. Abgespannt vom Gefecht, das vorgestern war, hatten sie gestern über den Durst getrunken und waren etwas abseits vom Dorf in einen Badeschuppen eingebrochen, in den sie zwei aufreizende Weibsbilder sich einsperren sahen. Mit ihren torkelnden Verehrern hatten die Mädchen leichtes Spiel: dürftig bekleidet, aber heil, liefen sie davon. Doch es stellte sich heraus, daß die eine nicht irgendwem, sondern dem Chef der Armeeabwehr persönlich gehörte.

Ja! Nach drei Wochen Krieg in Deutschland wußten wir Bescheid: Wären die Mädchen Deutsche gewesen — jeder hätte sie vergewaltigen, danach erschießen dürfen, und es hätte fast als kriegerische Tat gegolten; wären sie Polinnen oder unsere verschleppten Russenmädel gewesen — man hätte sie zumindest nackt übers Feld jagen dürfen und ihnen auf die Schenkel klatschen ... ein Spaß, nichts weiter. Da aber die Betreffende die »Feld- und Armeegattin« des Abwehrchefs war, konnte ein beliebiger Sergeant aus dem Hinterland herkommen und den drei Frontoffizieren boshaft grinsend die Achselstücke runterreißen, die ihnen laut Frontbefehl zustanden, die Orden abnehmen, die ihnen das Präsidium des Obersten Sowjet verliehen hatte; und die drei Krieger, die vom ersten Tag an dabei waren und vielleicht manch eine feindliche

Befestigungslinie zu durchbrechen halfen, erwartete nun das Militärtribunal, das ohne ihren Panzer, es ist denkbar, in diesem Dorf sich erst gar nicht hätte einrichten können.

Die Ölfunzel löschten wir aus; sie hatte sowieso schon alles verbraucht, was es für uns noch zum Atmen gab. In die Tür war ein postkartengroßes Guckloch geschnitten, durch das aus dem Gang ein Schimmer von Licht drang. Als fürchteten die draußen, es würde uns mit Tagesanbruch allzu bequem werden, setzten sie uns alsbald einen fünften herein. Er trat ein, in nagelneuer Soldatenuniform, die Mütze ebenso neu, und offenbarte uns, als er den Kopf vors Guckloch hielt, ein stupsnasiges, frisches rotwangiges Mondgesicht.

»Woher kommst du, Bruderherz? Was bist du?«

»Von der *anderen* Seite«, antwortete er fröhlich. »Ein Spion.«

»Mach Witze!« Wir waren baff. (Ein Spion, der es selbst zugibt? Das suche einer bei Schejnin und den Brüdern Tur[3]!)

»Was sollen da Witze, in Kriegszeiten!« Der Junge seufzte bedächtig. »Könnt ihr mir beibringen, wie ich aus der Gefangenschaft anders heimkommen soll?«

Er hatte mit seiner Erzählung kaum begonnen: wie er tags zuvor von den Deutschen hinter die Frontstellungen geschickt wurde, um da zu spionieren und Brücken in die Luft zu sprengen, statt dessen aber gleich ins nächste Bataillon ging, sich zu ergeben, und wie ihm der total übermüdete Bataillonskommandeur partout nicht glauben wollte und ihn zur Krankenschwester in Behandlung schickte — als jäh neue Eindrücke über uns hereinbrachen.

»Zum Austreten! Hände auf den Rücken!« schrie durch die sich öffnende Tür ein Klotz von Feldwebel, der durchaus tauglich gewesen wäre, die Lafette einer 122-mm-Kanone zu ziehen.

Auf dem Bauernhof draußen standen bereits MP-Schützen postiert, deren Aufgabe es war, den uns gewiesenen Pfad rund um die Scheune zu bewachen. Ich kochte vor Zorn, daß irgendein Feldwebellümmel es wagen konnte, uns Offizieren »Hände auf den Rücken« zu befehlen, die Panzerleute aber hielten die Hände wie geheißen, und ich trottete ihnen nach.

Hinter der Scheune war ein Quadrat Erde eingezäunt, festgetretener Schnee lag noch darauf und eine Unzahl von Häufchen menschlichen Kots, so dicht und chaotisch darüber verstreut, daß es große Mühe machte, Platz für seine zwei Füße zu finden. Schließlich fanden wir uns zurecht und hockten, alle fünf, an verschiedenen Stellen nieder. Zwei mürrische Soldaten hielten ihre Maschinenpistolen gegen uns Hockende im Anschlag; der Feldwebel begann, kaum daß eine Minute vergangen war, uns mit schriller Stimme anzutreiben.

»Na, was ist, wollt ihr euch nicht beeilen? Bei uns geht das Austreten fix!«

Neben mir saß einer der Panzerleute, ein langer düsterer Oberleutnant aus Rostow. Sein Gesicht war schwarz angehaucht von metallischem Staub oder Rauch, trotzdem konnte man ganz deutlich die große rote Narbe quer über die Wange sehen.

»Wo ist denn das — bei euch?« fragte er leise, ohne die Absicht zu bekunden, sich mit der Rückkehr in den kerosinverstunkenen Karzer besonders zu beeilen.

»Im Abwehrdienst Smersch!« verkündete stolz und mit übermäßiger Emphase der Feldwebel. (Die Abwehrleute hingen mit besonderer Liebe an diesem, aus Smert schpionam — »Tod den Spionen« — geschmacklos zusammengebrauten Wort. Sie meinten, es wirke abschreckend.)

»Bei uns aber geht's langsam«, erwiderte der Oberleutnant versonnen. Der Helm war ihm in den Nacken gerutscht, darunter kam ein Schopf noch nicht geschorener Haare zum Vorschein. Seinen frontgegerbten rauhen Hintern hielt er in die woltuend frische Brise.

»Wo denn bei euch?« herrschte ihn der Spieß lauter als notwendig an.

»In der Roten Armee«, antwortete aus der Hocke sehr ruhig der Oberleutnant und sah dabei den mißlungenen Kanonier kühl abwägend an.

So machte ich meine ersten Atemzüge von der Gefängnisluft.

2   Die Geschichte unserer Kanalisation

Wenn man heutzutage über die *Willkür des Personenkults* sich ergeht, bleibt man immer wieder bei den oft bemühten Jahren 1937/38 hängen. Und es prägt sich dies ins Gedächtnis ein, so als habe *vorher* niemand gesessen, als sei *nachher* keiner eingesperrt worden, alle bloß 1937 und 1938.

Ohne über irgendeine Statistik zu verfügen, fürchte ich dennoch nicht fehlzugehen, wenn ich sage, daß der Strom der Jahre 37/38 weder der einzige noch auch der hauptsächliche war, vielleicht nur einer von den drei großen Strömen, die die düsteren stinkigen Rohre unserer Gefängniskanalisation beinahe zum Bersten brachten.

Vorher war der Strom der Jahre 1929/30 gewesen, ein Strom, so mächtig wie der Ob, der gut fünfzehn Millionen Muschiks (wenn nicht gar mehr) in die Tundra und in die Taiga geschwemmt hat. Doch die Bauern sind der Sprache nicht mächtig, des Schönschreibens nicht kundig, sie verfaßten weder Beschwerden noch Memoiren. Die Untersuchungsrichter haben sich mit ihnen nächtens nicht abgemüht. Protokolle waren für sie zu schade — es genügte die Verordnung ihres heimatlichen Dorfsowjet. Verströmt war dieser Strom, aufgesogen vom ewigen Frostboden, und auch die allerhitzigsten Köpfe erinnern sich kaum noch daran. Als hätte er das russische Gewissen nicht einmal gestreift. Indessen war kein Verbrechen Stalins (und unser aller) schwerer als dieses gewesen.

Und *nachher* gab's den Strom von 1944—46, einen Jenissej von Strom durchaus: Ganze *Nationen* wurden durch die Abflußrohre gepumpt und dazu noch Millionen und Abermillionen von Heimkehrern aus Kriegsgefangenschaft und Zwangsarbeit — auch dies unsere Schuld, daß sie unter die Deutschen gerieten! (Das war Stalins Art, Wunden auszubrennen, damit sich rascher Schorf bilde und dem müden Leib des Volkes keine Atempause gegeben werden müsse.) Doch auch in diesem Strom war überwiegend einfaches Volk; es schrieb keine Memoiren.

Der Strom des siebenunddreißiger Jahres aber riß auch Hochgestellte und Einflußreiche mit sich, Leute mit Parteivergangenheit und Menschen mit höherer Bildung; fortgeschwemmt wurden sie ins Inselreich GULAG, zurück aber blieben Wunden, in den Städten, aus denen sie kamen. Und diejenigen, die er gestreift hatte — wie viele waren es, die sich aufs Schreiben verstanden! —, schreiben denn heute alle und führen es alle im Munde: das Jahr 37! Eine Wolga von menschlichem Leid!

Sag aber einem Tataren, Kalmücken oder Tschetschenen: »Neunzehnhundertsiebenunddreißig« — er wird bloß mit der Achsel zucken. Und was soll Leningrad mit dem Jahr 37, wo es vorher das fünfunddreißiger Jahr gehabt hatte? Und die zum *zweiten Mal* einsaßen oder die Balten, soll für sie 1948/49 leichter gewesen sein? Mögen die Eiferer der Geographie und des guten Stils nun einwenden, ich hätte in Rußland manch anderen Fluß vergessen — nur Geduld, noch sind die Ströme nicht alle genannt, laßt mir bloß genug Papier. Dann werden aus den Strömen die übrigen Namen fließen.

Es ist bekannt, daß jedes *Organ* ohne Übung verkümmert.

Wenn wir also wissen, daß den *Organen* (diese widerliche Bezeichnung stammt von ihnen selbst), die da besungen wurden und emporgehoben über allem Lebenden, kein winziger Fühler abstarb, sondern umgekehrt, immer neue erwuchsen, muskelstark und beweglich, dürfte es uns nicht schwerfallen zu erraten, daß sie *ständig* in Übung waren.

In den Rohren gab es Pulsschwankungen — einmal lag der Druck über dem kalkulierten, ein andermal auch darunter, doch niemals blieben die Gefängniskanäle leer. Blut, Schweiß und Harn, was von uns nach der Ausquetschung übrigblieb, sprudelte darin ohne Unterlaß. Die Geschichte dieser Kanalisation ist die Geschichte eines nicht erlahmenden Soges, einer nicht versiegenden Strömung, mit Hochwasser und Ebbe und wieder Hochwasser, und die Ströme waren einmal mächtiger und dann wieder schwächer, und von allen Seiten kamen noch Bäche, Bächlein, Rinnsale und einzelne mitgeschwemmte Tröpfchen hinzu.

Die im weiteren angeführte chronologische Aufzählung, in der mit gleicher Sorgfalt die Ströme aus Millionen von Verhafteten und die Bächlein aus einfachen unscheinbaren Dutzenden vermerkt werden, ist noch lange nicht komplett, noch dürftig und durch meine Möglichkeiten beschränkt, in die Vergangenheit vorzudringen. Viele Ergänzungen werden notwendig sein, durch Menschen, die wissen und am Leben geblieben sind.

Bei dieser Aufzählung ist das schwerste der Anfang. Darum schon, weil mit jedem Jahrzehnt zurück die Zeugen spärlicher werden, die Kunde verblaßt und sich verschleiert, der Chroniken aber gibt es keine oder nur solche hinter Schloß und Riegel. Darum auch, weil es nicht ganz gerecht scheint, die Jahre der verbitterten Härte (Bürgerkrieg) mit den ersten Friedensjahren, da Barmherzigkeit zu erwarten gewesen wäre, in eine Reihe zu stellen.

Doch schon lange vor jedem Bürgerkrieg war einzusehen, daß sich Rußland, so wie es war in seiner Bevölkerungsstruktur, natürlich zu keinerlei Sozialismus eignete, daß es bis über den Kopf im Dreck steckte. Einer der ersten Schläge der Diktatur traf die Kadetten (unterm Zaren — revolutionäres Gift; unter der Herrschaft des Proletariats — reaktionäres). Ende November 1917, zum ersten nicht zustande gekommenen Termin der Einberufung der Konstituante, wurde die *Kadettenpartei*[4] für vogelfrei erklärt, Verhaftungen setzten ein. Etwa um dieselbe Zeit wurde die Festnahme des »Bundes der Konstituante« und des Netzes der »Soldatenuniversitäten« *abgewickelt*.

Vom Sinn und Geist der Revolution ausgehend, ist es nicht schwer zu erraten, daß sich in jenen Monaten die Kresty, Butyrkas und die ihnen verwandten Provinzgefängnisse mit Vertretern des schwerstbegüterten Standes füllten; mit prominenten Politikern, Generälen und Offizieren; wohl auch mit Beamten der Ministerien und des Staatsapparates, die sich weigerten, den Verordnungen der neuen Macht Folge zu leisten. Zu den ersten Aktionen der Tscheka gehörte die Aushebung des Streikkomitees des »Allrussischen Angestelltenbundes«. Aus einem der ersten Zirkulare der NKWD im Dezember 1917: »Angesichts der Sabotage der Beamten ... ist von den örtlichen Stellen ein Maximum an Eigeninitiative zu entfalten, wobei *keineswegs* auf Konfiskationen, Zwangsmaßnahmen und Verhaftungen *verzichtet* werden soll.«[*]

Und obwohl Lenin Ende 1917 zwecks Errichtung einer »streng revolutionären Ordnung« die »unbarmherzige Niederwerfung aller anarchischen Versuche von seiten verschiedener Trunkenbolde, Rowdys, Konterrevolutionäre und andere Personen«[**] forderte, das heißt, die Hauptgefahr für die Oktoberrevolution bei den Trunkenbolden vermutete, während sich die Konterrevolutionäre irgendwo unter ferner liefen drängten — war es doch auch er, der die Aufgabe in einen breiten Rahmen stellte. In seinem am 7. und 10. Januar 1918 veröffentlichten Artikel »Wie soll man den Wettbewerb organisieren?« verkündete Lenin als gemeinsames, einheitliches Ziel die »*Säuberung* der russischen Erde von allem Ungeziefer«[5]. Unter *Ungeziefer* aber verstand er nicht nur al-

---

[*] *Vestnik NKVD* (»Nachrichten der NKWD«), 1917, Nr. 1, S. 4.
[**] Lenin, *Polnoe sobranie sočinenij* (»Gesammelte Werke«), 5. Ausg., Bd. 35, S. 66.

les, was klassenfeindlich und klassenfremd war, sondern auch »Arbeiter, die sich vor der Arbeit drücken«, zum Beispiel, die Setzer der Petrograder Parteidruckereien. (Da ist sie, die Wirkung der zeitlichen Entfernung. Heute fällt es uns schwer zu begreifen, wieso sich Arbeiter, kaum daß sie *Diktatoren* wurden, von der Arbeit – für sich selbst! – zu drücken begannen.) Und weiter: »... in welchem Viertel einer großen Stadt, in welcher Fabrik, in welchem Dorf gibt es ... keine ... Saboteure, die sich Intellektuelle nennen?«* Zugegeben, die Formen der Säuberungsaktion gegen Ungeziefer sollten nach Lenins in diesem Artikel dargelegten Vorstellungen recht vielfältig sein: an einem Ort ins Gefängnis stecken, am anderen die Klosetts reinigen lassen, dann wieder »ihnen nach Abbüßung ihrer Freiheitsstrafe gelbe Pässe aushändigen«, schließlich mal den *Parasiten erschießen;* es bietet sich zur Auswahl das Gefängnis oder die Bestrafung mit »schwerster Zwangsarbeit«** an. Die Grundarten der Bestrafung zwar vorsehend und vorsagend, überließ es der Genosse Lenin letztlich »den Kommunen, den Gemeinden«, die Auffindung der besten Säuberungsmethoden und -mittel zum Gegenstand eines breiten Wettbewerbs zu machen.

Wer alles dieser sehr weitherzigen Bezeichnung *Ungeziefer* zugeordnet wurde, ist heute im vollen Umfang nicht mehr einzusehen: zu vielschichtig war die Bevölkerung des Russischen Reiches, und es fanden sich darunter auch abgesonderte, völlig überflüssige und bis zum heutigen Tage auch schon vergessene geringfügige Gruppen. Ungeziefer waren natürlich die *Semstwo*-Leute[6]. Ungeziefer waren die Genossenschaftler. Alle Hausbesitzer. Nicht unbeträchtlich war die Zahl der Ungeziefer unter den Gymnasialprofessoren. Durchweg Ungeziefer umlagerte die Kirchenräte der Pfarrgemeinden, Ungeziefer sang in den Kirchenchören. Alle Geistlichen waren Ungeziefer, und um so mehr die Mönche und Nonnen. Aber auch jene Tolstoianer, die sich bei Dienstantritt in sowjetischen Behörden oder, sagen wir, bei der Eisenbahn weigerten, den unumgänglichen schriftlichen Eid zu leisten, der sie verpflichtete, die Sowjetmacht mit Waffen in der Hand zu verteidigen, erwiesen sich als Ungeziefer (und wir werden noch Gerichtsprozesse gegen sie erleben). Da wir schon bei Eisenbahnen sind: Eine Unmenge von Ungeziefer verbarg sich unter Eisenbahneruniformen; auch solches mußte *ausgerupft*, bisweilen auch *vertilgt* werden. Die Telegraphisten waren aus unerfindlichen Gründen allesamt notorisches Ungeziefer, ohne Sympathie für

---

* Lenin, »Gesammelte Werke«, Bd. 35, S. 204.
** ebd., S. 203.

die neuen Sowjets. Nichts Gutes ist auch über den WIKSchEL zu sagen, genausowenig über andere Gewerkschaften, die oft von arbeiterfeindlichem Ungeziefer nur so wimmelten.

Schon jene Gruppen allein, die wir aufgezählt haben, ergeben eine riesige Zahl — Säuberungsarbeit genug für einige Jahre.

Und erst die vielen verdammten Intellektuellen, die rastlosen Studenten, alle Sorten von Sonderlingen, Wahrheitssuchern und Narren, von denen Rußland zu säubern schon Peter I. vergeblich sich mühte — ein Hindernis immer für jedes wohlgeordnete strenge Regime!

Unmöglich wäre es gewesen, diese sanitäre Säuberungsaktion, zumal im Kriege, vermittels der veralteten Prozeßformen und juristischen Normen zu vollbringen. Es wurde demnach die allerneueste Form gewählt: die *außergerichtliche Abrechnung*, und in selbstloser Aufopferung wurde diese undankbare Arbeit von der Tscheka übernommen, der Schildwache der Revolution, einem in der Menschheitsgeschichte einmaligen Straforgan, das in einer einzigen Instanz die Kompetenzen der Bespitzelung, der Verhaftung, der Voruntersuchung, der Anwaltschaft, des Gerichts und der *Urteilsvollstreckung* vereinte.

1918 ging man daran, zwecks Beschleunigung auch des kulturellen Sieges der Revolution die Heiligenreliquien zu durchstöbern und herauszukippen, dazu die kirchlichen Utensilien zu requirieren. Unruhen kamen auf; das Volk wehrte sich gegen die Plünderung von Kirchen und Klöstern. Da und dort läuteten die Glocken Alarm, und die Christenmenschen kamen herbeigelaufen, manche auch mit Holzprügeln. Verständlicherweise mußten etliche an Ort und Stelle *niedergemacht*, andere verhaftet werden.

Heutige Überlegungen über die Jahre 1918—20 bringen uns in Verlegenheit: Sind auch all jene den Gefängnisströmen zuzurechnen, die noch vor der Gefängniszelle *umgelegt* wurden? Und in welche Rubrik mit jenen, die von den *Kombeds*[7] an der Scheunenwand des Dorfsowjet oder in den Hinterhöfen *liquidiert* wurden? Und die Teilnehmer an den zuhauf entlarvten Verschwörungen in den Provinzen, für jedes Gouvernement eine eigene (zwei in Rjasan, je eine in Kostroma, Wyschnewolozk, Welisch, einige im Kiewer Gebiet, einige um Moskau, je eine in Saratow, Tschernigow, Astrachan, Seliger, Smolensk, Bobruisk, Tambow, eine in der Kavallerie und weitere in Tschembary, Welikije Luki, Mstislawl und so fort)? Haben sie auch nur mit einem Fuß das Inselreich betreten, oder waren sie nicht mehr dazugekommen, gehören somit nicht zum Gegenstand unserer Untersuchung? Von der Niederwerfung einiger berühmter Revolten abgesehen (Jaroslawl, Murom, Rybinsk, Arsamas), kennen wir manche Ereignisse bloß ihrem Namen nach — zum Beispiel das Gemetzel von Kolpino im Juni 1918 — was? warum? wer? wen? ... Wohin das eintragen also?

Nicht minder schwer fällt auch diese Entscheidung: Wohin — in die Gefängnisströme oder in die Bilanz des Bürgerkrieges — gehören die Zehntausende von *Geiseln*, jene persönlich keiner Verbrechen angeklagten, namentlich nicht einmal mit Bleistift in Listen aufnotierten friedlichen Bürger, deren Vernichtung zur Abschreckung erfolgte und aus Rache an den militärischen Feinden oder den aufständischen Massen. Nach dem 30. August 1918[8] wies die NKWD die lokalen Stellen an, »sofort *alle* rechten Sozialrevolutionäre zu verhaften und von den Bourgeois und Offizieren eine *ansehnliche Zahl von Geiseln* zu nehmen«*. (Na, geradeso, als wenn nach dem Zarenattentat der Alexander-Uljanow-Gruppe nicht nur ihre Mitglieder allein verhaftet worden wären, sondern noch *alle* Studenten in Rußland und eine *ansehnliche Zahl von Semstwo-Leuten* dazu.) Mit Beschluß des Verteidigungsrates vom 15. Februar 1919 — offensichtlich unter Lenins Vorsitz? — wurde der Tscheka und der NKWD nahegelegt, als Geiseln *Bauern* jener Gegenden zu nehmen, wo die Freilegung der Eisenbahngeleise von Schneeverwehungen »nicht ganz zufriedenstellend vor sich geht«, damit sie, »falls die Arbeiten nicht durchgeführt werden, erschossen werden können«**. Auf Beschluß des Rates der Volkskommissare Ende 1920 wurde es gestattet, auch Sozialdemokraten als Geiseln zu nehmen.

Allemal uns beschränkend, das heißt, nur die gewöhnlichen Verhaftungen im Auge behaltend, müssen wir doch vermerken, daß bereits mit Frühjahr 1918 der langjährige ununterbrochene Strom der verräterischen Sozialisten seinen Anfang nahm. Alle diese Parteien — die Sozialrevolutionäre, die Menschewiki, Anarchisten und Volksrevolutionäre, die hatten samt und sonders ihre revolutionäre Gesinnung bloß vorgetäuscht, jahrzehntelang als Tarnmaske gebraucht — in die *Katorga*[9] gingen sie auch nur deswegen, aus Verstellung. Und erst im Schwung der Revolution offenbarte sich das bürgerliche Urwesen dieser Sozialverräter. Was war also natürlicher, als ihre Festnahme in Angriff zu nehmen! Bald nach den Kadetten, nach der Sprengung der Konstituierenden Versammlung und der Entwaffnung des zaristischen Preobraschenski-Leibgarderegiments und anderer ging man nach und nach, ganz still und leise daran, der Sozialrevolutionäre samt der Menschewiki habhaft

* *Vestnik NKVD* (»Nachrichten des NKWD«), 1918, Nr. 21/22, S. 1.
** *Dekrety sovetskoi vlasti* (»Dekrete der Sowjetmacht«), Bd. 4, Moskau 1968, S. 627.

zu werden. Ab 14. Juni 1918, dem Tag, da sie aus allen Sowjets ausgeschlossen wurden, gingen diese Verhaftungen flüssiger und geordneter vonstatten. Am 6. Juli folgten die linken Sozialrevolutionäre nach, denen es gelungen war, sich hinterlistiger und länger als Verbündete der einzigen konsequenten Partei des Proletariats zu tarnen. So fügte es sich seither: Nach jeder Arbeiterunruhe, nach jedem Unmutsausbruch, nach jedem Streik, ganz egal, wo's passierte (und es waren ihrer bereits im Sommer 1918 viele, und im März 1921 erschütterten sie Petrograd, Moskau, dann Kronstadt und erzwangen die NEP), folgten den Beschwichtigungen und Zugeständnissen, der Erfüllung von berechtigten Arbeiterforderungen die nächtlichen lautlosen Streifzüge der Tscheka gegen die Menschewiki und die Sozialrevolutionäre als die wahren Urheber dieser Unruhen. Im Sommer 1918, im April und Oktober 1919 fanden massive Verhaftungen der Anarchisten statt. 1919 wurde der gesamte greifbare Teil des Sozialrevolutionären Zentralkomitees festgesetzt — und sie blieben in der Butyrka bis zu ihrem Prozeß von 1922. Im selben Jahr 1919 schrieb der prominente Tschekist Lazis über die Menschewiki: »Diese Leute sind für uns mehr als störend. Darum wischen wir sie von unserem Weg fort, damit wir nicht darüber stolpern ... Wir setzten sie an einem stillen Örtchen fest, in der Butyrka; dort mögen sie eine Weile bleiben, bis der Kampf zwischen Arbeit und Kapital beendet ist.«[*] 1919 wurden auch die Delegierten des parteilosen Arbeiterkongresses verhaftet (der darum nicht stattfand).[**]

In vollem Umfang erkannt wurde auch schon 1919 die Verdächtigkeit der aus dem Ausland heimkehrenden Russen (wozu? in wessen Auftrag?) — aus diesem Grunde verhaftete man die aus Frankreich heimkehrenden Offiziere des russischen Expeditionskorps.

Ebenfalls im neunzehner Jahr wurden im weiten Umkreis um die echten und die Pseudoverschwörungen (»Nationales Zentrum«, Militärverschwörung) in Moskau, Petrograd und anderen Städten Erschießungen *nach Listen* durchgeführt (das heißt, es wurden freie Menschen gleich zur Erschießung ausgehoben) und einfach Intellektuelle, die sogenannten *Prokadetten*, in die Gefängnisse gefegt. Was bedeutet das aber: »Prokadetten«? *Nicht* monarchistisch und *nicht* sozialistisch, somit also: alle akademischen Kreise, alles rund um die Universitäten, Künstler, Schriftsteller und was es an Ingenieuren gab. Außer den extremen

[*] M. I. Lazis, *Dva goda bor'by na vnutrennem fronte. Populjarnyj obzor dejatel 'nosti CK* (»Zwei Jahre Kampf an der inneren Front. Eine populäre Übersicht über die Tätigkeit der Tscheka«), Moskau 1920, S. 61.
[**] ebd., S. 60.

Schriftstellern, den Theologen und Theoretikern des Sozialismus, war die übrige Intelligenz zu achtzig Prozent »prokadettisch«. Hierzu gehörte nach Lenins Meinung auch Korolenko — »ein jämmerlicher Spießer, befangen in bürgerlichen Vorurteilen«; »es ist keine Sünde, ›Talente‹ dieser Art für ein paar Wochen ins Gefängnis zu setzen«. Von einigen verhafteten Gruppen erfahren wir aus Protestschreiben Gorkis. Am 15. September 1919 antwortete ihm Lenin: »... für uns liegt klar auf der Hand, daß auch hierbei Fehler gemacht wurden«, aber »welches Unglück, meiner Seel'! Welche Ungerechtigkeit!«; schließlich gibt er Gorki den Rat, sich nicht »durch das Gewinsel verrotteter Intellektueller aufreiben« zu lassen[10*].

Im Januar 1919 wurden die Verordnungen über die Lebensmittelaufbringung erlassen und für die Durchführung Spezialabteilungen — *Prodotrjady* — geschaffen. Im Dorf stießen sie allerorts auf Widerstand, hier auf beharrliches Ausweichen, dort auf stürmische Ablehnung. Die Beseitigung dieser Gegenwirkung ergab (die an Ort und Stelle Erschossenen nicht mit eingerechnet) einen ebenfalls beachtlichen Strom von Verhafteten: er kam zwei Jahre nicht zum Versiegen.

Ganz bewußt übergehen wir hier jenen großen Teil der Zermahlungsaktionen der Tscheka, Sonderabteilungen und Revolutionstribunale, welcher mit dem Vorrücken der Frontlinie, mit der Einnahme von Städten und Landstrichen zusammenhing. Die nämliche NKWD-Direktive vom 30. August 1918 lenkte die Bemühungen auf die »unbedingte Erschießung aller in weißgardistische Arbeit verwickelten Personen«. Dennoch weiß man manchmal nicht recht, wo die genaue Trennlinie ziehen. Daß beginnend mit Sommer 1920, als der Bürgerkrieg noch nicht ganz und nicht überall, am Don jedoch bereits beendet war, von dorther, aus Rostow und Nowotscherkassk, in großen Mengen Offiziere nach Archangelsk gebracht werden und danach mit Schleppkähnen auf die Solowki[11] (es heißt auch, einige Kähne seien im Weißen, wie übrigens auch im Kaspischen Meer versenkt worden) — gehört *das* noch zum Bürgerkrieg oder schon zum Beginn des friedlichen Aufbaus? Und die Erschießung der schwangeren Frau eines Offiziers wegen Nichtanzeige desselben, geschehen im gleichen Jahr in Nowotscherkassk — in welcher Kategorie soll dies abgebucht werden?

Vom Mai 1920 stammt der Beschluß des Zentralkomitees »über die Diversionstätigkeit im Hinterland«. Aus Erfahrung wissen wir, daß jeder derartige Beschluß den Impuls für einen neuen allumfassenden Häftlingsstrom gibt.

* Lenin, »Gesammelte Werke«, Bd. 51, S. 47 ff.

Besondere Schwierigkeiten (aber auch besondere Vorzüge) ergaben sich bis 1922 bei der Organisierung aller Ströme aus der Nichtexistenz eines Strafkodex, eines wie immer gearteten Systems von Strafgesetzen. Einzig vom revolutionären (allerdings immer unfehlbaren!) Rechtsbewußtsein ließen sich die Ausheber und Kanalisatoren in ihren Entscheidungen leiten: Wo zupacken und was mit den Leuten tun?

In dieser Übersicht werden die Ströme der Kriminellen und *Bytowiki*[12] außer acht gelassen, daher sei bloß daran erinnert, daß die allgemeine Not und die Mängel bei der Reorganisierung des Verwaltungsapparates, der Behörden und der Gesetzgebung nur das ihre dazu beitrugen, die Zahl der Diebstähle, Raubüberfälle, Vergewaltigungen und Bestechungen zu vergrößern, bzw. das Spekulantentum aufblühen zu lassen. Obgleich für den Bestand der Republik weniger gefährlich, wurden auch diese kriminellen Verbrechen teilweise geahndet; die daraus entspringenden Häftlingsströme vergrößerten die Ströme der Konterrevolutionäre. Freilich gab es auch noch, wie uns das von Lenin am 22. Juli 1918 unterzeichnete Dekret des *Sownarkom* erläutert, ein Spekulantentum rein politischer Natur: »Wer sich des gewerbsmäßigen Ver- und Ankaufs, bzw. der zum Zwecke des Verkaufs erfolgten Lagerung von Nahrungsmitteln, welche dem Monopol der Republik unterstehen, schuldig macht*, ... Freiheitsentzug von *mindestens* zehn Jahren, bei gleichzeitiger Verhängung *schwerster* Zwangsarbeit, sowie Beschlagnahme des *gesamten* Vermögens.«

Beginnend mit jenem Sommer hatte das Dorf in übermäßiger Anspannung aller Kräfte Jahr um Jahr die Ernte unentgeltlich abzuliefern. Bauernaufstände waren die Folge, und das bedeutete ihre Niederwerfung und neue Verhaftungen**. Wir wissen (wissen nicht ...), daß 1920 der Prozeß des *Sibirischen Bauernbundes* stattfand; Ende 1920 erfolgte auch die vorläufige Zerschlagung des Bauernaufstandes von Tambow. (Dort gab es kein Gerichtsverfahren.)

Doch der Hauptanteil des in den Tambower Dörfern requirierten Menschenmaterials entfällt auf den Juni 1921. Über das ganze Tambower Gouvernement waren Konzentrationslager für die Familien der aufständischen Bauern verstreut. Offenes Feld wurde mit Stacheldraht eingezäunt, drei Wochen lang wurde jede Familie dahintergesperrt, auf den bloßen Verdacht hin, daß das Familienoberhaupt bei den Aufstän-

---

* Der Bauer lagert Getreide zum gewerbsmäßigen Verkauf: Was ist das denn für ein Gewerbe?
** »Es wurde tatsächlich der arbeitswilligste Teil des Volkes vernichtet.« (Korolenko, Brief an Gorki vom 10. 8. 1921.)

dischen sein könnte. Wenn sich der Bauer nicht innerhalb der drei Wochen stellte, die Familie nicht um den Preis seines Lebens loskaufte, schickte man die Angehörigen in die Verbannung*.

Noch zuvor, im März 1921, wurden, auf dem Umweg über die Trubezkoi-Bastionen der Peter-Paul-Festung, die Matrosen des aufständischen Kronstadt, abzüglich der Erschossenen, auf die Inseln des Archipels gebracht.

Jenes Jahr 1921 wurde vom Befehl der Tscheka, Nr. 10, vom 8. Januar 21 eingeleitet: »In bezug auf die Bourgeoisie sind die Repressionen zu verschärfen!« Nun, da der Bürgerkrieg zu Ende war, hieß es nicht, die Repressionen abzuschwächen, sondern: sie zu *verschärfen*! Wie sich dies in der Krim abspielte, ist uns durch einige Gedichte von Woloschin überliefert worden.

Im Sommer 1921 wurde das Hilfskomitee für die Hungernden (Kuskowa, Prokopowitsch, Kischkin u. a.) verhaftet, das versuchte, die auf Rußland einstürmende ungeheure Hungersnot einzudämmen. Es waren, so stellte sich heraus, diese nahrungspendenden Hände *nicht von jener Art* Hände, welchen man erlauben durfte, den Hungernden Essen zu bringen. Der gnadenweise verschont gebliebene Komiteevorsitzende, der sterbende Korolenko, nannte die Vernichtung des Komitees die »ärgste Sorte von Politikasterei — Politikasterei, die von der Regierung ausgeht« (Brief an Gorki vom 14. September 1921). Korolenko war es auch, der uns auf eine wesentliche Eigenschaft der Gefängnisse von 1921 hinweist: »Sie sind ganz von Typhus durchdrungen.« Dies bestätigten die Skripnikowa und andere, die damals saßen.

Im Jahre 1921 wurden nun auch schon Verhaftungen von *Studenten* vorgenommen (zum Beispiel in der Timirjasew-Akademie, die Gruppe um J. Dojarenko) — wegen »Kritik an den Verhältnissen« (keine öffentliche, nur eine im Freundeskreis geäußerte). Solche Fälle gab's offensichtlich noch nicht viele, denn die besagte Gruppe wurde von Menschinski und Jagoda persönlich verhört.

Im selben 1921 wurden die Verhaftungen der »Anderparteimitglieder« erweitert und ins rechte Lot gebracht. Im Grunde waren ja alle politischen Parteien Rußlands, die regierende ausgenommen, bereits erledigt. (Oh, wer andern eine Grube gräbt ...!) Um aber den Verfall der Parteien unabänderlich zu machen, mußten auch noch die Mitglieder

---

* Tuchatschewski, »Der Kampf gegen die konterrevolutionären Aufstände« (russ.), in der Zeitschrift *Vojna i Revolucija* (»*Krieg und Revolution*«), 1926, Nr. 7/8.

dieser Parteien, die Körper dieser Mitglieder dem Verfall preisgegeben werden.

Keinem einzigen Bürger des Russischen Reiches gelang es, so er irgendwann einer anderen, nicht der bolschewistischen Partei beigetreten war, seinem Schicksal zu entgehen; er war geliefert (wenn er sich nicht rechtzeitig, wie Maiski oder Wyschinski, an den Rettungsseilen des Untergangs zu den Kommunisten hinüberzuhangeln verstand). Vielleicht entging er dem ersten Schub, vielleicht lebte er (je nach dem Grad seiner Gefährlichkeit) bis zum Jahre 1922, bis 1932, bis 1937 sogar, doch die Listen blieben aufbewahrt, die Reihe rückte vor, die Reihe kam an ihn, er wurde verhaftet oder auch nur liebenswürdig zu einem Gespräch eingeladen, das aus einer einzigen Frage bestand: »Waren Sie Mitglied ... von ... bis ...?« (Es gab auch Fragen betreffs seiner feindseligen Tätigkeit, doch schon mit der ersten war, wie uns heute, nach Jahrzehnten, klar ist, alles entschieden.) Das weitere konnte differieren. Manche verschlug ihr Schicksal in eines der berühmten zaristischen *Zentralgefängnisse* (glücklicherweise waren sie alle bestens erhalten geblieben, so daß manch ein Sozialist in dieselbe vertraute Zelle kam und zum selben vertrauten Aufseher). Anderen bot man die Verbannung an — ach, nur für kurze Zeit, für zwei, drei Jahre nur. Und noch sanfter: nur ein *Minus* eingetragen zu bekommen (minus soundso viele Städte), *selber* sich den Wohnort wählen zu dürfen, doch danach, bitte schön, hast du an diesem Ort regungslos zu verweilen und dortselbst der Willensbekundung der GPU zu harren.

Diese Operation erstreckte sich über viele Jahre, denn ihre wichtigste Voraussetzung waren Stille und Unauffälligkeit. Wichtig war es, unbeirrt die Säuberung von Moskau, Petrograd, den Hafenstädten und Industriezentren, später einfach aller Provinzen von jeder Sorte Sozialisten voranzutreiben. Es war eine grandiose lautlose Patience, deren Regeln von den Zeitgenossen überhaupt nicht begriffen wurden und deren Ausmaße wir erst jetzt richtig einzuschätzen verstehen. Irgendwessen weitblickender Verstand hat dies geplant, irgendwessen verläßliche Hände fingen, ohne auch nur einen Augenblick zu passen, das Karteiblatt auf, das drei Jahre lang in einem Häufchen lag, und ließen es sachte auf ein anderes Häufchen nieder. Wer seine Zeit im *Zentral* abgesessen hatte, kam in die Verbannung (recht weit weg), wer das *Minus* hinter sich gebracht hatte — ebenfalls in die Verbannung (jedoch aus der Sichtweite des *Minus*), aus einer Verbannung in die andere, dann wieder in das *Zentral* (ein neues diesmal); die Patienceleger zeigten unendliche Geduld. Ohne Lärm, ohne viel Aufhebens verloren sich allmählich die Mitglieder anderer Parteien, es rissen die Fäden, die sie mit den Menschen und den Orten verbanden, an denen man sie und ihre revolutionäre Tätigkeit kannte — so wurde unmerklich und unaufhaltsam die Vernichtung derer vorbereitet, die einst auf Studentenversammlungen Krach schlugen und stolz mit den Zarenketten klirrten. Korolenko schrieb an Gorki (29. 6. 21): »Die Geschichte wird einmal feststellen können, daß die bolschewistische Revolution gegen die aufrechten Revolutionäre und Sozialisten die gleichen Mittel der Gewalt anwandte wie der Zarismus, das heißt, rein polizeiliche.«

Im Zuge dieser Großen Patience wurde die Mehrzahl der ehemaligen politischen Häftlinge vernichtet, denn gerade die Sozialrevolutionäre und die Anarchisten, nicht die Sozialdemokraten, erhielten unter dem Zaren die härtesten Strafen, gerade sie bildeten die Urbevölkerung der alten *Katorga*.

Die zeitliche Abwicklung der Vernichtung war allerdings gerecht: In den zwanziger Jahren wurden sie aufgefordert, in schriftlicher Form ihrer Partei und ihrer Parteiideologie abzuschwören. Manche weigerten sich — und gerieten verständlicherweise in die erste zu vernichtende Partie, andere widerriefen — und gewannen dadurch einige Jahre Leben. Doch es nahte unerbittlich auch ihre Stunde, und unerbittlich kam auch ihr Kopf unters Rad*. Im Herbst 1922 entschied die eben in GPU umbenannte Sonderkommission für die Bekämpfung der Konterrevolution, daß es an der Zeit sei, sich um Kirchenbelange zu kümmern. Da stand nun auch die »kirchliche Revolution« auf der Tagesordnung: Die Leitung mußte abgesetzt und eine neue bestellt werden, welche ein Ohr nur dem Himmel böte, das zweite indessen zur Lubjanka hinhielte. Solches versprachen die Anhänger der *Lebendigen Kirche*[13], die aber ohne Hilfe von außen den Kirchenapparat nicht überwältigen konnten. Darum wurden der Patriarch Tichon verhaftet und zwei aufsehenerregende Prozesse mit Todesstrafen inszeniert: einer in Moskau, wegen Verbreitung des Patriarchenaufrufs, einer in Petrograd, gegen den Metropoliten Wenjamin, der sich der Machtübernahme durch die »Lebendigen

---

*Da kommt einem dann und wann ein Zeitungsartikel unter die Augen, daß einem richtig schwindelig wird. *Iswestija* vom 24. 5. 1959: Ein Jahr nach Hitlers Machtergreifung wurde Maximilian Hauke wegen seiner Zugehörigkeit zur (... nicht zu irgendeiner, zur...) Kommunistischen Partei verhaftet. Wurde er vernichtet? Keineswegs. Er bekam *zwei* Jahre. Danach natürlich abermals verurteilt? Wieder falsch. Freigelassen. Das verstehe unsereins, wie er will! Er lebte im weiteren still dahin, baute eine Untergrundgruppe auf, daher auch besagter, seiner Tapferkeit gewidmeter Artikel.

Kirchler« in den Weg stellte. In den Gouvernements und Landkreisen wurden hier und dort Metropoliten und Erzbischöfe verhaftet; den großen Fängen folgten, wie immer, Schwärme von kleineren Fischen, Oberpriestern, Mönchen und Diakonen, die in den Zeitungen unerwähnt blieben. Verhaftet wurde, wer auch unter Druck den *Lebendige-Kirche*-Erneuerern den Treueschwur verweigerte.

Die Geistlichen stellten den Pflichtteil eines jeden Jahresfanges; die silbergrauen Popenhäupter waren in jeder Gefängniszelle, später in allen nach den Solowki abgehenden Häftlingspartien zu finden.

In die Fänge gerieten seit den frühen zwanziger Jahren auch die Gruppen von Theosophen, Mystikern, Spiritisten (die Gruppe des Grafen Pahlen hielt ihre Gespräche mit den Geistern protokollmäßig fest), religiöse Vereine, Philosophen des Berdjajewschen Kreises. En passant wurden die »Ostkatholiken« (die Nachfolger Wladimir Solowjews), die Gruppe der A. I. Abrossimowa, ausgehoben. Irgendwie schon ganz von selbst fanden sich Katholiken, die polnischen Pfarrer, hinter Schloß und Riegel.

Es konnte jedoch die totale Ausmerzung der Religion in diesem Lande, eines der Hauptziele der GPU-NKWD während der zwanziger und dreißiger Jahre, erst durch Massenverhaftungen unter den orthodoxen Gläubigen selber erreicht werden. Intensiv wurde die Aushebung, Verhaftung und Verbannung von Mönchen und Nonnen vorangetrieben, jener schwarzen Flecken auf dem früheren russischen Leben. Verhaftet und vor Gericht gestellt wurden die Aktivisten unter den Laien. Die Kreise weiteten sich mehr und mehr: Bald wurden einfach gläubige Gemeindemitglieder eingefangen, alte Menschen, besonders viele Frauen, die in ihrem Glauben hartnäckiger waren und nun, in den Durchgangsgefängnissen und Lagern, für lange Zeit ebenfalls den Beinamen *Nonnen* erhielten.

Es hieß allerdings, daß sie nicht um ihres Glaubens willen verhaftet und abgeurteilt wurden, sondern wegen der öffentlichen Bekundung ihrer Überzeugungen und wegen der entsprechenden Erziehung der Kinder. So erklärte es Tanja Chodkewitsch:

> »Du kannst in voller FREIHEIT beten,
> Doch . . . daß nur Gott allein dich hört.«

(Wegen dieses Gedichts bekam sie zehn Jahre.) Ein Mensch, der glaubt, das geistig Wahre zu erkennen, muß dies vor seinen Kindern verbergen! Die religiöse Erziehung der Kinder wurde in den zwanziger Jahren nach § 58,10, das heißt, als konterrevolutionäre Agitation klassifiziert! Zugegeben, man bot den Gläubigen vor Gericht eine Chance: Sie sollten bloß der Religion abschwören. Es gab Fälle, wenn auch wenige, wo der Vater abschwor und daheimblieb mit den Kindern, die Mutter aber dieser Kinder den Weg nach den Solowki wählte (in all diesen Jahrzehnten waren die Frauen in ihrem Glauben standhafter gewesen). Für die Religion bekam man den *Zehner*, die damalige Höchststrafe.

(Im Zuge der Müllbeseitigung in den Städten für die anbrechende reine Gesellschaft wurden in denselben Jahren, besonders 1927, die nach den Solowki abgehenden »Nonnen«-Transporte mit Prostituierten komplettiert. Parteigängerinnen des sündigen irdischen Lebens, fielen sie unter einen leichteren Paragraphen und erhielten drei Jahre. Die Verhältnisse, die sie während des Transports, in den Zwischenlagern und auf den Solowki selbst antrafen, waren der Ausübung ihres fröhlichen Gewerbes nicht hinderlich, sie verdingten sich bei den Chefs wie bei der Wachmannschaft und kehrten nach drei Jahren mit schweren Koffern zu ihrem Ausgangspunkt zurück. Den Religiösen hingegen war eine Rückkehr zu Kind und Heim für immer verbaut.)

Schon in den frühen zwanziger Jahren kamen rein nationale Ströme in Fluß, zunächst noch kleinere, die selbst in ihrem entlegenen Ursprungsgebiet, geschweige denn nach russischem Maß als kaum bedeutend anzusprechen waren: die Mussafatisten aus Aserbeidschan, die Daschnaken aus Armenien, die georgischen Menschewiki und die turkmenischen Basmatschen, die sich der Errichtung der Sowjetmacht in Mittelasien widersetzten (die ersten Räte in Mittelasien bestanden überwiegend aus Russen und wurden als russische Machtorgane angesehen). 1926 wurde die gesamte Mitgliedschaft des zionistischen *Hechaluz*-Verbandes festgesetzt, der nicht imstande gewesen war, mit dem alles mitreißenden Aufbruch des Internationalismus Schritt zu halten.

Viele nachfolgende Generationen gewannen den Eindruck, als wären die zwanziger Jahre ein einziger ungezügelter Freiheitstaumel gewesen. Wir werden in diesem Buch noch Menschen begegnen, die diese Jahre anders erlebten. Die parteilose Studentenschaft kämpfte zu jener Zeit um die Hochschulautonomie, um das Versammlungsrecht, gegen die Überlastung der Lehrpläne mit politischen Grundkursen. Die Antwort waren Verhaftungen. Vor Feiertagen mehr als sonst (zum Beispiel vor dem 1. Mai 1924). Wegen der Lektüre des *Sozialistischen Boten*[14] und des Studiums der Schriften Plechanows wurden Leningrader Studenten (rund hundert Personen) 1925 zu drei Jahren Politisolator verurteilt. (Plechanow selbst kam in den Zeiten seiner Jugend wegen einer vor der

Kasan-Kathedrale gehaltenen Rede gegen die Regierung wesentlich glimpflicher davon.) 1925 knöpfte man sich auch schon die ersten (allerjüngsten) Trotzkisten vor. (Zwei naive Rotarmisten begannen, der russischen Tradition eingedenk, Geld für die verhafteten Trotzkisten zu sammeln — und gerieten selbst ins Gefängnis.)

Selbstverständlich wurden die ausbeuterischen Klassen bei der Hiebverteilung nicht übergangen. Auf vollen Touren lief die ganzen zwanziger Jahre hindurch die Zermürbungsaktion gegen noch überlebende ehemalige Offiziere: gegen weiße (die im Bürgerkrieg die Erschießung nicht verdient hatten), gegen weiß-rote, die auf beiden Seiten eine Weile gekämpft hatten, gegen zaren-rote, die aber nicht die ganze Zeit in der Roten Armee gedient hatten oder Dienstlücken, durch keinerlei Papiere belegt, aufwiesen. Zermürbend daher, daß sie nicht gleich ihre Strafen bekamen, sondern — auch hier eine Patience! — endlose Kontrollen zu passieren hatten, mit Einschränkungen in der Wahl des Wohnortes und des Arbeitsplatzes, mit Festnahmen und Entlassungen und wieder Festnahmen; schrittweise nur kamen sie dem Lager näher, um am Ende auf Nimmerwiedersehen dort zu verschwinden.

Mit der Überführung der Offiziere auf das Inselland war das Problem jedoch nicht gelöst, vielmehr erst angeschnitten: zurück blieben die Mütter der Offiziere, ihre Frauen und Kinder.

Mittels der unfehlbaren »sozialen Analyse« fiel es wirklich nicht schwer, die Stimmung sich auszumalen, die sie nun nach Verlust des Familienoberhauptes erfüllte. Damit forderten sie die eigene Verhaftung einfach heraus! So fließt denn auch dieser Strom.

In den zwanziger Jahren erging eine Amnestie für die Kosaken, die am Bürgerkrieg teilgenommen hatten. Viele kehrten von der Lemnos-Insel an den Kuban zurück, bekamen Land zugeteilt. Und wurden später allesamt eingesperrt.

Der Ausforschung unterlagen desgleichen die sich verbergenden ehemaligen Staatsangestellten. Sie verstanden sich vorzüglich aufs Tarnen, sie nutzten den Umstand, daß es dazumal in der Republik noch kein Paßsystem, keine einheitlichen Arbeitsausweise gab und schlichen sich in sowjetische Ämter ein. Was hier zustatten kam, waren da und dort aufgefangene Versprecher, da und dort ein zufälliges Erkennen, eine nachbarliche Anzeige — mit anderen Worten: die militärische Auskundschaftung. (Manchmal half auch der reine Zufall. Aus simpler Ordnungsliebe hatte ein gewisser Mowa die Liste aller ehemaligen Gouvernementjuristen bei sich aufgehoben. 1925 fand man sie ganz zufällig — alle wurden verhaftet und alle erschossen.)

So ergossen sich die Ströme »wegen Verheimlichung der sozialen Herkunft«, wegen »des früheren sozialen Standes«. Es wurde dies nicht engherzig verstanden. Leute adeligen Standes fielen in die Kategorie. Ihre Familien. Schließlich, aus Unkenntnis, auch die *Adeligen auf Lebenszeit*, das heißt, einfach alle Universitätsabsolventen. Doch einmal verhaftet — nimmermehr frei, was getan ist, ist getan. Die Schildwache der Revolution irrt nicht.

(Nein, es gibt einen Weg zurück! — Seichte, spärliche *Gegenströme* sind es, doch bisweilen sickern auch sie. Der erste davon sei hier erwähnt. Zu den Gattinnen und Töchtern aus Adels- und Offizierskreisen zählten nicht selten Frauen mit hervorragenden persönlichen Eigenschaften, die zudem über ein einnehmendes Äußeres verfügten. Einigen gelang es, sich in einem rückflutenden Strom, einem in entgegengesetzter Richtung fließenden, durchzuschlagen! Es waren dies jene Frauen, die niemals vergaßen, daß einem das Leben nur einmal gegeben ist und es nichts Wertvolleres gibt als *unser* Leben. Sie boten sich der Tscheka-GPU als Agentinnen an, als Mitarbeiterinnen, als was immer — und wer bei den *Organen* Gefallen fand, der wurde angeworben. Sie brachten die reichsten Erträge ein! Ihre Hilfe für die GPU war groß, die »Ehemaligen« vertrauten ihnen sehr. Hier wird die letzte Fürstin Wjasemskaja genannt, die prominenteste postrevolutionäre Horcherin (ein Spitzel war auch ihr Sohn auf den Solowki); auch Konkordija Nikolajewna Josse, eine Frau von offensichtlich brillanten Qualitäten. (Ihr Mann wurde als Offizier vor ihren Augen erschossen, sie selber auf die Solowki verschickt, wo sie sich jedoch die Rückkehr zu erbetteln verstand, um dann in der Nähe der Lubjanka einen Salon zu führen, der zum Treffpunkt für hohe Funktionäre wurde. Wiederverhaftet wurde sie erst 1937, zusammen mit ihren jagodatreuen Klienten.)

Es klingt komisch, aber dank einer törichten Tradition war das Politische Rote Kreuz vom alten Rußland übernommen worden. Es bestanden drei Sektionen: die Moskauer (Jekaterina Peschkowa-Winawer), die Charkower (Sandomirskaja) und die in Petrograd. Das Moskauer Rote Kreuz benahm sich geziemend — und blieb bis 1937 ungeschoren. Das Petrograder (der alte Narodnik[15] Schewzow, der hinkende Gartman, Kotscherowski) führte sich unmöglich und anmaßend auf, mischte sich ungebeten in politische Belange, warb um Unterstützung bei den alten Schlüsselburgern[16] (Noworusski, der Mitangeklagte im Prozeß Alexander Uljanows) und half nicht nur Sozialisten, sondern auch den *Kaers* — den Konterrevolutionären. 1926 wurde die Sektion geschlossen, die Funktionäre gingen in die Verbannung.

Die Jahre vergehen; was nicht aufgefrischt wird, schwindet aus unserem Gedächtnis. In der zurückliegenden Ferne erscheint uns das Jahr 1927 als sorglos sattes Jahr im noch nicht gestoppten NEP. Es war hingegen voll Spannung, seine Atmosphäre wurde von Zeitungsdetonationen erschüttert und bei uns so verstanden, bei uns so interpretiert, als stünde man am Beginn der Weltrevolution. Der Ermordung des sowjetischen diplomatischen Vertreters in Warschau, die die Spalten der Juni-Zeitungen überschwemmte, widmete Majakowski vier donnernde Verse.

Doch welch ein Mißgeschick: Polen bietet seine Entschuldigung an, Woikows Mörder, ein Einzelgänger, wird verhaftet*, wie also und an wem den Appell des Dichters vollziehen?

>>Paßt auf!
und werdet,
des Feindes gewärtig,
durch Eintracht,
Werkfleiß
und Kunst des Gefechts[17]
mit jeder entfesselten
Meute
fertig!<<

Wem den Prozeß machen? Wen ans Messer liefern? Eben da beginnt das *Woikowsche Aufgebot*. Wie immer bei jeder Art von Unruhen und Spannungen werden die *Ehemaligen* festgenommen, dann die Anarchisten, Sozialrevolutionäre, Menschewiki, mit *Einfach-so-Intellektuellen* vermischt.

In der Tat, wen sollen sie sonst in den Städten verhaften? Doch nicht die Arbeiterklasse! Aber die »prokadettische« Intelligenz wurde ja ohnehin seit 1919 ausreichend durchgesiebt. War es nicht vielleicht an der Zeit, jene Intelligenz ein wenig aufzurütteln, die sich so sehr fortschrittlich gab? Die Studentenschaft durchzublättern. Wieder ist Majakowski zur Hand:

---

*Offensichtlich handelte dieser Monarchist aus persönlichen Rachemotiven: P. L. Woikow, damals Kommissar für das Ernährungswesen im Uralgebiet, leitete 1918, so sagt man, die Aktionen zur Spurenvernichtung nach der soeben erfolgten Erschießung der Zarenfamilie (Zerstückelung der Leichen, ihre Verbrennung, schließlich Verstreuung der Asche).

»Denk,
Jungkommunist,
an deinen Verband!
Mustere sorglich
die eigenen Reihen.
Sind's echte Komsomolzen,
die sich so benannt?
Oder
tun sie nur so,
als ob sie es seien?«

Eine bequeme Weltanschauung gebiert einen bequemen juristischen Terminus: *soziale Prophylaxe.* Eingeführt, angenommen, ist er allen sogleich verständlich. (Einer der Chefs des *Belomorstroi*[18], Lasar Kogan, wird es bald auch so aussprechen: »Ich glaube Ihnen, daß Sie persönlich vollkommen unschuldig sind. Als gebildeter Mensch müssen Sie jedoch verstehen, daß eine durchgreifende soziale Prophylaxe notwendig war!«) Fürwahr, wann hätte man sie denn einsperren sollen, die unverläßlichen Mitläufer, diesen ganzen hin und her wogenden intellektuellen Sumpf, wenn nicht am Vorabend der ausbrechenden Weltrevolution? Sobald die große Schlacht beginnt — ist es dafür zu spät.

So hebt in Moskau das planmäßige Ausschrubben an: Viertel um Viertel. Irgend jemand muß überall dran glauben. Die Losung lautet: »Auf den Tisch gehauen, daß die Welt vor Schrecken erzittert!« Am hellichten Tage sogar rattern und poltern vergitterte *Schwarze Raben*, Personenwagen, gedeckte Lastkraftwagen, offene Pferdekutschen in Zielrichtung Lubjanka und Butyrka. Stauungen vor dem Tor, Wirrwarr im Hof. Sie kommen mit der Entladung und Registrierung der Verhafteten nicht mehr nach. (Dasselbe auch in anderen Städten. In Rostow am Don, in den Kellern des Dreiunddreißigerhauses, herrscht in diesen Tagen ein solches Gedränge, daß die eben eingelieferte Boiko kaum Platz zum Niedersetzen auf dem Boden findet.)

Ein typisches Beispiel aus diesem Strom: Ein paar Dutzend junger Leute kommen zu irgendwelchen mit der GPU nicht abgestimmten Musikabenden zusammen. Hören Musik, trinken danach Tee. Das Teegeld, von jedem soundso viel Kopeken, wird eigenmächtig an Ort und Stelle eingesammelt. Wer will also bezweifeln, daß die Musik nur als Tarnung für konterrevolutionäre Stimmungen dient, das Geld aber mitnichten für Tee, vielmehr als Spende für die untergehende Weltbourgeoisie? Sie werden *alle* verhaftet, zu drei bis zehn Jahren verurteilt

(Anna Skripnikowa – zu fünf), und die nicht geständigen Rädelsführer (Iwan Nikolajewitsch Warenzow und andere) ERSCHOSSEN!

Oder es versammeln sich irgendwo in Paris die emigrierten Absolventen des Lyzeums von Zarskoje Selo, um ihr traditionelles Puschkin-Lyzeumsfest[19] zu begehen. Die Zeitungen berichten darüber. Ist nicht jedermann klar, daß hier der tödlich getroffene Imperialismus am Werk ist? Folglich werden *alle* noch in der UdSSR verbliebenen adligen Zöglinge verhaftet, und, da man schon dabei ist, auch alle »Rechtskundler« (so genannt die Schüler einer ähnlichen privilegierten Anstalt).

Einzig die Aufnahmekapazität des SLON[20] – des Solowezker Sonderlagers – begrenzt noch den Umfang des Woikowschen Aufgebots. Doch es hat das krebsige, bösartige Leben des Inselreichs GULAG bereits begonnen, bald wird der Archipel seine Metastasen über den Körper des Landes verstreuen.

Einmal auf den neuen Geschmack gekommen, entwickeln wir neuen Appetit. Höchste Zeit wird's längst, die technische Intelligenz in den Griff zu bekommen, die sich allzu unersetzlich dünkt und es nicht gewohnt ist, prompt zu parieren.

Besser gesagt: So ganz haben wir den Ingenieursleuten nie getraut, von den ersten Revolutionsjahren an haben wir diese Lakaien und Helfershelfer der früheren kapitalistischen Herren unter die Fittiche des gesunden Arbeitermißtrauens genommen und unter Kontrolle gestellt. Während der Wiederaufbauperiode durften sie immerhin in unserer Industrie arbeiten; die geballte Kraft des Klassenangriffs galt den übrigen Intelligenzlern. In dem Maße jedoch, in dem unsere Wirtschaftsleitung, der Volkswirtschaftsrat und der *Gosplan* heranreiften, Pläne in immer größerer Zahl entwickelten, Pläne, die wuchtig aufeinanderprallten, so daß manch einer auf der Strecke blieb – in dem Maße also offenbarten die alten Ingenieurskader ihre Schädlingsnatur: unaufrichtig, durchtrieben und käuflich, wie sie alle waren. Die Schildwache der Revolution schärfte ihren Blick, und wohin immer sie ihn lenkte, entdeckte sie auf der Stelle einen neuen Sabotageherd.

Diese Assanierungsarbeit lief ab 1927 auf Hochtouren und führte dem Proletariat die Ursachen unserer wirtschaftlichen Mißerfolge und Mängel sogleich mit aller Deutlichkeit vor Augen. Im Volkskommissariat für Verkehrswesen – Sabotage (darum auch die gerammelt vollen Züge, darum die Engpässe in der Versorgung). Im Staatlichen Verbundnetz des Moskauer Gebietes (MOGES) – Sabotage (darum die Stromstörungen). In der Erdölindustrie – Sabotage (kein Kerosin in den Geschäften). In den Textilfabriken – Sabotage (und die Arbeitenden haben nichts anzuziehen). Bei der Kohle — eine einzige kolossale Sabotage (genau darum frieren wir!). In der Metall- und Rüstungsindustrie, beim Maschinen- und Schiffbau, in der Chemie und im Bergbau, bei der Gold- und Platingewinnung, im Bewässerungssystem, kurzum überall brechen die eitrigen Geschwüre der Sabotage auf! An allen Ecken und Enden finden sich die rechenschieberbewehrten Feinde! Die GPU geriet außer Atem vor lauter Jagd auf Saboteure. Ratskollegien der OGPU und proletarische Gerichte tagten in den Metropolen wie in der Provinz, mußten diese zähe Kloake aufrühren, über deren ekelhafte Missetaten die Werktätigen (hört, hört!) tagtäglich von den Zeitungen unterrichtet (oder auch nicht unterrichtet) wurden. Man erzählte ihnen über Paltschinski, von Meck, Welitschko*; mehr (wie viele wohl?) sind ungenannt geblieben. Jede Industriesparte, jede Fabrik und jede Handwerkergenossenschaft mußte einschlägige Saboteure suchen, und kaum daß sie damit begann — fand sie auch schon welche (mit Hilfe der GPU). Sollte ein Ingenieur vorrevolutionärer Provenienz nicht gleich des Verrats überführt worden sein — verratsverdächtig war er allemal.

Und wie gewitzt doch diese alten Ingenieure alle waren, wie teuflisch vielfältig sie sich doch aufs Sabotieren verstanden! Nikolai Karlowitsch von Meck im Volkskommissariat für Verkehrswesen spielte den immer Ergebenen, den am Aufbau der neuen Wirtschaft Interessierten; gern erging er sich über ökonomische Probleme des sozialistischen Aufbaus und liebte es, mit guten Ratschlägen um sich zu werfen. Der allerschädlichste seiner Ratschläge aber war: die Güterzüge zu verlängern, sich nicht vor der Höchstbeladung zu fürchten. Dank der GPU wurde von Meck entlarvt (und erschossen): Sein Ziel war die Abnützung von Geleisen, Wagen und Lokomotiven, auf daß die Republik im Falle einer Intervention ohne Eisenbahnen dastehe! Als aber, kurze Zeit danach, der neue Verkehrskommissar Gen. Kaganowitsch die Weisung gab, eben solche Schwerstlastzüge zusammenzustellen, doppelt, dreifach so schwer beladene (und für diese Entdeckung neben anderen den Leninorden verliehen bekam), da traten nun die bösartigen Ingenieure als *Grenzwertler* hervor: Dies gehe zu weit, schrien sie, das rollende Material halte es nicht aus! Ihres Unglaubens an die Möglichkeiten der sozialistischen Eisenbahnen wegen wurden sie logischerweise mit Erschießen bestraft.

---

* A. F. Welitschko, Generalleutnant, Militäringenieur, ehemals Professor an der Militärakademie des Generalstabs, leitete im Kriegsministerium unterm Zaren die Transportverwaltung. Wurde erschossen. Oh, wie sehr hätten wir ihn 1941 gebraucht!

Die Jagd auf die *Grenzwertler* dauert einige Jahre; in allen Wirtschaftszweigen lauern sie und fuchteln mit ihren Berechnungsformeln und wollen nicht begreifen, wie sehr den Brücken und Werkbänken der Enthusiasmus des Bedienungspersonals zugute kommt. (Es sind Jahre der Umkrempelung der ganzen Volksmentalität: Verlacht wird die umsichtige Volksweisheit, die da besagt, daß aus Schnellem nichts Gutes wird, und das alte Sprichwort von »Eile mit Weile« wird ins Gegenteil verkehrt.) Was die Verhaftung der alten Ingenieure mitunter noch verzögert, ist das einstweilige Fehlen des Nachwuchses. Nikolai Iwanowitsch Ladyschenski, Chefingenieur der Rüstungswerke in Ischewsk, wird zunächst wegen der »Grenzwerttheorien«, wegen des »blinden Glaubens an Sicherheitsgrade« (von welchem ausgehend er die von Ordschonikidse verordneten Betriebsinvestitionen für ungenügend hielt) eingesperrt. Von Ordschonikidse aber wissen Leute zu berichten, *wie* er sich mit alten Ingenieuren zu unterhalten pflegte: mit je einer Pistole links und rechts vor sich auf dem Schreibtisch. Danach aber wird Ladyschenski in Hausarrest überstellt — und zur Arbeit auf seinen früheren Posten beordert (ohne ihn ging's nicht weiter). Er bringt den Betrieb wieder in Schwung. Doch die Investitionsmittel werden trotzdem nicht größer — also wieder ins Gefängnis mit ihm! »Wegen falscher Gelddispositionen«, heißt es, denn natürlich reichten die Mittel nicht aus, weil der Chefingenieur schlecht damit disponierte! Nach einem Jahr war Ladyschenski beim Holzfällen zugrunde gegangen.

So ward binnen weniger Jahre dem alten Ingenieurskader das Lebenslicht ausgeblasen — dem Stolz unseres Landes, den Lieblingsgestalten unserer Schriftsteller Garin-Michailowski und Samjatin.

Es versteht sich von selbst, daß mit diesem Strom, wie mit jedem sonstigen, auch noch andere Personen fortgeschwemmt werden, alle, die den Verdammten nahestanden, mit ihnen in Berührung kamen, so zum Beispiel — ach, jammerschade ist's um die Reinheit der Schildwachen-Weste, doch was tun? — auch standhafte Spitzeldienstverweigerer. Diesen ganz und gar geheimen, nirgends öffentlich bekundeten Strom stets im Gedächtnis zu bewahren, möchten wir den Leser bitten — im besonderen gilt dies für das erste nachrevolutionäre Jahrzehnt: Damals hatten die Menschen bisweilen noch so was wie Stolz; sich zu dem Verständnis durchzuringen, daß die Sittlichkeit etwas Relatives, etwas von begrenzten Klassenbegriffen Bestimmtes sei, war nicht jedermanns Sache — mithin hatten sie auch die Stirn, den angebotenen Dienst auszuschlagen, worauf die gnadenlose Bestrafung folgte. Eben einen Kreis von Ingenieuren zu bespitzeln, wurde die junge Magdalina Edschubowa aufgefordert, sie aber, nicht nur, daß sie das Angebot ablehnte, erzählte davon auch noch ihrem Vormund (den zu bespitzeln sie den Auftrag gehabt hätte): Letzterer wurde dennoch verhaftet — und gestand beim Verhör alles. Die schwangere Edschubowa wurde wegen der »Verletzung eines operativen Geheimnisses« verhaftet und zum Tode verurteilt. (Sie kam übrigens mit insgesamt 25 Jahren verschiedener Haftstrafen davon.) In demselben Jahr (1927) — wenngleich in einem ganz anderen Kreis, um prominente Charkower Kommunisten ging es — war ähnliches der Nadeschda Witaljewna Surowez widerfahren: Sie hatte sich geweigert, Mitglieder der ukrainischen Regierung zu bespitzeln und zu denunzieren, wurde dafür von der GPU geschnappt und tauchte erst wieder nach einem Vierteljahrhundert mehr tot als lebendig an der Kolyma[21] auf. Von denen, die nicht mehr an die Oberfläche kamen, wissen wir denn auch nichts.

(In den dreißiger Jahren versiegt der Strom der Widerspenstigen. Wenn man Spitzeldienste von dir verlangt, muß es wohl so sein: Da ist kein Entrinnen. »Mit der Peitsche schlägst du den Stamm nicht entzwei.« — »Nicht ich, dann ein anderer.« — » Ist's nicht besser, ich, ein guter Mensch, werde Zuträger als ein anderer, ein böser?« Damals, übrigens, rissen sich auch schon Freiwillige um den Agentendienst; der Andrang war kaum zu bewältigen: Es war ein lukrativer und zudem ehrenvoller Job.)

1928 wird in Moskau mit lautem Gepränge die *Schachty*-Affäre verhandelt — laut wegen der Publizität, die ihr zuteil wird, und aufsehenerregend wegen der verblüffenden Geständnisse und Selbstzerfleischungen der Angeklagten (noch nicht aller). Zwei Jahre später, im September 1930, werden mit viel Tamtam die *Organisatoren der Hungersnot* vor Gericht gestellt (Seht, seht, das sind sie!) — achtzehn Saboteure in der Lebensmittelindustrie. Ende 1930 wird der noch lautstärkere und bereits fehlerlos inszenierte Prozeß der *Industriepartei* abgewickelt. Nun nehmen schon alle Angeklagten ausnahmslos jede beliebige widerliche Unsinnigkeit auf sich — und vor den Augen der Werktätigen ersteht wie ein endlich enthülltes Monument die grandiose, feinst erdachte Verflechtung sämtlicher bislang entlarvter Sabotageakte: eine einzige teuflische Schlinge, an deren Enden Miljukow, Rjabuschinski, Deterding und Poincaré ziehen.

Als etwas fortgeschrittenere Kenner unserer Gerichtspraxis wissen wir nun schon, daß die sicht- und vernehmbaren Prozesse lediglich äußere Maulwurfshügel sind, wohingegen sich die hauptsächliche Wühlarbeit unter der Oberfläche vollzieht. Den Prozessen wird nur ein geringer Teil der Verhafteten zugeführt, nur jener, der, auf Milde hoffend, bereit ist, sich selbst und andere auf widernatürlichste Weise zu belasten. Die Mehrzahl der Ingenieure, die genug Mut und Verstand hatten, die richterlichen Ungereimtheiten abzulehnen, wird im stillen abgeurteilt und bekommt, als nicht geständniswillig, von den Ausschüssen der GPU den gleichen *Zehner* aufgebrummt.

Die Ströme fließen durch unterirdische Rohre und sanieren das an der Oberfläche blühende Leben.

Genau zu jener Zeit wird ein wichtiger Schritt in Richtung auf die allgemeine Teilnahme an der Kanalisation, bzw. allumfassende Verteilung der Verantwortlichkeit unternommen: Wer noch nicht mit dem eigenen Leibe in die Kanalluke geplumpst ist, wer noch nicht durch die Rohre zum Archipel GULAG gepumpt wurde, der muß oben mit Fahnen marschieren, die Gerichte lobpreisen und Freude über die Urteile bekunden. (Wie weitblickend und weise! Jahrzehnte vergehen, die Geschichte kommt zur Besinnung — dann aber zeigt es sich, daß die Untersuchungsrichter, Staatsanwälte und Urteilsverkünder nicht schuldiger sind als wir alle, meine Mitbürger! Und unsere ehrwürdigen grauen Schläfen, die verdanken wir allein dem Umstand, daß wir seinerzeit ehrerbietig *dafür* gestimmt haben.)

Einen ersten Versuch solcher Art startete Stalin im Zusammenhang mit den *Organisatoren der Hungersnot* — wie hätte auch dieser Versuch nicht gelingen sollen, da in Rußland, dem reichen, alles am Hungertuch nagte und nicht kapieren konnte, warum wohl unsere Getreidekammern leer standen. So stimmen denn die Arbeiter und Angestellten, dem Gerichtsurteil vorauseilend, allerorts für das Todesurteil: Keine Gnade für die Lumpen auf der Anklagebank! Bei der Industriepartei sind's schon Volksversammlungen und Demonstrationen (Schulkinder mit einbezogen), ist's schon der dröhnende Marsch von Millionen und das Gebrüll vor den Fenstern des Gerichtsgebäudes: »Tod! Tod! Tod!«

An diesem Wendepunkt unserer Geschichte erhoben sich einsame Stimmen des Protests, der Zurückhaltung: Sehr, sehr viel Mut brauchte einer in diesem johlenden Chor für sein »Nein!« — unvergleichlich mehr als heutzutage. (Doch auch noch heute ist das Nein selten.) Und soweit uns bekannt, waren es allesamt Stimmen eben jener rückgratlosen und schlappen Intellektuellen. Bei einer Versammlung im Leningrader Polytechnikum übte Professor Dmitrij Apollinarjewitsch Roschanski STIMMENTHALTUNG (er sei, wissen Sie, *grundsätzlich* ein Gegner der Todesstrafe, es wäre dies in der Sprache der Wissenschaft ein *irreversibler* Prozeß sozusagen) — und wurde auf der Stelle verhaftet! Der Student

Dima Olizki enthielt sich der Stimme und wurde auf der Stelle verhaftet! Und es verstummten diese Proteste ganz am Anfang.

Soweit uns bekannt, stimmte die graubärtige Arbeiterklasse diesen Hinrichtungen zu. Soweit uns bekannt, war die Avantgarde, von den flammenden Komsomolzen bis zu den Parteispitzen und den legendären Armeeführern, einmütig in ihrem Ja. Bekannte Revolutionäre, Theoretiker und Propheten, hatten sieben Jahre vor dem eigenen ruhmlosen Untergang das Johlen der Menge begrüßt, nicht ahnend, daß auch ihre Stunde nahte, daß bald auch ihre Namen, mit »Abschaum« und »Mist« vermengt, aus jenem Brüllen herauszuhören sein würden.

Für die Ingenieure aber war das Säubern bald zu Ende. Zu Beginn des Jahres 1931 verkündete Väterchen Stalin die »Sechs Bedingungen« des Aufbaus, und es geruhte Seine Alleinherrschaftliche Hoheit in Punkt 5 zu vermerken: »Wir schreiten von der Politik der Vernichtung der alten technischen Intelligenz zur Politik der Heranziehung derselben und zur Obsorge für sie.«

Ja, zur Obsorge für sie! Und verraucht war unser gerechter Zorn ... Wohin? Und zurückgewiesen waren unsere schrecklichen Anklagen ... Wieso? Es fand genau zu dieser Zeit der Prozeß gegen die Schädlinge in der Porzellanindustrie statt (auch dort hatten sie ihr Unwesen getrieben), und schon waren die Angeklagten in Fahrt, sich aller Sünden zu zeihen, als sie plötzlich genauso einmütig ausriefen: »Unschuldig!« Und sie wurden samt und sonders freigelassen.

(Es zeichnete sich in diesem Jahr sogar ein kleiner Gegenstrom ab: Bereits abgeurteilte oder abverhörte Ingenieure wurden ins Leben entlassen. Auch D. A. Roschanski kehrte auf diese Weise zurück. Könnten wir daraus nicht folgern, daß er den Zweikampf mit Stalin durchgestanden hatte? Daß ein Volk mit Zivilcourage uns keinen Anlaß gegeben hätte, dieses Kapital da, noch auch das ganze Buch zu schreiben?)

Den längst niedergewalzten Menschewiki versetzte Stalin in jenem Jahr noch einige Tritte (der öffentliche Prozeß gegen das Menschewistische Inlandsbüro, Groman — Suchanow* — Jakubowitsch, im März 1931, und danach eine unbekannte Zahl von verstreuten, unscheinbaren, insgeheim Verhafteten), ehe er plötzlich in zauderndes Grübeln verfiel.

Wenn die Flut am höchsten steht, sagen die Weißmeerfischer, das Wasser grübelt — bevor es wieder zu sinken beginnt. Nichts wäre ab-

---

*Jener Suchanow, in dessen Petrograder Wohnung am Fluß Karpowka mit seinem Wissen (die Museumsführer lügen heute und sagen ohne) am 10. Oktober 1917 das bolschewistische ZK zusammentraf und den bewaffneten Aufstand beschloß.

wegiger, als Stalins trübe Seele mit dem Wasser des Weißen Meeres vergleichen zu wollen. Vielleicht auch zauderte er gar nicht. Und von Ebbe konnte ohnedies nicht die Rede sein. Ein Wunder allerdings geschah noch in jenem Jahr. Nach dem Prozeß der Industriepartei stand für 1931 der grandiose Prozeß gegen die *Werktätige Bauernpartei* auf dem Programm — einer angeblich (nie und nirgends!) existierenden riesigen Untergrundorganisation, welche sich aus Kreisen der ländlichen Intelligenz, der Konsum- und Agrargenossenschaften und der Spitze der gebildeten Landwirte rekrutiert und auf den Sturz der proletarischen Diktatur hingearbeitet habe. Beim Prozeß der Industriepartei wurden die »Werktätigen Bauern« bereits als entlarvt und allseits durchschaut erwähnt. Im Untersuchungsapparat der GPU lief die Sache wie am Schnürchen: *Tausende* von Beschuldigten hatten die Mitgliedschaft bei der Bauernpartei sowie sämtliche verbrecherischen Absichten *gestanden*. Versprochen aber waren »rund zweihunderttausend«. An die »Spitze« der Partei war der Agrarwissenschaftler Alexander Wassiljewitsch Tschajanow gesetzt worden; als künftiger »Ministerpräsident« galt N. D. Kondratjew; es folgten Makarow, L. N. Jurowski, Alexej Dojarenko, Professor an der Timirjasew-Akademie (als »Landwirtschaftsminister« vorgesehen*). Da hatte es sich Stalin in einer schönen grüblerischen Nacht plötzlich anders überlegt — warum, das werden wir vielleicht nie mehr erfahren. Wollte er sein Seelenheil retten? — Dazu war's zu früh. War er die Eintönigkeit leid? Stieß es ihm schon auf? Rührte sich ein Gefühl für Humor? Doch niemand wird es wagen, Stalin des Humors zu zeihen! Viel eher war's so: Bald würde das ganze Dorf sowieso an Hunger krepieren, nicht zweihunderttausend bloß, wozu also sich um diese bemühen. So wurde denn die gesamte Bauernpartei abgesagt, alle Geständigen wurden aufgefordert, die Geständnisse zu *widerrufen* (ihre Freude kann man sich leicht vorstellen!), und man zerrte dafür nur die kleine Gruppe von Kondratjew-Tschajanow vor Gericht**. (1941 aber wird der geschundene Wawilow beschuldigt werden, die Bauernpartei habe doch existiert und er, Wawilow, niemand andrer, sei ihr heimlicher Führer gewesen.)

---

* Vielleicht auch ein besserer als jene, die diesen Posten in den folgenden vierzig Jahren besetzt hielten. – Und seht das menschliche Los! Dojarenko hatte sich stets grundsätzlich von der Politik ferngehalten. Wenn die Tochter Studenten ins Haus brachte, die sozialrevolutionär angehauchte Gedanken äußerten, setzte er kurzerhand vor die Tür!

** Zur Haftverbüßung im Isolator verurteilt, wurde Kondratjew dort geisteskrank und starb. Auch Jurowski starb. Tschajanow wurde nach fünf Jahren Isolator in die Verbannung nach Alma-Ata geschickt, 1948 abermals eingesperrt.

Es drängen sich die Absätze, es drängen sich die Jahre — und nie werden wir dahingelangen, alles der Reihe nach aufzuzeichnen (die GPU jedoch, die wurde bestens damit fertig! Die GPU, die gab sich keine Blößen!). Aber niemals wollen wir vergessen:

— daß die Gläubigen ins Gefängnis wandern, ohne Unterbrechung, wie selbstverständlich (da zeichnen sich manche Daten und Spitzen ab. Einmal war es die »Nacht des Kampfes gegen die Religion«, am Weihnachtsabend 1929 in Leningrad, als zuhauf religiöse Intellektuelle eingesperrt wurden, und nicht nur bis zum Morgengrauen, nicht als Weihnachtsmärchen. Ein andermal dortselbst im Jahre 1932 die gleichzeitige Schließung vieler Gotteshäuser und Hand in Hand damit die Massenverhaftung von Geistlichen. Mehr Daten und Orte aber bleiben im dunkeln: Niemand ist da, sie uns zu überbringen.);

— daß mitnichten versäumt wird, die Sekten zu bekämpfen, auch solche sogar, die mit dem Kommunismus sympathisieren. So wurden 1929 ausnahmslos alle Mitglieder der Kommune zwischen Sotschi und Chosta eingesperrt. Alles war bei ihnen kommunistisch, die Produktion und die Verteilung, und alles so ehrlich, wie es das Land in hundert Jahren nicht erreichen wird, bloß daß sie zu ihrem Leidwesen zu gebildet waren, zu belesen im religiösen Schrifttum, und daß nicht Gottlosigkeit ihre Philosophie war, sondern eine Mischung aus Baptismus, Tolstoianertum und Yoga. Mit einem Wort: Solch eine Kommune war verbrecherisch und ungeeignet, dem Volk zum Glück zu verhelfen. In den zwanziger Jahren wurde eine größere Gruppe von Tolstoianern ins Vorgebirge des Altai verschickt, wo sie zusammen mit Baptisten Siedlungskommunen gründeten. Als der Bau des Kusnezker Hüttenwerks begann, lieferten sie Lebensmittel dorthin. Später setzten die Verhaftungen ein: Zuerst holte man die Lehrer (weil sie nicht nach den staatlichen Lehrplänen unterrichteten), die Kinder liefen jammernd und schreiend hinter den Autos her; bald danach die Gemeindevorstände;

— daß die Große Patience der Sozialisten weitergespielt wird, unermüdlich wie selbstverständlich;

— daß 1929 die seinerzeit nicht landesverwiesenen Historiker (Platonow, Tarle, Ljubawski, Gautier, Lichatschow, Ismailow) und der hervorragende Literaturwissenschaftler Michail Bachtin eingesperrt werden;

— daß die Nationalitäten nicht aufhören zu strömen, einmal aus dieser, einmal aus der entgegengesetzten Himmelsrichtung des Reiches.

Eingesperrt werden Jakuten nach dem Aufstand von 1928. Eingesperrt werden Burjat-Mongolen nach dem Aufstand von 1929. (Es wurden gerüchteweise 35 000 erschossen. Das zu überprüfen, ist uns nicht gegeben.) Eingesperrt werden Kasachen nach deren heroischer Unterwerfung durch Budjonnyjs Reiterarmee 1930/31. Verhandelt wird Anfang 1930 gegen den Bund zur Befreiung der Ukraine (Prof. Jefremow, Tschechowski, Nikowski u. a.), und eingedenk unserer Proportionen zwischen Offenbartem und Geheimem — wie viele stehen da noch hinter ihnen? Wie viele traf's im stillen?

Und es naht, langsam, aber sicher naht sie, die Gefängnisstunde für die Mitglieder der regierenden Partei! Vorläufig (1927—29) sind es die *Arbeiteropposition* oder die Trotzkisten, die sich einen unglückseligen Führer erwählten. Es sind ihrer einstweilen Hunderte, bald werden es Tausende sein. Aller Anfang ist schwer! Wie die Trotzkisten gelassen die Aushebung der »Anderparteiler« zur Kenntnis genommen hatten, so nimmt die übrige Partei jetzt zustimmend die Aushebung der Trotzkisten zur Kenntnis. Immer schön der Reihe nach. Bald wird die nicht existente »rechte« Opposition in den Sog geraten. Solcherart Glied um Glied vom Schwanz her verschmausend, arbeitet sich der Rachen bis zum eigenen Haupt vor.

1928 wird es Zeit, mit den bourgeoisen Überbleibseln von der NEP abzurechnen. Meist werden ihnen immer höher und höher, zuletzt vollkommen unerträglich werdende Steuerforderungen präsentiert; irgendwann weigern sie sich zu zahlen und werden sogleich wegen Zahlungsunfähigkeit verhaftet und ihres Vermögens für verlustig erklärt. (Den kleinen Handwerkern, den Friseuren, Schneidern und denen, die den Spirituskocher löten, wird lediglich der Gewerbeschein entzogen.)

Die Entwicklung des NEP-Stromes bringt wirtschaftliche Vorteile mit sich. Der Staat braucht Kapital, braucht Gold, und Kolyma ist noch nicht entdeckt. Ende 1929 beginnt der berühmte *Goldrausch*, mit dem Unterschied bloß, daß dieses Fieber nicht jene schüttelt, die das Gold suchen, sondern jene, aus denen es herausgebeutelt wird. Die Eigenheit des neuen »Goldstromes« besteht darin, daß die GPU diesen ihren Karnickeln eigentlich gar nichts vorwirft und sich mit dem Versand auf den GULAG-Archipel Zeit läßt. Ihr Recht des Stärkeren setzt sie einzig dazu ein, des Goldes habhaft zu werden; darum bleibt — bei überfüllten Gefängnissen und total überlasteten Untersuchungsrichtern — der Nachschub für die Transportstellen, Durchgangsgefängnisse und Lager unverhältnismäßig niedrig.

Wer gerät in den »goldenen« Strom? Jeder, der irgendwann vor fünfzehn Jahren ein Geschäft betrieb, vom Handel oder einem Handwerk lebte und nach Auffassung der GPU Gold zurückgelegt haben *könnte*. Doch gerade diese Leute hatten selten Gold: Ihr Vermögen legten sie in Mobilien und Immobilien an; längst hatte es sich in Luft aufgelöst, war während der Revolution verlorengegangen — was sollte da übriggeblieben sein? Große Hoffnung setzt man natürlich auf die einsitzenden Zahntechniker, Juweliere und Uhrmacher. Goldbesitz in allerseltsamsten Händen wird denunziert: ein hundertprozentiger »Werkbankproletarier« habe irgendwo sechzig goldene Nikolajewsche Fünfrubelmünzen ergattert; der bekannte sibirische Partisan Murjawjow sei mit einem Goldbeutel in Odessa angekommen; alle Petersburger Lastfuhrwerker, lauter Tataren, hätten Gold gehortet. Ob's wahr ist oder unwahr, das kann nur in den Folterkammern ergründet werden. Auf wen einmal der Schatten eines denunzierten Goldverdachts gefallen ist, der kann sich fürderhin weder durch proletarisches Erbgut noch durch revolutionäre Verdienste schützen. Alles wird verhaftet, alles in die Zellen der GPU gestopft, die so voll sind, wie man es nicht für möglich gehalten hätte — nutzbringend auch dies, um so schneller werden sie *damit herausrücken!* Die Aktion nimmt irre Formen an: Männer und Frauen werden in eine Zelle eingesperrt, müssen voreinander auf die Latrine gehen — wer schert sich um solche Nichtigkeiten! Gold her, ihr Schweinehunde! Die Untersuchungsrichter führen keine Protokolle, weil niemand das Geschreibsel braucht, egal, ob später eine Strafe dazukommt oder nicht, was soll's, Hauptsache ist: Her mit dem Gold, du Schweinehund! Der Staat braucht Gold, doch was willst *du* damit? Den Untersuchungsrichtern versagt die Stimme, versagen die Kräfte zu drohen und zu foltern, da hilft nur mehr diese Universalmethode: In die Zellen nur Gesalzenes reichen, dazu kein Wasser. Wer das Gold abliefert, darf sich satt trinken! Einen Goldzehner für ein Glas klares Wasser!

> »Nach Golde drängt,
> Am Golde hängt
> Doch alles!«

Von den Strömen, die vorangingen, von den Strömen, die nachfolgen werden, unterscheidet sich dieser Strom dadurch, daß die von ihm Mitgeschwemmten zu einem guten Teil, wenn auch weniger als zur Hälfte, ihr Schicksal in den eigenen zitternden Händen halten. Solltest du wirklich kein Gold haben, dann ist deine Lage aussichtslos; sie werden dich prügeln, brennen, martern und bis in den Tod dünsten lassen, so sie nicht vorher doch noch zu zweifeln beginnen. Solltest du aber Gold besitzen, dann bestimmst du selbst das Maß der Folter, das Maß der Ausdauer und dein eigenes künftiges Los. Vom Psychologischen her ist das übrigens nicht leichter, vielmehr schwerer, denn du kannst dich verrechnen und dich für ewig vor dir selbst schuldig machen. Derjenige natürlich, dem die Sitten dieser Institution vertraut sind, wird nachgeben: So ist's leichter. Aber auch zu rasch nachgeben wäre falsch: Dann glauben sie dir nicht, daß es alles war, und lassen nicht ab von dir. Hältst du aber zu lange damit zurück, kannst du auch wieder fehlgehen: Sieh zu, daß du nicht zuvor dein Leben aushauchst oder aus lauter Wut eine *Frist* aufgebrummt bekommst. Einer der tatarischen Fuhrwerker hatte alle Folterungen über sich ergehen lassen: Kein Gold! Da sperrten sie auch die Frau ein und quälten sie; der Tatare blieb noch immer dabei: Kein Gold! Da packten sie die Tochter — und der Tatare gab nach: Hunderttausend Rubel, da habt ihr sie! Sie ließen die Familie laufen und verpaßten ihm eine Haftstrafe. — Die läppischsten Kriminalromane und Räuberopern waren in der Dimension eines großen Reiches zur handgreiflichen Wirklichkeit geworden.

Die Einführung des Paßsystems an der Schwelle der dreißiger Jahre sorgte für weiteren Häftlingsnachschub. Wie Peter I. sich mühte, die Struktur des Volkes zu vereinfachen, indem er alle Fugen und Rillen zwischen den Ständen leerfegte, so wirkte auch unser sozialistisches Paßsystem: Dieser Besen kehrte die »Zwischenschicht-Insekten«[22] aus, den pfiffigen, heimatlosen, nirgendwo hingehörenden Bevölkerungsteil. Doch klappte es auf Anhieb nicht überall; die Leute irrten sich oft mit diesen Pässen, und so wurde, was nicht angemeldet, was nicht abgemeldet war, ins Inselland geschaufelt, fürs erste zumindest auf ein Jahr.

Also sprudelten und glucksten die Ströme, doch über alle anderen hinweg ergoß sich 1929/30 der Vielmillionenstrom der *liquidierten Kulaken*. Übermäßig breit war er; selbst das voll entfaltete Netz der Untersuchungsgefängnisse (das zudem mit dem »Goldstrom« überfüllt war) hätte ihn nicht auffangen können, doch er machte einen Bogen darum und floß direkt in die Durchgangsstellen und Etappengefängnisse, direkt ins Lagerland GULAG. Die Sturzflut, zu der dieser Strom (dieser Ozean!) in Tagesschnelle angeschwollen war, konnte auch durch die Repressions- und Gerichtsorgane eines so riesenhaften Staates nicht mehr bewältigt werden. Die ganze russische Geschichte hat nichts auch nur annähernd Vergleichbares anzubieten. Es war eine erzwungene Völkerwanderung, eine ethnische Katastrophe. Doch es waren die GPU- und GULAG-Kanäle so umsichtig angelegt, daß die Städte gar nichts bemerkt hätten —

wäre nicht der drei Jahre dauernde seltsame Hunger über sie gekommen, ein Hunger ohne Dürre und ohne Krieg.

Dieser Strom unterschied sich von den vorangegangenen auch noch dadurch, daß man sich hier erst gar nicht den Kopf darüber zerbrach, was nach der Verhaftung des Familienoberhauptes mit der hinterbliebenen Familie zu geschehen habe. Hier hat man umgekehrt von vornherein nur nestweise ausgehoben, nur Familien *en bloc,* wobei sorgsam darauf geachtet wurde, daß kein Kind, ob vierzehn, zehn oder sechs Jahre alt, verlorenging: Jedes fein säuberlich zusammengeharkte Häuflein hatte an denselben Bestimmungsort zu kommen, zur selben gemeinsamen Vernichtung. (Es war das *erste* Experiment dieser Art, zumindest in der neueren Geschichte. Später wird es Hitler mit den Juden wiederholen, dann wiederum Stalin mit den treulosen oder verdächtigen Nationen.)

Verschwindend klein war an diesem Strom der Anteil der *Kulaken,* nach denen er zwecks Tarnung benannt wurde. Als *Kulak*[23] wird im Russischen ein habgieriger, gewissenloser ländlicher Zwischenhändler bezeichnet, der von fremder Arbeit sich bereichert, Zinswucher betreibt und sonstige Handelsgeschäfte vermittelt. Davon gab's schon vor der Revolution in jeder Gegend eine Handvoll, nicht mehr, und die Revolution entzog ihnen gänzlich den Boden. — Später erst, nach 1917, begann man den Begriff *Kulak* (in der offiziellen und in der auf Agitation abzielenden Literatur, von da kam es in die Umgangssprache) ganz allgemein auf jene auszudehnen, die Lohnarbeiter beschäftigten, wenn auch nur wegen zeitweisen Mangels an Arbeitskräften in der Familie. Wir sollten aber nicht übersehen, daß nach der Revolution jede solche Dienstleistung unbedingt gerecht entlohnt werden mußte: Über die Interessen der Landarbeiter wachten die Komitees der Landarmut und die Dorfsowjets, da hätte es sich keiner erlauben können, den Knecht übers Ohr zu hauen! Zu gerechten Bedingungen mit jemandem ein Arbeitsverhältnis einzugehen, ist wohlgemerkt auch heute in unserem Land nicht verboten!

Doch der schlagkräftige Terminus *Kulak* hatte gezündet; im Jahre 1930 war er bereits so aufgebauscht, daß man damit schlechtweg *alle tüchtigen Bauern* belegte — jeden, der kräftig auf beiden Beinen stand, tüchtig im Wirtschaften, tüchtig im Arbeiten war und auch einfach standfest in seinen Überzeugungen. Mit dem Spitznamen *Kulak* sollte die Bauernschaft nichts anderes als *gebrochen* werden. Halten wir inne und denken wir zurück: Zwölf Jahre waren erst seit dem Großen Dekret über Grund und Boden vergangen, jenem Akt, ohne den die Bauernschaft den Bolschewiki nicht gefolgt wäre und die Oktoberrevolution nicht hätte siegen können. Das Land war aufgeteilt worden — jedem Esser *das gleiche*. Neun Jahre waren es erst her, da die Muschiks aus der Roten Armee heimkehrten und sich auf ihrem neueroberten Grund und Boden an die Arbeit machten. Und plötzlich waren sie da: die Kulaken und die Hungerleider. Woher? Manchmal bedingt durch die Ungleichheit der Gerätschaft, manchmal durch eine glückliche oder unglückliche Familienstruktur. Doch waren nicht letztlich Fleiß und Ausdauer wesentlicher? Und eben diese Muschiks auszumerzen, an deren Brot sich Rußland im Jahre 1928 satt essen konnte, machten sich ortsansässige Versager und hergelaufene Städter zum Ziel. Alle Vorstellungen von »Menschlichkeit« schienen verloren, alle in Jahrtausenden erworbenen menschlichen Begriffe zunichte — wie im Blutrausch wurden die besten Ackersleute mitsamt ihren Familien zusammengetrieben und ohne jede Habe, blank wie sie waren, in die nördliche Einöde, in die Tundra und Taiga geworfen.

Eine solche Massenverschiebung konnte nicht reibungslos vor sich gehen. Es mußte das Dorf auch noch jener Bauern entledigt werden, die einfach keine Lust hatten, in den Kolchos zu gehen, und keine Neigung zum kollektiven Leben, von dem sie nicht wußten, wie's aussieht und ob nicht am Ende (wie recht sie mit ihrer Ahnung hatten, wissen wir heute) lauter Nichtstuer darin das große Wort führen würden, mit neuer Fron und altem Hungerleid. Auch jener Bauern mußte man sich entledigen (nicht wenige arme waren darunter), die wegen ihres Draufgängertums, wegen ihrer körperlichen Stärke, ihrer Entschlossenheit und ihres lauthalsen Eintretens für Wahrheit und Gerechtigkeit bei den Dorfgenossen beliebt, bei der Kolchosleitung hingegen wegen ihres unabhängigen Gehabes gefürchtet waren*. Und dazu gab es in jedem Dorf noch solche, die den lokalen Aktivisten *persönlich* ein Dorn im Auge waren. Such einer eine passendere Gelegenheit, mit früheren Rivalen einen alten Streit zu begleichen! Ein neues Wort war nötig, diese Opfer zu bezeichnen — und es wurde gefunden. Keine Spur von »Sozialem«, Ökonomischem war mehr darin, dafür aber klang es ganz großartig: *Podkulatschnik* — Kulakensöldling. Das heißt soviel wie: Ich bestimme, daß du ein Helfershelfer des Klassenfeindes bist. Das genügt! Der zerlumpteste Taglöhner kann solcherart zum Kulakensöldling** abgestempelt werden!

* Dieser bäuerlichen Gestalt und ihrem Schicksal wurde in Stepan Tschausow aus Salygins Roman *Am Irtysch-Fluß* ein unvergängliches Denkmal gesetzt.
** Ich erinnere mich sehr gut, daß uns dieses Wort in meiner Jugend ganz vernünftig schien, nichts Unlogisches dran.

So wurden mit zwei Wörtern — *Kulak* und *Podkulatschnik* — all jene erfaßt, die das Wesen des Dorfes ausmachten, seine Energie, seinen flinken Verstand und seinen Fleiß, seinen Widerstand und sein Gewissen. Sie wurden fortgebracht; die Kollektivisierung war beendet.

Doch auch aus dem kollektivierten Dorf hörten die Ströme nicht zu fließen auf:

— der Strom der *Schädlinge*. Allerorts wurden Agronomen als Landwirtschaftsschädlinge entlarvt; nach einem bis dahin ehrlichen und arbeitsamen Leben legten sie es in diesem Jahr alle darauf an, die russischen Felder unter Unkraut ersticken zu lassen (natürlich folgten sie den Anweisungen eines Moskauer, nun völlig entlarvten Instituts. Da haben wir sie ja, die noch nicht eingesperrten zweihunderttausend Mitglieder der *Bauernpartei*!). Die einen Agronomen drückten sich davor, die tiefsinnigen Direktiven Lyssenkos zu befolgen (mit diesem Strom wurde 1931 der »Kartoffelkönig« Lorch nach Kasachstan geschwemmt). Die andern befolgten sie allzu genau und legten damit deren Stupidität bloß. (1934 ließen die Fachleute im Bezirk Pskow, genau nach Lyssenkos Anweisung, Leinen auf Schnee aussäen. Die Samen quollen, schimmelten und gingen zugrunde. Riesige Felder lagen ein Jahr lang brach. Was hätte Lyssenko sagen sollen? Daß der Schnee ein Kulak oder er selbst ein Versager war? Er beschuldigte die Agronomen, als Kulaken seine Technologie entstellt zu haben. So wanderten die Agronomen nach Sibirien.) Zudem wurde in fast allen Maschinen- und Traktorenstationen Sabotage in den Reparaturwerkstätten aufgedeckt (womit die Erklärung für die Mißerfolge der ersten Kolchosjahre gefunden war!);

— der Strom »wegen hoher Ernteverluste« (bemessen wurden die »Verluste« an der im Frühjahr von der »Erntebestimmungskommission« willkürlich festgesetzten Ziffer);

— »wegen Nichterfüllung der staatlichen Getreideablieferungsverpflichtung« (verpflichtet hatte sich das Parteibezirkskomitee, haftbar war der Kolchos — marsch! marsch!);

— der Strom der *Ährenabschneider*. Nächtens im Feld die Ähren schneiden und aufklauben! — eine gänzlich neue Art von ländlicher Beschäftigung und eine neue Methode der Ernteeinbringung! Es war kein geringer Strom, viele Zehntausende, meist nicht einmal erwachsene Bauern, sondern Burschen und Mädchen und Kinder, die in der Finsternis hinausgeschickt wurden, die Ähren zu schneiden, weil die Eltern nicht hoffen konnten, vom Kolchos für ihr Tagwerk etwas hereinzubekommen. Diese bittere und kaum gewinnbringende Beschäftigung (unter der Leibeigenschaft war solche Not den Muschiks unbekannt!) bestraften die Gerichte mit vollem Maß: *zehn* Jahre; böswilligster Raub von sozialistischem Eigentum war dies laut dem berühmten Gesetz vom 7. 8. 1932 (von den Verurteilten *Sieben-Achtel-Gesetz* getauft).

Dieses Gesetz vom »siebenten Achten« brachte einen weiteren Strom in Fluß: die Baustellen der ersten zwei Fünfjahrespläne, die Eisenbahnen, der Handel, die Fabriken lieferten das Material. Mit der Aufdeckung größerer Unterschlagungen wurde die NKWD betraut. Diesen Strom dürfen wir auch im weiteren nicht vergessen: Er rann unermüdlich, besonders ergiebig während des Krieges, alles in allem fünfzehn Jahre lang (ehe er 1947 wesentlich erweitert und verschärft wurde).

Doch endlich, endlich können wir Atem schöpfen! Jäh zeichnet sich das Ende aller Massenströme ab! Am 17. Mai 1933 sagte Genosse Molotow: »Wir sehen unsere Aufgabe nicht in Massenrepressionen.« Uff, war auch schon höchste Zeit. Fort mit den nächtlichen Ängsten! Doch still! Woher plötzlich das Hundegebell? Faß! Faß!

Ach, sooo ist's! Der *Kirow*-Strom aus Leningrad hat begonnen, und es ward die Lage dort für so angespannt befunden, daß NKWD-Stäbe bei jedem Bezirkssowjet der Stadt eingerichtet wurden. Dazu: »beschleunigte« Gerichtsverfahren (übermäßig verzögert wurden sie auch vordem nicht), in Zukunft ohne Recht auf Berufung (die wurde auch vordem nie eingelegt). Es wird angenommen, daß von Leningrad in den Jahren 1934/35 ein Viertel *weggesäubert* wurde. Diesen Schätzwert möge einer berichtigen, der über die genaue Ziffer verfügt und sie vorzulegen bereit ist. (Der Strom bestand übrigens nicht nur aus Leningradern; in üblicher, wenn auch verworrener Form war er im ganzen Land zu spüren: Die letzten verlorenen Reste von Popensöhnen, adeligen Damen und Personen mit »Auslandsverwandtschaft« wurden entfernt.)

Allemal gingen unter den überschwellenden Strömen die bescheidenen, stetigen Bächlein verloren; ohne viel Aufhebens rieselten sie emsig dahin:

— einmal die *Schutzbündler*, die nach ihrer Niederlage in den Wiener Klassenkämpfen gekommen waren, Zuflucht in der Heimat aller Proletarier zu suchen;

— dann die *Esperantisten* (dieses üble Völkchen knüpfte sich Stalin in denselben Jahren wie Hitler vor);

— hier die vormals übersehenen Splitter der *Freien Philosophischen Gesellschaft*, die illegalen philosophischen Zirkel;

— dort die *Lehrer*, denen die neuesten Brigademethoden des Experimentalunterrichts nicht behagen wollten (1933 verhaftete die Rostower GPU die Lehrerin Natalja Iwanowna Bugajenko; da wurde im dritten Monat ihrer Untersuchungshaft die Ruchlosigkeit jener Methode amtlich verlautbart. Man ließ sie laufen.);

— hier die Mitarbeiter des *Politischen Roten Kreuzes*, welches dank den Bemühungen von Jekaterina Peschkowa noch immer sein Dasein fristete;

— dort die aufständischen *Bergbewohner vom Nordkaukasus* (1935); die Nationalitäten strömen ohne Unterlaß (beim Bau des Moskwa-Wolga-Kanals erscheinen Zeitungen in vier Sprachen: Kasachen, Usbeken, Tataren und andere Turkvölker sind die zahlreichen Leser);

— und wieder die *Gläubigen*, diesmal jene, die sonntags nicht zur Arbeit wollen (es wurde einmal die Fünftage-, dann wieder sie Sechstagewoche[24] eingeführt); auch Kolchosbauern, die an kirchlichen Feiertagen Sabotage betreiben, wie sie es von der individualistischen Ära her gewohnt sind;

— und immer die *Spitzeldienstverweigerer* (darunter fielen auch die am Beichtgeheimnis festhaltenden Priester; die *Organe* hatten rasch begriffen, daß aus der Beichtgewohnheit ein Nutzen zu ziehen wäre, der einzige Nutzen der Religion);

— und die Aushebung der *Sektierer* zieht immer weitere Kreise;

— und die »Große Patience« der Sozialisten wird weitergespielt.

Und schließlich der bislang noch nicht erwähnte, doch stetig fließende Strom des *Zehnten Punktes*, alias KRA (Konter-Revolutionäre Agitation), alias ASA (Anti-Sowjetische Agitation). Der Zehner-Punkt-Strom dürfte von allen der beständigste gewesen sein: Er versiegte schlechthin niemals und schwoll in den Zeiten der Großen Ströme von 1937, 1945 oder 1949 zu wahrem Hochwasserausmaß an*.

Es klingt paradox: Die ganze Energie für ihre langjährige Tätigkeit schöpften die alles durchdringenden und unermüdlich wachen *Organe* aus einem EINZIGEN Paragraphen von den insgesamt einhundertachtund-

---

* Dieser allzeit verläßliche Strom konnte fürwahr jede beliebige Person zu jedem beliebigem Zeitpunkt verschwinden lassen. Man bevorzugte jedoch in den dreißiger Jahren bisweilen eine gewisse Eleganz und gab sich Mühe, angesehenen Intellektuellen irgendeinen anrüchigen Paragraphen anzuhängen (etwa Homosexualität; oder als hätte Professor Pletjnow, beim tête-a-tête mit einer Patientin, dieser in den Busen gebissen. So gedruckt in einer führenden Zeitung – versuch's einer zu dementieren!).

vierzig, die der nicht-allgemeine Teil des Strafgesetzbuches von 1926 aufzählt. Doch es könnten zu seinem Lob mehr Epitheta gefunden werden, als seinerzeit Turgenjew für die russische Sprache oder Nekrassow für Mütterchen Rußland zusammenzutragen vermochten: der große, mächtige, üppige, weitverzweigte, vielfältige, alles sauberfegende Paragraph 58, welcher diese unsere Welt nicht einmal so sehr durch seine Formulierungen als vielmehr durch seine dialektische und großzügigste Auslegung voll auszuloten imstande war.

Wer von uns hat seine weltumspannende Umarmung nicht zu kosten bekommen? Es gibt unter der Sonne wahrlich kein Vergehen, keine Absicht, keine Tat und keine Tatlosigkeit, die nicht vom gestrengen Arm des § 58 erreicht und gestraft werden konnte.

Eine derart breite Formulierung auszuklügeln, war unmöglich, möglich hingegen eine derart breite Auslegung.

Der § 58 war im Strafgesetzbuch nicht als eigener, politischen Verbrechen gewidmeter Abschnitt ausgewiesen; daß er »politisch« ist, wird nirgends gesagt. Gemeinsam mit »Banditentum« und »Verbrechen gegen die Ordnungsgewalt« wurde er in das Kapitel »Staatsverbrechen« eingegliedert. So legt das Strafgesetzbuch von Anfang an fest, daß im gesamten Staatsbereich politische Verbrechen nicht als solche anerkannt, sondern als kriminelle klassifiziert werden.

Der § 58 bestand aus vierzehn Punkten.

Punkt 1 läßt uns wissen, daß jede Handlung (nach § 6 des StGB auch der Verzicht auf Handlung) als konterrevolutionär erkannt wird, sofern sie auf eine Schwächung der Macht abzielt ...

Eine weitere Auslegung ergab: Arbeitsverweigerung im Lager (weil du hungrig und erschöpft bist) bedeutet Schwächung der Macht. Und wird mit Erschießen bestraft. (Die Exekution der *Arbeitsverweigerer* während des Krieges.)

Ab 1934, als man uns den Terminus »Vaterland« wiederschenkte, wurde der Paragraph durch die *Vaterlandsverrats*-Punkte 1a, 1b, 1c, 1d ergänzt. Eine auf die Schwächung des Kriegspotentials der UdSSR abzielende Handlung ist mit Erschießen zu bestrafen (1b), welches nur bei mildernden Umständen oder bei Zivilpersonen in zehn Jahre Haft (1a) umgewandelt werden darf.

Weit ausgelegt: Wenn unsere Soldaten dafür, daß sie sich »dem Feind ergeben haben« (Schädigung des Kriegspotentials!) zu lediglich zehn Jahren verurteilt wurden, deutet sich darin ein beinahe schon ungesetzlicher Akt der Humanität an. Laut Stalinscher Gesetzgebung hätten sie nach ihrer Heimkehr allesamt erschossen werden müssen. (Ein weiteres Beispiel großzügigster Interpretation: Im Sommer 1946 lernte ich im Butyrka-Gefängnis, ich erinnere mich noch gut daran, einen Polen kennen, der in Lemberg geboren war, und zwar in jenem Lemberg, das noch zur österreichisch-ungarischen Monarchie gehörte. Bis zum Zweiten Weltkrieg lebte er samt seiner Heimatstadt in Polen und übersiedelte später nach Österreich, wo er auch arbeitete, als er 1945 von den Unsrigen verhaftet wurde. Nach § 54,1a des Ukrainischen Strafgesetzes bekam er wegen Landesverrats an seiner Heimat *Ukraine* zehn Jahre Lager — denn es war inzwischen die Stadt Lemberg zum ukrainischen Lwow geworden! Der arme Teufel bemühte sich vergeblich, dem Untersuchungsrichter klarzumachen, daß er mit seiner Reise nach Wien keine landesverräterischen Absichten verfolgt hatte! So hatte er es zuwege gebracht, ein Verräter zu werden!)

Eine andere Erweiterungsmöglichkeit des Deliktes des Landesverrats bot die Mitheranziehung des § 19 des StGB: der »Absicht«. Das heißt mit anderen Worten: Verrat wurde nicht begangen, jedoch bestand — nach Meinung des Untersuchungsrichters — die Absicht dazu; dies genügte für die Verhängung des vollen Strafmaßes, so als hätte der Delinquent tatsächlich Verrat begangen. Zwar spricht der § 19 nicht von Absicht, sondern von *Tatvorbereitung*, doch kann in dialektischer Interpretation auch die Absicht als Vorbereitung verstanden werden. Aber »die Vorbereitung wird wie das Verbrechen selbst (d. h. mit gleichem Strafmaß) bestraft« (StGB). Kurz gesagt, wir machen keinen Unterschied zwischen der verbrecherischen *Absicht* und dem *Verbrechen* selbst, worin auch der *Vorzug* der sowjetischen Gesetzgebung gegenüber der bürgerlichen besteht*!

Punkt 2 hat den bewaffneten Aufstand, die Machtergreifung im Zentrum und in der Provinz wie desgleichen den Versuch zur gewaltsamen Lostrennung eines Teils der Union der Republiken zum Inhalt. Vorgesehene Höchststrafe: Erschießen (wie auch in *jedem* nachfolgenden Punkt).

Die erweiterte Auslegung (im Paragraphen selbst freilich nicht so direkt formuliert, jedoch vom revolutionären Rechtsbewußtsein so diktiert): Hierzu gehört jedweder Versuch jeder beliebigen Republik, aus der Union auszutreten. Denn »gewaltsam« — das sagt nichts darüber, *wer* Gewalt anwendet. Und wünschte selbst die gesamte Bevölkerung

---

* *Ot tjurem k vospitatel'nym učrezždenijam* (»Von der Straf- zur Erziehungsanstalt«), Sammelband des Instituts für Kriminalpolitik, Redaktion Wyschinski, Moskau 1934, S. 36.

einer Republik die Lostrennung — solange Moskau dagegen wäre, bliebe die Lostrennung eine *gewaltsame*. Folglich fiel es nicht schwer, allen estnischen, lettischen, litauischen, ukrainischen und turkestanischen Nationalisten mit Hilfe dieses Punktes ihre vollen *Zehner* oder *Fünfundzwanziger* zu geben.

Punkt 3: »Jedwede Begünstigung eines fremden, mit der UdSSR sich im Kriegszustand befindlichen Staates.«

Dieser Punkt erlaubte es, *jeden* Bürger vor Gericht zu bringen, der unter fremder Besatzung lebte, egal, ob er einem deutschen Armeeangehörigen den Schuh besohlt oder ein Bund Radieschen verkauft hat; und auch jede Bürgerin, die den Kampfgeist des Besatzers förderte, indem sie mit ihm tanzte oder eine Nacht verbrachte. Nicht jeder *war* nach diesem Punkt verurteilt worden (wegen der übergroßen Zahl), doch jeder hätte es werden *können*.

Punkt 4 erläuterte die (phantastische) Hilfeleistung gegenüber der Weltbourgeoisie.

Man könnte fragen: Wer paßt da hinein? Bei weiter Auslegung unter Zuhilfenahme des revolutionären Gewissens wurde dennoch bald ein Verbrecherkreis abgesteckt: Alle Emigranten, die vor 1920, das heißt, lange vor Abfassung dieses Gesetzbuches, ins Ausland gegangen waren und dort ein Vierteljahrhundert später von unseren Truppen in Europa eingeholt wurden (1944/45), fielen unter § 58,4 — zehn Jahre oder Erschießen. Denn was hatten sie im Ausland anderes zu tun, als der Weltbourgeoisie zu helfen? (Das Beispiel der Musikgesellschaft hat uns bereits vor Augen geführt, wie solche Hilfe auch vom Inland aus gewährt werden konnte.) Der Weltbourgeoisie in die Hand spielten ferner alle Sozialrevolutionäre und Menschewiki (für die der Paragraph auch gedacht war), später die Ingenieure vom *Gosplan* und vom Volkswirtschaftsrat.

Punkt 5: Anstiftung einer fremden Macht zur Kriegserklärung an die UdSSR.

Welch eine Gelegenheit ging verloren: diesen Punkt auf Stalin und seine diplomatischen und militärischen Berater der Jahre 1940/41 auszudehnen. Ihre Blindheit, ihr Wahnwitz hatten genau dahin geführt. Wer denn, wenn nicht sie, hat Rußland in schmachvolle, nie dagewesene Niederlagen gestürzt, Niederlagen, die mit den zaristischen Versagern von 1904 oder 1915 nicht zu vergleichen sind? Niederlagen, wie sie Rußland seit dem 13. Jahrhundert nicht kannte?

Punkt 6: Spionage —

wurde so weitherzig interpretiert, daß man nach Auszählung aller danach Abgeurteilten zu dem Schluß kommen könnte, daß sich unser Volk seinen Unterhalt unter Stalin weder durch Ackerbau noch durch Handwerk noch sonstwie verdient hatte, sondern einzig durch Spionage; das Geld der fremden Geheimdienste muß reichlich geflossen sein. Spionage — das war extrem einfach in der Handhabung und jedermann verständlich, dem primitiven Verbrecher gleichwie dem gelehrten Juristen, dem Journalisten und der öffentlichen Meinung*.

Die Breite der Interpretation zeigte sich auch noch darin, daß man nicht einfach wegen Spionage verurteilt wurde, sondern vielmehr wegen

PSch — Spionageverdacht (oder NSch — Unbewiesene Spionage, und da ging es einem genauso an den Kragen!)

und sogar wegen

SWPSch — Beziehungen, die zum Spionageverdacht führen (!).

Das bedeutet zum Beispiel: die Bekannte der Bekannten Ihrer Frau ließ bei derselben Schneiderin (natürlich einer NKWD-Agentin) nähen wie die Gattin eines ausländischen Diplomaten.

Und all diese 58,6 PSch's und SWPSch's waren wie Kletten, sie erforderten eine strenge und unermüdliche Aufsicht (der fremde Geheimdienst könnte ja die Fäden zu seinem Schützling bis ins Lager hinein spinnen), weshalb die Spione auch im Lager stets unter Bewachung zu stehen hatten. Überhaupt haftete all diesen *Buchstaben-Paragraphen*, die gar keine Paragraphen eigentlich waren, sondern erschreckende Gebilde aus lauter Großbuchstaben (wir werden in diesem Kapitel noch auf andere stoßen), etwas Geheimnisvolles an; es war stets unklar, ob sie Fortsätze des Achtundfünfzigsten oder selbständige und besonders gefährliche Dinge waren. Häftlinge mit Buchstaben-Paragraphen hatten oft noch mehr zu leiden als die bloßen Achtundfünfziger.

Punkt 7: Untergrabung der Industrie, des Transports, des Handels, des Geldumlaufs und des Genossenschaftswesens.

In den dreißiger Jahren bekam dieser Punkt starken Aufwind; unter dem vereinfachten und jedermann verständlichen Slogan *»Schädlinge*

---

*Es dürfte die Spionomanie nicht bloß ein engstirniger Fimmel des großen Stalin gewesen sein. Sie kam allen zupaß, die in den privilegierten Stand eintraten. Sie wurde die natürliche Rechtfertigung für die bereits in Mode kommende allgemeine Vergeheimnissung, für das Informationsverbot, die verschlossenen Türen, das Propusk-System, die abgeschirmten Datschen und die heimlichen Kaufläden. Die Panzerwand der Spionomanie war undurchdringlich, das Volk konnte nicht hinüberschauen, es sollte auch nicht sehen, wie die Bürokratie intrigiert, faulenzt und Fehlentscheidungen produziert, was sie ißt und wie sie sich amüsiert.

am Werk« ergriff er von den Massen Besitz. Die Unterminierung aller in Punkt 7 genannten Bereiche lag tatsächlich auf der Hand, mit jedem Tag greif- und sichtbarer; irgendwer mußte doch schuld daran sein! . . . Jahrhundertelang baute und werkte das Volk, immer redlich, selbst im Dienste der früheren Herren. Von *Sabotage* keine Spur bis zurück in Ruriks Zeiten . . . Und als endlich und zum ersten Mal alles Gut zum Volksgut wurde, da hatten Hunderttausende der Besten des Volkes nichts Eiligeres zu tun, als zu schädigen, wo's nur ging. (Schädlingsarbeit in der *Landwirtschaft* war in diesem Punkt nicht einkalkuliert; da jedoch die immer niedrigeren Ernten, die Verluste an Maschinen und die Invasionen von Unkraut ebenfalls nicht anders vernünftig zu erklären waren, mußte wiederum die dialektisch inspirierte Erweiterung herhalten.)

Punkt 8: Terror (nicht jener Terror, den »zu begründen und gesetzlich zu verankern« das sowjetische Strafgesetz berufen war*, sondern der Terror von *unten*).

Der Terrorbegriff war extrem dehnbar. Eine Bombe unter eine Gouverneurskalesche zu legen, das wurde nicht Terror genannt, dagegen jedoch: einen persönlichen Widersacher zu verprügeln, sobald er Aktivist bei der Partei, im Komsomol oder bei der Miliz war. Um so mehr war *Mord* auch nicht einfach *Mord*, wenn er an einem Aktivisten begangen wurde (wie übrigens schon niedergeschrieben im Kodex des Hammurabi im 18. Jahrhundert v. Chr.). War der erschlagene Liebhaber der Ehefrau parteilos, dann wurde der eifersüchtige Ehemann als Alltagsverbrecher *Bytowik* nach § 136 eingestuft und durfte, ein sozial-nahestehendes Element, ohne Wachmannschaft zur Arbeit. War der Liebhaber hingegen Parteimitglied, dann hatte der Ehemann nach § 58,8 als Feind des Volkes zu gelten.

Eine noch wichtigere Erweiterung erfuhr der Begriff durch die Anwendung des Punktes 8 mit Heranziehung immer desselben § 19, das heißt, mittels der *Vorbereitung* im Sinne von Absicht. Nicht nur eine direkte Drohung, vor dem Bierkiosk gegen einen Aktivisten ausgestoßen, etwa »Na, warte nur!«, sondern auch das »Ach, der Teufel hol ihn« aus dem Munde eines streitsüchtigen Marktweibes wurde als TN — *Terroristische Absicht* — qualifiziert und konnte die Anwendung des vollen Strafmaßes bewirken**.

Punkt 9: Zerstörung oder Beschädigung . . . durch Sprengung oder In-

---

* Lenin, »Gesammelte Werke«, Bd. 45, S. 190.
** Es klingt übertrieben, klingt wie eine Farce — doch nicht wir haben sie erdichtet, wir haben nur mit diesen Leuten gemeinsam gesessen.

brandsetzung (und immer mit konterrevolutionärer Absicht), kurz *Diversionsakt* genannt.

Die Erweiterung bestand darin, daß konterrevolutionäre Absichten (darüber, was im Inneren des Verbrechers vor sich ging, wußte der Untersuchungsrichter besser Bescheid!) überall vermutet und einfaches menschliches Versagen, bloßes Mißgeschick in der Arbeit niemals verziehen und stets als Zersetzung verbucht wurde.

Doch kein anderer Punkt wurde in einem solchen Maß und mit einem derartigen Einsatz von revolutionärem Gewissen breitgetreten wie Punkt 10. Er lautete: »Propaganda oder Agitation, welche einen Appell zum Sturz, zur Untergrabung oder zur Schwächung der Sowjetmacht enthält ... beziehungsweise Verbreitung, Herstellung oder Aufbewahrung von Literatur gleichen Inhalts.« Und er legte in *Friedenszeiten* nur das *Mindestmaß* der Strafe fest (nicht weniger! nicht milder!), während das Limit nach oben hin *unbeschränkt* blieb!

So furchtlos trat der mächtige Staat dem WORT seiner Bürger entgegen. Bekannte Erweiterungen dieses bekannten Punktes waren: unter »Agitation mit Aufwiegelung« konnte ein freundschaftliches (oder sogar eheliches) Zwiegespräch, desgleichen auch ein Brief verstanden werden; ein persönlicher Rat konnte *Appell* sein. (Das »konnte« schließen wir daraus, daß es *genau so auch war*.) — »Untergrabung und Schwächung« der Macht war jeder Gedanke, der in Inhalt und Intensität hinter der diestägigen Zeitung zurückstand. Denn es *schwächt* alles, was *nicht stärkt*! Denn es *untergräbt* alles, was nicht ganz *entspricht*!

>»Wer heute nicht mit uns singt —
>der ist
>gegen
>uns!«
>(Majakowski)

— unter »Herstellung von Literatur« wurde die einfache, nicht kopierte Niederschrift eines Briefes, einer Notiz, eines intimen Tagebuches verstanden.

Nach solch trefflicher Erweiterung — welchen GEDANKEN, ob gedacht, gesprochen oder niedergeschrieben, vermochte Punkt 10 nicht zu erfassen?

Punkt 11 war von besonderer Art: Er hatte keinen selbständigen Inhalt und fungierte als erschwerende Draufgabe zu allen vorherigen

Punkten, wenn die Straftat organisiert vorbereitet, bzw. zu deren Verwirklichung eine Organisation geschaffen wurde.

In Wirklichkeit wurde der Punkt so weit gehandhabt, daß es einer Organisation gar nicht erst bedurfte. Die elegante Auslegung des Punktes 11 bekam ich am eigenen Leibe zu spüren. Wir waren *zwei*, die wir in geheimem Gedankenaustausch standen, zwei — *lies* Keim einer Organisation, zwei — *lies* Organisation!

Punkt 12 betraf mehr als die anderen das Gewissen der Staatsbürger; es war der Punkt über die *Nichterfüllung der Anzeigepflicht* für jede der aufgezählten Missetaten. Und für diese schwere Sünde des Nichtdenunzierens war die Strafe nach oben hin *nicht begrenzt!*

Dieser Punkt war an sich schon eine so uferlose Erweiterung, daß er weitere Erweiterungen nicht brauchte. *Gewußt* und *nicht gesagt* haben — das war, als hättest du's selber getan!

Punkt 13, scheinbar längst überholt, betraf den Dienst in der zaristischen *Ochrana**. (Analoge spätere Dienste galten umgekehrt als patriotisches Tun.)

Punkt 14 stellte die »bewußte Nichterfüllung bestimmter Pflichten oder ihre beabsichtigte nachlässige Erfüllung« unter Strafe. Die Strafe reichte, versteht sich, bis zum Erschießen. Kurz wurde dies »Sabotage« oder »wirtschaftliche Konterrevolution« genannt.

Beabsichtigtes von Unbeabsichtigtem zu unterscheiden, oblag einzig dem Untersuchungsrichter, wofür sein revolutionäres Rechtsempfinden herhalten mußte. Dieser Punkt wurde auf Bauern angewandt, die die Ablieferungspflichten nicht erfüllten. Dieser Punkt wurde auf Kolchosmitglieder angewandt, die nicht genug Tagewerke abgearbeitet hatten; auf Lagerinsassen, die die Norm nicht erreichten. Schließlich, nach dem Krieg, schlugen sie mit diesem Punkt auch gegen die Kriminellen los: Jeder Fluchtversuch wurde in erweitertem Verständnis nicht als süßes Freiheitssehnen, sondern als Unterminierung des Lagersystems ausgedeutet.

Dieses war das letzte Blatt vom Fächer des § 58, eines Fächers, der alle Fazetten der menschlichen Existenz bedeckte.

* Es gibt psychologische Indizien, die vermuten lassen, daß sich Stalin auch nach diesem Punkt des § 58 strafbar gemacht hat. Bei weitem nicht alle diese Art Dienste betreffenden Dokumente waren im Februar 1917 sichergestellt und bekanntgemacht worden. Der an der Kolyma sterbende ehemalige Direktor des Polizeidepartements, W. F. Dschunkowski, beteuerte, daß die eilige Verbrennung der Polizeiarchive in den ersten Tagen der Februarrevolution das gemeinsame Werk einiger betroffener Revolutionäre gewesen war.

Nach dieser Übersicht über den § 58 den Großen werden wir uns in Zukunft weniger wundern. Wo ein Gesetz ist, da findet sich auch das Verbrechen.

Er war 1927, noch warm aus der Schmiede, erprobt und in allen Strömen des folgenden Jahrzehnts gehärtet worden, nun konnte er, der edle Stahl des § 58, in dem 1937/38 geblasenen Sturmangriff des Gesetzes gegen das Volk mit Saus und Schwung zum vollen Einsatz kommen.

Es muß gesagt werden, daß die Operation von 1937 keine spontane, sondern eine wohl geplante war, daß im ersten Halbjahr viele Gefängnisse der Union umgebaut wurden: die Liegen aus den Zellen entfernt, durchgehende mehrstöckige Pritschen installiert*. Es wollen sich ältere Häftlinge daran erinnern, daß schon der erste Schlag massiert erfolgte, in einer einzigen Augustnacht sogar, und zwar im ganzen Land (doch ich, der ich unsere Schwerfälligkeit kenne, kann nicht recht daran glauben). Im Herbst aber, als zum zwanzigsten Jahrestag der Revolution große Hoffnungen auf eine allgemeine Amnestie gesetzt wurden, bedachte Stalin, der Spaßmacher, das Gesetzbuch mit unglaublichen neuen Strafen: 15 und 20 Jahre**.

Überflüssig scheint es, hier zu wiederholen, was über das Jahr 1937 bereits geschrieben wurde und noch x-mal vorgebracht werden wird: daß ein vernichtender Schlag gegen die Spitzen der Partei, der Verwaltung, des Militärs sowie gegen die Spitzen der GPU-NKWD selbst geführt wurde***. In kaum einem Gebiet war der Erste Sekretär des Gebietskomitees der Partei oder der Vorsitzende des Gebietssowjet übriggeblieben: Stalin suchte sich Passendere aus.

Olga Tschawtschawadse erzählt, wie es in Tbilissi war: 1938 wurden der Vorsitzende des städtischen Exekutivkomitees, seine Stellvertreter, alle (elf) Abteilungsleiter, ihre Stellvertreter, alle Chefbuchhalter, alle Wirtschaftsverantwortlichen verhaftet. Danach neue ernannt. Zwei Monate vergingen ... Und wieder wurden verhaftet: der Vorsitzende, die

---

* Wie es auch kein Zufall war, daß das Große Haus in Leningrad 1934 fertiggebaut wurde, prompt zur Ermordung Kirows.
** Die fünfundzwanzigjährige Frist wurde zum 30. Jahrestag, im Jahre 1947, eingeführt.
*** Jetzt, angesichts der chinesischen Kulturrevolution (ebenfalls im 17. Jahr nach dem endgültigen Sieg), können wir mit Fug und Recht darin eine historische Gesetzmäßigkeit vermuten. Und selbst Stalin beginnt uns nur als blinde und oberflächliche Exekutivgewalt zu erscheinen.

Stellvertreter, alle (elf) Abteilungsleiter, alle Chefbuchhalter, alle Wirtschaftsverantwortlichen. In Freiheit blieben: die einfachen Buchhalter, die Stenotypistinnen, die Putzfrauen und die Laufburschen ...

Beim Ausheben der einfachen Parteimitglieder muß es hingegen ein geheimes, in Protokollen und Gerichtsurteilen niemals direkt genanntes Motiv gegeben haben: vorzugsweise jene zu verhaften, die *vor 1924* der Partei beigetreten waren. Mit besonderer Energie wurde dieses Prinzip in Leningrad verfochten, denn nur diese hatten die »Plattform« der neuen innerparteilichen Opposition unterschrieben. (Wie auch nicht? Wie hätten sie ihrem Leningrader Komitee »mißtrauen« sollen?)

Und so ist's gewesen; hier ein Schnappschuß aus jener Zeit. Eine Bezirksparteikonferenz (im Moskauer Gebiet) ... Den Vorsitz führt der neue Bezirkssekretär anstelle des *sitzenden* früheren. Am Ende wird ein Schreiben an Stalin angenommen, Treuebekenntnis und so. Selbstredend steht alles auf (wie auch jedesmal sonst der Saal aufspringt, wenn sein Name fällt). Im kleinen Saal braust »stürmischer, in Ovationen übergehender Applaus« auf. Drei Minuten, vier Minuten, fünf Minuten — noch immer ist er stürmisch und geht noch immer in Ovationen über. Doch die Hände schmerzen bereits. Doch die erhobenen Arme erlahmen. Die Älteren schnappen nach Luft. Und es wird das Ganze unerträglich dumm selbst für Leute, die Stalin aufrichtig verehren. Aber: wer wagt es als *erster*? Aufhören könnte der Erste Bezirkssekretär. Doch er ist ein Neuling, er steht hier anstelle des Sitzenden, er hat selber Angst! Denn im Saal stehen und klatschen auch NKWD-Leute, die passen schon auf, *wer* als erster aufgibt! ... Im kleinen, unbedeutenden Saal wird geklatscht ... und Väterchen kann's gar nicht hören ... 6 Minuten! 7 Minuten! 8 Minuten! ... Sie sind verloren! Zugrunde gerichtet! Sie können nicht mehr aufhören, bis das Herz zerspringt! Hinten, in der Tiefe des Saales, im Gedränge, kann einer noch schwindeln, einmal aussetzen, weniger Kraft, weniger Rage hineinlegen — aber nicht im Präsidium, nicht vor aller Augen! Der Direktor der Papierfabrik, ein starker und unabhängiger Mann, steht im Präsidium, begreift die Verlogenheit, die Ausweglosigkeit der Situation — und applaudiert — 9 Minuten! 10! Er wirft sehnsüchtige Blicke auf den Sekretär, doch der wagt es nicht. Verrückt! Total verrückt! Sie schielen mit schwacher Hoffnung einer zum anderen, unentwegt Begeisterung auf den Gesichtern, sie klatschen und werden klatschen, bis sie hinfallen, bis man sie auf Tragbahren hinausbringt! Und auch dann werden die Zurückgebliebenen nicht aufgeben! ... Und so setzt der Direktor in der elften Minute eine geschäftige Miene auf und läßt sich in seinen Sessel im Präsidium fallen. Und — o Wunder! — wo ist der allgemeine, ungestüme und unbeschreibliche Enthusiasmus geblieben? Wie ein Mann hören sie mitten in der Bewegung auf und plumpsen ebenfalls nieder. Sie sind gerettet! Der Bann ist gebrochen! . . .

Allein, an solchen Taten werden unabhängige Leute erkannt. Erkannt und festgenagelt: In selbiger Nacht wird der Direktor verhaftet. Mit Leichtigkeit werden ihm aus ganz anderem Anlaß zehn Jahre verpaßt. Doch nach Unterzeichnung des abschließenden Untersuchungsprotokolls vergißt der Untersuchungsrichter nicht die Mahnung:

»Und hören Sie in Zukunft nie als erster mit dem Klatschen auf!«

(Wie aber denn? Wie sollen wir sonst aufhören?)*

Sehen Sie: Das ist die Darwinsche Auslese. Unter Anwendung der Zermürbungsmethode Dummheit.

Heute aber wird ein neuer Mythos geschaffen. Jede gedruckte Erzählung, jede gedruckte Erwähnung des Jahres 1937 ist unbedingt ein Bericht über die Tragödie der hochgestellten Kommunisten. Wir selber lassen uns unwillkürlich davon überzeugen, daß das Gefängnisjahr 1937/38 in der *Aushebung* eben nur der prominenten Kommunisten sich erschöpfte. Doch von den *Millionen* der damals Eingesperrten konnten die bekannten Partei- und Staatsfunktionäre, wenn's viel ist, höchstens zehn Prozent ausmachen. Selbst in den Schlangen, die vor den Leningrader Gefängnissen mit Paketen für die Eingelieferten standen, waren einfache Frauen vom Rang einer Putzfrau in der Mehrzahl.

Die Zusammensetzung der von jenem mächtigen Strom Erfaßten und halbtot auf den Archipel Geschwemmten war so bunt und bizarr, daß sich lange den Kopf zerbrechen müßte, wer wissenschaftlich die Gesetzmäßigkeit eruieren wollte. (Um so weniger vermochten die Zeitgenossen diese zu begreifen.)

Das wahre Einsperrgesetz jener Jahre aber läßt sich an der *vorgegebenen Ziffer* definieren, am Erfassungsplan und Erfassungsnetz. Jede Stadt, jeder Bezirk, jede Armee-Einheit erhielt eine Sollzahl zugewiesen, welche fristgerecht zu erfüllen war. Alles übrige hing von der Fertigkeit der Einsatzkommandos ab.

Der ehemalige Tschekist Alexander Kalganow erinnert sich, in Taschkent ein Telegramm erhalten zu haben: »Schickt zweihundert!« Im Augenblick aber waren sie gerade mit einer Partie fertig, und es gab scheinbar niemanden mehr zum »Nehmen«. Gut, sie brachten fünfzig Mann Nachschub aus den Bezirken herbei. Da, ein Einfall! Die von der Miliz festgenommenen *Bytowiki* in Achtundfünfziger aufzuwerten! Ge-

* So berichtet von N. R-ko.

sagt, getan. Doch die Sollziffer ist immer noch nicht ganz erreicht! Eine Anfrage von der Miliz: Was tun? Zigeuner haben mitten in der Stadt ungeniert ihre Zelte aufgeschlagen. Das ist's! Der Tabor wird umzingelt und alle Männer von siebzehn bis sechzig nach § 58 eingezogen! Planerfüllung zu vermelden!

Auch solches kam vor: Für die Republik Ossetien war ein Soll von fünfhundert Erschießungen vorgesehen, die ossetischen Tschekisten (berichtet der Milizchef Sabolowski) ersuchten um eine Zugabe, man bewilligte ihnen weitere zweihundertfünfzig.

Kaum chiffriert, wurden solche Telegramme mit gewöhnlicher Post verschickt. In Temrjuk rief eine Telegraphistin in seliger Einfalt bei der NKWD-Zentrale an: Krasnodar erwarte die Lieferung von 240 Seifenkisten. Nächsten Morgen hörte sie von großen Verhaftungen und Abtransporten, da ging ihr ein Licht auf und sie beichtete die Telegrammgeschichte ihrer Freundin. Und fand sich auch schon hinter Schloß und Riegel.

(War's wirklich nur Zufall, daß Menschen als *Seifenkisten* verschlüsselt wurden? Oder — tiefere Einsicht in die Seifensiederei?)

Freilich, gewisse partielle Gesetzmäßigkeiten sind wohl zu erfassen. Eingesperrt werden:

— im Ausland unsere *echten Spione* (das sind oft aufrichtigste Kominternleute oder Tschekisten, viele hübsche Frauen darunter. Sie werden in die Heimat befohlen, an der Grenze verhaftet, später ihrem einstigen Komintern-Vorgesetzten, zum Beispiel Mirow-Korona, gegenübergestellt. Er bestätigt, daß er von irgendeinem Geheimdienst angeworben war, deswegen automatisch auch seine Untergebenen; desto schlimmer, je ehrlicher sie waren!);

— die *Ka-we-sche-diner* (ausnahmslos alle sowjetischen Angestellten der Ostchinesischen Eisenbahn KWSchD, Frauen, Kinder und Großmütter mit inbegriffen, standen in japanischen Diensten. Es muß jedoch eingeräumt werden, daß sie auch schon einige Jahre früher durchgesäubert worden waren);

— *Koreaner* aus dem Fernen Osten (besonders in Kasachstan) — der erste Versuch einer blutsmäßigen Erfassung;

— die Leningrader *Esten* (als Indiz für weißestnische Spionage gilt allein der Familienname);

— alle Schützen der *revolutionären lettischen Regimenter* und alle *lettischen Tschekisten*, ja, die Geburtshelfer der Revolution, bis vor kurzem noch die Stützen und der Stolz der Tscheka! Und mit ihnen jene lettischen Kommunisten, die 1921 ausgetauscht wurden, als ihnen in der bürgerlichen Heimat schreckliche lettische Strafen von zwei bis drei Jahren drohten. (In Leningrad werden geschlossen: die lettische Abteilung des Herzen-Instituts, das lettische Kulturheim, der estnische Klub, das lettische Polytechnikum, die lettische und die estnische Zeitung.)

In einem Aufwaschen wird die Große Patience zu Ende gespielt, restliche Krümchen werden zusammengeklaubt. Wozu noch sich verstellen, das Spiel geht zu Ende, höchste Zeit. Die Sozialisten brauchen nur ortsweise, lies verbannungsortsweise (z. B. Ufa, Saratow) eingesammelt zu werden; sie werden gemeinsam abgeurteilt und auf die Schlachtbänke des Archipels getrieben — herdenweise.

Nirgends wird nachdrücklich erklärt, es müßten möglichst viele Intellektuelle eingesperrt werden, doch so wie in den früheren Strömen, werden sie auch jetzt nicht übersehen. Es genügt eine studentische Denunziation (diese Wortverbindung klingt längst nicht mehr seltsam), daß der Lektor mehr Lenin und Marx und niemals Stalin zitiert — und der Lektor kommt nicht zur nächsten Vorlesung. Wenn er aber *gar nicht zitiert?* . . . — Verhaftet werden alle Leningrader Orientalisten der mittleren und jungen Generation. Verhaftet wird der Lehrkörper des Instituts für die Völker des Nordens (außer den Spitzeln). Nicht verschmäht werden auch die Mittelschullehrer. In Swerdlowsk wurde die *Affäre der Dreißig*, an der Spitze der Leiter des Gebietsschulamtes Perel, geschmiedet*; einer der entsetzlichen Anklagepunkte lautete: Veranstaltung von schulischen Neujahrsfesten mit Tannenbäumen *mit dem Ziel, die Schulen in Brand zu stecken!* Auch auf die Köpfe der Ingenieure (der sowjetischen Generation schon, nicht mehr der »bürgerlichen«) saust der Holzprügel mit der Gleichmäßigkeit eines Pendels herab. Dem Markscheider Nikolai Merkurjewitsch Mikow trafen wegen irgendwelcher geologischer Verschiebungen zwei gegeneinander getriebene Sohlen nicht zusammen. 58,7, 20 Jahre! Sechs Geologen (die Gruppe Kotowitsch): »Wegen böswilliger Verheimlichung von Zinnvorkommen (das heißt, wegen ihrer Nichtentdeckung!) für den Fall einer deutschen Invasion« (denunziert) 58,7, 10 Jahre jeder.

---

* Davon wurden fünf beim Verhör zu Tode gequält und erlebten die Gerichtsverhandlung nicht mehr. Vierundzwanzig starben in den Lagern. — Iwan Aristaulewitsch Punitsch kehrte zurück, rehabilitiert. (Wäre auch er gestorben, hätten wir die Dreißig hier ausgelassen — so wie andere Millionen.) Zahlreiche »Zeugen« in diesem Prozeß leben heute wohlbestallt in Swerdlowsk: Parteiangestellte, Ehrenpensionisten. Die Darwinsche Auslese.

Ein Sonderstrom wird den Hauptströmen nachgeschickt: die Frauen, die Angehörigen (nach den Anfangsbuchstaben TSche-eS, *Tschleny Semji* — Familienmitglieder — genannt). Die Frauen der oberen Parteispitze sind es, mancherorts, so in Leningrad, auch derer, die »zehn Jahre ohne Brieferlaubnis« bekamen, schon nicht mehr am Leben waren. Die TSche-eS's erhielten in der Regel den *Achter*. (Trotz allem noch milder die Strafe als bei den liquidierten Kulaken, auch blieben die Kinder auf dem Festland.)

Berge von Opfern! Pyramiden von Opfern! Ein Frontalangriff der NKWD auf die Stadt: Der S. P. Matwejewa wurden in einer einzigen Nacht, aber wegen verschiedener »Delikte« der Mann und drei Brüder wegverhaftet (und drei von den vieren kommen nie mehr zurück):

— einem Elektrotechniker riß im zuständigen Sprengel ein Hochspannungskabel. 56,7, 20 Jahre;

— der Arbeiter Nowikow wird in Perm beschuldigt, die Sprengung der Kama-Brücke vorbereitet zu haben;

— Juschakow (ebenfalls in Perm) wird am Tag verhaftet, seine Frau holen sie in der Nacht. Eine Liste wird ihr vorgelegt, sie möge unterschreiben, daß sich die darin Aufgezählten regelmäßig in ihrem Haus zu menschewistisch-sozialrevolutionären Versammlungen einfanden (überflüssig zu sagen, daß es nichts dergleichen gab). Wenn sie unterschriebe, würde man sie zu ihren drei Kindern gehen lassen. Sie unterschrieb, schickte alle ins Verderben und blieb natürlich selber sitzen;

— Nadeschda Judenitsch wurde wegen ihres Namens verhaftet. Es wurde allerdings nach neun Monaten ermittelt, daß sie zu dem berüchtigten General in keinerlei verwandtschaftlicher Beziehung stand, und man ließ sie auch frei (ihre Mutter starb inzwischen vor Aufregung, wen kümmern solche Lappalien);

— in Staraja Russa wird der Film *Lenin im Oktober* gezeigt. Horcht! Sagt da nicht einer: »Das müßte Paltschinski wissen!«, ist nicht der Paltschinski unter den Verteidigern des Winterpalasts? Moment mal, bei uns ist eine Paltschinskaja als Krankenschwester angestellt! Her mit ihr, hopp! Und man nahm sie hopp. Und sie war es wirklich, die Gattin, die nach der Erschießung ihres Mannes in diesem Krähwinkel untergetaucht war;

— die Brüder Boruschko (Pawel, Iwan und Stepan) waren 1930 als *Kinder* aus Polen zu Verwandten gekommen. Als junge Burschen erhielten sie nun laut PSch (Spionageverdacht) 10 Jahre;

— eine Straßenbahnerin in Krasnodar war spätabends auf dem

Heimweg vom Depot, als sie zu ihrem Pech an einem steckengebliebenen Lastwagen vorbeikam, den einige Männer wieder flottzumachen versuchten. Der Lastwagen war mit Leichen geladen — Hände und Füße ragten unter der Zeltplane hervor. Ihr Name wurde notiert, am nächsten Tag holte man sie ab. Der Untersuchungsrichter fragte, was sie gesehen habe. Sie antwortete wahrheitsgetreu (die Darwinsche Auslese). Antisowjetische Agitation, 10 Jahre;

— ein Installateur schaltete in seinem Zimmer jedesmal das Radio ab, wenn endlose Briefe an Stalin verlesen wurden*. Der Nachbar zeigte ihn an (wo ist er heut, der Nachbar?). Sozial-gefährliches Element, 8 Jahre;

— das Hobby eines halbanalphabetischen Ofensetzers bestand im *Unterschreiben,* es förderte sein Selbstbewußtsein. Reines Papier hatte er nicht, so kritzelte er seine Unterschrift auf Zeitungen. Eine ihm gehörige Zeitung — lauter Unterschriften schräg über dem Antlitz des Vaters und Lehrers — wurde von Nachbarn am Abortnagel hängend entdeckt. ASA, 10 Jahre.

Stalin und seine Favoriten liebten ihre Porträts, stopften damit die Zeitungen voll und vermehrten sie millionenfach. Die Fliegen nahmen auf die Heiligkeit wenig Rücksicht, auch war's schade, das Zeitungspapier ungenützt verkommen zu lassen — wer zählt die Unglücklichen, die dafür ins Lager kamen?!

Die Verhaftungen breiteten sich wie Seuchen über Straßenzüge und Häuserblocks aus. So wie man ansteckende Krankheiten, ohne es zu wissen, weitergibt: durch Händedruck, Atem oder verseuchte Sachen, so übertrug ein Mitmensch durch Händedruck, Atem, eine zufällige Begegnung die Keime der unvermeidlichen Verhaftung. Denn wenn es dir bestimmt ist, morgen die Bildung einer Untergrundgruppe zwecks Vergiftung der städtischen Wasserleitungen zu gestehen, dann bin ich, der ich dir heute auf der Straße die Hand gereicht habe, ebenfalls verloren.

Sieben Jahre vorher hatte die Stadt der Auspeitschung des Dorfes zugesehen und dies für ganz natürlich befunden. Jetzt hätte das Dorf zusehen können, wie aus der Stadt die Seele herausgeprügelt wird — doch es war zu stumpf und unwissend und erhielt zudem selbst die letzten Peitschenhiebe:

---

*Wer erinnert sich daran? Stundenlang, tagaus, tagein die verdummend gleichlautenden Texte! Der Radiosprecher Lewitan muß sich gut daran erinnern können: Er verlas sie mit rollender Stimme und viel Gefühl.

— der Landvermesser (!) Saunin bekam 15 Jahre ... wegen Viehausfalls (!) und schlechter Ernteerträge (!). Von der Bezirksobrigkeit wurden unter der gleichen Anklage alle erschossen;

— der Bezirkssekretär kam aufs Feld, die Bauern beim Pflügen anzutreiben, da fragte ein alter Muschik, ob der Sekretär nicht *wisse*, daß sie in den *sieben Jahren* Kolchos für ihr Tagewerk kein Gramm Getreide, nur *Stroh* und auch davon zu wenig bekommen hatten. Wegen dieser Frage bekam der Alte ASA, 10 Jahre;

— anders war das Schicksal des Muschiks mit den sechs Kindern. Wegen der sechs hungrigen Mäuler schonte er sich nicht bei der Kolchosarbeit, immer hoffend, daß es doch noch was zu holen geben würde. Und wirklich, er bekam — einen Orden. Festliche Versammlung, feierliche Überreichung, viele Reden. Da lief dem Muschik vor lauter Rührung das Herz über, und er sagte: »Ach, hätt ich doch statt des Ordens einen Sack Mehl! Geht das nicht?« Wölfisches Gelächter schlug ihm entgegen, und es wanderte der neue Ordensträger samt seinen sechs Mäulern in die Verbannung.

Was also: zusammenfassend erklären, daß *Unschuldige* eingesperrt wurden? Jedoch haben wir verabsäumt zu sagen, daß der Begriff der *Schuld* als solcher schon in der proletarischen Revolution abgeschafft und zu Beginn der dreißiger Jahre zum *rechten Opportunismus** erklärt worden war. So daß wir auf solch rückständige Begriffe wie Schuld und Unschuld gar nicht mehr spekulieren können.

Der *Rückausstoß* des Jahres 1939 war in der Geschichte der *Organe* ohne Präzedenz, ein dunkler Flecken auf ihrer Reputation! Im übrigen war dieser Gegenstrom nicht groß, ein bis zwei Prozent der früher Verhafteten, so sie noch nicht verurteilt, noch nicht weit fortgebracht, noch nicht gestorben waren. Klein, aber geschickt genutzt war der Strom: für einen kassierten Rubel kam eine Kopeke Wechselgeld zurück, notwendig, um alles auf den schmutzigen Jeschow abzuschieben, um den in sein Amt eintretenden Berija zu stützen und des Einzigen Glorie noch stärker erstrahlen zu lassen. Mit dieser Kopeke wurde der verbleibende Rubel bis zum Rand in die Erde getrieben. Denn wenn nun »eruiert und freigelassen« wurde (selbst die Zeitungen meldeten furchtlos *einzelne* Verleumdungen), dann hieß das soviel, daß die übrigen Verhafteten ganz sicher Schufte waren! Die Rückkehrenden aber schwiegen. Sie hatten unterschrieben. Sie waren stumm vor Angst. Und kaum einer er-

---

* »Von der Straf- zur Erziehungsanstalt«, S. 63.

fuhr kaum etwas über die Geheimnisse des Archipels. Die Arbeitsteilung war geblieben: Gefängniswagen in der Nacht, Demonstrationen am Tag.

Nebenbei bemerkt, wurde diese Kopeke alsbald wieder einkassiert — in denselben Jahren, gemäß denselben Punkten des unerschöpflichen § 58. Wem ist schon, zum Beispiel, der Strom der sich *nicht von ihren Männern lossagenden Frauen* im Jahre 1940 aufgefallen? Wer erinnert sich schon — nicht einmal in Tambow selbst —, daß dort in diesem friedlichen Jahr eine komplette Jazzkapelle (sie spielte im Kino *Modern*) verhaftet wurde — alles entlarvte Feinde des Volkes? Wer bemerkte die 30 000 Tschechen, die 1939 aus der besetzten Tschechoslowakei ins blutsverwandte slawische Reich flohen? Wer hätte garantieren sollen, daß nicht irgendeiner ein Spion war? Sie wurden allesamt in nördliche Lager gebracht (von woher dann in den Kriegsjahren das *Tschechische Korps* auftaucht). Na, Moment mal, gestatten Sie, war's nicht 1939, als wir den Westukrainern, Westbjelorussen und dann 1940 den Balten und Moldauern unsere freundschaftliche Hilfe anboten? Unsere Brüder erwiesen sich gleich als total ungesäubert, und es begannen die Ströme der *sozialen Prophylaxe* zu fließen. Man schnappte die allzu Begüterten und Einflußreichen, in einem Aufwaschen auch die allzu Selbständigen, allzu Klugen, allzu Prominenten; in den früheren polnischen Gebieten zuhauf die Polen (damals wurde der Grundstock für das berüchtigte Katyn angeworben, damals in den Lagern des Nordens das Fundament für die zukünftige Sikorski-Anders-Armee gelegt). Überall wurden die Offiziere ausgehoben. Auf solche Weise durchgerüttelt, verstummte die Bevölkerung; die möglichen Führer eines Widerstands waren ihr genommen. Umsicht und Vorsicht wurden zur Lebenshaltung, frühere Beziehungen, frühere Bekanntschaften verkümmerten.

Finnland ließ uns die abgetretenen Gebiete ohne Bevölkerung zurück, dafür wurden in Karelien und Leningrad im Jahre 1940 alle Personen finnischer Herkunft ausgehoben und zwangsumgesiedelt. Wir haben dieses Bächlein nicht bemerkt: Uns fließt kein finnisches Blut in den Adern.

Im selben Finnischen Krieg wurde der erste Versuch gestartet, unsere in Gefangenschaft geratenen Soldaten als Landesverräter vor Gericht zu stellen. Der erste Versuch in der Geschichte! — und siehe da, wir haben ihn gar nicht bemerkt!

Die Probe war vorbei, da begann auch schon der Krieg und mit ihm der grandiose Rückzug. Eile tat not, aus den westlichen Republiken, bevor der Feind kam, in wenigen Tagen zusammenzuputzen, was dort noch zu holen war. In Litauen waren beim überstürzten Aufbruch ganze Militäreinheiten, Regimenter, Flak- und Artillerieabteilungen zurückgelassen worden — nicht versäumt wurde der Abtransport von einigen Tausend Familien unzuverlässiger Litauer (später warf man viertausend von ihnen im Krasnojarsker Lager den *Urkas* — den Kriminellen — zum Ausplündern vor). Vom 28. Juni an wurden in Lettland und Estland eiligst Verhaftungen durchgeführt. Doch es brannte der Boden unter den Füßen, und der Rückzug war noch eiliger. Es wurden ganze Festungen, so die von Brest-Litowsk, bei der Evakuierung vergessen — mit der Erschießung der politischen Häftlinge in den Höfen und Zellen der westlichen Gefängnisse Lwow (Lemberg), Rowno, Tallinn (Reval) und anderen kam man zurecht. In Tartu (Dorpat) wurden 192 Menschen exekutiert, die Leichen in den Brunnen geworfen.

Wie soll man sich das vorstellen? Du sitzt nichtsahnend da, die Zellentür geht auf — und sie schießen dich nieder. Du rufst etwas, das Letzte — niemand außer den Gefängnismauern wird es hören und weitererzählen. Man sagt übrigens, es seien nicht alle zu Tode geschossen worden. Vielleicht werden wir noch ein Buch darüber zu lesen bekommen?

Im Hinterland war der erste Kriegsstrom jener der *Gerüchte- und Panikmacher*; in den ersten Tagen wurde ein einschlägiger außerordentlicher Ukas erlassen*. Es war ein Probeaderlaß behufs allgemeiner Disziplinierung. Alle bekamen zehn Jahre, fielen jedoch nicht unter den § 58 (und die wenigen, die überlebten, wurden 1945 amnestiert).

Danach folgte der Strom der *Radioverheimlicher* (Rundfunkgeräte und Ersatzteile mußten abgeliefert werden). Eine gefundene (denunzierte) Radiolampe kostete 10 Jahre.

Daneben floß der Strom der *Deutschen* — der Wolgadeutschen, der Kolonisten aus der Ukraine und vom Nordkaukasus, überhaupt aller Deutschen, die irgendwo in der Sowjetunion lebten. Bestimmend war allein die *deutsche Herkunft;* Helden des Bürgerkriegs, alte Parteimitglieder — sie waren Deutsche und mußten in die Verbannung**.

---

*Beinahe hätte ich diesen Ukas selbst zu spüren bekommen: Ich stand Schlange vor dem Brotgeschäft, ein Milizionär winkte mich heran und wollte mich abführen, wohl um eine Zahl aufzurunden. So hätte ich gleich, statt an der Front, mit dem GULAG anfangen können, wäre nicht zum Glück ein Fürsprecher dazwischengetreten.

**Den Herkunftsnachweis lieferte der Familienname. Dem Konstruktionsingenieur Wassilij Okorokow (etwa »Schinkensohn«) schien es unpassend, seine Projekte so zu unterschreiben, worauf er sich in den dreißiger Jahren, als dies noch möglich war, den klangvollen Namen Robert Stekker zulegte — eine geschnörkelte Unterschrift dazu! Nun ließ man ihm gar nicht mehr die Zeit, etwas zu beweisen: Er wurde als Deutscher verschickt. — »Ist dies

Die Verbannung der Deutschen war in ihrem Wesen nicht anders als die Aussiedlung der Kulaken, nur etwas milder: Sie durften mehr von ihrer Habe mitnehmen, und die Orte, an die man sie brachte, waren weniger hart, nicht so ganz lebensunmöglich. Eine juristische Form fehlte, wie auch bei den Kulaken. Hier das Strafgesetzbuch, dort die Verbannung von Hunderttausenden. Es war eine persönliche Verfügung des Monarchen. Und außerdem sein erstes nationales Experiment dieser Art, für ihn von bestimmtem theoretischem Interesse.

Im Spätsommer 1941 brach der Strom der *Eingekesselten* hervor, schwoll im Herbst gewaltig an. Noch vor einigen Monaten hatten ihnen unsere Städte mit Blumen und Fanfaren das feierliche Geleit gegeben, dann waren sie es, die die schwersten Panzerangriffe der Deutschen abzufangen hatten, die schließlich, im allgemeinen Chaos und am wenigsten durch eigene Schuld, nicht in die Gefangenschaft, nein! – in deutsche Kessel gerieten und in kleinen versprengten Kampfgruppen sich wieder zu den Unsrigen durchschlugen. Statt sie nun nach der Rückkehr brüderlich zu umarmen (wie es jede Armee der Welt getan hätte), ihnen ein wenig Erholung und einen kurzen Heimaturlaub zu gönnen und sie wieder zur Truppe einzuziehen, wurden sie verdächtigt, entwaffnet, in rechtlose Scharen aufgelöst und an die Prüf- und Sortierungsstellen weitergeleitet, wo die Offiziere der Sonderabteilung zunächst einmal jedem Wort von ihnen mit Mißtrauen begegneten, wo sie am Ende auch noch beweisen mußten, daß sie waren, wofür sie sich ausgaben. Die Prüfmethode war das Kreuzverhör, Gegenüberstellungen, Zeugenaussagen einer gegen den anderen. Ein Teil der Überprüften wurde im alten Namen, Rang und Vertrauen wiedereingesetzt und ging zur Neuaufstellung in die Armee. Der andre, einstweilen noch kleinere Teil bildete den ersten Strom der *Landesverräter*. Diese bekamen den 58,1b, fürs erste aber, bis zur Ausarbeitung einer Norm, weniger als 10 Jahre.

So wurde die an der Front stehende Aktive Armee gesäubert, doch die riesige Inaktive Armee im Fernen Osten und in der Mongolei ward mitnichten vergessen. Diese Armee nicht rosten zu lassen, gehörte zu den ehrenvollen Pflichten der Sonderabteilungen. Den Helden der Schlachten bei Chalchin-Goll und am Hassan-See saß vor lauter Nichtstun die Zunge locker, und erst recht, als sie jetzt die bis dahin vor den

Ihr wirklicher Name? Welchen Auftrag erhielten Sie vom faschistischen Geheimdienst? ...« – Na, und der Tambower Kawersnew (»Hinterlistiger«), der schon 1918 seinen mißdeutbaren Namen in Kelbe geändert hatte – wann hatte er Okorokows Schicksal teilen müssen? ...

eigenen Soldaten geheimgehaltenen Degtjarew-Maschinenpistolen und Minenwerfer zur Begutachtung erhielten. Mit solchen Waffen in der Hand, wollten sie nur mit Mühe den Rückzug im Westen begreifen. Wie hätten sie auch über die sibirischen Weiten hinweg erkennen sollen, daß wir bis zu hundertzwanzig Kilometer am Tag nur darum zurückweichen, weil wir das Kutusowsche »Große Täuschungsmanöver«[25] nachvollziehen? Dieser Erkenntnis zum Durchbruch helfen konnte einzig ein *Strom* aus der Fernostarmee. Und die Lippen schlossen sich, der Glauben ward wieder eisern.

Es versteht sich von selbst, daß auch in den oberen Sphären ein Strom von Schuldigen ins Fließen kam (nicht der Große Stratege hatte schließlich den Rückzug verschuldet!). Es war ein kleiner, einige Dutzend umfassender *Generals*-Strom, der den Sommer 1941 in Moskauer Gefängnissen absaß und im Oktober in die Durchgangslager kam. Die Mehrzahl waren Luftwaffengeneräle: Luftwaffenkommandant Smuschkewitsch, General J. S. Ptuchin (der zu sagen pflegte: »Hätt ich das gewußt, ich hätt die erste Ladung Bomben auf den Großen Vater abgeworfen, bevor sie mich schnappten!«) und andere mehr. Der Sieg vor Moskau gebar einen neuen Strom, den Strom der *schuldigen Moskauer*. Bei ruhiger Betrachtung erwies sich nun, daß jene Moskauer, die nicht davongelaufen waren, sich nicht evakuieren ließen, sondern furchtlos in der bedrohten und von den Behörden verlassenen Hauptstadt geblieben waren, sich allein schon dadurch verdächtig gemacht hatten: entweder die Autorität der Macht untergraben zu wollen (58,10) oder die Deutschen erwartet zu haben (58,1a, über Artikel 19; dieser Strom ernährte bis 1945 die Untersuchungsbehörden von Moskau und Leningrad).

Natürlich wurde der 58,10, ASA, nie außer Gefecht gesetzt; während des ganzen Krieges beherrschte er die Front und das Hinterland. Evakuierte wurden damit bedacht, wenn sie von den Schrecknissen des Rückzugs erzählten (die Zeitungen bewiesen klipp und klar, daß der Rückzug planmäßig erfolgte); Leute im Hinterland, die verleumderisch über die kleinen Rationen klagten; Leute an der Front, die verleumderisch behaupteten, die Deutschen seien gut ausgerüstet; 1942 wurden auch noch überall jene damit bedacht, die die Lüge verbreiteten, im belagerten Leningrad stürben die Menschen an Hunger.

Im selben Jahr, nach der Niederlage von Kertsch (120 000 Gefangene), von Charkow (noch mehr) und im Zuge des großen südlichen Rückmarsches zum Kaukasus und zur Wolga, wurde ein weiterer sehr wichtiger Strom durch die Kanäle gepumpt, der Strom der Offiziere und Soldaten, die nicht bis auf den Tod die Stellungen hielten, die ohne Befehl zurückwichen, denen allen, nach dem Wortlaut des unsterblichen Stalinschen Befehls Nr. 227, die Heimat ihre Schmach niemals würde verzeihen können. Dieser Strom hat den Archipel GULAG allerdings nicht erreicht: in beschleunigtem Tempo von den Divisionstribunalen verarbeitet, ohne Ausnahme auf die Strafbataillone verteilt, versickerte er spurlos im roten Sand der vordersten Linien. Er war der Zement, auf dem der Sieg von Stalingrad gebaut wurde, aber die große russische Geschichte nahm von ihm keine Kenntnis und beließ ihn im Teilabschnitt »Geschichte der Kanalisation«.

(Übrigens versuchen auch wir nur die Ströme zu verfolgen, die nach dem GULAG von außen kamen. Dagegen wird das unermüdliche inner-GULAGische Hin-und-her-Pumpen aus einem Behälter in den andern, werden die sogenannten *Lagerfristen*, die Urteile der besonders während des Krieges wütenden Lagergerichte, in diesem Kapitel nicht behandelt.)

Der Korrektheit halber müssen die Gegenströme der Kriegszeit genannt werden: die bereits erwähnten Tschechen und Polen, die an die Front entlassenen Kriminellen.

Mit 1943, als sich im Kriegsgeschehen die Wende zu unseren Gunsten vollzog, begann, mit jedem Jahr bis 1946 immer üppiger werdend, der Millionenstrom aus den ehemals besetzten Gebieten und aus Europa zu fließen. Er gliederte sich in zwei hauptsächliche Teile:

— *Zivilpersonen*, die unter den Deutschen oder bei den Deutschen waren (für sie gab's den *Zehner* mit dem Buchstaben *a*: 58, 1a);

— *Armeeangehörige*, die in Gefangenschaft waren (für sie gab's den *Zehner* mit dem Buchstaben *b*: 58, 1b).

Jeder, der unter der deutschen Besetzung geblieben war, wollte trotz allem leben und mußte etwas dazu tun und konnte sich somit theoretisch zum späteren täglichen Unterhalt einen künftigen Tatbestand dazuverdienen: wenn schon nicht Landesverrat, dann zumindest Feindesbegünstigung. Es zeigte sich jedoch, daß es praktischer war, den Verbleib auf besetztem Gebiet lediglich durch die Paßnummern festzuhalten; alle zu verhaften, ein so gewaltiges Territorium zu entvölkern, war wirtschaftlich unrentabel. Es genügte zur Festigung des allgemeinen Bewußtseins, wenn ein bestimmter Prozentsatz eingesperrt wurde — Schuldige, Halbschuldige, Viertelschuldige und dazu, wer mit dem Schuldigen am selben Wäschestrick die Fußlappen zum Trocknen aufhängte.

Doch schon ein einziges Prozent von einer einzigen Million ergibt ein Dutzend vollbelegter Lager.

Man möge jedoch nicht meinen, daß die ehrliche Teilnahme an einer antideutschen Untergrundorganisation gegen das Schicksal, in diesen Strom zu geraten, gefeit machte. Nicht gar so ungewöhnlich war der Fall jenes Kiewer Komsomolzen, den die Untergrundorganisation in die Kiewer Polizei einschleuste. Der Junge meldete ehrlich alles, was er dort erfuhr, und bekam nach dem Einzug der Unsrigen trotzdem seinen *Zehner* angehängt, denn unmöglich schien es, daß er in Polizeidiensten nicht vom feindlichen Geist angesteckt worden und absolut keine feindlichen Aufträge zu erfüllen gezwungen war.

Bitterer und härter wurde bestraft, wer in Europa gewesen war, und sei's nur als Ost-Sklave: Er hatte einen Zipfel europäischen Lebens gesehen und hätte darüber erzählen können; solche Erzählungen aber, für unsereins immer schon ein Greuel (die Reiseberichte verständiger Schriftsteller natürlich ausgenommen), hätten in den verwüsteten, zerrütteten Nachkriegsjahren um so unangenehmer geklungen. Und nicht jeder verstand sich darauf, vom unerträglich schweren Leben in Europa zu berichten.

Aus eben diesem Grunde, nicht einfach weil sie sich gefangennehmen ließen, wurden die meisten *Kriegsgefangenen* vor Gericht gestellt; und je mehr sie außer den deutschen Todeslagern vom Westen zu sehen bekommen hatten, desto sicherer wurden sie verurteilt*. Der beste Nachweis dafür ist, daß auch die *Internierten* strikt als Kriegsgefangene abgeurteilt wurden; so beispielsweise eine Gruppe von sowjetischen Matrosen, die es in den ersten Kriegstagen nach Schweden verschlagen hatte. Sie verlebte den ganzen Krieg in Schweden, nicht nur frei und bestens versorgt, sondern auch noch in einem Komfort, den sie sich weder früher noch auch später träumen ließ. In der Heimat gab's Rückzug und Vormarsch und Schlachten, die Heimat hungerte und siechte, während

---

* Die Sache brauchte eine Weile, ehe sie sich einspielte: Noch 1943 gab es einzelne abgesplitterte unkonventionelle Ströme, so etwa die »Afrikaner«, die lange Zeit noch unter diesem Namen in den Appellisten von Workuta figurierten. Es waren russische Kriegsgefangene, *Hiwi's* in Rommels Afrikakorps, die von den Amerikanern aufgegriffen wurden und 1943 mit Studebakers über Ägypten–Irak–Iran in die Heimat geschickt wurden. In einer öden Bucht des Kaspischen Meeres, rundum Wüste, wurden sie sofort hinter Stacheldraht gesetzt, nicht nur der militärischen Rangabzeichen, sondern auch der amerikanischen Geschenke beraubt (natürlich zugunsten der *Mitarbeiter*, nicht des Staates) und schließlich bis zum Eintreffen weiterer Weisungen ohne Urteil, ohne Paragraph (mangels Erfahrung) nach Workuta expediert. So lebten die »Afrikaner« in Workuta unter zwiespältigen Bedingungen: Sie wurden nicht bewacht, erhielten aber keine *Propusks*, ohne die sie in Workuta keinen Schritt vor die Tür machen konnten; sie wurden wie Freie entlohnt, aber wie Häftlinge eingesetzt. Anweisungen kamen nicht. Man hatte sie vergessen ...

die Haderlumpen sich neutrale Wänste anschlemmerten. Nach dem Krieg wurden die Männer von den Schweden zurückgeschickt. Der Landesverrat stand außer Zweifel; trotzdem paßte nicht alles zusammen, so daß man sie fürs erste heimfahren ließ, wo sie sich bald in antisowjetische Agitation verstrickten, weil sie das freie und satte Leben im kapitalistischen Schweden in den leuchtendsten Farben beschrieben (Gruppe Kadenko)*.

Im allgemeinen Strom der von deutscher Besetzung Befreiten waren rasch und klaglos die Ströme missetäterischer Nationen vorbeigeflossen:

1943 — die Kalmücken, Tschetschenen, Inguschen, Kabardiner;

1944 — die Krimtataren.

Ihre Verlagerung in die ewige Verbannung hätte jedoch nicht so schnell und energisch bewerkstelligt werden können, wenn nicht den *Organen* reguläre Truppen und Armeelastwagen zu Hilfe gekommen wären. Truppenabteilungen umzingelten nach feldmäßiger Vorschrift die Bergdörfer, und alles, was da in den Höhen seit Jahrhunderten sich festgesetzt hatte, wurde binnen vierundzwanzig Stunden mit der Exaktheit einer Truppenverschiebung zu den Eisenbahnstationen befördert, in Züge verfrachtet und in Richtung Sibirien, Kasachstan, Mittelasien, russischer Norden in Bewegung gesetzt. Am nächsten Tag nahmen bereits die Nachfolger von Land und Gut Besitz.

---

*Die Geschichte hatte ihre anekdotische Fortsetzung. Im Lager ließen sie von Schweden kein Wort mehr verlauten: Es hätte ihnen eine zweite Straffrist eingebracht. Aber in Schweden hatte man irgendwie von ihrem Schicksal erfahren, in den Zeitungen erschienen verleumderische Berichte. Zu jener Zeit waren die Burschen über viele nähere und fernere Lager verstreut. Plötzlich ließ man sie alle mit Sonderkommandos in die Leningrader Kresty bringen, wo sie zwei Monate intensiv aufgepäppelt wurden, währenddessen ihnen auch neue Frisuren wuchsen. Danach wurden sie mit bescheidener Eleganz eingekleidet, auf den kommenden Auftritt gedrillt, streng dahingehend verwarnt, daß jedes Schwein, das aus der Reihe tanzt, »neun Gramm« ins Genick bekommt – und bei einer Pressekonferenz den geladenen ausländischen Journalisten und sonstigen Personen, die sie aus Schweden kannten, vorgeführt. Die ehemaligen Internierten hielten sich gut, erzählten frisch von der Leber weg, wie sie lebten, arbeiteten, studierten, und empörten sich über die bürgerliche Hetze, über die sie vor kurzem in der westlichen Presse *gelesen* hatten (die wird ja bei uns an jedem Kiosk verkauft!), worauf sie sich nach kurzer Absprache in den Zug gesetzt hatten und nach Leningrad gefahren waren (nach den Reisekosten fragte niemand). Ihr munteres, gepflegtes Aussehen war das beste Dementi. Die bloßgestellten Journalisten schrieben Entschuldigungen. Westliche Phantasie war außerstande, das Geschehene anders zu erklären. Die Objekte des Interviews aber wurden schnurstracks ins Gefängnis gebracht, kahl geschoren, in die alten Lumpen gekleidet und in dieselbe Lager zurückgeschickt. Da sie sich mustergültig benommen hatten, ging's ohne Zusatzstrafen ab.

Wie zu Kriegsbeginn die Deutschen, so wurden auch jetzt all diese Nationen einzig nach der *Jus sanguinis* verschickt, ohne Ermittlungen von Fall zu Fall: Parteimitglieder, Arbeitshelden, auch Helden des noch nicht beendeten Krieges kamen in den gleichen Topf.

Ganz für sich floß in den letzten Jahren des Krieges der Strom der deutschen *Kriegsverbrecher;* sie wurden aus dem System der allgemeinen Kriegsgefangenenlager herausgeholt und via Gericht ins GULAG-System überstellt.

Obwohl der Krieg mit Japan keine vollen drei Wochen dauerte, wurde 1945, zur Deckung des dringenden Bauarbeiterbedarfs in Sibirien und Mittelasien, eine Unmenge von japanischen Kriegsgefangenn gemacht, und wiederum stellte auch dieses Kontingent seine *Kriegsverbrecher* für den GULAG*.

Ende 1944, als unsere Armee den Balkan überrollte, und besonders 1945, als sie Mitteleuropa erreichte, fingen die Kanäle des GULAG auch noch den Strom der russischen *Emigranten* auf: der alten, die seit der Revolution dort saßen, und der jungen, bereits dort aufgewachsenen. In der Regel wurden die Männer in die Heimat befördert, die Frauen und Kinder beließ man in der Emigration. Nicht alle wurden einkassiert, das stimmt, bloß jene, die irgendwann in den fünfundzwanzig Jahren oder vordem in der Revolution, wie zaghaft auch immer, eine politische Meinung geäußert hatten. Wer rein dahinvegetierte, blieb ungeschoren. Die Hauptströme flossen aus Bulgarien, Jugoslawien, der Tschechoslowakei, weniger aus Österreich und Deutschland; in den übrigen osteuropäischen Ländern hat es kaum Russen gegeben.

Aus entgegengesetzter Richtung floß 1945 der Emigrantenstrom aus der Mandschurei. (Nicht immer erfolgte die Verhaftung an Ort und Stelle: Ganze Familien wurden als Freie zur Rückkehr ermutigt, in der Heimat erst auseinandergerissen, in die Verbannung oder ins Gefängnis geschickt.)

In beiden Jahren 1945 und 1946 verarbeitete der Archipel den großen Strom der diesmal echten Gegner der Macht (der Wlassow-Leute und Krasnow-Kosaken, der Mohammedaner aus den von Hitler aufgestellten Nationalverbänden) — sie hatten gekämpft, manchmal aus Überzeugung, manchmal unter Zwang.

Zugleich wurde MINDESTENS EINE MILLION SOWJETFLÜCHTLINGE ergriffen; Zivilpersonen aller Altersstufen und beiderlei Geschlechts, die sich

---

* Ohne die Details zu kennen, bin ich dennoch sicher, daß die Mehrzahl dieser Japaner nicht wirklich nach dem Gesetz abgeurteilt wurde. Es war ein Racheakt und ein Mittel zur langfristigen Arbeitskraftbeschaffung.

glücklich aufs Territorium der Alliierten zu retten vermochten, von diesen jedoch 1946/47 auf heimtückische Weise an die sowjetischen Behörden ausgeliefert wurden*.

Eine bestimmte Zahl von *Polen* aus der Armija Krajowa[26] und der Anhängerschaft von Mikolajczyk passierte 1945 unsere Gefängnisse auf dem Weg nach GULAG.

Eine bestimmte Zahl von *Rumänen* und *Ungarn*.

Seit Kriegsende floß unermüdlich und über viele Jahre der üppige Strom der ukrainischen Nationalisten (die *Bendera*-Leute).

Und selten bemerkte jemand vor dem Hintergrund der gewaltigen Nachkriegsverlagerung von Millionen so kleine Ströme wie:

— *Ausländer-Mädchen* (1946/47), das heißt, solche, die sich von Ausländern den Hof machen ließen. Sie wurden mit dem § 7,35 (sozialgefährliche Elemente) gebrandmarkt;

— *spanische Kinder*, dieselben, die während ihres Bürgerkrieges in die Sowjetunion gebracht worden und nun, am Ende des Weltkrieges, erwachsen waren. In unseren Heimen erzogen, konnten sie sich dennoch nur schwer bei uns einleben. Viele wollten »nach Hause«. Auch sie bekamen 7,35, sozial-gefährlich, die Hartnäckigsten aber 58,6, Spionage zugunsten . . . Amerikas.

(Der Gerechtigkeit halber wollen wir auch einen kurzen Gegenstrom

---

*Unmöglich scheint es, im Westen ein politisches Geheimnis lange zu verbergen, unweigerlich dringt etwas in die Presse, an die Öffentlichkeit; um so erstaunlicher also, daß gerade das Geheimnis *dieses* Verrats von der britischen und amerikanischen Regierung so sorgfältig bewahrt werden konnte, fürwahr das letzte Geheimnis des Zweiten Weltkriegs oder doch von den letzten eines. Ich konnte, der ich vielen dieser Leute in den Lagern und Gefängnissen begegnete, ein Vierteljahrhundert lang nicht recht glauben, daß die westliche Öffentlichkeit über diese in ihren Maßstäben grandiose Auslieferung von einfachen russischen Menschen *nichts* wisse, von ihrer Übergabe an die Willkür, ihrer Freifahrt in den Untergang. Erst 1973 (*Sunday Oklahoma*, 21. 1.) tauchte eine Publikation von Julius Epstein auf, dem ich hiermit die Dankbarkeit der zugrunde gegangenen Tausenden und der wenigen Überlebenden zu übermitteln mir die Freiheit nehme. Ein kleines bruchstückhaftes Dokument fand ich da abgedruckt – aus dem bis heute geheimgehaltenen vielbändigen Material über die Zwangsrepatriierung in die Sowjetunion. Nachdem sie zwei Jahre unter britischer Hoheit verlebt hatten und sich in Sicherheit wähnten, waren die Russen völlig überrumpelt und hatten nicht mal Zeit zu begreifen, daß sie repatriiert würden . . . Es waren überwiegend einfache Bauern, mit einem persönlichen bitteren Groll gegen die Bolschewiki im Herzen. Die britischen Behörden aber verfuhren mit ihnen »wie mit Kriegsverbrechern, lieferten sie gegen ihren Willen an jene aus, von denen ein gerechtes Urteil nicht zu erwarten war«. Sie wurden dann allesamt auf den Archipel expediert, auf daß sie dort verkämen. (Anmerkung von 1973.)

im Jahr 1947 nicht vergessen. Erstmals seit dreißig Jahren wurden — welch Wunder! — Priester freigelassen! Man verwandte, genaugenommen, nicht viel Mühe darauf, sie in den Lagern zu suchen; derjenige, an den sich draußen, in der Freiheit, noch jemand erinnerte, Namen und Ort angeben konnte, der war frei — zwecks Festigung der wiederaufzubauenden Kirche.)

Es sei erinnert, daß dieses Kapitel mitnichten versucht, *alle* Ströme aufzuzählen, die das Land GULAG düngten — nur jene von ihnen, die eine gewisse politische Färbung hatten. Ähnlich wie man im Anatomielehrgang nach der genauesten Beschreibung des Blutkreislaufsystems wieder an den Anfang zurückkehren und mit der Beschreibung des lymphatischen Apparats beginnen kann, so könnte man in abermaliger Rückschau von 1918 bis 1953 die Ströme der *Bytowiki* und der eigentlich *Kriminellen* verfolgen. Auch diese Beschreibung würde einen breiten Platz einnehmen. Viele berühmte, nun teilweise auch schon vergessene (obgleich von keinem Gesetz aufgehobene) Verordnungen müßten hier ausgeleuchtet werden: Sie hatten dem unersättlichen Archipel Menschenmaterial im Überfluß geliefert. Ein Ukas über mutwilliges Arbeitsversäumnis. Ein Ukas über die Herstellung minderwertiger Produkte. Ein Ukas über das Schnapsbrennen (mit seiner Flut im Jahr 1922 und nimmer verebbenden Verhaftungen bis ans Ende der zwanziger Jahre). Ein Ukas über die Bestrafung der Kolchosbauern wegen Nichtableistens der vorgeschriebenen Zahl von Tagewerken. Ein Ukas über das Kriegsrecht im Eisenbahntransport (April 1943, nicht als der Krieg begann, sondern als er sich zum Besseren wendete).

Nach alter Petrinischer Tradition erschienen diese Ukas-Verordnungen stets als das letzte Wort in der Gesetzgebung, ohne verständlichen Bezug auf oder Erinnerung an die gesetzgeberische Vergangenheit. All diese Zweige unter einen Hut zu bringen, oblag den gelehrten Juristen, die darin allerdings nicht übermäßig fleißig und auch nicht sehr erfolgreich waren.

Der Pulsschlag dieser Verordnungen ergab schließlich ein seltsames Bild der straf- und zivilrechtlichen Verbrechen im Land. Weder Diebstahl noch Mord noch Schnapsbrennerei oder Vergewaltigung geschahen, so man diesem Bild folgt, willkürlich, einmal da, einmal dort, so wie menschliche Schwäche, Wollust oder Leidenschaft es bewirkt hätten — nein! In den ringsum begangenen Verbrechen zeichnete sich wunderliche Einmütigkeit und Eintönigkeit ab. Einmal wimmelte es im Lande von Notzüchtlern, dann von Mördern, dann von Schnapsbrennern, immer in hellhöriger Entsprechung zum letzten Regierungsukas. Es war, als würde sich jedes Verbrechen selbst dem Ukas stellen, um prompt ausgemerzt zu werden! Genau jenes Verbrechen tauchte sofort an der Oberfläche auf, welches eben gerade an der Reihe und vom weisen Gesetzgeber gekürt worden war.

Der Ukas über die Militarisierung der Eisenbahnen jagte einen Haufen von Weibervolk und Halbwüchsigen durch die Tribunale, denn die machten ja in den Kriegsjahren das Gros der Arbeitskräfte auf den Bahnen aus und waren, da sie nicht in den Genuß militärischer Drills gekommen waren, für Verspätungen und Disziplinlosigkeiten besonders anfällig. Der Ukas über das Nichtableisten der vorgeschriebenen Norm von Tagewerken führte zu einer wesentlichen Vereinfachung des gesamten Strafverfahrens gegen arbeitsscheue Kolchosbauern, die sich mit bloßen Strichen in den Arbeitslisten nicht abfinden wollten[27]. Wenn es früher dazu des Gerichts und des Paragraphen gegen »wirtschaftliche Konterrevolution« bedurfte, so genügte jetzt ein vom Bezirkssowjet bestätigter Kolchosbeschluß; ja, auch den Kolchosbauern selbst muß es leichter ums Herz geworden sein, da sie zwar trotzdem verschickt, aber nicht als Feinde des Volkes eingestuft wurden. (Die vorgeschriebene Norm variierte nach den verschiedenen Gebieten; die beste Norm hatten die Kaukasier — 75 Tagewerke, was nicht heißt, daß nur wenige von ihnen in den acht Jahren ins Krasnojarsker Gebiet wandern mußten.)

Doch wir haben nicht die Absicht, uns in eine weitläufige und ergiebige Betrachtung der kriminellen, disziplinären und sonstwie strafrechtlich einzustufenden Ströme zu vertiefen. Nicht zu übergehen ist indes, da wir nun das Jahr 1947 erreicht haben, eine der großartigsten Stalinschen Verordnungen. Bereits beim Jahr 1932 befaßten wir uns mit dem berühmten Gesetz »vom siebenten Achten« oder »Sieben Achtel«, einem Gesetz mit großzügigem Anwendungsbereich: für eine Ähre, eine Gurke, zwei Kartoffeln, eine Spule Garn* waren ausnahmslos 10 Jahre festgesetzt.

Allein, die Erfordernisse der Zeit, wie Stalin sie verstand, änderten sich, und jener *Zehner*, der in Erwartung des harten Krieges auszureichen schien, war jetzt, nach dem welthistorischen Sieg, nicht mehr recht präsentabel. So wurde, abermals das Strafgesetzbuch mißachtend, als

---

* Im Protokoll wurde vermerkt: »Zweihundert Meter Nähmaterial«. Man schämte sich damals doch noch, »eine Spule Garn« zu schreiben.

hätte es nicht bereits zahlreiche Paragraphen und Verordnungen über Unterschlagungen und Diebstahl gegeben, am 4. Juni 1947 ein sie alle überdeckender Ukas verkündet, den die niemals verlegenen Häftlinge sofort in Ukas »Vier Sechstel« umtauften.

Der Vorzug des neuen Ukas lag erstens in seiner Frische: Schon allein sein Erscheinen mußte zum Aufleben dieser Art von Verbrechen führen und einen reichen Strom von Neubestraften liefern. Doch der noch größere Vorzug lag in den *Haftzeiten:* Wenn sich ein ängstliches Mädchen zur Ährensuche zwei Freundinnen mitnahm (»organisierte Rotte«), wenn ein paar Zwölfjährige gemeinsam auszogen, Gurken oder Äpfel zu klauen, dann erhielten sie bis zu 20 Jahren Lager; für Betriebe war die oberste Grenze auf 25 angehoben (diese Frist selbst, das *Viertelmaß*, war einige Tage zuvor als Ersatz für die humanerweise aufgehobene Todesstrafe eingeführt worden*). Endlich wurde auch das alte Unrecht begradigt, daß nur *politische Nicht-Denunziation* ein Staatsverbrechen sei: Nun wurden auch den Nichtanzeigern von Eigentumsdelikten (an Staats- und Kolchosbesitz) 3 Jahre Lager oder 7 Jahre Verbannung aufgebrummt.

In den kommenden Jahren wurden ganze Divisionen von Dörflern und Städtern in Bewegung gesetzt, um anstelle der inzwischen ausgestorbenen Ureinwohner die Inseln des GULAG zu kultivieren. Diese Ströme wurden allerdings von der Miliz und von gewöhnlichen Gerichten verarbeitet; die ohnehin schon unmäßig überlasteten Kanäle des Sicherheitsdienstes blieben davon verschont.

Die neue Stalinsche Linie, jetzt, nach dem Sieg über den Faschismus wie niemals zuvor energisch, viel und für lange verhaften zu müssen, wirkte sich natürlich sogleich auch auf die Politischen aus.

Die Jahre 1948/49 stachen durch vermehrte Verfolgungen und Bespitzelungen in allen Bereichen des öffentlichen Lebens hervor; die Krönung war die selbst für das Stalinsche Unrechtswesen unglaubliche und tragische Komödie der *Wiederholer.*

So wurden in der Sprache des GULAG jene unglücklichen Überbleibsel des Jahres 1937 genannt, denen es gelungen war, die unmöglichen, die unüberlebbaren zehn Jahre durchzustehen, die nun, 1947/48, zerschunden und gebrochen, zaghaften Schritts das Land der *Freiheit* betraten — um, wie sie hofften, den kurzen Rest ihres Lebens in stiller Zurückgezogenheit hinter sich zu bringen. Doch eine unbändige Phanta-

---

* Die Todesstrafe selbst verschleierte nur zeitweilig ihr Gesicht. Zweieinhalb Jahre später, im Januar 1950, zeigte sie wieder ihre fletschenden Zähne.

sie (oder hartnäckige Bosheit, oder ungestillte Rache) inspirierten den Siegreichen Generalissimus zu diesem Befehl: all die Krüppel von neuem zu verhaften, ohne jede Schuld! Dabei war's für ihn selbst wirtschaftlich und politisch unrentabel, die Zermahlungsmaschine mit ihren eigenen Abfällen zu stopfen. Aber genauso hatte Stalin es befohlen. Der Fall war eingetreten, da eine historische Persönlichkeit ihre Launen an der historischen Notwendigkeit ausließ.

Und sie alle, die sich kaum an neuen Orten oder mit neuen Familien ihr Nest gebaut hatten, wurden *geholt*. Mit der gleichen trägen Müdigkeit ausgehoben, mit der sie selbst hinterhergingen. Ihnen war ja schon alles im vorhinein bekannt — der Passionsweg vom Anfang bis zum Ende. Sie fragten nicht »warum?« und versprachen den Verwandten kein baldiges Wiedersehen; sie zogen die schmutzigsten Kleider an, schütteten eine Handvoll Tabak in den Lagerbeutel und gingen hin, das Protokoll zu unterschreiben. (Und das war kurz: »Waren Sie's, der gesessen hat?« — »Ich.« — »Quittieren Sie wieder *zehn* Jahre.«)

Da besann sich seine Alleinherrschaftliche Majestät, daß es nicht ausreicht, die vom siebenunddreißiger Jahr Übriggebliebenen einzusperren! Denn die *Kinder* dieser seiner Erzfeinde, die mußten ja auch dahin! Die sind inzwischen gewachsen und kämen vielleicht auf Rachegedanken. (Mag sein auch, das Nachtmahl war einmal zu üppig ausgefallen und es plagten ihn danach die Kinder im bösen Traum.) Man suchte, man rechnete — da hatte man sich seinerzeit eine schöne Blöße gegeben: die von den oberen Militärs waren erfaßt worden, die Trotzkistensprößlinge nicht alle! So kam der Strom der *rächenden Kinder* in Bewegung. (Zu diesen Kindern gehörte die siebzehnjährige Lena Kossarewa und die fünfunddreißigjährige Jelena Rakowskaja.)

Nach der großen europäischen Vermanschung gelang es Stalin zum Jahre 1948 wieder einen festen Wall ums Land zu ziehen, darüber den Plafond etwas niedriger zu zimmern und in den solcherart eingefaßten Raum die alte Luft vom Jahre 1937 zu pumpen.

Und es flossen 1948, 1949, 1950:

— vermeintliche Spione (vor zehn Jahren deutsch-japanische, nunmehr anglo-amerikanische);

— Gläubige (diesmal mehr Sektierer);

— überlebende Genetiker und Züchter, die Jünger Wawilows und Mendels;

— einfach intelligente, denkende Menschen (mit besonderer Strenge Studenten), denen es an Abscheu für den Westen mangelte. Da gab's frei nach Wahl:

WAT — Lobpreisung der amerikanischen Technik,
WAD — Lobpreisung der amerikanischen Demokratie,
PS — Verbeugung vor dem Westen.

Die Ströme glichen dem von 1937, ungleich waren die *Strafen:* Nun galt als Norm nicht mehr der patriarchalische *Zehner,* sondern das Stalinsche *Viertelmaß.* Nun genoß der *Zehner* bereits den Ruf einer *kindischen* Frist.

Ein nicht geringer Strom ergoß sich auch vom Ukas über die Preisgabe von Staatsgeheimnissen (Geheimnisse standen hoch in Ehren: Ernteerträge; jede epidemische Statistik; die Produktion jeder Werksabteilung, jeder noch so winzigen Fabrik; die Erwähnung eines Zivilflughafens; die Streckenführung der städtischen Verkehrsmittel; der Name eines verhafteten Lagerinsassen). Dieser Ukas ergab 15 Jahre Haft.

Nicht vergessen wurden die nationalen Ströme. Unentwegt floß der in heißen Gefechten aus den Wäldern getriebene Strom der *Bendera-*Leute. Gleichzeitig wurden *Zehner* und *Fünfer,* Lager und Verbannung, unter den Einwohnern der west-ukrainischen Dörfer verteilt, die, in welcher Weise auch immer, mit den Partisanen in Berührung gekommen waren: Der eine hatte sie bei sich übernachten lassen, der andre ihnen Essen gegeben, der dritte sie nicht denunziert. Beginnend mit 1950 wurde der Strom der Frauen von *Bendera*-Leuten flottgemacht — sie bekamen zehn Jahre für das Versäumnis der Anzeigepflicht, womit die Männer in die Knie gezwungen werden sollten.

Bis dahin war der Widerstand in Litauen und Estland bereits gebrochen, doch es sprudelten von dorther im Jahre 1949 mächtige Ströme der neuen *sozialen* Prophylaxe und der Kollektivierung. Ganze Zuggarnituren aus den drei baltischen Republiken beförderten Stadtbewohner ebenso wie Bauern in die sibirische Verbannung. (Der historische Rhythmus war in diesen Republiken verzerrt. In gedrängter Frist hatten sie nun die Entwicklung des übrigen Landes nachzuholen.)

1948 zog ein weiterer nationaler Strom in die Verbannung: *Griechen* aus dem Asow-, Kuban- und Suchumigebiet. Untadelig war in den Kriegsjahren ihre Treue gegenüber dem Vater und Lehrer gewesen; nun ließ er an ihnen wohl den Zorn über die Niederlage in Griechenland aus. Es hat den Anschein, als sei dieser Strom ebenfalls die Frucht seines persönlichen Wahnsinns gewesen. Die meisten Griechen kamen in die mittelasiatische Verbannung, die Unzufriedenen in die Politisolatoren.

Um 1950 aber wurden aus gleichem Vergeltungstrieb für den verlorenen Krieg oder der gerechten Verteilung halber zu den bereits Verbannten die Aufständischen selbst aus der Markos-Armee, von Bulgarien an uns ausgeliefert, auf den Archipel verfrachtet.

In Stalins letzten Lebensjahren zeichnete sich auch schon deutlich der Strom der *Juden* ab (seit 1950 wurden sie nach und nach als *Kosmopoliten* herausgeangelt). Zu diesem Behufe ward auch die *Ärzte*-Affäre in Szene gesetzt. Es scheint, er hatte ein großes Judengemetzel ins Auge gefaßt*.

Allein, es ist dieses *eine* Vorhaben in seinem Leben gescheitert. Der Herrgott blies ihm — allem Anschein nach durch Menschenhände — das Lebenslicht aus.

Aus dem vorher Dargelegten müßte wohl anschaulich hervorgehen, daß die Austilgung von Millionen und die Besiedlung des GULAG mit kaltblütig durchdachter Konsequenz und unermüdlicher Beharrlichkeit betrieben wurde.

Daß es *leere* Gefängnisse bei uns niemals gab, sondern entweder volle oder extrem überfüllte.

Daß in allen Jahren, während ihr euch mit Eifer dem Studium der gefahrlosen Geheimnisse des Atomkerns hingabt, den Einfluß Heideggers auf Sartre studiert und Reproduktionen von Picasso sammeltet — daß da die Gefängniswagen stetig durch die Straßen flitzten, daß da die Geheimdienstleute an die Türen klopften.

Und es scheint mir durch diese Darlegung der Nachweis erbracht, daß die *Organe* sich ihr Brot allzeit redlich verdient haben.

---

*Zuverlässiges ist bei uns nie zu erfahren, weder jetzt und noch lange nicht. Doch Moskauer Gerüchte wissen über Stalins Vorhaben folgendes zu berichten: Anfang März sollten die »Mörder in den Ärztekitteln« auf dem Roten Platz gehängt werden. Die aufgewühlten Patrioten hätten sich klarerweise (unter Anleitung von Instruktoren) in einen antijüdischen Pogrom gestürzt. An diesem Punkt wäre die Regierung (Stalins Charakter ist nicht zu verkennen, nicht wahr?) den Juden großzügig zu Hilfe geeilt und hätte sie in selbiger Nacht vor dem Volkszorn in Sicherheit gebracht: nach dem Fernen Osten und nach Sibirien (wo Baracken bereits gezimmert wurden).

Die Vernehmung

Wenn man den Tschechowschen Intelligenzlern auf ihr stetes banges Fragen nach der Welt — wie sie in zwanzig, dreißig, vierzig Jahren wohl aussieht? — geantwortet hätte, daß in vierzig Jahren in Rußland die *peinliche* Befragung eingeführt sein würde, die da war: den Schädel mit einem Eisenring zusammenpressen*, den Angeklagten in ein Säurebad tauchen**, ihn nackt und gefesselt den Ameisen oder Wanzen aussetzen, ihm eine glühende Stahlrute in den After treiben (»Geheimstempel«), langsam mit dem Stiefel seine Geschlechtsteile zertreten und, als leichtester Grad, ihn tagelang mit Schlaflosigkeit und Durst martern, ihn zu einem blutigen Klumpen schlagen — dann wäre kein Tschechow-Stück zu Ende gegangen, dies hätte alle Helden ins Irrenhaus gebracht.

Ach, nicht nur die Tschechowschen Gestalten — welcher normale russische Mensch, nicht minder jedes Mitglied der RSDRP, hätte am Beginn des Jahrhunderts solches glauben, eine solche Schmähung der lichten Zukunft ertragen können? Was zu Zar Alexej Michailowitsch noch paßte, was unter Peter I. bereits als barbarisch empfunden wurde, was unter Biron an zehn bis zwanzig Personen angewandt werden konnte und seit der Großen Katharina völlig unmöglich war, das wurde in der Blütezeit des brillanten 20. Jahrhunderts, in einer Gesellschaft, die nach sozialistischen Grundsätzen geplant war, in Jahren, als bereits Flugzeuge flogen, Tonfilm und Radio erfunden waren, vollzogen, nicht von einem einzelnen Bösewicht, nicht an einem einzelnen verborgenen Ort, sondern von Zehntausenden darauf gedrillten Menschenbestien an wehrlosen Millionen von Opfern.

Und ist wirklich nur dieser Ausbruch des Atavismus so grauenhaft, der heute wohlgefällig als »Personenkult« bezeichnet wird? Oder ist's schrecklich, daß wir in denselben Jahren das Puschkin-Jubiläum feierten? schamlos dieselben Tschechow-Stücke aufführten, obzwar die Antwort schon gegeben war? Oder ist's noch schrecklicher, daß uns auch noch dreißig Jahre später gesagt wird: Lassen wir das! Das Erinnern an die Leiden von Millionen verzerrt die historische Perspektive! Die Suche nach dem Wesen unserer Sitten verdunkelt den materiellen Fort-

* Bei Dr. S., nach Aussagen von A. P. K-w.
** Bei Ch. S. T-e.

schritt! Denkt doch lieber an die angeblasenen Hochöfen, an die Walzwerke, an die gezogenen Kanäle ... nein, nicht an die Kanäle ... dann an das Gold von Kolyma, nein, auch das wollen wir sein lassen ... Über alles Mögliche, bitte sehr, aber — mit Verstand, mit lobender Anerkennung ...

Es ist nicht recht zu verstehen: Warum verwünschen wir heute die Inquisition? Hat es denn außer den Scheiterhaufen keine feierlichen Gottesdienste gegeben? Schwer zu begreifen, was wir an der Leibeigenschaft auszusetzen haben. War es dem Bauern denn verboten, sein Tagwerk zu verrichten? Dazu durfte er zu Weihnachten sternsingen, und zu Pfingsten flochten die Mädchen Kränze.

Die Exklusivität, zu der die mündliche und schriftliche Legende heute das Jahr 1937 erhoben hat, wird durch die Schaffung von erfundenen Geständnissen und die Einführung der Folter erklärt; das ist jedoch falsch, ungenau. Das Untersuchungsverfahren nach § 58 zielte zu verschiedenen Jahren und Jahrzehnten *fast nie* auf die Wahrheitsfindung ab und bestand einzig in der unvermeidlichen schmutzigen Prozedur: den vor kurzem noch freien, manchmal stolzen, immer unvorbereiteten Menschen zu beugen, durch das schmale Rohr zu ziehen, wo die Widerhaken der Armatur ihm die Haut vom Leibe rissen, bis daß ihm der Atem verging und er sich sehnlichst ans andere Ende wünschte, dieses Ende aber ihn bereits als fertigen Archipel-Eingeborenen ausspie, direkt ins Gelobte Land hinein. (Der Grünling sträubt sich, er glaubt immer, daß es aus dem Rohr auch einen Ausgang zurück gebe.)

Je mehr schriftlose Jahre vergehen, desto schwerer fällt es einem, die verstreuten Zeugnisse der Überlebenden zu sammeln. Diese indes sagen uns, daß sich die *Organe* seit ihren frühesten Tagen aufs *Erfinden* von zu verfolgenden Straftaten verlegten, auf daß ihre rettende und unersetzbare Tätigkeit unvermindert spürbar bleibe und es nicht eines bösen Tages hieße, sie könnten, nun die Feinde vernichtet seien, zum *Absterben* übergehen. Wie aus dem Dossier von Kossyrew ersichtlich*, geriet der Stand der Tscheka sogar zu Beginn des Jahres 1919 ins Wanken. Beim Studium der Zeitungen von 1918 stieß ich auf eine amtliche Mitteilung, derzufolge eine furchtbare Verschwörung aufgedeckt wurde, deren zehn Teilnehmer die Absicht hatten (die *Absicht* nur!), Kanonen

* Vgl. Kapitel 8.

auf dem Dach des Erziehungsheims aufzustellen (seht nach, wie hoch das ist), um von dort den Kreml zu beschießen. *Zehn* Personen (vielleicht darunter auch Frauen und Halbwüchsige) und eine unbekannte Zahl von Kanonen — woher denn die Kanonen? welchen Kalibers? und wie dieselben über die Treppe auf den Boden schleppen? und wie sie auf dem abschüssigen Dach aufstellen? — auch noch so, daß sie beim Schießen nicht zurückrollen! Warum hatten die Petersburger Polizisten während der Bekämpfung der Februarrevolution nichts Schwereres auf die Dächer genommen als Maschinengewehre? ... Und doch wurde dieses Hirngespinst, diese Vorwegnahme der Konstruktionen von 1937 mit offenen Augen gelesen — und geglaubt! Wahrscheinlich wird man uns eines Tages auch nachweisen, daß die »Affäre Gumiljow« 1921 eine abgekartete Sache war*. Im selben Jahr wurde in der Tscheka von Rjasan die gefälschte Affäre um eine »Verschwörung« der dortigen Intelligenz aufgebauscht (doch hatten wagemutige Proteste noch Moskau erreichen und die Sache niederschlagen können). Im selben 1921 wurde das gesamte *Sapropel-Komitee* erschossen, das zur Naturförderungskommission gehörte. Unser Wissen um die Stimmungen innerhalb der damaligen russischen Gelehrtenkreise lassen uns, die wir nicht vom Nebelschleier des Fanatismus umwölkt sind, auch ohne Ausgrabungen den Wahrheitsgehalt jenes *Falls* erkennen.

Hier die Erinnerungen von J. Dojarenko: 1921, die Einlieferungsstelle der Lubjanka, 40 bis 50 Liegen, die ganze Nacht über werden Frauen hereingebracht. Niemand weiß, wessen er beschuldigt wird. Das allgemeine Gefühl: Die schnappen die Leute aufs Geratewohl. Eine einzige in der Zelle weiß es: eine Sozialrevolutionärin. Jagodas erste Frage: »Also, *warum* sind Sie hierhergeraten?«, das bedeutet, sag es selber, hilf mir, das Garn zu spinnen! Und *absolut dasselbe* erzählt man über die Rjasaner GPU von 1930! Das klare Empfinden: Alle sitzen wegen nichts. So gar nichts war an Schuld zu finden, das I.D.T-w beschuldigt wurde — seinen eigenen Namen gefälscht zu haben. (Und obwohl der Name der allerechteste war, bekam T-w nach § 58,10 3 Jahre. Wenn der Untersuchungsrichter gar nicht mehr weiter wußte, fragte er: »Ihre Arbeit?« — »Planberater« — »Schreiben Sie eine Stellungnahme: ›Die Planung im Betrieb und ihre Realisierung.‹ Warum Sie verhaftet wurden, erfahren Sie später.« (Er wird in dem Text irgendeinen Haken finden.)

Das war wie im Jahre 1912 mit der Festung von Kowno: Sie sollte,

---

*Anna Achmatowa war fest davon überzeugt. Sie nannte mir sogar den Namen des Tschekisten, der diese Affäre erfunden hat (wenn ich mich recht erinnere — J. Agranow).[28]

weil sie an strategischem Wert verloren hatte, abgeschafft werden. Da inszenierte das aufgeschreckte Kommando einen »nächtlichen Feuerüberfall«, um nur ja ihren Nutzen zu beweisen und den warmen Posten zu behalten!

Im übrigen waren auch die theoretischen Ansichten über die *Schuld* des Untersuchungshäftlings von Anfang an sehr freizügig. In seiner Instruktion zum roten Terror schrieb der Tschekist M. I. Lazis: »Sucht bei der Untersuchung nicht nach Indizien dafür, daß der Angeklagte mit Wort und Tat gegen die Sowjetunion auftrat. Die erste Frage: Zu welcher Klasse gehört er, welches ist seine Herkunft, Bildung und Erziehung*? Eben diese Fragen müssen das Schicksal des Angeklagten bestimmen.« In einem Brief an die Tscheka vom 13. November 1920 erwähnt Dserschinski, daß dort »verleumderischen Erklärungen oft freier Lauf gelassen wird«.

Ja, hat man uns nicht schon in all den Jahrzehnten daran gewöhnt, daß von *dort* keiner zurückkehrt? Außer der kurzen eingeplanten Rückflutbewegung des Jahres 1939 wird man nur ganz selten einmal die Geschichte einer Freilassung nach erfolgter Untersuchung zu hören bekommen. Und auch da: Entweder sie sperren den Mann bald wieder ein, oder sie haben ihn als Lockvogel rausgelassen. So entstand die Tradition, derzufolge es bei den *Organen* keinen *Arbeitsausfall* gibt. Doch die Unschuldigen, wohin mit ihnen?

Das Sprachwörterbuch von Dal präzisiert: »Die *Ermittlung* unterscheidet sich von der *Untersuchung* dadurch, daß sie der vorläufigen Feststellung dient, ob ein hinlänglicher Grund zur Einleitung behördlicher Untersuchungsmaßnahmen vorliegt.«

Oh, du heilige Einfalt! Die *Organe* kamen allezeit ohne *Ermittlung* aus! Von oben zugewiesene Listen oder ein erster Verdacht, die Anzeige eines Spitzels oder sogar eine anonyme Denunziation** reichten immer zur Verhaftung und Anklageerhebung aus. Und die der Untersuchung zugeteilte Zeit wurde nicht darauf verwandt, das Verbrechen zu klären, sondern in fünfundneunzig Prozent der Fälle nur darauf, den Untersuchungsgefangenen dahin zu bringen, daß er, übermüdet, erschöpft und entkräftet, alles in Kauf nimmt, damit's bloß zu Ende geht.

Schon 1919 war das gängigste Mittel im Untersuchungsverfahren: *den Revolver auf den Tisch!*

*Da haben wir es, das *Sapropel-Komitee!*
** § 93 der Strafprozeßordnung formulierte es unumwunden: »Eine anonyme Anzeige *kann* die Eröffnung eines kriminalgerichtlichen Verfahrens bewirken« (!). Man wundere sich nicht über die Vorsilben »kriminal«: alle politischen Fälle galten ja als kriminell.

Nicht nur politische, auch »zivile« Untersuchungen wurden auf solche Art abgewickelt. Beim Prozeß des Hauptkomitees für Brennstoffbeschaffung *Glawtop* (1921) beschwerte sich die Angeklagte Machrowskaja darüber, daß man ihr vor den Verhören Kokain eingab. Der Ankläger* parierte: »Wenn sie gesagt hätte, daß man grob mit ihr umgegangen war, ihr *mit Erschießen* drohte, dann hätten wir all dies noch halbwegs *glauben können*.« Der Revolver liegt auf dem Tisch, wird manchmal auf dich gerichtet, und der Untersuchungsrichter strengt sich nicht sonderlich an, eine Schuld für dich zu ersinnen, vielmehr: »Erzähl schon, du weißt ja selbst!« So sprach 1927 der Untersuchungsrichter Chajkin zu der Skripnikowa, so sprachen sie 1929 zu Witkowski. Auch ein Vierteljahrhundert später hatte sich nichts geändert. 1952, als dieselbe Anna Skripnikowa bereits zum *fünften Mal* eingesperrt wurde, sagte ihr der Chef der MGB-Untersuchungsabteilung von Ordschonikidse, Siwakow: »Wie ich vom Gefängnisarzt höre, steht dein Blutdruck auf 240/120. Das ist zu wenig, du Schwein (sie ist über fünfzig), wir werden dich auf mindestens 340 bringen, damit du endlich krepierst, ganz ohne Schläge, ohne Brüche und blaue Flecken. Wir brauchen dich bloß nicht schlafen zu lassen!« ... Und sobald die Skripnikowa nach einem nächtlichen Verhör tagsüber in der Zelle die Augen schloß, kam brüllend und drohend ein Wärter hereingestürzt: »Die Augen auf, die Augen auf, sonst ziehe ich dich an den Beinen von der Pritsche und binde dich stehend an die Wand!«

Auch 1921 standen die nächtlichen Verhöre an der Spitze. Und auch damals wurden Scheinwerfer beim Verhör aufgestellt (Stelmach von der Rjasaner Tscheka). Und auf der Lubjanka wurde 1926 (Aussage von Berta Gandal) einmal kalte, einmal stinkende Luft in die Zellen geblasen. Und es gab eine Korkzelle, wo man ohnedies keine Luft bekam und noch geröstet wurde. Der Dichter Kljujew hat, dem Vernehmen nach, darin gesessen und Berta Gandal auch. Wassilij Alexandrowitsch Kasjanow, Teilnehmer am Jaroslawler Aufstand von 1918, erzählt, daß solche Zellen so lange angeheizt wurden, bis dem Insassen das Blut aus den Poren trat; sobald die Wärter es durchs Guckloch bemerkten, brachten sie eine Tragbahre und schleppten ihn fort, das Protokoll zu unterschreiben. Bekannt ist die »heiße« (und die »gesalzene«) Praxis der »goldenen« Zeit. Und in Grusien wurden an den Händen der Häftlinge brennende Zigaretten ausgedrückt; im Metechsker Burggefängnis stieß man sie in der Dunkelheit in Behälter voll Unrat.

*N. W. Krylenko, *Za pjat' let* (»In fünf Jahren«), Moskau/Petrograd 1923, S. 401.

So einfach ist das gekoppelt: Wenn Anklage um jeden Preis erhoben werden soll, sind Drohungen, Gewalt und Folter unvermeidlich; und je phantastischer die Anklage ausfällt, desto härter muß die Untersuchung sein, um ein Geständnis zu erzwingen. Da es aber fabrizierte, erfundene Fälle immer gab, hat es auch Zwang und Folter immer gegeben, mitnichten erst als Bestandteil des Jahres 1937: Es ist ein konstantes Merkmal von allgemeingültigem Charakter. Verwunderlich ist es daher, wenn ehemalige Häftlinge in ihren Erinnerungen heute manchmal schreiben, die Folter sei »im Frühjahr 1938 erlaubt« worden*. Geistige oder sittliche Schranken, die von der Folter hätten abhalten können, hat es für die *Organe* niemals gegeben. In den ersten nachrevolutionären Jahren wurde die Anwendbarkeit der Folter aus marxistischer Sicht ganz offen in den Zeitschriften *Wochenblatt der WTschK, Das rote Schwert* und *Der rote Terror* diskutiert. Nach den Folgen zu urteilen, war die Antwort positiv, wenn auch nicht allgemeingültig ausgefallen.

Richtiger wäre es, über das Jahr 1938 zu sagen: Wenn bis dato die Anwendung der Folter einer bestimmten amtlichen Verbrämung, einer für jeden Untersuchungsfall zu erteilenden Genehmigung bedurfte (wie leicht sie auch immer zu bekommen war), so wurde 1937/38 in Anbetracht der außerordentlichen Situation (die vorgeschriebenen Millionenzugänge zu dem Archipel mußten in vorgeschriebener kürzester Frist durch die Maschinerie des individuellen Untersuchungsverfahrens getrieben werden — ein Novum gegenüber den Massenströmen der Kulaken und der Nationalitäten) die Gewaltanwendung und Folter ohne Einschränkungen bewilligt und die Entscheidung darüber, entsprechend den Erfordernissen der termingerechten Abwicklung, dem Untersuchungsrichter überlassen. Ebensowenig wurde dabei die Art der Folter reglementiert; erfinderische Neuerungen waren beliebig zugelassen.

1939 wurde diese generelle Bewilligung aufgehoben, wieder bedurfte es einiger Formalitäten, eines *Papiers,* vielleicht nun nicht mehr so leicht zu beschaffen. (Im übrigen waren einfache Drohungen, Erpressungen, Täuschungen ebenso wie die Marter mit Schlaflosigkeit und Karzer zu keiner Zeit verboten.) Doch bereits vom Kriegsende an und in den Jahren danach wurden bestimmte *Kategorien* von Häftlingen ausgesondert, an denen von vornherein ein breiter Fächer von Folterungen er-

---

*J. Ginsburg schreibt, daß die Anwendung »physischer Druckmittel« im April 1938 bewilligt wurde. W. Schalamow meint: Die Folter wurde Mitte 1938 erlaubt. Der oft eingesessene Häftling M-tsch ist überzeugt, daß es einen »Befehl über das vereinfachte Verhör und die Ersetzung psychischer Druckmittel durch physische« gegeben hat. Iwanow-Rasumnik hebt »die brutalste Zeit der Verhöre, Mitte 1938« hervor.

laubt war. Dazu gehörten die Nationalisten, vornehmlich die Ukrainer und Litauer, und vornehmlich dann, wenn es um eine illegale Kette ging, bzw. eine solche vermutet wurde und es notwendig war, sie bis zum letzten Glied aufzuwickeln, alle Namen aus den Verhafteten herauszuholen. Zur Gruppe von Skirjus Romualdas Prano zum Beispiel gehörten etwa fünfzig Litauer. Sie wurden 1945 beschuldigt, antisowjetische Flugzettel verbreitet zu haben. Wegen des damaligen Mangels an litauischen Gefängnissen wurden sie ins Lager Welsk im Gebiet von Archangelsk geschickt. Die einen wurden gefoltert, die anderen waren der doppelten Last der Untersuchung und des Arbeitsregimes nicht gewachsen, wie immer: Im Ergebnis *gestanden* sie durch die Bank alle. Einige Zeit verging, da kam aus Litauen die Nachricht, daß die echten Urheber der Flugzettelaktion dingfest gemacht wurden. *Von diesen aber hatte keiner was damit zu tun!* — 1950 lernte ich im Kuibyschewer Durchgangsgefängnis einen Ukrainer aus Dnjepropetrowsk kennen, den man auf vielerlei Arten gefoltert hatte, um »Verbindungen« und Namen zu erfahren — auch im stehenden Karzer mit Stab, was soviel heißt, daß der Stab ihm für vier Stunden täglich (als Stütze zum Schlafen) hineingereicht wurde. Ebenfalls nach dem Kriege wurde Frau Professor Lewina, korrespondierendes Mitglied der Akademie der Wissenschaften, gefoltert — weil sie gemeinsame Bekannte mit den Allilujews hatte.

Und ebenso falsch wäre es, dem Jahr 1937 jene »Erfindung« zuzuschreiben, daß ein persönliches Geständnis des Beschuldigten wichtiger sei als alle Beweise und Fakten; sie geht auf die zwanziger Jahre zurück. Die brillante Lehre Wyschinskis indes war tatsächlich zum Jahre 1937 ausgereift. Im übrigen wurden damals nur Untersuchungsrichter und Ankläger zwecks moralischer Ertüchtigung darin eingeweiht, uns andere erreichte die Kunde erst zwanzig Jahre später — als sie in Nebensätzen und unter ferner liefen in Zeitungsartikeln getadelt, somit ihre Kenntnis als selbstverständlich vorausgesetzt wurde.

Es stellt sich heraus, daß Wyschinski, Andrej Januarjewitsch (ein kleiner Versprecher — Jaguarjewitsch — ist allzu verlockend), in jenem bedrohlich berüchtigten Jahr in seinem unter Fachleuten berühmt gewordenen Referat im Geiste erlesenster Dialektik (die wir weder unseren Staatsbürgern noch jetzt den Computern zubilligen, denn für sie hat *ja ja* und *nein nein* zu bleiben) darlegte, daß es der Menschheit niemals möglich sei, die absolute Wahrheit zu finden, und sie sich mit der relativen begnügen müsse. Von daher tat er einen Schritt, den zu wagen den Juristen zweitausend Jahre lang der Mut fehlte: daß folglich auch die von Gericht und Untersuchungsbehörde ermittelte Wahrheit niemals absolut, immer nur relativ sein könne. Daher ist uns, wenn wir ein Todesurteil unterschreiben, die *absolute* Sicherheit der *Schuld* des Hinzurichtenden sowieso niemals gegeben, immer nur in einem bestimmten Annäherungsgrad, unter bestimmten Annahmen, in einem bestimmten Sinne*.

Hieraus folgert ein überaus sachlicher Schluß: Überflüssige Zeitverschwendung wäre die Suche nach absoluten Indizien (alle Indizien sind relativ), nach untadeligen Zeugen (die könnten einander widersprechen). Die Schuldbeweise aber, welche *relativ* und annähernd seien, kann der Untersuchungsrichter ohne Indizien und ohne Zeugen finden, gleich hier, an seinem Arbeitstisch, »gestützt nicht bloß auf seinen Verstand, sondern auch auf seinen Parteiinstinkt, seine *moralischen Kräfte*« (das heißt, auf die Vorteile eines satten, gut ausgeschlafenen und nicht kurz zuvor geprügelten Menschen) »und auf seinen Charakter« (das heißt, den Willen zur Grausamkeit).

Natürlich war diese Darstellung bei weitem eleganter als die Instruktion von Lazis. Der Kern blieb derselbe.

Und nur in einem hat Wyschinski gepaßt, gegen die dialektische Logik verstoßen: aus unerfindlichem Grunde hat er die *Kugel* in ihrer *Absolutheit* belassen . . .

So kehrten die Schlußfolgerungen der fortschrittlichen Jurisdiktion nach vollbrachter spiralförmiger Entwicklung wieder zu den präantiken oder mittelalterlichen Auffassungen zurück. Gleich den mittelalterlichen Folterknechten waren unsere Richter, Ankläger und Untersuchungsbeamte bereit, den entscheidenden Beweis der Schuld im Schuldbekenntnis des Untersuchungshäftlings zu sehen**.

Das treuherzige Mittelalter wählte allerdings dramatische und pittoreske Mittel zur Erlangung des gewünschten Zieles: den Wippgalgen, das Rad, den Schwitzkasten, die spanische Jungfrau, die Pfählung und

---

* Vielleicht verlangte es Wyschinski damals selber nicht weniger als seine Zuhörer nach solchem dialektischem Trost. Während er in den Saal schrie: »Alle erschießen wie tollwütige Hunde!« wußte er, böse und klug, doch am allerbesten, daß die Angeklagten unschuldig waren. Mit um so größerer Leidenschaft ergingen sie sich, er und eine Größe marxistischer Dialektik wie Bucharin, im dialektischen Ausschmücken der gerichtlichen Lüge: Bucharin ging es wider den Strich, so dumm und hilflos als gänzlich Unschuldiger zugrunde zu gehen (er brauchte sogar eine Schuld!), und Wyschinski fühlte sich wohler in der Rolle des Logikers als in der Haut des unverhohlenen Schuftes.

** Vgl .die 5. Ergänzung zur Verfassung der USA: »Es ist verboten, sich selbst durch Aussagen zu belasten.« VERBOTEN! .. (Das gleiche in der *Bill of Rights* von 1689.)

anderes mehr. Das 20. Jahrhundert durfte sich bereits auf neueste medizinische Errungenschaften und eine nicht geringe Gefängniserfahrung stützen (irgendwer wird vollen Ernstes eine Doktorarbeit darüber verfaßt haben) und demnach auf solchen Überschwang verzichten, zumal besagte Mittel sich bei massierter Anwendung als umständlich erwiesen. Und außerdem ...

Und außerdem zeichnet sich ein weiterer Umstand ab: Wie immer sprach Stalin das letzte Wort nicht aus, die Untergebenen hatten es selbst zu finden, während er sich einen füchsischen, schakalischen Durchschlupf zum Rückzug freiließ und das »Vor Erfolgen von Schwindel befallen« schrieb[29]. Schließlich war die planmäßige Peinigung von Millionen in der Menschheitsgeschichte etwas Neues, und es konnte Stalin bei all seiner Macht des Erfolges nicht absolut sicher sein. Bei so großen Mengen hätte der Verlauf des Experiments ein anderer werden können als bei einer geringen Zahl. Unvermutete Explosionen, geologische Verschiebungen oder zumindest eine weltweite Publikmachung mußten einkalkuliert werden. Stalins Gewänder hatten in allen Varianten engelhaft-weiß zu bleiben.

Folglich ist anzunehmen, daß es keinerlei typographisch vervielfältigte Folterverzeichnisse für die Untersuchungsrichter gab. Es lag einfach an jeder einzelnen Untersuchungsabteilung, zum angegebenen Termin dem Tribunal eine vorgegebene Zahl von geständniswilligen Karnickeln zu liefern. Es wurde *einfach gesagt* (mündlich, aber oft), daß alle Mittel und Wege gut sind, solange sie dem hehren Zwecke dienen; daß sich der Gefängnisarzt tunlichst aus dem Gang der Untersuchung herauszuhalten hat. Wahrscheinlich wurden kameradschaftliche Begegnungen mit Erfahrungsaustausch gefördert, »Bestarbeiter« als Vorbilder hingestellt; ja, auch das »materielle Interesse« nicht vernachlässigt: Gehaltszulagen für Nachtarbeit, Prämiengelder für Zeiteinsparungen bei der Vernehmung; ja, auch die obligaten Warnungen erteilt: Wer mit dem Auftrag nicht zu Rande kommt ... Und wäre nun in irgendeiner Gebiets-NKWD eine Panne passiert, dann hätte auch der dortige Chef in aller Unschuld vor Stalin hintreten können: Folteranweisungen hat *er* direkt niemals erteilt! Und dennoch die Folter besorgen lassen!

Ein Teil der gewöhnlichen Untersuchungsrichter (nicht die, die sich wild berauschten) verstand sehr wohl, daß sich die Oberen rückversichern, und bemühte sich ebenfalls, mit schwächeren Graden zu beginnen und bei der Steigerung jene zu vermeiden, die allzu deutliche Spuren hinterließen: ein ausgeschlagenes Auge, ein abgerissenes Ohr, ein gebrochenes Rückgrat, aber auch nur Striemen am ganzen Körper.

Darum läßt die Analyse der 1937 in verschiedenen Gebietszentralen (oder auch innerhalb einer) von verschiedenen Beamten angewandten Methoden keine Einheitlichkeit — die Schlaflosigkeit ausgenommen — erkennen*. Gemeinsam war ihnen dennoch, daß der Vorzug den quasi *leichteren* Mitteln (wir werden sie gleich kennenlernen) gegeben wurde und daß dies ein unfehlbarer Weg war. Denn die wahren Grenzen des menschlichen Gleichgewichts sind sehr eng, und es braucht weder der Folterleiter noch des Schwitzkastens, um einen durchschnittlichen Menschen unzurechnungsfähig zu machen.

Wir wollen versuchen, einige der einfachsten Kunstgriffe aufzuzählen, die, ohne am Körper Spuren zu hinterlassen, den Willen und die Persönlichkeit des Häftlings zerbrechen.

Beginnen wir mit den *psychischen* Methoden. Für ein Karnickel, dem die Gefängnisqualen ganz unverhofft zuteil wurden, sind diese Methoden von ungeheurer, mehr — von zerstörerischer Kraft. Ja selbst, wenn du von den Überzeugten einer bist, ist's auch nicht leicht.

1. Fangen wir bei den *Nächten* an. Warum wurde gerade die *Nacht* zum Brechen der Seelen erkoren? Warum war die Wahl von Anbeginn auf die *Nacht* gefallen? Weil der Häftling, der aus dem Schlaf gerissen wird (auch einer, der noch nicht mit der Schlaflosigkeit gemartert wurde), um ein Stück nachgiebiger ist als zur nüchternen Tagesstunde.

2. Der aufrichtig klingende *Zuspruch.* Das allereinfachste. Wozu das Katz-und-Maus-Spiel? Nach einigen Tagen in der gemeinsamen Zelle hat der Häftling die Gesamtsituation bereits erfaßt. Und der Untersuchungsrichter spricht träge und freundschaftlich auf ihn ein: »Du siehst ja selbst, daß du nicht rauskommst. Wenn du nicht nachgibst, machst du dich bloß kaputt. Schone deine Gesundheit. Sobald du im Lager bist, gibt's frische Luft und Licht ... Unterschreib also lieber gleich.« Sehr logisch. Und vernünftig, wer zustimmt und unterschreibt, wenn ... Ja, wenn es lediglich um einen selber ginge! Doch selten trifft sich's so. Der Kampf ist unausweichlich.

Eine andere, auf den Parteimann gemünzte Art des Zuspruchs: »Wenn es im Land Mängel und Hunger gibt, dann müssen Sie als Bolschewik für sich entscheiden: Können Sie annehmen, daß die ganze Partei daran schuld ist? oder die Sowjetmacht?« — »Nein doch, natürlich nicht«, beeilt sich der Leiter des Textilkonzerns zu antworten. »Dann haben Sie doch den Mut, die Schuld auf sich zu nehmen!« Und er nimmt sie!

---

*Die Kunde nennt Rostow am Don und Krasnodar als besonders grausame Folterstellen, jedoch der Nachweis fehlt.

3. Grobes *Fluchen*. Ein simpler Trick, recht wirksam allerdings bei wohlerzogenen, weichen, feinfühligen Menschen. Zwei Fälle von Priestern sind mir bekannt, die aufs bloße Fluchen hin nachgaben. Gegen den ersten (Butyrka, 1944) wurde die Untersuchung von einer Frau geführt. Anfangs konnte er sich in der Zelle des Lobes nicht genug tun, wie höflich sie sei. Doch eines Tages kam er ganz verwirrt zurück und wollte lange nicht damit herausrücken, mit welcher Raffinesse sie plötzlich *loslegte*, ein Bein über das andere geschlagen. (Es tut mir leid, daß ich einen ihrer Aussprüche hier nicht anbringen kann.)

4. Der Schlag mit dem *psychologischen Kontrast!* Plötzliche Übergänge: Während des ganzen Verhörs äußerst liebenswürdig sein, mit Vatersnamen titulieren, das Blaue vom Himmel versprechen. Dann plötzlich den Briefbeschwerer packen: »Pfui, du Dreckskerl! Neun Gramm ins Genick!« — und mit ausgestreckten Armen, wie um ihm in die Haare zu fahren, als wüchsen Nadeln aus den Fingernägeln, auf den Häftling zu, näher, ganz nah (bei Frauen wirkt die Masche bestens).

Als Spielart: Zwei Untersuchungsrichter lösen einander ab. Der eine ist ein Bluthund, der andre sympathisch, beinahe herzlich. Der Untersuchungshäftling zittert jedesmal: Wer wartet drinnen? Der Kontrast drängt ihn zum zweiten, er möchte ihm alles unterschreiben und auch gestehen, was gar nicht war.

5. Die einleitende *Erniedrigung*. In den berühmten Kellern der Rostower GPU (»Nummer 33«), unter dem dicken Glas des obenliegenden Gehsteigs (ein ehemaliges Lagerhaus), wurden die Verhafteten in Erwartung des Verhörs bäuchlings in den Gefängnisgang gelegt: und Kopf heben verboten, sprechen verboten. So lagen sie wie betende Mohammedaner einige Stunden lang, ehe sie der Wärter an der Schulter rüttelte und zum Verhör abführte. — Alexandra O-wa hatte auf der Lubjanka die gewünschten Aussagen verweigert. Man brachte sie nach Lefortowo. Bei der Aufnahme befahl ihr die Wärterin, sich auszuziehen; die Kleider wurden unter einem Vorwand fortgebracht, sie selbst nackt in eine Einzelzelle gesperrt. Bald kamen Wärter, Männer, und guckten herein, lachten und ergingen sich über ihre leiblichen Vorzüge. — Sicherlich wären noch viele Beispiele zu sammeln. Der Zweck war klar: eine bedrückte Stimmung zu schaffen.

6. Jedes Mittel, das den Häftling *verwirrt*. Hier das Verhör von F. I. W. aus Krasnogorsk im Moskauer Gebiet (berichtet von I. A. P-ew): Die Untersuchungsrichterin zog sich selbst im Verlaufe des Verhörs vor ihm aus, Stück um Stück (Striptease!), hörte aber in keinem Augenblick mit dem Fragen auf, als wär's das Selbstverständlichste von der Welt;

marschierte im Zimmer auf und ab, trat dicht an ihn heran und verlangte, daß er nachgebe und endlich aussage. Vielleicht war es ihr ein persönliches Bedürfnis, vielleicht auch kalte Berechnung: Dem Untersuchungshäftling steht der Verstand still, gleich wird er unterschreiben. Sie aber riskiert gar nichts: Der Revolver liegt auf dem Tisch, die Klingel ist in Reichweite.

7. *Einschüchterung*. Die meist beanspruchte und äußerst variable Methode. Oft kombiniert mit *Verlockung* und *Versprechung* — die niemals eingehalten werden, versteht sich. 1924: »Sie wollen nicht gestehen? Dann müssen Sie halt auf die Solowki. Wer gesteht, den lassen wir laufen.« 1944: »Von mir hängt es ab, in welches Lager du kommst. Lager und Lager ist nicht gleich. Wir haben jetzt auch welche wie die Katorga. Wenn du aufrichtig bist, kommst du in eins von den leichten. Wenn du leugnest, heißt's auf fünfundzwanzig Jahre mit Handschellen ins Bergwerk!« — Die Drohung mit einem anderen, schlimmeren Gefängnis: »Gib nach, sonst schicken wir dich nach Lefortowo [wenn du auf der Lubjanka bist] oder in die Suchanowka [wenn du in Lefortowo bist], da wird man anders mit dir reden.« Du aber hast dich schon eingelebt: In diesem Gefängnis ist das Regime, wie's scheint, *nitschewo*, das heißt zu ertragen, und welche Folter erwartet dich *dort*? Dazu die Überführung ... Soll ich nachgeben? ...

Die Einschüchterung wirkt vorzüglich bei jenen, die noch nicht verhaftet, sondern erst ins Große Haus vorgeladen sind. Er (sie) hat noch manches zu verlieren, er (sie) hat vor allem Angst — Angst, daß sie ihn (sie) heute nicht rauslassen, die Sachen, die Wohnung beschlagnahmen. Er ist bereit auszusagen und nachzugeben, um diesen Gefahren zu entgehen. Natürlich kennt sie die Gesetze nicht, und die schieben ihr, wenn's wenig ist, einen Zettel mit gefälschten Auszügen aus der Strafprozeßordnung hin: »Ich wurde darauf hingewiesen, daß ... Meineid ... 5 Jahre Haft ...« (in Wirklichkeit laut § 95 — höchstens 2 Jahre) ... und Aussageverweigerung ... 5 Jahre Haft ... (in Wirklichkeit laut § 92 — höchstens 3 Monate). Eine weitere Untersuchungsmethode kündigt sich hier an und wird auch nie mehr fehlen:

8. Die *Lüge*. Wir Lämmer dürfen nicht lügen, der Untersuchungsrichter hört nicht auf damit, ihn betreffen all diese Paragraphen nicht. Wir haben sogar zu fragen den Mut verloren: Was bekommt er für die Lüge? Er kann beliebig viele Protokolle vor uns ausbreiten, mit gefälschten Unterschriften unserer Verwandten und Freunde — es ist nichts als ein eleganter kriminalistischer Kunstgriff.

Die Einschüchterung, gepaart mit Verlockung und Lüge, bildet das

Hauptinstrumentarium der Einflußnahme auf die *Verwandten* des Verhafteten, die zur Zeugenaussage vorgeladen sind. »Wenn Sie sich weigern, solche [die gewünschten] Aussagen zu machen, wird es *ihm* böse ergehen ... Sie bringen ihn ins Grab ... [eine Mutter höre sich das an*!] Nur mit Ihrer Unterschrift unter diesem [untergeschobenen] Papier können Sie ihn retten« (zugrunde richten).

9. Das *Spekulieren auf verwandtschaftliche Gefühle* — wirkt vorzüglich bei den Untersuchungshäftlingen. Es ist sogar die wirksamste aller Drohungen; durch die Liebe zu seiner Familie kann der tapferste Mensch gebrochen werden. (Oh, wie richtig ist es doch prophezeit worden: »Feinde eines Menschen sind seine Hausgenossen!«) Erinnern Sie sich an jenen Tataren, der alles ertragen hat, seine Pein und die seiner Frau, aber die Leiden der Tochter nicht ertragen konnte? ... 1930 übte sich die Untersuchungsrichterin Rimalis in solcher Drohung: »Wir verhaften Ihre Tochter und stecken sie zu Syphilitikerinnen in die Zelle!« Eine Frau! ..

Sie drohen, alles einzusperren, was Ihnen lieb ist. Manchmal mit Tonuntermalung: Deine Frau ist schon eingesperrt, aber ihr weiteres Schicksal hängt von dir ab. Eben wird sie in der Nebenzelle verhört: Hör nur! Und tatsächlich, da wimmert jemand und schreit (es ist nichts genau zu unterscheiden, noch dazu durch die Wand, und deine Nerven sind aufs äußerste gespannt, du gibst einen schlechten Beobachter ab; manchmal legen sie bloß eine Platte auf, irgendwessen Rationalisierungsvorschlag: Stimme »Durchschnittsgattin«, Sopran oder Alt). Dann aber zeigen sie sie dir »ganz in echt« durch die Glastür, wie sie still über den Gang geht, den Kopf jammervoll gesenkt — sie ist's! Deine Frau! Im Gang des Staatssicherheitsdienstes! *Du* hast sie ins Unglück gestürzt, dein Starrsinn war's! Sie ist verhaftet! (In Wahrheit hat man sie einer nichtigen Formalität wegen vorgeladen, zur vereinbarten Zeit über den Korridor geschickt, aber: »Daß Sie ja den Kopf nicht heben, sonst bleiben Sie da!«) — Oder sie geben dir ihren Brief, die Handschrift stimmt: Ich sage mich von dir los! Nach allem, was man mir Abscheuliches von dir erzählt hat, will ich nichts mehr von dir wissen! (Da solche Frauen gleichwie solche Briefe in unserem Land gar nicht undenkbar sind, bleibt dir einzig, dein Herz zu prüfen: Ist sie auch von dieser Art, deine Frau?)

---

* Nach den strengen Gesetzen des Zarenreiches konnten nahe Verwandte die Aussage überhaupt verweigern. Oder aber die in der Voruntersuchung gemachten Aussagen bei der Gerichtsverhandlung wieder zurückziehen. Die bloße Bekanntschaft oder Verwandtschaft mit einem Verbrecher galt damals seltsamerweise nicht einmal als Indiz!

W. A. Kornejewa sollte gegen andere Leute aussagen, und um dies zu erreichen, drohte ihr der Untersuchungsrichter Goldman (1944) mit der Beschlagnahmung ihres Hauses: »Und deine Alten werden wir auf die Straße setzen.« Sie hatte um sich keine Angst, für ihren Glauben stand sie gerne ein. Aber Goldmans Drohungen klangen glaubwürdig für einen, der unsere Gesetze kennt, und es drückte ihr das Herz ab. Wenn Goldman gegen Morgen nach einer Nacht der abgelehnten und zerrissenen Protokolle irgendein viertes zu schreiben begann, in dem nur mehr sie allein beschuldigt wurde, war die Kornejewa bereit, diese Variante mit beiden Händen zu unterschreiben – und auch noch stolz, einen seelischen Sieg errungen zu haben. Nicht einmal mehr diesen einfachsten menschlichen Instinkt, sich vor falschen Beschuldigungen zu schützen, wollen wir behalten ... Wir sind froh, wenn es gelingt, die ganze Schuld auf uns zu laden*.

So wie keine Klassifizierung in der Natur mit starren Grenzen auskommen kann, so wird es auch uns nicht gelingen, die psychischen Methoden gegen die *physischen* eindeutig abzugrenzen. Wohin zum Beispiel mit diesem netten Spielchen:

10. Methode *Lärm*. Den Untersuchungshäftling in sechs bis acht Meter Entfernung hinsetzen und alles laut nachsagen und wiederholen lassen. Einem ohnedies erschöpften Menschen fällt es nicht leicht. Oder zwei Schalltrichter aus Pappendeckel machen und zu zweit dem Arrestanten in beide Ohren brüllen: »Gestehe, du Schweinehund!« Das Opfer ist betäubt, verliert oft das Gehör. Die Methode ist zwar ineffizient, aber trotzdem eine willkommene Abwechslung im verhörerischen Einerlei, dem zu entgehen sich ein Untersuchungsrichter schon was Passendes einfallen läßt.

11. Methode *Kitzeln*. Auch ein Spaß. Sie binden den Arrestanten an Armen und Beinen und kitzeln ihn in der Nase mit einer Gänsefeder. Der Arme windet sich, ihm ist, als bohrten sie ihm durchs Gehirn.

12. *Zigarette ausdrücken*, wozu die Haut des Häftlings dient (wurde bereits erwähnt).

13. Methode *Licht*. Grelles elektrisches Licht in der Zelle, tags und

---

* Heute sagt sie: »Elf Jahre später hat man mich während der Rehabilitierung die Protokolle durchlesen lassen – mich überkam ein Gefühl von seelischer Übelkeit. Worauf bin ich so stolz gewesen?!« – Als ich bei meiner Rehabilitierung Auszüge aus meinen alten Protokollen zu hören bekam, empfand ich das gleiche. Einmal unter der Druckpresse, wirst du ein anderer Mensch. Jetzt kann ich mich selbst nicht wiedererkennen: Wie habe ich das unterschreiben und noch dazu glauben können, daß ich mich recht gut aus der Affäre gezogen habe?

nachts, starke Glühbirnen für kleine Räume und weißgetünchte Wände (die Schüler und Hausfrauen draußen müssen Strom sparen!). Die Lider sind entzündet, ein arger Schmerz. Und beim Verhör brennen einem wieder Scheinwerfer ins Gesicht.

14. Ein erfinderischer Einfall. Tschebotarjow wurde in der Nacht zum 1. Mai 1933 in der Chabarowsker GPU eine ganze Nacht, *zwölf* Stunden lang — nicht verhört, nein — zum Verhör *geführt!* Häftling Soundso — Hände auf den Rücken! Der Wachsoldat führt ihn aus der Zelle, eine Treppe hinauf, ins Arbeitszimmer des Untersuchungsrichters. Der Wachsoldat geht weg. Der Untersuchungsrichter aber stellt keine Fragen, läßt Tschebotarjow auch nicht niedersetzen, greift sofort zum Telefon: »Abholen aus Nummer 107!« Er wird abgeholt, zurück in die Zelle gebracht. Kaum daß er sich auf die Pritsche gelegt hat, rasselt das Schloß: »Tschebotarjow! Zum Verhör! Hände auf den Rücken!« Und dann wieder: »Nummer 107 — abholen!«

Überhaupt können die Druckmethoden lange vor dem Verhörzimmer beginnen.

15. Das Gefängnis beginnt mit der *Box*, was soviel heißt wie: Kasten oder Schrank. Wenn sie einen gerade erst geschnappt haben und man noch so ganz im Schwung der inneren Bewegung ist, bereit zu erklären, zu streiten, zu kämpfen, stecken sie einen fürs erste in einen Kasten; der kann Licht haben und Platz zum Sitzen oder auch dunkel sein und so eng, daß der Neuankömmling darin nur stehen kann, dazu noch eingezwängt von der Tür. Darin lassen sie ihn einige Stunden, zwölf, vierundzwanzig, schmoren. Stunden kompletter Ungewißheit! — Vielleicht ist er für immer hier eingemauert? In seinem ganzen Leben war ihm nichts ähnliches widerfahren, wie soll er es wissen? So vergehen diese ersten Stunden, da sich der Sturm, der in seinem Inneren tobt, noch nicht gelegt hat. Die einen verlieren den Mut — der passendste Augenblick für das erste Verhör! Die anderen verbeißen sich in Zorn — um so besser, gleich werden sie den Untersuchungsrichter beleidigen, sich eine Blöße geben — und es kommt die Sache um so leichter ins Rollen.

16. Wenn's an Boxen Mangel gab, machten sie es auch anders. Jelena Strutinskaja wurde in der Nowotscherkassker NKWD für sechs Tage im Gang auf einen Hocker gesetzt, so, daß sie sich nicht anlehnen konnte, nicht schlafen, nicht auf den Boden fallen und nicht aufstehen. Und das sechs Tage lang! Probieren Sie's für nur sechs Stunden!

Wiederum als Variante bietet sich ein höherer Hocker an, von der Art, wie sie in Laboratorien stehen, daß die Füße nicht bis zum Boden reichen und darum trefflich anschwellen. Acht Stunden sind genug.

Während des Verhörs geht es auch. Wenn man den Häftling vor Augen hat, setzt man ihn auf einen gewöhnlichen Stuhl, jedoch so: ganz vorn, auf die Sitzkante (noch ein Stück, noch ein bißchen!), damit er gerade nicht herunterfällt, ihn aber die Kante das ganze Verhör über schmerzhaft drückt. Und erlaubt ihm einige Stunden keine Bewegung. Das ist alles? Ja, nichts mehr. Versuchen Sie es!

17. Lokalbedingt kann die *Box* durch eine *Divisionsgrube* ersetzt werden, wie es in den Gorochowezker Armeelagern während des Großen Vaterländischen Krieges der Fall war. In einer solchen Grube — drei Meter tief, zwei Meter im Durchmesser, unter freiem Himmel — verbrachte der Verhaftete mehrere Tage, ob's regnete oder nicht, und sie war ihm Zelle und Latrine zugleich. Die dreihundert Gramm Brot und das Wasser wurden an einer Schnur hinabgelassen. Versetzen Sie sich in diese Lage, dazu eben erst verhaftet, wenn innen drin alles nur so brodelte.

Schwer zu entscheiden, ob die Gleichförmigkeit der Instruktionen an alle Sonderabteilungen der Roten Armee oder die Ähnlichkeit der feldmäßigen Bedingungen zur großen Verbreitung dieser Methode geführt haben. In der 36. Panzergrenadierdivision, die an den Kämpfen von Chalchin-Goll teilgenommen hatte und 1941 in der mongolischen Wüste stand, wurde dem Frischverhafteten ohne jede Erklärung ein Spaten in die Hand gedrückt, auf daß er eine in ihren Maßen genau vorgeschriebene *grab*förmige Grube aushebe (hier kommt das psychologische Moment hinzu!). Sobald der Verhaftete bis über den Gürtel in der Erde steckte, ließ man ihn aufhören; nun mußte er sich in der Grube niedersetzen: sein Kopf war nicht mehr zu sehen. Ein Wachsoldat konnte mehrere Gruben bewachen, und es schien, als wäre rundum alles leer*. Die Wüstenhäftlinge wurden in der mongolischen Gluthitze unbedeckt und in der nächtlichen Kälte unbekleidet gehalten, ganz ohne Folter — wozu Kraft darauf verschwenden? Die Tagesration war: *hundert Gramm Brot* und *ein Glas Wasser*. Leutnant Tschulpenjow, ein Hüne und Boxer, einundzwanzig Jahre alt, verbrachte in der Grube *einen Monat*. Nach zehn Tagen war er von Läusen übersät. Nach fünfzehn Tagen holten sie ihn erstmals zum Verhör.

18. Den Untersuchungshäftling *knien* lassen — nicht im übertragenen Sinne in die Knie zwingen, nein, im direkten: richtig knien lassen und

* Dies dürften mongolische Motive gewesen sein. In der Zeitschrift *Niwa*, 15. 3. 1914, finden wir auf S. 218 ein mongolisches Gefängnis abgebildet: Jeder Gefangene sitzt in einer Art Truhe mit einer kleinen Öffnung für den Kopf und die Nahrungsaufnahme. Zwischen den Truhen ist ein Aufseher postiert.

daß er sich nicht auf die Fersen setzt und den Rücken geradehält. Im Zimmer des Untersuchungsrichters, im Gang draußen kann einer 12 Stunden lang knien, 24, 48 ... (Der Untersuchungsrichter darf inzwischen nach Hause gehen, schlafen, sonstwie sich amüsieren, das System funktioniert: ein Posten neben dem Knienden, die Wachen lösen einander ab*.)

Bei wem nun bewährt sich das Knien? Bei einem, der schon geknickt ist, schon kapitulationsgeneigt ist. Am besten bei Frauen. — Iwanow-Rasumnik erwähnt eine Variante: Dem vor ihm knienden jungen Lordkipanidse urinierte der Richter ins Gesicht! Und dann? Lordkipanidse, dem mit nichts anderem beizukommen war, zerbrach daran. Woraus zu folgern ist, daß es sich auch bei den Stolzen bewährt ...

19. Oder ganz einfach *stehen* lassen. Vielleicht nur während der Verhöre, auch das macht müde und mürb. Vielleicht auch umgekehrt bei den Verhören den Häftling sitzen lassen, ihn nur von Verhör zu Verhör auf den Beinen halten (ein Posten wird neben dem Stehenden aufgepflanzt, der Wärter paßt auf, daß er sich nicht anlehnt und mit Tritten wieder auf die Beine gebracht wird, so er einschlafen und der Länge lang hinfallen sollte). Manchmal genügen 24 Stunden im Stand, damit der Mensch zusammenbricht und alles mögliche *gesteht*.

20. Gewöhnlich kriegt man bei all diesen Standstrafen drei-vier-fünf Tage lang *nichts zu trinken*.

Immer klarer zeichnet sich die *Kombinierbarkeit* der psychologischen und physischen Methoden ab. Selbstverständlich ist auch, daß alle vorher genannten Maßnahmen mit

21. *Schlafverbot* gekoppelt werden, welches vom Mittelalter ganz ungebührend mißachtet wurde: Es wußte nichts von den knappen Ausmaßen jenes Bereichs, in dem der Mensch seine Persönlichkeit bewahrt. Schlaflosigkeit (noch verbunden mit Sitzverbot, Durst, grellem Licht, Angst und Ungewißheit — ach was, Folter!) trübt den Verstand und untergräbt den Willen, der Mensch hört auf, sein »Ich« zu sein. (Tschechows Erzählung *Schlafen* ..., doch dort ist's viel leichter, das kleine Mädchen kann sich niederkauern, und schon ganz kurze Bewußtseinspausen erfrischen wohltuend das Gehirn.) Der Mensch agiert halb unbewußt oder vollends unkontrolliert, so daß wir ihm wegen seiner Aussagen nicht böse sein dürfen**.

*Manch einer muß in der Jugend so begonnen haben, als Posten neben einem knienden Menschen. Heut hat er sich wohl schon hinaufgedient, Kinder großgezogen ...

**Nun stellen Sie sich auch noch einen Ausländer in diesem benebelten Zustand vor: Er kann nicht Russisch und versteht nicht das geringste von dem,

Sie sagten es unumwunden: »Sie wollen *nicht aufrichtig* sein, *darum* ist es Ihnen verboten zu schlafen!« Manchmal wurde der Raffinesse halber nicht das Stehen verordnet, sondern das *Sitzen* auf einem *weichen* Diwan, was besonders zum Schlafen einlädt (der diensthabende Wärter saß daneben und puffte den Betroffenen in die Seite, sobald dem die Augen zufielen). Folgendermaßen beschreibt ein Opfer (das den vorherigen Tag zudem in einer Wanzenbox abgesessen hatte) seine Empfindungen nach dieser Folter: »Schüttelfrost nach dem großen Blutverlust. Die Augen sind ausgetrocknet, als hielte jemand ein glühendes Eisen daran. Die Zunge ist vor Durst angeschwollen und sticht bei der leisesten Bewegung wie ein Igel. Schluckkrämpfe schnüren einem die Kehle zu.«*

Die Schlaflosigkeit ist eine beachtenswerte Foltermethode, eine, die keinerlei sichtbare Spuren hinterläßt, keinen Vorwand für Beschwerden gibt, mag auch morgen schon wider allem Erwarten eine Inspektion hereinbrechen**. »Sie haben nicht schlafen dürfen? Ja, glauben Sie denn, wir haben hier ein *Sanatorium?!* Unsere Mitarbeiter haben auch nicht geschlafen!« (das Versäumte aber tagsüber nachgeholt). Man kann sagen, daß das Schlafverbot zum Universalmittel der *Organe* wurde; aus der Sparte der Folter ging es in die eigentliche *Geschäftsordnung* des Staatssicherheitsdienstes über und wurde darum mit den billigsten Mitteln erzielt, ohne Bedarf an Wachpersonal. In keinem Untersuchungsgefängnis darf vom Wecken bis zum Zapfenstreich auch nur eine Minute geschlafen werden (in der Suchanowka und einigen weiteren wird die Pritsche tagsüber hochgeklappt, in den anderen darf man sich einfach nicht hinlegen, nicht einmal im Sitzen die Lider senken). Die wichtigsten Verhöre aber geschehen immer nachts. So geht es automatisch: Wer gerade in Untersuchung steht, kommt zumindest fünf Tage in der Woche nicht zum Schlafen (in den Wochenendnächten wollen sich auch die Untersuchungsrichter mal ausruhen).

22. In Weiterentwicklung des Vorherigen — das *Vernehmungsfließband*. Nicht nur, daß du nicht schläfst, du wirst auch noch drei, vier

---

was man ihm da vor die Augen hält. Der Bayer Jupp Aschenbrenner unterschrieb auf solche Weise, daß er in deutschen Mordkommandos gedient habe. Erst im Lager, 1954, konnte er beweisen, daß er zur besagten Zeit in München einen Elektroschweißkurs besucht hatte.
* G. M-tsch.
** Im übrigen war die Inspektion so völlig ausgeschlossen und so *niemals* angewandt worden, daß der inzwischen verhaftete Minister für Staatssicherheit Abakumow in lautes Gelächter ausbrach, als sie 1953 in seine Zelle trat: Er hielt es für eine Mystifikation.

Tage und Nächte lang *ununterbrochen* von einander ablösenden Untersuchungsrichtern verhört.

23. Die bereits erwähnte *Wanzenbox*, ein dunkler Bretterverschlag mit einer hundertköpfigen, tausendköpfigen Wanzenzucht. Mit nacktem Oberkörper wird der Delinquent hineingestoßen, im Nu haben die hungrigen Wanzen von ihm Besitz ergriffen, fallen gierig über ihn her, stürzen sich von der Decke auf ihn herunter. Am Anfang kämpft er erbittert, schlägt um sich, glaubt in ihrem Gestank zu ersticken; nach einigen Stunden sinkt er kraftlos zusammen und läßt sich widerstandslos aussaugen.

24. Der *Karzer*. Wie schlimm es in der Zelle auch sein mag, im Karzer ist's immer noch schlimmer; von dort besehen erscheint jede Zelle als Paradies. Im Karzer wird der Mensch durch Hunger und gewöhnlich durch *Kälte* geschunden (in der Suchanowka gibt es auch *heiße* Karzer). Die Karzer in Lefortowo, zum Beispiel, werden überhaupt nicht beheizt, Heizkörper stehen nur im Gang draußen, und in diesem »geheizten« Gang machen die Wärter in Filzstiefeln und Wattejacken Dienst. Der Arrestant aber wird bis auf die Wäsche, manchmal bis auf die Unterhosen ausgezogen; so hat er regungslos (es ist zu eng) einen Tag, drei Tage, fünf Tage zu verweilen (heiße »Suppe« gibt es erst am dritten Tag). In den ersten Minuten glaubst du: Das halte ich keine halbe Stunde durch. Wundersamerweise jedoch bringt der Mensch seine fünf Tage hinter sich; möglich natürlich, daß er sie mit einer lebenslangen Krankheit bezahlt.

Der Karzer kann verschiedene Spielarten haben: Feuchtigkeit, Wasser am Boden. Schon nach dem Krieg mußte Mascha G. im Gefängnis von Tschernowitz bloßfüßig zwei Stunden bis zu den Knöcheln in *eisigem Wasser* stehen — gestehe, gestehe! (Sie war achtzehn, wie leid es einem da um die Beine ist, und wie lange man noch damit zu leben hat!)

25. Soll das *Eingesperrtwerden* in einer brustschmalen *Nische* als Abart des Karzers betrachtet werden? Bereits 1933 wurde S. A. Tschebotarjow in der Chabarowsker GPU so gefoltert: Sie steckten ihn nackt in eine Betonnische, so daß er die Knie nicht beugen, die Arme nicht ausstrecken, den Kopf nicht bewegen konnte. Dem war noch nicht genug! Kaltes Wasser begann auf seinen Scheitel zu tropfen (wie aus einem Dreigroschenheft!) und in kleinen Bächlein an seinem Körper herabzurinnen. Natürlich hatten sie ihm nicht gesagt, daß es nur 24 Stunden dauern würde. Da kann einem schon angst werden — wie auch immer, er verlor das Bewußtsein, tags darauf holten sie ihn scheinbar

tot heraus; im Krankenrevier brachten sie ihn mit Salmiakgeist, Koffein und Herzmassage wieder zu sich. Er konnte lange nicht begreifen, woher er kam und was ihm gestern geschehen war. Einen Monat lang war er sogar für die Verhöre untauglich. (Wir dürfen doch annehmen, daß diese Nische und die Tropfvorrichtung nicht eigens für Tschebotarjow eingebaut wurden. 1949 hatte mein Zellengenosse aus Dnjepropetrowsk in einer ähnlichen gesessen, allerdings ohne das Tropfen. Sollten wir nicht eher zwischen Chabarowsk und Dnjepropetrowsk, dazu in sechzehn Jahren, auch noch andere Standorte vermuten?)

26. Der *Hunger* wurde bei der Beschreibung der kombinierten Druckmittel bereits erwähnt. Es ist kein ungebräuchliches Mittel: das Geständnis aus dem Häftling herauszuhungern. Im Grunde ist das Element des Hungers ebenso wie die Verwendung der Nacht zum Bestandteil des gesamten Erpressungssystems geworden. Die karge Gefängnisration, im krieglosen Jahr 1933 — 300 Gramm Brot, 1945 in der Lubjanka — 450, das launische Spiel, nach Belieben die Pakete von draußen zurückzuhalten oder auch den Einkauf im Gefängnisladen zu verbieten — dies wird an ausnahmslos allen angewandt, ist ein Universalmittel. Daneben gibt es manche verschärfte Hungermethode: so für Tschulpenjow, den sie nach einem Monat Hungerration (100 Gramm) aus der Grube zum Verhör holten, dem dort der Untersuchungsrichter Sokol einen Topf mit dickem Borschtsch vorsetzte, dazu einen halben Laib Weißbrot, schräg durchschnitten (man möchte meinen, es wäre egal, wie's geschnitten war, doch Tschulpenjow besteht auch heute noch darauf: es sei besonders verlockend geschnitten gewesen) — aber kein einziges Mal davon zu essen gab. Wie alt das doch alles ist, feudal, höhlenmenschlich! Darin das einzige Novum, daß es in einer sozialistischen Gesellschaft Verwendung fand. — Über ähnliche Methoden wissen auch andere zu berichten, die waren Usus. Wir wollen wieder einen Fall von Tschebotarjow erzählen, weil er so trefflich *kombiniert* war. Sie setzten ihn für 72 Stunden ins Verhörzimmer und erlaubten ihm lediglich — das Austreten. Ansonsten durfte er: nicht essen, nicht trinken (vor ihm ein Wasserkrug), nicht schlafen. Im Zimmer waren ständig drei Untersuchungsrichter anwesend. Sie arbeiteten in drei Schichten. Der eine schrieb ohne Unterlaß (dies schweigend, ohne den Häftling zu belästigen), der zweite schlief auf dem Diwan, der dritte ging im Zimmer auf und ab und schlug auf Tschebotarjow ein, sobald der einschlief. Dann tauschten sie ihre Funktionen. (Vielleicht waren sie selbst zu dieser Arbeit strafversetzt worden?) Da ging plötzlich die Tür auf, und Tschebotarjow ward ein Festmahl serviert: fetter ukrainischer Borschtsch, Steak

mit Röstkartoffeln und eine Kristallkaraffe mit Rotwein. Den Wein rührte Tschebotarjow aus angeborenem Widerwillen gegen Alkohol nicht an, so sehr ihn der Untersuchungsrichter dazu auch aufforderte (direkt zwingen konnte er ihn nicht, das hätte das Spiel verdorben). Nach dem Essen sagten sie ihm: »Jetzt unterschreibe aber, was du vor *zwei Zeugen ausgesagt hast*«! — das heißt, was der schweigsame in Anwesenheit des einen schlafenden und des anderen wachen Richters zusammengeschrieben hat. Von der ersten Seite an erfuhr Tschebotarjow, daß er als Intimus sämtlicher prominenter japanischer Generäle von diesen Aufträge zu erfüllen bekommen hatte. Er begann Seite um Seite durchzustreichen. Wurde verprügelt und hinausgeworfen. Anders der mit ihm gemeinsam verhaftete KWSchDiner Blaginin, der genau dasselbe durchmachte, den Wein austrank, in wohltuendem Rausch unterschrieb — und erschossen wurde. (Nach drei Tagen Hunger wirft dich ein einziges Glas um! Und da war's eine Karaffe.)

27. Das *Prügeln*, keine Spuren hinterlassend. Geprügelt wird mit Gummiknüppeln. Geprügelt wird mit Teppichklopfern. Geprügelt wird mit Sandsäcken. Arg ist der Schmerz, wenn sie auf Knochen schlagen, zum Beispiel mit Stiefeln gegen das Schienbein, wo über dem Knochen nur Haut ist. Der Brigadekommandeur Karpunitsch-Brawen wurde 21 Tage hintereinander geprügelt. (Heute sagt er: »Noch dreißig Jahre später tut mir jeder Knochen weh und der Kopf.« Auf Eigenes und Vernommenes rückblickend, kam er auf insgesamt 52 Folterarten.) Oder auch noch so: Die Hände des Untersuchungshäftlings werden in einer Sondervorrichtung festgeschraubt — so daß die Handflächen fest am Tisch aufliegen —, und dann hauen sie mit der scharfen Kante eines Lineals auf die Gelenke. Da heulst du auf! Soll beim Prügeln das Zähneausschlagen gesondert angeführt werden? (Karpunitsch verlor acht Stück*.) — Wie jedermann weiß, benimmt einem ein Faustschlag ins Sonnengeflecht den Atem und läßt doch nicht die geringste Spur zurück. Oberst Sidorow in Lefortowo übte sich, nach dem Kriege bereits, im freien Gummischuhschießen gegen die herabhängenden männlichen Annexe (wer Fußball gespielt hat, wo solches mit dem Ball passiert, weiß den Schlag zu schätzen. Dieser Schmerz ist mit nichts zu vergleichen, für gewöhnlich verliert man das Bewußtsein**).

---

*Dem 1949 eingesperrten Sekretär des Karelischen Gebietskomitees G. Kuprijanow wurden etliche echte Zähne ausgeschlagen, die zählten nicht, daneben aber auch goldene. Also gaben sie ihm zunächst Quittungen: »Zur Aufbewahrung übernommen.« Dann besannen sie sich und nahmen ihm die Quitttungen wieder ab.

**1918 verhandelte das Revolutionstribunal gegen einen zaristischen Ge-

28. In der Noworossijsker NKWD erfanden sie eine Maschine zum Nägelquetschen. In den Durchgangsgefängnissen sah man später bei vielen Leuten aus Noworossijsk abgehende schwarze Fingernägel.

29. Und die *Zwangsjacke*?

30. Und das *Brechen des Rückgrats*? (Immer in derselben GPU von Chabarowsk, 1933.)

31. Und das *Aufzäumen* (die »Liegewaage«)? Eine Eigenart der Suchanowka, aber auch im Archangelsker Gefängnis als Methode nicht unbekannt (Untersuchungsrichter Iwkow, 1940). Ein langes grobes Tuch wird dir durch den Mund gezogen (das Zaumzeug), dann über dem Rücken an den Fersen festgebunden. Bleib einmal so als Rad auf dem Bauch ohne Essen und Trinken zwei Tage lang liegen*!

Soll die Aufzählung weitergehen? Wie lange noch? Was alles können sie nicht noch erfinden, die satt, gefühllos und müßig sind?

Bruder und Mitmensch! Verdamme keinen, dem solches widerfuhr, bis daß er schwach ward und zu vieles unterschrieb... Werfe nicht den Stein auf ihn.

Doch wohlgemerkt. Weder dieser Folter noch jener der »leichtesten« Grade braucht es, um aus der Mehrzahl Aussagen zu gewinnen, um den eisernen Griff zuschnappen zu lassen, in dem sich die Lämmer fangen, die, wie wir wissen, von nichts anderem als ihrem warmen häuslichen Herd träumen. Zu ungleich ist die Kräfteverteilung.

Oh, wie anders, wie voll lauernder Gefahren — ein echter afrikanischer Dschungel — erscheint uns aus der Sicht des untersuchungsrichterlichen Zimmers unser vergangenes Leben! Und wir glaubten, es sei so einfach gewesen!

Sie, *A*, und Ihr Freund, *B*, hatten einander seit Jahren gekannt und absolut vertraut, ihr hattet euch frei über Politik unterhalten, die kleine wie die große. Und niemand war dabeigewesen. Und niemand hatte euch belauschen können. Und auch ihr habt einander nicht angezeigt, weit gefehlt.

Da war aber aus irgendeinem Grunde das Los auf Sie, auf *A*, gefal-

fängniswärter namens Bondar. Als *höchstes* Beispiel seiner Brutalität führte die Anklage an, er habe »in *einem* Fall einem Politischen so fest ins Gesicht geschlagen, daß diesem das Trommelfell platzte«. (Krylenko, »In fünf Jahren«, S. 16.)
*N. K. G.

len, man zog Sie an den Ohren aus der Herde — und das Schloß schnappte zu. Und aus irgendeinem Grunde wieder, ob nun Sie selbst es mit der Angst um Ihre Nächsten zu tun bekamen, ob eine kleine Verleumdung mit im Spiel war, ein bißchen Schlaflosigkeit, ein klein wenig Karzer, jedenfalls entschlossen Sie sich, ein Kreuz über sich zu machen, aber die anderen, die anderen niemals zu verraten! So stand es denn in vier Protokollen und mit Ihrer Unterschrift versehen, daß Sie — ein erbitterter Feind der Sowjetmacht immer gewesen sind, weil Sie Witze über den Vater und Lehrer erzählten, zwei Kandidaten bei Wahlen aufgestellt wünschten und in die Wahlkabine gingen, um den einzigen vom Stimmzettel zu streichen, wozu aber die Tinte im Tintenfaß fehlte, und daß Ihr Radioapparat zu allem Überdruß eine 16-Meter-Bandbreite besaß, was Sie veranlaßte, trotz der Störsender nach westlichen Stationen zu suchen. Der *Zehner* ist Ihnen gewiß, aber die Rippen sind ganz, der Lungenentzündung sind Sie entgangen und haben niemanden verraten und, wie es scheint, sich gut aus der Affäre gezogen. Schon lassen Sie in der Zelle verlauten, Ihre Untersuchung ginge allem Anschein nach zu Ende.

Doch still! Gemächlich die eigenen Schnörkel bewundernd, beginnt der Untersuchungsrichter das Protokoll Nr. 5 auszufüllen. Frage: Waren Sie mit *B* befreundet? Ja. Gab's Gespräche über Politik? Nein, nein, ich mißtraute ihm. Sie trafen einander trotzdem oft? Nicht sehr. Was heißt, nicht sehr? Nachbarn haben ausgesagt, daß er allein im letzten Monat am soundsovielten, soundsovielten und soundsovielten bei Ihnen gewesen sei ... Stimmt das? Hm, vielleicht. Dabei ist vermerkt worden, daß ihr, wie stets, nicht getrunken und nicht laut gesprochen hattet, weil man's im Gang hätte hören müssen. (Ach, trinkt doch, Freunde! Werft Gläser an die Wand! Flucht, so laut es geht! Stellt lärmend eure Regierungstreue unter Beweis!) — Na und, was ist dabei? — Auch Sie haben ihn besucht; sagten Sie nicht einmal am Telefon: War ein anregender Abend gestern mit dir! Später wurden Sie an der Kreuzung gesehen, anderthalb Stunden standen Sie mit ihm in der Kälte, Sie machten beide mißmutige Gesichter, da, sehen Sie, man hat Sie sogar damals fotografiert. (Die Agententechnik, Freunde, die Agententechnik!) Kurzum: *Worüber* unterhielten Sie sich mit ihm?

Worüber? ... Das ist eine heikle Frage! Ihr erster Gedanke: Sie haben vergessen, worüber ihr spracht. Sind Sie denn verpflichtet, sich's zu merken? Schön, Sie haben das erste Gespräch vergessen. Und das zweite? Und das dritte auch? Und sogar — den anregenden Abend? Und — an der Kreuzung? Und die Gespräche mit *C*? Und die mit *D*? Nein, überlegen Sie, »vergessen« — das ist kein Ausweg, damit kommst du nicht durch. Und so sucht Ihr durch die Verhaftung erschüttertes, angstgepreßtes, von Schlaflosigkeit und Hunger benebeltes Gehirn krampfhaft nach einem möglichst glaubhaften Weg, den Untersuchungsrichter zu überlisten.

Ja, worüber nur? ... Gut, wenn Sie über Hockey sprachen (das ist, liebe Freunde, in allen Fällen das beste!), über Weiber, sogar über die Wissenschaft — dann kann man's wiederholen (die Wissenschaft ist vom Hockey nicht weit entfernt, bloß, daß in unserer Zeit in der Wissenschaft alles Staatsgeheimnis ist, da kannst du leicht unter den Ukas über die Preisgabe geraten). Wenn ihr aber wirklich über die neuen Verhaftungen in der Stadt spracht? Über die Kolchose? (Und natürlich nur Übles, denn wer sagt schon Gutes darüber?) Über die Kürzung der Lohntarife? Als Sie so düster dreinblickten, an der Kreuzung — worüber spracht ihr gerade?

Vielleicht ist B verhaftet? (Der Untersuchungsrichter beteuert, daß — ja; er habe auch schon gegen Sie ausgesagt und wird Ihnen gleich gegenübergestellt werden.) Vielleicht sitzt er seelenruhig zu Hause; trotzdem holen sie ihn zum Verhör und werden vergleichen: Worüber machtet ihr damals düstere Mienen an der Kreuzung?

Jetzt, hinterher und zu spät, haben Sie es begriffen: Das Leben ist schon so ein Ding, daß ihr jedesmal beim Abschied euch hättet absprechen müssen: *Worüber eigentlich haben wir uns heute unterhalten?* Dann würden eure Aussagen bei jedem Verhör zusammenpassen. Ihr habt es unterlassen! Ihr habt euch gleichwohl nicht vorstellen können, wie dschungelhaft das Leben ist.

Vielleicht: daß ihr gemeinsam zum Fischen fahren wolltet? Dann sagt B, daß vom Fischen keine Rede war, daß ihr Probleme des Fernunterrichts erörtert habt. Ohne der Sache geholfen zu haben, würden Sie dadurch den Knoten nur noch enger zuziehen: worüber? worüber? worüber?

Ein Gedanke durchzuckt Ihr Gehirn — rettender Anker oder Verhängnis? Alles möglichst genau zu erzählen, wie es tatsächlich war (alles Scharfe natürlich glättend, alles Gefährliche weglassend) — heißt es doch immer, die beste Lüge sei die, die der Wahrheit am nächsten kommt. Mit einigem Glück und Verstand wird auch B irgendwie in der Richtung bleiben, dann können sie getrost die Aussagen vergleichen und werden euch schließlich in Ruhe lassen.

Nach vielen Jahren werden Sie begreifen, daß der Gedanke mitnichten klug war und daß es viel klüger gewesen wäre, einen total unglaubwürdigen Trottel zu spielen: Weiß nicht, erinnere mich nicht, und wenn sie mich erschlagen — an keinen Tag in meinem Leben. Doch Sie haben drei Tage nicht geschlafen. Sie haben Mühe, die eigenen Gedanken zu verfolgen und Gelassenheit zu mimen. Und zum Überlegen läßt man Ihnen keine Zeit. Gleich zwei Untersuchungsrichter (die kommen einander gern besuchen) beißen sich an Ihnen fest: worüber? worüber? worüber?

Also sagen Sie aus: Über Kolchose wurde gesprochen (daß nicht alles klappt, doch bald in Gang gebracht werden wird). Über die Tarifsenkung ... *Was* spracht ihr darüber? Genauer! Waren Sie dafür? Normale Menschen können doch nicht dafür sein, denk immer an die Glaubwürdigkeit! Um also ganz glaubwürdig zu sein: Ein wenig ärgerte es uns, daß die Löhne ein wenig gekürzt wurden.

Der Untersuchungsrichter aber schreibt das Protokoll selbst, übersetzt in *seine* Sprache: Bei dieser eurer Begegnung verleumdet ihr die Politik von Partei und Regierung auf dem Gebiet der Lohnpolitik.

Und B wird Ihnen dereinst den Vorwurf machen: Ach, du Dummkopf — und *ich* hab gesagt, es ging ums Fischen ...

Sie aber haben geglaubt, Ihren Untersuchungsrichter überspielen zu können! Sie dünkten sich schlauer und klüger und raffinierter! Sie sind intelligent! Und haben das Rad überdreht ...

In *Schuld und Sühne* macht Porfirij Petrowitsch dem Raskolnikow gegenüber eine ungemein feine Bemerkung, wie sie nur einer hat machen können, der selber das Katz-und-Maus-Spiel beherrschte — etwa so, daß man sich bei euch Intellektuellen gar keine eigene Hypothese zurechtzubiegen braucht, ihr baut euch selbst eine Version und legt sie einem fix und fertig vor. Genauso ist es! Ein intelligenter Mensch bringt es nicht über sich, wie der Tschechowsche »Missetäter« liebenswürdige Ungereimtheiten auszusagen. Er wird alles daransetzen, um die ganze Geschichte, derer man ihn beschuldigt, schön logisch aufzubauen, so erlogen sie sonst auch sein mag.

Der Untersuchungsrichter aber, der besser ein Fleischhauer geworden wäre, pfeift auf die ganze Logik, ihm genügt ein Satz hier, ein Satz dort. Er weiß Bescheid. Die Ahnungslosen sind wir ...

Von Jugend an werden wir aufgeklärt und geschult: im Beruf ausgebildet, in Staatsbürgerpflichten unterrichtet, beim Militär gedrillt, in Körperpflege unterwiesen, in die Anstandsregeln eingeführt, ja, sogar dem Verständnis des Schöngeistigen nähergebracht (dies allerdings ohne sonderlichen Eifer). Doch weder Bildung noch Erziehung und Erfahrung sind im geringsten dazu angetan, uns auf die schwerste Lebensprobe vorzubereiten: die Verhaftung wegen nichts, die Vernehmung über nichts. Romane, Stücke und Filme (ach, hätten doch die Autoren selber den Kelch der GPU zu leeren gehabt) präsentieren uns jene, denen wir im Verhörzimmer begegnen können, als Ritter der Wahrheit und Menschenliebe, als väterliche Freunde. Worüber werden uns nicht alles Vorträge gehalten – deren Besuch Pflicht ist! Doch wo bleibt die Vorlesung über den wahren und erweiterten Sinn der Gesetzbücher? Und die Bücher selbst suchst du in Bibliotheken und Kiosken vergeblich, die sind nicht für die sorglose Jugend gedacht.

Es klingt beinahe wie ein Märchen, daß irgendwo in einem Land hinter den sieben Bergen ein Untersuchungshäftling sich der Hilfe eines Advokaten bedienen kann. Das heißt, in den schwersten Stunden des Kampfes einen gesetzkundigen und klardenkenden Mann zur Seite zu haben!

Das Prinzip der bei uns üblichen Untersuchung besteht letztlich noch darin, den Untersuchungshäftling auch über die Gesetze in Unkenntnis zu lassen.

Die Anklageschrift wird vorgelegt ... (nebenher: »Unterschreiben Sie« – »Ich bin mit dem Inhalt nicht einverstanden« – »Unterschreiben Sie« – »Aber ich bin unschuldig!«) ... »Sie werden nach § 58,10 Abschnitt 2 und § 58,11 des Strafgesetzes der RSFSR angeklagt. Unterschreiben!« – »Sagen Sie mir wenigstens, was die Artikel bedeuten! Lassen Sie mich das Strafgesetzbuch lesen!« – »Ich hab es nicht.« – »Dann holen Sie's vom Abteilungschef!« – »Er hat's auch nicht. Unterschreiben Sie!« – »Ich möchte es aber sehen!« – »Darauf haben Sie kein Recht, es ist nicht für Sie geschrieben, sondern für uns. Sie brauches es nicht, ich erklär's Ihnen auch so: Diese Paragraphen besagen genau das, wessen Sie beschuldigt werden. Außerdem haben Sie nicht zu unterschreiben, daß Sie einverstanden sind, sondern nur, daß Ihnen die Anklage vorgelegt wurde.«

Auf einem der Zettel taucht ein neues Buchstabengebilde auf: StPO. Es macht Sie stutzig: Wodurch unterscheidet sich das StPO vom StGB? Wenn der Untersuchungsrichter gerade in guter Stimmung ist, wird er's Ihnen aufschlüsseln: Straf-Prozeß-Ordnung. Wie? Nicht nur ein Kodex, sondern deren gleich zwei wurden Ihnen vorenthalten, als sie drangingen, Ihnen nach ihren Gesetzen den Prozeß zu machen?!

... Seither sind zehn, dann fünfzehn Jahre vergangen. Über dem Grab meiner Jugend ist dichtes Gras gewachsen. Abgesessen war die Haftfrist und sogar die fristlose Verbannung. Doch nirgends – nicht in den »Kulturabteilungen« der Lager, nicht in den Bezirksbibliotheken, nicht einmal in den mittelgroßen Städten, habe ich je das Sowjetische Gesetzbuch mit den Augen zu sehen, in den Händen zu halten, mit Geld zu kaufen bekommen, ja, selbst danach zu *fragen* gab's keine Instanz*. Und Hunderten meiner Mithäftlinge erging es nicht anders: In den vielen Jahren der Voruntersuchung, der ersten, zweiten und x-ten Gerichtsverhandlung, der Lagerzeit und der Verbannung haben sie ein gedrucktes Gesetz kein einziges Mal zu Gesicht bekommen!

Und erst als die beiden Gesetzbücher die letzten Tage ihrer fünfunddreißigjährigen Existenz hinter sich zu bringen im Begriffe waren und durch neue ersetzt werden sollten, dann erst sah ich sie, die broschierten Zwillinge, das StGB und die StPO, auf einem Ladentisch in der Moskauer Metro liegen (Ausverkauf der künftigen Makulatur).

So konnte ich denn staunend darin lesen. Da heißt es zum Beispiel in der StPO:

§ 136: Es ist unzulässig, Aussage oder Geständnis durch Druck oder Drohung vom Untersuchungshäftling zu erpressen. (Wie weitblickend und einsichtig!)

§ 111: Den Häftling entlastende oder seine Schuld mildernde Umstände dürfen bei der Untersuchung nicht außer acht gelassen werden.

(»Aber ich habe im Oktober für die Sowjetmacht gekämpft!« – »Ich habe Koltschak erschossen!« – »Ich habe die Kulaken gesäubert!« – »Ich habe dem Staat zehn Millionen Rubel einsparen geholfen!« – »Ich war im letzten Krieg zweimal verwundet!« – »Ich habe drei Orden verliehen bekommen!«

Das wird Ihnen nicht zur Last gelegt! grinst die Geschichte und fletscht des Untersuchungsrichters Zähne. – Was Sie Gutes getan haben, gehört nicht zur Sache.)

§ 139: Dem Beschuldigten steht das Recht zu, seine Aussagen eigenhändig zu verfassen, bzw. in das vom Untersuchungsrichter erstellte Protokoll Korrekturen einfügen zu lassen.

(Wie schön, wenn wir das beizeiten gewußt hätten! Besser: Wenn's auch so stimmte! Doch wie um eine Gnade und immer vergeblich baten wir den Untersuchungsrichter, nicht zu schreiben: »... meine widerlichen, verleumderischen Hirngespinste«, sondern »meine irrigen Äußerungen«, »unser illegales Waffenlager« statt »mein verrosteter Finnendolch«.)

---

*Wer die Atmosphäre unseres generellen Mißtrauens kennt, der versteht, warum man im Volksgericht oder im Bezirkssowjet nicht nach dem Gesetzbuch fragen durfte. Das Interesse am Kodex wäre alarmierend: Ein Verbrechen wird geplant – oder vertuscht!

Oh, hätte man doch die Untersuchungshäftlinge zuerst in der Gefängniskunde unterwiesen! Hätte man doch für den Anfang eine Vernehmung quasi als Probe für die echte durchmachen dürfen ... Hat man sich nicht bei den *Wiederholern* des Jahres 1948 den ganzen unnützen Firlefanz der Untersuchung geschenkt? Aber den *Erstlingen*, denen fehlt's an Erfahrung und Wissen! Und niemand ist da, ihnen Rat zu geben.

Die Einsamkeit des Untersuchungshäftlings! — Auch das eine Bedingung für den Erfolg der unrechten Rechtsermittlung. Der ganze Apparat wird eingesetzt, den einsamen bedrängten Willen zu zermalmen. Vom Augenblick der Verhaftung und bis über die erste Schockperiode hinweg sollte der Häftling *im Idealfall* allein sein: In der Zelle, im Gang, auf der Treppe, beim Verhör ist Sorge dafür zu tragen, daß er keinem Artgenossen begegnet und in niemandes Lächeln und niemandes Blick Zuversicht schöpft oder pures Mitgefühl erkennt. Die *Organe* setzen alles daran, daß ihm die Zukunft düster, die Gegenwart ungewiß erscheint. Dazu gehört: ihn im Glauben wiegen, daß seine Freunde und Verwandten längst verhaftet, die Beweisstücke längst gefunden sind. Die Macht über ihn und die Seinen übertreiben, das Recht, ihn zu begnadigen, hervorstreichen (welches die *Organe* niemals besaßen). Ihm die Milderung des Urteils und des Lagerregimes in Aussicht stellen — wenn er aufrichtig »bereut« (das eine hatte mit dem andern nie etwas zu tun). In der kurzen Zeitspanne, da der Gefangene erschüttert, erschöpft und unzurechnungsfähig ist, ein Höchstmaß an irreparablen Aussagen aus ihm herauspressen, möglichst viele völlig unbeteiligte Personen in die Sache hineinziehen (manch einer ist so verzweifelt, daß er darum bittet, das Protokoll gar nicht mehr anhören zu müssen, wozu die Qual, bloß unterschreiben zu dürfen, bloß unterschreiben zu dürfen). Und erst dann, ganz zuletzt ihn aus der Einzelzelle zu den anderen sperren, wo er mit später Verzweiflung seine Fehler entdeckt und nachzählt.

Wie keine Fehler machen in diesem Zweikampf? Wer hätte sie nicht gemacht?

Wir sagten: »... im Idealfall allein sein.« In den gedrängten Verhältnissen des Jahres 1937 (ja auch 1945) konnte indes dieses Idealprinzip der Abschirmung des frisch eingelieferten Untersuchungshäftlings nicht voll zur Geltung gebracht werden. Fast von den ersten Stunden an geriet der Verhaftete in die dichtbesiedelte Gemeinschaftszelle.

Aber auch Vorzüge lagen darin, die die Mängel aufhoben. Das Übermaß an Zellenbelegung konnte nicht nur die Enge der Einzelbox ersetzen, sondern auch als erstklassige *Folter* sich erweisen, deren Wert dadurch gesteigert wurde, daß sie tage- und wochenlang dauern konnte, ohne die Kräfte der Untersuchungsrichter in irgendeiner Weise zu beanspruchen: Gefangene wurden ja durch Gefangene selbst gefoltert! Es wurden so viele hineingestopft, daß nicht jeder ein Stückchen Boden zu ergattern vermochte, daß Menschen über Menschen gehen mußten oder auch überhaupt sich nicht rühren konnten, einer dem anderen auf den Beinen saß. So wurden im Kischinewer Gefängnis 1945 in einer *Einzelzelle achtzehn* Mann zusammengepfercht, in Lugansk 1937 *fünfzehn**!, und Iwanow-Rasumnik saß 1938 in einer für fünfundzwanzig Mann berechneten Standardzelle der Butyrka mit *hundertvierzig* anderen zusammen (die Latrinen waren derart überlastet, daß die Häftlinge nur einmal in vierundzwanzig Stunden zum Austreten geführt wurden, und manchmal sogar nur bei Nacht, wie's ähnlich auch mit dem Spaziergang war**!). Desgleichen hat er berechnet, daß in der Lubjanka-Aufnahme, im sogenannten »Hundezwinger« wochenlang auf je einen Quadratmeter Boden *drei* Personen kamen (messen Sie nach, versuchen Sie's***). Der Hundezwinger hatte weder Fenster noch eine Lüftung, von der Körperwärme und dem Atem stieg die Temperatur auf 40 bis 45 Grad (!), sie saßen in Unterhosen auf ihren warmen Wintersachen, die nackten Leiber aneinandergepreßt, und bekamen Hautekzeme vom fremden Schweiß. Das dauerte *Wochen*, es gab keine Luft, kein Wasser (außer etwas Suppengebräu und Tee in der Früh****).

Wenn dabei der Latrinenkübel in der Ecke allen Arten menschlicher

---

* Die Untersuchung dauerte bei ihnen acht bis zehn Monate. »Der *Klim* [Klimentij Woroschilow] hat wohl eine solche Einzelzelle für sich allein gehabt«, witzelten sie (und ob er überhaupt gesessen hat?).

** In jenem Jahr mußten die Eingelieferten (nach dem Bad und nach der Box) einige Tage lang auf den Stufen im Treppenhaus sitzen, ehe eine Partie ins Lager abging und eine Zelle freiwurde. T-w hat sieben Jahre früher, 1931, in der Butyrka gesessen; er erzählt: »Unter den Pritschen lagen sie dichtgeschichtet auf dem nackten Asphalt.« Ich selbst saß sieben Jahre später, 1945 – es war dasselbe. Doch vor kurzem erhielt ich von M. K. B-tsch einen wertvollen persönlichen Hinweis auf die Enge der Butyrka im Jahre *1918*: Im Oktober (im zweiten Monat des roten Terrors) war der Platzmangel so groß, daß sie sogar in der Wäscherei eine Frauenzelle für siebzig Insassen einrichten mußten! Ja, wann hat's denn das überhaupt gegeben, daß die Butyrka leerstand?

*** Auch das beileibe kein Wunderding: 1948 war im Innengefängnis von Wladimir eine Dreimaldrei-Meter-Zelle dauernd mit dreißig In-Stehenden belegt.

**** Ganz allgemein gesprochen, gibt es in Iwanow-Rasumniks Buch zu viel Oberflächliches, Persönliches; die eintönigen Witzeleien ermüden. Der Zellenalltag von 1937/38 ist allerdings gut beschrieben.

Entleerung diente (oder umgekehrt es in der Zelle zwischen Austreten und Austreten so ein Ding nicht gab, wie in manchen sibirischen Gefängnissen); wenn viere aus einem Napf aßen, und dies aufeinander sitzend; wenn alle Augenblicke wer zum Verhör geholt und ein anderer vom Verhör zurückgebracht wurde, verprügelt, schlaflos und zerbrochen; wenn der Anblick dieser Wracks überzeugender war als alle Drohungen des Untersuchungsrichters; und wer seit Monaten nicht aufgerufen wurde, dem schien jeder Tod und jedes Lager verlockender als seine eingepferchte Lage — dann mag dies alles einen durchaus brauchbaren Ersatz für die theoretisch ideale Einsamkeit abgegeben haben. Auch in solchem Menschengewühl findest du nicht leicht den rechten heraus, dich ihm anzuvertrauen und ihn um Rat zu bitten. Auch werden dir Folterungen und Prügel eher glaubwürdig erscheinen, wenn du die Leute selbst siehst, als wenn dir der Untersuchungsrichter nur damit droht.

Von den Opfern selber erfährst du, daß sie Salzeinläufe in den Rachen geschüttet bekamen und danach vierundzwanzig Stunden ohne Wasser in der Box standen (Karpunitsch). Daß sie einem mit Reibeisen die Haut am Rücken wundreißen und Terpentin draufgießen. (Der Brigadekommandeur Rudolf Pinzow hat von beidem was abbekommen, obendrein noch wurden ihm Nadeln unter die Nägel getrieben, obendrein noch wurde er mit Wasser vollgeschwemmt, alles, damit er unterschrieb, daß er die *Absicht* hatte, bei der Oktoberparade seine Panzerbrigade gegen die Regierung zu wenden*. Von Alexandrow aber, dem ehemaligen Leiter der künstlerischen Abteilung der WOKS, der wegen seines gebrochenen Rückgrats stets zur Seite sinkt und mit Mühe die Tränen zurückhält, kann man erfahren, wie Abakumow (1948) höchst persönlich *prügelte*.

Ja, ja, der Minister für Staatssicherheit Abakumow verabscheut die schwärzeste Arbeit nicht (»Suworow allen voran!«), er ist nicht zu stolz, den Gummiknüppel hie und da selber zu schwingen. Um so freudiger prügelt dann auch sein Stellvertreter Rjumin. Sein Arbeitsplatz ist die Suchanowka, das »Generals«-Zimmer. Es ist rundherum in Nuß getäfelt, Seidenvorhänge umrahmen Fenster und Tür, ein großer Perserteppich dämpft die Schritte. Damit diese Pracht keinen Schaden nehme, wird für den zu Prügelnden über den Teppich eine schmutzige, blutbe-

---

*Er hat in der Tat die Brigade *angeführt*, doch bloß zur Parade, aber nicht zum Putsch. Im übrigen gilt das ja nicht. Trotzdem bekam er nach den erlittenen universalen Folterungen nur zehn Jahre OSO. So unglaubwürdig waren den Gendarmen ihre eigenen Erfindungen.

fleckte Matte ausgebreitet. Während der Exekution assistiert im »Generals«-Zimmer kein einfacher Wärter, sondern ein Oberst. »So, so«, beginnt Rjumin höflich und fährt zärtlich über den zwei Zoll starken Gummiknüppel, »die Probe auf Schlaflosigkeit haben Sie ehrenvoll bestanden [Al-der D. lernte es, im Stehen zu schlafen, und diese List half ihm, die Schlafmarter einen Monat lang durchzuhalten]. — Nun wollen wir es mit dem Knüppel versuchen. Bei uns hält keiner mehr als zwei, drei Behandlungen aus. Hosen runter und hingelegt, auf die Matte!« Der Oberst setzt sich dem Opfer auf den Rücken. A. D. nimmt sich vor, die Schläge zu *zählen*. Er weiß noch nicht, wie das ist, ein Schlag auf den Ischiasnerv, wenn die Hinterbacken vom langen Hungern eingefallen sind. Man spürt's nicht an der Schlagstelle — es sprengt einem den Schädel. Nach dem ersten Schlag verliert das Opfer vor Schmerz beinah die Besinnung, seine Nägel verkrallen sich in die Matte. Rjumin bemüht sich, präzise Schläge zu setzen. Der ausgefressene Oberst drückt den Liegenden nieder — gerade die passende Arbeit für drei große Sterne auf den Achselstücken! (Nach der Behandlung kann das Opfer nicht gehen, getragen wird es selbstredend auch nicht, sie schleifen es über den Boden. Bald schwellen die Hinterbacken an, daß die Hose nicht mehr zuzuknöpfen ist, doch Striemen bleiben fast keine zurück. Ein schrecklicher Durchfall ist das nächste, und auf dem Kübel in seiner Einzelzelle hockend, beginnt D. schallend zu lachen. Eine zweite Behandlung steht ihm noch bevor, dann die dritte, die Haut wird platzen, und am Ende verliert Rjumin die Beherrschung und beginnt, auf den Bauch zu schlagen, bis die Bauchdecke aufbricht und die Gedärme aus dem riesigen Bruch hervorquellen; dann bringen sie den Häftling mit Peritonitis ins Krankenrevier der Butyrka und geben für eine Weile ihre Versuche auf, aus ihm den Anstand herauszuprügeln.)

So können sie auch dich zum Krüppel foltern! Als simple altväterliche Liebkosung erscheint es einem danach, wenn in Kischinew der Untersuchungsrichter Danilow einen Priester, Hochwürden Viktor Schipowalnikow, mit dem Schürhaken auf den Hinterkopf schlägt und ihn an den Zöpfen zerrt (der Popen lange Haare eignen sich gut dazu, die Laien haben Bärte, daran zu zerren, sie zu schleifen von einer Ecke zur anderen. Richard Achola aber, den finnischen Rotgardisten, der mitgeholfen hat, Sidney Reilly zu fangen, und bei der Niederwerfung des Kronstadter Aufstands eine Kompanie befehligte, den hoben sie mit einer Zange an seinem langen Schnurrbart hoch, abwechselnd je zehn Minuten fürs rechte und linke Ende, und so, daß die Füße nicht bis zum Boden reichten).

Doch das Furchtbarste, was sie dir antun können, ist dies: dich rücklings hinlegen, ohne Hosen, die Beine auseinander (da setzen sich Helfershelfer drauf, zwei wackere Sergeanten, und halten dir noch die Arme fest), und der Untersuchungsrichter — auch Frauen drücken sich vor solchen Diensten nicht — pflanzt sich zwischen deinen gegrätschten Beinen auf und beginnt ganz langsam mit der Spitze seines Stiefels (ihres Schuhs) jenes Ding zu quetschen, das dich einstens zum Mann gemacht — zuerst sachte, dann immer stärker ... Dabei blickt er dir unentwegt in die Augen und wiederholt, wiederholt seine Fragen, seine Aufforderungen zum Verrat. So er nicht vor der Zeit eine Spur zu fest andrückt, hast du noch fünfzehn Sekunden, um aufzuschreien, daß du alles zugibst, daß du bereit bist, alle zwanzig Mann ins Gefängnis zu bringen, die sie von dir verlangen, oder öffentlich zu verleumden, was immer dir bis dahin heilig war ...

Und es richte dich Gott, nicht die Menschen ...

»Es gibt keinen Ausweg! Gestehe, es geht nicht anders!« beschwatzen dich die in die Zelle eingeschleusten Spitzel.

»Es ist eine einfache Rechnung: Schone deine Gesundheit!« sagen die Vernünftigen.

»Die Zähne gibt dir niemand wieder!« hörst du von denen, die keine mehr haben.

»Verurteilt wirst du ohnehin, daran ändert dein Geständnis nichts mehr«, resümieren jene, die den Kern erfaßt haben.

»Wer nicht unterschreibt, wird erschossen!« läßt sich auch noch eine prophetische Stimme aus dem Hintergrund vernehmen. »Um sich zu rächen. Um die Spuren zu verwischen: über die Verhöre.«

»Wenn du beim Verhör draufgehst, sagen sie den Verwandten: ›Lager ohne Brieferlaubnis.‹ Da such dich wer ...«

Bist du von den Linientreuen einer, dann wird sich ein anderer *Orthodoxer* an dich heranmachen; feindselige Blicke um sich werfend, daß euch kein Uneingeweihter belauscht, beginnt er aufgeregt auf dich einzuhämmern:

»Es ist unsere Pflicht, die sowjetische Untersuchungsbehörde zu unterstützen. Wir befinden uns mitten im Kampf. Wir sind selbst schuld: Wir waren zu weichherzig, jetzt siehst du erst, wieviel Mist im Lande gezüchtet wurde. Unter der Oberfläche wird ein erbitterter Krieg geführt. Auch hier, um uns herum sind Feinde, hörst du, wie sie reden? Die Partei ist doch nicht jedem einzelnen Rechenschaft schuldig: Warum und wozu? Wenn sie es verlangen, müssen wir unterschreiben.«

Und noch ein Orthodoxer pirscht sich heran:

»Ich habe fünfunddreißig Mann genannt, alle, die ich kannte. Und kann auch Ihnen nur raten: möglichst viele Namen! Möglichst viele mit sich reißen! Dann muß der ganze Unsinn auffliegen, und wir gehen alle frei!«

Was anderes wollen die *Organe* gar nicht haben! Die Einsicht des linientreuen Parteimitglieds fällt mit dem Ziel der NKWD zusammen. Das ist, was die NKWD braucht, dieser schillernde Fächer von Namen, diese ihre erweiterte Reproduktion. Es ist die Qualitätsmarke ihrer Arbeit und der Angelpunkt für neue Fänge. »Komplicen! Komplicen! Gleichgesinnte!«, die schüttelt sie mit Feuereifer aus jedem heraus. (Es heißt, R. Ralow habe Kardinal Richelieu als Komplicen genannt, was protokollarisch vermerkt wurde und bis zur Rehabilitierungsvernehmung von 1956 niemandem aufgefallen war.)

Da wir schon bei den Orthodoxen sind... Für so eine *Säuberung* hat es eines Stalins bedurft, aber doch auch solch einer Partei: Die da an der Macht standen, waren — die Mehrzahl — bis zum Augenblick der eigenen Verhaftung mit dem Einsperren anderer unbarmherzig zur Hand; willfährig und denselben Instruktionen folgend, vernichteten sie ihre Mitmenschen, lieferten jeden gestrigen Freund oder Kampfgenossen nach Belieben dem Henker aus. Und kein prominenter Bolschewik von denen, die heute mit dem Nimbus der Märtyrer gekrönt sind, hatte es verabsäumt, sich auch als Henker anderer Bolschewiki zu betätigen (davon ganz zu schweigen, daß sie *allesamt* Henker der Parteilosen waren). Vielleicht hatte das Jahr 1937 eben seinen Sinn darin, daß es zeigte, wie wenig die ganze *Weltanschauung* wert war, derer sie sich so munter brüsteten, als sie darangingen, Rußland zu zausen und zu rupfen, seine Festen niederzureißen, seine Heiligtümer mit Füßen zu treten — jenes Rußland, in dem *ihnen selber eine derartige Abrechnung niemals gedroht hatte.* Die Opfer der Bolschewiki in den Jahren von 1918 bis 1936 hatten sich niemals so jämmerlich aufgeführt wie die führenden Bolschewiki, als der Sturm gegen sie losbrach. Wenn man sich die Geschichte der Verhaftungen und Prozesse von 1936—38 in ihren Einzelheiten vornimmt, dann ist es nicht Stalin mit seinen Helfershelfern, der den größten Abscheu in uns erweckt, sondern es sind die untertänig-widerlichen Angeklagten, eklig sind sie in ihrer seelischen Niedrigkeit — zumal nach dem früheren Stolz, nach der früheren Unversöhnlichkeit.

... Wie also? Und was? Was kann dich standhalten lassen, der du Schmerzen empfindest und schwach bist und unvorbereitet und voll lebendiger Zuneigungen?

Was braucht einer, um stärker zu sein als der Verhörende mitsamt seiner ganzen Mausefalle?

Laß, wenn du über die Schwelle des Gefängnisses trittst, deine Angst um das vergangene warme Leben zurück. Sprich es dir selbst vor: Das Leben ist zu Ende, zu früh zwar, was soll's, da ist nichts zu machen. Die Freiheit sehe ich nicht wieder. Ich werde zugrunde gehen — jetzt oder etwas später, aber später wird's sogar schlimmer sein, also lieber jetzt. Ich besitze nichts mehr. Die Familie ist für mich gestorben — und ich für sie. Mein Körper ist mir von heut an eine überflüssige fremde Last. Einzig meinen Geist und mein Gewissen will ich bewahren.

Und sieh! Solch ein Häftling bringt die Untersuchung ins Wanken!

Nur der wird siegen, der sich von allem losgesagt hat!

Doch wie seinen Körper in einen Stein verwandeln?

Nun, aus dem Berdjajewschen Kreis haben sie schließlich lauter Marionetten für das Gericht machen können — nur aus ihm selber nicht. Sie haben versucht, ihn mit hineinzuziehen, zweimal haben sie ihn verhaftet, nachts (1922) zum Verhör mit Dserschinski geführt, Kamenew war mit dabei (demnach auch kein Verächter des ideologischen Kampfes mit den Mitteln der Tscheka). Doch Berdjajew hat sich nicht erniedrigt, hat nicht um Gnade gefleht, hat ihnen unumwunden die religiösen und sittlichen Grundsätze dargelegt, die es ihm nicht gestatten, die in Rußland errichtete Macht zu akzeptieren — und am Ende wurde er nicht nur für gerichtsuntauglich erkannt, sondern freigelassen.

Einen STANDPUNKT habe der Mensch!

N. Stoljarowa erinnert sich an eine Pritschennachbarin 1937 in der Butyrka, eine alte Frau. Sie wurde Nacht für Nacht verhört. Zwei Jahre zuvor hatte ein aus der Verbannung entflohener Metropolit bei ihr in Moskau übernachtet. »Nicht ein ehemaliger, sondern ein echter! Es stimmt, ich hatte die Ehre, ihn zu empfangen.« — »Schön, und wohin ist er dann aus Moskau gefahren?« — »Ich weiß es, aber ich sag's nicht!« (Der Metropolit hatte sich, von einem Gläubigen zum anderen weitergereicht, nach Finnland durchgeschlagen.) Die Untersuchungsrichter arbeiteten in Schichten, einzeln und gruppenweise, fuchtelten mit den Fäusten vor den Augen der Greisin, sie aber ließ sich nicht beirren: »Ihr könnt mir nichts anhaben, und wenn ihr mich in Stücke schneidet. Ihr zittert ja selbst vor dem Chef, voreinander, habt sogar Angst, mich Alte umzubringen. [Sie ist das Schlußglied in der Kette.] Ich aber — fürchte mich nicht! Und müßt ich gleich vor meinen Herrgott hintreten, ihm Red' und Antwort stehen!«

Es hat, ja, es hat 1937 solche gegeben, die vom Verhör nicht zurückkamen, ihre Kleiderbündel nicht holten. Die den Tod wählten, eh sie gegen andere *unterschrieben.*

Die Geschichte der russischen Revolutionäre hat uns nicht gerade die besten Beispiele mutiger Standhaftigkeit hinterlassen. Doch auch hier hinkt der Vergleich, denn es hatten unsere Revolutionäre echte *gute* Verhöre mit zweiundfünfzig Kunstgriffen niemals zu kosten bekommen.

Radischtschew wurde von Scheschkowski nicht gefoltert. Er wußte sehr wohl, daß seine Söhne, nach den Gepflogenheiten der damaligen Zeit, nicht aufhören müßten, als Gardeoffiziere zu dienen, und niemand danach trachten würde, *ihr* Leben zu zerstören, so wenig, wie Radischtschews Erbgut zu konfiszieren. Trotzdem hat dieser hervorragende Mann nach kurzer zweiwöchiger Vernehmung seinen Überzeugungen abgeschworen, sein Buch verdammt — und um Gnade gebeten.

Nikolaus I. war es nicht eingefallen, die Dekabristenfrauen zu verhaften, sie im Nebenzimmer schreien zu lassen oder die Dekabristen selbst der Folter zu übergeben — er hatte es auch gar nicht nötig. Selbst Rylejews Aussagen waren »ausführlich, offen und rückhaltlos«. Selbst Pestel begann zu *singen* und nannte seine (noch *freien*) Kameraden, die die *Russkaja Prawda*[30] vergraben sollten, sowie die Stelle, an der sie es zu tun hatten*. Selten einer glänzte wie Lunin durch Mißachtung und Verspottung der Untersuchungskommission. Die meisten hingegen benahmen sich denkbar ungeschickt; einer belastete den anderen und viele bettelten um Gnade! Sawalischin schob alles auf Rylejew. J. P. Obolenski und S. P. Trubezkoi hatten nichts Eiligeres zu tun, als sogar Gribojedow anzuschwärzen, was ihnen auch Nikolaus I. nicht abnahm.

Bakunin betrieb in seiner für Nikolaus I. geschriebenen »Beichte« untertänigste Selbstbespuckung und entging damit der Todesstrafe. War's Niedrigkeit des Geistes oder revolutionäre List?

Man möchte meinen, daß die Männer, die sich aufmachten, Alexander II. zu töten, von vielen Opferbereiten die Erwähltesten waren! Sie wußten, was sie riskierten! Was aber geschah? Grinewitzki teilte das Schicksal des Zaren, Ryssakow dagegen blieb am Leben und geriet in die Hände der Polizei. Und ließ noch am *selben Tag* alle Treffs *auffliegen* und alle übrigen Verschwörer; aus lauter Angst um sein junges Le-

---

* Die Ursache ist aber zum Teil dieselbe wie später bei Bucharin: Standesgenossen waren es, die sie verhörten. Da ist der Wunsch nur verständlich, alles zu *erklären.*

ben beeilte er sich, der Regierung mehr Informationen zu geben, als diese bei ihm vermuten konnte! Er überschlug sich in seiner Reue und bot »die Entlarvung aller Geheimnisse der Anarchisten« an.

Um die Jahrhundertwende aber nahm ein Polizeioffizier eine Frage sofort *zurück*, wenn der Untersuchungshäftling meinte, sie sei unpassend oder stelle einen Eingriff in seine Privatsphäre dar. — Als Selenski, ein ehemaliger Politischer der zaristischen Katorga, 1938 in den Leningrader Kresty mit Stahlruten verprügelt wurde, wobei sie ihm wie einem Schuljungen die Hosen herunterzogen, brach er in der Zelle in Tränen aus: »Der zaristische Beamte durfte nicht einmal *du* zu mir sagen!« — Hier ein weiteres Beispiel: Aus einer zeitgenössischen Studie* erfahren wir, daß ein Manuskript von Lenins Artikel *Woran denken unsere Minister?* den Gendarmen in die Hände gefallen war, diese aber trotzdem *nicht in der Lage* gewesen seien, den Verfasser ausfindig zu machen:

»Beim Verhör haben die Gendarmen, *wie auch nicht anders zu erwarten war**, sehr wenig aus Wanejew [einem Studenten] herausbekommen. Er berichtete ihnen *lediglich*, daß er die bei ihm gefundenen Manuskripte einige Tage vor der Hausdurchsuchung zur Aufbewahrung bekommen hat; den Überbringer *wünscht er nicht zu nennen*. Dem Untersuchungsrichter *blieb nichts anderes übrig* [wie? und das eisige Wasser bis zu den Knöcheln? und der Salzeinlauf? und Rjumins Prügelstock?], als das Manuskript zur Fachbegutachtung weiterzuleiten.« Und es ward nichts gefunden. — Pereswetow scheint selbst einige Jahre *abgesessen* zu haben und hätte leicht nachzählen können, was alles dem Untersuchungsrichter *zu unternehmen blieb*, wenn er den Mann vor sich sitzen hatte, der den Artikel *Woran denken unsere Minister?* aufbewahrte.

Wie in den Erinnerungen von S. P. Melgunow: »Es war ein zaristisches Gefängnis seligen Andenkens, ein Gefängnis, an das die politischen Gefangenen heute beinahe mit einer Art Freude zurückdenken mögen.«***

Es sind die Vorstellungen verschoben. Es ist ein grundanderes Maß. Wie die Fuhrleute zu Gogols Zeiten die Geschwindigkeiten der Düsenflugzeuge nicht erahnen konnten, so kann auch niemand die wahren Möglichkeiten der Vernehmungsprozedur erfassen, der nicht den Fleischwolf in der Aufnahmekanzlei des GULAG passiert hat.

* *Nowyj Mir*, 1962/IV — R. Pereswetow.
** Hervorhebungen in diesem Zitat von mir.
*** S. P. Melgunow, *Vospominanija i dnevniki* (»Erinnerungen und Tagebücher«), Paris 1964, S. 139.

In der *Iswestija* vom 24. Mai 1959 lesen wir: »Julia Rumjanzewa wird ins Innengefängnis des Nazilagers gebracht, weil man erfahren will, wo sich ihr aus demselben Lager geflohener Mann befindet. Sie weiß es zwar, aber verweigert die Aussage!« Der unaufgeklärte Leser sieht darin ein Beispiel heldenmütigen Verhaltens, der Leser mit bitterer GULAG-Erfahrung — den Mißerfolg ungeschickter Vernehmer: Julia ist unter der Folter nicht gestorben, nicht verrückt geworden, und nach einem Monat ließ man sie wieder raus!

All diese Gedanken — daß man zu Stein werden müßte — waren mir damals noch gänzlich unbekannt. Nicht nur, daß ich nicht bereit war, die warmen Lebensfäden hinter mir zu durchtrennen, plagte mich auch noch lange der Gedanke an die bei der Verhaftung beschlagnahmten hundert Beute-Bleistifte der Marke *Faber*. Ich hatte, wenn ich aus dem späteren Gefangenenzeitlauf auf meine Verhöre zurückblickte, keine Ursache, darauf stolz zu sein. Ich hätte natürlich mehr Festigkeit und wahrscheinlich mehr Geschick zeigen können. Verwirrt und mutlos war ich in den ersten Wochen. Nur darum nagt an mir ob dieser Erinnerungen nicht die Reue, weil ich, Gott sei's gelobt, davon verschont blieb, jemanden mit hineinzuziehen. Es war aber nahe daran.

Die Art, wie wir ins Gefängnis stolperten (mein Mitangeklagter Nikolai W. und ich), war kindisch, obwohl wir beide bereits kampferprobte Offiziere waren. Wir dienten an verschiedenen Frontabschnitten und schrieben einander und konnten es trotz Militärzensur nicht lassen, unserem politischen Unmut fast offen Ausdruck zu geben, wobei wir mit Schimpfwörtern an die Adresse des Weisesten aller Weisen nicht sparten, den wir in recht durchsichtiger Kodierung aus *Vater* in *Pachan* — »Baldower« — umgetauft hatten. (Wenn ich die Geschichte später in den Gefängnissen zum besten gab, rief unsere Naivität nichts als Spott und Staunen hervor. Man sagte mir, zwei andere solche Kälber wären schwer zu finden. Ich stimmte notgedrungen zu. Bis ich plötzlich, einen Aufsatz über Alexander Uljanow lesend, erfuhr, daß auch er und seine Kameraden am selben gescheitert waren, an einem unvorsichtigen Brief, der dem Zaren Alexander III. dann auch am 1. März 1887 das Leben rettete*.

---

* Andrejuschkin, ein Mitglied der Gruppe, schickte seinem Freund in Charkow einen offenherzigen Brief: »Ich bin fest davon überzeugt, daß wir bald den allerschärfsten Terror haben werden, und zwar in gar nicht mehr

Geräumig und hell, mit einem übergroßen Fenster, war das Arbeitszimmer meines Untersuchungsrichters N. I. Jesepow (nicht für die Folter hatte die Versicherungsgesellschaft *Rossija* ihre Zentrale gebaut), und voll die fünf Meter Plafondhöhe nutzend, hing über die ganze Wand ein vier Meter hohes Standbild des Allermächtigsten Herrschers herab, welchen meine sandkörnchengroße Nichtigkeit mit ihrem Haß bedacht hatte. Der Untersuchungsrichter stellte sich ab und zu davor auf, um theatralische Schwüre zu leisten: »Wir sind bereit, unser Leben für ihn hinzugeben! Unter die Panzer uns für ihn zu werfen!« Kläglich mutete vor dieser fast altarhaften Majestät des Porträts mein Gestammel über einen wer weiß wie gereinigten Leninismus an, und ich selbst, der gotteslästerliche Schmäher, schien einzig des Todes würdig.

Der Inhalt unserer Briefe lieferte dem Richter ein für jene Zeit ausreichend gewichtiges Material gegen uns beide. Er brauchte sich daher für mich nichts einfallen zu lassen und versuchte bloß, die Angel nach jedermann auszuwerfen, dem ich jemals geschrieben, bzw. von dem ich jemals einen Brief erhalten habe. Frech und sogar leichtsinnig hatte ich in meinen Briefen an Altersgenossen und -genossinnen aufrührerische Gedanken geäußert — trotzdem hatten sie, wer weiß, warum, den Briefwechsel mit mir nicht abgebrochen! Dessen nicht genug, ließen auch sie in ihren Antworten da und dort eine verdächtige Bemerkung einfließen*. Nun wollte Jesepow, dem Beispiel des Porfirij Petrowitsch folgend, daß ich ihm alles schön zusammenhängend erklärte: Wenn wir in zensurierten Briefen so und nicht anders schrieben, was muß-

so weiter Ferne . . . Der rote Terror ist mein Steckenpferd . . . Ich fürchte um meinen Adressaten [es war nicht der erste Brief dieser Art] . . . wenn er *hochgeht*, dann gehe auch ich *hoch*, was aber unerwünscht wäre, da ich viele sehr nützliche Leute mitziehen würde.« Fünf Wochen lang dauerte die geruhsame Ermittlung zu diesem Brief — über Charkow, um zu erfahren, wer den Brief in Petersburg geschrieben hatte. Der Name Andrejuschkin tauchte erst am 28. Februar auf — und so wurden die Bombenwerfer, samt der Bomben bereits, auf dem Newski festgenommen, ganz knapp vor dem festgesetzten Attentat!

* Ein anderer Schulfreund wäre wegen mir damals beinahe drangekommen. Welche Erleichterung war es zu erfahren, daß er frei geblieben ist! Na schön, und zweiundzwanzig Jahre später schreibt er mir: »Aus Deinen veröffentlichten Werken ist zu entnehmen, daß Du das Leben einseitig siehst . . . Objektiv wirst Du zum Banner der faschistenfreundlichen westlichen Reaktionäre, zum Beispiel in den USA und in der Bundesrepublik . . . Lenin, den Du, wie ich sicher bin, noch immer liebst und verehrst, und auch die beiden Alten, Marx und Engels, hätten Dich aufs strengste verurteilt. Denk darüber nach!« Ich tu's, und der Gedanke ist: Ach, wie schade, daß sie dich damals nicht eingelocht haben! Wie viel ist dir entgangen!

ten wir dann erst unter vier Augen Arges gesprochen haben? Wie hätte ich ihn überzeugen sollen, daß sich alle Schärfe der Äußerungen in den Briefen erschöpfte? So mußte ich nun meinen ganzen benebelten Verstand aufbringen, um eine sehr glaubwürdige Geschichte unserer Begegnungen zu ersinnen (die in den Briefen erwähnt wurden); eine, die im Ton zu den Briefen paßte, knapp an der Schwelle des Politischen sich bewegte — und doch nicht ins Kittchen führte. Und zudem noch, daß die Erklärungen wie in einem Atemzug aus mir hervorsprudelten und den gewitzten Richter von meiner Einfalt, Harmlosigkeit und grenzenlosen Aufrichtigkeit überzeugten. Damit — das war das allerwichtigste — mein arbeitsfauler Richter nicht auf den Gedanken verfiele, auch noch das verfluchte Zeug aus meinem verfluchten Koffer zu untersuchen, die vielen Notizhefte des »Kriegstagebuchs«, diese meine mit schwachem hartem Bleistift in nadelwinziger Schrift gekritzelten, an manchen Stellen bereits verblassenden Aufzeichnungen. In diesen Tagebüchern lag meine Anmaßung, Schriftsteller zu werden. Ich mißtraute der Kraft unserer gepriesenen Erinnerungsgabe und bemühte mich, alle Kriegsjahre hindurch alles aufzuschreiben, was ich sah (das wäre noch halb so schlimm) und was ich von den Leuten zu *hören* bekam. Doch was an Meinungen und Berichten vorn an der Front so natürlich klang, das klang hier im Hinterland rebellisch und dafür winkte meinen Frontkameraden das finstere Gefängnis. — Und damit meinen Untersuchungsrichter nur ja nicht die Arbeitswut packte und er im »Kriegstagebuch« nicht das freie Wild witterte, das sich draußen an der Front noch tummelte, gab ich reuig zu, wieviel eben zuzugeben war, und ließ mich, soweit notwendig, zur rechten politischen Einsicht bekehren. Das Balancieren auf des Messers Schneide zehrte all meine Kräfte auf, bis ich endlich merkte, daß sie niemanden hereinführten, mich ihm gegenüberzustellen; bis sich endlich das Ende meiner Untersuchung abzuzeichnen begann, bis endlich, im vierten Monat, alle Notizbücher meines »Kriegstagebuchs« in den Höllenrachen der Lubjankaöfen geschleudert waren, um darin als rote Fackel aufzulodern — der wievielte unveröffentlichte Roman in russischen Landen? — und als schwarzer Rußfalter aus dem allerhöchsten Schornstein zu flattern.

Unter diesem Schornstein gingen wir spazieren — in einem Betonkasten über dem Dach der Großen Lubjanka, auf der Höhe des sechsten Stockwerks. Die Mauern ragten auch noch über diesem sechsten Stock dreimannhoch empor. Unsere Ohren vernahmen Moskau: das Hupen seiner Autos. Zu sehen gab es nur diesen Schornstein, den Wachsoldaten auf dem Turm des siebenten Stockwerks und schließlich das unglückselige Fleckchen von Gottes Himmel, dem es beschieden war, über der Lubjanka sich zu erstrecken.

Oh, dieser Ruß! Es regnete den Ruß in jenem ersten Nachkriegs-Mai an jeglichem Tag. So viel gab's davon bei jedem Spaziergang, daß wir uns ausmalten, die Lubjanka verbrenne ihre Archive aus den dreimal neun Jahren. Mein verlorenes Tagebuch war von jenem Ruß nicht mehr als ein minutenlanger Hauch. Und ich dachte an einen frostigen sonnigen Morgen im März zurück, da ich wieder einmal bei meinem Untersuchungsrichter saß. Er stellte seine gewohnt groben Fragen; notierte die Antworten, meine Worte verzerrend. Die Sonne tanzte auf dem schmelzenden Eismuster des riesigen Fensters, zu dem es mich manchmal so sehr hinzog hinauszuspringen — Moskau aufhorchen zu lassen, sei's im Tod ein Fanal, vom fünften Stock am Gehsteig zerschellen, wie in meiner Kindheit mein unbekannter Vorgänger in Rostow am Don (aus der »Nummer 33«) in die Tiefe gesprungen war. Moskauer Dächer waren durchs Fenster zu sehen, Dächer, und über ihnen muntere Rauchfahnen. Doch ich sah nicht hin, ich starrte auf den Berg von Manuskripten, der sich mitten im halbleeren Dreißigmeterzimmer türmte, eben erst aufgeschüttet, noch nicht geordnet. Da lagen sie, Schreibblöcke, Mappen, selbstgebastelte Umschläge, gebündelte, geheftete und einfach lose Blätter — konischer Grabhügel über einem ersticktem, menschlichen Geist, und des Hügels Spitze war höher als meines Richters Schreibtisch, fast daß sie den Richter selbst vor mir verdeckte. Brüderliches Mitleid griff mich an: mit dem Unbekannten, den sie in der vergangenen Nacht verhaftet hatten, und mit seinem Werk, das sie am Morgen, Ergebnis ihrer Haussuchung, auf dem Parkettboden der Folterkammer zu den Füßen des vier Meter hohen Stalin ausgeschüttet hatten. Da saß ich und grübelte: Wessen außergewöhnliches Leben haben sie in dieser Nacht herbeigeschleppt, daß es gefoltert und geschunden werde und am Schluß in Rauch aufgehe?

Wer zählt die Pläne und Werke, die in diesem Gebäude verkamen? — eine ganze verlorene Kultur. Oh, du Ruß, du Ruß aus den Schornsteinen der Lubjanka! Das bedrückendste ist, daß die Nachfahren unsere Generation für dümmer, stummer und unbegabter halten werden, als sie war!

Um eine Gerade zu ziehen, genügt es, zwei Punkte zu fixieren.

1920, so erinnert sich Ilja Ehrenburg, wurde ihm in der Tscheka das Problem wie folgt gestellt: »Beweisen Sie, daß Sie *kein* Agent Wrangels sind.«

1950 erläuterte es ein prominenter Oberst des MGB, Foma Fomitsch Schelesnow, den Häftlingen folgendermaßen: »Wir wollen uns gar nicht die Mühe geben, ihm [dem Verhafteten] seine Schuld nachzuweisen. Soll *er* uns beweisen, daß er *keine* feindlichen Absichten hegte.«

Und auf dieser kannibalisch-einfachen Geraden fädeln sich von Punkt zu Punkt die ungezählten Erinnerungen von Millionen auf.

Welch eine Beschleunigung und Vereinfachung der Untersuchung war der früheren Menschheit versagt geblieben! Die *Organe* haben sich schlechtweg von der Mühe befreit, nach Beweisen zu suchen! Das eingefangene Karnickel, das da zitternd und blaß auf einem Hocker in der Ecke des Verhörzimmers sitzt, und niemandem schreiben darf, und niemanden anrufen, und nichts mitbringen von zu Hause, und nicht schlafen, nicht essen, und keinen Bleistift, kein Papier, nicht einmal Knöpfe an den Hosen besitzen darf, muß *selber* den *Beweis* erbringen und dem Nichtstuer von Untersuchungsrichter klar und vernehmlich darlegen, daß es *keine* wie immer gearteten feindlichen *Absichten* hatte! Und wenn es ihn nicht fand (woher auch nehmen?), dann hatte es dadurch schon den *annähernden* Beweis seiner Schuldhaftigkeit geliefert!

Ich kannte einen Fall, da hatte es ein alter Mann, der in deutscher Gefangenschaft gewesen war, tatsächlich zustande gebracht, auf diesem nackten Hocker sitzend, mit seinen nackten Fingern Eidesschwüre leistend, dem uniformierten Monstrum vor sich zu beweisen, daß er die Heimat *nicht* verraten und nicht einmal eine entsprechende Absicht gehabt hat! Ein Skandal, fürwahr! Na und, wurde er freigelassen? Das wäre ja gelacht! — Die ganze Geschichte erzählte er mir in der Butyrka, nicht auf einer Bank im Park. Dem zuständigen Richter gesellte sich ein zweiter hinzu, zusammen verbrachten sie mit dem Alten einen trauten Abend, und es entsprang der anregenden Konversation eine von beiden unterschriebene *Zeugen*aussage: es habe an jenem Abend der hungrige, einnickende Alte antisowjetische Agitation unter ihnen betrieben! Einfach war's gesagt, doch nicht einfach abgelauscht! Der Alte wurde einem dritten Untersuchungsrichter überantwortet. Dieser zog die unbegründete Anklage wegen Landesverrats zurück und stattete ihn vorschriftsmäßig mit demselben *Zehner* wegen antisowjetischer Agitation während der Untersuchungshaft aus.

Sobald die Untersuchung aufhörte, ein Weg der Wahrheitsfindung zu sein, wurde sie für die Untersuchungsrichter — zur Ableistung der Henkerspflichten in den schweren Fällen und in den leichten — zum bloßen Zeitabsitzen als Basis für die Gehaltsauszahlung.

Leichte Fälle gab's indes immer — sogar im berüchtigten Jahr 1937. So wurde, zum Beispiel, Borodko beschuldigt, daß er sechzehn Jahre vorher seine Eltern in Polen besucht und dazu keinen Auslandspaß beantragt hatte (zu Väterchen und Mütterchen waren's zehn Werst, doch haben es die Diplomaten so unterschrieben, daß jener Teil von Bjelorußland an Polen ging, und die Leute waren 1921 noch nicht daran gewöhnt und zogen nach alter Weise umher). Die Untersuchung dauerte eine halbe Stunde: »Bist du hingefahren?« — »Wohl.« — »Und wie?« — »Mit dem Pferdewagen.« — »Da hast du zehn Jahre KRD.«

Eine derartige Flinkheit schmeckte jedoch schon nach Stachanowarbeit, die bei den blauen Uniformen wenig Anhänger fand. Nach der Strafprozeßordnung sollte jede Untersuchung zwei Monate dauern, in schwierigen Fällen war es erlaubt, bei der Staatsanwaltschaft mehrmals um je einen Monat Verlängerung anzusuchen (was diese, natürlich, nie ablehnte). Nichts wäre demnach dümmer gewesen, als seine Gesundheit zu opfern und nicht den Aufschub zu nutzen oder, wie's in den Betrieben heißt, seine eigenen Normen nicht aufzubauschen. Nach der ersten einleitenden Woche, in der die Untersuchungsrichter mit Kehle und Fäusten Stoßarbeit leisten mußten, worin sich ein guter Teil ihres Willens und *Charakters* (nach Wyschinski) erschöpfte, waren sie später daran interessiert, jede Untersuchung in die Länge zu ziehen, damit sie mehr alte, ruhige Fälle in Arbeit hatten und weniger neue. Es galt geradezu als unanständig, eine politische Untersuchung in zwei Monaten zu erledigen.

Das staatliche System strafte sich selbst für das Mißtrauen und die Schwerfälligkeit. Auch den ausgewählten Kadern vertraute es nicht: Sicherlich haben auch sie sich beim Kommen und Gehen an- und abmelden müssen, um wieviel genauer wird die Kontrolle der Verhörsquoten gewesen sein. Was blieb den Untersuchungsrichtern anderes übrig, als sich buchhalterische Zuschläge zu sichern? Einen Untersuchungshäftling kommen lassen, ihm eine Frage stellen, irgend etwas, was ihm Angst macht — dann ihn vergessen, lange die Zeitung lesen, den Zimmernachbarn besuchen (als Kettenhund bleibt ein Posten zurück). Dann fährt er mitten in der friedlichen Plauderei auf dem Diwan unvermutet auf und erhebt, mit Seitenblick auf seinen Häftling, drohend die Stimme:

»Schau dir diesen Lumpen an! Ein seltenes Exemplar von Schweinehund! Na warte, für den sind *neun Gramm* nicht zuviel!«

Mein Untersuchungsrichter verstand sich auch noch auf den Einsatz des Telefons. So rief er beispielsweise zu Hause an und sagte seiner Frau, den Blick auf mich geheftet, daß er die ganze Nacht verhören würde und sie ihn nicht vor dem Morgen zu Hause erwarten sollte (mir sank das Herz: Das gilt mir – die ganze Nacht!). Doch gleich darauf wählte er die Nummer seiner Freundin, und ich entnahm den schnurrenden Lauten, daß er die Nacht bei ihr zu verbringen gedenke (Ach, wird das ein Schlafen! – dachte ich erleichterten Herzens).

So ward das fehlerlose System einzig durch die Fehler seiner Vollstrecker gemildert. ·

Manche wißbegierigen Untersuchungsrichter benutzten solche »leeren« Verhöre gern zur Erweiterung ihrer Lebenserfahrung; sie fragten einen nach der Front aus (nach eben jenen deutschen Panzern, unter die sich zu werfen es ihnen an Zeit mangelte); über die Bräuche der europäischen und überseeischen Länder, in denen man gewesen; über die dortigen Geschäfte und Waren; besonders aber – über die fremdländischen Bordelle und sonstige Weibergeschichten.

Die Strafprozeßordnung nimmt an, daß jede Untersuchung unter der unermüdlichen Aufsicht des Staatsanwalts steht. Den hat aber in unserer Zeit noch niemand zu Gesicht bekommen, es sei denn, beim sogenannten »Verhör vor dem Staatsanwalt«, welches den Punkt ankündigt, an dem die Vernehmungen zu Ende gehen. Auch mich holten sie hin. Oberstleutnant Kotow, ein ruhiger, satter und gesichtsloser blonder Mann, mitnichten böse und mitnichten gut, sondern schlicht weder noch, saß hinter dem Tisch und blätterte gähnend in meinem Dossier, das ihm neu war. Eine Viertelstunde oder so brauchte er noch, um es schweigend zu studieren (da dieses Verhör Vorschrift war und ebenfalls registriert wurde, hätte es keinen Sinn gehabt, die Mappe zu einer anderen, nicht registrierten Zeit durchzusehen und dann noch, wer weiß, wie lange, die Details im Kopf zu behalten). Schließlich hob er seine gleichgültigen Augen zur Wand und fragte mich schläfrig, ob ich meinen Aussagen etwas hinzuzufügen hätte.

Er hätte fragen müssen, ob ich am Verlauf der Untersuchung etwas zu bemängeln habe, ob nicht meinem Willen Gewalt angetan, ob das Gesetz nicht verletzt wurde. Die Staatsanwälte hatten aber längst aufgehört, so zu fragen. Und wenn sie doch gefragt hätten? All die tausend Zimmer dieses Ministeriums und die fünftausend ihm unterstehenden, über die ganze Union verstreuten Amtsgebäude, Eisenbahnwagen, Höhlen und Erdbunker lebten samt und sonders nur auf Kosten der Gesetzesverletzung, und nicht an uns beiden lag es, dies zu ändern.

Zumal alle halbwegs hochgestellten Staatsanwälte ihre Posten der Zustimmung des Staatssicherheitsdienstes verdankten, jenes nämlichen, den zu überwachen sie berufen waren.

Seine träge und friedfertige Art, die Unlust an den endlosen dummen *Fällen*, übertrug sich unwillkürlich auch auf mich. Und ich habe die großen Fragen nach Wahr und Unwahr sein lassen. Ich habe ihn bloß gebeten, einen allzu ungereimten Unsinn zu korrigieren: Wir waren zu zweit angeklagt, aber getrennt voruntersucht worden (ich in Moskau, mein Freund an der Front), so figurierte ich in meinem Fall *allein*, wohingegen die Anklage nach Punkt 11 lief, das heißt, gegen eine *Gruppe*, eine *Organisation*. Bedachtsam bat ich ihn also, den Zusatz des Punktes 11 zu entfernen.

Er durchblätterte noch eine kurze Weile den Akt, seufzte, zog bedauernd die Schultern hoch und sagte:

»Was wollen Sie? *Ein* Mensch ist *ein* Mensch, und zwei sind *Leute*.«

Und anderthalb — eine Organisation?

Ein Druck auf den Knopf, und man führte mich ab.

Bald wurde ich an einem späten Abend im späten Mai abermals in jenes Staatsanwaltsbüro geholt; die reichverzierte Bronzeuhr tickte unverdrossen auf der Marmorplatte des Kamins, und mein Untersuchungsrichter legte mir zur letzten Unterschrift die »Zweihundertsechste« vor — so hieß laut StPO die Prozedur der abschließenden Aktprüfung durch den Untersuchungshäftling selbst. Nicht im geringsten daran zweifelnd, daß er meine Unterschrift bekommen würde, war der Untersuchungsrichter bereits emsig mit der Abfassung der Anklageschrift beschäftigt.

Ich schlug den Deckel der dicken Aktenmappe auf und machte gleich auf dem Deckel innen eine unwerfende Entdeckung: Da stand in Drucktext geschrieben, daß ich im Verlaufe der Untersuchung das Recht gehabt hätte, schriftliche Eingaben wegen eventueller Verfahrensmängel bei der Vernehmung zu machen, und mein Untersuchungsrichter verpflichtet gewesen wäre, diese meine Klagen in chronologischer Folge dem Akt beizuheften! Im Verlaufe der Untersuchung! Jedoch nicht nach Abschluß derselben ...

Unglücklicherweise hatte kein einziger von den vielen tausend Häftlingen, mit denen ich später saß, von diesem Recht je etwas gehört.

Ich blätterte weiter. Ich sah die Fotokopien meiner Briefe und die völlig entstellende Deutung ihres Inhalts durch mir unbekannte Kommentatoren (etwa einen Hauptmann Libin). Und sah die hyperbolisierende Lüge, in die Hauptmann Jesepow meine vorsichtigen Aussagen gekleidet hatte. Und schließlich jenen Unsinn mit der »Gruppe«, die aus mir, einem einzelnen, bestand!

»Ich bin nicht einverstanden! Sie haben die Untersuchung falsch geführt«, ließ ich mich recht zaghaft vernehmen.

»Na, bitte schön, beginnen wir halt von vorn!« Er kniff boshaft die Lippen zusammen. »Willst du am Ende dahin, wo wir die *Polizais*[31] halten?«

Und streckte gar die Hand aus, als wollte er den Aktenband zurückhaben. (Ich legte sofort den Finger darauf.)

Irgendwo hinter den Fenstern des fünften Lubjanka-Stocks leuchtete golden die untergehende Sonne. Irgendwo war es Mai. Die Fenster des Büros waren wie alle anderen Außenfenster des Ministeriums dicht geschlossen, noch nicht einmal von den papierenen Dichtungsstreifen des Winters freigemacht — damit das frühlingswarme Atmen und Blühen nicht in diese geheimen Gemächer flutete. Die Bronzeuhr auf dem Kamin schlug leise die Zeit, und da war der letzte Sonnenstrahl von ihr gewichen.

Von vorne? ... Ich wäre, scheint's, lieber gestorben ... Alles wieder von vorne beginnen, wenn in der Zukunft doch so etwas wie Leben mir winkte. (Hätt ich nur gewußt — was für ein Leben!) Und dann: dieser Ort, wo sie die *Polizais* hielten. Und überhaupt könnt es schaden, ihn zu verärgern: Von ihm hängt es ab, wie die Anklageschrift ausfällt ...

Und ich unterschrieb. Unterschrieb mitsamt dem Punkt 11. Seine Gewichtigkeit kannte ich damals nicht, hatte nur gehört, daß er an Haftjahren nichts hinzufügt. Wegen des 11. Punktes kam ich dann in ein Katorga-Lager. Wegen des 11. Punktes mußte ich nach der »Entlassung« ohne jedes Urteil in die ewige Verbannung.

Vielleicht auch ist's zum Besseren gewesen. Ohne das eine und das andere hätte ich dieses Buch nicht zu schreiben vermocht ...

Mein Untersuchungsrichter hatte mich nicht gefoltert, nur die Schlaflosigkeit, die Lüge und die Einschüchterung angewandt, drei durchweg gesetzliche Mittel. Darum hatte er es nicht nötig, wie andere seiner weniger zimperlichen Kollegen zum Zwecke der Rückversicherung es tun, mich neben dem Artikel 206 auch noch eine Schweigeverpflichtung unterschreiben zu lassen: daß es mir, Name folgt, bei Strafe (nach welchem Paragraphen wohl?) verboten sei, irgend jemandem irgendwann irgend etwas über die Vernehmungsmethoden meines Untersuchungsrichters zu erzählen.

In manchen Gebietsverwaltungen der NKWD wurde diese Aktion

fließbandmäßig abgewickelt: Der Häftling bekam die gedruckte Schweigeverpflichtung zusammen mit dem OSO-Urteil zugesteckt. (Und später, bei der Entlassung aus dem Lager, hatte man wieder zu unterschreiben, daß man über die Zustände dort kein Wort verlauten lassen würde.)

Na und? Mit gewohnter Ergebenheit, mit gebeugtem Rücken (oder gebrochenem Rückgrat) nahmen wir auch die Gangstermethoden, mit denen sie die Spuren verwischten, ohne aufzumucken hin.

Wir haben das Maß für die FREIHEIT verloren. Nichts ist da, uns erkennen zu lassen, wo sie anfängt und wo sie zu Ende geht. Ein asiatisches Volk sind wir, und so nimmt und nimmt und nimmt uns jeder, der gerade mag, diese endlosen Verpflichtungen zum Schweigen ab.

Schon sind wir uns nicht mehr sicher, ob uns das Recht zusteht, aus unserem eigenen Leben Ereignisse zu berichten ...

4   Die blauen Litzen

Drinnen im Räderwerk des Großen Nächtlichen Etablissements, wenn
uns die Seele zermalmt wird, und das Fleisch hängt längst in Fetzen
herab, wie von einem Landstreicher die Lumpen — da leiden wir zu
sehr, da sind wir zu sehr in unsere Schmerzen verstrickt, als daß uns
ein Blick, ein durchleuchtender und prophetischer, für die blassen nächtlichen Häscher bliebe, die uns durch die Marter drehen. Das randvolle
Leid macht uns blind — was für vorzügliche Chronisten wären wir sonst
unseren Peinigern geworden! Denn sie selbst werden sich leibhaftig nie
beschreiben. Doch nein: Es wird sich jeder ehemalige Gefangene genau
an sein Verhör erinnern, an die Daumenschrauben, die sie ihm ansetz-
ten, und an den Schmutz, den sie ihm abpreßten, doch den Untersuchungsrichter, den kennt er selten beim Namen, geschweige denn, daß
er sich Gedanken über ihn gemacht hätte. So wüßte auch ich über jeden
meiner Zellengenossen Interessanteres und mehr zu berichten als über
den Hauptmann im Staatssicherheitsdienst Jesepow, dem vis-à-vis ich
nicht wenige Stunden in seinem Zimmer abgesessen habe.

Gemeinsame und sichere Erinnerung unser aller: ein fauliger Tümpel
war's, ein durch und durch von Fäulnis befallener Ort. Heute noch und
ohne jede Aufwallung von Zorn und Mißmut bewahren wir in unseren
durch die Jahrzehnte besänftigten Herzen diesen sicheren Eindruck: von
niedrigen, boshaften, ehrlosen und — vielleicht — verirrten Menschen.

Es ist bekannt, daß Alexander II., derselbe, dem die Revolutionäre
mit vereinten Kräften siebenmal nach dem Leben trachteten, einst das
Petersburger Untersuchungsgefängnis auf der Schpalernaja (den Onkel
des Großen Hauses) besuchte und sich in der Einzelzelle Nr. 227 einsperren ließ; über eine Stunde saß er drinnen — weil er nachempfinden
wollte, was die Leute fühlen, die er dort gefangenhielt.

Wer will leugnen, daß es für einen Monarchen eine sittliche Regung
war, das Bedürfnis und der Versuch, die Sache vom Geistigen her zu
betrachten.

Doch unvorstellbar ist's, daß sich von unseren Untersuchungsrichtern
bis hinauf zu Abakumow und Berija auch nur einer gefunden hätte,
den die Lust überkommen, für eine kurze Stunde in die Sträflingshaut
zu schlüpfen, darüber in der Einzelzelle zu grübeln.

Sie sind von Dienst wegen nicht verpflichtet, ein Bedürfnis nach Bildung, Kultur und tieferen Einsichten zu haben — so bleiben sie denn ohne. Sie sind von Dienst wegen nicht verpflichtet, logisch zu denken — so lassen sie es denn auch sein. Was der Dienst von ihnen verlangt, ist einzig die präzise Erfüllung der Direktiven und die Gefühllosigkeit gegenüber den Leiden — und darin sind sie groß, das nimmt ihnen keiner. Wir, die wir durch ihre Hände gegangen sind, wir wittern dumpf ihre Sippschaft, die bis in die Fingerspitzen allgemein-menschlicher Vorstellungen bar war.

Die Untersuchungsrichter, die waren doch die letzten, an die selbsterfundenen *Fälle* zu glauben! Sie haben doch nicht allen Ernstes, amtliche Konferenzen ausgenommen, einander und sich selbst einreden können, daß sie Verbrecher entlarven? Und haben trotzdem Protokolle zu unserem Verderb geschrieben, fein säuberlich, Blatt um Blatt. Am Ende war's glatt Unterweltsmoral: »Stirb du heute und ich — morgen!«

Sie verstanden, daß die Fälle erfunden waren, und dienten dennoch fleißig Jahr für Jahr. Wie das? ... Entweder sie zwangen sich, *nicht zu denken* (was an und für sich schon den Menschen zerstört), meinten einfach: Es muß sein! Die für uns Instruktionen schreiben, können nicht irren.

Doch wenn wir uns recht erinnern, haben die Nazis nicht anders argumentiert ...*

Oder — es mußten fortschrittliche Lehrsätze, eine granitfeste Ideologie herhalten. Als sich M. Lurie, der Direktor des Hüttenkombinats von Kriwoi Rog, ohne Widerstand dazu bewegen ließ, die zweite Lagerfrist gegen sich selber zu unterschreiben, erging sich der darob höchst gerührte Untersuchungsrichter des berüchtigten Orotukan (der Kolyma-Außenstelle für Strafversetzte, 1938) nach getanem Werk darin, daß es auch ihm »keine Freude bereite, einen gewissen *Einfluß*** auszuüben.

---

* Diesem Vergleich zu entgehen, ist keinem gegeben: zu genau ist die Entsprechung der Jahre und der Methoden. Noch selbstverständlicher fiel es jenen zu vergleichen, die selber mit der Gestapo und dem MGB Bekanntschaft gemacht hatten, wie beispielsweise Alexej Iwanowitsch Diwnitsch, Emigrant und orthodoxer Prediger. Die Gestapo beschuldigte ihn der kommunistischen Tätigkeit unter den russischen Fremdarbeitern in Deutschland, das MGB der Beziehungen zur Weltbourgeoisie. Diwnitschs Schlußfolgerungen fielen zu ungunsten des MGB aus: Gefoltert wurde da wie dort, doch die Gestapo versuchte trotz allem, die Wahrheit zu finden, und ließ ihn, als die Anklage platzte, frei. Dem MGB war die Wahrheit egal, und es hatte nicht die Absicht, einen einmal Verhafteten wieder aus den Klauen zu lassen.

** Das steht zärtlich für: *Folter*.

Trotzdem müssen wir tun, was die Partei von uns verlangt. Du bist ein altes Parteimitglied, sag: Was würdest du an unserer Stelle machen?« Und es hat den Anschein, als stimmte ihm Lurie beinahe zu (vielleicht hat er auch darum so leicht unterschrieben, weil er selbst bereits so dachte?). Klingt doch überzeugend, oder?

Doch am häufigsten war es — Zynismus. Die mit den blauen Litzen verstanden sich auf die Hackfleischbereitung und liebten ihr Gewerbe. Der Untersuchungsrichter Mironenko in den Lagern von Dschidinsk (1944) legte dem todgeweihten Babitsch nicht ohne Stolz die Rationalität der Konstruktion dar: »Untersuchung und Gerichtsverhandlung bilden nur die juristische Verbrämung, sie können an Ihrem Schicksal nichts mehr ändern, denn dieses ist *vorausbestimmt*. Wenn Sie erschossen werden sollen, dann hilft Ihnen die allerreinste Unschuld nichts — sie werden erschossen. Sollen Sie hingegen freigesprochen werden*, dann dürfen Sie rundum schuldig sein — der Freispruch ist Ihnen gewiß.« — Der Chef der 1. Untersuchungsabteilung der MGB-Gebietsverwaltung von Westkasachstan, Kuschnarjow, sagte es dem Adolf Ziwilko unverblümt ins Gesicht: »Ja, wie sollen wir dich denn rauslassen, wenn du Leningrader bist!?« (Will heißen: einer mit langer Parteimitgliedschaft.)

»Hauptsache, wir kriegen den Mann — um den *Fall* sind wir nicht verlegen!« Das war in ihren Kreisen ein beliebter Witz, eine stehende Redewendung. In unserer Sprache hieß es »foltern«, in der ihrigen — »gute Arbeit leisten«. Die Frau des Untersuchungsrichters Nikolai Grabischtschenko (Wolgakanal) säuselte beim kleinen Hofklatsch: »Mein Kolja ist eine tüchtige Kraft. Einer hatte lange nicht gestanden, bis sie ihn Kolja übergaben. Der brauchte nur eine Nacht — und das Geständnis war fertig.«

Warum haben sie sich alle bloß so wild ins Zeug gelegt, nicht die Wahrheit, sondern die *Ziffern* der Verarbeiteten und Verurteilten zu erzielen? Weil es so am *bequemsten* war, drinnen zu bleiben im gemeinsamen Trott. Weil diese Ziffern ihr ruhiges Leben waren, ihre Gehaltszulagen, Auszeichnungen, Beförderungen, Erweiterung und Wohlstand für die *Organe* selbst. Bei guten Ziffern konnte man sich auch mal auf die faule Haut legen, da und dort ein wenig pfuschen, hie und da eine Nacht durchsumpfen (was sie auch taten). Niedrige Ziffern hingegen führten zur Entlassung und Degradierung, zum Verlust besagten Futtertrogs — denn wie hätte Stalin ihnen glauben können, daß er in

---

*Das gilt offensichtlich nur für die *eigenen* Leute.

einem Gebiet, einer Stadt, einer Armeetruppe plötzlich keine Feinde mehr hatte.

So kam nicht Barmherzigkeit, sondern Betroffenheit und Verbitterung in ihnen auf, wenn sie an einen aufsässigen Häftling gerieten, der sich nicht zur Ziffer fügen wollte, nicht durch Schlaflosigkeit, Karzer und Hunger kleinzukriegen war! Mit seinem Leugnen schadete er der persönlichen Position des Untersuchungsrichters! Geradezu als möchte er ihn, den Richter selbst, aus dem Sattel heben! – Und da war denn jedes Mittel recht. *A la guerre comme à la guerre!* Mund auf, Schlauch rein, da hast du dein Salzwasser!

Art der Tätigkeit und getroffene Lebenswahl versperrten den Dienern des Blauen Etablissements den Zugang zu den *oberen* Sphären des menschlichen Daseins, darum lebten sie mit um so größerer Gier und Maßlosigkeit in jenen untersten, allwo sie sich den stärksten dort brodelnden Instinkten ergaben, die da sind, außer dem Hunger und dem Geschlecht, der Instinkt der *Macht* und der Instinkt des *Gewinns*. (Besonders der Macht. In unseren Jahrzehnten hat sie sich dem Geld überlegen gezeigt.)

Daß die Macht Gift ist, ist seit Jahrtausenden bekannt. Hätte doch nie jemand materielle Gewalt über einen anderen gewonnen! Aber es ist für einen Menschen, der an etwas Höheres glaubt und sich darum seiner Begrenztheit bewußt ist, die Macht noch nicht tödlich. Für Menschen ohne höhere Sphäre ist die Macht wie Leichengift. Für sie gibt's bei Ansteckung keine Rettung.

Erinnern Sie sich, was Tolstoi über die Macht schrieb? Iwan Iljitsch[32] steht in seiner Dienstlaufbahn an einem Punkt, da er »*jeden Menschen vernichten könnte, den er vernichten wollte! Alle Menschen, ohne Ausnahme, hielt er fest in der Hand, jeden noch so Einflußreichen konnte er sich als Angeklagten herbeiholen lassen.*« (Meiner Seel', da sind unsere Blauen gemeint! Da bleibt nichts mehr hinzuzufügen!) Das Bewußtsein dieser Macht (»und der Möglichkeit, sie zu mildern«, fährt Tolstoi fort, was aber auf unsere Burschen nicht mehr zutrifft) war es, was für Iwan Iljitsch den Dienst *so interessant* und *reizvoll* machte.

Was reizvoll? – *berauschend*! Es ist ein Rausch fürwahr – du bist noch jung, du bist, in Klammern sei's gesagt, noch eine Rotznase, und deine Eltern hatten sich, 's ist gar nicht lange her, die größten Sorgen gemacht, wo dich überhaupt unterbringen, denn du Tölpel wolltest nichts lernen – da kamst du für drei Jahre in *jene* Lehranstalt, und sieh, wie hoch es dich hinaufgetragen hat! Wie du hinabblicken kannst von deinem heutigen Stand! und wie sich deine Bewegungen verändert haben, dein Blick, die Haltung deines Kopfes! Da tagt der Wissenschaftliche Rat einer Hochschule, sieh, wie sie alle aufmerken, zusammenschrecken sogar, wenn du eintrittst; du kümmerst dich nicht um einen präsidialen Platz, dort möge der Rektor sich breitmachen, du setzt dich am Rande hin — und doch wissen alle, wer hier den Ton angibt: du, die Spezialabteilung. Du kannst fünf Minuten bleiben und fortgehen, darin liegt dein Vorteil gegenüber den Professoren, auf dich mag Wichtigeres warten, doch dann, später, wirst du über ihre Resolution die Stirn runzeln (oder besser, den Mund verziehen) und zum Rektor sagen: »Es geht nicht. Da gibt es bestimmte *Überlegungen*...« Nicht mehr. Und es wird nicht gehn! — Oder aber du bist vom *Smersch* einer, vom Sonderkommando, ein kleiner Leutnant, aber der alte beleibte Truppenkommandeur im Rang eines Obersten springt auf, wenn du ins Zimmer trittst; er schmeichelt dir und liebiedient und wird mit seinem Stabschef keinen Wodka trinken, ohne dich eingeladen zu haben. Es macht nichts, daß du bloß zwei kleine Sternchen hast, das ist sogar spaßig; denn deine zwei Sternchen werden mit anderen Gewichten gewogen und nach anderer Skala gemessen als die der gewöhnlichen Offiziere (und es ist euch gar gestattet, bei Sonderaufträgen Majorsachselklappen anzustecken, als Fiktion quasi, als Pseudonym). Alle Menschen dieser Armeetruppe oder dieses Betriebes oder dieses Bezirks stehen in deiner Gewalt, und es ist deine Macht über sie unvergleichlich stärker als jene des Kommandeurs, des Direktors, des Bezirkssekretärs. Jene verfügen über den Dienst der Leute, über ihr Gehalt und den guten Namen, du aber — über ihre Freiheit. Und niemand wird es wagen, bei einer Versammlung über dich zu sprechen, niemand, über dich in der Zeitung zu schreiben — nicht nur Schlechtes! nein, auch Gutes über dich zu schreiben ist verboten! Du darfst, eine behütete Gottheit, noch nicht einmal erwähnt werden! Du bist für alle spürbar und zugegen — und gleichsam auch wie nicht existent! Und darum stehst du über der sichtbaren Macht von dem Augenblick an, da du dein Haupt mit der himmelblauen Mütze gekrönt hast. Was *du* tust, untersteht niemandes Kontrolle, alle anderen haben sich deiner Aufsicht zu unterwerfen. Darum ist's ratsam, den einfachen sogenannten Bürgern gegenüber (die für dich einfach Holzklötze sind) einen rätselhaften, tiefsinnigen Ausdruck aufzusetzen. Denn dir allein sind die *besonderen Überlegungen* bekannt, niemandem sonst. Und darum hast du immer recht.

In einem Punkt nur darfst du dich nie vergessen: Auch du wärst derselbe Holzklotz geblieben, wenn nicht das Glück dir widerfahren wäre, ein Körnchen von den *Organen* zu werden, von diesem wendigen, kompakten, lebendigen Wesen, das im Staate lebt wie ein Bandwurm im Menschen; und alles ist jetzt dein, alles für dich! Bleib nur treu, verrate die *Organe* nicht! Man wird sich stets für dich einsetzen! und dir jeden Widersacher zu verschlingen helfen! und jedes Hindernis aus dem Weg räumen! Bleib nur treu, verrate die *Organe* nicht! Mach alles, wie befohlen! Auch den rechten Platz werden sie für dich aussuchen: Heute sitzt du in der Spezialabteilung, morgen im Lehnstuhl des Untersuchungsrichters und wirst danach vielleicht als Heimatforscher zum Seliger-See geschickt*, zum Teil vielleicht, um die Nerven zu kurieren. Dann wieder wirst du aus der Stadt, wo du bereits zuviel an bösem Ruhm erworben, ans andere Ende des Landes beordert, Belange der Kirche zu beaufsichtigen** oder zum verantwortlichen Sekretär des Schriftstellerverbandes gemacht***. Nichts darf dich wundern: Die wahre Bestimmung der Menschen und ihre wahre Rangabstufung ward allein den *Organen* offenbart, die übrigen dürfen bloß eine Weile spielen: ein verdienter Künstler hier, ein »Held der sozialistischen Felder« dort — einmal hingeblasen, und fort ist er****.

Die Arbeit des Untersuchungsrichters ist zweifellos anstrengend: Du mußt nachts kommen, mußt tags kommen, mußt Stunde um Stunde absitzen, besser ist's also, du zerbrichst dir deinen Kopf nicht über »Beweise« (soll sich der Untersuchungshäftling den seinen darüber zerbrechen), denk nicht nach über Schuld oder Unschuld, mach, wie die *Organe* es brauchen, und die Sache wird klappen. Von dir allein wird es dann abhängen, daß die Untersuchung so geruhsam wie möglich vonstatten geht, dabei der Arbeitsaufwand möglichst niedrig und der abfallende Gewinn möglichst lukrativ bleibt und du auch sonstwie nicht um dein Vergnügen kommst. Da sitzt du also brav, und plötzlich, heureka! fällt dir eine neue Methode der *Einflußnahme* ein, rasch ans Telefon, die Freunde verständigt, rasch von einem zum anderen die Nachricht gebracht — ach, welch ein Spaß! Probieren wir's doch gleich aus, Leute, an wem? Ist doch langweilig, immer dasselbe, immer die zitternden

*1931, Iljin.
**Der grausame Jaroslawler Untersuchungsrichter Wolkopjalow ist in der Moldaurepublik Bevollmächtigter für kirchliche Angelegenheiten.
***Ein anderer Iljin, Viktor Nikolajewitsch, ehemals Generalleutnant im Staatssicherheitsdienst.
****»Wer bist du?« fragte General Serow in Berlin den weltbekannten Biologen Timofejew-Ressowski. »Und wer bist du?« parierte mit ererbtem Kosakenschneid T.-Ressowski. »Sind Sie Wissenschaftler?« verbesserte sich Serow.

Hände, die flehenden Augen, die feige Unterwürfigkeit — wenn doch nur einer ein winziges bißchen sich wehren würde! »Ich mag starke Gegner! *Es tut wohl, ihnen das Rückgrat zu brechen!*«*

Wenn aber einer so stark ist, daß er durchaus nicht aufgeben will, alle deine Methoden zunichte macht? Du bist wütend? Tu dir ja keinen Zwang an! Es ist ein enormer Genuß, ein Höhenflug! — deiner Wut freien Lauf zu lassen, außer Rand und Band zu geraten, wo dich keiner aufhält! Brust heraus und rette sich, wer kann! Dies ist genau der Zustand, in dem man dem verfluchten Häftling in den Mund spuckt, sein Gesicht in den vollen Spucknapf drückt**! Genau der Zustand ist's, in dem man Priester an den Haaren zerrt und dem Mann auf den Knien ins Gesicht pißt! Nach der Raserei fühlst du dich als echter Mann!

Oder du verhörst ein Mädchen »wegen Ausländerfreundschaft«***. Läßt ein paar Mutterflüche auf sie los, fragst sie beiläufig: »Was denn, haben die Amerikaner gar einen geschliffenen...? Hast vielleicht von den russischen nicht genug gehabt?« Da kommt dir jäh eine Erleuchtung: Die muß doch von den Ausländern dies und jenes gelernt haben. Laß dir das ja nicht entgehen, das ist wie eine Dienstreise ins Ausland! Und so beginnst du die hochnotpeinliche Befragung: *Wie?* In welchen Stellungen?... Und weiter?... Genauer! Jede Kleinigkeit! (Da lernst du viel und kannst noch den Kumpeln was abgeben!) Hochrot ist das Mädel und in Tränen aufgelöst: »Gehört das denn zur Sache?« — »Gewiß doch, erzähl!« Und sieh, das ist deine Macht — sie erzählt dir alles genau, zeichnet's dir auf, wenn du willst, zeigt's dir auch vor, sie hat keinen Ausweg, in deinen Händen liegt ihr Karzer und ihre *Frist*.

Du läßt dir fürs Protokoll eine Stenotypistin kommen****, und die ist hübsch, verlier also keine Zeit und greif hinein in ihre Bluse. Wegen des anwesenden Bürschleins***** brauchst du dich nicht zu schämen: ist ja kein Mensch, ein Häftling.

Vor wem überhaupt sollst du dich genieren? Wenn du die Weiber magst (und wer mag sie nicht?), wärst du dumm, deine Lage nicht zu nützen. Den einen wird deine Kraft imponieren, die anderen werden aus Angst nachgeben. Ist dir ein Mädel über den Weg gelaufen, merk dir bloß den Namen — und sie gehört dir, wohin soll sie denn? Hast du am Weib eines anderen Gefallen gefunden — sie ist dein! Denn den

---

*Sprach der Leningrader Untersuchungsrichter Schitow beim Verhör von G. G-w.
**So geschehen mit Wassiljew bei Iwanow-Rasumnik.
***Esther R., 1947.
****Untersuchungsrichter Pochilko vom Kemerower GB.
*****Der Schüler Mischa B.

Gatten aus der Welt zu schaffen, kostet dich keine Müh*. Nein, man muß erlebt haben, was es bedeutet, blaubemützt zu sein! Jedes Ding, das du erspäht — ist dein! Jede Wohnung, die du dir ausgesucht — ist dein! Jedes Weib — pack nur zu! Jeder Feind — aus dem Weg! Die Erde unter deinen Füßen — gehört dir! Der Himmel über dir — ist dein strahlendes Himmelblau.

Die Gewinnsucht schließlich ist ihrer aller Passion. Ja, wie denn solche Macht und solche Unkontrolliertheit ungenützt lassen? Dazu müßte man wahrlich ein Heiliger sein! . . .

Wenn es uns gegeben wäre, die Beweggründe der einzelnen Verhaftungen geradeheraus zu erfahren, würden wir staunend erkennen, daß bei gleichbleibender Ausgangsposition der *Verhaftung* die konkrete Wahl des *Wen,* das persönliche Los, in drei Vierteln der Fälle von menschlicher Hab- und Rachgier abhing und die Hälfte jener Fälle wiederum von den gewinnsüchtigen Gelüsten der örtlichen NKWD (den Staatsanwalt wollen wir, natürlich, nicht ausklammern).

Wie begann zum Beispiel W. G. Wlassows neunzehn Jahre dauernde Wanderung auf den Archipel? Von jenem Tag an, da er, als Verwalter

---

* Seit langem schon hege ich das Sujet für eine Erzählung »Die lädierte Ehefrau«. Allem Anschein nach werde ich nicht mehr dazukommen, sie zu schreiben, hier ist es also: Ein Oberstleutnant, der vor dem Koreakrieg bei der fernöstlichen Luftwaffe diente, erfuhr, als er von einer Reise zurückkam, daß seine Frau im Krankenhaus liege. Es ergab sich, daß ihm die Ärzte nichts verheimlichten: Sie hatte schwere Unterleibsverletzungen als Folge abartigen Verkehrs erlitten. Der Oberstleutnant stürzte zu seiner Frau und rang ihr das Geständnis ab, daß es der Oberleutnant des Sonderdienstes gewesen war (im übrigen geschah's, allem Anschein nach, nicht ohne Entgegenkommen von ihrer Seite). In seiner Wut lief der Oberstleutnant zum Oberleutnant, zog die Pistole und drohte, ihn niederzuschießen. Bald jedoch gewann der Sonderdienstler Oberwasser; wie ein geprügelter Hund räumte der Oberstleutnant das Feld, nachdem ihm glaubhaft versichert worden war, daß er im schlimmsten Lager bei lebendigem Leibe verfaulen und dortselbst einen raschen Tod herbeisehnen würde. Der Oberleutnant *befahl* ihm, die Gattin zurückzunehmen, wie sie eben war (etwas war irreparabel gestört), mit ihr zu leben, nicht an Scheidung zu denken und nicht an eine Beschwerde – um welchen Preis er ihm die Freiheit schenkte! Und der Oberstleutnant hat alles genau befolgt. (Mir erzählt vom Chauffeur dieses Sonderdienstlers.)
Solcher Fälle gibt es offensichtlich nicht wenige: Es ist ein Gebiet, auf dem die Macht besonders verlockend wirkt. Ein Geheimdienstmann zwang (1944) die Tochter eines Armeegenerals, ihn zu heiraten: widrigenfalls würde er ihren Vater einsperren lassen. Das Mädchen hatte einen Bräutigam, trotzdem heiratete sie aus Angst um den Vater den Geheimdienstler. Während ihrer kurzen Ehe führte sie ein Tagebuch, schenkte es dem Geliebten und beging Selbstmord.

der Bezirksverteilungsstelle, den Verkauf von Textilien (die heute niemand eines Blicks würdigen würde) an das Parteiaktiv organisierte (daß die Bevölkerung nichts bekam, störte keinen Menschen), die Gattin des Staatsanwalts aber mit leeren Händen ausging, weil sie gerade nicht zur Stelle war, der Staatsanwalt Russow selbst zu genant war, sich an den Ladentisch zu drängen, und Wlassow wiederum es verabsäumte, »ich lege Ihnen was beiseite« zu flüstern (was er seinem Charakter nach auch niemals gesagt hätte). Oder dies: Da brachte der Staatsanwalt Russow in die geschlossene Parteikantine (es gab solche in den dreißiger Jahren) einen Freund mit, dem dort zu speisen nicht zustand (weil er niedrigeren Ranges war), worauf der Kantinenverwalter dem Freund kein Essen servieren ließ. Der Staatsanwalt forderte Wlassow auf, den Schuldigen zu bestrafen, doch Wlassow tat es nicht. Und fügte auch noch der Bezirks-NKWD eine ähnliche Beleidigung zu. Und ward als Rechtsoppositioneller abgestempelt!

Die Überlegungen und Handlungen der Blaubemützten sind bisweilen so kleinlich, daß du aus dem Staunen nicht herauskommst. Der Einsatzbevollmächtigte Sentschenko nahm einem verhafteten Armeeoffizier die Kartenmappe und die Feldtasche ab und hängte sie sich vor dessen Augen sogleich selber um. Einem anderen Gefangenen stahl er mit Hilfe eines protokollarischen Tricks seine ausländischen Handschuhe. (Beim Vormarsch war's ihnen ein besonderer Dorn, daß nicht sie als erste an die Beute kamen.) — Der Abwehrmann von der 48. Armee, der mich verhaftete, war auf mein Zigarettenetui erpicht, das, richtiger gesagt, gar kein Etui war, sondern nur eine Schachtel aus einem deutschen Büro, von einem höchstverlockenden Scharlachrot allerdings. Wegen dieser Spielsache leitete er ein spezielles dienstliches Manöver ein: Zuerst ließ er sie aus dem Protokoll heraus (»Das können Sie behalten«), dann gab er Befehl, mich nochmals zu durchsuchen, obwohl er genau wußte, daß ich nichts mehr in den Taschen hatte: »Ach so! Wegnehmen!« Und damit ich nicht protestierte: »In den Karzer mit ihm!« (Welcher zaristische Gendarm hätte es gewagt, mit einem im Feld stehenden Offizier derart umzuspringen?)

Jeder Untersuchungsrichter bekam eine bestimmte Anzahl von Zigaretten zugeteilt: für die Ermutigung der Geständigen und der Spitzel. Es gab welche, die die Zigaretten alle in die eigene Tasche steckten. — Sie schummelten sogar bei den Verhörstunden, bei den nächtlichen, für die sie gesondert bezahlt wurden: Wir bemerkten, daß sie in den Protokollen die Zeit »von« und »bis« aufrundeten. — Bei der Haussuchung in der Wohnung des freiwillig-verpflichteten Korsuchin stahl der Untersuchungsrichter Fjodorow (Station Reschety, Feldpostnummer 235) eigenhändig eine Armbanduhr. — Während der Leningrader Blockade befahl der Untersuchungsrichter Nikolai Fjodorowitsch Kruschkow der Frau seines Untersuchungshäftlings K. I. Strachowitsch, Jelisaweta Viktorowna Strachowitsch, eine Daunendecke zu bringen. »Ich brauche sie.« Sie erwiderte, daß das Zimmer, in dem die warmen Sachen liegen, versiegelt sei. Also fuhr er mit ihr nach Hause; ohne das Geheimdienstsiegel zu beschädigen, schraubte er die Türklinke ab (»Das ist gute GB-Arbeit«, erläuterte er fröhlich) und begann die warmen Sachen herauszuschleppen, stopfte sich en passant noch Kristall in die Taschen. Jelisaweta Viktorowna holte sich ihrerseits soviel sie konnte von ihrer Habe. »Genug gerafft!« ermahnte er sie und raffte selber weiter*.

Ähnliche Fälle sind ohne Zahl, tausend Weißbücher (beginnend mit 1918, versteht sich) würde das ergeben; es genügte, die früheren Gefangenen und ihre Frauen systematisch zu befragen. Vielleicht gab's auch Blaubemützte, die niemals gestohlen, nichts sich angeeignet hatten, doch für mich ist solch ein Blauer entschieden unvorstellbar! Ich verstehe es einfach nicht: Was hätte ihn bei seiner Gesinnung davon abhalten sollen, vorausgesetzt, daß ihm das Ding gefiel? Schon zu Beginn der dreißiger Jahre, als wir die Jungsturmblusen trugen und am ersten Fünfjahresplan werkten, sie aber ihre Abende in aristokratisch-westlichem Stil in den Salons der Konkordija Josse und ihresgleichen verbrachten, stolzierten ihre Damen in ausländischen Kreationen umher — woher hatten sie die?

Hier ihre Familiennamen — es ist geradeso, als würde man sie danach auswählen! Als Beispiel die GB-Stelle von Kemerowo zu Beginn der fünfziger Jahre: Der Staatsanwalt heißt Trutnew (»Drohne« oder »Schmarotzer«), der Chef der Untersuchungsabteilung Schkurkin (»Selbstling«, das heißt, aufs eigene Wohl bedacht), sein Stellvertreter Oberstleutnant Balandin (»Gefängnissuppe«), der ihnen untergebene Untersuchungsrichter Skorochwatow (»Schnellschnapper«). So was denkst du dir nicht aus! Und gleich alle auf einem Fleck! (Wolkopjalow — »Wolfsglotzer« — und Grabischtschenko — »Rauberer« — wurden ja schon genannt.) Spiegelt sich wirklich so gar nichts in den menschlichen Namen — und gleich so viele auf einem Fleck?[33]

---

* 1954 trat diese energische und unbeugsame Frau als Zeugin gegen Kruschkow auf (ihr Mann hatte alles verziehen, auch das Todesurteil, und riet ihr ab: wozu?). Da solches mit Kruschkow nicht zum ersten Mal geschah und die Interessen der *Organe* in Mitleidenschaft gezogen waren, bekam er 25 Jahre. Ob's lang anhalten wird?

Und wieder das schlechte Gedächtnis der Häftlinge: Vergessen hat I. Kornejew den Namen jenes Sicherheitsobersten, eines Freundes von Konkordija Josse (wie sich herausstellte, einer gemeinsamen Bekannten), mit dem er zusammen im Isolator von Wladimir gesessen hat. Dieser Oberst war die geballte Verkörperung des Instinkts der Macht und des Instinkts der Habgier. Anfang 1945, in der allerteuersten »Beutezeit«, erbettelte er sich die Aufnahme in jenen Teil der *Organe*, die (mit Abakumow persönlich an der Spitze) den Raub unter Aufsicht hielten, mit anderen Worten, versuchten, möglichst viel nicht für den Staat, sondern in eigener Regie zu organisieren. Unser Held kaperte Beute waggonweise, baute sich einige Datschen (eine in Klin). Nach dem Krieg war er derart in Schwung gekommen, daß er im Bahnhof von Nowosibirsk, kaum aus dem Zug gestiegen, das gesamte Restaurant räumen ließ, Weiber und Mädchen herbeibefahl, daß sie ihm und seinen Saufkumpanen nackt auf dem Tisch vortanzten. Doch auch das hätte man ihm noch nachgesehen, wenn er nicht, wie Kruschkow, ein anderes wichtiges Gesetz verletzt hätte: Er hatte sich gegen die *eigenen* Leute gewandt. Der erste betrog die *Organe*, der zweite tat's noch schlimmer: schloß Wetten über die Verführung von fremden Frauen ab, nicht jedoch irgendwelcher fremder Frauen, sondern die seiner Kollegen vom tschekistischen Wachdienst. Und sie verziehen's nicht! sperrten ihn per § 58 in den Politisolator! In der Zelle schnaubte er vor Wut, daß sie es gewagt hatten, und zweifelte keinen Augenblick, daß sie sich's überlegen würden. (Vielleicht haben sie bereits.)

Dieses fatale Los — selbst hineinzugeraten — trifft die blauen Litzen gar nicht selten, dagegen ist so richtig keiner gefeit, seltsam genug, daß sie desungeachtet ein schlechtes Gespür für die Lehren der Vergangenheit besitzen. Wiederum ist's wohl das Fehlen einer höheren Vernunft, während der untere Verstand ihnen sagt: Selten schlägt's zu, an mir wird's vorbeigehn, und die Unsern lassen mich schon nicht im Stich.

Die *Ihrigen* bemühen sich tatsächlich, einander beizustehen in der Not, da gilt eine stumme Übereinkunft: den Ihrigen zumindest Haftprivilegien zu verschaffen (so dem Obersten I. J. Worobjow im Sondergefängnis von Marfino, so dem genannten W. I. Iljin auf der Lubjanka — acht Jahre lang). Wer für sich allein eingesperrt wird, wegen privater Fehlschläge, dem ergeht's dank der Vorsorge seiner Sippenbrüder für gewöhnlich nicht übel, so daß das tagtäglich im Dienst gepflegte Gefühl der Unbestrafbarkeit durchaus berechtigt erscheint. Bekannt sind allerdings einige Fälle, da Lagerbevollmächtigte zur Strafverbüßung ins allgemeine Lager gesteckt wurden und dort auf manchen Häftling stießen, der erstmals in ihrer Gewalt stand. Denen erging es schlecht (so wurde zum Beispiel der *Oper*[34] Munschin, der die Achtundfünfziger wie die Pest haßte und sich auf die Kriminellen stützte, von diesen selben Kriminellen in der Zelle unter die Pritschen verbannt). Es fehlen uns jedoch die Mittel, mehr von solchen Fällen zu erkunden, um sie erklären zu können.

Alles indes riskieren jene Männer vom Sicherheitsdienst, die in einen *Strom* geraten (auch sie haben ihre Ströme!). Ein Strom ist eine Elementargewalt, stärker sogar als die *Organe* selbst, und da, da lassen dich alle und jeder im Stich, um nur ja nicht selbst in den gleichen Abgrund geschwemmt zu werden.

Ein Mittel bleibt dir, wenn du gute Informationen besitzt und ein scharfes tschekistisches Rüstzeug, der Lawine zu entgehen: zu beweisen, daß du nicht dazu gehörst. So hatte sich der Hauptmann Sajenko (nicht jener Tischler in der Charkower Tscheka der Jahre 1918/19, dessen Ruhm sich darauf gründete, daß er im Erschießen groß war, mit dem Säbel in Leibern herumbohrte, Schienbeine zertrümmerte, brandmarkte und Schädel mit einer Hantel einschlug* — doch vielleicht ein Verwandter?) die Blöße gegeben, aus Liebe die KWSchDinerin Kochanskaja zu heiraten. Plötzlich erfährt er — die erste Welle begann gerade erst hochzugehen —, daß die KWSchDiner auf der nächsten Liste standen. Zu jener Zeit war er Chef des GPU-Einsatzkommandos von Archangelsk. Ohne eine Minute zu verlieren, was tat er? — *ließ die geliebte Gattin einsperren!* Nicht einmal als KWSchDinerin, nein, er braute für sie einen eigenen *Fall.* So zog er den Kopf aus der Schlinge und kletterte auch noch eine Stufe höher, wurde Chef der Tomsker NKWD**.

Die Geburt eines Stromes unterlag einem geheimnisvollen Gesetz der *Erneuerung der Organe*, einer periodischen notwendigen Opferung der einen zur Reinwaschung der Übrigbleibenden. Die *Organe* mußten rascher ausgewechselt werden, als das normale Wachstum und die Alterung menschlicher Generationen an Zeit beansprucht: Dasselbe unausweichliche Muß, das die Störe zum Tod auf die Flußsteine treibt, damit die Fischbrut sie ersetze, zwang bestimmte Fischschwärme von *Gebisten*[35], ihre Haut zu Markte zu tragen. Für die höhere Vernunft war dieses Gesetz klar zu erkennen, nicht für die Blauen, die es weder akzeptieren noch sich vorsehen wollten. Und wem die Stunde schlug droben in den Sternen, der legte sein Haupt unter die eigene Guillotine,

* Roman Gul, *Dserschinski.*
** Auch ein Sujet, es wimmelt nur so davon ... Vielleicht wird's einer nutzen?

und Häuptlinge der *Organe* waren darunter und große Tiere und leibhaftige Minister nicht minder.

Ein Schwarm folgte Jagoda nach. Wahrscheinlich wird manch ein Held unserer späteren Berichte über den Weißmeerkanal darunter gewesen sein, und ihre Namen wurden nachträglich aus den poetischen Versen gestrichen.

Des zweiten Zuges Lotse war bald darauf der kurzlebige Jeschow. Von den besten Rittern des Jahres 1937 ist dieser und jener im damaligen Strudel umgekommen (doch hüten wir uns vor Übertreibungen: bei weitem nicht der Besten alle). Jeschow selbst wurde bei der Vernehmung geprügelt, er sah jämmerlich aus. Auch der GULAG ward bei solchen Anlässen in Mitleidenschaft gezogen. Mit Jeschow, zum Beispiel, wurden verhaftet: der Chef der GULAG-Finanzverwaltung, der Chef der GULAG-Sanitätsverwaltung, der Chef der GULAG-Bewachungstruppen und sogar der Chef der GULAG-Operationsabteilung, der Gottsoberste über alle Lager-*Gevatter*!

Und schließlich gab es den Berija-Schwarm.

Der feiste, selbstgefällige Abakumow war aber schon vorher gestolpert, für sich allein.

Schritt um Schritt und mit Ziffern und im vollen Glanz der Namen werden uns die Geschichtsschreiber der *Organe* einstens darüber berichten.

Ich aber will mich mit der Rjumin-Abakumow-Story begnügen, so wie sie mir per Zufall zu Ohren kam. (Und werde nicht wiederholen, was mir bereits an anderer Stelle über die beiden zu sagen gelang*.)

Abakumows Liebkind und Günstling, Rjumin, kreuzte eines schönen Tages gegen Ende 1952 bei seinem Chef mit der sensationellen Meldung auf, der Medizinprofessor Etinger habe die Anwendung falscher Therapien bei Schdanow und Schtscherbakow (zwecks Tötung derselben) gestanden. Abakumow winkte ab, er kannte die Hexenküche einfach zu gut und meinte, Rjumin hätte diesmal zu hoch gegriffen. (Rjumin jedoch hatte das bessere Gespür für Stalins Wünsche!) Zwecks Überprüfung wurde Etinger am selben Abend ins Kreuzverhör genommen, aus dem sie verschiedene Schlüsse zogen: Abakumow — daß es eine »Ärzteaffäre« nicht gebe, Rjumin — daß doch. Am Morgen hätten sie es nochmals prüfen können, wenn nicht Etinger dank der wunderlichen Sonderheiten des Nächtlichen Etablissements *in derselben Nacht gestorben wäre!* Am selbigen Morgen rief Rjumin unter Umgehung von Abakumow und ohne dessen Wissen im Zentralkomitee an und

* Im *Ersten Kreis der Hölle.*

bat darum, von Stalin empfangen zu werden! (Ich glaube nicht, daß dieses sein gewagtester Schritt gewesen ist. Wirklich gewagt, wo's um Kopf und Kragen ging, war es, am Vorabend Abakumow zu widersprechen, allenfalls in der Nacht Etinger umzubringen. Doch wer kennt die Geheimnisse dieser *Höfe?!* — Vielleicht hat er schon vorher mit Stalin Kontakt gehabt?) Stalin gewährte die Audienz, gab der Ärzteaffäre grünes Licht und *ließ Abakumow verhaften.* Im folgenden wickelte Rjumin die Sache mit den Ärzten gewissermaßen selbständig und sogar wider Berija ab. (Es gibt Anzeichen dafür, daß Berijas Position vor Stalins Tod bedroht war — wer weiß, ob Stalin nicht eben durch seine Vermittlung aus dem Weg geräumt wurde.) Die neue Regierung ließ, als einen ihrer ersten Schritte, die ganze Ärzteaffäre fallen. Darauf wurde *Rjumin verhaftet* (noch zu Berijas Zeiten), aber auch *Abakumow nicht freigelassen!* Auf der Lubjanka wurden neue Bräuche eingeführt, und zum ersten Mal seit ihrer Existenz trat ein Staatsanwalt über ihre Schwelle (D. T. Terechow). Rjumin tat geschäftig und unterwürfig — »Ich bin unschuldig, laßt mich frei!« — und bat um ein Verhör. Lutschte nach alter Gewohnheit unentwegt an einem Bonbon und spuckte es, von Terechow ermahnt, in die Hand: »Verzeihung!« Abakumow prustete, wie bereits erwähnt, laut los: »Eine Mystifikation!« Terechow zeigte seine Vollmacht zur Kontrolle des Innengefängnisses des MGB. »Von der Sorte kann man fünfhundert drucken«, wehrte Abakumow ab. Als »Amtspatriot« fühlte er sich nicht einmal so sehr durch das eigene Sitzen beleidigt, als durch den Anschlag auf die *Organe,* die niemandem auf der Welt zu unterstehen hatten! Im Juli 1953 wurde Rjumin (in Moskau) vor Gericht gestellt und erschossen. Abakumow dagegen saß weiter! Beim Verhör sprach er zu Terechow: »Du hast zu schöne Augen*, *es wird mir leid tun, dich zu erschießen!* Laß die Finger von mir, ich sag dir's im Guten.« Eines Tages ließ ihn Terechow holen und zeigte ihm einen Zeitungsausschnitt über die Entlarvung von Berija. Es war dazumal eine Sensation von beinahe kosmischem Ausmaß. Abakumow las es, zuckte nicht mit der Wimper, drehte das Blatt um und vertiefte sich in einen Sportbericht! Ein anderes Mal, als ein großes GB-Tier beim Verhör dabei war, vor nicht allzulanger Zeit Abakumows

---

*Es stimmt. Überhaupt ist Terechow ein Mann von überdurchschnittlicher Willenskraft und Tapferkeit (die man brauchte, in jener vagen Situation Prozesse gegen führende Stalinisten abzuwickeln), wohl auch ein Mann mit einem lebhaften Verstand. Wären die Chruschtschow-Reformen konsequenter gewesen, hätte sich Terechow dabei auszeichnen können. So kommt es, daß bei uns historische Persönlichkeiten unausgegoren versanden.

Untergebener, wandte sich Abakumow an ihn: »Wie konnten Sie es zu-
lassen, daß die Untersuchung im Falle Berija nicht vom MGB, sondern
von der Staatsanwaltschaft geführt wurde?! — [Es wurmte ihn immer
dasselbe!] — Glaubst du wirklich, daß man mich, den Minister vom
Staatssicherheitsdienst, vor Gericht bringen wird?« — »Ja.« — »Da setz
dir einen Zylinder auf, die *Organe* sind futsch!...« (Natürlich sah er
die Dinge zu schwarz, der ungebildete Feldjäger.) Nicht das Gericht
fürchtete Abakumow, während er auf der Lubjanka saß, er fürchtete,
vergiftet zu werden (allemal ein würdiger Sohn der *Organe*!). Er begann, die Gefängniskost glattweg abzulehnen, und nährte sich ausschließlich von Eiern, die er im Laden kaufte. (Hier fehlte ihm der technische Grips. Er glaubte, daß man Eier nicht vergiften könne.) Aus der
überaus reichen Gefängnisbibliothek der Lubjanka ließ er sich nur Sta-
lin-Werke bringen (der ihn eingelocht hatte...)! Na ja, das war wohl
eher eine Demonstration oder die Überzeugung, daß Stalins Anhänger
am Ende doch die Oberhand gewinnen würden, wie denn anders? Zwei
Jahre mußte er sitzen. Warum er nicht freigelassen wurde? Die Frage
ist keineswegs naiv. Bezogen auf seine Verbrechen gegen die Menschlichkeit, steckte er bis über den Kopf in Blut, aber doch nicht er allein!
Und die anderen, die blieben ungeschoren. Ein Geheimnis gibt's auch
da: Ein dumpfes Gerücht geht um, er habe seinerzeit persönlich
Chruschtschows Schwiegertochter Ljuba Sedych mißhandelt, die Frau
des ältesten Chruschtschow-Sohnes, der unter Stalin zum Strafbataillon
verurteilt wurde und dort gefallen ist. Darum wurde er, von Stalin verhaftet, unter Chruschtschow vors Gericht gestellt (in Leningrad) und
am 18. Dezember 1954 erschossen*.
Er grämte sich indes umsonst: Die *Organe* sind daran noch nicht zugrunde gegangen.

Aber halten wir's lieber mit der Volksweisheit: Sprichst du wider den
Wolf, sprich auch über den Wolf.
Diese Wolfsbrut — woher kommt sie in unserem Volke? Ist sie nicht
von unserem Stamm? nicht von unserem Blut?
Doch.

---

*Von seinen weiteren hochnoblen Extravaganzen eine: in Zivil verkleidet,
mit dem Chef seiner Leibgarde Kusnezow durch Moskau zu wandern und
aus den tschekistischen Spesensätzen je nach Laune Almosen zu verteilen. Riecht's nicht nach altem Reussenlande — mildtätige Gaben zur
Läuterung der Seele?

Um also die weißen Ornate der Gerechten nicht allzu eifrig zu schrubben, möge jeder sich fragen: Was, wenn mein Leben sich anders gewendet hätte — wäre nicht aus mir ein gleicher Henker geworden? Es ist eine grausige Frage, so man ehrlich darauf antworten will.

Ich erinnere mich an mein drittes Jahr an der Universität, es war Herbst 1938. Wir Jungen vom *Komsomol* wurden ins Bezirkskomitee vorgeladen, zum ersten Mal, zum zweiten: Fragebogen seien auszufüllen (um unsere Einwilligung fragte man nicht viel), denn lange genug hätten wir die Schulbank gedrückt, es rufe uns nun die Heimat von der Chemie und Physik weg in die Schulen der NKWD. (Das ist doch immer so, daß nicht irgendwer es so haben will, sondern die Heimat in eigener Person, für die zu denken und zu sprechen sich stets eine Amtsperson findet.)

Im Jahr zuvor hatte das *Komsomol*-Bezirkskomitee für die Luftwaffenschulen geworben, und auch damals versuchten wir uns zu drücken (es tat uns leid um das angefangene Studium), allerdings nicht so standhaft wie dieses Mal.

Ein Vierteljahrhundert später könnte man meinen: Na ja, ihr habt begriffen, was an Verhaftungen um euch brodelt, was an Torturen in den Gefängnissen praktiziert wird, in welchen Sumpf man euch zerren will. Nein!! Die Gefängniswagen, die *Schwarzen Raben*, die fuhren doch bei Nacht, und wir gehörten zu der bei Tageslicht fahnenschwenkenden Schar. Woher hätten wir über die Verhaftungen wissen und warum darüber nachdenken sollen? Daß alle Honoratioren des Gebietes abgesetzt, abgelöst wurden — es war uns entschieden gleichgültig. Daß zwei, drei Professoren eingesperrt wurden, na und?! Sind wir mit ihnen tanzen gegangen? Die Prüfungen würden nur noch leichter werden. Wir, die Zwanzigjährigen, marschierten in der Kolonne der Oktobergeborenen, und als Oktobergeborene[36] erwartete uns die allerlichteste Zukunft.

Leicht läßt sich's nicht umreißen, jenes durch keine Beweisgründe zu belegende Etwas, das uns davon abhielt, in die Schulen der NKWD zu gehn. Die Vorlesungen über historischen Materialismus hätten uns eines gänzlich anderen belehren müssen: Klar ergab sich daraus, daß der Kampf gegen den inneren Feind ein heißer Krieg, eine ehrenvolle Aufgabe sei. Es widersprach auch unserem praktischen Vorteil: Die Provinzstadtuniversität hatte uns zu jener Zeit nicht mehr zu bieten als einen kümmerlich bezahlten Lehrerposten in einem gottverlassenen Landkreis; die NKWD-Schulen lockten mit üppigen Naturalien[37] und doppeltem bis dreifachem Gehalt. Was wir empfanden, hatte keine

Worte (und wenn, so hätten wir sie aus Angst einander nicht anvertrauen können). Irgendwo, nicht im Kopf — in der Brust saß der Widerstand. Von allen Seiten können sie auf dich einreden: »Du mußt!«, und dein eigener Kopf ruft im Chor: »Du mußt!«, bloß die Brust sträubt sich: Ich will nicht, ES STINKT! Ohne mich, wie ihr wollt, aber ich bleibe draußen!

Das kam von sehr weit her, von Lermontow vermutlich. Von jenen Jahrzehnten des russischen Lebens, als es für einen anständigen Menschen, offen und laut gesagt, keinen schlimmeren Dienst gab als den des Gendarmen. Nein, von noch weiter zurück. Das waren, ohne daß wir es wußten, nur die Kupfermünzen der Kopeken, mit denen wir uns von den angebrochenen vorväterlichen Goldrubeln loskauften, von jener Zeit, da die Sittlichkeit noch nicht als etwas Relatives galt und die Unterscheidung zwischen Gut und Böse einfach mit dem Herzen getroffen wurde.

Nichtsdestoweniger ließ sich mancher von uns damals anwerben. Ich glaube, sie hätten nur sehr stark zuziehen müssen, um uns andere auch zu brechen. So will ich mir also ausmalen: Wenn ich zu Kriegsbeginn schon ein paar Würfel[38] am Kragenspiegel gehabt hätte, was wäre dann aus mir geworden? Man könnte sich heute freilich darin wiegen, daß mein Gemüt es nicht ertragen hätte; ich hätte den Mund nicht gehalten und wäre mit Krach davongegangen. Als ich aber auf den Gefängnispritschen lag, da begann ich meine tatsächliche Offizierslaufbahn zu überdenken — und es graute mir.

Nicht direkt als ein von den Integralen geplagter Student geriet ich unter die Offiziere, nein, ein halbes Jahr zuvor ward ich ins Soldatenjoch gespannt und hatte, so scheint's, am eigenen Buckel zu spüren bekommen, wie's ist, mit leerem Bauch stets auf dem Sprung zu sein, Menschen zu gehorchen, die deiner vielleicht nicht würdig sind. Und ein weiteres halbes Jahr mußte ich mich in der Militärschule piesacken lassen. Also hätt ich doch geschunden genug sein müssen, um mir für immer die Bitterkeit der Soldatenfron einzubleuen? Nein. Zwei Sternchen steckten sie einem zum Trost auf das Achselstück, dann ein drittes, ein viertes — und alles war vergessen!

Dann habe ich mir vielleicht die studentische Freiheitsliebe bewahrt? I wo, die hat's bei uns nie und nimmer gegeben. Bei uns gab's Paradierliebe, Marschierliebe.

Ich erinnere mich gut, daß ich gerade in der Militärschule zum ersten Mal die FREUDE des *Einfach-so-Lebens* empfand: zur Armee zu gehören und nicht nachzudenken. Die FREUDE, *sich einzufügen* in die Art, *wie alle leben*, wie's *Brauch* ist in unserem Offiziersmilieu. Die FREUDE, manche seelische Finesse zu vergessen, die man von Kind an in mir gepflegt.

In der Militärschule waren wir stets hungrig, immer auf der Suche nach einem zu stibitzenden Stück, immer eifersüchtig darauf bedacht, daß nicht ein anderer mehr ergatterte. Am meisten fürchteten wir uns, ohne Würfel zu bleiben (die Versager wurden nach Stalingrad geschickt). Unterrichtet aber wurden wir wie junge Tiere: wütend gemacht, aufgehetzt, damit wir später den Zorn an anderen ausließen. Wir schliefen zu wenig; auch nach dem Zapfenstreich konnten sie einen zwingen, mutterseelenallein (unter dem Kommando eines Sergeanten) den Paradeschritt zu üben — als Strafe für irgendwas. Oder es wurde in der Nacht der ganze Zug aus den Betten geholt und rund um einen ungeputzten Stiefel aufgestellt: »Seht! Der Lump da, der wird ihn jetzt putzen, und bis der Stiefel glänzt, bleibt ihr alle stehen!«

Derweilen übten wir in sehnsüchtiger Erwartung der kleinen Würfelchen fleißig den tigerhaften Offiziersgang und den metallischen Befehlston.

Und endlich hatten wir sie am Kragen! Und es war noch kein Monat vergangen, da ließ ich, als ich im Hinterland eine Batterie formierte, den Soldatenjungen Berbenjow wegen einer Unachtsamkeit zur Schlafenszeit vom widerspenstigen Sergeanten Metlin schleifen ... (Ich habe es VERGESSEN, habe es in all den Jahren aufrichtig vergessen! Jetzt beim Schreiben kommt mir die Erinnerung ...) Und ein alter Oberst, der gerade Revision hielt, ließ mich zu sich kommen und redete mir ins Gewissen. Ich aber (nach der Universität, wohlgemerkt!) rechtfertigte mich damit, daß man es uns in der Schule so beigebracht hat. Das heißt also: Wozu das Alle-Menschen-sind-Brüder, wenn wir in der Armee sind?

(Und um so mehr in den *Organen* ...)

Es setzt das Herz den Stolz an wie das Schwein den Speck.

Ich schleuderte den Untergebenen unumstößliche Befehle an den Kopf und zweifelte nicht, daß es bessere nicht geben könne. Sogar an der Front, als der Tod uns alle, scheint's, gleichmachte, hatte mich meine Macht rasch davon überzeugt, daß ich von den höheren Wesen eins bin. Sitzend hörte ich mir an, was sie, stramm vor mir stehend, berichteten. Und unterbrach sie und wies sie zurecht. Sprach Väter und Großväter per »Du« an (und sie mich natürlich per »Sie«). Schickte sie ins Kanonenfeuer, gerissene Drähte zu flicken, einzig, um von oben keinen Verweis zu erhalten (Andrejaschin ist deswegen gefallen). Verspeiste meine Offiziersbutter mit Keksen und verlor keinen Gedanken daran, warum sie *mir* zustand und den Soldaten nicht. Hatte selbstverständlich einen Burschen (im guten Ton »Ordonnanz« genannt), den ich mit allerhand Sorgen um meine Person in Trab brachte und dazu anhielt, mir das Essen von jenem der Soldaten getrennt zu bereiten. (Die Untersuchungsrichter von der Lubjanka, die haben immerhin keinen Burschen, das dürfen wir ihnen nicht vorwerfen.) Zwang die Soldaten zu roboten, mir einen eigenen Bunker an jedem neuen Ort zu graben, mit dickeren Stämmen darüber, damit ich's bequem und sicher hatte. Ja, Moment mal, und der Arrest, der hat auch nicht gefehlt in meiner Batterie, gewiß nicht! — im Walde, wo wir lagen, wie sah das aus, na, wie denn? Auch so ein Loch war's, etwas besser wohl als jenes von der Gorochowezker Division, weil gedeckt und nicht ohne die übliche Tagesration, und es saßen darin Wjuschkow wegen des Verlustes eines Pferdes und Popkow wegen eines schlecht gepflegten Karabiners. Ja, warten Sie noch! Ich erinnere mich: Eine Kartentasche hatte ich, aus deutschen Striemen geflochten (nicht aus Hautstriemen, nein, aus einem zerschnittenen Autositz), nur der Riemen zum Tragen fehlte. Es verdroß mich. Plötzlich sah ich genau, was ich brauchte, an irgendeinem Partisanenkommissar (vom dortigen Bezirkskomitee) und nahm's ihm weg: wir sind höher, wir von der Armee! (Erinnern Sie sich an den erwähnten Sentschenko, den vom Einsatzkommando?) Na, und schließlich die Sache mit der roten Zigarettendose, auf die ich so begierig gewesen bin, daß es mich nur darum so lange wurmte ...

Das alles machen die Achselstücke aus einem Menschen. Und wo sind nur Großmutters Unterweisungen vor der Ikone geblieben! Und wo die Träume des kleinen Pioniers über das künftige Reich der Gleichheit!

Und als mir die *Smersch*-Leute beim Brigadekommandeur damals diese verfluchten Achselstücke samt dem Koppel herunterrissen und mich vor sich hin schoben zu ihrem Auto, da war ich angesichts dieses Trümmerhaufens meines Daseins auch noch dadurch zutiefst betroffen, daß ich nun in solch degradiertem Zustand durchs Zimmer der Telefonisten gehen sollte, o Schreck, daß mich Gemeine in diesem Aufzug sahen!

Am darauffolgenden Tag begann mein Fußmarsch in Richtung Sibirien: Die Armeeabwehr expedierte ihren neuesten Fang in die höher stehende Frontabwehr. Von Osterode bis Brodnizy trieben sie uns zu Fuß.

Als ich aus dem Karzer zum Abmarsch geholt wurde, standen schon sieben Gefangene bereit, dreieinhalb Zweierreihen, mit dem Rücken zu mir. Sechs trugen abgewetzte, mit allen Wassern gewaschene russische Soldatenblusen, auf deren Rücken mit unauslöschlicher weißer Farbe je ein großes »SU« geschrieben stand. Das hieß »Sowjet-Union«; ich kannte es bereits, dieses Zeichen, sah es nicht zum ersten Mal auf dem Rücken unserer kriegsgefangenen Landsleute, die traurig und schuldbewußt ihren *Befreiern* entgegentrotteten. Ihre Befreiung war ohne gegenseitige Freude: Die Frontsoldaten sahen sie scheeler an, als wenn ihnen ein Deutscher unterkam, und im nahen Hinterland geschah ihnen also dieses: Sie wurden ins Gefängnis gebracht.

Der siebente Arrestant hingegen war ein ziviler Deutscher, in schwarzem Anzug, schwarzem Mantel, schwarzem Hut. Er war über fünfzig, groß, gepflegt, das weiße Gesicht an weißer Nahrung gemästet.

Ich wurde in die vierte Reihe geschoben, und der Führer der Eskorte, ein Tatare im Rang eines Sergeanten, bedeutete mir, meinen abseits stehenden versiegelten Koffer zu nehmen. Es lag darin meine Offiziershabe und alles Schriftliche, das sie mir abgenommen hatten fürs spätere Urteil.

Was soll das, den Koffer? Er, ein Sergeant, wollte, daß ich, ein Offizier, den Koffer hochnahm und trug? solch ein sperriges Stück in Verletzung der neuen Dienstordnung? und nebenher würden sechs Gemeine mit leeren Händen gehen? und als Siebenter einer von der besiegten Nation?

So weitläufig war meine Rede nicht, ich sagte einfach:
»Ich bin Offizier. Der Deutsche soll ihn tragen.«

Keiner von den Gefangenen drehte sich auf meine Worte um: das war verboten. Nur mein Nachbar, auch ein SU, sah mich verwundert an (als sie aus unserer Armee schieden, war diese noch anders).

Der Sergeant von der Abwehr wunderte sich nicht. Obwohl ich in seinen Augen natürlich kein Offizier war, waren wir beide durch dieselbe Schule gegangen. Er winkte dem Deutschen, der nichts von unserem Gespräch verstanden hatte, und befahl ihm, den Koffer zu tragen.

Wir übrigen nahmen die Hände auf den Rücken (die Kriegsgefangenen brauchten nichts zu tragen, mit leeren Händen hatten sie die Heimat verlassen, mit leeren kehrten sie wieder zurück), und unsere Kolonne aus vier mal zwei Mann setzte sich in Bewegung. Gespräche mit der Wachmannschaft standen uns nicht bevor, Gespräche untereinander waren verboten, unterwegs wie bei der Rast wie im Nachtquartier auch ... Untersuchungshäftlinge, die wir waren, mußten wir gleichsam mit unsichtbaren Trennwänden einhergehen, wie eingesperrt jeder in seiner eigenen Zelle.

Das Wetter war frühlingshaft launisch. Schütterer Nebel fiel ein, und dann gluckste wässeriger Matsch trostlos unter unseren Stiefeln. Doch schon wenig später klarte der Himmel auf, und die in ihrer Kraft noch unsichere sanft-gelbe Sonne breitete sich wärmend über die fast schon schneefreien Hügel und zeigte uns in schöner Weitsicht die Welt, die zu verlassen uns bevorstand. Dann wieder kam böser Wind auf und trieb einen irgendwie gar nicht weißen Schnee aus den schwarzen Wolken heraus; er peitschte ins Gesicht, in den Rücken, und wir stapften hindurch, naß bis auf die Haut.

Sechs Rücken vor mir, immer dieselben sechs Rücken. Zeit genug, wieder und wieder die ungefügen häßlichen SUs zu studieren und den glänzenden schwarzen Stoff auf dem Rücken des Deutschen. Zeit genug, auch das frühere Leben zu überdenken und das gegenwärtige zu begreifen. Ich aber — konnte es nicht. Schon verprügelt, schon verdroschen, konnte ich's immer noch nicht begreifen.

Sechs Rücken. Weder Beifall noch Tadel lag in ihrem Schaukeln.

Der Deutsche war bald müde. Er nahm den Koffer von einer Hand in die andere, griff sich ans Herz und gab der Wache Zeichen, daß er nicht mehr weiterkönne. Da nahm ihm sein Nachbar, ein Kriegsgefangener, der Gott weiß was alles von den Deutschen noch eben hatte erdulden müssen (vielleicht aber Barmherzigkeit auch), ganz freiwillig den Koffer ab.

Und es trugen ihn später andere Kriegsgefangene, wie der erste ohne jeden Befehl. Und wieder der Deutsche.

Nur ich nicht.

Und niemand sagte mir ein Wort.

Einmal begegneten wir einem langen leeren Troß. Die Fahrer sahen sich neugierig um, manche sprangen in ihren Karren auf und glotzten, was das Zeug hielt. Bald begriff ich, daß beides, Frohlocken und Grimm, mir allein galt, der ich mich wesentlich von den übrigen unterschied: Mein Mantel war neu, lang, nach der Figur geschneidert, noch nicht abgetrennt waren die Kragenspiegel, und die noch nicht abgeschnittenen Mantelknöpfe gewannen in der hervortretenden Sonne ihren billigen goldenen Glanz zurück. Natürlich sahen sie, daß ich Offizier war, ein frischer, eben erst geschnappter. Vielleicht hat zum Teil meine Entthronung als solche ihre freudige Erregung bewirkt (irgendwie ein Widerschein höherer Gerechtigkeit), trotzdem liegt die Vermutung näher, daß es über ihren mit politischen Unterweisungen vollgespickten Verstand ging, ihren Kompaniechef an meinen Platz zu setzen, woraus sie den Schluß zogen, ich müsse von der *anderen* Seite sein.

»Haben sie dich, du Wlassow-Schwein?!... Erschossen gehört er, der Lump!« Ihr Hinterlandszorn erhitzte sich immer mehr (der stärkste Patriotismus blüht stets in der Etappe) und wurde üppig mit Mutterflüchen untermauert.

Ich war in ihren Augen eine Art internationaler Ganove, gottlob, am Ende doch dingfest gemacht, und es würde somit der Vormarsch noch schneller gehn und der Krieg noch früher zu Ende sein.

Was hätte ich ihnen antworten können? Das Wort war mir verboten, und ich hätte ja jedem einzelnen mein Leben erzählen müssen. Was blieb mir, um sie wissen zu lassen, daß ich kein Saboteur war, sondern ein Freund? und ihrethalber in solcher Lage? Ich — lächelte ... Lächelte ihnen im Vorbeigehen aus der Häftlingskolonne zu! Ihnen aber kam mein Grinsen als schlimmster Hohn vor, und sie riefen mir noch wütender, noch verbissener ihre Beleidigungen nach und drohten mir mit den Fäusten.

Ich lächelte, weil ich stolz war, nicht wegen Diebstahls, nicht wegen Landesverrats oder Fahnenflucht verhaftet worden zu sein, sondern darum, weil ich kraft meiner Einsicht die meuchlerischen Schandgeheimnisse Stalins durchschaut hatte. Ich lächelte, weil ich willens war, dieses unser russisches Leben zurechtzurücken, und vielleicht einmal imstande sein würde, es um ein Winziges zu tun.

Mein Koffer wurde unterdessen — von andern getragen ...

Und ich machte mir darob keine Spur von Gewissen! Und mein Nachbar mit dem eingefallenen Gesicht, das bereits ein zwei Wochen alter weicher Bartflaum bedeckte, mit den Augen voll Leid und Wissen — wenn er mir zur selben Stunde in klarster russischer Sprache den Vorwurf gemacht hätte, daß ich gegen die Arrestantenehre verstieß, indem ich die Wache zur Hilfe gerufen hatte, daß ich mich über die anderen stellte und hochmütig war — ich hätte ihn NICHT VERSTANDEN! Ich hätte einfach nicht verstanden, wovon er sprach! Denn ich war ein Offizier!

Wenn es sieben von uns beschieden gewesen wäre, auf der Strecke zu sterben, und der achte von der Begleitmannschaft hätte gerettet werden können, was hätte mich dann gehindert zu rufen:

»Sergeant! Retten Sie *mich*. Ich bin doch Offizier!«

Dies also ist: der Offizier, auch wenn er keine blauen Achselstücke trägt.

Und wenn sie erst blau sind? Wenn ihm eingepaukt wurde, daß er auch noch unter den Offizieren das Salz ist? daß ihm mehr anvertraut und mehr zu wissen gegeben ist, und er muß, um das alles zu verdienen, dem Untersuchungsgefangenen den Kopf zwischen die Beine treiben und ihn in solcher Lage ins Rohr hineinstopfen.

Warum also nicht hineinstopfen?

Ich dünkte mich uneigennützig und opferbereit. Und war indessen ein ausreichend vorpräparierter Henker. Und wenn ich unter Jeschow in die NKWD-Schule gekommen wäre, wer weiß, ob ich nicht unter Berija am rechten Platz meinen Mann gestellt hätte?

Hier angelangt, möge das Buch wieder schließen, wer in ihm politische Entlarvungen und Anklagen zu finden erwartete.

Wenn es nur so einfach wäre! — daß irgendwo schwarze Menschen mit böser Absicht schwarze Werke vollbringen und es nur darauf ankäme, sie unter den übrigen zu erkennen und zu vernichten. Aber der Strich, der das Gute vom Bösen trennt, durchkreuzt das Herz eines jeden Menschen. Und wer mag von seinem Herzen ein Stück vernichten?

Während der Lebensdauer eines Herzens bleibt dieser Strich nicht unbeweglich, bedrängt einmal vom frohlockenden Bösen, gibt er dann wieder dem aufkeimenden Guten freien Raum. Ein neues Lebensalter, eine neue Lebenslage — und ein und derselbe Mensch wird ein sehr anderer. Einmal dem Teufel näher und dann auch wieder einem Heiligen. Der Name, ja, der bleibt, und ihm wird alles zugeschrieben.

Solches war Sokrates' Vermächtnis: *Erkenne dich selbst!*

Vor der Grube also, in die wir eben unsere Beleidiger haben stoßen wollen, halten wir wie vor den Kopf geschlagen inne: Das hat sich doch, ehrlich, bloß so ergeben, daß nicht wir die Henker waren, sondern sie.

Und hätte Maljuta Skuratow[39] nach *uns* gerufen, wir hätten wahrscheinlich auch nicht versagt ...

Vom Guten zum Bösen ist's einen Windstoß weit, sagt unser Sprichwort.

Demnach auch vom Bösen zum Guten.

Als eben erst in der Gesellschaft die Erinnerung an jene Gesetzwidrigkeiten und Folterungen aufwogten, begann man uns auch schon von allen Seiten zu erläutern, zu schreiben, zu entgegnen: *dort* (in allen GBs) hat es auch *Gute* gegeben!

Diese »Guten«, die kennen wir wohl: es sind die, die den alten Bolschewiki ein »Haltet durch!« zuflüsterten, ja, sogar ein Brötchen zusteckten, die anderen aber samt und sonders mit Füßen traten. Na, und höher, über dem Parteilichen, war denn wirklich keiner im Menschlichen gut?

An sich hätte es sie dort nicht geben sollen: Diese Sorte war unerwünscht und blieb schon bei der Aufnahme hängen. Diese Sorte setzte von sich aus alles daran, nicht hineinzugeraten*. Wer aus Versehen dort landete, dem blieb nur zweierlei: entweder sich einzureihen in dieses Milieu oder von ihm ausgestoßen, hinausgeekelt, mitunter selbst unter die Räder geworfen zu werden.

In Kischinew wurde Schipowalnikow einen Monat vor seiner Verhaftung von einem jungen Sicherheitsleutnant aufgesucht: »Fahren Sie fort, schnell, man will Sie verhaften!« (Ob aus eigenen Stücken? ob die Mutter ihn geschickt, den Priester zu retten?) Nach der Verhaftung fiel es ihm auch noch zu, Vater Viktor persönlich zu eskortieren. Es betrübte ihn echt: »Warum sind Sie nicht fort?«

Oder dies: Da hatte ich einen Zugkommandeur, Leutnant Owsjannikow. Keiner stand mir an der Front näher als er. Die halbe Zeit des Krieges aßen wir aus demselben Napf, auch unter Beschuß, zwischen zwei Detonationen — damit die Suppe nicht kalt würde. Ein Bauernbursche war er, mit einer so reinen Seele und einem so unverfälschten Blick, daß ihn weder die Schule, die besagte, noch sein Offiziersstand im geringsten verdorben hatten. Er hat auch mich in vielem milder gemacht. Sein ganzes Offizier-Sein wandte er einzig darauf, seinen Soldaten (viele ältere Leute waren darunter) das Leben und Wohl zu erhalten. Er war der erste, von dem ich erfuhr, wie es ums Dorf stand und um die Kolchosen. (Er sprach darüber ohne Verbitterung, ohne Protest, ganz einfach: wie im Wald das Wasser die Bäume bis in den kleinsten Ast widerspiegelt.) Als sie mich schnappten, traf es ihn hart, er setzte sich hin, mir das allerbeste Kampfzeugnis auszustellen, und trug es zur Unterschrift ins Divisionskommando. Aus der Armee entlassen, suchte er nach mir über die Verwandten, um nur irgendwie zu helfen (man schrieb aber schon das Jahr 1947, das nicht wesentlich besser war als 1937!). Ihm galt zu einem großen Teil meine Angst bei der Untersuchung, daß sie mein »Kriegstagebuch« lesen könnten mit seinen Erzählungen darin. Nach der Rehabilitierung 1957 wollte ich ihn unbedingt finden. Ich wußte noch den Namen seines Dorfes, schrieb einmal, schrieb wieder — keine Antwort. Ein Faden fand sich, der in die Pädagogische Hochschule von Jaroslawl führte, von dort kam Antwort: »Wurde zur Arbeit in die *Organe* des Staatssicherheitsdienstes geschickt.« Allerhand! Um so interessanter aber! Ich schreibe an seine Pri-

---

* Ein aus dem Lazarett entlassener Leningrader Flieger kam während des Krieges hilfesuchend in die Tbc-Station von Rjasan: »Finden Sie doch etwas bei mir! Man zwingt mich in die *Organe!*« Die Röntgenärzte dichteten ihm ein Tbc-Infiltrat an — und sogleich ließen die Geheimdienstler von ihm ab.

vatadresse — keine Antwort. Einige Jahre vergingen, erschienen war der *Iwan Denissowitsch*. Na jetzt, jetzt muß er sich doch melden! Nichts! Nach weiterer drei Jahren bitte ich einen meiner Korrespondenten in Jaroslawl, zu ihm hinzugehen und ihm den Brief direkt zu bringen. Der tat's und schrieb mir zurück: »Er hat den *Iwan Denissowitsch*, glaube ich, gar nicht gelesen . . .« In der Tat, wozu brauchen sie zu wissen, wie's den Verurteilten im weiteren ergeht? . . . Diesmal konnte sich Owsjannikow nicht mehr drücken und gab ein Lebenszeichen von sich: »Nach der Hochschule bot man mir Arbeit in den *Organen* an, und ich meinte, es würde auch da so erfolgreich bleiben [was — erfolg-reich? . . .]. Die große Karriere blieb aus, manches gefiel mir nicht, aber ich arbeite ›ohne Stock‹, und die Kameraden können sich, das glaube ich schon, auf mich verlassen. [Hier auch die Rechtfertigung — die Kameradschaft!] Heute mache ich mir über die Zukunft keine Gedanken mehr.«

So ist's . . . Und meine früheren Briefe habe er nicht bekommen. Mich treffen wolle er nicht. (Wenn wir einander dennoch begegnet wären, hätte ich dieses ganze Kapitel sicherlich besser geschrieben.) In den letzten Stalinjahren war er bereits Untersuchungsrichter. Damals, als sie allen durch die Bank das *Viertelmaß* aufbrummten. Wie war doch alles so umgestülpt worden in seinem Bewußtsein? Woher der dunkle Belag? Ich aber, der ich den früheren quellreinen hilfsbereiten Burschen im Gedächtnis habe, wie soll ich glauben können, daß alles ausgebrannt ist in ihm? und unwiederbringlich?

Als Vera Kornejewa von ihrem Untersuchungsrichter Goldman der § 206 zur Unterschrift vorgelegt wurde, witterte sie ihre Rechte und machte sich daran, das ganze Dossier aller siebzehn Mitglieder ihrer »religiösen Gruppe« genauestens zu studieren. Goldman sah rot, mußte sich aber fügen. Auf daß ihm also mit ihr die Zeit nicht lang wurde, führte er sie in ein großes Büro, wo ein gutes Dutzend verschiedener Angestellten herumsaßen, und ging fort. Zuerst las die Kornejewa in Akten, dann kam unvermutet ein Gespräch in Gang, aus Langeweile wohl, von seiten der Angestellten — und am Ende hielt ihnen Vera Kornejewa eine echte religiöse Predigt. (Man muß sie zudem kennen. Ein leuchtender Mensch ist sie, mit einem lebendigen Verstand und einer freien Art zu reden, obwohl sie »draußen« nicht mehr war als Schlosser, Pferdemagd und Hausfrau.) Gebannt hörte man ihr zu, hie und da sie durch eine klärende Frage unterbrechend. Es war dies alles für die Leute sehr neu vorgebracht. Das Zimmer füllte sich, von nebenan kamen welche hinzu. Gewiß, es waren nicht Untersuchungsrichter, sondern Stenotypistinnen und Bürodiener, trotzdem aber — aus *ihrem* Milieu, aus den *Organen*, im Jahre 1946. Schwer ist's, Veras Monolog jetzt zu rekonstruieren, vielerlei vermochte sie ihnen noch zu sagen. Über die Vaterlandsverräter — warum hatte es 1812 im damaligen Krieg keine gegeben? unter der Leibeigenschaft, wohlgemerkt! Was natürlicher, als sie damals zu vermuten? Am meisten aber sprach sie über den Glauben und die Gläubigen. *Früher*, sagte sie ihnen, habt ihr alles auf die entfesselte Leidenschaft gesetzt — »plündert das Geplünderte«, und die Gläubigen standen euch dabei klarerweise im Weg. Heute aber, wo ihr *bauen* wollt und in dieser Welt in Seligkeit schwimmen, was habt ihr da von der Verfolgung der besten eurer Bürger? Ist's nicht für euch das allerwertvollste Material: Denn der Gläubige braucht keine Kontrolle, der stiehlt nicht und ist aus eigenem Antrieb zum Arbeiten bereit. Ihr aber wollt eine gerechte Gesellschaft auf Neidern und Faulenzern gründen. Darum zerbröckelt euch auch alles unter den Händen. Warum müßt ihr den Besten in die Seele treten? Gebt der Kirche die echte Lostrennung, laßt sie in Ruhe, und es wird euer Vorteil sein! Ihr seid Materialisten? Dann vertraut doch auf den Aufschwung der Bildung, wenn ihr meint, daß sie den Glauben aufhebt. Wozu verhaften?

Da trat Goldman ins Zimmer und fuhr sie an zu schweigen. Alles wandte sich gegen ihn: »Halt doch den Mund! ... Sei still endlich! Sprich nur, sprich, Weib!« (Wie denn sie nennen? Bürgerin? Genossin? Das war verboten, in Konventionen verstrickt. Weib! Du gehst nicht fehl, wenn du es Jesus nachsprichst.) Und Vera fuhr fort, in Anwesenheit ihres Untersuchungsrichters!!

Nun, diese Zuhörer von Vera Kornejewas Predigt in einem Büro des Staatssicherheitsdienstes — woher kam es, daß ihnen das Wort der törichten Gefangenen so lebendig zuflog?

Derselbe D. P. Terechow erinnert sich noch heute an seinen ersten zum Tode Verurteilten: »Leid tat er mir.« Auf irgendein Etwas vom Herzen muß sich doch dieses Gedächtnis stützen. (Die anderen seither hat er vergessen und führt darüber nicht Buch*.)

---

* Zu Terechow folgende Episode: Während er mir die Richtigkeit des Gerichtssystems unter Chruschtschow zu beweisen trachtete, schlug er mit der Faust energisch auf den glasgedeckten Tisch — und schnitt sich mit der scharfen Kante das Handgelenk auf. Er klingelte, das Personal stand stramm, der diensthabende oberste Offizier eilte mit Jod und Wasserstoffsuperoxyd herbei. Die Unterhaltung ging weiter, und Terechow hielt sich, eine gute Stunde lang, hilflos den getränkten Wattebausch an die Wunde; ich erfuhr, daß er eine schlechte Blutgerinnung hatte. So deutlich hat ihm der Herrgott die Begrenztheit des Menschen gezeigt! — Er aber richtete und ließ Todesurteile auf andere niedersausen ...

Wie eisig die Aufseherschaft des Großen Hauses auch ist, ein allerinnerster Kern der Seele, vom Kern ein winziges Kernchen — muß es nicht geblieben sein? N. P-wa erzählt, daß sie einmal von ihrer stummen, blicklosen Wärterin zum Verhör geführt wurde — und plötzlich irgendwo neben dem Großen Haus Bomben zu detonieren begannen, näher und näher und über ihnen gleich. Und die Wärterin stürzte auf ihre Gefangene zu und umklammerte sie in panischer Angst, nach menschlichem Zusammenhalt und Mitgefühl suchend. Da hatten die oben ausgebombt. Und wieder waren die Augen blind: »Hände auf den Rücken! Vorwärts, marsch!«

Natürlich ist es kein mächtiges Verdienst, in Todesangst ein Mensch zu werden. Wie auch die Liebe zu den eigenen Kindern kein Beweis für Güte ist (»Er ist ein guter Familienvater«, das bekommt man oft von den Weißmachern zu hören). Dem Vorsitzenden des Obersten Gerichts I. T. Goljakow wird lobend nachgesagt, er habe gern in seinem Garten herumgewerkelt, sei ein Büchernarr und ständiger Gast in den Antiquariaten, ein vorzüglicher Kenner von Tolstoi, Korolenko, Tschechow gewesen — na und? Was hat er von ihnen gewonnen? Wie viele Tausende gehen auf sein Konto? Oder beispielsweise jener Oberst, der Freund von der Josse, der sich noch im Wladimirer Isolator vor Lachen schüttelte, wenn er an die alten Juden dachte, die er in den Eiskeller gesperrt hatte; er bangte bei all seinen Eskapaden nur darum, daß die Frau es nicht erfahre: Sie glaubte an ihn, er war ihr Held — und das wollte er bleiben. Sollen wir wirklich dieses Gefühl als Mini-Stützpunkt des Guten in seinem Herzen gelten lassen?

Warum hat es ihnen, seit bald zweihundert Jahren nunmehr, gerade die Farbe des Himmels angetan? Zu Lermontows Zeiten waren es die »Oh, ihr blauen Uniformen!«, später die blauen Mützen, die blauen Achselklappen, die blauen Kragenspiegel. Man hieß sie, möglichst unauffällig zu sein; die blauen Felder flohen den Dank des Volkes, zogen sich auf Haupt und Schultern zu Kanten und schmalen Litzen zusammen — und blieben himmelblau trotz alledem!

Ob's nur Maskerade ist? Ob nicht vielmehr jede Schwärze sich bisweilen am Himmel läutern muß?

Schön wäre der Gedanke. Bis du erfährst, in welcher Form beispielsweise Jagoda dem Heiligen anhing ... Ein Augenzeuge (aus der Gefolgschaft Gorkis, der damals Jagoda nahestand) berichtet: In Jagodas Landgut bei Moskau waren im Vorraum zum Badehaus Ikonen aufgestellt — eigens dazu, damit Jagoda mit Konsorten, nackend, aus Pistolen darauf schießen konnte, bevor er sich zum Aufguß begab ...

Wie ist das zu verstehen: EIN BÖSEWICHT? Was ist das? Gibt es das überhaupt?

Näher käme es uns zu sagen, daß es ihn nicht geben kann, daß es ihn nicht gibt. Märchen dürfen Bösewichter zeichnen — für Kinder, der Einfachheit des Bildes halber. Und wenn uns die große Weltliteratur der vergangenen Jahrhunderte — mit Shakespeares und Schillers und Dickens' vereinten Kräften — pechschwarze Bösewichter auf die Beine stellt, dann sieht es für uns schon fast possenhaft aus und leicht befremdlich für das moderne Empfinden. Und schließlich die Hauptsache: Wie sind die Bösewichter gezeichnet? Ihre Bösewichter verstehen sich durchaus selbst als Bösewichter und wissen um die Schwärze ihrer Seele. Daraus folgert der klare Schluß: Ich kann nicht leben, ohne Böses zu tun. Laßt mich mal den Vater auf den Bruder hetzen! Laßt mich an den Leiden des Opfers weiden! Jago nennt seine Ziele und Beweggründe ohne Umschweife — schwarz, in Haß geboren.

Nein, das gibt es nicht! Nicht so! Um Böses zu tun, muß der Mensch es zuallererst als Gutes begreifen oder als bewußte gesetzmäßige Tat. So ist, zum Glück, die Natur des Menschen beschaffen, daß er für seine Handlungen eine *Rechtfertigung* suchen muß.

Macbeths Rechtfertigungen waren schwach — und es zernagte ihn sein Gewissen. Und auch Jago ist ein *Jagnjonjok* — ein Lamm. Die Phantasie und Geisteskraft der shakespearischen Bösewichter machte an einem Dutzend von Leichen halt. Denn es fehlte ihnen die *Ideologie*.

Die Ideologie! Sie ist es, die der bösen Tat die gesuchte Rechtfertigung und dem Bösewicht die nötige zähe Härte gibt. Jene gesellschaftliche Theorie, die ihm hilft, seine Taten vor sich und vor den anderen reinzuwaschen, nicht Vorwürfe zu hören, nicht Verwünschungen, sondern Huldigungen und Lob. So stärkten sich die Inquisitoren am Christentum, die Eroberer an der Erhöhung der Heimat, die Kolonisatoren an der Zivilisation, die Nationalsozialisten an der Rasse, die Jakobiner (die früheren und die späteren) an der Gleichheit, an der Brüderlichkeit und am Glück der künftigen Generationen.

Dank der *Ideologie* war es dem 20. Jahrhundert beschieden, die millionenfache Untat zu erleiden. Sie ist nicht zu leugnen, nicht zu umgehen, nicht zu verschweigen — und doch wollen wir es wagen, darauf zu bestehen, daß es Bösewichter nicht gibt? Wer hat denn diese Millionen vernichtet? Ohne Bösewichter gäbe es auch keinen Archipel.

Ein Gerücht kam auf, so um 1918—20, daß die Petrograder Tscheka und die von Odessa angeblich nicht alle Verurteilten erschossen, sondern einen Teil (lebendigen Leibes) an die Tiere der städtischen Tierparks verfütterten. Ich weiß nicht, ob es wahr ist oder üble Nachrede, und wenn es stimmt, dann — wie oft? Doch ich würde gar nicht nach Beweisen suchen: Wie das so bei den blauen Litzen Brauch ist, würde ich es ihnen überlassen, das Gegenteil zu beweisen. Woher auch inmitten der damaligen Hungersnot Futter für die Tiergärten auftreiben? Der Arbeiterklasse wegnehmen? Wenn diese Feinde ohnedies sterben mußten, warum sollten sie nicht durch ihren Tod der Aufrechterhaltung des Tierbestandes in der Republik nützen und damit unseren Sprung in die Zukunft fördern? Das wäre doch *zweckmäßig*, oder?

Dies ist die Linie, die Shakespeares Bösewicht nicht übertreten kann. Der Bösewicht mit Ideologie schreitet darüber hinweg — und seine Augen bleiben klar.

Die Physik kennt *Schwellen*werte und -erscheinungen. Erscheinungen sind es, die es gar nicht gibt, solange nicht eine bestimmte, der Natur bekannte, von der Natur chiffrierte *Schwelle* übertreten ist. Mit gelbem Licht kannst du Zinksulfid so lange du willst bestrahlen — es gibt keine Elektronen ab, aber es braucht nur einen Schimmer von Blau — und die Elektronen sind gelöst (die Schwelle des Fotoeffekts ist überschritten)! Du kannst Sauerstoff abkühlen bis auf hundert Grad und tiefer, ihn unter beliebigen Druck setzen — das Gas bleibt Gas und gibt seinen Widerstand, Flüssigkeit zu werden, erst bei hundertachtzig auf.

Und so will es den Anschein haben, als wäre ein Schwellenwert auch die böse, die verbrecherische Untat. Ja, es wankt und zaudert der Mensch sein Leben lang zwischen Gut und Böse, rutscht aus, rutscht ab, klettert hoch, bereut und wird wieder finsterer, doch solange die Schwelle der Greueltat nicht überschritten ist, liegt die Rückkehr in seiner Hand, ist er selber noch von unserer Hoffnung erfaßbar. Sobald er aber durch die Dichte seiner Vergehen oder den Grad ihrer Verderbtheit oder die Absolutheit der Macht über die Schwelle hinausgeht, hat er die Menschheit verlassen. Vielleicht unwiederbringlich.

Die Vorstellung von der Gerechtigkeit setzt sich bei den Menschen von alters her aus zwei Hälften zusammen: Die Tugend triumphiert, das Laster wird bestraft.

Wir hatten das Glück, die Zeit zu erleben, da die Tugend zwar nicht triumphiert, aber doch auch nicht immer mit Hunden gehetzt wird. Die Tugend, die geschundene, sieche, darf eintreten heute in ihrem Bettelkleid, in einem Winkel hocken, bloß nicht aufmucken.

Doch wehe dem, der über das Laster ein Wort verliert. Ja, die Tugend wurde mit Füßen getreten, aber das Laster — war nicht dabei. Ja, Millionen, einige, mehrere, wurden in den Abgrund gefegt, aber schuld daran — war niemand. Und jeder bängliche Anlauf: »Was ist aber mit *denen, die ...*« stößt allseits auf Vorwurf, fürs erste noch wohlwollend: »Was denn, Genosse! Wozu denn *die alten Wunden aufreißen*?!* Später auch mit erhobenem Holzhammer: »Kusch, ihr Überleber! Das hat man von der Rehabilitiererei!«

Und dann hört man aus Westdeutschland, daß dort bis 1966 86 000 Naziverbrecher verurteilt wurden** — und wir trumpfen auf, wir geizen nicht mit Zeitungsspalten und Hörfunkstunden, wir brennen darauf, auch noch nach der Arbeit zu einer Kundgebung zu eilen und zu fordern wie ein Mann: »Auch 86 000 sind zuwenig! Auch zwanzig Jahre sind zuwenig. Weitermachen!«

Bei uns aber stand (nach Berichten des Militärkollegiums beim Obersten Gericht) ein KNAPPES DUTZEND vor Gericht.

Was hinter der Oder und hinter dem Rhein geschieht, das bekümmert uns sehr. Aber das Hiesige hinter den grünen Zäunen bei Moskau und bei Sotschi, aber das Hiesige, daß die Mörder unserer Männer und Väter auf unseren Straßen fahren und wir ihnen den Weg freigeben — das kümmert uns nicht, das rührt uns nicht an, das heißt »im Vergangenen wühlen«.

Will man indessen die 86 000 aus Westdeutschland auf unsere Relationen übertragen, dann ergäbe dies für unser Land EINE VIERTELMILLION!

Doch auch in einem Vierteljahrhundert haben wir niemanden von ihnen gefunden, haben niemanden von ihnen vors Gericht zitiert, haben Angst, *ihre* Wunden aufzureißen. Und als Symbol ihrer aller wohnt auf der Granowskistraße 3 der selbstgefällige, bornierte, von Kopf bis Fuß von unserem Blut durchtränkte Molotow und wandert gemessenen Schritts, bis heute von nichts überzeugt, zu der am Straßenrand wartenden Luxuslimousine.

Ein Rätsel ist's, nicht für uns Zeitgenossen zu lösen: *Weswegen* ist es Deutschland gegeben, seine Mörder zu strafen, und Rußland nicht? Welch verhängnisvoller Weg steht uns bevor, wenn es uns nicht gegeben ist, die giftige Fäulnis aus unserem Leibe zu schneiden? Was soll dann die Welt von Rußland lernen?

---

*Selbst zum *Iwan Denissowitsch* hatten die blauen Pensionisten vor allem diesen Einwand: Laßt doch die Wunden heilen *bei denen, die im Lager saßen*! Ja, *sie* müssen geschont werden!

**Von der DDR aber hört man darüber wenig. Sind wohl *umerzogen* worden, stehen hochangesehen in staatlichen Diensten.

In den deutschen Gerichtsprozessen geschieht dann und wann etwas Wunderbares: Der Angeklagte faßt sich an den Kopf, schlägt die Verteidigung aus und will das Gericht um nichts mehr bitten. Der Reigen seiner Verbrechen, den sie aus der Vergangenheit herbeizitiert und ihm von neuem vorgeführt haben, erfülle ihn mit Abscheu, sagt er, und darum wolle er nicht länger leben.

Es ist das Höchste, was das Gericht erreichen kann: wenn das Laster so gründlich verurteilt ist, daß auch der Verbrecher davor zurückschreckt.

Ein Land, das das Laster sechsundachtzigtausendmal durch seine Richter verurteilen ließ (und es in der Literatur und unter der Jugend endgültig verurteilt hat), wird Jahr um Jahr, Stufe um Stufe von ihm gereinigt.

Und was bleibt uns? ... Irgendwann werden unsere Nachfahren manche aus unserer Generation als Generation von Schlappschwänzen bezeichnen: Zuerst ließen wir uns wie Lämmer zu Millionen mißhandeln, dann hegten und pflegten wir die Mörder bis in ihr glückliches Alter.

Was tun, wenn für sie die große Tradition des russischen Büßens unverständlich und lächerlich ist? Was tun, wenn die tierische Angst, auch nur ein Hundertstel von dem erdulden zu müssen, was sie anderen angetan, in ihnen jeden Hang zur Gerechtigkeit überwiegt? wenn sie gierig die süßen Früchte ernten, die aus dem Blut der Gefallenen aufgegangen sind?

Natürlich sind die, die am Fleischwolf kurbelten, na, zumindest im Jahre 37, heute nicht mehr die Jüngsten, sie stehen zwischen fünfzig und achtzig und haben ihre besten Jahre sorglos, satt und durchaus komfortabel gelebt: jede *gleiche* Vergeltung kommt zu spät, kann an ihnen nicht mehr vollzogen werden.

Wir wollen ja auch großmütig sein, wir werden sie nicht erschießen, wir werden sie nicht mit Salzwasser vollschwemmen, nicht mit Wanzen bestreuen, nicht zur »Liegewaage« aufzäumen, nicht schlaflos sie eine Woche lang strammstehen lassen, weder mit Stiefeln sie treten noch mit Knüppeln sie prügeln, noch mit Eisenringen ihren Schädel quetschen, auch nicht wie Postsäcke sie in eine Zelle schichten, einen über den anderen — nichts von dem, was sie getan! Aber wir sind unserem Land und unseren Kindern verpflichtet, ALLE ZU FINDEN UND ALLE ZU RICHTEN! Nicht so sehr *sie* zu richten als vielmehr ihre Verbrechen. Zu erreichen, daß es jeder von ihnen zumindest laut ausspricht:

»Ja, ich bin ein Mörder und Henker gewesen.«

Und wenn dieses in unserem Lande *nur* zu einer Viertelmillion von Malen gesagt worden wäre (im Verhältnis, um hinter Westdeutschland nicht zurückzustehen) — vielleicht hätte es schon gereicht?

Unmöglich ist es doch, im 20. Jahrhundert nicht zu unterscheiden zwischen der gerichtlich zu ahndenden Bestialität und jenem »Vergangenen«, das wir »nicht aufrühren sollen«!

Wir müssen klar und vernehmlich schon die IDEE allein verurteilen, die die Willkür der einen gegen die anderen rechtfertigt! Indem wir über das Laster schweigen und es nur tiefer in den Körper treiben, damit kein Zipfelchen herausragt, *säen* wir es, und morgen geht es tausendfach auf. Nicht einfach darum geht es, daß wir das nichtige Alter der Henker behüten, indem wir sie nicht strafen, nicht einmal tadeln — wir berauben damit die neuen Generationen jeder Grundlage der Gerechtigkeit. Darum sind sie so »gleichgültig« geraten, nicht der »Erziehungsschwächen« wegen. Die Jungen merken sich's, daß die Niedertracht auf Erden niemals bestraft wird, indes immer zum Wohlstand führt.

Und wie unbehaglich, wie unheimlich wird es sein, in einem solchen Land zu leben!

Erste Zelle—erste Liebe

Wie das? Wie reimt sich das zusammen? . . . Zelle und Liebe. Ach, so wohl: Sie haben dich während der Leningrader Blockade ins Große Haus gesteckt? Dann ist's zu verstehen: Du bist nur darum noch am Leben, weil du hineingerietest. Es war der beste Ort in Leningrad — nicht für die Untersuchungsrichter nur, die dort auch wohnten, auch Arbeitszimmer in den Kellern hatten, für den Fall, daß von drüben geschossen wurde. Ohne Spaß, in Leningrad hat sich damals niemand gewaschen, die Gesichter waren schwarz überkrustet, aber im Großen Haus wurden die Gefangenen an jedem zehnten Tag unter die heiße Dusche geführt. Ja, zugegeben, geheizt wurde nur in den Gängen, für die Aufseher, nicht in den Zellen, aber es funktionierte in den Zellen noch die Wasserleitung und der Abtritt — wo gab's denn so was sonst in Leningrad? Und die Brotration war wie draußen, hundertfünfundzwanzig Gramm. Dazu bekamst du aber noch einmal im Tag einen Pferdesud vom Schlachtvieh und einen Schlag Grütze obendrein!

Neidisch war die Katz' aufs Hundeleben! Und der Karzer? Und das *Höchstmaß*? Nein, nicht daher rührt die Liebe.

Nicht daher . . .

Sich niedersetzen und mit geschlossenen Augen alle Zellen Revue passieren lassen, in denen du deine Zeit abgesessen! Gar nicht leicht, sie zu zählen. Und in jeder: Menschen, Menschen . . . In mancher zwei Mann, in anderen ein gutes Hundert. Hier saßest du bloß fünf Minuten, dort einen ganzen Sommer lang.

Doch von den vielen hältst du eine in besonderen Ehren: die erste Zelle, in der du deinesgleichen getroffen hast, Menschen mit gleich hoffnungslosem Schicksal. So alt du auch werden magst, bei der Erinnerung an sie wird dich die gleiche Rührung überkommen, wie vielleicht nur noch bei der Erinnerung an deine erste Liebe. Und der Menschen, die mit dir den Boden und die Luft des steinernen Würfels teilten, damals, als du dein Leben ganz von vorn überdachtest, dieser Menschen wirst du dich auch später einmal als deiner nächsten Anverwandten erinnern.

Damals, da hattest du ja keine Familie außer ihnen.

In deinem ganzen Leben *vorher* und in deinem ganzen Leben *nachher* gibt es nichts, was dem in der ersten Zelle Erlebten gliche. Mögen die

Gefängnisse Jahrtausende vor dir gestanden haben und noch eine Weile nach dir stehenbleiben (ich möchte hoffen, für eine kürzere Dauer), einzig und unwiederholbar bleibt jene Zelle, keine andere, in der du die Untersuchungshaft durchgemacht hast.

Vielleicht war sie das Furchtbarste, was man sich für ein menschliches Wesen denken kann. Ein lausiges, verwanztes Loch ohne Fenster, ohne Belüftung, ohne Pritschen, der Boden verdreckt, das Loch heißt KPS — beim Dorfsowjet, bei der Miliz, in einer Eisenbahnstation oder einem Hafen* (die KPSs und DPSs waren ja am üppigsten über das Antlitz unseres Landes gesät, in ihnen saß ja die Masse). Die »Einzelzelle« des Gefängnisses in Archangelsk, wo die Fenster mit Mennige überpinselt sind, damit Gottes mißhandeltes Licht nur noch blutrot hereindringt und eine Fünfzehnwattbirne ewig von der Decke herunterleuchtet. Oder die »Einzelzelle« in der Stadt Tschoibalsan, wo ihr auf sechs Quadratmetern monatelang zu vierzehnt fest aneinandergepreßt saßet und die angezogenen Beine auf Kommando wechseltet. Oder eine der »psychischen« Zellen von Lefortowo, die hundertelfte zum Beispiel, die rundum schwarz gestrichen war, und oben brannte von früh bis früh diesmal eine Fünfundzwanzigwattlampe; das übrige war wie sonst in Lefortowo: Asphaltboden, die Beheizung von draußen, der Regulierungshahn in den Händen der Wärter; die Hauptsache aber — das stundenlange zermürbende Geheul (vom Windkanal des benachbarten Aerohydrodynamischen Instituts, doch es fällt einem schwer zu glauben, daß es nicht Absicht war), ein Geheul, so stark, daß Blechnapf und Becher vibrierten und vom Tisch herunterrutschten, ein Geheul, daß es sinnlos war zu sprechen, dafür aber gut zu singen, aus voller Kehle, und der Aufseher merkte nichts — und wenn das Heulen aufhörte, überkam dich eine Seligkeit, schöner als die Freiheit.

Doch schließlich hast du nicht den Boden, den dreckigen, nicht die düsteren Wände, nicht den Gestank der Latrine liebgewonnen, sondern diese da, mit denen gemeinsam du dich auf Kommando umgedreht hast; dieses Etwas, das zwischen euren Seelen pochte; ihre zuweilen erstaunlichen Worte; und die gerade dort in dir geborenen, so freien und schwebenden Gedanken, zu denen du dich vor kurzem noch nicht aufgerafft, auch nicht zu ihnen dich emporgeschwungen hättest.

Allein bis zu dieser ersten Zelle dich durchzuschlagen, was hat dich das bereits gekostet! In einem Loch haben sie dich gehalten, oder in einer Box, oder im Keller. Keiner sprach zu dir ein menschliches Wort,

---

*KPS (DPS) — Untersuchungszellen oder -gefängnisse. Das heißt, wo man nicht die Haftzeit absitzt, sondern zur Voruntersuchung festgehalten wird.

keiner schenkte dir einen menschlichen Blick, sie fraßen dir bloß mit eisernem Schnabel das Hirn und das Herz ab, du schriest, du stöhntest — und sie lachten.

Tage, Wochen warst du mutterseelenallein unter Feinden und gabst schon Verstand und Leben verloren und hast dich bereits vom Heizkörper herunterfallen lassen, mit dem Kopf voran auf den eisernen Abflußkegel* — und plötzlich lebst du und bist unter Freunden. Und der Verstand kehrt dir wieder.

Das ist die erste Zelle!

Du hast darauf gewartet, du hast sie herbeigesehnt, als wäre sie beinahe die Freiheit, sie aber stopften dich vom Mauseloch in die Hundehütte, von Lefortowo in irgendeine verfluchte legendäre Suchanowka.

Die Suchanowka, das ist von den MGB-Gefängnissen das allerschrecklichste. Damit drohen sie unsereinem, die Untersuchungsrichter; ein böses Zischen, wenn sie den Namen aussprechen. (Und die drinnen gewesen sind, aus denen kriegst du später nichts raus. Sie lallen nur mehr zusammenhangloses Zeug, und die übrigen sind tot.)

Suchanowka, das ist die ehemalige Jekaterinen-Einsiedelei, für die Strafgefangenen ein Bau und für die Untersuchungshäftlinge ein anderer mit 68 Mönchszellen darin. Die Fahrt mit dem *Schwarzen Raben* dauert zwei Stunden, und nur wenige wissen, daß das Gefängnis nahe bei Gorki Leninskije liegt, einige Kilometer vom ehemaligen Gut der Sinaida Wolkonskaja. Die lieblichste Landschaft erstreckt sich rundherum.

Der eingelieferte Sünder wird mit dem Stehkarzer empfangen, der wiederum so schmal ist, daß du nur mit den festgeklemmten Knien dich abstützen kannst, sobald du zu stehen nicht mehr die Kraft hast. Es ist der erste Betäubungsschlag, und darin lassen sie dich einen Tag und eine Nacht und länger, zur Zähmung deines Geistes. Das Essen ist in der Suchanowka fein und schmackhaft, wie sonst nirgendwo im MGB, denn sie bringen es aus dem Erholungsheim der Architekten; wozu für den Schweinefraß eine eigene Küche unterhalten? Doch was ein Architekt allein verspeist, die Kartoffeln, schön geröstet, der Fleischknödel dazu, das teilen sich hier zwölf Mann. Und darum ist der Hunger der gleiche wie überall, die Pein aber eine schlimmere.

Die Zellen dort waren jeweils für zwei Mönche gedacht, die Untersuchungsgefangenen aber sitzen einzeln. Die Zellen messen anderthalb zu zwei Meter**. In den Steinboden sind zwei runde Schemel einge-

---

* Al-der D.
** Genauer: 156 x 209 cm. Woher wir das wissen? Es ist der Triumph einer fachmännischen Berechnung und eines starken Geistes. Al-der D., von der

schweißt, wie Baumstümpfe, und wenn der Aufseher in der Wand das Vorhängeschloß aufsperrt, dann kippt für die sieben Nachtstunden (das heißt, für die Stunden der Verhöre, denn tagsüber wird dort überhaupt nicht verhört) aus der Wand ein Brett heraus und eine winzige Strohmatte, für ein Kind gerade recht. Am Tag sind die Schemel frei, aber darauf sitzen darf man nicht. Außerdem liegt auf vier stehenden Rohren — wie ein Bügelbrett — der Tisch. Die Lüftungsklappe im Fenster ist immer zu, am Morgen nur wird sie für zehn Minuten aufgesperrt. Das Glas ist drahtbewehrt. Zum Spaziergang wird man nie geführt, zum Austreten nur um sechs Uhr früh, wenn noch keines Menschen Därmen danach zumute ist; am Abend nie. Auf jeden Block zu sieben Zellen kommen zwei Aufseher, deswegen blickt dich das Guckloch in einem fort an; braucht ja nicht lange, der Aufseher, um an zwei Türen vorbei zur dritten zu schreiten. Darin liegt die Absicht der lautlosen Suchanowka: dir keinen Schlaf zu lassen und keinen fürs Eigenleben gestohlenen Augenblick; dich stets im Auge zu behalten und stets im Griff.

Wenn du aber den Zweikampf mit dem Wahnsinn und alle Prüfungen der Einsamkeit durchgestanden und bestanden hast, dann hast du dir deine erste Zelle verdient! Und dein Geist wird sich aufrichten nun.

Auch wenn du dich rasch ergeben hast, in allem dich gefügt und alle verraten hast, auch dann bist du für deine erste Zelle reif; obwohl es ja für dich selber besser wäre, diesen glücklichen Augenblick nicht zu erleben und als Sieger im Keller gestorben zu sein, ohne einen einzigen Satz unterschrieben zu haben.

Zum ersten Mal siehst du jetzt nicht Feinde. Zum ersten Mal siehst

Suchanowka nicht gebrochen, rechnete sich das aus. Er zwang sich, nicht verrückt zu werden und den Mut nicht zu verlieren, und sein Mittel dazu waren Kopfrechnungen. In Lefortowo zählte er seine Schritte, übertrug sie in Kilometer, versuchte, sich an die Landkarte zu erinnern, wie viele Kilometer es von Moskau bis zur Grenze waren, wie viele dann quer über Europa, über den Atlantik. Sein Stimulus war, nach Amerika heimzukehren; und er war in dem einen Jahr in der Einzelzelle von Lefortowo gerade am Grunde des Ozeans angelangt, als sie ihn in die Suchanowka holten. Hier, da ihm aufging, daß kaum einer über dieses Gefängnis zu erzählen haben wird (unser Bericht stammt zur Gänze von ihm), war er darauf aus, die Zelle abzumessen. Am Boden des Eßnapfes fand er die Bruchzahl 10/22 und erriet, daß die »10« den Durchmesser des Bodens angab und die »22« den Durchmesser des oberen Kegelrandes. Danach zog er aus dem Handtuch einen Faden und machte sich so ein Zentimetermaß. Sein nächstes Ziel war, *im Stehen* schlafen zu lernen, so dachte er es sich aus: ein Knie gegen den Schemel gestützt, und so, daß der Aufseher nicht merkt, daß die Augen geschlossen sind. Er schaffte es und verlor nur darum nicht den Verstand. (Rjumin hielt ihn einen Monat lang ohne Schlaf.)

du jetzt *Artgenossen, Lebende**, die deinen Weg gehen, mit denen du dich verbinden kannst im freudigen Wort WIR.

Ja, ein Wort dies, das du draußen vielleicht verachtest hast, als es diente, deine Persönlichkeit zu ersetzen (»Wir alle wie ein Mann! ... wir protestieren! ... wir verlangen! ... wir schwören! ...«) — und wie wohltuend ist es dir jetzt: Du bist auf der Welt nicht allein! Es gibt noch vernunft- und geistbegabte Wesen — MENSCHEN!

Nach vier Tagen meines Zweikampfes mit dem Untersuchungsrichter, als ich mich in meiner grellbeleuchteten Box gerade niedergelegt hatte, keinen Augenblick früher, der Aufseher hatte es abgepaßt, rasselte das Schloß an meiner Tür. Ich hörte es genau, doch in den drei Sekunden, ehe er sein »Aufstehen! Zum Verhör!« sprach, wollte ich den Kopf noch auf dem Kissen lassen und mir einbilden, ich schliefe. Der Aufseher kam jedoch mit einer neuen Tour: »Aufstehen! Bettzeug packen!«

Erstaunt und verärgert, weil es die allerwertvollste Zeit war, wickelte ich mir die Fußlappen um, zog die Stiefel an, den Mantel, die Wintermütze und nahm die zusammengerollte Anstaltsmatratze in die ausgebreiteten Arme. Auf Zehenspitzen, immer mir bedeutend, ich möge keinen Lärm machen, führte mich der Aufseher über den grabesstillen Gang des dritten Stockes der Lubjanka, vorbei am Tisch des Oberaufsehers, vorbei an den spiegelblanken Nummern der Zellen und an den olivgrünen Gucklochklappen, bis zur Zelle Nr. 67; die sperrte er auf. Ich trat ein, hinter mir rasselte sofort das Schloß.

Eine Viertelstunde, wenn's viel ist, war seit dem Zapfenstreich vergangen, trotzdem ist die Schlafenszeit dem Untersuchungshäftling so ungewiß und so kostbar, daß die Einwohner der Zelle Nr. 67 bei meiner Ankunft alle schon schliefen, ausgestreckt auf den Metallbetten, die Arme obenauf**. Der Lärm schreckte sie auf, alle drei hoben im Nu den

---

* Im Großen Haus während der Leningrader Blockade konnten es auch Menschenfresser gewesen sein: wer Menschenfleisch aß, mit Menschenleber aus der Prosektur Handel trieb. Aus irgendeinem Grunde saßen sie im MGB zusammen mit den Politischen.

** Verschiedene Schikanen, als Draufgabe zu den alten Gefängnisvorschriften, wurden in den Innengefängnissen der GPU-NKWD-KGB allmählich hinzuerfunden. Wer zu Beginn der zwanziger Jahre einsaß, der kannte diese Maßnahme noch nicht, auch wurde das Licht dazumal nachtsüber gelöscht, wie bei Menschen üblich. Daß das Licht brennen blieb, begründeten sie logisch: um die Gefangenen jederzeit auch nachts beaufsichtigen zu können (wenn sie es zur Kontrolle jäh anzündeten, war's noch schlimmer). Die

Kopf. Auch sie horchten bange, für wen's aufzustehen galt zum Verhör. Diese drei erschrocken erhobenen Köpfe, diese drei unrasierten, zermürbten, blassen Gesichter erschienen mir so menschlich und lieb, daß ich dastand, die Matratze in beiden Armen, und lächelte vor lauter Glück. Und sie lächelten zurück. Was war das doch für ein vergessener Ausdruck! – in einer kurzen Woche vergessen!

»Von draußen?« fragten sie. (Die übliche erste Frage an einen Neuen.)

»Nei-ein«, antwortete ich. (Die übliche erste Antwort des Neuen.)

Sie meinten damit, daß ich wahrscheinlich noch nicht lange drinnen wäre und also *von draußen* kam. Ich hingegen war nach sechsundneunzig Stunden Untersuchungshaft überzeugt, ein erfahrener Häftling zu sein, wieso denn einer von »draußen«? Trotzdem war ich's, und schon fragte mich der bartlose Alte mit den schwarzen, sehr lebhaften Augenbrauen nach den militärischen und politischen Neuigkeiten aus. Unglaublich! – Obwohl es schon Ende Februar war, wußten sie nichts von der Konferenz in Jalta, auch nichts von Ostpreußen, das eingekreist war, überhaupt nichts über unseren Vorstoß bei Warschau, der Mitte Januar begonnen hatte, nicht einmal etwas über den unrühmlichen Dezemberrückzug der Alliierten. Instruktionsgemäß hatten die Untersuchungshäftlinge über die Außenwelt nichts zu erfahren – und so wußten sie auch nichts!

Jetzt war ich bereit, die halbe Nacht ihnen zu erzählen, voll Stolz, als wären alle Siege und Umzingelungen meiner eigenen Hände Werk. Da brachte der diensthabende Wärter mein Bett herein, und es mußte lautlos aufgestellt werden. Ein junger Mann meines Alters half mir dabei, so wie ich einer aus der Armee: Sein Uniformrock und die Fliegerkappe hingen am Bettpfosten. Noch vor dem Alten hatte er mich angesprochen – bloß nicht über den Krieg gefragt, sondern um Tabak gebeten. Doch so sehr meine Seele den neuen Freunden entgegenfloß, so wenige Worte in den paar Minuten auch gesprochen worden waren – in diesem meinem Altersgenossen und Frontkameraden witterte ich etwas Fremdes und ihm verschloß ich mich, ein für allemal.

(Das Wort *Nassedka* für einen Zellenspitzel war mir noch unbekannt, daß es von der Sorte in jeder Zelle einen geben mußte, wußte ich ebensowenig, doch bevor ich überhaupt Zeit fand, mir darüber klar zu wer-

Arme über der Decke liegen zu lassen, war angeblich notwendig, damit der Gefangene sich nicht im Verborgenen erwürgen und so der gerechten Untersuchung entziehen konnte. Eine experimentelle Überprüfung zeigte, daß der Mensch im Winter immer versucht, den Arm zu verstecken, zu erwärmen – und darum wurde die Vorschrift endgültig.

den, daß mir dieser Mann, Georgij Kramarenko, mißfiel, hatte sich in meinem Inneren ein geistiges Relais in Gang gesetzt, ein Erkennungsrelais, das diesem Menschen für immer den Zugang zu mir versperrte. Ich würde einen solchen Fall nicht erwähnen, wenn er der einzige geblieben wäre. Aber bald begann ich die Arbeit dieses Erkennungsrelais mit Verwunderung, Freude und Beängstigung als eine beständige, mir angeborene Eigenheit zu empfinden. Jahre vergingen, mit Hunderten von anderen Menschen hatte ich auf den gleichen Pritschen zu liegen, in derselben Kolonne zu marschieren, in einer Brigade zu arbeiten, und er ließ mich nie im Stich, dieser geheimnisvolle Erkenner, an dessen Zustandekommen ich nicht den leisesten Verdienst habe, er reagierte, noch bevor ich mich an ihn erinnerte, auf jedes menschliche Gesicht, auf ein Paar Augen, auf die ersten Laute einer Stimme — und dann öffnete er mich diesem Menschen, sperrangelweit oder nur einen Spalt breit oder gar nicht: Da schnappte etwas zu. Es geschah dies immer so untrüglich, daß mir all das Getue der Lageraufseher rund um den Einssatz von Zuträgern bald kindisch-kükenhaft erschien: Trägt's nicht der, der zum Verräter sich verdungen hat, auf dem Gesicht geschrieben, hört man's nicht aus seiner Stimme, so schlau sich mancher auch anstellt — etwas stimmt immer nicht. Und umgekehrt half mir mein Erkenner jene herauszufinden, denen man, vom ersten Kennenlernen an, das Ureigenste, Geheimste und Tiefste offenbaren konnte. So bestand ich die acht Jahre Haft, die drei Jahre Verbannung und nochmals sechs Jahre illegaler Schriftstellerei, die in nichts ungefährlicher waren, und vertraute mich in all den siebzehn Jahren bedenkenlos vielen Dutzenden von Menschen an, und zahlte niemals drauf! Ich habe darüber nirgends was gelesen und beschreibe es hier für Liebhaber psychologischer Phänomene. Ich glaube, daß solche geistige Vorrichtungen in vielen von uns »eingebaut« sind, doch als Menschen« eines allzu technischen und intellektuellen Jahrhunderts schätzen wir dieses Wunder gering und lassen es nicht zur vollen Entfaltung kommen.)

Das Bett hatten wir aufgestellt — nun hätte ich erzählen können (natürlich leise und liegend, um nicht gleich wieder aus dieser Gemütlichkeit heraus in den Karzer zu geraten), da meldete sich unser dritter Zellengenosse, ein Mann in mittleren Jahren, aber schon mit weißgrauen Nadelspitzen im geschorenen Haar; er hatte mich leicht unzufrieden angesehen und sagte nun mit der Rauheit, die den Nordländer ziert:

»Morgen. Die Nacht ist zum Schlafen da.«

Es war in der Tat das vernünftigste. Jeden von uns konnten sie zu jeder Stunde dieser Nacht zum Verhör schleifen und bis sechse am

Morgen dortbehalten, wenn der Richter schlafen ging und für uns das Schlafen schon wieder verboten war.

Eine Nacht ungestörten Schlafs überwog sämtliche Geschicke des Planeten!

Und ein weiteres Störendes, doch nicht gleich zu Erfassendes lag mit den ersten Sätzen meiner Erzählung im Raum; zu früh aber war es noch für mich, ihm einen Namen zu geben: Eine alles umfassende Umpolung war eingetreten (mit der Verhaftung eines jeden von uns), oder eine hundertachtziggradige Umkehrung aller Begriffe, und was ich mit solchem Feuereifer zu erzählen begann — war für *uns* vielleicht gar nicht zum Freuen.

Sie rollten sich zur Seite, bedeckten ihre Augen zum Schutze gegen die zweihundert Watt mit Taschentüchern, umwickelten den oberen Arm, der außerhalb der Decke zu frieren hatte, mit Handtüchern, schoben den anderen verstohlen darunter und schliefen ein.

Ich aber lag wach, randvoll erfüllt von diesem Fest: bei Menschen zu sein. Vor einer Stunde noch hatte ich nicht damit rechnen können, daß man mich mit jemandem zusammenlegen würde. Es hätte auch zu Ende gehen können mit mir (der Untersuchungsrichter versprach mir nicht einmal die Kugel ins Genick), ohne daß ich noch jemanden gesehen hätte. Noch immer hing die Untersuchung über mir, doch wie weit war sie zurückgetreten. Morgen werde ich erzählen (nicht über meinen *Fall* natürlich), morgen werden sie erzählen — wie interessant wird doch der morgige Tag, einer der besten im Leben! (Dieses Bewußtsein kam mir sehr früh und sehr klar: daß das Gefängnis für mich kein Abgrund ist, sondern die wichtigste Wende des Lebens.)

Jede Kleinigkeit in der Zelle macht mich neugierig, wo ist nur die Müdigkeit geblieben, und wenn das Guckloch nicht schaut, erforsche ich heimlich den Raum. Dort oben, an der Wand gegenüber, ist eine kleine Vertiefung, drei Ziegelsteine breit, mit einem blauen papierenen Rollvorhang davor. Die Antwort hatte ich noch bekommen: Das Fenster ist's, ja! Die Zelle hat ein Fenster! Der Vorhang ist die Verdunkelung. Morgen gibt es schwaches Tageslicht, und sie werden für einige Stunden um die Tagesmitte die schmerzende Lampe löschen. Wie viel das ist: tagsüber bei Tageslicht zu leben!

Obendrein steht in der Zelle ein Tisch. Und darauf, an sichtbarster Stelle, ein Teekessel, ein Schachspiel, ein Stoß Bücher. (Ich wußte noch nicht, warum's an der sichtbarsten Stelle war. Wie sich herausstellte, gehörte auch das zu den Vorschriften der Lubjanka: Bei seinem minütlichen Hereingucken mußte der Aufseher sich überzeugen können, daß kein Mißbrauch getrieben wurde mit den Gaben der Verwaltung: daß mit dem Teekessel kein Loch gegraben; daß das Schachspiel nicht verschluckt wurde, von einem, der sich empfehlen und aus dem Stand eines Bürgers der UdSSR austreten wollte; und daß niemand auf die Idee verfiel, ans Gefängnis mit brennenden Büchern Feuer zu legen. Die Brillen der Häftlinge wurden indessen als eine so gefährliche Waffe erkannt, daß sie nachts auch auf den Tischen nicht liegen durften, sondern der Verwaltung bis zum Morgen abzuliefern waren.)

Was für ein genüßliches Leben! – Schach, Bücher, Federbetten, solide Matratzen, saubere Linnen. Ja, ich hab doch im Krieg längst vergessen, daß ich jemals zuvor so geschlafen hatte. Ein gebohnerter Parkettboden. Fast vier Schritte sind es zum Auslaufen vom Fenster bis zur Tür. Nein wirklich, dieses zentrale politische Gefängnis ist der reinste Kurort.

Und es platzen keine Granaten, detonieren keine Geschosse ... Ich hatte sie noch gut im Ohr: ihr Glucksen in der Höhe, über unseren Köpfen, und ihr anschwellendes Pfeifen, dann das Ächzen der Detonation. Und wie die Minen zärtlich flöten. Und wie die vier Portionen der deutschen *Doktor-Goebbels-Minenwerfer*, wie sie bei uns genannt wurden, alles erzittern lassen. Ich erinnerte mich an den Schneematsch bei Wormditt, wo sie mich verhafteten, und wo die Unsrigen jetzt durch den Schlamm und den schmutzigen Schnee stapfen, um den Deutschen den Weg aus dem Kessel abzuschneiden.

Hol euch der Teufel! Wenn ihr mich im Kampf nicht braucht, dann habt mich eben gern.

Mit vielen anderen verlorenen Maßen verloren wir auch dieses: das hohe geistige Maß von Menschen, die vor uns russisch gesprochen und geschrieben haben. Seltsam, daß sie in unserer vorrevolutionären Literatur kaum beschrieben worden sind. Selten nur erreicht uns davon ein Hauch — die Zwetajewa vermittelt ihn uns oder die »Mutter Maria«*. Diese Menschen haben zu viel gesehen, um *eines* auswählen zu können. Sie haben zu heftig nach dem Erhabenen gestrebt, um auf der Erde festen Fuß zu fassen. Vor dem Niedergang einer Gesellschaft entsteht diese weise Schicht von Denkenden, bloß Denkenden, sonst nichts. Und wie hat man sie röhrend verlacht! Wie hat man sie verspottet! Den Menschen gradlinigen Handelns und Wirkens waren sie ein Dorn im

---

* Maria Skobzowa (»Mutter Maria«) in ihren »Erinnerungen an Alexander Blok«.

Auge. Keinen besseren Spottnamen hatten sie sich verdient als *Sumpf*. Darum aber geschah's, daß diese Menschen vorzeitig erblühten, einen überfeinerten Duft ausströmten — also kamen sie unter die Sense. In ihrem Privaten waren sie besonders hilflos: kein Katzbuckeln, kein Verstellen, kein bißchen Anpassung, ein jedes Wort eine Meinung, eine Glut, ein Protest. Solche sind's genau, die der Mähdrescher aufklaubt. Solche sind's genau, die der Strohschneider zu Häcksel macht*. Durch genau diese Zellen sind sie gewandert. Doch die Mauern der Zellen — seither sind die Tapeten abgerissen, die Wände verputzt und geweißt und oftmals gestrichen worden —, die Mauern gaben von der Vergangenheit nichts her (sie lauerten vielmehr mit ihren Mikrofonen, uns zu belauschen). Nichts ist niedergeschrieben und nichts gesagt worden über die früheren Bewohner dieser Zellen, über die Gespräche, die sie führten, über die Gedanken, mit denen sie zur Hinrichtung gingen oder auf die Solowki — und das Buch, das vierzig Waggons unserer Literatur aufwiegen würde, das wird es wohl nimmermehr geben.

Und wer noch am Leben ist, der erzählt uns lauter Nichtigkeiten: daß da früher Holzliegen standen und die Matratzen mit Stroh gefüllt waren. Daß die Fensterscheiben schon in den zwanziger Jahren, noch bevor sie die *Maulkörbe*[40] einführten, bis oben mit Kreide verschmiert waren. Die Maulkörbe aber, die gab es ganz genauso bereits 1923 (und wir hatten sie einmütig dem Berija zugeschrieben). Die Klopfzeichen wurden, wie es heißt, in den zwanziger Jahren noch geduldet: Irgendwie hat sich diese läppische Tradition aus zaristischen Gefängnissen herüberretten können, denn wenn der Häftling nicht klopfen darf, was soll er dann mit seiner Zeit? Und noch etwas: In den zwanziger Jahren waren die Aufseher hier durch die Bank Letten (von den lettischen Schützen und sonstige), und das Essen wurde von hochgewachsenen Lettinnen ausgetragen.

Nichtigkeiten sind es wohl, doch manche nicht ganz ohne Belang.

Mir selbst kam dieses alleroberste politische Gefängnis der Union sehr zupaß, dankbar war ich, daß sie mich hineingesteckt: Ich hatte mich viel mit Bucharin beschäftigt und wollte mir die Sache mit ihm genau vorstellen, wie und was. Andrerseits hatte ich das Gefühl, daß unsereins bereits unter die Nachmahd fiel und mit einem beliebigen Bezirksgefängnis des Sicherheitsdienstes hätte vorliebnehmen können. Dieses da war der Ehre zuviel.

---

* Ich zögere, es zu sagen, aber es scheint beinahe, als tauchten diese Menschen zum Siebzigerjahr des Jahrhunderts wieder an die Oberfläche auf. Es ist erstaunlich. Es war fast nicht mehr zu erhoffen.

Aber mit den Leuten, die ich hier traf, wurde einem die Zeit nicht zu lang. Hör nur zu und vergleiche nach Herzenslust.

Jener alte Mann mit den lebhaften Brauen (der gab sich noch sehr munter mit seinen dreiundsechzig Jahren) hieß Anatolij Iljitsch Fastenko. Er war eine echte Zierde unserer Lubjankazelle — als Hüter der alten russischen Häftlingstraditionen gleichwie als lebendige Geschichte der russischen Revolutionen. Was in seinem Gedächtnis aufbewahrt war, das machte er quasi zum Maßstab für alles Geschehene und Geschehende. Solcher Menschen braucht es nicht nur in der Zelle, die Gesellschaft als Ganzes hat ihrer nicht genug.

Den Zunamen Fastenko fanden wir an Ort und Stelle: in einem Buch über die Revolution von 1905, das wir zum Lesen bekamen. Fastenko war von so lange her Sozialdemokrat, daß er, scheint's, bereits aufhörte, einer zu sein.

Seine erste Freiheitsstrafe erhielt er als junger Mann im Jahre 1904, kam aber mit dem »Manifest« vom 17. Oktober 1905 glatt wieder frei*.

(Interessant war, was er über die Umstände dieser Amnestie erzählte. Die Maulkörbe an den Gefängnisfenstern kannte man in jenen Jahren natürlich noch nicht, und die Häftlinge, die mit Fastenko im Gefängnis von Belaja Zerkow saßen, hatten freie Aussicht auf den Hof und auf die Straße, und sie konnten sehen, wer da kam und ging, und sich durch Zurufe mit den Freien draußen verständigen. Die hatten schon zu Mittag des 17. Oktober von der Amnestie erfahren und teilten die Neuigkeit den Gefangenen mit. Die Politischen schlugen freudig Krawall, warfen die Fensterscheiben ein, versuchten die Türen aufzubrechen und verlangten vom Anstaltsdirektor die sofortige Freilassung. Und der? Hat er einem von ihnen das Maul blutiggetreten? Einen in den Karzer gesperrt? Eine Zelle mit Bücher- und Proviantentzug be-

---

* Wer von uns hat es aus dem Schulbuch und aus dem »Kurzen Lehrgang« Stalins *Kurze Geschichte der Kommunistischen Partei der UdSSR)* nicht erfahren und nicht auswendig gelernt, daß dieses »provokatorisch-niederträchtige Manifest« eine Verhöhnung der Freiheit war, daß der Zar Order gegeben hatte, »den Toten – die Freiheit, die Lebenden – in Haft«? Aber das Erpigramm ist verlogen. Das Manifest erlaubte *alle* politischen Parteien, berief die Duma und verkündete eine ehrliche und sehr breite Amnestie (daß sie erzwungen war, gehört auf ein anderes Blatt), und zwar: entlassen wurden nicht mehr und nicht weniger als *alle* Politischen ohne Ausnahme, ungeachtet der Strafzeit und der Strafart. Nur die Kriminellen blieben in Haft. Die Stalinsche Amnestie vom 7. 7. 1945 (die allerdings nicht erzwungen worden war) verfuhr genau umgekehrt: alle Politischen blieben *sitzen*.

straft? Mitnichten! Der lief in seiner Verwirrung von Zelle zu Zelle und flennte: »Meine Herren! Ich bitte Sie! Seien Sie doch vernünftig! Ich kann Sie doch nicht auf eine Nachricht hin freilassen. Ich brauche unmittelbare Direktiven von meinen Vorgesetzten in Kiew. Ich bitte Sie inständigst: Sie müssen über Nacht bleiben.« Und sie wurden barbarischerweise wirklich bis zum nächsten Tag dabehalten*!)

Wieder in Freiheit, stürzten sich Fastenko und seine Kameraden sogleich in die Revolution. 1906 wurde Fastenko zu acht Jahren *Katorga* verurteilt; das bedeutete: vier Jahre in Ketten, vier Jahre in der Verbannung. Die ersten vier Jahre saß er im Sewastopoler Zentralgefängnis ab, wo es, nebenbei vermerkt, zu seiner Zeit einen von außen organisierten Massenausbruch gab, eine Gemeinschaftsaktion der drei revolutionären Parteien: der Sozialrevolutionäre, Anarchisten und Sozialdemokraten. Mit einer Bombe wurde ein etagenhohes Loch aus der Mauer gesprengt, zwei Dutzend gelangten ins Freie, ein einziger wurde wieder eingefangen (doch nicht jeder durfte hinaus, dem's beliebte, sondern nur, wer von den Parteien dazu bestimmt und im vorhinein — durch die Aufseher! — mit Waffen versorgt wurde). Anatolij Fastenko hatte auf Order der RSDRP zu bleiben, die Aufseher abzulenken und Verwirrung zu stiften.

In der Verbannung am Jenissej blieb er hingegen nicht lange. Wenn man sich seine (und anderer Überlebender) Erzählungen vor Augen führt und dazu noch die allgemein bekannte Tatsache bedenkt, daß unsere Revolutionäre zu Hunderten und Aberhunderten aus der Verbannung flohen, auch noch ins Ausland vorwiegend, dann kommt man zu dem Schluß, daß nur die ganz Trägen in der zaristischen Verbannung blieben: so leicht war die Flucht. Fastenko »floh«, besser gesagt, er verließ ohne Paß seinen Verbannungsort. Er begab sich nach Wladiwostok, wo er mit Hilfe eines Bekannten ein Schiff zu finden hoffte. Aus irgendeinem Grunde wurde nichts daraus. Da bestieg er, immer ohne Paß, seelenruhig einen Zug und fuhr quer durch Mütterchen Rußland bis in die Ukraine, wo er verhaftet worden war und alte illegale Verbindungen hatte. Die dortigen Bolschewiki verschafften ihm einen fremden Paß, mit dem er sich aufmachte, über die Grenze zu gehen. Und es war dieses Unterfangen so wenig gefährlich, und es spürte Fastenko so gar nichts von Verfolgung hinter seinem Rücken, daß er eine unglaubliche Leichtsinnigkeit beging: schon an der Grenze, schon nachdem er

---

* Nach Stalins Amnestie, von welcher noch zu berichten sein wird, wurden die Amnestierten zwei bis drei Monate lang zurückgehalten und wie früher zum Arbeiten getrieben. Niemand sah darin eine Gesetzesverletzung.

dem Polizeibeamten den Paß ausgehändigt hatte, merkte er plötzlich, daß ihm sein neuer Name entfallen war! Was tun? Etwa vierzig Reisende warteten mit ihm, und der Beamte rief bereits die ersten Namen auf. Rettender Einfall: Fastenko stellte sich schlafend. Er hörte, wie die Pässe ausgeteilt wurden, wie mehrmals ein Makarow gerufen wurde, war aber noch immer nicht sicher, ob es ihm galt. Schließlich beugte sich der Kettenhund des Zarismus über den Illegalen und tippte ihm höflich auf die Schulter:»Herr Makarow! Herr Makarow! Ihr Paß, gefälligst!«

Fastenko ging nach Paris. Dort verkehrte er mit Lenin, mit Lunatscharski und bekleidete irgendeinen Verwaltungsposten in der Parteischule von Lonjumeau. Daneben lernte er Französisch, und als er sich ein wenig umgesehen hatte, zog es ihn weiter in die Welt. Vor dem Krieg landete er in Kanada, wurde Arbeiter, fuhr gelegentlich in die Staaten hinüber. Die großzügig wohlhäbige und in sich gefestigte Lebensart der Menschen dort verblüffte Fastenko: Er meinte nun, daß es eine proletarische Revolution in diesen Ländern niemals geben würde, und folgerte sogar, daß sie dort auch kaum notwendig sei.

Da geschah in Rußland, früher als erwartet, die langersehnte Revolution, und alle kehrten heim; und dann schon wieder eine. Fastenkos früherer Revolutionstaumel war verflogen, trotzdem fuhr er nach Hause, demselben Gesetz gehorchend, das die Zugvögel zurücktreibt*.

Es gab vieles an Fastenko, was ich noch nicht verstehen konnte. Das beinahe Wichtigste und Allererstaunlichste schien mir darin zu liegen, daß er Lenin gekannt hatte, er selbst aber erzählte es ohne sonderlichen Enthusiasmus. (Meine Stimmung von damals, die war: Jemand nannte

---

* Auch ein Freund von Fastenko kehrte bald nach ihm in die Heimat zurück, ein ehemaliger Matrose vom Panzerkreuzer »Potemkin«, der sich nach seiner Flucht in Kanada zum wohlbegüterten Farmer emporgearbeitet hatte. Der Matrose verkaufte die Farm und das Vieh und begab sich mit dem Geld und einem nagelneuen Traktor ins Heimatdorf, den erträumten Sozialismus aufbauen zu helfen. Dort schrieb er sich samt Traktor in eine der ersten Kommunen ein. Der Traktor war bald kaputtgemacht, da jedermann daran und damit herumwerkelte, und auch was sich dem Matrosen sonst bot, war entschieden anders, als er es sich in den zwanzig Jahren ausgemalt hatte. Das große Wort führten Leute, die rechtens dazu nicht befugt gewesen wären, und die Anweisungen, die sie gaben, mußten einem tüchtigen Farmer haarsträubend erscheinen. Dazu war er auch noch etwas vom Fleische gefallen und an Kleidung lumpig geworden und an kanadischen Dollars ärmer, die er gegen Papierrubel eingewechselt hatte. Da bat er flehentlich, man möge ihn und die Seinen wieder ziehen lassen; so ging er über die Grenzen, die Taschen so leer wie damals, als er vom »Potemkin« floh, heuerte wie damals für die Überfahrt als Matrose an (für eine Schiffsfahrkarte reichte das Geld nicht mehr) und begann in Kanada wieder als Landarbeiter von vorn.

Fastenko beim Vatersnamen, ohne den Vornamen davorzusetzen, einfach so: »Iljitsch, trägst du heute den Pißkübel hinaus?« Ich fuhr auf, ich war aufs tiefste gekränkt, es schien mir lästerlich, nicht nur in diesem Zusammenhang, nein, überhaupt lästerlich, jemand anderen als *den Einzigen* Iljitsch zu nennen![41] Darum vermochte mir auch damals Fastenko trotz seinem Bemühen erst weniges zu erklären.

Er sagte es mir ganz eindeutig und in gutem Russisch: »Du sollst dir keine Götzen schaffen!« Doch ich verstand es nicht!

Er kämpfte gegen meinen Enthusiasmus an, indem er nicht müde wurde, mir zu wiederholen: »Sie sind Mathematiker, Sie müßten sich schämen, Descartes zu vergessen: Bezweifle alles! *Alles!*« Was heißt — »alles«? Doch nicht wirklich *alles!* Mich dünkte, daß es reichte, woran alles ich zu zweifeln begonnen hatte!

Dann sagte er wieder: »Von den alten Politischen ist kaum wer geblieben, ich bin einer von den letzten. Die politischen Strafgefangenen von früher sind alle vernichtet, unseren Verband haben sie schon in den dreißiger Jahren aufgelöst.« — »Warum denn?« — »Damit wir nicht zusammenkommen, nicht diskutieren.« Und obwohl diese einfachen und ganz ruhig gesprochenen Worte zum Himmel hätten schreien, die Scheiben hätten sprengen müssen, sah ich darin wiederum bloß eine von Stalins Greueltaten mehr. Die Tatsache wog schwer, gewiß, aber die Wurzeln übersah ich.

Es stimmt genau, daß nicht alles, was durch unsere Ohren geht, auch bis zu unserem Bewußtsein dringt. Was unserer Stimmung allzu fern liegt, geht verloren; ob in den Ohren, ob dahinter — es verschwindet. So kommt es, daß ich mich ganz deutlich an die zahlreichen Erzählungen Fastenkos erinnere und nur sehr verschwommen an seine Überlegungen. Er nannte mir verschiedene Bücher, die ich mir irgendwann, wenn ich freikam, unbedingt beschaffen und vornehmen sollte. Alter und Gesundheit ließen ihm keine Hoffnung auf die eigene Freiheit, um so größere Freude machte ihm der Gedanke, daß ich mich irgendwann damit befassen würde. Die Titel aufzuschreiben war unmöglich, zu merken gab es in meinem Gefängnisleben auch sonst noch vieles, einzig die Namen, die meiner damaligen Einstellung näher lagen, merkte ich mir: die *Unzeitgemäßen Gedanken* von Gorki (ich hielt Gorki dazumals hoch in Ehren, übertraf er doch alle russischen Klassiker dadurch, daß er ein proletarischer Klassiker war) und *Ein Jahr in Freiheit* von Plechanow.

Und wenn ich jetzt bei Plechanow unter der Eintragung vom 28. Oktober 1917 die Sätze finde:

».. . nicht darum machen mich die Ereignisse der letzten Tage traurig, daß ich den Sieg der Arbeiterklasse in Rußland nicht gewollt hätte, sondern genau darum, weil ich sie mit allen Fibern meines Herzens bitten muß, jene Bemerkung von Engels nicht zu vergessen, nämlich: es könne für die Arbeiterklasse kein größeres historisches Mißgeschick geben, als die Macht zu einem Zeitpunkt zu ergreifen, in dem sie dafür noch nicht reif ist; ... [diese Machtergreifung] wird sie zwingen, sich weit hinter die Positionen zurückzuziehen, die im Februar und März dieses Jahres von ihr errungen wurden.«*

da erinnere ich mich plötzlich ganz genau, daß auch Fastenko so dachte.

Nach seiner Rückkehr wurde er in Anerkennung der früheren revolutionären Verdienste intensiv gefördert und hätte einen ansehnlichen Posten bekommen können, wollte es aber nicht, arbeitete bescheiden im Verlag der *Prawda*, dann noch bescheidener, schließlich im Moskauer Trust für die Stadtbildverschönerung als kleiner, unauffälliger Angestellter.

Das nahm mich wunder: Warum dieses Ausweichen? Er antwortete wenig begreiflich: »Ein alter Hund mag die Kette nicht.«

Er hatte begriffen, daß da nichts zu machen war, und wollte ganz einfach und menschlich: überleben. Er hatte bereits seine unauffällige kleine Pension (keine Sonderpension, nein, denn das hätte die oben daran erinnern können, daß er mit vielen von den Erschossenen auf du und du gestanden hatte), und so hätte er vielleicht bis 1953 untertauchen können, wenn nicht unglücklicherweise sein Wohnungsnachbar verhaftet worden wäre, ein unentwegt besoffener und haltloser Schriftsteller namens L. S-w, der einmal im volltrunkenen Zustand großsprecherisch einen Revolver erwähnt hatte. Ein Revolver bedeutete aber Terror, und Fastenko war mit seiner sozialdemokratischen Vergangenheit für den Terrorismus der ideale Fall. So braute ihm nun der Untersuchungsrichter eine Terroranklage zusammen und fügte en passant, das versteht sich von selbst, auch noch den Dienst im französischen und kanadischen Geheimdienst hinzu und in logischer Folgerung die Agententätigkeit für die zaristische Ochrana**. So kam es, daß ein satter Untersuchungsrichter für sein sattes Gehalt im Jahre 1945 allen Ernstes die Archive der Gendarmerie-Provinzverwaltungen studierte und höchst gewichtige

---

* Plechanow, »Offener Brief an die Petrograder Arbeiter«, in der Zeitung *Jedinstvo*, 28. 10. 1917.
** Ein beliebtes Stalinsches Motiv: jedem verhafteten Parteigenossen (und jedem früheren Revolutionär) den Dienst in der zaristischen Ochrana anzudichten. War es zermürbendes Mißtrauen? Oder . . . ein inneres Gefühl? . . . eine sich aufzwingende Analogie? . . .

Verhörprotokolle über konspirative Decknamen, Losungsworte, Treffs und Versammlungen von Anno 1903 schrieb.

Währenddessen brachte Fastenkos greise Frau (Kinder hatten sie keine) ihrem Anatolij Iljitsch an jedem bewilligten zehnten Tag die für sie erschwinglichen Lebensmittelpakete: ein Stück Schwarzbrot zu etwa dreihundert Gramm (auf dem Markt erstanden, wo das Kilo hundert Rubel kostete!) und ein Dutzend gekochter, geschälter (beim Filzen auch noch durchstochener) Pellkartoffeln. Der Anblick dieser armseligen — wirklich geheiligten! — Geschenke zerriß einem das Herz.

Soviel stand einem Menschen nach dreiundsechzig Jahren Ehrlichkeit und Zweifel zu.

Die vier Pritschen in unserer Zelle ließen in der Mitte noch einen Gang frei, in dem der Tisch stand. Doch sie setzten uns bald einen fünften Mann rein und stellten sein Bett quer.

Der Neue wurde eine Stunde vor dem Wecken eingeliefert, genau in jener süßen Stunde, die für unser Gehirn ein Labsal war. Drei von uns blieben liegen, nur Kramarenko sprang auf, um eine Prise Tabak zu schnorren (und vielleicht auch Material für den Untersuchungsrichter). Sie flüsterten miteinander, wir versuchten, nicht hinzuhören, jedoch vergeblich: Das laute, unruhige und dem Weinen nahe angstvolle Gezischel des Neuankömmlings war nicht zu überhören, ein Mann mit ungewöhnlich schlimmem Schicksal schien in unsere Zelle getreten zu sein. Er erkundigte sich, ob viele erschossen würden. Trotzdem wies ich sie zurecht, ohne den Kopf zu heben: »Ruhe da!«

Als wir aber beim Wecken hastig aus den Betten sprangen (Längerliegen wurde mit Karzer bestraft), erblickten wir — einen leibhaftigen General! Um es genau zu sagen: Es waren an ihm keinerlei Rangabzeichen zu sehen, auch nicht abgetrennte, auch nicht losgeschraubte, nicht einmal Litzen — aber der teure Uniformrock, aber der weiche Uniformmantel, aber die Figur und das Gesicht! — ein über alle Zweifel erhabener General, ein typischer General und unbedingt sogar ein voller, nicht irgendein General-Major oder sonst was. Er war nicht groß, nein, stämmig; sehr breit der Körper, die Schultern; das Gesicht bedeutungsvoll dick; aber es ließ ihn diese angefressene Dicke nicht zugänglich und gutmütig erscheinen, sondern nur gewichtig und den Oberen zugehörig. Den Abschluß des Gesichts bildete, nicht nach obenhin zwar, sondern nach unten, eine doggenhafte Kinnlade, der Sammelpunkt seiner Energie, seines Willens, seiner Herrschsucht, die es ihm letztlich auch ermöglicht hatten, in mittleren Jahren solche Höhen zu erklimmen.

Man machte sich bekannt, und es stellte sich heraus, daß L. W. S-w noch jünger war, als er aussah, sechsunddreißig würde er heuer werden (»wenn sie mich nicht erschießen«), und seltsamer noch: Er war gar kein General, nicht einmal ein Oberst, überhaupt kein Offizier, sondern – *Ingenieur!*

Ingenieur? Ich bin ja selbst im Ingenieursmilieu aufgewachsen und der Ingenieurstyp der zwanziger Jahre ist mir noch lebhaft in Erinnerung: diese Art von offenem, leuchtendem Intellekt, der freie und niemals kränkende Humor, die Leichtigkeit und Weite der Gedanken, die Ungezwungenheit, mit der sie von einem ihrer Sachgebiete zu einem anderen hinüberwechselten und ganz allgemein von der Technik zur Gesellschaft, zur Kunst. Und dann – die gute Erziehung, der feine Geschmack, die saubere Sprache, wohlgestimmt und ohne Schluder; der eine musizierte ein wenig, der andere malte ein wenig; und alle trugen sie immer den Stempel der Geistigkeit auf dem Gesicht.

Um 1930 verlor ich die Verbindung mit diesem Milieu. Dann kam der Krieg. Und nun stand ein *Ingenieur* vor mir. Einer von denen, die gekommen waren, die Liquidierten abzulösen.

In einem war seine Überlegenheit nicht zu leugnen: Er war viel stärker, viel happiger als *jene*. Er hatte sich die Kraft der Schultern und Arme bewahrt, obwohl er sie längst nicht mehr gebrauchte. Von den Umgarnungen der Höflichkeit befreit, pflegte er einen strengen Blick und ein hartes Wort, das mit Widersprüchen gar nicht erst zu rechnen brauchte. Er war anders als *jene* erzogen worden und anders war sein Arbeitsstil.

Sein Vater pflügte das Land, ganz einfach und wirklich. Ljonja S-w wuchs als barfüßiger unwissender Bauernjunge auf, von den vielen Bauernjungen einer, um deren verkümmerte Talente Belinski und Tolstoi trauerten. Ein Lomonossow war er nicht, den Weg in die Akademie hätte er aus eigener Kraft nicht geschafft, dennoch war er begabt – und wäre, ohne die Revolution, wie sein Vater an den Pflug gekommen und hätte sich Wohlstand geschafft, rege und anstellig, wie er war, und es am Ende vielleicht bis zum Kaufmann gebracht.

Die Sowjetzeit rief ihn zum *Komsomol*, und dieses sein Komsomolzentum riß ihn, alle anderen Talente vorwegnehmend, aus der dumpfen Anonymität des Dorfes und trug ihn in einem einzigen raketenhaften Aufstieg über die Arbeiter- und Bauernfakultät hinauf zur Industrieakademie. Dort landete er 1929, also genau in der Zeit, als man jene Ingenieure zu Tausenden in den GULAG trieb. In kürzester Frist mußten eigene Leute herangebildet werden: klassenbewußte, treuergebene, hundertprozentige, gar nicht primär sachkundig mußten sie sein, als vielmehr »Industriekapitäne«, genauer gesagt – sowjetische Businessmen. Da gab es einen Augenblick, wo die berühmten *Kommandohöhen* über der noch brachliegenden Industrie leerstanden. Seinem Jahrgang war es beschieden, auf diesen Höhen sich zu etablieren.

S-ws Leben wurde eine Kette von Erfolgen, an der es sich leicht bis zum Gipfel emporhangeln ließ. In jenen zermürbenden Jahren, 1929 bis 1933, da der Bürgerkrieg im Lande nicht mit Maschinengewehren geführt wurde, sondern mit Spürhunden, da die Hungernden in endlosen Reihen zu den Eisenbahnstationen trotteten, weil das Brot, das in der Stadt wuchs, ihre letzte Hoffnung war, und keine Fahrkarten verkauft bekamen, und nicht weiter wußten, und als demütiger bauernberockter und fußbelappter menschlicher Haufen unter den Bahnhofszäunen verreckten – in dieser Zeit bezog S-w ein Studentenstipendium von neunhundert Rubeln (ein Hilfsarbeiter verdiente sechzig) und hatte von der Brotrationierung für die Städter auch nicht die leiseste Ahnung. Das Dorf, das er von seinen Stiefeln abgeputzt, bereitete ihm wenig Kummer: Sein neues Leben ward hier geflochten, bei den Siegern und bei den Kapitänen.

Den Stand des einfachen Bauführers übersprang er: Ihm waren sofort Ingenieure zu Dutzenden und Arbeiter zu Tausenden unterstellt, er war Chefingenieur an vielen großen Baustellen im Moskauer Gebiet. Als der Krieg begann, wurde er natürlich freigestellt und mit seiner Behörde nach Alma-Ata evakuiert, wo er noch viel größere Bauunternehmen am Ili-Fluß befehligte, mit dem einzigen Unterschied allerdings, daß dort Strafgefangene im Einsatz standen. Der Anblick dieses grauen Menschengewürms ließ ihn damals unberührt – er verlor darauf keinen Gedanken und sah sich die Leute nicht näher an. Für die grandiose Flugbahn, auf der er sich befand, waren einzig die Ziffern der Planerfüllung von Bedeutung, und es genügte S-w, ein Bauobjekt, ein Lager oder einen Vorarbeiter zu bestrafen, damit im weiteren die Normerfüllung ohne sein Dazutun gewährleistet wurde; wie es geschah, in wie vielen Arbeitsstunden und mit welcher Essensration – über solche Details zerbrach er sich nicht den Kopf.

Die Kriegsjahre im tiefen Hinterland waren in S-ws Leben die allerbesten! Das ist eines jeden Krieges uralte und gemeingültige Eigenschaft: Je mehr Leid er auf dem einen Pol ansammelt, um so mehr Freude setzt er an dem anderen frei. S-w hatte nicht nur das Kinn einer

Dogge, er hatte auch das rasche Gespür des tüchtigen Mannes. Er fand sich sofort und geschickt in den neuen Kriegsrhythmus der Volkswirtschaft ein: Alles für den Sieg, dawai, dawai, um welchen Preis immer, der Krieg deckt es zu! Eine einzige Konzession machte er an den Krieg: Er verzichtete auf Anzug und Krawatte und gab sich der Khakifarbe hin; chromlederne Stiefel ließ er sich dazu machen und einen Generalsrock schneidern — darin er nun in der Zelle vor uns stand. Khaki war modern und allgemein üblich, ein Schutz gegen die leicht erregbaren Gemüter der Kriegsinvaliden und gegen die vorwurfsvollen Blicke der Frauen.

Doch viel öfter wurde er von den Frauen mit anderen Blicken bedacht: Sie flogen ihm zu, weil er ihnen etwas Wärme und besseres Essen und ein wenig Unterhaltung zu bieten vermochte. Tolle Summen flossen durch seine Hände, seine Brieftasche wölbte sich wie eine rechte Tonne, die Zehnrubelscheine galten ihm für Kopeken, die Tausender — für Rubel. S-w weinte dem Geld keine Träne nach; zu zählen, zu sparen, das lag ihm nicht. Rechnung führte er nur über die Frauen, die durch seine Hände gingen, im besonderen über jene, die er *entkorkte*, das war sein Hobby. Er versicherte uns, daß er bei der zweihundert-x-undneunzigsten von der Verhaftung überrascht wurde, sehr zu seinem Ärger, weil nun das dritte Hundert unvollendet blieb. Da es Krieg war und die Frauen einsam, er aber nicht nur über Geld und Macht verfügte, sondern auch noch über eine schier Rasputinsche Manneskraft, glaubten wir's ihm gern. Zudem war er freudigst bereit, Story um Story vor uns auszubreiten, bloß daß unsere Ohren nicht hinhören wollten. Obwohl vor jeder Art Gefahr vollkommen sicher, war er wie ein Krabbenesser: Anknabbern, aussaugen, nach dem nächsten Stück auf der Schüssel greifen; fieberhaft raffte er in den letzten Jahren diese Frauen, knutschte sie ab und warf sie wieder fort.

Er konnte es sich nicht mehr anders vorstellen, als daß jede Materie ihm nachgab, als daß er wie ein kräftiger Eber übers Land galoppierte! (In Augenblicken besonderer Erregung, wenn er in der Zelle auf und ab lief, glich er in der Tat einem mächtigen Eber, sieh nur zu, daß er im Zorn nicht eine Eiche umwirft.) Er war so sicher, daß in der Obrigkeit lauter Seinesgleichen saßen und im Notfall immer alles geregelt, geschlichtet und vertuscht werden würde! Er hatte vergessen, daß großer Erfolg um so größeren Neid erweckt. Wie er nun bei der Vernehmung erfuhr, folgte ihm schon seit 1936 ein Dossier über einen leichtsinnigerweise in einer Schnapsrunde erzählten Witz. Später waren noch andere kleine Anzeigen und Spitzelberichte hinzugekommen (die Frauen wollen doch ausgeführt werden, da versuche sich einer vor fremden Augen zu hüten!). Eine Anzeige gab es auch noch, daß er es 1941 nicht sonderlich eilig hatte, Moskau zu verlassen, weil er auf die Deutschen wartete (er war tatsächlich wegen eines Weibsbildes, scheint's, zu lange geblieben). Bei seinen wirtschaftlichen Machenschaften war S-w stets auf der Hut; daß es auch noch einen § 58 gab, hatte er ganz vergessen. Und doch hätte dieses Schwert noch lange über ihm hängenbleiben können, wenn er nicht im Übermut des Erfolges einem gewissen Staatsanwalt die Lieferung von Baumaterial für dessen Landhaus ausgeschlagen hätte. Da ward sein Fall zum Leben erweckt, und das Schwert begann sich zu senken. (Wieder ein Beispiel dafür, daß die *Fälle* bei der Habgier der Blauen ihren Anfang nehmen . . .)

S-ws Vorstellungen von der Welt waren wie folgt: Er meinte, es gäbe eine *kanadische* Sprache; in der Zelle las er während der zwei Monate kein einziges Buch, nicht einmal eine Seite von Anfang bis zum Ende, wenn's viel war, einen Absatz, auch dann nur, um von den trüben Gedanken über die Untersuchung abgelenkt zu werden. Aus seinem Gerede war klar zu verstehen, daß er draußen noch weniger gelesen hatte. Von Puschkin wußte er nur Zoten zu erzählen und von Tolstoi, daß er (wahrscheinlich) Abgeordneter im Obersten Sowjet war.

Dafür mußte er doch ein Hundertprozentiger gewesen sein?! Einer von den Klassenbewußten und Proletarischen, die die Nachfolge von Paltschinski und von Meck anzutreten hatten? Überraschenderweise: Er war es nicht! Einmal sprachen wir miteinander über den Verlauf des Krieges, und ich sagte dabei, daß ich vom ersten Tag an keinen Augenblick an unserem Sieg gezweifelt hatte. Er sah mich scharf an, glaubte mir nicht: »Was du nicht sagst?!« und griff sich an den Kopf. »Ach, Sascha, Sascha, ich war ja überzeugt, daß die Deutschen siegen würden! Das war's ja, was mich zugrunde gerichtet hat!« Ach so! Er, ein »Schmied des Sieges«, hatte auf die Deutschen gesetzt und sie von Tag zu Tag erwartet! Nicht weil er sie mochte, bloß weil er unsere Wirtschaft nüchtern genug einschätzte (wovon ich, der ich *glaubte*, natürlich keine Ahnung hatte).

Unser aller Stimmung war trist, doch keiner war so mutlos wie S-w und keiner nahm die Verhaftung so über alle Maßen tragisch wie er. In der Zelle dämmerte ihm bald auf, daß er nicht mehr als den *Zehner* zu befürchten hatte und diese Jahre im Lager natürlich als Vorarbeiter hinter sich bringen würde, privilegiert wie ehedem. Trotzdem fand er keinen Trost darin. Zu groß war die Erschütterung über das Fiasko eines so glanzvollen Lebens: denn nur das, nur dieses in aller Welt einzige

Leben, kein anderes, war für ihn in seinen sechsunddreißig Jahren von Interesse gewesen! Da saß er dann auf seinem Bett vor dem Tisch, das fettgesichtige Haupt auf den kurzen Arm gestemmt, die Augen verloren, verschleiert, und begann im leisen Singsang vor sich hinzuleiern:

>>Verge-e-essen, versto-o-oßen
Als Ki-i-indelein schon,
Bin ich Waise geblie-ieben . . .<<

Und niemals weiter! — hier schluchzte er los. Alle geballte Kraft, die in ihm wucherte und trotzdem nutzlos war gegen die Mauern, setzte er in Selbstmitleid um.

Und in Mitleid mit seiner Frau. Sie war nun, die längst ungeliebte, damit beschäftigt, ihn an jedem zehnten Tag (öfter war's nicht erlaubt) mit lukullischen Lebensmittelpaketen zu beliefern, mit milchweißem Brot, Teebutter, rotem Kaviar, Kalbsbraten, geräuchertem Stör. Er spendete jedem ein belegtes Brötchen, eine Prise Tabak, beugte sich über die ausgebreiteten Gaben (wie strahlten sie doch in Farbe und Duft gegen die bläulichen Kartoffeln des alten Revolutionärs), und wieder flossen Tränen, ein doppelter Strom. In Erinnerungen schwelgend, erzählte er uns von den Tränen seiner Frau, von ihren vielen Tränenjahren, einmal um Liebesbriefe, die sie in seinem Rock fand, dann um einen Damenschlüpfer, den er im Auto unachtsam in die Manteltasche gesteckt und vergessen hatte. Und wenn er ganz auseinanderfloß unter der wohlwarmen Selbstbeweinung, schmolz am Ende auch der Panzer der bösen Energie, und es zeigte sich dahinter ein gebrochener Mensch und sicherlich doch kein schlechter. Ich wunderte mich, wie er so schluchzen konnte. Der Este Arnold Susi, unser Zellengenosse mit der grauen Haarborste, erklärte es mir:>>Grausamkeit ist unbedingt mit Sentimentalität untermengt. Ein Gesetz der Komplementierung. Bei den Deutschen liegt es gar im Nationalcharakter.<<

Fastenko war hingegen in unserer Zelle der Munterste, obwohl er sich bei seinem Alter als einziger keine Chancen mehr aufs Überleben ausrechnen konnte. Er sprach zu mir, den Arm um meine Schulter:

>>Leicht ist's, für die Freiheit einzustehen!
Sitz mal für die Freiheit deine Jahre ab!<<

und lehrte mich sein Lied, ein *Katorga*-Lied:

»Und sollt es auch kommen zum Sterben
In düsterer Haft und im Schacht,
Es wird in den lebenden Erben
Die Sache von neuem entfacht!«

Ich glaube daran! Und diese Zeilen mögen helfen, daß sich sein Glaube erfülle!

Die Sechzehnstundentage unserer Zelle sind arm an äußeren Ereignissen und dennoch so interessant, daß es für mich, zum Beispiel, um vieles öder ist, sechzehn Minuten auf den nächsten Autobus zu warten. Da gibt es keine beachtenswerten Ereignisse, und doch bist du am Abend traurig, daß die Zeit wiederum zu kurz geworden, daß wieder ein Tag verronnen. Nichtige Ereignisse sind's, aber mit einem Male lernst du, sie mit einem Vergrößerungsglas zu betrachten.

Die schwersten Stunden am Tage sind die ersten zwei: Bei der Drehung des Schlüssels im Schloß (die Lubjanka kennt keine »Futtertröge«*, so muß auch für das »Aufstehen!« die Tür geöffnet werden) sind wir schon auf den Beinen, rasch die Betten gemacht, und dann sitzen wir leer und hoffnungslos darauf, noch bei elektrischem Licht. Besonders unsinnig ist das erzwungene morgendliche Wachen für jene, die nachts zum Verhör mußten und erst eben einschlafen konnten; träge vom Schlaf ist das Gehirn um sechs Uhr früh, du bist der Welt überdrüssig und ohne Hoffnung für dein Leben, und zu atmen gibt es in der Zelle kein winziges Lüftchen mehr. Lehne dich nicht an die Wand, wenn du dir noch ein bißchen Schlaf ergattern willst, stütze dich nicht auf den Tisch, als spieltest du Schach, tu nicht so, als wärest du in das Buch versunken, das du dir zum Schein auf die Knie gelegt, versuche es nicht — schon hämmert es warnend an der Tür, oder schlimmer noch, sie öffnet sich lautlos trotz des rasselnden Schlosses, und als rascher, ebenso lautloser Schatten, als Geist, der durch die Wand kam, huscht der Unterleutnant in drei Sätzen durch die Zelle (darauf sind sie trainiert, die Aufseher von der Lubjanka) und schlägt dich Schlummernden zusammen; und dann schleppt er dich vielleicht in den Karzer, und läßt

---

* Es ist dies ein in der Zellentür ausgeschnittenes Brett, das als Tisch heruntergeklappt werden kann. Hindurch wird gesprochen, das Essen gereicht, und werden allerhand Gefängnispapiere dem Häftling zur Unterschrift vorgelegt.

vielleicht die ganze Zelle ohne Bücher oder ohne Spaziergang — eine harte, ungerechte Strafe für alle, und findet noch vieles andere mehr in den schwarzen Zeilen der Gefängnisordnung — studiere sie! sie ist in jeder Zelle ausgehängt. Im übrigen wirst du, wenn du Brillenträger bist, in diesen zwei auslaugenden Stunden gar nicht lesen können, auch die heilige Ordnung nicht; du hast die Brille am Abend abgeliefert — noch ist's zu gefährlich, sie dir zurückzugeben. In diesen zwei Stunden wollen sie nicht das geringste von euch: Keiner bringt etwas, keiner holt jemanden heraus, keiner kommt, von euch etwas zu erfahren; die Untersuchungsrichter liegen noch in süßestem Schlaf, die Gefängnisgewaltigen reiben sich erst die Augen, und nur der *Wertuchai** ist wach und stiert alle Augenblicke durchs Guckloch herein.

Doch nein, da gibt es eine Prozedur in diesen zwei Stunden abzuwickeln: das Austreten. Schon beim Wecken hatte der Aufseher eine wichtige Mitteilung zu machen: Er bestimmte den Mann, der an diesem Tag befugt und berufen war, den Kübel hinauszutragen. (In den Gefängnissen der urzeitlich-primitiven Art ist es den Häftlingen in Achtung der Redefreiheit und Selbstverwaltung noch erlaubt, diese Frage autonom zu lösen. In der obersten politischen Strafanstalt kann ein solches Ereignis mitnichten der Spontaneität überlassen bleiben.) Bald setzt ihr euch also im Gänsemarsch in Trab, die Hände auf dem Rücken, und vorn schreitet der verantwortliche Pißkübelträger mit dem acht Liter fassenden deckelbewehrten Blechkübel vor der Brust. Dort, am Ziel, werdet ihr abermals eingesperrt, nachdem ihr vorher jedoch pro Mann und Kopf je ein Stück Papier, so groß wie zwei Eisenbahnfahrkarten, ausgehändigt bekamt. (Auf der Lubjanka ist dies uninteressant: das Papier ist blank. Hingegen gibt es auch reizvollere Gefängnisse, in denen Fetzen von Drucksachen zur Verteilung kommen — welch eine Lektüre! zu erraten, *woher* es stammt, beide Seiten zu lesen, den Inhalt sich einzuprägen, den Stil zu bewerten — da offenbart er sich ja, in den abgeschnittenen Wörtern! —, mit den Gefährten zu tauschen. Mancherorts kriegst du einen Schnipsel von der einst fortschrittlichen *Granat*-Enzyklopädie, oder gar, o Schreck! von den *Klassikern* ein Stückchen, nicht von jenen der Literatur, wohlgemerkt ... Der Besuch der Toilette wird zum Akt der Erkenntnis.)

---

* Zu meiner Zeit war dieses Wort bereits stark verbreitet. Man sagte, es stamme von den ukrainischen Wächtern: »Halt, stillgestanden, *ne wertuchaisja* — bewege dich nicht!« In diesem Zusammenhang könnte aber auch an das englische *Turnkey* — »drehe den Schlüssel« — für Gefängniswärter erinnert werden. Vielleicht ist auch unser *Wertuchai* derjenige, der das Schloß aufsperrt — »*werti kljutsch*«?

Zum Lachen gibt's allerdings wenig. Es ist dies jenes rohe Bedürfnis, welches die Literatur nicht zu erwähnen pflegt (obwohl auch darüber mit unsterblicher Leichtigkeit gesagt war: »Selig, wer am frühen Morgen . . .«). Schon mit diesem scheinbar natürlichen Tagesbeginn wird dem Häftling für den ganzen übrigen Tag eine Falle gestellt — eine Falle, in die sein Geist gerät, dies das Ärgerliche daran. Unausgeschlafen, schlecht genährt und den lieben langen Tag zum Sitzen verurteilt, sind Sie ganz außerstande, der Natur gleich nach dem Wecken ihren Obolus zu zahlen. Da holt man Sie aber schon wieder zurück und sperrt Sie bis sechs Uhr abends ein (in manchen Gefängnissen sogar bis zum nächsten Tag). Nun werden Sie von Unruhe gepackt: Die Stunde der Tagesverhöre rückt näher; und allerhand anderes strömt auf Sie ein, auch Ihr Magen füllt sich mit Wasser und Suppe und Brot, doch nun kommt keiner mehr, Sie an den frohen Ort zu holen, dessen stete Erreichbarkeit von den *Freien* nicht gebührend geschätzt werden kann. Das verzehrende banale Bedürfnis kann sehr bald nach dem Austreten aufkommen, Tag für Tag, und es plagt Sie bis in den Abend, es bedrückt Sie, nimmt Ihnen die Freiheit zu sprechen, zu lesen, zu denken, ja selbst: die karge Mahlzeit zu verschlingen.

Eines der vielen Zellengespräche: Wie waren wohl die Regeln der Lubjanka und jede sonstige Gefängnisordnung zustande gekommen, ob aus berechnender Brutalität oder ganz von selbst? Ich meine — so und so. Das Wecken ist natürlich böse Absicht, manch anderes aber ergab sich zuerst ganz mechanisch (wie viel anderes Übel in unserem gemeinsamen Leben) und wurde später von Amts wegen für nützlich und gut befunden. Die Wachen lösen sich um acht Uhr früh und um acht Uhr abends ab, darum ist es einfach am bequemsten, die Häftlinge vor der Ablösung auf den Abort zu führen (tagsüber die Leute einzeln rauszulassen — wer zahlt denn für das Mehr an Sorge und Umsicht?). Dasselbe mit den Brillen: Wozu die Mehrbelastung nach dem Wecken? Wenn die Nachtschicht Übergabe hat, ist's noch immer Zeit genug.

Man hört schon, wie sie ausgeteilt werden — die Türen öffnen sich. Da läßt es sich erraten, ob in der Nebenzelle einer mit Brille sitzt (und ihr Mitangeklagter? hat er eine Brille getragen? Das Hinüberklopfen lassen wir lieber, damit halten sie's streng). Nun haben auch die Unsrigen ihre Brillen wieder. Fastenko braucht sie nur zum Lesen, Susi aber immer. Nun hört er auf zu blinzeln, rückt sie sich zurecht. Er hat eine Hornbrille mit einer geraden oberen Kante — sein Gesicht wird sofort streng und scharfsinnig, genau wie wir uns das Gesicht eines gebildeten Mannes unseres Jahrhunderts vorstellen. Er studierte noch vor der Revolution in Petrograd Geschichte und Literatur und hat sich sein Russisch in den zwanzig Jahren der estnischen Unabhängigkeit rein und akzentlos bewahrt. In Tartu später machte er noch in Jura. Außer der Muttersprache Estnisch beherrscht er noch Englisch und Deutsch; in all diesen Jahren hat er regelmäßig den Londoner *Economist* gelesen, auch viele deutsche wissenschaftliche Berichte; seine Interessen erstreckten sich über das Verfassungs- und Strafrecht verschiedener Länder — so kam es, daß er nun in unserer Zelle in würdiger und zurückhaltender Weise Europa vertrat. Er war in Estland ein angesehener Rechtsanwalt gewesen, man nannte ihn *Kuldsuu* (»goldene Zunge«).

Neues Lärmen auf dem Gang: Ein Schmarotzer in grauer Kluft, baumlang der Kerl und doch nicht an der Front, bringt uns auf einem Tablett unsere fünf Brotrationen und zehn Stück Zucker herein. Unser Zellenspitzel scharwenzelt drum herum: Obwohl es gleich zum unumgänglichen Auslosen kommen wird (da bleibt nichts unbeachtet: der Kanten, die Zahl der Zugaben, die Beschaffenheit der Kruste — über alles möge das Schicksal entscheiden*), will er unbedingt jedes Stück zumindest betasten, auf daß ein Hauch von Brot und Zuckermolekülen an den Fingerspitzen kleben bleibt.

Diese vierhundertfünfzig Gramm unausgebackenen feuchten Brotes, diese sumpfige, breiige Krume, die zur Hälfte aus Kartoffeln besteht — das ist unsere *Krücke* und das Hauptereignis des Tages. Das Leben beginnt! Der Tag beginnt, nun erst beginnt er! Jeder hat einen Haufen Probleme: War er gestern umsichtig gewesen mit seiner Ration? Soll er das Brot mit einem Zwirnsfaden schneiden? oder gierig es brechen? oder Stück um Stück herauspicken? noch zu warten oder gleich zu futtern anfangen? bis zum Nachtmahl etwas zurücklassen oder nur fürs Mittagessen was? und wieviel?

Doch da sind außer diesen kümmerlichen Bedenken auch noch die breitesten Disputationen durch den pfundschweren Brocken aus mehr Wasser als Mehl erweckt worden (nun sind auch unsere Zungen gelöster, mit Brot sind wir schon Menschen!). (Fastenko weiß übrigens zu berichten, daß die Moskauer Werktätigen von der gleichen Sorte Brot zu essen bekommen.) Gibt es überhaupt ein Körnchen Korn in diesem Brot? Und was mischen sie alles hinzu? (In jeder Zelle gibt es einen,

---

* Wo hat es das *nicht* gegeben? Das Niemals-Sattwerden unseres Volkes, viele, viele Jahre hindurch . . . Jede Essensverteilung in der Armee geschah nicht anders. Und die Deutschen, die es oft gehört hatten in ihren Schützengräben, äfften uns nach: »*Kamu?*« – »*Politruku!*« (»Wem das?« – »Dem Politruk!«).

der sich in Zusätzen auskennt, denn wer hat davon nicht gegessen, in all den Jahrzehnten?) Nun geht's ans Diskutieren und Erinnern. Wie war doch das Weißbrot in den zwanziger Jahren! — die federnden runden Laibe, in der Mitte zwei Nasenlöcher, an der oberen Kruste rotbackig-braun, butterbestrichen, an der unteren leicht angeschwärzt, hier und da noch ein Kohlerest vom Backblech. Unwiederbringlich entschwundenes Brot! Die 1930 Geborenen werden nie mehr erfahren, was in Wirklichkeit BROT ist! Liebe Freunde, dieses Thema ist tabu! War's nicht ausgemacht: »Übers Essen kein Wort?!«

Wieder regt sich was im Gang: Der Tee kommt. Ein anderer Lümmel in grauer Kluft, diesmal mit zwei Eimern. Wir reichen ihm unseren Teekessel hinaus, er gießt den Tee ohne Trichter in den Kessel hinein und fast mehr daneben, auf den Teppichläufer. Auf dem Gang aber glänzt das Parkett wie in einem Luxushotel*.

Damit ist die Essensausgabe zu Ende. Das Gekochte bringen sie eins nach dem anderen: Um ein Uhr mittags und um vier, in den darauffolgenden einundzwanzig Stunden hast du zum Sattwerden nur die Erinnerung. (Auch das nicht aus Bosheit: Die Küche beeilt sich, ihr Soll zu verkochen und den Laden zu schließen.)

Neun Uhr. Morgenappell. Lange vorher ertönt aus dem Gang ein besonders lautes Schlüsselrasseln, ein besonders deutliches Zuschlagen von vielen Türen — da macht auch schon einer der dienstantretenden Etagenleutnants zwei zackige Schritte in unsere Zelle und blickt uns Aufgesprungene streng an. (Wir wagten schon gar nicht mehr daran zu denken, daß Politische dem Vernehmen nach früher nicht aufzustehen brauchten.) Uns abzuzählen macht ihm keine Mühe, ein Blick in die Runde, ein Augenblick jedoch, in dem unsere Rechte auf die Probe gestellt werden — denn wir haben irgendwelche Rechte, wir kennen sie bloß nicht, und sie vor uns zu verbergen ist seine Pflicht. Die ganze Wirksamkeit der Lubjanka-Dressur besteht im absoluten Automatismus: ohne Ausdruck, ohne Betonung, ohne ein überflüssiges Wort.

---

*Bald werden sie den Biologen Timofejew-Ressowski aus Berlin hier einliefern; wir erwähnten ihn bereits. Nichts wird ihn, scheint's, auf der Lubjanka so schockieren wie dieser auf den Boden vergossene Tee. Er wird darin ein frappantes Merkmal beruflicher Desinteressiertheit des Gefängnispersonals erblicken (wie unser aller auch, bei welcher Arbeit immer). Er wird die 27 Jahre der Lubjanka-Existenz mit 730 Malen pro Jahr multiplizieren und dann mit 111 Zellen und wird sich noch lange Zeit darüber echauffieren, daß es bequemer war, in zwei Millionen einhundertachtundachtzigtausend Fällen das kochende Wasser auf den Boden zu schütten und die Stelle genau so oft trockenzuwischen, als an den Eimern Schnäbel zum Eingießen anzubringen.

Was ist uns an Rechten bekannt? Die Meldung zum Schuster, die Meldung zum Arzt. Der Arzt aber, wenn sie dich hinbringen, macht dir keine Freude, nirgends trifft dich dieser Automatismus so hart wie dort. In den Augen des Arztes findest du nicht nur keine Besorgnis, auch simple Aufmerksamkeit suchst du darin umsonst. Er fragt nicht: »Worüber klagen Sie?«, das wären der Worte zu viele, auch ist der Satz intonationslos nicht sprechbar. Er bellt: »Klagen?« Willst du dich nun allzu ausführlich über deine Leiden ergehen, unterbricht er dich brüsk. Habe verstanden, Punkt. Ein Zahn? Raus damit. Oder Arsen. Behandeln? Bei uns wird nicht behandelt. (Das würde die Zahl der Visiten vervielfachen und ein fast menschliches Klima schaffen.)

Der Gefängnisarzt ist der beste Helfer des Untersuchungsrichters und des Henkers. Wenn der Mißhandelte zu sich kommt, dringt die Stimme des Arztes an sein Ohr: »Es kann weitergehen, Puls normal.« Nach fünf Tagen kalten Karzers beäugt der Doktor den steifen Körper und sagt: »Es kann weitergehen.« Einer wurde zu Tode geprügelt — der Arzt unterschreibt das Protokoll: »Tod infolge von Leberzirrhose.« Oder nach einem Infarkt. In der Zelle liegt einer im Sterben — der Arzt beeilt sich nicht. Und wer sich anders verhält, den stellen sie in unserem Gefängnis nicht an. Ein Doktor F. P. Haas hätte sich bei uns nicht halten können.

Unser Zellenspitzel dagegen ist in den Rechten besser bewandert (er behauptet, schon elf Monate in Untersuchungshaft zu sein; die Verhöre hat er immer nur bei Tag). Er tritt also vor und bittet, vom Gefängnisdirektor empfangen zu werden. Was denn, vom Chef der ganzen Lubjanka? Und es wird ihm gewährt. (Abends, wenn die Untersuchungsrichter ihren Dienst schon angetreten haben, wird er herausgerufen werden und mit einem Beutel Machorka zurückkehren. Plumpe Arbeit, versteht sich, aber es fiel ihnen bislang nichts Besseres ein. Das Ganze auf Mikrofone umzustellen ist auch wieder zu kostspielig: Tagelang alle hundertelf Zellen abzuhören, wo kämen sie da hin? Ein Zellenspitzel ist billiger, das System ist noch lange nicht überholt. Kramarenko aber hat es mit uns nicht leicht. Manchmal schwitzt er vor Anstrengung, einen Gesprächsfetzen aufzufangen, doch ist es seinem Gesicht anzusehen, daß er nichts versteht.)

Und noch ein Recht — das Recht, Gesuche einzureichen (anstatt der Presse-, Versammlungs- und Abstimmungsfreiheit, derer wir mit der Gefangennahme verlustig gingen)! Zweimal im Monat wird beim morgendlichen Appell gefragt: »Wer will ein Gesuch schreiben?« Jeder Gesuchswillige wird anstandslos aufgeschrieben. Während des Tages werden sie dich holen und in eine Einzelbox sperren. Du kannst schreiben nach Herzenslust: an den Vater der Völker, ans Zentralkomitee, an den Obersten Sowjet, an Minister Berija, an Minister Abakumow, an den Generalstaatsanwalt, ans Oberste Militärtribunal, an die Gefängnisverwaltung, die Untersuchungsbehörde; du kannst Klage führen: gegen die Verhaftung, gegen den Untersuchungsrichter, gegen den Anstaltsdirektor! In allen Fällen wird dein Gesuch ohne jeden Erfolg bleiben, keine Akte wird es sorgsam aufbewahren und kein höherer wird es zu lesen bekommen als dein Untersuchungsrichter, was zu beweisen dir allerdings nicht gelingen wird. Eher noch wird er es *nicht lesen*, weil es von vornherein nicht lesbar ist: Auf dem Fetzen Papier von sieben mal zehn Zentimeter, kaum größer als der, den sie morgens für'n Abort verteilen, wirst du mit der Feder, der gespreizten oder zerbrochenen, aus dem Tintenfaß, in das sie Wasser tun oder flockiges Zeug, gerade noch das »*Ges* ...« kritzeln können, bevor die Buchstaben zerfließen, zerrinnen auf dem elenden Papier, und das »*uch*« müßte schon auf die nächste Zeile, und an der Rückseite treten riesige Kleckse hervor.

Mag sein, ihr habt noch andere Rechte in Fülle, aber der Leutnant vom Dienst schweigt. Auch werdet ihr wohl nicht viel verloren haben, wenn ihr's niemals erfahrt.

Der Appell ist vorbei, der Tag beginnt. Manch ein Untersuchungsrichter ist schon da. Der *Wertuchai* ruft euch, geheimnisvoll tuend, heraus: Er nennt den Anfangsbuchstaben nur (das klingt so: »Auf eS einer da?«, »auf eF?« oder gar »Auf aM?«). Die Enträtselung ist euch allein überlassen, das Opfer melde sich selbst. Diese Maßnahme dient der Prophylaxe: Riefe ein Aufseher irrtümlich in der falschen Zelle den vollen Namen aus, könnten wir leicht erfahren, wer noch alles sitzt. Trotz dieser auch gefängnisinternen Isolierung sickern Nachrichten vom Weltgeschehen durch: weil sie die Zellen immer proppenvoll haben wollen, schieben sie die Leute hin und her, und jeder Versetzte trägt die in der früheren Zelle gewonnene Erfahrung in die neue hinein. Darum wissen wir, die wir hier im dritten Stock sitzen, über alles übrige Bescheid: über die Zellen im Keller, über die Boxen im Erdgeschoß, über die Lichtlosigkeit im ersten — wo die Frauen zusammengepfercht sind, über die Doppelstockkonstruktion im vierten und über die größte Zelle überhaupt, die hundertelfte im vierten Stock. Mein Vorgänger in unserer Zelle war der Kinderbuchautor Bondarin. Der hatte vorher in der Frauenetage mit einem polnischen Korrespondenten gesessen, und der polnische Korrespondent war noch früher mit dem Feldmarschall Paulus zusammen — so sind wir auch über Paulus genauestens im Bilde.

Dann sind sie ihre Verhörliste durch — und den Zurückgebliebenen eröffnet sich ein langer, angenehmer Tag, mit vielerlei Aussichten gesegnet und mit Pflichten nicht allzu belastet. Zu den Pflichten gehört eventuell das zweimal monatlich zu bewerkstelligende Abbrennen der Betten vermittels einer Lötlampe (Zündhölzer sind in der Lubjanka kategorisch verboten, wenn wir rauchen wollen, müssen wir es vor dem sich öffnenden Guckloch durch geduldiges Handerheben kundtun — Lötlampen hingegen dürfen wir getrost benützen). Auch das Rasieren kann auf diesen Tag fallen, ein Recht scheinbar, doch einer Pflicht viel näher: Einmal wöchentlich holt man uns einzeln in den Gang hinaus und rasiert uns mit einer stumpfen Klinge das Gesicht. Oder die Pflicht, den Boden in der Zelle zu schrubben (S-w drückt sich vor dieser Arbeit, sie erniedrigt ihn, wie jede andere). Weil wir hungrig sind, kommen wir rasch außer Atem, ansonsten wäre diese Pflicht wohl eher den Rechten zuzuzählen, so fröhlich und gesund ist die Arbeit: mit bloßem Fuß die Bürste vor, den Oberkörper zurück, und umgekehrt, und vor-zurück, und vor-zurück, und laß die Sorgen fahren! Ein spiegelglattes Parkett! Ein Potemkinsches Gefängnis!

Zudem ist's mit der Drängerei in unserer früheren Siebenundsechzigsten vorbei. Mitte März haben sie uns einen sechsten dazugelegt; da aber hierorts durchgehende Pritschen gleichwie der Brauch des auf dem Boden Schlafens unbekannt sind, wurde unsere gesamte Belegschaft in die schönste aller Zellen, die dreiundfünfzigste, verlegt. Es ist keine Zelle! Es ist ein Prachtsaal, als Schlafgemach für prominente Schloßbesucher gedacht! Die Versicherungsgesellschaft Rossija* hat sich in diesem Flügel ohne Rücksicht auf Kosten den Luxus von fünf Meter Deckenhöhe erlaubt. (Ach, welch prächtige Vierstockpritschen ließe der Frontabwehrchef hier hineinbauen, gerade recht für hundert Mann!) Und das Fenster! Ein Fenster ist es, daß der Aufseher vom Fensterbrett kaum zur Lüftungsklappe hinaufreicht, ein einziger Flügel hätte die Würde eines ganzen Fensters verdient. Und nur die vernieteten Stahlbleche des vier Fünftel vom Fenster verdeckenden Maulkorbes erinnern daran, daß nicht ein Schloß unsere Herberge ist.

Trotz des Maulkorbes haben wir an klaren Tagen Besuch: Aus dem Brunnenschacht des Lubjankahofes, von irgendeinem Fenster des fünf-

---

* Ein für Blut anfälliges Stückchen Moskauer Erde hat sich diese Gesellschaft erstanden: Auf der anderen Seite der Furkassowgasse, in der Nähe des Hauses der Rostoptschins, wurde 1812 der schuldlose Wereschtschagin gelyncht und vis-à-vis, an der Großen Lubjankastraße, wohnte (und mordete ihre Leibeigenen) die schreckliche Saltytschicha. (»Durch Moskau« [russ.], Hrsg. N. A. Geinike u. a., Moskau 1917, S. 231.)

ten oder sechsten Stockwerks reflektiert, dringt nun ein sekundärer blasser kleiner Sonnenfleck zu uns herein. Für uns ist es echte Freude — ein liebes lebendiges Wesen, der Fleck! Zärtlich verfolgen wir seine Wanderung über die Wand, jeder seiner Schritte hat einen Sinn, er verkündet den nahenden Spaziergang, zählt die Stunden bis Mittag ab und ist kurz vor Essensausgabe verschwunden.

Unsere Aussichten also: spazierengehen! Bücher lesen! einander von Vergangenem erzählen! zuhören und lernen! streiten und sich schulen! Und als Lohn dafür winkt noch die Mahlzeit aus zwei Gängen! Nicht zu glauben!

Pech mit dem Spaziergang haben die drei ersten Geschosse: Sie müssen in den unteren, feuchten Hof, der den Boden des schmalen Schachts zwischen den Bauklötzen der Lubjanka bildet. Dafür dürfen die Arrestanten des dritten und vierten in Adlershöhen promenieren: auf dem Dach des vierten Stocks. Aus Beton sind der Boden, die dreimannshohen Mauern; ein Aufseher ohne Waffen bleibt an unserer Seite, ein Soldat mit einem Maschinengewehr steht auf dem Wachtturm — aber die Luft ist echt und der Himmel auch! »Hände auf den Rücken! In Zweierreihen aufgestellt! Sprechen verboten! Stehenbleiben verboten!« Bloß das Hinaufschauen haben sie zu verbieten vergessen! Und du wirfst natürlich den Kopf hoch und schaust. Hier siehst du, nicht reflektiert, nicht sekundär — die Sonne! die Sonne selbst, die ewige und lebendige! oder ihr goldengesiebtes Sprühen durch die Frühlingswolken hindurch.

Jeder Mensch hofft im Frühling auf Glück, und jeder Häftling erhofft es sich zehnfach so stark! Du, Aprilhimmel! Das macht nichts, daß ich im Gefängnis stecke. Erschießen werden sie mich wohl nicht. Dafür werde ich klüger werden da drinnen. Werde vieles verstehen lernen, Himmel! Werde meine Fehler gutmachen können — nicht vor *ihnen* — vor dir, Himmel! Ich habe hier begriffen, was ich falsch getan — und werde es noch geradebiegen, später.

Wie aus einer Grube schallt aus dem fernen Unten des Dserschinski-Platzes das heisere irdische Singen der Autohupen zu uns empor. Denen, die unten im Vorbeibrausen auf die Hupen drücken, mögen sie wie Triumphhörner klingen — von hier oben erkennt man, wie nichtig sie sind.

Das Rundendrehen im Hof dauert im ganzen zwanzig Minuten, doch was gibt es nicht alles dabei zu erledigen!

Erstens ist's höchst interessant, während des Hin- und Rückwegs den Grundriß des gesamten Bauwerks zu erfassen, den Ort, wo's diese hängenden kleinen Höfe gibt; später gehst du mal über den Platz und weißt Bescheid. Unterwegs müssen wir viele Male um eine Ecke biegen, darum erfinde ich ein System: von der Zelle aus beginnend jede Wendung nach rechts als plus eins zu zählen und jede nach links als eins minus. Und so schnell sie uns auch drehen, nicht bemüht sein, sich das *vorzustellen*, sondern bloß mit dem Zählen nicht zurückbleiben. Und wenn es dir dann doch gelingen sollte, durch irgendein Stiegenfenster den Rücken der Najaden zu erspähen, die das Säulentürmchen direkt über dem Platz schmücken, dann merke dir nur rasch deine Rechnung; in der Zelle kannst du alles schön zusammenfügen und wirst wissen, wohin euer Fenster schaut.

Beim Spaziergang selbst heißt es nur mehr atmen — mit aller Konzentration.

Doch ist es dort, in der Einsamkeit unter dem hellen Himmel, auch gut, sich sein künftiges helles, tadel- und fehlerloses Leben auszumalen.

Doch ist es dort auch am bequemsten, die allerbrennendsten Probleme zu erörtern. Zwar ist das Sprechen beim Spaziergang verboten, was tut's! Man muß sich nur darauf verstehen — dafür kann euch hier sicherlich weder der Zellenspitzel noch das Mikrofon belauschen.

Susi und ich bemühen uns, beim Spaziergang in ein Paar zu kommen; wir unterhalten uns auch in der Zelle, heben uns aber das Wichtigste lieber für oben auf. Nicht an einem Tag sind wir Freunde geworden, es geht langsam bei uns, trotzdem weiß er mir Mal für Mal etwas Neues zu berichten. Mit ihm erlerne ich eine für mich neue Eigenschaft: geduldig und beständig aufzunehmen, was niemals in meinen Plänen gestanden und scheinbar nichts zu schaffen hat mit der klar gezogenen Linie meines Lebens. Von Kindheit an ist mir von irgendwoher bewußt, daß mein Ziel die Geschichte der russischen Revolution ist, wobei das übrige mich in keiner Weise was angeht. Um aber die Revolution zu begreifen, brauche ich seit langem nichts mehr als den Marxismus; alles andere, was mir zuflog, schüttelte ich ab, kehrte ihm den Rücken zu. Da führte mich das Schicksal mit Susi zusammen, der hatte zum Atmen einen ganz anderen Bereich, darum erzählt er mir nun immer das Seine, und das Seine ist — Estland und die Demokratie. Und obwohl es mir früher niemals eingefallen wäre, mich mit Estland abzugeben oder gar mit der bürgerlichen Demokratie, bin ich jetzt ganz Ohr für seine verliebten Berichte über die zwanzig freien Jahre dieses stillen, gelassenen und arbeitsamen kleinen Volkes, dessen Männer hochgewachsen, dessen Bräuche behäbig und gründlich sind; ich lasse mir die aus bester europäischer Erfahrung gewonnenen Grundsätze der estnischen Verfassung erklären und die Arbeit der hundert Mann starken einzigen Kammer ihres Parlaments; und ich weiß nicht, *wozu,* aber es beginnt mir dies alles allmählich zu gefallen, es beginnt dies alles auch in meiner Erfahrung sich niederzuschlagen*. Bereitwillig vertiefe ich mich in ihre schicksalhafte Geschichte: zwischen die zwei Hammer, den teutonischen und den slawischen, von alters her hingeworfen — der winzige estnische Amboß. Abwechselnd sausten die Schläge nieder, einmal vom Osten, einmal vom Westen — und es war für diesen Wechsel kein Ende abzusehen, bis zum heutigen Tage nicht. Die bekannte (ganz unbekannte ...) Geschichte: wie wir versuchten, sie im Jahre 1918 zu überrennen; sie ließen sich nicht. Wie sie später von Judenitsch als »Tschuden« verachtet und von uns als weiße Banditen beschimpft wurden, während sich die estnischen Gymnasiasten als Freiwillige meldeten. Und wir hämmerten auch noch im Jahre Vierzig auf sie los, und Einundvierzig, und Vierundvierzig, und die einen Söhne holte sich die russische Armee und die anderen die deutsche, und die dritten flohen in den Wald. Und einige betagte Tallinner Intellektuelle malten sich aus, wie schön es wäre, diesen Teufelskreis zu durchbrechen, sich loszutrennen irgendwie und ganz allein für sich zu leben (da hätten sie beispielsweise als Ministerpräsidenten einen Otto Tief und als Unterrichtsminister, sagen wir, einen Susi). Aber weder Churchill noch Roosevelt kümmerten sich um sie, nur der »Uncle Joe« vergaß sie nicht. Mit dem Einmarsch unserer Truppen wurden die Träumer gleich in den ersten Nächten aus ihren Tallinner Wohnungen geholt. Nun saßen sie auf der Moskauer Lubjanka, fünfzehn Mann etwa, jeder in einer anderen Zelle, und wurden laut § 58,2 des verbrecherischen Wunsches nach Lostrennung angeklagt.

Die Rückkehr aus dem Hof in die Zelle ist jedesmal eine kleine Verhaftung. Selbst in unserer pompösen Zelle scheint die Luft stickig zu sein. Auch wäre ein Imbiß nach der Promenade nicht übel, doch halt, daran dürfen wir nicht denken! Schlimm ist's, wenn einer von den Lebensmittelempfängern taktloserweise zur Unzeit seine Reserven ausbreitet und zu essen beginnt. Macht nichts, man trainiert Selbstbeherrschung! Schlimm ist's, wenn der Buchautor dich im Stich läßt und sich in Schilderungen gedeckter Tafeln ergeht — fort mit einem solchen Buch! Fort mit Gogol! Fort mit Tschechow auch! Zuviel Essen überall! »Ohne Appetit zwar, aß er trotzdem [der Hundesohn!] ein Stück Kalbsbraten und trank ein Bier.« Nur Geistiges lesen! Dostojewski —

---

* Viel später einmal wird Susi über mich sagen: eine seltsame Mischung aus einem Marxisten und einem Demokraten. Es hat sich tatsächlich damals vieles wunderlich in mir vermischt.

das ist die rechte Lektüre für einen Gefangenen! Doch Verzeihung, steht das nicht bei ihm: »Die Kinder hungerten, mehrere Tage hatten sie nichts anderes vorgesetzt bekommen als Brot und *Wurst?*«

Die Bibliothek der Lubjanka aber ist ihre Zierde. Widerlich ist zwar die Bibliothekarin — eine blondlockige Maid mit einem leicht pferdehaften Körperbau, die alles mögliche unternimmt, um unhübsch zu erscheinen: Eine dicke weiße Puderschicht macht ihr Gesicht zu einer starren Puppenmaske, die Lippen sind violett geschminkt, die ausgerupften Augenbrauen sind schwarz. (Es geht uns ja eigentlich nichts an, trotzdem wäre es uns lieber, wenn ein flottes Ding hereinspaziert käme — vielleicht hat der Lubjankachef auch dies mit Absicht so arrangiert?) Doch, o Wunder: Wenn sie einmal in zehn Tagen die Bücher einsammeln kommt, hört sie sich unsere Bestellungen an! Mit dem gleichen unmenschlichen Automatismus der Lubjanka nimmt sie sie auf, ohne sich anmerken zu lassen, ob sie die Namen, die Titel auch hört, ob sie uns überhaupt zuhört. Weg ist sie. Wir durchleben ein paar bange und freudige Stunden. In diesen Stunden werden die von uns abgelieferten Bücher durchgeblättert und geprüft: Sie suchen nach Punkten oder Einstichen über den Buchstaben (das ist so eine Methode, Kassiber zu schreiben), oder ob wir nicht mit dem Fingernagel eine uns beeindruckende Stelle angezeichnet haben. Obwohl uns keiner derartigen Schuld bewußt, sind wir doch unruhig: Was, wenn sie kommen und behaupten, sie hätten Punkte entdeckt? Sie sind wie immer im Recht, und wie immer fragt keiner nach Beweisen, und uns werden für drei Monate die Bücher entzogen, wenn nicht gar die ganze Zelle in den Karzer muß. Diese besten, lichten Monate im Gefängnis, bevor man uns in das Lagerelend taucht — zu ärgerlich wär's, sie ohne Bücher zu verbringen! Na ja, wir haben nicht bloß Angst, wir zittern auch noch wie in unseren Jugendzeiten, wenn wir auf einen Liebesbrief die Antwort erwarteten: Schreibt sie zurück oder nicht? Und ja oder nein?

Endlich sind die Bücher da, nun bestimmen sie unsere nächsten zehn Tage: Werden wir uns mehr aufs Lesen verlegen, oder, wenn sie uns Mist gebracht haben, aufs Diskutieren? So viele Häftlinge in der Zelle sind, so viele Bücher werden uns zugeteilt — die Kalkulation eines Brotschneiders, nicht eines Bibliothekars: ein Mann — ein Buch, sechs Mann — sechs Bücher. Die mehrbevölkerten Zellen sind im Vorteil.

Manchmal erfüllt der Trampel unsere Bestellungen, wie's wunderbarer nicht geht! Interessant ist es auf alle Fälle, auch wenn sie sich darum nicht schert. Denn die Bibliothek der Großen Lubjanka ist an sich ein Unikum. Wahrscheinlich wurde sie aus beschlagnahmten Privatbibliotheken zusammengetragen; die Bücherfreunde, ihre früheren Besitzer, haben längst das Zeitliche gesegnet. Doch entscheidender noch: Die Staatssicherheit, die jahrzehntelang alle Bibliotheken des Landes total zensurierte und kastrierte, vergaß, im eigenen Nest zu suchen — darum konnte man hier, in der Höhle selbst, einen Samjatin lesen, einen Pilnjak, einen Pantelejmon Romanow und jeden einzelnen Band der Gesammelten Werke von Mereschkowski. (Manche aber ironisierten: »Die halten uns für erledigt, darum die verbotene Lektüre.« Was mich anlangt, ich glaube, daß die Bibliothekare der Lubjanka keine Ahnung hatten, was sie uns da gaben; Faulheit und Ignoranz.)

In diesen vormittäglichen Stunden läßt es sich kräftig lesen. Bis du auf einen Satz stößt, der dich auf die Beine bringt und aufpeitscht, vom Fenster zur Tür treibt, von der Tür zum Fenster. Es drängt dich, jemandem zu zeigen, *was* du gelesen hast und was daraus zu folgern ist, und schon ist der Disput im vollen Gange. Auch kräftig streiten läßt es sich in dieser Zeit!

Oft gerate ich mit Jurij J. aneinander.

An jenem Märzmorgen, an dem wir zu fünft in die palastartige Nummer 53 verlegt wurden, brachten sie uns den Sechsten.

Er trat ein als Schatten, uns schien es — ohne mit den Schuhen den Boden zu berühren. Er trat ein und lehnte sich, der eigenen Standfestigkeit ungewiß, mit dem Rücken an den Türrahmen. Das Licht in der Zelle war bereits abgedreht, die Morgendämmerung trüb, trotzdem kniff er blinzelnd die Augen zusammen. Und schwieg.

Das Tuch, aus dem sein Offiziersrock und die Hosen waren, erlaubte keine Zuordnung zur sowjetischen oder deutschen oder polnischen oder britischen Armee. Der Gesichtsschnitt war länglich, kaum russisch. Na, und mager war der! Und bei aller Magerkeit sehr groß.

Wir sprachen ihn auf russisch an — er schwieg. Susi versuchte es auf deutsch — er schwieg. Fastenko fragte ihn auf französisch, auf englisch — er schwieg. Erst allmählich zeigte sich auf seinem abgezehrten gelben halbtoten Gesicht ein Lächeln — kein anderes solches habe ich in meinem ganzen Leben gesehen!

»Men-schen . . .«, brachte er schwach hervor, wie aus einer Ohnmacht erwachend, als hätte er in der vergangenen Nacht auf seine Hinrichtung gewartet. Und streckte uns eine schwache, dürrgliedrige Hand entgegen. Sie hielt einen fetzigen Beutel umklammert. Unser Zellenspitzel kapier-

te sofort, was das war, sprang hin, schnappte den Beutel, band ihn auf —
zweihundert Gramm leichten Tabaks werden es wohl gewesen sein,
und drehte sich bereits eine vierfache.

So kam Jurij Nikolajewitsch J. in unsere Zelle, nach drei Wochen
Aufenthalt in einer unterirdischen Box.

Seit den ersten Zusammenstößen an der Chinesisch-Fernöstlichen
Eisenbahn im Jahre 1929 sang man allerorts im Lande das flotte Lied:

>»Die Feinde zittern vor ihrer Macht.
Die *Siebenundzwanzigste* steht auf der Wacht!«

Artilleriechef bei der noch während des Bürgerkrieges aufgestellten 27.
Schützendivision war der zaristische Offizier Nikolai J. (ich erinnerte
mich, diesen Namen unter den Autoren unseres Artillerielehrbuchs gesehen zu haben). Von seiner Frau auf allen Reisen begleitet, pendelte er
in einem geheizten Güterwagen über Wolga und Ural einmal west-
wärts, einmal ostwärts. Im selben Güterwagen hatte auch sein Sohn Jurij, geboren 1917, ein Altersgenosse der Revolution, die ersten Lebens-
jahre verbracht.

In der Folgezeit war der Vater in Leningrad seßhaft geworden, wo er
wohlbestallt und allseits geachtet an der Akademie unterrichtete, während sein Sohn die Kommandeurschule absolvierte. Im Finnischen
Krieg, als Jurij fürs Vaterland ins Feld eilen wollte, besorgten ihm die
Freunde des Vaters einen Adjutantenposten beim Armeestab. Jurij
ward um die Gelegenheit gebracht, im Feuer der finnischen Stellungen
zu liegen, beim Erkundungsgang abgeschnitten zu werden, im Schnee
unter den Kugeln der Scharfschützen zu erfrieren — trotzdem dekorierte
bald ein Orden, ein Rotbannerorden, nicht irgendeiner!, geziemend
seine Brust. So beschloß er den Finnischen Krieg mit dem Bewußtsein,
einer durchaus gerechten Sache durchaus nützlich gewesen zu sein.

Der nächste Krieg jedoch setzte ihm härter zu. Die von ihm geführte
Batterie sah sich bei Luga eingekesselt. Sie wurden umherirrend eingefangen, in die Gefangenschaft getrieben. Jurij kam in ein Offiziers-KZ
bei Wilna.

In jedem Leben gibt es ein Ereignis, das den ganzen Menschen bestimmt — sein Schicksal genauso wie seine Überzeugungen, wie seine
Passionen. Die zwei Jahre in diesem Lager haben Jurij durchgerüttelt
und anders gemacht. Es war, *was* dieses Lager war, mit Worten nicht zu
umwinden, mit Syllogismen nicht zu durchdringen — in diesem Lager
hatte ein Mensch zu sterben, und wer nicht starb, mußte Schlüsse ziehen.

Überleben konnten nur die *Ordner*, die internen Lagerpolizisten aus den eigenen Reihen. Natürlich ist Jurij kein Ordner geworden. Überleben konnten die Köche. Auch noch die Übersetzer, die wurden gesucht. Jurij, der fließend deutsch sprach, verheimlichte es. Er wußte, daß ein Dolmetscher gezwungen sein würde, Kameraden zu verraten. Einen Aufschub gab es auch noch für das Gräberschaufeln, doch es drängten sich Kräftigere und Flinkere dazu. Jurij gab sich als Maler aus. Es hatte tatsächlich in seiner vielfältigen häuslichen Erziehung auch Zeichenstunden gegeben. Jurij hatte sich mit Erfolg in der Ölmalerei versucht und war, nur um dem Vater nachzueifern, den er verehrte, nicht an eine Kunstakademie gegangen.

Gemeinsam mit einem anderen Maler (einem alten Mann, dessen Namen ich mir leider nicht gemerkt habe) bezog er einen eigenen Verschlag in der Baracke, wo er für die Deutschen aus der Kommandantur unentgeltlich Bilder pinselte — einen Elfenreigen, ein Gelage bei Kaiser Nero, alles, was ihm Essen einbrachte. Jenes Gebräu, um das sich die kriegsgefangenen Offiziere um sechs Uhr früh anstellten, wofür sie von den Ordnern mit Stöcken und von den Köchen mit der Schöpfkelle geprügelt wurden — dieses Gebräu konnte einen Menschen nicht am Leben erhalten. An den Abenden sah nun Jurij aus dem Fenster ihres Verschlages jenes einzige Bild, um dessentwillen ihm die Kunst des Malens geschenkt worden war: abendliche Nebelschwaden über der versumpften Wiese, Stacheldraht ist um die Wiese gezogen, viele Feuer brennen darauf, und rundherum sitzen vormals russische Offiziere, nunmehr tierhafte Wesen, die an den Knochen der verendeten Pferde nagen, Fladen aus Kartoffelschalen backen, Dünger rauchen und über und über von Läusen wimmeln. Noch sind diese Zweibeiner nicht alle verreckt. Noch haben sie nicht alle das artikulierte Sprechen verlernt, und man erspäht im glutroten Widerschein des Feuers, wie ein spätes Erkennen ihre Gesichter durchfurcht, bevor sie zu den Neandertalern hinabsinken.

Bitterkeit auf den Lippen! Das Leben, das sich Jurij bewahrt, ist ihm für sich allein nicht mehr lieb. Er gehört nicht zu jenen, die leicht zu vergessen bereit sind. Nein, sein Los ist das Überleben — er muß Schlüsse ziehen.

Das haben sie bereits erfahren, daß es nicht an den Deutschen liegt, oder zumindest nicht nur an den Deutschen, daß es von den Gefangenen aller Nationalitäten nur den sowjetischen so ergeht, so ans Sterben geht — niemandem schlimmer als ihnen. Selbst die Polen, selbst die Jugowslawen haben es erträglicher, na, und die Engländer, na, und die

Norweger, die werden mit Paketen vom Internationalen Roten Kreuz und von zu Hause überhäuft, die holen sich die deutschen Rationen gar nicht ab. Dort, wo die Lager nebeneinander liegen, werfen die Alliierten den Unsrigen barmherzige Almosen über den Stacheldraht, und die Unsrigen fallen darüber her wie ein Rudel Hunde über den Knochen.

Auf den Russen lastet der ganze Krieg — und den Russen solch ein Los. Warum das?

Von hierher, von dorther kommen nach und nach die Erklärungen: die russische Unterschrift unter der Haager Kriegsgefangenenkonvention wird von der UdSSR nicht anerkannt, sie übernimmt somit keinerlei Verpflichtungen hinsichtlich der Behandlung von Kriegsgefangenen und beansprucht auch für die eigenen in Gefangenschaft geratenen Soldaten keinen Schutz*. Die UdSSR erkennt das Internationale Rote Kreuz nicht an. Die UdSSR erkennt ihre Soldaten von gestern nicht an: Es bringt ihr nichts ein, sie in der Gefangenschaft zu unterstützen. Und der Eifer des Oktobergeborenen kühlt sich ab. Dort in ihrem Verschlag liegt er sich in den Haaren mit dem alten Maler (Jurij ist begriffsstutzig, Jurij sträubt sich, aber der Alte deckt Schicht um Schicht auf). Was ist das? — Stalin? Wird's nicht am Ende zuviel, was da alles auf Stalin verbucht wird, auf seine zu kurzen Arme? Wer einen Schluß nur bis zur Hälfte zieht — zieht ihn gar nicht. Und die übrigen? Dort um Stalin herum und tiefer, und überall in der Heimat — sind's wirklich die Rechten, die für die Heimat sprechen?

Und wie sich nun richtig verhalten, wenn uns die Mutter den Zigeunern verkauft, nein, schlimmer — den Hunden vorgeworfen hat? Bleibt sie uns noch eine Mutter? Wenn die Frau auf den Strich geht, sind wir ihr dann noch zur Treue verpflichtet? Eine Heimat, die ihre Soldaten verrät — ist sie denn Heimat?

. . . Wie anders war alles für Jurij geworden! Er vergötterte den Vater — und verfluchte ihn nun! Zum ersten Mal kam ihm der Gedanke, daß sein Vater doch eigentlich jener Armee den Eid gebrochen hatte, in der er aufgewachsen war; eidbrüchig war er geworden, um der Ordnung zu dienen, die jetzt ihre Soldaten verriet. Warum sollte Jurij durch seinen Eid an jene verräterische Ordnung gebunden bleiben?

* Wir erkannten diese Konvention erst im Jahre 1955 an. Übrigens vermerkt Melgunow in seinem Tagebuch von 1915 *Gerüchte*, wonach Rußland die Hilfssendungen für die eigenen Kriegsgefangenen nicht nach Deutschland passieren lasse und es denen dort von allen Alliierten am schlimmsten ergehe. Es sollte das gute Leben in der Gefangenschaft nicht *ruchbar* werden, damit sich unsere Soldaten nicht williglich gefangennehmen ließen. Eine gewisse Kontinuität der Ideen liegt auf der Hand. (S. P. Melgunow, »Erinnerungen und Tagebücher« [russ.], S. 199 u. 203.)

Als im Frühjahr 1943 im Lager die Werbung für die ersten bjelorussischen »Legionen« anlief, meldete sich mancher, um dem Hunger zu entgehen; Jurijs Entschluß war fest und klar. In der Legion blieb er allerdings nicht lange: Haben sie dir einmal die Haut abgezogen, ist's zu spät, um den Pelz zu bangen. Jurij bekannte nun seine guten Deutschkenntnisse und wurde bald zur rechten Hand eines gewissen Chefs erkoren, eines gebürtigen Kasselers, der den Auftrag hatte, eine Spionageschule mit beschleunigter militärischer Ausbildung auf die Beine zu stellen. So begann der Abstieg, der von Jurij nicht vorhergesehene, so begann die Vermischung, der Abtausch. Jurij war Feuer und Flamme, die Heimat zu befreien — die Deutschen aber hatten andere Pläne und schickten ihn, Spione auszubilden. Wo aber war die Grenze? In welchem Augenblick hätte es heißen müssen: Keinen Schritt weiter? Jurij wurde Leutnant der deutschen Armee. In deutscher Uniform durchreiste er nun Deutschland; er besuchte Berlin, fand russische Emigranten, las, was ihm früher unzugänglich war: Bunin, Nabokov, Aldanow, Amfiteatrow ... Jurij hatte erwartet, daß Bunin, daß sie alle auf jeder Seite vor Schmerz um Rußland vergingen. Und was war? Worauf hatten sie die unschätzbare Freiheit verschwendet? Wieder ging es um den weiblichen Körper, um die Flammen der Leidenschaft, um Sonnenuntergänge, hübsche adlige Köpfchen und Anekdoten aus längst verstaubten Jahren. Sie schrieben so, als hätte es eine Revolution in Rußland nie gegeben, so, als schiene es ihnen gänzlich aussichtslos, sie zu erklären. Sie schickten die russischen Jünglinge allein auf die Suche nach dem Azimut des Lebens. So irrte Jurij umher und beeilte sich zu sehen, beeilte sich zu erfahren und tauchte seine Verwirrung nach uralter russischer Manier immer öfter und immer tiefer in Wodka ein.

Was für ein Ding war ihre Spionageschule? Keine ernste Sache natürlich. Beibringen konnte man ihnen in den sechs Monaten nur das Fallschirmspringen und ein bißchen was vom Umgang mit Minen und Funkgeräten. Allzu großes Vertrauen wurde in sie nicht gesetzt. Ihr Absprung hinter der Front sollte eine Inflation des Glaubens bewirken. Für die sterbenden, hoffnungslos verlassenen russischen Kriegsgefangenen waren diese Schulen, nach Jurijs Meinung, indes ein guter Ausweg: Die Burschen erholten sich beim fetten Essen, wurden warm und neu eingekleidet und bekamen auch noch die Taschen mit sowjetischem Geld vollgestopft. Die Schüler (wie auch die Lehrer) taten so, als wäre das alles wirklich, als würden sie im sowjetischen Hinterland wirklich spionieren, befohlene Objekte sprengen, chiffrierte Meldungen funken und rückkehren danach. In Wahrheit aber flogen sie durch diese Schule einfach dem Tode und der Gefangenschaft davon; sie wollten am Leben bleiben, doch nicht um den Preis des Kampfeinsatzes gegen die eigenen Leute*. Sie wurden über die Front geschickt, alle weitere freie Entscheidung hing von Veranlagung und Bewußtseinsstand ab. Das Trinitrotoluol und das Funkgerät warfen sie ausnahmslos gleich weg. Das Problem bestand allein darin: sich an Ort und Stelle den Behörden zu ergeben (wie es mein stupsnasiger »Spion« bei der Armeeabwehr tat) oder zuerst das geschenkte Geld zu verprassen. Nur daß kein einziger jemals wieder über die Front zu den Deutschen zurückgekehrt war.

Plötzlich meldete sich zu Neujahr 1945 doch ein findiger Bursche von drüben zurück, den Auftrag angeblich erledigt (geh einer hin und prüfe das nach!). Es war ungewöhnlich. Der Chef zweifelte nicht daran, daß er vom *Smersch* geschickt war und wollte ihn erschießen lassen (das Schicksal eines gewissenhaften Spions!). Jurij bestand hingegen darauf, daß er ausgezeichnet werden müsse, und zwar vor der versammelten Schule. Worauf der Rückkehrer Jurij zu einem Liter Wodka einlud und ihm über den Tisch zuprostend eröffnete: »Jurij Nikolajewitsch! Das sowjetische Kommando bietet Ihnen die Begnadigung an, wenn Sie sich sofort selbst stellen!«

Jurij zitterte. Warm wurde ihm ums Herz, wer hätte es glauben sollen, da es schon verhärtet, schon längst am Ende aller Hoffnung war. Die Heimat? ... Die verfluchte, ungerechte und noch wie früher, wie immer teure! Sie vergibt ihm? Er darf zu seiner Familie heim? Und über die Newabrücken wandern? Ja, zum Teufel, wirklich, wir sind doch Russen! Vergebt uns, wir kehren zurück, ihr werdet sehen, wie wir uns dann bemühen! Diese anderthalb Jahre, seitdem er das Lager verlassen hatte, haben Jurij kein Glück gebracht. Er bereute es nicht, sah aber auch keine Zukunft. Wenn die Russen beim Wodka beisammensaßen, einer so verloren wie der andere, machten sie sich nichts vor: Eine Stütze fehlte, und ein richtiges Leben war's ohnehin nicht mehr. Die Deutschen trieben mit ihnen ihr eigenes Spiel. Gerade jetzt, da sie offenkundig im Begriff waren, den Krieg zu verlieren, bot sich Jurij eine Chance: Der Chef, der ihn gut leiden mochte, hatte ihm anvertraut, daß er in Spanien ein Gut in Reserve hatte, in welches sie sich nach der

*Natürlich stellte unsere Abwehr solche Motive nicht in Rechnung. Woher nahmen sie sich das Recht, leben zu wollen, wenn die Bonzenfamilien im Hinterland sowieso ihr gutes Auskommen hatten? Daß sich die Burschen davor gedrückt hatten, einen deutschen Karabiner zu nehmen, wurde in keiner Weise anerkannt. Fürs Spionagespielchen bekamen sie den schwersten § 58,6 verpaßt und als Draufgabe die beabsichtigte Zersetzung. Das bedeutete: drin behalten, bis sie krepieren.

Pleite des Reichs gemeinsam absetzen würden. Da hockte ihm aber nun ein betrunkener Landsmann am Tisch gegenüber und setzte sein Leben aufs Spiel, um ihn mit Engelszungen zu bereden: »Jurij Nikolajewitsch, man schätzt im sowjetischen Kommando Ihr Wissen, man braucht Ihre Erfahrung im deutschen Spionagedienst ...«

Zwei Wochen lang wurde J. von Zweifeln geplagt. Als er dann die Schule vor der sowjetischen Weichseloffensive in Sicherheit zu bringen hatte, ließ er die Leute zu einem stillen polnischen Gehöft einbiegen, wo er ihnen eine kurze Ansprache hielt: »Ich schlage mich auf die sowjetische Seite. Jedem von euch steht die Wahl frei!« Und die versammelte Schar der unglückseligen Spionageschüler, vor einer Stunde noch ganz treue Reichsergebenheit, brüllte begeistert los: »Hurra! Wir auch!« (Ein Hurra war's auf ihre künftige Zwangsarbeit ...)

Die gesamte Schülerschaft hielt sich dann bis zum Anrollen der sowjetischen Panzer verborgen, und dahinter kam auch schon der *Smersch*. Jurij sah seine Leute nicht wieder. Er wurde abgesondert und mußte zehn Tage lang die Geschichte der Schule, die Pläne, die erteilten Divisionsaufträge niederschreiben; er glaubte tatsächlich, daß »sein Wissen und seine Erfahrung ...« Es war auch schon von einem Heimaturlaub die Rede.

Und erst auf der Lubjanka begriff er, daß er sogar in Salamanca seiner Newa näher gewesen wäre ... Er mußte mit der Todesstrafe rechnen oder, wenn's gut ging, mit zwanzig Jahren zumindest.

So unverbesserlich wehrlos wird der Mensch, sobald er die Heimat wittert ... Wie der Zahn keine Ruhe gibt, solange sein Nerv nicht abgetötet ist, so hören auch wir niemals auf, die Heimat zu spüren, und es hülfe dagegen nur ein Schluck Arsen. Die Lotophagen aus der *Odyssee* hatten dafür einen Lotos ...

Jurij blieb in unserer Zelle nicht länger als drei Wochen. Und die ganze Zeit über stritten wir miteinander. Ich sagte, daß unsere Revolution etwas Wunderbares und Gerechtes gewesen sei, nur ihre Verzerrung im Jahre 1929 fand ich schlimm. Er sah mich bedauernd an und preßte die nervösen Lippen zusammen: Man hätte besser daran getan, vor dem Revolutionieren die Wanzen im Lande auszumerzen! (Hier traf er, von ganz woanders kommend, in seltsamer Weise mit Fastenko zusammen.) Ich sagte, daß nur hochgesinnte und durchaus selbstlose Männer lange Zeit am Ruder unseres Landes gestanden hatten. Er sagte — es wären das von Anfang an Stalins Artgenossen gewesen. (Darin, daß Stalin ein Bandit war, stimmten wir überein.) Ich himmelte Gorki an: Was für ein kluger Mann! was für ein richtiger Standpunkt! Er parierte: Eine unbedeutende, fade Null! War nicht alles erfunden an ihm, er selbst, seine Helden, die Bücher durch und durch? Lew Tolstoi — das sei die Krönung unserer Literatur!

Wegen des täglichen Streitens, das mit jugendlichem Jähzorn betrieben wurde, verstanden wir es nicht, einander näherzukommen und beim anderen mehr zu entdecken als das, was wir ablehnten.

Sie holten ihn weg, und es hat sich seither, soviel ich auch fragte, keiner gefunden, der ihm in der Butyrka oder in einem Durchgangsgefängnis begegnet wäre. Sogar von den gewöhnlichen Wlassow-Leuten ist keiner zurückgekommen, irgendwo verlieren sich ihre Spuren, am ehesten in der Erde wohl, und die anderen sitzen noch heute ohne Dokumente in ihrer nördlichen Einöde fest. Das Schicksal des Jurij J. war aber auch an ihnen gemessen von den außergewöhnlichsten eines.

Endlich kam auch die Mittagszeit. Von weither hörten wir das fröhliche Klirren, dann brachten sie, vornehm serviert, jedem zwei Aluminiumteller herein (nicht Blechnäpfe, und auf einem Tablett): einen Schlag Suppe und einen Schlag dünnen fettlosen Brei.

In der ersten Aufregung bringt der Untersuchungshäftling nichts runter, manche rühren tagelang das Brot nicht an und wissen nicht, wohin damit. Allmählich kehrt der Appetit wieder, ein ewiges Hungrigsein, das sich bis zur Gier steigert. Wem es gelingt, sich zu bezähmen, dem schrumpft jedoch bald der Magen, er gewöhnt sich an die Kargheit und hat am hiesigen kümmerlichen Essen sogar gerade genug. Da braucht es Selbsterziehung: sich das Schielen nach fremden Bissen abgewöhnen, die magenfeindlichen Schwelgereien in Speisebeschreibungen sich und anderen untersagen und so oft wie möglich in höhere Sphären entfliehen. Auf der Lubjanka wird solches durch zwei Stunden erlaubten nachmittäglichen Liegens erleichtert — auch dies ein Wunder, sanotoriumsgleich. Wir legen uns mit dem Rücken zum Guckloch, setzen uns zur Tarnung ein Buch vor die Augen und dösen. Zu schlafen ist eigentlich verboten, und die Aufseher erspähen ein lange nicht umgeblättertes Buch, trotzdem geben sie in diesen Stunden für gewöhnlich Ruhe. (Die Menschenfreundlichkeit läßt sich dadurch erklären, daß sowieso beim Tagesverhör ist, wem das Schlafen nicht zusteht. Für einen Querkopf, der das Protokoll nicht unterschreibt, schafft es sogar einen scharfen Kontrast: Wenn er zurückkommt, ist die Siesta gerade zu Ende.)

Der Schlaf aber ist das beste Mittel gegen Hunger und Kummer: Der Organismus ist auf Sparflamme geschaltet, und das Gehirn muß sich nicht wieder und wieder wegen der begangenen Fehler zermartern.

Da kommt auch schon das Abendessen — noch ein Schlag Brei. Das Leben beeilt sich, alle Gaben vor dir auszubreiten. Von jetzt an gerät dir in den fünf-sechs Stunden bis zum Zapfenstreich kein Krümelchen in den Mund, doch nun braucht dir auch nicht mehr bange zu sein; zur Abendzeit fällt es einem leicht, nicht mehr essen zu wollen, dies eine längst gewonnene Erkenntnis der Militärmedizin: In den Reservekompanien gibt's am Abend auch kein Futtern mehr.

Es naht die Zeit des abendlichen Austretens, von dir, so gut wie sicher, den ganzen Tag mit Seelenqual erwartet. Wie leicht wird es dir sofort in dieser Welt! Wie einfach sind plötzlich alle großen Fragen — fühlst du es nicht?

Ja, die schwerelosen Abende auf der Lubjanka! (Nur dann übrigens schwerelos, wenn du nicht aufs nächtliche Verhör zu warten hast.) Schwerelos dein Leib, vom wässerigen Brei genau in dem Maße befriedigt, daß deine Seele seine Bürde nicht spürt. Leichte und freie Gedanken! Wir sind wie auf den Sinai emporgehoben, und aus den Flammen erscheint uns die Wahrheit. Hat sich nicht solches auch Puschkin erträumt:

> »Leben will ich, um zu denken und zu leiden!«

So leiden wir denn und denken und haben in unserem Leben sonst nichts. Und wie leicht erwies es sich, dieses Ideal zu erreichen ...

Wir streiten natürlich auch an den Abenden; die Schachpartie mit Susi und die Bücher werden beiseite geschoben. Am heißesten geht es wieder zwischen mir und Jurij J. zu, denn die Fragen sind alle explosiv — zum Beispiel, über den Kriegsausgang. Gerade war, wort- und ausdruckslos, der Aufseher in die Zelle getreten, um am Fenster den blauen Verdunkelungsvorhang herunterzulassen. Dort, jenseits des Vorhangs beginnt das abendliche Moskau Siegessalven in den Himmel zu böllern. Sowenig wie vom Feuerwerkshimmel sehen wir von der Karte Europas, wenn wir auch versuchen, sie uns im Detail vorzustellen und zu erraten, welche Städte da eingenommen wurden. Jurij machen die Siegessalven rasend. Weil nun das Schicksal herhalten soll, die von ihm angerichteten Fehler zu korrigieren, verbohrt er sich darin, daß das Ende des Kriegs noch nicht abzusehen sei, denn es würden sich die Rote Armee und die Angelsachsen ineinander verkeilen, und dann erst ginge das richtige Schlachten los. Die Zelle lauscht den Weissagungen mit gierigem Interesse. Und wie wird's ausgehen? Jurij behauptet, mit einer raschen Niederlage der Roten Armee (und folglich — für uns? mit der Freiheit? oder mit der Wand?). Hier beginne ich mich zu sträuben, und wir geraten einander zornig in die Haare. Unsere Armee sei ausgelaugt, sagt er, und ausgeblutet, schlecht versorgt, und würde, dies die Hauptsache, gegen die Alliierten nicht so standhaft wie früher kämpfen. Am Beispiel der mir bekannten Truppen halte ich ihm entgegen, daß die Armee nicht so sehr geschwächt als vielmehr kampferfahren, stärker und härter geworden ist und die Alliierten in diesem Falle kurz und klein schlagen würde, fixer noch als die Deutschen. — »Niemals!« schreit (jedoch flüsternd) Jurij. — »Und die Ardennen?« schreie ich (flüsternd) zurück. Fastenko schaltet sich ein und lacht uns aus: Wir beide verstünden den Westen nicht, wo es heute gar niemanden gebe, der die alliierten Truppen in einen Krieg gegen uns hineinhetzen könnte.

Und doch ist einem am Abend weniger zum Streiten zumute, lieber hörst du dir etwas Interessantes und gar Versöhnliches an und sprichst den andern nach dem Munde.

Eines der meistgeliebten Gefängnisgespräche dreht sich rund um die alten Knasttraditionen und darum, wie's *früher zu sitzen war*. Wir haben unseren Fastenko, so bekommen wir die Berichte aus erster Hand. Gänzlich hingerissen sind wir davon, daß es früher eine Ehre gewesen sein soll, ein Politischer zu sein, daß nicht nur die wirklichen Verwandten sich nicht von ihnen lossagten, sondern auch noch unbekannte Mädchen angereist kamen und sich als vorgebliche Bräute um Visiten bemühten. Und die frühere allübliche Tradition der Gefangenenbeschenkung? Kein Mensch setzte sich in Rußland an den österlichen Tisch, ohne zuvor am Gefängnistor eine Kostaufbesserung für die namenlosen Zuchthäusler abgegeben zu haben. Und Schinken zu Weihnachten, Piroggen und Fleischpasteten, und den Osterkuchen nach der großen Fastenzeit. Das armseligste Weiblein packte ein Dutzend gefärbter Eier zusammen — und es wurde ihr leichter ums Herz. Wo war nur das russische Herz geblieben? *Linientreue* ist an seine Stelle getreten! Was haben sie doch unserem Volke für eine eiserne und unwiderrufliche Furcht eingejagt, daß es verlernte, sich um die leidenden Menschen zu kümmern. Heutzutage stelle sich das einer vor! Heutzutage versuche einer, in irgendeinem Büro eine vorfeiertägliche Sammlung für die Häftlinge des örtlichen Gefängnisses zu veranstalten — es würde beinahe als antisowjetischer Aufstand gelten! Soweit haben wir es zum Urwald gebracht!

Und was das Festgeschenk erst für den Häftling bedeutete! Doch nicht nur einen Leckerbissen! Es gab ihm das warme Gefühl, von denen draußen umsorgt, nicht vergessen zu sein.

Es weiß uns Fastenko zu berichten, daß es auch noch zu sowjetischen Zeiten ein Politisches Rotes Kreuz gegeben hat — nicht daß wir's ihm nicht glauben wollen, aber es uns vorzustellen fällt schwer. Er erzählt, daß Gorkis erste Frau, Jekaterina Peschkowa, dank ihrer persönlichen Unantastbarkeit ins Ausland reisen durfte, um Geld zu sammeln (bei uns wär ja nicht viel zu holen gewesen) und dafür Lebensmittel für die Politischen anzukaufen, die keine Verwandten hatten. Für alle Politischen? Da kommt's an den Tag: nein, nicht für die *Kaers*, nicht für die Konterrevolutionäre also (und somit auch nicht für die Ingenieure, nicht für die Priester), sondern nur für die Mitglieder der früheren politischen Parteien. Aha, dann sagt es doch gleich! Na, im übrigen haben sie das Rote Kreuz selber, die Peschkowa ausgenommen, ja auch nicht verschont . . .

Was noch gut zu bereden ist, wenn du am Abend nicht aufs Verhör wartest, ist der Tag der Befreiung. Es heißt, es gäbe in der Tat so wunderbare Fälle, da einer auch freikommt. Heut haben sie uns S-w »mit Sachen« weggeholt — vielleicht doch in die Freiheit? Mit der Untersuchung konnten sie ja so rasch nicht fertig sein. (Zehn Tage darauf kommt er wieder: nach einer Zwischenbearbeitung in Lefortowo, wo er offensichtlich prompt zu *unterschreiben* begann und bald zurückgeschickt wurde.) Wenn sie dich freilassen, na ja, du sagst ja selbst, daß sie nichts gegen dich in der Hand haben, dann versprich mir, daß du zu meiner Frau gehst, und die soll mir als Zeichen dafür, na, sagen wir, zwei Äpfel ins Paket stecken . . . — Äpfel sind jetzt nirgends zu bekommen. — Dann zwei Brezeln. — Vielleicht gibt's in Moskau auch keine Brezeln? — Na gut, dann vier Kartoffeln! (So sprecht ihr euch ab, und der X wird danach tatsächlich samt Bündel abgeholt, und der Y findet vier Kartoffeln in seinem Paket. Groß ist das Staunen und groß ist die Freude! X ist frei! Und dabei war sein Fall viel ernster als der meine, also vielleicht bald auch ich? . . . Es begab sich in Wahrheit jedoch, daß Y's Frau die fünfte Kartoffel in der Tasche zerquetscht worden war, und X, der ist in einem Schiffsbunker nach Kolyma unterwegs.)

So kommen wir vom Hundertsten ins Tausendste, auch Lustiges fällt uns ein, und du fühlst dich froh und geborgen unter den interessanten Menschen, die gar nicht zu deinem Leben gehören, gar nicht zu deinem Erfahrungskreis — da ist indes auch schon die lautlose Abendkontrolle vorbei, die Brillen werden einkassiert — und dreimal blinkt die Lampe. Noch fünf Minuten, heißt das, und dann hat's still zu sein!

Hurtig, hurtig unter die Decken! Wie du an der Front nicht weißt, ob nicht jetzt gleich, dicht neben dir, ein Kugelhagel niedergeht, so wissen auch wir nicht, wann jedem die Schicksalsstunde des Verhörs schlägt. Wir legen uns nieder, wir strecken den einen Arm unter der Decke hervor, wir versuchen, den Wirbel der Gedanken aus unserem Kopf zu blasen. Schlafen!

In einem ebensolchen Augenblick, irgendwann im April, bald nachdem wir uns von J. verabschiedet hatten, rasselte bei uns das Schloß. Ein dumpfer Herzschlag: wen? Gleich wird der Aufseher hereinzischen: »Einer auf S? Auf S-S-S einer?« Doch der Aufseher zischte nicht. Die Tür ging zu. Wir hoben die Köpfe. An der Wand stand ein Neuer: mager, jung, ein billiger blauer Anzug, ein blaues Käppi. Kein Bündel in der Hand. Er sah sich verwirrt um.

»Welche Zellennummer ist das?« fragte er ängstlich.

»Dreiundfünfzig.«

Er schrak zusammen.

»Bist du von draußen?« fragten wir.

»Nein-ein-ein . . .« Er schüttelte kummervoll den Kopf.

»Und wann haben sie dich —?«

»Gestern früh.«

Wir prusteten los. Er hatte ein einfältiges, sehr weiches Gesicht, und die Augenbrauen waren fast weiß.

»Wofür denn?«

(Es ist eine unredliche Frage: Was erwartest du dir darauf für eine Antwort?)

»Weiß nicht . . . eine Kleinigkeit bloß . . .«

Das ist genau die Antwort, jeder sitzt einer Lappalie wegen. Und am allerlächerlichsten kommt die Sache dem Untersuchungshäftling selbst vor.

»Na, und was?«

»Ich hab . . . einen Aufruf geschrieben. An das russische Volk.«

»Wa-a-as???« (Solche »Kleinigkeiten« waren uns noch nicht untergekommen!)

»Werden sie mich erschießen?« Sein Gesicht wurde länger und länger. Er zupfte an der Kappe, die noch immer auf seinem Schädel saß.

»Ach nein, wo denkst du hin«, beruhigten wir ihn. »Jetzt wird niemand erschossen. Ein *Zehner*, da kannst du drauf bauen.«

»Sind Sie Arbeiter? Angestellter?« fragte der Sozialdemokrat getreu dem Klassenprinzip.

»Arbeiter.«

Fastenko streckte ihm die Hand entgegen und rief mir triumphierend zu:
»Da haben Sie, A. I., die Stimmung der Arbeiterklasse!«

Und drehte sich zur Wand, da, wie er annahm, diesem nichts mehr hinzuzufügen war.

Er irrte jedoch.

»Was soll das, mir nichts, dir nichts — ein Aufruf? In wessen Namen?«

»In meinem eigenen.«

»Ja, wer sind Sie denn?«

Der Neue lächelte schuldbewußt:

»Der Kaiser. Michail.«

Wie ein Blitz schlug's in uns ein. Wir richteten uns höher auf und sahen genauer hin. Nein doch, sein schüchternes hageres Gesicht hatte nicht die geringste Ähnlichkeit mit jenem des Michail Romanow. Zudem das Alter . . .

»Morgen, morgen, schlafen!« sagte Susi streng.

Wir schliefen mit dem wonnigen Gefühl ein, daß uns morgen die zwei Stunden bis zur Brotausgabe nicht zu lang werden würden.

Dem Kaiser ward ebenfalls ein Bett hereingebracht, und er legte sich still neben dem Abtritt nieder.

Im Jahre 1916 betrat ein fremder blondbärtiger und beleibter alter Mann das Haus des Moskauer Maschinisten Below und sprach zur gottesfürchtigen Maschinistenfrau: »Pelageja! Du hast einen einjährigen Sohn. Behüte ihn, denn er ist des Herrn. Zur rechten Zeit siehst du mich wieder.« Und verschwand.

Wer der Alte gewesen war, erfuhr Pelageja nicht; seine Worte aber, so deutlich und gebieterisch gesprochen, nahmen fortan von ihrem Mutterherz Besitz. Sie hütete dieses Kind sorgsamer als einen Augapfel. Viktor war ein stiller, folgsamer, fromm erzogener Junge; oft kamen ihm Visionen von den Engeln und von der Mutter Gottes. Später seltener. Vom Alten gab es kein Lebenszeichen. Viktor lernte Chauffeur, wurde 1936 zur Armee geholt und nach Birobidschan verfrachtet, dort diente er in einer Kraftwagenkompanie. Er war am allerwenigsten ein Draufgänger, vielleicht aber rührte es gerade von seiner stillen und sanften, so gar nicht chauffeurmäßigen Art, daß ein Mädchen von den Freiwillig-Verpflichteten an ihm Gefallen fand und darum dem ebenfalls um sie bemühten Zugführer den Laufpaß gab. Zu dieser Zeit kam

Marschall Wassilij Blücher zu Manövern, und es begab sich, daß sein Leibfahrer schwer erkrankte. Dem Kompaniechef wurde befohlen, den besten Mann in des Marschalls Dienste abzukommandieren, der Kompaniechef ließ sich den Zugführer kommen, und dieser witterte sofort die Chance, sich seinen Rivalen Below vom Halse zu schaffen. (Beim Militär geschieht das nicht selten: nicht der wird befördert, der es verdiente, sondern der, den man loswerden will.) Außerdem war Below ein Arbeitstier und kein Trinker, da konnte nichts schiefgehen.

Dem Marschall gefiel Below; er behielt ihn. Bald aber wurde Blücher unter einem glaubhaften Vorwand nach Moskau beordert (so trennte man ihn vor seiner Verhaftung von der ihm ergebenen Fernostarmee); sein Chauffeur fuhr mit. Der verwaiste Below kam in die Kremlgarage und diente mal bei Michailow (Komsomol), mal bei Losowski, dann bei noch irgendwem, bis er schließlich bei Chruschtschow landete. Gelegenheit genug, ihre Feste, ihre Sitten und ihr Wachsamkeitsgetue kennenzulernen (und uns später zu erzählen). Als Vertreter des einfachen Moskauer Proletariats hatte er auch beim Bucharin-Prozeß im Gewerkschaftshaus unterm Publikum gesessen. Von all seinen Chefs fand er einzig für Chruschtschow ein gutes Wort: Nur in seinem Haus wurden die Fahrer an den gemeinsamen Familientisch gesetzt und nicht in die Küche; nur hier blieb in jenen Jahren die einfache Lebensart einer Arbeiterfamilie erhalten. Der lebenslustige Chruschtschow hatte seinen Fahrer ebenfalls ins Herz geschlossen und redete ihm 1938 sehr zu, ihn in die Ukraine zu begleiten. »Nie und nimmer wäre ich von Chruschtschow fort«, wiederholte Viktor. Aber etwas hielt ihn in Moskau zurück.

1941, kurz bevor der Krieg begann, gab's irgendwelche Arbeitskalamitäten. Below wurde nicht mehr im Etat der Regierungsgarage geführt und, schutzlos, sofort mobilisiert. Wegen der schwachen Gesundheit kam er jedoch nicht an die Front, sondern in ein Arbeitsbataillon: zuerst zu Fuß nach Insa und dort zum Befestigungs- und Straßenbau. Nach dem sorglosen, satten Leben der letzten Jahre war's für ihn ein harter Knochen, schwer zu verdaun. An Not und Elend bekam er das volle Maß ab, und was er rundum sah, war nicht das versprochene bessere Leben, sondern Armut, ärger als ehedem. Er kam gerade noch durch, kehrte, nachdem er krankheitshalber freigestellt worden war, nach Moskau zurück, da ging's auch scheinbar wieder glatt: Er chauffierte Schtscherbakow*, dann Sedin, den Volkskommissar für die Erdöl-

---

*Er erzählte, daß der dicke Schtscherbakow, wenn er in sein *Sowinform*-Büro kam, keine Menschenseele sehen mochte und sich die Angestellten

industrie. Sedin wurde bei Unterschlagungen ertappt (wegen läppischer 35 Millionen) und in aller Stille abgeschoben, Below aber war seinen Dienst bei den Führern unverständlicherweise wieder los. Er verdingte sich als Fahrer bei einem Transportbetrieb, nach Feierabend machte er »schwarz« Fuhren bis Krasnaja Pachra.

Doch seine Gedanken hingen bereits anderem nach. 1943 hatte er die Mutter besucht, es war an ihrem Waschtag, und sie ging eben hinaus, vom Hydranten Wasser zu holen. Da öffnete sich die Tür, und es trat ein fremder weißbärtiger und beleibter alter Mann ins Haus. Er bekreuzigte sich, warf einen strengen Blick auf Viktor und sprach: »Sei gegrüßt, Michail! Gott segne dich!« — »Ich bin Viktor«, antwortete Below. »Von nun aber — Michael, Kaiser über das Heilige Rußland!« ließ sich der Alte nicht beirren. In diesem Augenblick kam die Mutter herein und vergoß vor Schreck das Wasser aus den Eimern: Es war der Alte, derselbige von vor siebenundzwanzig Jahren, schlohweiß inzwischen, aber leibhaftig er. »Gott sei mit dir, Pelageja, daß du deinen Sohn wohl bewahrt«, sagte der Alte. Und zog sich mit dem zukünftigen Kaiser zurück, wie der Patriarch vor der Inthronisation. Dann eröffnete er dem erschütterten jungen Mann, daß 1953 ein Machtwechsel erfolgen und Michail zum allrussischen Herrscher ausgerufen werden würde* (daher die Bestürzung, als wir Viktor die Nummer unserer Zelle — 53 — nannten), zu welchem Behufe er 1948 beginnen möge, Kräfte zu sammeln. Über das Wie und Woher, die Sammlung der Kräfte betreffend, ließ er Viktor im dunkeln und war, ehe dieser sich das Herz nahm, danach zu fragen, schon wieder gegangen.

Dahin war die Ruhe, dahin der geordnete Lebenstrott! Ein anderer wäre vor dem Vorhaben, dem maßlosen, vielleicht zurückgeschreckt, aber Viktor hatte sich nicht umsonst unter den Gottesobersten herumgetrieben und sich von den anderen Fahrern Geschichten angehört: das wußte er, daß man dort nicht die Spur von Außergewöhnlichkeit braucht, sondern ganz im Gegenteil.

Der frischgesalbte Zar, so still, gewissenhaft und empfindsam wie Fjodor Iwanowitsch, der Letzte aus dem Hause Ruriks, fühlte alsbald das bleierne Gewicht der Monomachskrone[42] auf seinem Haupt. Die Leiden des Volkes, für die er bislang nicht verantwortlich war, legten

darum aus den Zimmern trollten, die er zu passieren hatte. Ächzend und schwitzend bückte er sich über seinen Fettwanst, um unter die Teppiche zu gucken, und wehe der ganzen Belegschaft, wenn er ein Staubkörnchen darunter entdeckte!
* Mit der kleinen Einschränkung, daß er den Fahrer mit dem herrschaftlichen Beifahrer verwechselte, hatte sich der prophetische Alte kaum geirrt!

sich nun auf seine Schultern, und es war seine Schuld, daß die Not kein Ende nahm. Es schien ihm seltsam, bis 1948 warten zu müssen, und so schrieb er noch im Herbst desselben Jahres 1943 sein erstes Manifest an das russische Volk und verlas es vier Arbeitern aus der Autowerkstatt des Erdölkommissariats *Narkomneft*...

... In aller Frühe hatten wir Viktor umringt, und da hat er uns das alles kurz erzählt. Noch hatten wir seine kindliche Zutraulichkeit nicht durchschaut und waren so sehr von der ungewöhnlichen Geschichte mitgerissen, daß wir es versäumten – unsere Schuld! –, ihn gegen den Zellenspitzel zu feien. Ja, wie hätten wir auch nur auf den Gedanken kommen können, daß es in dem freimütig uns hier Erzählten etwas gab, was der Untersuchungsrichter nicht schon ohnedies wußte? Bald nachdem Viktor mit dem Erzählen fertig war, begann Kramarenko Krach zu schlagen: er wolle »Tabak vom Anstaltsdirektor holen«, rief er und sonst noch was vom Doktor, mit einem Wort, sie kamen ihn rasch holen. Dort verpfiff er dann die vier vom Erdölkommissariat, von denen man anders auch nie etwas erfahren hätte. (Am nächsten Tag wunderte sich Viktor, woher der Untersuchungsrichter ihre Namen hatte. Da fiel bei uns der Groschen.) ... Die *Narkomneft*-Leute lasen das Manifest, hießen es in allen Punkten gut – und KEINER ging den Kaiser verpfeifen! Doch er fühlte selber: Es war zu früh! zu früh! und verbrannte das Manifest.

Ein Jahr verging. Viktor arbeitete als Mechaniker in der Garage. Im Herbst 1944 schrieb er abermals ein Manifest und gab es *zehn* Personen – Chauffeuren, Schlossern – zu lesen. Alle waren einverstanden! Und KEINER verriet ihn! (Von zehn Leuten keiner – das geschah in jenen Denunziantenjahren selten. Fastenko war in seinem Urteil über »die Stimmung der Arbeiterklasse« nicht fehlgegangen.) Freilich griff der Kaiser dabei zu unschuldigen Listen: Er deutete einflußreiche Beziehungen in Regierungskreisen an; versprach seinen Anhängern Dienstreisen zwecks Konsolidierung der monarchistischen Kräfte in der Provinz.

Monate vergingen. Der Kaiser vertraute sich auch noch zwei jungen Mädchen aus der Garage an. Und hier gab es keine Panne mehr – die Mädchen zeigten sich der Situation politisch gewachsen! Viktor hatte gleich einen Stich im Herzen verspürt; das Unheil nahm seinen Lauf. Am Sonntag nach Mariä Verkündigung schlenderte er über den Markt, das Manifest in der Tasche. Ein alter Arbeiter, von seiner Anhängerschaft einer, kam ihm entgegen: »Viktor! Wär's nicht besser, das Papier zu verbrennen, was meinst du?« Und wieder durchfuhr es Viktor: Es war wirklich zu früh! er mußte es verbrennen! »Du hast recht, ich werde es gleich tun.« Und wollte nach Hause, den Rat zu befolgen. Aber zwei junge Männer mit einnehmenden Manieren sprachen ihn hierselbst auf dem Markte an: »Viktor Alexejewitsch! Dürfen wir Sie bitten, mit uns zu fahren?« Ihr Wagen brachte ihn auf die Lubjanka. So groß war dort die Eile und Aufregung, daß sie ihn nicht nach dem üblichen Ritual durchsuchten und es einen Augenblick gab, da der Kaiser auf dem Abort sein Manifest beinahe vernichtet hätte. Na, und dann überlegte er, daß sie sich noch schlimmer in ihn verkrallen würden, um das Versteck herauszufinden. Und schon packten sie ihn in einen Aufzug, und der trug ihn zu einem General und einem Obersten hinauf, und der General riß ihm eigenhändig das Manifest aus der ausgebeulten Tasche.

Schon nach dem ersten Verhör allerdings atmete die Große Lubjanka erleichtert auf: Die Sache war ja halb so schlimm. Zehn Verhaftungen in der Garage des Transportbetriebes. Vier in der Werkstatt des *Narkomneft*. Die Untersuchung wurde bereits an einen Oberstleutnant abgegeben, und der kicherte fröhlich bei der Durchsicht des Dossiers:

»Hier schreiben Sie, Eure Majestät: ›Meinem Landwirtschaftsminister werde ich Weisung erteilen, zum ersten Frühjahr die Kolchose zu schließen.‹ — Wie wollen Sie aber das Inventar aufteilen? Das müßten Sie sich noch überlegen . . . Dann heißt es da: ›Ich werde den Wohnbau fördern und jedermann eine Wohnung nahe beim Arbeitsplatz geben . . . Die Löhne werden erhöht . . .‹ — Woher nehmen Sie die Kröten dafür, Eure Majestät? Da müssen Sie ja die Geldpressen laufen lassen?! Von den *Anleihen* wollen Sie ja nichts wissen! . . . Dann weiter: ›Den Kreml mache ich dem Erdboden gleich.‹ Haben Sie sich für Ihre Regierung einen anderen Sitz ausgewählt? Wie wär's zum Beispiel mit dem Gebäude der Großen Lubjanka? Würde Ihnen das zusagen, Majestät? Eine kleine Besichtigung gefällig?«

Auch die jungen Untersuchungsrichter kamen herbei, den Kaiser aller Reußen zu veräppeln. Nur zum Lachen war es für sie, sonst nichts.

Und manchmal konnten auch wir in der Zelle uns ein Grinsen nicht verbeißen. »Sie werden uns von der Dreiundfünfzigsten doch hoffentlich nicht vergessen?« sagte S-w und zwinkerte uns zu.

Alle lachten ihn aus . . .

Viktor Alexejewitsch, der flachsblonde, einfältige, mit den schwieligen Händen . . . Wenn er von seiner unglückseligen Mutter Pelageja gekochte Kartoffeln bekam, teilte er sie auf, ohne nach dein und mein zu fragen: »Nehmt doch, bedient euch, Genossen . . .«

Er lächelte schüchtern. Er verstand sehr wohl, wie unzeitgemäß und lächerlich das war, Kaiser von Rußland zu sein. Doch was tun, wenn die Wahl des Herrn auf ihn gefallen ist?!

Bald holten sie ihn aus unserer Zelle fort*.

Zum 1. Mai wurde die Verdunkelung vom Fenster genommen. Der Krieg ging sichtbar seinem Ende zu.

Es war wie sonst niemals still an diesem Abend auf der Lubjanka, ob's nicht gerade auch der Zweite Ostertag war? Die Feiertage überschnitten sich. Die Untersuchungsrichter vergnügten sich in der Stadt, Verhöre gab es nicht. In der Stille war zu hören, wie jemand gegen irgend etwas protestierte. Er wurde aus der Zelle in die Box geschleift (wir errieten durchs Gehör die Lage aller Türen), und sie prügelten ihn dort lange bei geöffneter Tür. In der versunkenen Stille war jeder Schlag ins Weiche und in den röchelnden Mund deutlich zu hören.

Am 2. Mai böllerte Moskau mit dreißig Salven, das bedeutete: Eine europäische Hauptstadt ist gefallen. Es waren nur mehr zwei uneingenommen geblieben: Prag und Berlin, zu raten gab's, welche von beiden.

Am 9. Mai wurde das Nachtmahl gleich mit dem Mittagessen gebracht, wie sonst auf der Lubjanka nur am 1. Mai und am 7. November üblich.

Nur daraus errieten wir das Ende des Krieges.

Abends schossen sie wieder ein Feuerwerk mit dreißig Salven ab. Nun gab es keine Hauptstadt mehr einzunehmen. Am selben Abend — ein zweites Salutschießen, mit vierzig Salven, scheint's —, das war dann das allerletzte Ende.

Über den Maulkorb unseres Fensters hinweg, über die Maulkörbe der anderen Zellen der Lubjanka und sämtlicher Gefängnisfenster Moskaus schauten auch wir, die ehemaligen Kriegsgefangenen und ehemaligen Frontkämpfer, in den feuerwerklich bunten, strahlendurchzogenen Moskauer Himmel.

Boris Gammerow, ein junger Panzerabwehrschütze, bereits wegen dauernder Invalidität demobilisiert (unheilbarer Lungendurchschuß), bereits mit einer fröhlichen Studentengesellschaft hochgegangen, saß an diesem Abend in einer dichtbevölkerten Lubjankazelle, die Hälfte Gefan-

---

* Als man mich 1962 mit Chruschtschow bekannt machte, juckte es mich, ihn zu fragen: »Nikita Sergejewitsch! Wissen Sie, daß wir einen gemeinsamen Bekannten haben?« Aber ich sagte ihm einen anderen, nötigeren Satz, im Namen der früheren Häftlinge.

gene und Soldaten von der Front. Diesen letzten Salut beschrieb er in einem kurzen Gedicht, in acht ganz alltäglichen Zeilen: wie sie auf den Pritschen schon lagen, die Uniformmäntel übergezogen; wie der Lärm sie aufgeweckt; wie sie die Köpfe hoben, zum Maulkorb hinblinzelten: ah, ein Salut ...; sich niederlegten wieder, »mit den Mänteln zugedeckt«.

Immer mit denselben Uniformmänteln — im Schlamm der Schützengräben, in der Asche der Lagerfeuer, im Gefetze der deutschen Granatsplitter.

Nicht für uns war jener Sieg. Nicht für uns jener Frühling.

Im Juni 1945 drangen an jedem Morgen und an jedem Abend blecherne Marschtöne an die Fenster des Butyrka-Gefängnisses; sie kamen von irgendwo in der Nähe, von der Lesnaja oder von der Nowoslobodskaja, lauter Märsche, und die Kapelle begann wieder und wieder von vorn damit.

Wir aber standen an den weit geöffneten Fenstern, vor uns die schmutziggrünen Maulkörbe aus drahtbewehrtem Glas — und horchten. Warn's Armeetruppen, die da marschierten? oder Werktätige, die sich nach Arbeitsschluß freudig im Gleichschritt ergingen? Wir wußten es nicht, obwohl doch auch wir schon das Gerücht aufgefangen hatten, daß eine große Siegesparade auf dem Roten Platz bevorstand, anberaumt auf den 22. Juni, den vierten Jahrestag des Kriegsausbruchs.

Die Steine, die im Fundament zu liegen kommen, haben zu ächzen und in der Erde sich festzugraben, die Krönung des Gebäudes ist anderen beschieden. Doch selbst ehrenvoll im Fundament zu liegen, ist jenen verwehrt worden, die sinnlos verlassen und von Anbeginn verloren ihre Stirn und ihre Rippen hinhalten mußten, die ersten Schläge dieses Krieges aufzufangen und den fremden Sieg zu vereiteln.

»Was sind den Verrätern die Klänge voll Wonne?«

Jenes Frühjahr 1945 war in unseren Gefängnissen vornehmlich ein Frühjahr der russischen *Kriegsgefangenen*. Wie die Heringszüge im Ozean, so durchzogen sie, ein unübersehbarer dichter grauer Strom, die Gefängnisse der Union. Mit Jurij J. hatte mich solch ein Zug vorerst nur gestreift, nun stand ich mittendrin in ihrem steten und sicheren Vorwärtsstürmen zu einer ihnen scheinbar bewußten Bestimmung.

Nicht nur Kriegsgefangene passierten die Zellen, ein Strom hatte zu fließen begonnen, der alle erfaßte, die in Europa gewesen: die Emigranten der Bürgerkriegszeit; die Ostarbeiter des Krieges mit Deutschland; die Offiziere der Roten Armee, die in ihren Schlußfolgerungen zu scharf waren und zu weit damit gingen, so daß Stalin befürchten konnte, sie würden aus dem europäischen Feldzug den Wunsch nach europäischen Freiheiten heimbringen, wie's bereits vor hundertzwanzig Jahren geschah[43]. Und doch bestand das Gros aus Kriegsgefangenen. Und unter den Kriegsgefangenen verschiedener Jahrgänge gehörten die meisten zu meinen Altersgenossen, noch genauer gesagt: zu den Altersgenossen der Revolution, zu den Oktobergeborenen, den unbekümmerten Scharen, die 1937 die Demonstrationszüge zum zwanzigsten Jahrestag füllten, zu dem Jahrgang, der zu Kriegsbeginn die Kaderarmee stellte, die binnen weniger Wochen zerrieben ward.

So wurde jener unter Siegesmärschen sich dahinschleppende Frühling zum Sühnefrühling meiner Generation.

Wir waren es, denen man das »Alle Macht den Sowjets!« an der Wiege gesungen. Wir waren es, die die braungebrannten Kinderhände nach den Pioniertrompeten ausstreckten und auf den Ruf »Seid bereit!« unser »Immer bereit!« salutierten. Wir waren es, die in Buchenwald Waffen versteckten und dort der Kommunistischen Partei beitraten. Und wir waren es auch, die nun schwarz angeschrieben standen, nur darum, weil wir dennoch am Leben geblieben sind*.

Als wir Ostpreußen durchschnitten, sah ich die tristen Kolonnen der heimkehrenden Gefangenen, sie allein im Leid, als rundherum alles in Freude war — und schon damals hat mich ihre Freudlosigkeit angerührt, obwohl ich deren Ursache noch nicht mitbekam. Ich sprang aus dem Auto, ging hin zu diesen freiwilligen Kolonnen (warum Kolonnen? warum ordneten sie sich in Reih und Glied? Niemand zwang sie dazu; die Kriegsgefangenen aller Nationen trotteten einzeln heimwärts! Unsere aber wollten möglichst demütig ankommen). Dort hatte ich die Hauptmannsuniform an, darum war es, wegen der Achselstücke und zudem am Straßenrand, nicht zu erfahren: Warum sind sie denn so unlustig alle? Bald aber trug auch mich das Schicksal ihnen nach; gemeinsam marschierten wir bereits von der Armeeabwehr in die Frontabwehr, da bekam ich ihre ersten, mir noch unklaren Erzählungen zu hören; später breitete Jurij E. dies alles vor mir aus und nun, und hier, unter den Kuppeln des ziegelroten Butyrka-Schlosses fühlte ich, wie mich diese Geschichte der mehreren Millionen russischer Gefangener für immer durchbohrte — wie die Stecknadel eine Küchenschabe. Mein eigener Häftlingswerdegang erschien mir nun nichtig, längst hatte ich vergessen, mich um die abgerissenen Achselklappen zu grämen. Dort, wo meine Altersgenossen waren, da war ich nur zufällig nicht dabei gewesen. Ich begriff, daß es meine Pflicht war, die Schulter unter einen

---

* Die überlebenden Buchenwald-Häftlinge wurden *gerade darum* in unsere Lager *gesperrt*: Wieso hast du in einem Vernichtungslager am Leben bleiben können? Da ist was faul!

Zipfel ihrer gemeinsamen Last zu schieben und daran zu tragen bis zum letzten, bis sie mich unter sich begrub. Ich empfand es nun so, als wäre auch ich zusammen mit diesen Burschen in Gefangenschaft geraten: am Solowjowsker Brückenkopf, im Charkower Kessel, im Steinbruch von Kertsch; auch ich trug, die Hände auf dem Rücken, meinen sowjetischen Stolz hinter den Stacheldraht des KZs; und stand stundenlang in der Kälte, um eine Kelle lauwarmer Kava zu ergattern, was ein Ersatzkaffee war, und blieb als Leichnam auf halbem Weg zum Kessel liegen; und grub mir im Oflag 68 (Suwalki) mit den Händen und mit dem Kochgeschirrdeckel ein glockenförmiges Loch (nach oben hin schmaler), um den Winter auf freiem Felde zu überstehen; und ein vertierter Mitgefangener kam angekrochen, mir Sterbendem das noch warme Fleisch unter der Achsel abzunagen; und mit jedem neuen Tag des durch Hunger geschärften Bewußtseins, in der Typhusbaracke und am Drahtzaun zum benachbarten Engländerlager drang der klare Gedanke in mein sterbendes Gehirn: daß das sowjetische Rußland sich von seinen verreckenden Kindern losgesagt hat. »Rußlands stolze Söhne«, man brauchte sie, solange sie sich unter die Panzer warfen, solange sie sich zum Sturmangriff anfeuern ließen. Sie in der Gefangenschaft auch noch zu füttern? Überflüssige Esser sind's. Und überflüssige Zeugen der schmachvollen Niederlagen.

Bisweilen möchten wir gern lügen, doch die Zunge läßt es nicht zu, die Sprache macht nicht mit. Richter, Staatsanwälte und Verhörer haben diese Menschen zu Verrätern erklärt, doch sie irrten sehr bezeichnend in der Wahl des Wortes. Und die Verurteilten selbst, das Volk gleichwie die Zeitungen wiederholten es und verfestigten diesen Fehler und gaben unwillkürlich die Wahrheit preis: sie hätten als Verräter *an* der Heimat gelten sollen und wurden dennoch nirgendwo anders genannt, die Gerichtsprotokolle mit eingeschlossen, als »Verräter *der* Heimat«.

Du sagst es! Sie waren nicht *an* ihr Verräter, es waren *ihre* Verräter. Nicht sie, die Unglücklichen, hatten die Heimat verraten, von ihr, der berechnenden Heimat, sind sie verraten worden, *dreifach* verraten sogar.

Der erste Verrat war der stümperhafte auf dem Schlachtfeld, als die von der Heimat lobgesungene Regierung alles in ihren Kräften Stehende unternahm, um den Krieg zu verlieren: Sie hatte die Befestigungslinien zerstört, die Luftwaffe der Vernichtung preisgegeben, Panzer und Artillerie kampfunfähig gemacht, der Truppe die tüchtigsten Generäle genommen und den Armeen jeden Widerstand untersagt*. Die Kriegs-

---

*Nach nunmehr 27 Jahren ist die erste ehrliche Arbeit darüber erschienen (P. G. Grigorenko, »Brief an die Zeitschrift *Fragen der Geschichte der*

gefangenen, das waren ja die Soldaten, die mit ihren Leibern den ersten Schlag auffingen und die deutsche Wehrmacht zum Stehen brachten.

Zum zweiten Mal verriet sie die Heimat herzlos, als sie die in der Gefangenschaft Krepierenden im Stich ließ.

Und nun verriet sie sie gewissenlos zum dritten Mal, indem sie sie mit Mutterliebe in ihren Schoß lockte (»Die Heimat hat verziehen! Die Heimat ruft euch!«), um ihnen an der Grenze schon die Schlinge um den Hals zu werfen*.

Man könnte meinen, es sei genug Abscheuliches in den elfhundert Jahren unserer staatlichen Existenz geschehen, genug davon erlebt worden! Doch diese vielmillionenfache Niedertracht: seine Kriegsmänner zu verraten und sie auch noch zu Verrätern zu erklären — wo hat es das sonstwann gegeben?!

Und wie leicht haben wir sie aus unserer Rechnung gestrichen: Dieser hat verraten? — Schande über ihn! — Fort und ausgelöscht! Das Auslöschen aber hatte Stalin noch vor uns besorgt: Die Zierde der Moskauer Intelligenz warf er mit Karabinern des Jahres 1866 in das Gemetzel von Wjasma; mit einem Karabiner — für fünf Mann. (Welcher Lew Tolstoi wird *dieses* Borodino uns malen?) Und dann fuhr der Große Stratege mit seinem fetten kurzen Finger stur über die Karte — und jagte *einhundertzwanzigtausend* unserer Burschen im Dezember 41 über die Meerenge von Kertsch, sinnlos, einer einzigen pompösen Neujahrsbotschaft zuliebe, kaum weniger waren es, als insgesamt Russen vor Borodino lagen — und lieferte sie alle kampflos an die Deutschen aus.

Und trotzdem soll nicht er der Verräter sein, sondern sie sollen es sein.

(Wie leicht lassen wir uns doch von eifernden Sprüchen gängeln, wie leicht gaben wir uns damit zufrieden, diese Verratenen für Verräter zu halten! Da saß in jenem Frühling in einer Butyrka-Zelle ein alter Hüttenwerker, Lebedew mit Namen, seinem Titel nach Professor, seinem Äußeren nach ein bärenstarker Handwerksmann aus dem vorigen oder gar vorvorigen Jahrhundert, von den Demidow-Werken im Ural etwa.

KPdSU«, Samisdat, 1968 [deutsch unter dem Titel *Der Genickschuß* im Europa-Verlag, Wien 1969, Anm. d. Übers.], und je später, desto mehr werden es sein, denn es sind ja nicht alle Zeugen gestorben, und bald wird niemand mehr Stalins Regierung anders als eine Regierung des Wahnsinns und des Verrats nennen.

*Einer der schwersten Kriegsverbrecher, der ehemalige Abwehr- und Nachrichtenchef der Roten Armee Generaloberst Golikow, leitete nun die Operationen zum Anlocken und Verschlingen der Repatrianten.

Breite Schultern, ein breiter Schädel, ein Bart wie der von Pugatschow und eine Pratze — gerade groß genug, eine Gießpfanne mit vier Pud Gewicht hochzustemmen. In der Zelle trug er einen grauen verwaschenen Arbeitsmantel direkt über der Unterwäsche, und hätte, schmuddelig, wie er war, gut für einen Kalfaktor gehalten werden können, der zur schmutzigsten Arbeit beordert wurde — doch nur solange, bis er sich ein Buch vornahm und sich sein Gesicht in gewohnter herrischer Gedankenarbeit erhellte. Man versammelte sich oft um ihn; über die Metallurgie sprach er am seltensten, gab vielmehr mit seinem paukenstarken Baß kund und zu wissen, daß Stalin ein Bluthund sei, nicht anders als Iwan der Schreckliche: »Niederschießen! niedertreten! und keine Bedenken!«, und Gorki ein Jammerlappen und den Henkern ein Speichellecker. Ich bewunderte diesen Lebedew; das russische Volk schlechthin war für mich in seiner knorrigen Gestalt verkörpert, dazu dieser kluge Kopf, dazu die Arme und Beine eines Ackermannes. Bei ihm lernte ich, die Welt zu begreifen! — Und plötzlich polterte er los, die Faust auf dem Tisch: daß die *Eins-be* Landesverräter seien und somit ohne Anspruch auf Pardon. Mit den *Eins-be* aber waren die Pritschen rundherum vollgestopft. Ach, wie hat das die Burschen getroffen! Der Alte verkündete es so gelassen, als stünde hinter ihm die russische Scholle und das russische Arbeitsvolk — und sie schämten sich, auch noch gegen diese neue Seite sich verteidigen zu müssen, wie konnten sie auch? Sie in Schutz zu nehmen und mit dem Alten zu streiten, fiel mir und zwei anderen Jungen mit dem »Zehnerpunkt« zu. Welch eine hochgradige Verblendung kann letztlich durch das monotone staatsamtliche Lügen erzielt werden! Selbst die Aufnahmefähigsten unter uns vermögen nur jenen Teil der Wahrheit zu erfassen, in den sie mit der eigenen Schnauze gestoßen werden*.)
So viele Kriege Rußland geführt hat (weniger wären besser gewesen)

---

* Darüber schreibt Witkowski etwas allgemeiner und auf Grund des Materials der dreißiger Jahre: Erstaunlich, daß die Pseudodiversanten, sehr wohl verstehend, daß sie keine Spur von Diversanten waren, jederzeit erklärten, daß die Offiziere und die Priester zu Recht *verknackt* wurden. Die Militärs, die sehr wohl wußten, daß sie selbst keinen fremden Geheimdiensten gedient und die Rote Armee nicht geschädigt hatten, glaubten willig, daß die Ingenieure Schädlinge und die Priester der Vernichtung würdig seien. Eines eingesperrten sowjetischen Menschen Überlegungen waren: Ich persönlich bin unschuldig, doch an ihnen, den Feinden, sind jegliche Methoden zulässig. Die Lehren der Zelle und die Lehren der Verhöre brachten diesen Leuten keine Klarheit. Schon verurteilt, bewahrten sie sich die Verblendung des *Willens:* den Glauben an allgegenwärtige Verschwörungen, Giftmischereien, Diversionsakte und feindliche Geheimdienste.

— hat's denn viele Verräter gegeben in all den Kriegen? Ist's denn vermerkt worden, daß der russische Soldat fürs Verraten besonders anfällig wäre? Aber da gab es nun unter der gerechtesten aller Ordnungen den allergerechtesten Krieg — und Millionen des allereinfachsten Volkes liefen zum Feind über. Wie das verstehen? womit erklären?

Seit an Seit mit uns kämpfte das kapitalistische England, von wo uns das Elend und Leid der arbeitenden Klasse dank Engels so drastisch überliefert wurde: ja warum hat sich dann bei *ihnen* in diesem Krieg bloß ein einziger Verräter gefunden — der Businessman »Lord Haw-Haw«[44] — und bei uns Millionen?

Angst und bang wird's einem zwar, mal den Mund aufzumachen, aber: Vielleicht liegt es doch an der Staatsordnung?

Von alters her rechtfertigte unser Sprichwort die Gefangenschaft: »Wer gefangen, wird rufen, wer gefallen — bleibt stumm.« Unter Zar Alexej Michailowitsch wurde man für die *Pinegunge der Gevangenschaft* GEADELT! Die Kriegsgefangenen auszutauschen, sie zu pflegen und zu umsorgen war die Aufgabe der Gesellschaft in allen nachfolgenden Kriegen. Jede Flucht aus der Gefangenschaft wurde als höchste Heldentat gerühmt. Während des ganzen Ersten Weltkriegs sammelte man in Rußland Hilfsspenden für die Kriegsgefangenen; unsere Krankenschwestern konnten nach Deutschland gehen, und jede Zeitungsausgabe gemahnte den Leser daran, daß seine Landsleute in fremder Fron schmachteten. Alle westlichen Völker haben es auch in diesem Krieg nicht anders gehalten: Ein Strom von Paketen und Briefen und jederart Unterstützung floß frei über die neutralen Länder. Die westlichen Gefangenen mußten sich nicht erniedrigen, aus dem deutschen Kessel zu schöpfen; voll Verachtung sprachen sie mit den deutschen Wachen. Die westlichen Regierungen rechneten ihren in Gefangenschaft geratenen Soldaten die Dienstjahre, die fälligen Beförderungen, ja, sogar den Heeressold an.

Nur der Angehörige der in aller Welt einzigen Roten Armee *ergibt sich nicht dem Feind!* — so stand es im Reglement (»Iwan — gefangen, njet!«, wie's uns die Deutschen aus ihren Stellungen zuriefen) —, doch wer hätte sich den Sinn davon vorstellen sollen?! Den Krieg gibt's und den Tod gibt's und die Gefangenschaft soll's nicht geben! — eine umwerfende Entdeckung! Das bedeutet: Geh hin und stirb, wir aber bleiben am Leben. Doch wenn du auch auf Krücken aus der Gefangenschaft heimgehumpelt kommst, zwar beinamputiert, aber lebend (der Leningrader Iwanow, Kommandeur eines MG-Zuges im Finnischen Krieg, saß später im Ustwymlag) — wir werden zu Gericht sitzen über dich.

Nur unser Soldat, der von der Heimat abgewiesene und ein Nichts in den Augen von Feind und Alliierten, nur er lechzte nach dem Schweinegebräu, das er auf den Hinterhöfen des Dritten Reichs vorgesetzt bekam. Nur ihm war der Weg nach Hause unpassierbar versperrt, bloß wollten es die grünen Gemüter nicht glauben: Einen Artikel 58,1 b soll's geben, wonach in Kriegszeiten aufs Gefangennehmenlassen keine mildere Strafe steht als der Tod durch Erschießen! Weil der Soldat an der deutschen Kugel nicht sterben wollte, soll er nach der Gefangenschaft einer sowjetischen das Genick hinhalten! Anderen — die fremde, unseren — die heimische.

(Es ist übrigens naiv zu glauben: *deswegen*. Die Regierungen aller Zeiten bestehen keineswegs aus Moralisten. Niemals wurden Menschen *wegen* irgend etwas eingesperrt und hingerichtet. Einsperren und hinrichten ließ man sie, *damit nicht!* All diese Gefangenen wurden natürlich nicht *wegen* Hochverrats eingesperrt, denn selbst dem größten Trottel war klar, daß nur die Wlassow-Leute des Verrats hätten angeklagt werden können. Diese da wurden allesamt eingesperrt, *damit* sie sich *nicht* unter Dorfgenossen lauten Erinnerungen an Europa hingeben. Was man nicht weiß, macht einen nicht heiß . . .)

Nun also: Welche Wege standen den russischen Kriegsgefangenen offen? An gesetzlichen nur einer: sich hinlegen, sich tottreten lassen. Jeder zarte Grashalm reckt sich, um zu leben. Du aber — leg dich hin und sei zertreten. Stirb wenigstens mit Verspätung, wenn du auf dem Schlachtfeld schon nicht sterben konntest; stirb, und wir werden dich nicht richten.

»Der Soldaten Schlaf, die vor der Zeit verstummten . . .
Nun bleiben sie in alle Ewigkeit im Recht.«

Alle anderen, alle übrigen Wege, die dein verzweifeltes Gehirn sich zu ersinnen sucht — bringen dich nur hinter Gitter.

Die Flucht in die Heimat — durch die Sperrzone des Lagers, durch halb Deutschland, danach durch Polen oder über den Balkan, sie führte in den *Smersch* und auf die Anklagebank: Wie hast du fliehen können, wenn andere es nicht vermochten? Die Sache stinkt! Sag lieber gleich, du Dreckskerl, mit welchem Auftrag sie dich herübergeschickt haben! (Michail Burnazew, Pawel Bondarenko, und viele, sehr viele*.)

*In unserer Literaturkritik ist es üblich geworden, über Scholochows Erzählungen »Eines Menschen Schicksal« zu schreiben, der Autor habe darin

Die Flucht zu den westlichen Partisanen, in die Résistance, verzögerte bloß die gebührende Vergeltung; für das Tribunal machte sie dich nur noch gefährlicher: frei unter Europäern lebend, hast du an üblem Geist genug aufnehmen können. Daß du aber nicht gezögert hattest zu fliehen und weiterzukämpfen, läßt Entschlußkraft in dir erkennen, doppelt gefährlich macht sie dich für dein Land.

Im Lager auf Kosten der Landsleute und Kameraden zu überleben? Ein Lagerordner zu werden, ein Kommandant, ein Helfershelfer der Deutschen und des Todes? Nicht strenger als für die Teilnahme an der Résistance strafte dafür das Stalinsche Gesetz: derselbe Artikel, dieselbe Haftzeit (nicht schwer ist's zu erraten, warum: *Solch* ein Mensch war minder gefährlich!). Aber ein inneres, unerklärbar in uns verankertes Gesetz versperrte diesen Weg für alle, außer für den Abschaum.

In Abrechnung dieser vier Ecksteine, dieser nicht zu bewältigenden oder nicht annehmbaren Wege, blieb ein fünfter: auf die Anwerber zu warten, auf den Ruf nach irgendwohin.

Manchmal hatte man das Glück, an einen Bezirksbevollmächtigten zu

»die bittere Wahrheit« über »diese Seite unseres Lebens« ausgesprochen. Wir sehen uns bemüßigt festzustellen, daß in dieser an sich sehr schwachen Erzählung, deren dem Krieg gewidmete Seiten blaß und nicht überzeugend sind (der Autor kannte den letzten Krieg offensichtlich nicht), deren bilderbuchmäßige Beschreibungen der Deutschen beinahe lachhaft sind (und nur die Frau von Sokolow, der Hauptgestalt, frei nach Dostojewski), festzustellen, daß in dieser Erzählung über das Schicksal der Kriegsgefangenen das *echte Problem der Gefangenschaft verheimlicht oder verzerrt* worden ist:
1. Als Ursache der Gefangennahme wurde ein am wenigsten »krimineller« Fall gewählt: durch die »Bewußtlosigkeit« des Helden soll sie »unzweifelhaft« erscheinen, womit das Schmerzhafte an dem Problem glatt umgangen wird. (Wenn er aber bei Bewußtsein geblieben wäre, wie es bei den meisten war – was und wie dann?)
2. Das Hauptproblem der Gefangenschaft wird nicht darin gesehen, daß die Heimat uns verlassen und verdammt, sich von uns losgesagt hat (darüber steht bei Scholochow kein Sterbenswörtchen) und gerade *dadurch* die Ausweglosigkeit geschaffen wurde, sondern darin, daß sich dort Verräter in unseren Reihen fanden. (Wenn das aber die Hauptsache sein soll, dann nimm dir doch die Mühe und erkläre dem Leser, woher sie im fünfundzwanzigsten Jahr nach der vom ganzen Volk unterstützten Revolution hervorgekrochen kamen.)
3. Die Flucht selbst wird phantastisch und reißerisch aufgezogen, bloß damit die unumgängliche Empfangsprozedur für den Entflohenen nicht aufzutauchen braucht: *Smersch* – Überprüfungs- und Filtrationslager. Sokolow wird nicht nur nicht hinter den Stacheldraht gesperrt, wie dies die Instruktion verlangt, sondern – ein Witz! – vom Oberst mit einem Monat Heimaturlaub beschenkt! (Heißt das, daß er in Freiheit gesetzt wird, um die *Aufträge* der faschistischen Abwehr erfüllen zu können? Dem Oberst wird's nicht gut bekommen!)

geraten, der Landarbeiter für die Bauern holte; an eine Firma, die Ingenieure und Arbeiter suchte. Nach dem höchsten Stalinschen Imperativ hättest du natürlich verneinen müssen, daß du Ingenieur, verheimlichen, daß du Facharbeiter bist. Konstrukteur oder Elektriker, hättest du dir deine patriotische Reinheit nur dann bewahrt, wenn du im Lager geblieben wärest, dort die Erde zu wühlen, zu verfaulen und in den Abfällen zu stöbern. Dann durftest du wegen *reinen* Hochverrats stolz erhobenen Hauptes mit zehn Jahren Haft und fünf Jahren Maulkorb rechnen. Diese Art Hochverrat aber, erschwert durch die dem Feinde geleisteten Dienste, Spezialistendienste zudem, brachte dir, dem Schmachgebeugten — zehn Jahre Haft und fünf Jahre Maulkorb ein!

Es war die Juwelierspräzision eines Nilpferds, durch die sich Stalin so trefflich auszeichnete!

Mitunter aber kamen Werber ganz anderer Art, Russen nämlich, für gewöhnlich von den ehemaligen roten Politruks welche; die Weißgardisten gaben sich dafür nicht her. Die Werber trommelten im Lager eine Kundgebung zusammen, beschimpften die Sowjetmacht und riefen zum Eintritt in die Spionageschulen und in die Wlassow-Truppen auf.

Wer nicht wie unsere Kriegsgefangenen gehungert hat, wer nicht verirrte Fledermäuse kahlgenagt, nicht alte Schuhsohlen gekocht hat, der wird kaum verstehen können, welche unbezwingbare Kraft jeder Ruf und jedes Argument gewinnen, wenn hinter ihnen, jenseits der Lagertore, die Feldküchen dampfen und alle Freiwilligen sogleich sattgefüttert werden — noch einmal essen nach Herzenslust! wenigstens einmal noch im Leben!

Doch als Zuschlag zum dampfenden Brei enthielten die Lockrufe der Werber einen Hauch von Freiheit und wirklichem Leben — wohin immer sie riefen! Zu den Wlassow-Bataillonen. Zu den Kosakentruppen von Krasnow. Zu den Arbeitskompanien, den künftigen Atlantikwall zu betonieren. In die norwegischen Fjorde. In die Libysche Wüste. Zu den *Hiwis*, den Hilfswilligen, von denen es in jeder Wehrmachtskompanie zwölf Mann gab. Schließlich — zu den Dorf*polizaien*, die Partisanen aufspüren und einfangen (von denen sich die Heimat, jedenfalls von vielen, ebenso lossagen wird). Wohin er auch lockt, egal wohin — nur nicht hier wie Schlachtvieh verenden müssen.

Wenn wir einen Menschen dahin bringen, daß er Fledermäuse abnagt, entheben wir ihn selber aller Pflichten gegenüber — was ist schon Heimat? — gegenüber der Menschheit!

Und diejenigen von unseren Leuten, die sich aus den Kriegsgefangenenlagern zu Schnellsiedespionen anwerben ließen, hatten noch nicht die logischen Schlüsse aus ihrer Verlassenheit gezogen, die handelten noch überaus patriotisch. Sie sahen darin das wohlfeilste Mittel, dem Lager zu entkommen. Fast durchweg schwebte ihnen vor: sie würden sich, kaum auf der anderen Seite angelangt, den sowjetischen Behörden stellen, Ausrüstung und Instruktionen abliefern, gemeinsam mit einem gutmütigen Offizier über die dummen Deutschen lachen, die Rotarmistenuniform anziehen und sich frohen Mutes wieder der Schar der Kämpfer zugesellen. Sagen Sie, *menschlich gesehen — wer hätte etwas anderes erwarten können? Wie hätte es anders auch sein sollen?* Es waren treuherzige Burschen, unkomplizierte Rundgesichter, ich bin vielen begegnet, und wenn sie sprachen, klang's einnehmend nach ihren Heimatdörfern bei Wladimir oder Wjatka. Munter meldeten sie sich zu Spionen und hatten kaum einer mehr als vier, höchstens fünf Dorfschulklassen hinter sich und wußte keiner, mit Kompaß und Karte umzugehen.

So einzig richtig stellten sie sich, wie es scheinen mochte, ihren Ausweg vor. So kostspielig und dumm war, wie es scheinen mochte, das ganze Unterfangen für die Deutschen. Doch nein! Hitler besaß schon das rechte Gespür, sich dem Ton seines hochherrschaftlichen Bruders anzupassen! Die Spionomanie war ein Grundzug des Stalinschen Wahns. Stalin sah sein Land von Spionen wimmeln. Sämtliche Chinesen aus dem sowjetischen Fernen Osten bekamen den Spionagepunkt 58,6 und starben in den nördlichen Lagern aus. Das gleiche Schicksal traf die chinesischen Bürgerkriegskämpfer, so sie sich nicht beizeiten aus dem Staub gemacht hatten. Einige hunderttausend Koreaner wurden nach Kasachstan verschickt, immer desselben Deliktes verdächtigt. Alle Sowjetmenschen, die jemals im Ausland gewesen waren, jemals ihre Schritte vor einem *Intourist*-Hotel verlangsamt hatten, irgendwann sich neben einer fremdländischen Visage fotografieren ließen oder selber ein öffentliches Gebäude knipsten (das Goldene Tor in Wladimir) — wurden desselben Deliktes angeklagt. Wer zu lange auf eine Bahnstrecke, eine Autobrücke, einen Fabrikschornstein gestarrt hatte — machte sich dieses Deliktes schuldig. All die zahlreichen ausländischen Kommunisten, die in der Sowjetunion hängengeblieben waren, alle großen und kleinen *Komintern*-Leute erhielten durch die Bank, ganz ohne individuelle Abstufung, als ersten Anklagepunkt: Spionage*. Und auch die lettischen Schützen, die verläßlichsten Bajonette der frühen Revolutionsjahre,

---

* Iosip Tito ist diesem Los nur knapp entronnen. Popoff und Taneff hingegen, Dimitroffs Kampfgenossen beim Leipziger Prozeß, wurden beide eingelocht. Mit Dimitroff selbst führte Stalin anderes im Schilde.

wurden während ihrer lückenlosen Kaperung im Jahre 1937 der nämlichen Spionage beschuldigt! Den berühmten Ausspruch der launischen Katharina hat Stalin gleichsam verkehrt und vervielfältigt: Ihm war's lieber, neunhundertneunundneunzig Unschuldige *ver-*, als einen einzigen waschechten Spion *ent*kommen zu lassen. Wie hätte man demnach den russischen Soldaten glauben können, die tatsächlich in den Händen der deutschen Abwehr gewesen waren?! Und welch eine Erleichterung für die Henker des MGB, daß die zu Tausenden aus Europa herbeiströmenden Soldaten kein Hehl daraus machten — freiwillig angeworbene Spione zu sein! Welch eine frappierende Bestätigung für den Weitblick des Weisesten aller Weisen! Hereinspaziert, hereinspaziert, ihr dummen Laffen! Längst liegen Paragraphen und Sold für euch bereit!

Doch nicht unberechtigt wäre es zu fragen: Es gab schließlich auch welche, die allen Lockungen der Werber widerstanden; und nirgendwo bei den Deutschen Facharbeit leisteten; und keine Lagerordner waren; und den ganzen Krieg lang im Kriegsgefangenenlager verbrachten, keine Lücke darin zu finden; und trotz allem nicht gestorben sind, obwohl dies beinahe unglaublich klingt! Die beispielsweise Feuerzeuge aus Metallresten bastelten und sich damit, wie die beiden Elektroingenieure Nikolai Andrejewitsch Semjonow und Fjodor Fjodorowitsch Karpow, einen Nebenverdienst erwarben. Ist's möglich, daß die Heimat auch ihnen die Gefangennahme nicht verziehen hat?

Aber gewiß hat sie nicht! Beide, Semjonow und Karpow, lernte ich in der Butyrka kennen, als sie ihre gesetzlichen ... wieviel wohl? der pfiffige Leser weiß es bereits: zehn Jahre plus fünf Jahre Maulkorb gerade erhalten hatten. Dabei hatten sie, zwei erstklassige Ingenieure, das deutsche Arbeitsangebot *abgelehnt!* Und der Unterleutnant Semjonow war 1941 *freiwillig* an die Front gegangen. Und hatte 1942 immer noch eine leere Revolvertasche anstelle einer Waffe (der Untersuchungsrichter begriff nicht, warum er sich mit der Revolvertasche nicht erschossen hatte). Und war dreimal aus dem Lager ausgebrochen. Und wurde 1945, nach der Befreiung aus dem KZ, strafweise auf einen Panzer gesetzt (die Strafkompanien der aufgesessenen Infanterie), und hat *Berlin genommen* und den Orden des Roten Sterns verliehen bekommen — und wurde erst danach endgültig festgesetzt und mit einer *Frist* versehen. Das genau ist der Spiegel unserer Nemesis.

Wenige Kriegsgefangene haben als freie Männer die sowjetische Grenze überschritten, und wenn einer im Wirrwarr durchgesickert war, dann wurde er später geholt, egal, ob man schon 1946/47 schrieb. Die einen wurden an den Sammelpunkten in Deutschland verhaftet. Die anderen blieben scheinbar frei, bloß daß man sie ab der Grenze in Viehwagen und unter Bewachung in eines der zahlreichen, über das ganze Land verstreuten Prüf- und Filtrationslager (PFL) beförderte. Diese Lager unterschieden sich in nichts von den Zwangsarbeitslagern ITL, das Besondere bestand nur darin, daß die Insassen noch keine Strafen hatten und im Lager selbst auf das Urteil warten mußten. All diese PFLs standen nicht abseits, waren Betrieben, Bergwerken und Baustellen zugeordnet, so daß sich die früheren Kriegsgefangenen, die wiedergewonnene Heimat von hinterm Stacheldraht wie vordem Deutschland beäugend, vom ersten Augenblick an in den zehnstündigen Arbeitstag eingliedern konnten. Zur Mußestunde, an den Abenden und in den Nächten, wurden die zu Überprüfenden verhört, zu welchem Behufe die PFLs mit einer Vielzahl von Einsatzbeamten und Untersuchungsrichtern bestückt waren. Wie immer begann der Untersuchungsrichter mit der Feststellung, daß man unbesehen schuldig sei. Und man hatte, rundum vom Stacheldraht eingekreist, die Beweise zu erbringen, daß man *un*schuldig war. Dazu mußte man Zeugen nennen, andere Kriegsgefangene, die genausogut in ein tausend Meilen weit entferntes PFL eingeliefert worden sein konnten; so kam es, daß die Einsatzleute aus Kemerowo an diejenigen von Solikamsk um Auskunft schrieben, worauf dort Zeugen befragt und Antworten und neue Anfragen verschickt wurden, so daß aus dem Erstbefragten selbst ein Zeuge wurde. Ein Jahr konnte es wohl dauern, bis ein Schicksal aufgeklärt war, auch zwei bisweilen, was tut's, wenn nur die Heimat daran keinen Schaden nahm: Tagsüber wurde ja Kohle gefördert. Und wenn ein Zeuge auch Falsches ausgesagt hatte und ein anderer nicht mehr lebend vorgefunden wurde, war's niemandes Nachteil als das des Verdächtigen selbst: als Vaterlandsverräter wurde er verbucht und bei der auswärtigen Tagung des Tribunals mit einem *Zehner*-Stempel versehen. Wenn aber, trotz ihres großen Mühens, alles dafür sprach, daß man bei den Deutschen tatsächlich nicht gedient, mehr noch — weder Engländer noch Amerikaner jemals zu Gesicht bekommen hatte (daß man aus dem Lager nicht von uns, sondern von *ihnen* befreit wurde, galt als erschwerender Umstand), oblag es den Einsatzbeamten zu entscheiden, welcher Stufe der Isolation man würdig sei. Manchen wurde ein Wechsel des Wohnsitzes verordnet (wodurch die Beziehungen des Menschen zur Umwelt stets gestört und seine Verwundbarkeit bestens gesteigert wird). Anderen offerierten sie großzügig den Dienst in der WOChR, der militarisierten Lagerbewachung: Dem Anschein nach freigelassen, verlor der Mensch jede Art von persönlicher Freiheit und blieb in einem östlichen Krähwinkel begraben. Die

Dritten wurden mit Handdruck entlassen, obwohl sie doch für das reine Sichergebenhaben den Tod allemal verdient hätten. Eine humane Geste, doch verfrüht die Freude darob! Über die geheimen Kanäle der Spezialabteilungen eilte den Entlassenen der *Akt* voraus. Sie blieben, auch zu Hause, für ewig *nicht unsere Leute* und wurden bei der nächstbesten Massenaushebung, etwa bei der von 1948/49, sowieso verhaftet, dann eben wegen Agitation oder sonst was Passendem; auch mit solchen habe ich gesessen.

»Ach, hätt ich's doch gewußt! . . .« Das war der Hauptrefrain in den Gefängniszellen jenes Frühjahrs. Hätt ich doch gewußt, daß sie mich so empfangen! daß sie mich so betrügen! daß es mir so ergehen würde! – wäre ich denn sonst in die Heimat zurück?* Um keinen Preis! Da hätte ich mich in die Schweiz, nach Frankreich abgesetzt! übers Meer! übern Ozean! über drei Ozeane!

Die Bedachtsameren erhoben Einspruch: Der Fehler liegt weiter zurück! War's nötig, sich 1941 in die vorderste Reihe zu drängen? Überlegst du hin und her, geh am besten nicht zum Heer. Von Anfang an im Hinterland sich festzusetzen, das wäre das Richtige gewesen. Die sind heute Helden. Noch sicherer aber wär's gewesen zu desertieren: Die sind mit heiler Haut davongekommen und haben bloß acht oder sieben Jahre Haft statt unserer zehn; den Deserteur läßt man auch im Lager an jeden warmen Posten ran: der ist ja kein Feind, kein Verräter, kein Politischer, i wo! – ein simpler heimischer *Bytowik*. Den Bedachtsamen wurde heftig widersprochen: Dafür aber werden die Deserteure diese ganzen Jahre auch absitzen und abrackern müssen, ein Pardon wird's für die nicht geben. Auf unsereins aber wartet schon die Amnestie, uns lassen sie alle laufen. (Noch sah man damals das wichtigste Deserteursprivileg nicht voraus!)

*Nebenbei gesagt, handelten auch jene Kriegsgefangenen, die *wußten*, sehr oft nicht anders. Wassilij Alexandrow war in finnischer Kriegsgefangenschaft. Dort stöberte ihn ein gewisser Petersburger Kaufmann auf und sprach, nachdem er sich vergewissert hatte, daß es der richtige Alexandrow war: »Seit dem siebzehner Jahr bin ich Ihrem Herrn Vater eine große Summe schuldig, hatte nie eine Gelegenheit, sie zu begleichen. Wollen Sie nun die Liebenswürdigkeit haben, den Empfang zu bestätigen!« Alexandrow wurde nach dem Krieg in den Kreis der russischen Emigranten aufgenommen, dort fand er auch eine Braut, aus Liebe, nicht einfach so. Der zukünftige Schwiegervater gab ihm zur Aufklärung alle Bände der *Prawda* zu lesen, so wie sie war, von 1918 bis 1941, ohne die nachträglichen Verwischungen und Korrekturen. Dazu erzählte er ihm in etwa die Geschichte der *Ströme*, wie in Kapitel 2. Und dennoch ... Alexandrow ließ Braut und Vermögen stehen, kehrte in die UdSSR zurück und erhielt, wie unschwer zu erraten, den *Zehner* und *fünf Jahre Maulkorb*. Im Sonderlager, 1953, war er glücklich, einen Posten als Brigadier zu ergattern.

Bei jenen aber, die wegen des zehnten Punktes von Zuhause weg oder aus den Reihen der Roten Armee verhaftet worden waren, meldete sich sogar ein gewisser Neid: Der Teufel hol's! ums *gleiche Geld* (zum selben *Zehner*) hätte man sich noch umschauen können in der weiten Welt, wie die Kumpel da! Verrecken werden wir im Lager, ohne jemals mehr als unser stinkiges Treppenhaus gesehen zu haben. (Im übrigen gaben sich die 58,10er kaum die Mühe, ein hellsichtiges Frohlocken zu verbergen: Wer denn sonst, wenn nicht sie, sollte bei der Amnestie als erster drankommen!)

Nur die Wlassow-Leute seufzten nicht: »Ach, hätt ich's doch gewußt« (denn sie hatten gewußt, was sie auf sich nahmen), nur sie machten sich keine Hoffnung auf Gnade, keine Hoffnung auf eine Amnestie.

Noch lange bevor sich unsere Wege unerwartet auf den Gefängnispritschen kreuzten, hatte ich von ihnen gewußt und, was ich wußte, zu fassen versucht.

Zuerst waren es die mehrmals durchnäßten und mehrmals getrockneten Flugzettel, die sich im hohen, drei Jahre nicht gemähten Gras des Frontgebiets von Orjol verloren hatten. Sie meldeten die im Dezember 1942 erfolgte Gründung eines gewissen Smolensker »russischen Komitees«, das entweder eine Art russischer Regierung zu sein beanspruchte oder auch nicht. Vermutlich waren sich die Deutschen selbst darüber noch nicht im klaren, und die zaghafte Meldung klang deshalb sogar wie eine einfache Finte. Auf dem Flugzettel war General Wlassow abgebildet, darunter stand sein Lebenslauf. Das Gesicht auf dem unscharfen Foto schien Sattheit und Erfolg auszustrahlen wie bei sämtlichen Generälen unserer neuen Prägung. (Man sagte mir später, daß es nicht stimmte, daß Wlassow eher die Statur eines westlichen Generals besaß: groß und mager, die Hornbrille dazu.) Das Glück im Vorwärtskommen wurde durch den Lebenslauf scheinbar bestätigt: Als Militärattaché bei Tschiang Kai-schek hat er sich eine weiße Weste bewahrt. Andere Erschütterungen hat es in seinem Leben auch nicht gegeben, als diese erste, da seine eingekesselte und verhungernde 2. Elitearmee stümperhaft im Stich gelassen wurde. Doch welchen Sätzen aus jener Biographie war überhaupt zu glauben?

Soweit heute feststellbar, hat Andrej Andrejewitsch Wlassow wegen der Revolution sein Studium am Priesterseminar in Nischnij Nowgorod abgebrochen, wonach er in die Rote Armee einberufen wurde und als Gemeiner diente. An der Südfront, gegen Denikin und Wrangel, avancierte er bald zum Zug-, dann zum Kompanieführer. In den zwanziger Jahren absolvierte er den Armeelehrgang »Wystrel«, trat 1930 der Kommunistischen Partei bei und wurde 1936 im Rang eines Regimentskommandeurs als Berater nach China geschickt. Offensichtlich in keiner Weise mit den höheren Armee- und Regierungskreisen verbandelt, geriet er auf ganz natürliche Weise in Stalins »zweite Staffel«, die nun an die Stelle der ausgerotteten Armee-, Divisions- und Brigadechefs trat. 1938 bekam er eine Division und 1940, mit der Einführung der neuen (alten) Militärdienstgrade, den Rang eines Generalmajors. Aus dem folgenden läßt sich schließen, daß Wlassow unter der neuen, überwiegend borniertern und unerfahrenen Generalität zu den weitaus Fähigsten gehörte. Die von ihm seit dem Sommer 1940 geführte und ausgebildete 99. Schützendivision wurde nicht wie andere vom deutschen Angriff überrascht, ganz im Gegenteil: Während rundherum alles nach Osten zurückflutete, stieß sie nach Westen vor, eroberte die Stadt Przemysl zurück und konnte sie noch weitere sechs Tage halten. Der Posten eines Korpskommandeurs war rasch übersprungen, so daß Generalleutnant Wlassow 1941 bei Kiew bereits die 37. Armee befehligte. Aus dem großen Kiewer Kessel schlug er sich durch; im Dezember 41 führte er vor Moskau seine nunmehr 20. Armee zu einem Gegenangriff zwecks Entlastung der Hauptstadt (die Einnahme von Solnetschnogorsk) an, wie im Tagesbericht des Inform-Büros vom 12. Dezember vermerkt (die aufgezählten Generäle sind: Schukow, Leljuschenko, Kusnezow, Wlassow, Rokossowski, Goworow). Im ungestümen Tempo jener Monate kam er noch dazu, stellvertretender Oberkommandierender der Wolchowfront zu werden (der Chef war Mereschkow), die 2. Elitearmee zugeteilt zu bekommen und an ihrer Spitze am 7. Januar 1942 den Versuch zum Durchbruch der Leningrader Blockade zu starten — über den Wolchowfluß in nordwestlicher Richtung. Die Operation war komplex geplant, mit Vorstößen von vielen Seiten, auch von Leningrad her, und es sollten sich daran Zug um Zug auch noch die 54., die 4. und die 52. Armee beteiligen. Doch die drei rührten sich zum einen gar nicht vom Fleck, weil sie zum gesetzten Termin nicht einsatzbereit waren, und blieben zum anderen bald wieder stecken (man verstand sich bei uns noch nicht auf die Planung und weniger noch auf die Kombinierung solcher schwieriger Operationen). Die 2. Elitearmee aber preschte erfolgreich vor und fand sich im Februar 1942 auf 75 Kilometern in die deutschen Stellungen eingekeilt. Und von diesem Augenblick an brachte das Stalinsche Oberabenteurerkommando selbst für diese Armee weder Truppenverstärkung noch Munition auf. (Und hatte mit solchen Reserven die Offensive begonnen!) So blieb auch Leningrad in der Hungerblockade, ohne von den Nowgoroder Neuigkeiten Genaueres zu erfahren. Im März hielt der Frost die Zufahrten noch intakt, im April jedoch begann der ganze sumpfige Landstrich, den die 2. Armee passiert hatte, mit einem

Male aufzutauen, die Versorgungswege lösten sich in Schlamm auf, und aus der Luft kam keine Hilfe. Die Armee blieb *ohne Proviant* — und es wurde Wlassow trotzdem *die Erlaubnis zum Rückzug verweigert!* Nach zweimonatigem Hungern und Sterben (die Soldaten, die dabei gewesen, erzählten mir später in den Zellen der Butyrka, daß sie sich von den Hufen der verendeten und verfaulenden Pferde Späne schnitzten, um sie zu kochen und zu essen) begann am 14. Mai der massive deutsche Angriff gegen die umzingelte Armee (und am Himmel — natürlich nur deutsche Maschinen!). Und da erst traf, wie zum Hohn, die Bewilligung zum Rückzug hinter den Wolchow ein ... Und immer wieder diese hoffnungslosen Versuche, doch noch durchzubrechen! — bis in den Juli hinein.

So ging (gleichsam das Schicksal der 2. russischen Samsonow-Armee nachvollziehend, die gleich wahnwitzig in den Kessel getrieben worden war) die 2. Elitearmee zugrunde.

Natürlich war es Hochverrat! Natürlich war es Treuebruch, grausam und egoistisch! Doch — von Stalins seiten. Verrat heißt nicht unbedingt Käuflichkeit. Ignoranz und Fahrlässigkeit bei der Vorbereitung zum Kriege, Verwirrung und Feigheit bei seinem Ausbruch, sinnloses Hinopfern von Armeen und Divisionen, alles nur, um sich die Marschallsuniform zu retten — ja, wo fände man denn Böseres an Verrat bei einem Obersten Befehlshaber?

Anders als Samsonow beging Wlassow nicht Selbstmord. Nach dem Untergang der Armee irrte er in den Wäldern und Sümpfen umher und ergab sich am 6. Juli bei Siwerskaja den Deutschen. Die brachten ihn ins deutsche Hauptquartier bei Lötzen in Ostpreußen, wo einige gefangene Generäle sowie der Brigadekommissar G. N. Schilenkow (ehemals erfolgreicher Parteifunktionär, Sekretär eines Moskauer Bezirkskomitees) versammelt waren. Sie alle hatten sich bereits als Gegner der Stalinschen Regierungspolitik erklärt. Es fehlte nur noch die wirkliche Führerpersönlichkeit. Die sollte Wlassow werden.

Dieses Foto machte es einem unmöglich zu glauben, daß man einen hervorragenden Mann vor sich hatte oder einen, dem Rußlands Wohl seit langem schwer am Herzen lag. Und der Flugzettel gar, der die Schaffung der ROA, der »Russischen Befreiungsarmee«, verkündete — er war nicht nur in einem ungenießbaren Russisch geschrieben, sondern auch noch in einem fremden — und unverkennbar deutschen — Geiste, auch noch ohne echtes Interesse für die Sache, dafür aber mit um so mehr Prahlerei, die drüben zu erwartende üppige Kost und die muntere Stimmung ihrer Soldaten betreffend. Das Ganze war unglaubwürdig, na, und die fröhliche Stimmung — wenn's die Armee überhaupt gab —, das war doch gelogen ... Auf *die* Idee konnte nur der Deutsche gekommen sein.

Es gab tatsächlich fast bis zum Ende des Krieges gar keine ROA. Schon der Name und auch das Ärmelabzeichen waren eine Erfindung eines Deutschen russischer Abstammung, des Hauptmanns Strik-Strikfeldt von der Ostpropaganda-Abteilung. (Trotz seiner unbedeutenden Stellung besaß er einen bestimmten Einfluß und versuchte, die Hitlersche Obrigkeit von der Notwendigkeit eines deutsch-russischen Bündnisses zu überzeugen, aber auch Russen für die Zusammenarbeit mit Deutschland zu gewinnen. Ein beidseitig vergebliches Unterfangen! Beide Parteien trachteten einzig danach, einander auszunutzen und hinters Licht zu führen. Die Deutschen besaßen dazu jedoch Positionen auf den Höhen — die Macht, den Wlassow-Offizieren blieb das Phantasieren am Grunde der Schlucht.) Eine Armee dieser Art gab es nicht, hingegen wurden antisowjetische Militärformationen aus früheren sowjetischen Bürgern seit den ersten Kriegsmonaten aufgestellt. Als erste meldeten die Litauer ihre Hilfsbereitschaft für die Deutschen an (das eine Jahr unter unserer Herrschaft muß ihnen gar übel bekommen sein!); dann wurde aus ukrainischen Freiwilligen die SS-Division »Galizien« gebildet; es folgten die estnischen Abteilungen; im Herbst 1941 die Schutzkompanien in Bjelorußland; und in der Krim die tatarischen Bataillone. (Und es war dies alles von uns gesät! In der Krim zum Beispiel durch die zwanzig Jahre der stumpfsinnigen Moscheestürmerei; wir mußten sie schließen und zerstören, während die weitblickende Eroberin Katharina staatliche Subventionen für den Bau und die Erweiterung der Moscheen in der Krim erteilt hatte. Auch die Hitlerdeutschen hatten Grips genug, die Heiligtümer beim Einmarsch unter ihren Schutz zu nehmen.) Später tauchten auf deutscher Seite kaukasische Verbände und Kosakentruppen (mehr als ein Reiterkorps) auf. Schon im ersten Kriegswinter wurden Züge und Kompanien aus russischen Freiwilligen aufgestellt. Hier allerdings machte sich beim deutschen Kommando starkes Mißtrauen bemerkbar, weswegen dann nur die Unteroffiziere Russen sein durften — die Feldwebel und Leutnants waren deutscher Provenienz, desgleichen die Kommandos (»Achtung!«, »Halt!« u. a.). Wesentlichere und bereits komplett russische Verbände waren: die in Lokot im Brjansker Gebiet ab November 1941 gebildete Brigade (der dortige Maschinenbauprofessor K. P. Woskoboinikow rief eine »Nationale Russische Partei der Arbeit« mit dem heiligen Georg als Schutzpatron aus und erließ ein Manifest an die Bürger des Landes); die im Ort Osintorf bei Orscha anfangs 1942 unter der Führung von russischen Emigranten aufgestellten Truppen (nur verschwindend kleine Grüppchen von russischen Emigranten schlossen sich dieser Bewegung an und auch sie bekundeten offen ihre deutschfeindliche Haltung; Überläufe zur sowjetischen Seite wurden stillschweigend geduldet, so daß die Emigranten, als am Ende ein ganzes Bataillon über die Front ging, von den Deutschen wieder abberufen wurden); schließlich die Männer von Gil, bei Lublin seit dem Sommer 1942 (W. W. Gil, Mitglied der KPdSU und gerüchteweise sogar Jude, brachte es zustande, nicht nur die Gefangennahme zu überleben, sondern auch noch mit Unterstützung seiner Mitgefangenen zum Lagerältesten in Suwalki zu werden, worauf er den Deutschen die Schaffung eines »Kampfbundes der russischen Nationalisten« vorschlug). Doch es gab in alldem noch keine Spur von einer ROA und keine Spur von einem Wlassow. Die von Deutschen befehligten Kompanien wurden versuchsweise an der russischen Front eingesetzt und die russischen Verbände zur Bekämpfung der Brjansker, Orschensker und polnischen Partisanen herangezogen.

Daß es gegen uns allen Ernstes Russen gab und daß sie verbissener kämpften als selbst die SS, bekamen wir bald zu spüren. Im Juli 1943 beispielsweise verteidigte vor Orjol ein Zug von Russen in deutscher Uniform den Flecken Sobakinskije Wyselki. Sie schlugen sich mit einer solchen Verzweiflung, als wenn sie diese Gehöfte mit eigenen Händen erbaut hätten. Einer verschanzte sich im Keller, unsere Leute bewarfen ihn mit Handgranaten, dann blieb er gerade so lange ruhig, bis sich der Nächste hinuntertraute. Erst als eine Panzergranate hineingeballert worden war, entdeckte man, daß er auch noch im Keller ein Loch hatte, in dem er sich vor den Detonationen der gewöhnlichen Granaten versteckte. Man stelle sich den Grad der Betäubung und Hoffnungslosigkeit vor, in dem er diesen seinen letzten Kampf focht.

Auch der unbezwingbare Brückenkopf am Dnjepr südlich von Kursk wurde, ein weiteres Beispiel, von ihnen gehalten; zwei Wochen dauerten die erfolglosen Kämpfe um einige hundert Meter, grimmige Kämpfe bei ebenso grimmigem Frost (Dezember 1943). In der Verwunschenheit der mehrtägigen Winterschlacht standen wir einander gegenüber, hüben und drüben Menschen in Tarnmänteln, die unsere Uniformen verdeckten, und es trug sich bei Malyje Koslowitschi, so erzählte man mir, folgendes zu. Zwei Männer krochen im Schnee, sprangen hoch und verloren die Richtung, und lagen nebeneinander unter einer Fichte und schossen, nicht mehr begreifend, wohin, einfach drauflos. Beide hatten sowjetische MPs. Sie borgten einander Patronen, lobten einen guten Schuß und fluchten über die eingefrorene Schmiere der Maschinenpistolen. Schließlich war das Zeug endgültig verklemmt, eine Rauchpause tat not, sie streiften die Kapuzen ab — und siehe da: der eine hatte einen Adler, der andere einen Stern auf der Mütze. Sie sprangen auf! Die MPs schossen nicht! Trotzdem — wie mit Holzschlegeln droschen sie damit aufeinander ein, eine wilde Jagd begann, da ging's nicht um Politik, nicht um das heilige Vaterland, das war einfaches steinzeitliches Mißtrauen: Wenn *ich* ihn verschone, bringt *er* mich um.

Es war in Ostpreußen, einige Schritte von mir entfernt marschierten am Straßenrand drei gefangene Wlassow-Leute mit ihrer Wache, während auf der Chaussee gerade ein T-34 vorbeiratterte. Plötzlich riß sich einer der Gefangenen los und warf sich mit einem wilden Satz flach unter den Panzer. Der Fahrer verriß das Fahrzeug, trotzdem wurde der Mann von einer Raupe erfaßt. Er wand sich noch, roter Schaum brach ihm aus dem Mund. Und man konnte ihn verstehen! Den Soldatentod zog er dem Galgen vor.

Man hatte ihnen keine Wahl gelassen. Sie durften nicht anders kämpfen. Dieser Ausweg war ihnen versperrt: vorsichtiger mit dem eigenen Leben umzugehen. Wenn bei uns schon die »reine« Gefangenschaft als unverzeihlicher Vaterlandsverrat gewertet wurde, wie stand es dann erst um jene, die die Waffen des Feindes führten? Ihr Verhalten aber wurde in der uns eigenen Holzhammerpropaganda mit, erstens, Treulosigkeit (biologisch? blutsbedingt?) und, zweitens, Feigheit erklärt. Nein, nur nicht Feigheit! Der Feigling sucht, wo's Vorteile und Nachsicht gibt. Der Anstoß aber, in die Wlassow-Verbände der Wehrmacht zu gehen, konnte nur äußerste Notwehr gewesen sein, nur eine jenseits des Erträglichen liegende Verzweiflung, nur ein unstillbarer Haß gegen das Sowjetregime, nur die Mißachtung des eigenen Heils. Denn das wußten sie, daß ihnen hier kein Schimmer von Gnade winkte! Von den unseren wurden sie sofort erschossen, kaum daß man vom Gefangenen das erste deutliche russische Wort vernahm. In der russischen Gefangenschaft erging es, genauso wie in der deutschen, den Russen am allerschlimmsten.

Überhaupt hat uns dieser Krieg offenbart, daß es auf Erden kein schlimmeres Los gibt, als Russe zu sein.

Ich schäme mich, wenn ich mich daran erinnere, wie ich damals, während der Erschließung (lies Plünderung) des Kessels von Bobruisk, als ich zwischen den zerschossenen und umgekippten deutschen Kraftwagen, den herrenlosen deutschen Lastgäulen und dem rundherum verstreuten erbeuteten Luxus einherschlenderte, plötzlich jemanden rufen hörte: »Herr Hauptmann! Herr Hauptmann!«, und in einer Niederung, in der deutsche Troßwagen und Autos steckengeblieben waren und das eben Erbeutete in Brand gesteckt wurde, den Mann sah, der mich da in reinstem Russisch um Hilfe anflehte, einen Mann in deutschen Uniformhosen, aber mit nacktem Oberkörper, überall Blut an ihm, im Gesicht, auf der Brust, auf den Schultern, am Rücken — und den Sergeanten vom Sonderdienst hoch zu Rosse, der ihn mit Peitschenhieben und mit der Kruppe seines Pferdes vor sich hertrieb. Er ließ die Knute auf den nackten Leib des Opfers sausen, daß es sich nicht umsah, nicht um

Hilfe rief; er trieb den Mann vorwärts und schlug auf ihn ein, immer neue blutige Striemen in seine Haut prügelnd.

Es war nicht der Punische, nicht der Griechisch-Persische Krieg! Jeder machtbefugte Offizier einer jeden beliebigen Armee hätte der mutwilligen Mißhandlung Einhalt gebieten müssen. Einer jeden beliebigen — ja, bloß auch der unseren? ... Bei der Erbarmungslosigkeit und Absolutheit unseres zweipoligen Klassifizierungssystems? (Wer *nicht mit uns* ist, folglich *gegen uns*, der falle der Verachtung und Vernichtung anheim.) Kurz gesagt: ich war zu FEIGE, den Wlassow-Mann vor dem Sonderdienstler in Schutz zu nehmen, ICH HABE NICHTS GESAGT UND NICHTS GETAN, ICH GING VORBEI, ALS OB ICH NICHT GEHÖRT HÄTTE — damit die allseits geduldete Pest nur ja nicht auf mich übergreife (was, wenn der Wlassow-Mann ein Superbösewicht ist? Was, wenn der Sergeant glaubt, ich sei ..? was wenn ...?). Ja, einfacher noch: Wer die damalige Atmosphäre in unserer Armee kennt — ob sich der Sonderdienstler von einem simplen Hauptmann auch etwas hätte befehlen lassen?

Und so wurde ein wehrloser Mensch wie ein Stück Vieh weitergetrieben, und der Mann vom Sonderdienst hörte nicht auf, mit wutverzerrtem Gesicht auf ihn einzupeitschen.

Dieses Bild ist mir für immer geblieben. Denn es ist beinahe ein Symbol des Archipels und würde bestens auf den Buchumschlag passen.

Das alles hatten sie vorausgeahnt und im voraus gewußt — und sich trotzdem auf den linken Ärmel der deutschen Uniformjacke das weißblau-rot umkantete Schild mit dem weißen Andreasfeld und den Buchstaben ROA genäht.

Die Buchstaben lernte man allmählich kennen, die Armee aber blieb nach wie vor nicht existent, die Einheiten waren verstreut, verschiedenen Instanzen unterstellt, und Wlassows Generäle spielten derweilen in Dahlem bei Berlin Preference. Die Brigade Woskoboinikows, bzw. nach dessen Tode Kaminskis, zählte Mitte 1942 fünf mit Artillerie bestückte Infanterieregimenter zu je zweieinhalb- bis dreitausend Mann, ein Panzerbataillon mit zwei Dutzend sowjetischen Panzern und eine Artilleriedivision mit rund dreißig Geschützen. (Das Kommando lag in den Händen von kriegsgefangenen Offizieren, die Mannschaft wurde im wesentlichen aus ortsansässigen Freiwilligen rekrutiert.) Und die Brigade hatte das Gebiet um Brjansk von Partisanen freizuhalten ... Zum selben Zwecke wurde die Brigade von Gil-Blaschewitsch im Sommer 1942 aus Polen (wo sie sich durch Grausamkeiten gegen Polen und Juden ausgezeichnet hatte) nach Mogilew verlegt. Anfang 1943 lehnte sich ihr Kommando dagegen auf, der Befehlsgewalt Wlassows unterstellt zu werden, da es in dem von ihm verkündeten Programm den »Kampf gegen das Weltjudentum und die verjudeten Kommissare« vermißte; schließlich waren es wiederum dieselben Rodionow-Leute (Gil hatte seinen Namen in »Rodionow« geändert), die im August 1943, als sich Hitlers Niederlage abzuzeichnen begann, ihre schwarze Fahne mit dem silbernen Totenkopf in eine rote umwandelten und den von ihnen besetzten nordöstlichen Winkel von Bjelorußland zum freien Partisanenland mit wiederhergestellter Sowjetmacht erklärten. (Über dieses Partisanengebiet begann man dazumal in unseren Zeitungen zu berichten, ohne das Woher und Wieso zu erklären. Später wurden alle überlebenden Rodionow-Leute eingesperrt.) Na, und wen haben die Deutschen gegen die Rodionow-Brigade eingesetzt? Die Brigade Kaminskis, niemand anderen! (Im Mai 1944 auch noch dreizehn ihrer Divisionen, um das »Partisanenland« auszuradieren.) Das war's, was die Deutschen von all diesen bunten Kokarden, dem St. Georgskreuz samt dem Andreaswappen hielten. Die Sprache der Russen und die der Deutschen waren gegenseitig unübersetzbar, unausdeutbar, niemals auf einen Nenner zu bringen. Schlimmer noch: Im Oktober 1944 wurde die Kaminski-Brigade (zusammen mit mohammedanischen Einheiten) von den Deutschen gegen das aufständische Warschau eingesetzt. Während die einen Russen arglistig hinter der Weichsel schlummerten und den Untergang Warschaus durch Feldstecher beäugten, metzelten andere Russen den Aufstand nieder. Als ob die Polen im 19. Jahrhundert nicht Böses genug von den Russen erfahren hatten, mußten auch noch die krummen Messer des zwanzigsten in die alten Wunden stechen (ob das schon alles war? ob schon zum letzten Mal?). — Gradliniger war, scheint's, der Werdegang des Osintorfer Bataillons, das inzwischen nach Pskow verlegt worden war. Etwa 600 Soldaten und 200 Offiziere waren es, in russischer Uniform, mit der weiß-blau-roten Fahne und unter dem Kommando von Emigranten (I. K. Sacharow, Lamsdorf). Das Bataillon wurde auf die Stärke eines Regiments gebracht und sollte unter Berücksichtigung der dortigen Zwangsarbeitslager als Fallschirmtruppe an der Linie Wologda-Archangelsk abgesetzt werden. Das ganze Jahr 1943 über gelang es Igor Sacharow, seine Leute aus dem Einsatz gegen Partisanen herauszuhalten. Daraufhin wurde er kaltgestellt, das Bataillon aber entwaffnet, ins Lager zurückgeschickt, später an die Westfront verlegt. Verloren, vergessen, als unnütz längst verworfen war von den Deutschen der ursprüngliche Plan; im Herbst 1943 wurde der Beschluß gefaßt, das russische Kanonenfutter — zum Atlantikwall zu bringen, gegen französische und italienische Partisanen einzusetzen. Wer von den Wlassow-Leuten politische Motive oder Hoffnungen im Sinne hatte, dem waren sie verlorengegangen.

Die Bewohner der besetzten Gebiete verachteten sie als deutsche Söldlinge, die Deutschen schauten auf sie wegen ihres russischen Blutes herab. Ihre kümmerlichen Publikatiönchen wurden von der deutschen Zensurschere auf Großdeutschland und Führer zugeschnitten. Und darum blieb den Wlassow-Leuten einzig der Kampf bis aufs Messer — und in den Mußestunden der ewige Wodka. Ihr Schicksal war von Anfang an *besiegelt,* und es gab für sie in all den Jahren des Krieges und der Fremde kein Entrinnen irgendwohin.

Schon mit dem Rücken an der Wand, schon am Vorabend des Untergangs, hielten Hitler und seine Umgebung noch immer an ihrem unbeirrbaren Mißtrauen gegen eigenständige russische Verbände fest, noch immer konnten sie sich nicht zu ganzheitlichen russischen Divisionen entschließen, in denen sie den Schimmer eines unabhängigen, ihnen nicht unterworfenen Rußlands witterten. Erst im Getöse des letzten Zusammenbruchs, im November 1944, wurde die Bewilligung zur späten Show gegeben: Alle nationalen Gruppen des »Komitees zur Befreiung der Völker Rußlands« durften sich in Prag versammeln und ein Manifest erlassen (eine Mißgeburt wie die früheren, denn sich ein Rußland ohne Deutschland und ohne den Nazismus vorzustellen, war darin verboten). Vorsitzender des Komitees wurde Wlassow. Erst im Herbst 1944 wurden die durchweg aus Russen bestehenden eigentlichen Wlassow-Divisionen aufgestellt*. Die weisen deutschen Politiker gaben sich offensichtlich dem Glauben hin, daß die russischen Ostarbeiter gerade jetzt scharenweise zu den Waffen eilen würden. Die Rote Armee stand inzwischen schon an der Weichsel und an der Donau ... Und wie zum Hohn, wie um den Weitblick der kurzsichtigen Deutschen zu bestätigen, führten die Wlassow-Divisionen ihren ersten und letzten selbständig ausgeheckten Schlag ... gegen die Deutschen! Ende April, als rundherum alles niederkrachte, versammelte Wlassow, bereits ohne Absprache mit dem Oberkommando, seine zweieinhalb Divisionen in der Nähe von Prag. Da wurde es ruchbar, daß SS-General Steiner Vorbereitungen traf, um die tschechische Hauptstadt zu vernichten, ehe er sie dem Feind übergab. Und Wlassows Divisionen gingen auf seinen Befehl zu den aufständischen Tschechen über. Und was sich an Bitterkeit, Kränkung und Zorn in den geknebelten russsischen Herzen während dieser unbarmherzigen und wirren drei Jahre gegen die Deutschen gespeichert hatte, tobte sich jetzt im Angriff aus: Die Deutschen wurden überrumpelt und aus Prag vertrieben. (Ob sich wohl alle Tschechen später darüber im klaren waren, *welche* Russen ihnen die Stadt bewahrten? Bei uns wird die Geschichte verzerrt, darum heißt es, daß Prag von den so-

---

* Die 1. (auf der Kaminski-Brigade aufbauend) unter S. K. Bunjatschenko, die 2. unter Swerew (dem ehemaligen Militärkommandanten von Charkow), die Hälfte der 3., Ansätze der 4. und die Fliegereinheiten von Malzew. Es waren nicht mehr als vier Divisionen bewilligt worden.

wjetischen Truppen gerettet wurde, obwohl die gar nicht hätten zur rechten Zeit kommen können.)

Danach begann die Wlassow-Armee ihren Rückzug nach Bayern, den Amerikanern entgegen: Die Alliierten waren nunmehr ihre einzige Hoffnung; wenn sie nur den Alliierten von Nutzen sein könnten, dann würde auch ihr langjähriges Baumeln in der deutschen Schlinge einen Sinn erhalten. Doch die Amerikaner empfingen sie in Wehr und Waffen und zwangen sie, wie von der Konferenz in Jalta vorgesehen, zur Übergabe an die sowjetische Seite. Im gleichen Monat Mai folgte in Österreich ein gleich loyaler alliierter Schritt (welcher bei uns aus gewohnter Bescheidenheit verschwiegen wurde); Churchill lieferte dem sowjetischen Kommando das Kosakenkorps aus, · 90 000 Mann und dazu einen großen Troß mit Weib und Kind und Kegel und allem, was nicht an die heimatlichen Kosakenflüsse zurückkehren wollte. (Der große Staatsmann, von dessen Denkmälern dereinst ganz England übersät sein wird, hatte befohlen, auch diese ans Messer zu liefern.)

Die Übergabe selbst entsprach in ihrer heimtückischen Art ganz dem Stil der traditionellen britischen Diplomatie. Die Kosaken waren nämlich fest entschlossen, bis zum letzten Mann zu kämpfen oder allesamt über den Ozean zu gehen, egal wohin, nach Paraguay oder nach Indochina, nur nicht lebend sich ergeben. Darum forderten die Engländer die Kosaken fürs erste auf, die Waffen abzuliefern, angeblich zum Zweck ihrer Vereinheitlichung. Dann wurden die Offiziere einzeln und von den Mannschaften getrennt zu einer Beratung nach Judenburg in der britischen Besatzungszone beordert, angeblich, um über das weitere Schicksal der Armee zu beraten. Da wurde aber Judenburg in der Nacht zuvor heimlich an die sowjetischen Truppen abgetreten, so daß die vierzig Autobusse mit sämtlichen Offizieren vom Zugkommandeur bis zum General Krasnow von der hohen Eisenbahnbrücke direkt in den Halbkreis der *Schwarzen Raben* hinabfuhren, wo bereits Wachmannschaften mit Namenslisten auf sie warteten. Der Rückweg aber war von sowjetischen Panzern abgeriegelt. Und sie hatten auch nichts mehr zum Sich-Erschießen, Sich-Erdolchen; viele sprangen von der Brücke kopfüber aufs Straßenpflaster darunter. — Dann wurden auf gleich hinterlistige Weise die Mannschaften in Züge verfrachtet (als ginge es zu den Kommandeuren, die Waffen wieder zu bekommen).

In ihren Ländern werden Churchill und Roosevelt als Verkörperung staatsmännischer Weisheit verehrt. Uns hingegen, den Teilnehmern der russischen Gefängnisdebatten, offenbarte sich mit frappierender Deutlichkeit ihre notorische Kurzsichtigkeit, ja sogar Dummheit. Wie konnten sie auf ihrem Weg vom Jahre 1941 zum Jahre 1945 auf jegliche Garantie für die Unabhängigkeit der osteuropäischen Staaten verzichten? Wie konnten sie wegen des lächerlichen Kinderspiels um das vierzonale Berlin (ihre künftige Achillesferse zudem) die riesigen Gebiete von Sachsen und Thüringen hergeben? Und welche militärische und politische Räson mag wohl für sie darin gelegen haben, einige hunderttausend bewaffnete und absolut nicht kapitulationswillige Sowjetbürger dem Tod in Stalins Lagern auszuliefern? Man sagt, sie hätten damit für Stalins sicheren Eintritt in den japanischen Krieg gezahlt. Nachdem sie also bereits die Atombombe hatten, Stalin noch dafür zu entlohnen, daß er sich nicht abgeneigt zeigte, die Mandschurei zu besetzen, in China Mao Tse-tung und in der oberen Hälfte von Korea Kim Il-Sung in den Sattel zu helfen?! Und das sollen weise politische Schachzüge sein? Als dann später Mikolajczyk hinausgeworfen wurde, als es Benesch und Masaryk an den Kragen ging, als Berlin blockiert wurde und Budapest ausgeblutet war, als Korea brannte und die Konservativen am Suez Fersengeld gaben – kam auch da keinem von ihnen in den Sinn, sich auch nur einmal, na, sagen wir, an die Episode mit den Kosaken zu erinnern?

Außer den eiligst geschaffenen Wlassow-Divisionen verkümmerten nicht wenige russische Einheiten auch weiterhin im Inneren der deutschen Armeen, ununterscheidbar im Feldgrau ihrer deutschen Uniformen. Sie beschlossen den Krieg an verschiedenen Abschnitten und auf verschiedene Art.

Einige Tage vor meiner Verhaftung geriet auch ich unter Wlassowsche Kugeln. In dem von uns umzingelten ostpreußischen Kessel gab es ebenfalls Russen. In einer der letzten Januarnächte unternahm ihre Abteilung einen Ausbruchsversuch, gegen Westen – ohne Artillerievorbereitung, schweigend. Da es keine durchgehende Front gab, vertieften sie sich rasch in unsere Stellungen und nahmen meine vorgeschobene Schallmeßbatterie in die Zange, so daß ich Mühe hatte, meine Leute über die letzte freie Straße hinauszulotsen. Um ein angeschossenes Fahrzeug zu holen, kehrte ich später zurück und sah, wie sie sich vor Morgengrauen, alle in Tarnmänteln, auf dem Schnee zusammenrotteten, dann plötzlich aufsprangen, mit Hurra gegen die Feuerstellung der 152-Millimeter-Division bei Adlig-Schwenkitten losstürmten und die zwölf schweren Geschütze, ehe sie einen einzigen Schuß abgeben konnten, mit Handgranaten außer Gefecht setzten. Von ihren Leuchtkugeln begleitet, floh unser letztes Häuflein drei Kilometer weit über weglose Schneefelder bis zur Brücke über den schmalen Passarge-Fluß.

Bald folgte meine Verhaftung, und so saßen wir nun am Vorabend der Siegesparade alle gemeinsam auf den Pritschen der Butyrka, ich rauchte ihre Stummel zu Ende und sie die meinen, und ich trug mit einem von ihnen das blecherne Abortgefäß hinaus, sechs Eimer, wenn's voll war.

Viele Wlassow-Leute waren wie auch die kurzlebigen »Spione« junge Menschen, Jahrgang 1915 bis 1922 etwa, somit zum »Geschlecht der Jungen, Unbekannten« gehörig, welches zu begrüßen sich der schusselige Lunatscharski in Puschkins Namen beeilt hatte. Die Mehrzahl war durch die gleiche Welle von Zufälligkeiten in die militärischen Verbände geschwemmt worden wie im Nachbarlager ihre Kameraden in die Spionageschulen — das hing vom entsprechenden Werber ab.

Die Werber, die warfen's ihnen hämisch an den Kopf (hämisch, wenn es nicht wahr, nicht wahr gewesen wäre!): »Stalin hat sich von euch losgesagt!«, »Stalin pfeift auf euch!«

Sie waren durch sowjetisches Gesetz außerhalb des Gesetzes gestellt worden, noch bevor sie sich selbst außerhalb des sowjetischen Gesetzes gestellt hatten.

Sie meldeten sich ... Die einen, um nur aus dem Todeslager hinauszukommen. Die anderen — mit der Absicht, zu den Partisanen überzulaufen (das taten sie auch und kämpften bei den Partisanen! — was jedoch auf die Stalinschen Normen der Urteilsbemessung absolut keinen Einfluß hatte). Und dann gab es doch immer wieder welche, an denen die Schmach von 1941 nagte, die bestürzende Niederlage nach den vielen Jahren der Prahlerei; und manch einer meinte, daß die erste Schuld an diesen unmenschlichen Lagern Stalin trug. Und so gingen auch sie ihre düstere Erfahrung anmelden: Hier sind wir, ein Teilchen von Rußland und fortan gewillt, sein Schicksal mitzubestimmen, nicht bloß ein Spielball fremder Fehler zu sein.

Das Schicksal aber spielte ihnen noch bitterer mit, zu noch jämmerlicheren Schachfiguren waren sie geworden. In ihrer ganzen überheblichen Sturheit erlaubten ihnen die Deutschen nichts anderes, als für ihr *Reich* zu sterben; an ein unabhängiges russisches Geschick zu denken, war bereits verboten.

Bis zu den Alliierten aber waren es zweitausend Werst — und keiner wußte, was man von denen zu erwarten hatte ...

Das Wort »Wlassow-Mann« klingt bei uns wie: »Unrat«, keiner mag es in den Mund nehmen, so als wäre der Klang an und für sich schon unappetitlich, und darum will es jeder tunlichst vermeiden, auch nur einen langen Satz mit dem verpönten Wort auszusprechen.

Doch so wird Geschichte nicht geschrieben. Heute, ein Vierteljahrhundert später, da die Mehrzahl von ihnen in den Lagern zugrunde gegangen ist und die Überlebenden den Rest ihrer Jahre im hohen Norden dahinbringen, wollte ich mit diesen Seiten daran erinnern, daß dies eine für die Weltgeschichte recht ungewöhnliche Erscheinung ist: wenn einige hunderttausend junge Männer* im Alter von zwanzig bis dreißig Jahren im Bündnis mit dem ärgsten Feind die Waffen gegen ihr Vaterland erheben. Daß man sich vielleicht überlegen sollte, wer die größere Schuld dafür trägt: diese Jungen oder das altehrwürdige Vaterland? daß man dies mit biologischer Treulosigkeit nicht erklären kann, sondern soziale Ursachen suchen muß.

Denn es stimmt, wie's im alten Sprichwort heißt: *Das Futter treibt den Gaul nicht aus dem Stall.*

So denke man sich das: ein Feld . . . und auf dem Feld treiben verwahrloste und verwilderte, zu Gerippen abgemagerte Pferde umher.

Noch saßen in jenem Frühjahr viele russische Emigranten in den Zellen.

Es mutete einen beinahe wie ein Traum an: die Rückkehr der vergangenen Geschichte. Längst waren die Werke über den Bürgerkrieg zu Ende geschrieben und in Regalen verstaut, seine Belange gelöst und seine Ereignisse in den Chronologien der Lehrbücher vermerkt. Die führenden Männer der Weißen Bewegung waren uns nicht mehr Zeitgenossen auf Erden, sondern Gespenster aus nebliger Vergangenheit. Die russischen Emigranten, die's härter über die Welt verstreut hatte als die Stämme Israels, mußten, wenn nicht überhaupt längst verkümmert, nach unseren sowjetischen Vorstellungen ein elendes Dasein fristen: nichts als Eintänzer in drittklassigen Lokalen, Lakaien, Wäscherinnen, Bettler, Morphinisten, Kokainisten und verendende Leichname. Bis zum Krieg von 1941 war unseren Zeitungen, genausowenig wie der hohen Belletristik und der literarischen Kritik, auch nur andeutungsweise zu entnehmen (und unsre satten Meister ließen uns darob im dunkeln), daß das russische Ausland eine große geistige Welt darstellte, in der eine russische Philosophie blühte, mit Bulgakow, Berdjajew, Losski, eine viel umjubelte russische Kunst, mit Rachmaninow, Schaljapin, Diaghilew, der Pawlowa, dem Maler Benois und dem Kosakenchor von Jaroff; daß dort eine profunde Dostojewski-Forschung betrieben wurde (während sein Namen bei uns zu damaliger Zeit mit dem Bannfluch belegt war); daß es diesen unglaublichen Schriftsteller Nabokov gab; daß Bunin noch lebte und gewiß doch in den zwanzig Jahren etwas geschrie-

---

*So viele Sowjetbürger waren insgesamt in der deutschen Wehrmacht, vor Wlassow und unter Wlassow, bei den Kosaken und in den mohammedanischen, baltischen und ukrainischen Einheiten, Verbänden und Abteilungen.

ben hatte; daß literarische Zeitschriften verlegt und Stücke in russischer Sprache inszeniert wurden; daß sich Landsleute auf Kongressen versammelten, wo russisch gesprochen wurde; daß die Emigrantenmänner nicht die Fähigkeit verloren, Emigrantenfrauen zu heiraten und mit diesen Kinder zu zeugen, die somit unsere Altersgenossen waren.

Die Vorstellung, die wir im Lande über die Emigranten eingepaukt bekamen, war derart falsch, daß bei einer imaginären Massenbefragung: »Auf wessen Seite standen die Emigranten im Spanischen Bürgerkrieg? im Zweiten Weltkrieg?« wohl alle wie aus einem Munde geantwortet hätten: »Auf Francos! auf Hitlers!« In unserem Lande weiß man ja bis heute nicht, daß es viel mehr Weißemigranten in den Reihen der Republikaner gegeben hatte. Daß sowohl die Wlassow-Divisionen als auch das Kosakenkorps des von Pannewitz (die »Krasnow-Leute«) aus sowjetischen Bürgern bestanden und am allerwenigsten aus Emigranten, denn die Emigranten wollten mit Hitler nichts zu tun haben; einsam und von allen abgelehnt blieben Mereschkowski und die Hippius, weil sie für Hitler Partei ergriffen hatten. Als witzige Anekdote — oder auch gar nicht als solche — sei erzählt, daß Denikin sich eifrig bemühte, auf seiten der Sowjetunion gegen Hitler ins Feld zu ziehen und daß stießen viele russische Emigranten, ob jung, ob alt, zur französischen (offensichtlich nicht gerade als militärische Kapazität, eher schon als Symbol der nationalen Einigung). Während der deutschen Besetzung stießen viele russische Emigranten, ob jung ob alt, zur französischen Résistance; und nach der Befreiung von Paris standen sie vor der Sowjetischen Botschaft Schlange, um die Heimführung zu beantragen. Was immer geschehen war, Rußland bleibt Rußland! — das war ihre Parole, und sie bewiesen damit, daß sie ihre Liebe zu ihm auch früher ehrlich gemeint hatten. (In den Gefängnissen von 1945/46 waren sie fast so was wie glücklich darüber, daß diese Gitter und diese Aufseher — unsere russischen Gitter und Aufseher waren; verständnislos starrten sie auf die sowjetischen Jünglinge, die sich im nachhinein verdattert fragten: »Was, zum Teufel, hatten wir das nötig? Als ob uns Europa zu klein war!?«

Dieselbe Stalinsche Logik, die jeden Sowjetmenschen für lagerreif erklärte, der eine Weile im Ausland verlebt hatte, brachte den Emigranten das gleiche Los. Wie hätte es sie nicht treffen sollen? Sobald sowjetische Truppen in eine Stadt einzogen, ob am Balkan, in Mitteleuropa oder in Charbin, begann die Aktion: Man schnappte sie in ihren Wohnungen und auf der Straße, es waren ja keine Fremden. Fürs erste wurden nur die Männer verhaftet und nicht einmal alle, sondern wer sich im politischen Sinne exponiert hatte. (Die Familien wurden später in die altbewährten russischen Verbannungsorte gebracht, ein Teil blieb zurück, in der Tschechoslowakei, in Bulgarien.) Aus Frankreich, wo man ihnen mit Blumen und Ehren die Staatsbürgerschaft verlieh, wurden sie mit allem Komfort in die Heimat eskortiert; das Verknasten wurde vor Ort erst besorgt. Langwieriger wickelte sich die Sache mit den Schanghai-Emigranten ab, die waren 1945 noch außer Reichweite. Da fuhr ein Bevollmächtigter der sowjetischen Regierung hin und verkündete einen Erlaß des Obersten Sowjet: Vergessen und verziehen sei alles Emigrantentum! Wer wollte dem mißtrauen? Eine Regierung soll lügen?! (Ob es den Erlaß gegeben hat oder nicht, den *Organen* war er allemal kein Geheiß.) Die Schanghaier bekundeten ihre Begeisterung. Sie dürften, so hieß es, jede Menge und jede Art von Sachen mit sich nehmen (sie verfrachteten ihre Autos, das kam der Heimat zugute); sich in der Sowjetunion ansiedeln, wo immer sie wollten; beliebige Berufe ausüben, versteht sich. In Schanghai ging's aufs Schiff. Doch schon das Schicksal der Schiffe war unterschiedlich: auf manchen gab's, wer weiß, warum, kein Essen. Unterschiedlich war auch der weitere Weg aus dem Hafen Nachodka (einem der wichtigsten Umschlagplätze des GULAG). Fast alle wurden in Güterzüge verladen: wie Häftlinge, bloß die strenge Bewachung und die Hunde fehlten noch. Von da ging es mit den einen in besiedelte Regionen, in Städte, wo sie tatsächlich für zwei-drei Jahre von der Leine gelassen wurden. Die anderen fuhren geradewegs ins Lager; der Zug hielt irgendwo noch vor der Wolga mitten im Wald, und da hieß es aussteigen und den steilen Bahndamm hinunter, samt der weißen Klaviere und Blumentischchen. In den Jahren 1948/49 wurde dann der letzte fernöstliche Emigrantenkehricht schön sauber in die Lager gefegt.

Allen Romanen von Jules Verne zog ich als neunjähriger Junge die blauen Heftchen von W. V. Schulgin vor, die dazumal in unseren Buchläden friedlich zum Kauf angeboten wurden. Es war, was da beschrieben, aus einer so endgültig verschwundenen Welt, daß auch die blühendste Phantasie nicht ausgereicht hätte, sich die Fortsetzung auszumalen: Keine zwanzig Jahre würden vergehen, bis sich die Schritte des Autors und meine Schritte als unsichtbare Linie auf den lautlosen Gängen der Großen Lubjanka gekreuzt haben werden. Persönlich allerdings lernte ich ihn nicht damals kennen, sondern weitere zwanzig Jahre danach; mit anderen Emigranten, jungen und alten, Bekanntschaft zu machen, hatte ich jedoch bereits im Frühjahr 1945 Gelegenheit. Mit Rittmeister Borschtsch und Oberst Marijuschkin kam ich beim

Arzt zusammen; der jämmerliche Anblick ihrer nackten verschrumpelten und braungelben — nicht Körper, sondern Gebeine setzte sich in meinem Gedächtnis fest. Sie wurden fünf Schritt vor dem Grabe verhaftet und über tausende Kilometer nach Moskau gebracht, damit im Jahre 1945 mit allem gebührendem Ernst eine Untersuchung in Sachen ihrer gegen die Sowjetmacht im Jahre 1919 gerichteten Aktivitäten abgewickelt werden konnte!

Wir haben uns an die Anhäufung gerichtlicher Ungerechtigkeiten bereits derart gewöhnt, daß wir Abstufungen dabei nicht mehr zu unterscheiden vermögen. Dieser Rittmeister und dieser Oberst dienten als Berufsoffiziere in der zaristischen Armee. Beide waren sie in den Vierzigern gewesen, mit jeweils zwanzig Dienstjahren auf dem Buckel, als der Telegraph die Nachricht vom Sturz des Zaren brachte. Zwanzig Jahre hatten sie unter dem Zareneid abgedient, nun leisteten sie schweren Herzens, vielleicht auch innerlich fluchend, der Provisorischen Regierung den Treueschwur. Im weiteren wurden sie mit Eidesangeboten nicht belästigt: Die Armee zerfiel. Daß die Mannschaften sich dabei die Achselstücke von den Schultern rissen und die Offiziere umbrachten, mißfiel ihnen, woraus naturgemäß folgerte, daß sie sich mit anderen Offizieren verbündeten, solche Gepflogenheiten zu bekämpfen. Natürlich war's auch für die Rote Armee, sie zu befehden und ins Meer zu jagen. Wo es in einem Land aber ein Rechtsempfinden auch nur im Keime gibt — welche Begründung fände man dort, sie vor Gericht zu stellen, zudem noch mit einem Vierteljahrhundert Verspätung!? (All diese Jahre hatten sie als Privatperson verbracht: Marijuschkin bis zur Verhaftung, Borschtsch allerdings befand sich tatsächlich im Kosakentroß in Österreich, doch eben nicht bei der kämpfenden Truppe, sondern hinten bei den Greisen und dem Weibervolk.)

Desungeachtet wurden sie 1945 im Zentrum unserer Jurisdiktion in folgenden Punkten angeklagt: Aktivitäten zum Sturz der Arbeiter- und Bauernmacht; bewaffnetes Eindringen auf sowjetisches Territorium (das heißt, daß sie sich nicht sogleich aus Rußland fortmachten, als es von Petrograd aus für sowjetisch erklärt wurde); Hilfeleistung für die Weltbourgeoisie (von der sie damals keinen Schimmer zu Gesicht bekamen); Tätigkeiten im Dienste einer konterrevolutionären Regierung (das heißt, Gehorsam gegenüber den Generälen, denen sie ein Leben lang unterstanden). Und all diese Punkte (1-2-4-13) des § 58 gehörten dem Strafgesetz an, welches im Jahre 1926, somit sechs bis sieben Jahre *nach Beendigung* des Bürgerkriegs angenommen wurde! (Ein klassisches und gewissenloses Beispiel der *rückwirkenden* Inkraftsetzung eines Gesetzes!) Außerdem wäre in § 2 des StGB nachzulesen gewesen, daß es sich lediglich auf Personen erstreckt, die innerhalb der RSFSR festgenommen wurden. Die Pranken des Sicherheitsdienstes schnappten auch nichtsowjetische Bürger, wo immer sie in Europa und Asien zu ergreifen waren*! Von der *Verjährung* wollen wir schon nicht mehr reden: Wohlweislich war vorgesehen worden, daß sie beim Achtundfünfzigsten keine Anwendung findet. (»*Wozu Vergangenes aufrühren? ...*«) In den Genuß der Verjährung kommen nur die eigenen hausbackenen Henker, die an Landsleuten um ein Vielfaches mehr vernichtet haben als der ganze Bürgerkrieg.

Marijuschkin konnte sich wenigstens noch an damals erinnern und erzählte genauestens über die Evakuierung aus Noworossijsk. Borschtsch hingegen war vollends senil und plapperte wie ein kleines Kind vor sich hin, höchste Glückseligkeit, wie er Ostern auf der Lubjanka gefeiert hatte: In der Palmwoche und in der Karwoche aß er immer nur die Hälfte seiner Brotration, die zweite legte er beiseite und tauschte mal für mal die trockenen Stücke gegen frische aus. So hatte er zum Auferstehungsmahl sieben Portionen beisammen und feierte damit ein echtes Osterfest.

Ich weiß nicht, welche Art von Weißgardisten sie während des Bürgerkriegs gewesen waren: ob zu jenen Einzelnen und Extremen gehörig, die ohne Gerichtsverfahren jeden zehnten Arbeiter aufhängten und die Bauern auspeitschen ließen, oder zu den vielen der dienenden Mehrheit. Daß sie heute verhaftet, verhört und abgeurteilt wurden, kann nichts beweisen und nichts begründen. Da sie aber seither das Vierteljahrhundert nicht als Ehrenpensionisten verlebten, sondern als heimatlose Kümmerlinge, wird man uns schwerlich auch moralische Begründungen nennen können, die das jetzige Richten rechtfertigten. Jene Dialektik ist das, die Anatole France beherrschte — uns macht sie jedoch zuviel Mühe. Nach Anatole France steht der gestrige Märtyrer heut schon im Unrecht: von jener ersten Minute an, da das purpurne Hemd seinen Körper umfängt. Nicht so in der Biographie unserer revolutionären Zeit: Hat man dich nach der Fohlenzeit ein Jährchen geritten, sei dein Name ein Leben lang Pferd, obschon du längst als Fuhrmann dienst.

Von den hilflosen Emigrantenmumien stach der Oberst Konstantin Konstantinowitsch Jassewitsch ab. Ja, für ihn war mit Beendigung des

---

*Auf diese Weise wäre kein afrikanischer Präsident davor sicher, daß wir nicht in zehn Jahren ein Gesetz erlassen, demgemäß wir ihn für das Heutige aburteilen könnten. Die Chinesen werden sicherlich eins verkünden, laß man sie erst einmal festen Fuß fassen.

Bürgerkriegs der Kampf gegen den Bolschewismus offensichtlich nicht zu Ende gewesen. Wie er da gekämpft hatte, wo und womit, das hat er mir nicht erzählt. Trotzdem muß er sich, scheint's, auch in der Zelle wie im lebenslangen Einsatz vorgekommen sein. Inmitten des begrifflichen Wirrwarrs, der teils verschwommenen, teils gebrochenen Linien unserer Standorte hat er sich als einer der wenigen anscheinend einen präzisen und klaren Blick für die Dinge rundum bewahrt und das wiederum, die deutlich umrissene Einstellung zum Dasein, gab auch seinem Körper eine unermüdliche Kraft und Beweglichkeit. Er war bestimmt schon ein Sechziger und kahlköpfig bis aufs letzte Haar; die Untersuchung hatte er bereits hinter sich (wartete wie wir alle aufs Urteil), stand ohne Unterstützung da, natürlich, von wem und woher auch, aber seine Haut war trotz allem jung, ja, rosig sogar, und er gab es — von allen Zelleninsassen der einzige — nicht auf, in der Früh seine Morgengymnastik zu absolvieren und mit kaltem Wasser sich abzureiben (wir anderen sparten mit den Kalorien, die die Gefängnisration enthielt). Er versäumte keine Gelegenheit, wenn zwischen den Pritschen ein Durchgang frei wurde — und marschierte diese fünf-sechs Meter ab, ein harter Schritt, ein hartes Profil, die Hände auf der Brust gekreuzt, auf und ab und auf und ab, und die klaren jungen Augen sahen die Wände nicht.

Und gerade deswegen, weil wir, was da mit uns geschah, nicht wahrhaben wollten, während es für ihn das durchaus Erwartete war, blieb er unter uns allen in der Zelle vollkommen allein.

Was seine Haltung im Gefängnis bedeutete, begriff ich ein Jahr später: Ich war wieder in der Butyrka und traf in einer von denselben siebziger Zellen Jassewitschs jüngere Mitangeklagte, sie alle bereits zu zehn und fünfzehn Jahren verurteilt. Das auf dünnem Zigarettenpapier gedruckte Urteil war ihnen aus unerfindlichem Grund sogar ausgehändigt worden, und ich fand darin, als ersten auf der Liste — Jassewitsch und seine Strafe daneben: Tod durch Erschießen. Das also war es, was er gesehen, durch die Wände hindurch mit seinen ungebrochenen Augen vorausgesehen hatte, wenn er zwischen Tisch und Tür auf und ab schritt! Doch das nimmerreue Bewußtsein, dem rechten Weg die Treue gehalten zu haben, verlieh ihm eine außerordentliche Kraft.

Unter den Emigranten befand sich auch mein Altersgenosse Igor Tronko. Wir wurden Freunde, beide abgemagert und zitterig, die Knochen mit gelblich-grauer Haut überzogen (warum ließen wir wirklich so leicht nach? Ich meine, weil wir den seelischen Halt verloren), beide so schwach, daß uns ein sommerlicher Windstoß in den Spazierhöfen der Butyrka mit wenig Mühe hätte umblasen können; vorsichtig setzten wir Schritt vor Schritt, fürwahr ein Greisenpaar, das nun Lebenslauf mit Lebenslauf verglich. Wir waren in ein und demselben Jahr im Süden Rußlands zur Welt gekommen und lagen beide noch an der Mutterbrust, als das Schicksal in seinen abgewetzten Wanderbeutel langte und für mich einen kurzen, für ihn einen langen Strohhalm herausfischte. So zog ihn sein Lebensfaden weit übers blaue Meer, obwohl doch sein Vater kein schlimmerer »Weißgardist« war als ein einfacher mittelloser Telegraphist.

Ich fand es brennend interessant, mir am Beispiel seines Lebens meine Generation der Landsleute vorzustellen, die's irgendwann auf die andere Seite verschlagen hatte. Sie wuchsen in guter Familienobhut und in sehr bescheidenen, wenn nicht ärmlichen Verhältnissen auf. Sie haben alle eine treffliche Erziehung bekommen, und, wo's möglich war, eine gute Bildung. Sie wuchsen ohne Angst und Bevormundung auf, allerdings — solange sie noch nicht auf eigenen Beinen standen — auch nicht unbelastet von der Autorität der weißen Organisationen. Die Art, wie sie aufwuchsen, hielt die Untugenden der Zeit von ihnen fern (hohe Kriminalität, Gedanken- und Haltlosigkeit): Sie standen gleichsam immer im Schatten des Unglücks, das ihre Familien getroffen. In allen Ländern, wo sie groß wurden, blieb ihnen Rußland die wahre Heimat. Ihre geistige Erziehung besorgte die russische Literatur, die um so stärker geliebt wurde, als die Heimat damit für sie auch schon zu Ende und keine primäre physische Heimat dahinter war. Was an gedrucktem Wort in der Welt erschien, war ihnen zugänglicher als uns, nur gerade sowjetische Publikationen bekamen sie selten zu Gesicht, und es schien ihnen dies der ärgste Mangel zu sein, denn nur darum, so glaubten sie, entging ihnen etwas, was an Sowjetrußland das Wichtigste, Höchste und Schönste war, während das wenige, das zu ihnen gelangte, nur Verzerrungen, Lügen und Bruchstücke des Ganzen enthielt. Ihre Vorstellungen von unserem wirklichen Leben waren äußerst nebulos, ihre Sehnsucht nach der Heimat war um so stärker, so daß sie 1941 alle in die Rote Armee geeilt gekommen wären, hätte man sie bloß gerufen, und das Sterben für die Heimat muß ihnen wohl gar verlockender vorgekommen sein als das Überleben. Mit ihren fünfundzwanzig bis siebenundzwanzig Jahren hatte sich diese Jugend bereits einige feste Standpunkte erarbeitet, die sich allesamt von den Meinungen der alten Generäle und Politiker unterschieden; dafür traten sie ein. Igors Gruppe, zum Beispiel, das waren die *Nepredreschenzy*, die »Nicht-vorgreifen-Wollenden«. Und das hieß, so ihre Deklaration, daß demjenigen, der die wirren Bitternisse der vergangenen Jahrzehnte nicht mit der Heimat geteilt hatte, auch kein Recht zustand, irgendwelche Entscheidungen über Rußlands Zukunft zu treffen oder auch nur vorzuschlagen; er gehe einfach hin und setze seine Kräfte ein für das, was das Volk beschließt. Viele Nächte hatten wir nebeneinander auf den Pritschen gelegen. Seine Welt war mir, soweit es ging, vertraut geworden, und ich gewann aus dieser Begegnung den Eindruck (und fand ihn in späteren Begegnungen bestätigt), daß uns die Abwanderung eines wesentlichen Teiles der geistigen Potenzen, wie sie im Bürgerkrieg geschah, um einen großen und wichtigen Zweig der russischen Literatur ärmer gemacht hat. Und jeder, der ihr aufrichtig zugetan ist, wird die Wiedervereinigung der beiden Zweige, jenes in der Metropole und jenes im russischen Ausland, anstreben. Dann erst wird sie vollständig sein, dann erst fähig, sich ohne Mißbildungen zu entfalten.

Es ist mein Traum, diesen Tag zu erleben.

Schwach ist der Mensch, schwach. Am Ende wünschten sich in jenem Frühling auch die Härtesten von uns, daß ihnen verziehen werde, und waren bereit, in vielem nachzugeben für noch ein Stückchen Leben. Ein Witz machte die Runde: »Ihr letztes Wort, Angeklagter!« — »Ich nehme jede Strafe an, solang's nur dort, wo Sie mich hinschicken, die Sowjetmacht gibt! Und die Sonne ...« Der Sowjetmacht verlustig zu gehen, liefen wir keine Gefahr, aber der Sonne. Keiner wollte hinter den Polarkreis, Distrophie und Skorbut waren wenig verlockend. Besonders üppig wucherten hingegen in den Zellen die Legenden über den Altai. Jene wenigen Auserwählten, die einmal dort gewesen, und noch mehr jene, die es niemals waren, sangen die Zellengenossen in süßeste Träume: Ein Land, dieser Altai, ein Land ... Sibirische Weiten und ein mildes Klima. Honigbäche zwischen weizenbestandenen Ufern. Steppe und Bergland. Schafherden und Wild zum Jagen und Fische zum Fangen. Reiche Dörfer, emsiges Leben darin ...*

Ach, untertauchen in dieser Stille! Das helle Krähen eines Hahnes in der ungetrübten Luft hören! Über das gute ernste Gesicht eines Pferdes streicheln! Dann hol der Teufel alle großen Probleme, mag sich ein an-

---

*Die Gefangenenträume vom Altai — ob sie nicht den alten Bauerntraum vom fernen Land wiederholen? Im Altai lagen die Ländereien des Kaiserlichen Hofes, darum blieb das Gebiet länger als das übrige Sibirien für Umsiedler gesperrt, obwohl es die Bauern am stärksten gerade dorthin zog (wo sie sich am Ende auch ansiedelten). Ob die zähe Legende nicht von daher rührt?

derer, dümmerer, an euch wundlaufen. Sich ausruhen dort, das Brüllen und Fluchen des Untersuchungsrichters nicht mehr hören, nicht das Knarren der Gefängnisschlösser, die stickige Schwüle der Zelle vergessen und das öde Herumwühlen in deinem Leben. *Ein* Leben nur ist uns gegeben, ein winziges, so kurzes! — Und wir? Wir halten es verbrecherisch irgendwessen Maschinengewehren vor den Lauf, wir werfen es, das unbefleckte, ins schmutzige Getümmel der Politik. Das wäre es doch, dort im Altai in der niedrigsten und dunkelsten Hütte zu leben, am Rande des Dorfes, dicht am Walde. Nicht um Reisig, nicht um Pilze, bloß so in den Wald gehen, zwei Stämme umarmen: wie gern ich euch hab! Was brauch ich mehr? . . .

Ja, dieses Frühjahr, es rief von selbst schon nach Barmherzigkeit: das Frühjahr, in dem solch ein Krieg zu Ende gegangen war! Wir wußten, daß unser Millionen waren und daß wir andere Häftlingsmillionen in den Lagern treffen würden. Das kann doch gar nicht sein, daß man soviele Menschen nach dem größten aller Siege hinter Gittern läßt! Die wollen uns doch einfach einen Denkzettel verpassen, für spätere Zeiten. Natürlich kommt die große Amnestie, und dann lassen sie uns alle laufen. Jemand schwor sogar, er habe mit eigenen Augen in der Zeitung gelesen, daß Stalin auf die Frage eines amerikanischen Korrespondenten (den Namen? — den hab ich vergessen . . .) sagte, es würde bei uns nach dem Krieg eine Amnestie geben, wie's auf der Welt noch keine gab. Und einem anderen hat es der Untersuchungsrichter selber gesagt, ungelogen, daß bald eine Amnestie erlassen würde. (Die Gerüchte spielten der Untersuchung in die Hand, sie schwächten unseren Willen: Ach was, solln sie die Unterschrift haben, ist ja nicht für lange.)

Allein: *Gnade braucht Verstand.* Das betrifft unsere frühere Geschichte und wird noch lange so sein.

Den wenigen von uns, die sich einen kühlen Kopf bewahrt hatten, schenkten wir kein Gehör. Wozu die Unkerei, daß es in dem vergangenen Vierteljahrhundert für die Politischen noch niemals eine Amnestie gegeben hatte — und auch niemals eine geben würde? (Da fand sich aber immer ein knasterfahrener Zuträger, der mit Kennermiene verkündete: »Ja, wißt ihr denn nicht, daß im siebenundzwanziger Jahr zum zehnten Jahrestag alle Gefängnisse leer standen und weiße Fahnen rausgehängt wurden?!« Diese umwerfende Vision der weißen Fahnen auf den Gefängnissen — warum weiße? — griff einem besonders ans Herz*.)

*Der Band »Von der Straf- zur Erziehungsanstalt« gibt (S. 396) folgende Zahl an: durch die Amnestie von 1927 seien 7,3% der Gefangenen be-

Lästig fanden wir es auch, wenn uns die Vernünftigeren entgegenhielten, daß wir ja gerade darum zu Millionen saßen, weil der Krieg zu Ende war: An der Front brauchten sie uns nicht mehr, im Hinterland waren wir gefährlich und auf den fernen Baustellen fände sich außer uns zum Roboten kein einziger Mann. (Es fehlte uns an Selbstverleugnung, um den wenn nicht gerade boshaften, so doch zumindest ökonomisch begründeten Überlegungen Stalins zu folgen: Wer würde sich schon, kaum demobilisiert, gern von der Familie und dem heimischen Nest trennen, um nach Kolyma, Workuta oder Sibirien zu fahren, wo's weder Straßen noch Häuser gab? Das war beinahe wieder eine Aufgabe für das Planungsamt: dem Innenministerium Sollziffern fürs Einsperren zu liefern.) Die Amnestie! Die großmütige und breite Amnestie — sie war unser aller Trachten und Sinnen! Dem Vernehmen nach, soll's in England zum Krönungstag sogar in jedem Jahr eine geben!

Auch zum dreihundertsten Jahrestag des Hauses Romanow sind viele Politische begnadigt worden. Und da soll es wirklich möglich sein, daß die Stalinsche Regierung jedem geringsten ihrer Untergebenen den winzigsten Fehltritt und Ausrutscher in Rechnung stellen würde, so kleinlich in der Rache — nach einem eben errungenen Sieg, der das Ereignis des Jahrhunderts und sogar mehr als dieses Jahrhunderts war?

Eine einfache Wahrheit ist's, doch auch sie nur durch Leid zu erfassen: Nicht die Siege in den Kriegen sind gesegnet, sondern die Niederlagen darin! Die Siege sind den Regierungen zunutze, die Niederlagen — dem Volk. Ein Sieg weckt den Wunsch nach weiteren Siegen, eine Niederlage den Wunsch nach der Freiheit, die meist auch errungen wird. Die Völker brauchen die Niederlagen, so wie der einzelne Mensch des Leids und der Not bedarf, um zur Entfaltung seines Ich, zu geistigen Höhen zu gelangen.

Der Sieg bei Poltawa 1709 war für Rußland ein Unglück: In seinem Gefolge kamen zwei Jahrhunderte schwerster Spannungen, Lasten, Unfreiheiten und neuer, immer neuer Kriege. Die Niederlage bei Poltawa war ein Segen für die Schweden: Nachdem sie die Lust zum Kriegführen

---

gnadigt worden. Das klingt glaubwürdig. Ist nicht allzuviel fürs zehnte Jubiläum. Bei den Politischen wurden Frauen mit Kindern freigelassen und dann noch die, bei denen wenige Monate übrigblieben. Im Werchne-Uralsker Isolator beispielsweise wurde von den 200 Insassen ein Dutzend rausgelassen. Mittendrin reute sie diese kümmerliche Milde, und sie *drehten zurück:* den einen behielten sie lieber, dem anderen gaben sie anstelle der »reinen« Befreiung ein *Minus.*

verloren hatten, wurden sie zum wohlhabendsten und freiesten Volk in Europa*.

Wir haben uns so sehr daran gewöhnt, auf unseren Sieg über Napoleon stolz zu sein, daß wir ganz außer acht lassen: Ihm verdanken wir es, daß die Befreiung der Bauern nicht ein halbes Jahrhundert früher geschah; ihm verdanken wir es, daß der erstarkte Thron den Dekabristenaufstand niederschlug. (Und eine französische Besetzung empfand Rußland 1812 nicht als Realität.) Aber der Krimkrieg, aber der Japanische, aber der Deutsche — sie brachten uns allesamt Freiheiten und Revolutionen.

In jenem Frühjahr träumten wir von der Amnestie — sehr originell waren wir darin jedoch nicht. Gespräche mit alteingesessenen Mitgefangenen bringen es allmählich an den Tag: Diese Sehnsucht nach Gnade und der Glauben an Gnade bleiben zwischen den Gefängnismauern immerdar lebendig. Jahrzehnt um Jahrzehnt haben die verschiedenen Ströme der Inhaftierten stets gewartet und stets gehofft: auf die Amnestie, mal auf neue Gesetze, mal auf eine generelle Aktenüberprüfung (und immer wurden die Gerüchte von den *Organen* mit geschickter Vorsicht gepäppelt und gehegt). Jeder zigste Jahrestag der Revolution, Lenins Geburtstage und seine Todestage, alle Siegestage und jeder Tag der Roten Armee oder der Pariser Kommune, jede neue Tagung des Obersten Sowjet und der Abschluß eines jeden Fünfjahresplanes, jedes Plenum des Obersten Gerichts — was wurde nicht alles in der Sträflingsphantasie mit der ersehnten Herabkunft des Freiheitsengels verknüpft! Und je haarsträubender die Verhaftungen, je homerischer und wahnwitziger der Umfang der Häftlingsströme, desto fruchtbarer wurde der Boden — nicht für die Ernüchterung, sondern für den Glauben an die Amnestie!

Alle Lichtquellen lassen sich bis zu diesem oder jenem Grade mit der Sonne vergleichen. Die Sonne aber steht einzig da. So läßt sich auch jedes Warten auf dieser Erde mit dem Warten auf die Amnestie vergleichen, doch das Warten auf die Amnestie ist mit nichts vergleichbar.

Im Frühjahr 1945 wurde jeder Neuankömmling in der Zelle zu allererst gefragt, ob er von der Amnestie etwas gehört habe. Und wenn gar zwei, drei Mann aus der Zelle »mit Sachen« geholt wurden, machten sich die Fachleute unter uns sofort ans Werk, deren Fälle zu prüfen; sie seien die leichtesten, war ihr Schluß, und natürlich waren die schon

---

* Vielleicht daß ihre abgestandene Sattheit, wenn man den Erzählungen glauben darf, erst im 20. Jahrhundert zum moralischen Sodbrennen geführt hat.

draußen. *Es hat begonnen!* Überall, auf dem Abort und im Bad, in beiden Postämtern der Häftlinge, suchten unsere Aktivisten nach Spuren und Nachrichten bezüglich der Amnestie. Und plötzlich, Anfang Juni, fanden wir im berühmten violetten Vorraum des Butyrka-Bades eine riesige Prophezeiung, da stand's in fast doppelter Kopfhöhe mit Seife auf den violetten Kacheln geschrieben (muß sich also einer dem anderen auf die Schulter gestellt haben, damit's länger droben bleibt):

»Hurra! Am 17. Juli wird amnestiert*!«

Des Jubels war kein Ende! (»Hätten es doch nicht hingeschrieben, wenn sie's nicht sicher wüßten!«) Alles, was da drinnen hämmerte und pulsierte, stockte, plötzlich vom Schlag der Freude gerührt: daß es endlich so weit war ...

Allein: GNADE BRAUCHT VERSTAND ...

Um die Mitte desselben Juli wurde ein Alter aus unserer Zelle vom Gangaufseher zur Abortreinigung beordert, woselbst ihn dieser, wohl vom Mitgefühl für das ergraute Haupt getrieben, unter vier Augen (vor Zeugen hätte er es nie gewagt) fragte: »Was hast denn für einen Paragraph, Väterchen?« — »Den achtundfünfzigsten!« rief erfreut der Alte, dem zu Hause drei Generationen nachtrauerten. »Da fällst du nicht drunter ...«, seufzte der Aufseher. »Ach, Blödsinn!« sagte die Zelle. »Der Aufseher kennt sich einfach nicht aus.«

In jener Zelle saß ein gewisser Valentin (den Familiennamen habe ich vergessen), ein junger Kiewer mit großen, mädchenhaften schönen Augen, den die Untersuchung arg mitgenommen hatte. Er war zweifellos ein Hellseher, vielleicht auch nur in seinem damaligen erregten Zustand. Mehr als einmal geschah es, daß er in der Früh durch die Zelle marschierte, auf diesen oder jenen deutete: »Heute kommst du dran, und du, ich hab's im Traum gesehen.« Und sie wurden geholt! Genau sie! Nebenbei gesagt, sind Strafgefangene für alles Mystische überempfänglich, so daß sie die Hellseherei beinahe als etwas Selbstverständliches empfinden.

Am 27. Juli nahm mich Valentin auf die Seite: »Alexander! Heute sind wir an der Reihe.« Und erzählte mir seinen mit allen Attributen des Knastaberglaubens gespickten Traum: eine Brücke über einen trüben Bach, ein Kreuz. Ich machte mich fertig, es war nicht umsonst: Nach dem morgendlichen Teewasser wurden wir aufgerufen. Der Abschied von der Zelle war lautstark, man wünschte sich viel Glück, und viele wetteten, daß es mit uns in die Freiheit ging (so herausgelesen aus unseren *leichten* Fällen).

*Dabei haben sie sich bloß um eine Eins geirrt, die Hundesöhne!

Du magst all dem ganz aufrichtig mißtrauen, magst dich zwingen, nicht daran zu glauben, magst witzeln darüber, aber ein glühendes Eisen, ein heißeres findest du nicht auf Erden, preßt dir jäh, preßt dir jäh die Seele ab: Was, wenn's wahr ist? . . .

Es waren unser etwa zwanzig Mann aus verschiedenen Zellen, zuerst ging's ins Bad (an jeder Wende seines Lebens muß der Häftling zuerst in die Banja). Dort hatten wir gut anderthalb Stunden Zeit fürs Raten und Forschen. Dann führten sie uns, die wir noch rosig vom Dampf und vor lauter Wohligkeit schwach waren, durch das smaragdene Gärtchen im Innenhof der Butyrka. Da ertönte betäubender Vogelgesang (genaugenommen werden es schlechtweg Spatzen gewesen sein), da kam das Grün der Bäume dem entwöhnten Auge unerträglich grell vor. Niemals hat mein Auge das Grünen der Blätter mit solcher Kraft empfunden wie in jenem Frühling! Und nichts, was ich im Leben gesehen, war Gottes Paradies näher als dieser grüne Flecken inmitten der Butyrka, dessen asphaltierte Wege zu durchqueren man niemals länger als dreißig Sekunden brauchte*.

Man brachte uns in den »Bahnhof« (den Ort der Ankunft und des Abtransports der Häftlinge; eine überaus treffende Bezeichnung, zumal die große Empfangshalle dort tatsächlich einem gediegenen Bahnhof glich) und sperrte uns in eine geräumige Box. Es gab wenig Licht darin, aber viel reine frische Luft. Das einzige Fenster war hoch oben und hatte keinen Maulkorb. Es ging auf denselben kleinen sonnigen Garten, durch die offene Klappe dröhnte das Vogelgezwitscher zu uns herein, ein grellgrüner Zweig war gerade noch zu sehen, schaukelte im Wind und versprach uns Freiheit und Heimkehr. (Eben! Haben wir jemals in einer so guten Box gesessen? – Und das soll Zufall sein?)

Wir unterstanden alle dem OSO. Und wenn man sich's genau besah, saßen wir alle wegen einer Bagatelle.

Drei Stunden kümmerte sich niemand um uns, die Tür blieb zu. Uns trieb's hin und her, auf und ab durch die Box, dann ließen wir uns abgejagt auf die Bänke fallen. Der dünne Zweig aber hinter dem Fensterspalt winkte uns unermüdlich zu, und wie besessen schilpten die Spatzen.

---

* Einen ähnlichen Garten, noch kleiner, dafür intimer, sah ich viele Jahre später, als touristischer Besucher schon, in der Trubezkoi-Bastion der Peter-Paul-Festung. Da gab's bei der Besichtigung viel teilnahmsvolles Staunen: Ach, wie düster die Zellen und Gänge . . . Ich aber dachte bei mir, daß die Gefangenen der Bastion bei *solch* einem Garten noch nicht zu den Verlorensten zählten. *Uns* haben sie nur in toten Steinschächten spazierengeführt.

Plötzlich rasselte das Schloß, der erste, ein stiller Buchhalter, so an die fünfunddreißig Jahre, wurde aufgerufen. Er trat hinaus. Die Tür ging zu. Nun liefen wir mit verdoppelter Unrast in unserem Kasten umher.

Wieder das Krachen. Der Zweite wurde geholt, der Erste zurückgebracht. Wir stürzten zu ihm. Doch er war es nicht! Das Leben in seinem Gesicht war erstarrt. Die weitaufgerissenen Augen schauten blind. Mit unsicheren Bewegungen tappte er über den glatten Boden der Box. War er betäubt? Hatten sie ihm ein Bügelbrett über den Schädel geschlagen?

»Was? Was?« fragten wir mit angehaltenem Atem. (Wenn er nicht gerade vom elektrischen Stuhl kam, so doch sicher von der Verkündung des Todesurteils.)

»Fünf Jahre!«

Wieder öffnete sich krachend die Tür — sie kamen so rasch zurück, als ob es bloß zur kleinen Notdurft auf den Abort gegangen wäre. Dieser da strahlte. Wahrscheinlich kam er frei.

»Na, also?« Wir umdrängten ihn mit neugewonnener Hoffnung. Er winkte ab, konnte vor Lachen kaum sprechen.

»Fünfzehn Jahre!«

Es war zu unsinnig, als daß es einer gleich glauben konnte.

7   Im Maschinenraum

Die anliegende Box des Butyrka-»Bahnhofs«, die berühmte »Filzbox«
(wo die Neuankömmlinge durchsucht wurden und es Platz genug gab,
daß fünf, sechs Aufseher in einem Schub bis zu zwanzig *Seki* bearbei-
ten konnten), stand an diesem Tage leer, blank die groben Filzertische,
nur etwas abseits saß an einem kleinen zufälligen Tischchen, von einer
herabhängenden Lampe angeleuchtet, ein adretter schwarzhaariger
NKWD-Major. Sein Gesicht drückte im wesentlichen — geduldige Langeweile aus. Es war reine Zeitverschwendung für ihn dazusitzen, bis
alle Häftlinge einzeln vor- und abgeführt worden waren. Das Einsammeln der Unterschriften wäre bedeutend schneller zu bewerkstelligen
gewesen.

Er wies mich auf den Schemel, der vor dem Tisch stand, erkundigte
sich nach meinem Namen. Zu seiner Rechten und zu seiner Linken lagen, durch das Tintenfaß getrennt, zwei Stöße mit völlig gleichen weißen Zettelchen, vom Schreibmaschinenpapier das halbe Format, nicht
größer als das, was man üblicherweise in den Hausverwaltungen als
Heizungsquittung und in den Büros als Vollmacht zum Empfang von
Schreibmaterial ausgehändigt bekommt. Der Major durchblätterte den
ersten Stoß und fand den Zettel, der mich betraf, zog ihn hervor, leierte
gleichgültig den Inhalt herunter (ich fing noch auf: »acht Jahre«) und
kritzelte auf der Rückseite auch schon den Vermerk, daß mir der Text
am soundsovielten zur Kenntnis gebracht worden sei.

Mein Herz schlug um keinen halben Schlag schneller, so alltäglich war
das. Soll das wirklich mein Urteil gewesen sein, die Schicksalsstunde
meines Lebens? Ich hätte gern eine Bewegtheit verspürt, dem Augenblick
angepaßt — es wollte mir nicht gelingen. Der Major schob mir unterdessen bereits den Zettel hin, mit der Rückseite nach oben. Und der
Siebenkopekenfederhalter, mit einem aus dem Tintenfaß hervorgezoge-
nen Faserklumpen an der Spitze, lag für mich parat.

»Nein, ich muß es selber lesen.«

»Glauben Sie, daß ich Sie anlüge?« erwiderte schläfrig der Major.

»Na, meinetwegen.«

Und gab unwillig den Zettel frei. Ich drehte ihn um und begann die
Sache absichtlich langsam zu studieren, nicht Wort für Wort, sondern

jeden Buchstaben für sich. Es war maschinengeschrieben, allerdings nicht das erste Exemplar, sondern eine Kopie:

AUSZUG

aus dem Beschluß des OSO beim NKWD der UdSSR vom

7. Juli 1945*, Nr. ...

Das war dick unterstrichen und der Rest durch eine gepunktete Vertikale in zwei Teile geschnitten:

Zur Verhandlung stand:	Beschlossen wurde:
Die Anklage gegen Soundso (Name, geboren am ... in ...)	Besagten Soundso wegen antisowjetischer Agitation und versuchter Gründung einer antisowjetischen Organisation mit 8 (acht) Jahren Besserungsarbeitslager zu bestrafen.

Die Abschrift beglaubigt ....
(Sekretär)

Ob ich wirklich einfach unterschreiben und schweigend fortgehen sollte? Ich sah den Major an: Will er mir nicht etwas sagen, erläutern? Nein, er hatte nicht die Absicht. Er winkte schon dem Aufseher an der Tür, den nächsten bereitzuhalten.

Um dem Augenblick wenigstens ein bißchen Bedeutsamkeit zu verleihen, fragte ich in tragischem Ton:

»Aber das ist doch furchtbar! Acht Jahre! Wofür?«

Und hörte selber, daß meine Worte falsch klangen; von Furchtbarem spürten weder ich noch er etwas.

»Da hier«, zeigte mir der Major noch einmal, wo ich zu unterschreiben hatte.

Ich unterschrieb. Mir fiel einfach nicht ein, was ich noch tun könnte.

»Dann erlauben Sie mir zumindest, daß ich hier gleich die Berufung niederschreibe. Das Urteil ist doch ungerecht.«

»Wie ordnungsgemäß festgelegt«, winkte der Major mechanisch ab, während er meinen Zettel auf dem linken Stoß ablegte.

»Folgen Sie mir!« befahl der Aufseher.

---

* Sie verhandelten auch am Tag der Amnestie, ließen sich die Arbeit nicht verdrießen.

Und ich *folgte.*

(Ich war, wie sich herausstellte, nicht schlagfertig genug. Georgij Tenno, dem sie allerdings einen Zettel auf fünfundzwanzig Jahre brachten, antwortete so: »Das bedeutet doch lebenslänglich! Wenn man einen in früheren Jahren zur lebenslangen Haft verurteilte, wurden die Pauken geschlagen und eine Menge zusammengetrommelt. Ihr aber macht es wie mit einer Seifenquittung: fünfundzwanzig, und der nächste bitte!«

Arnold Rappoport nahm die Feder und schrieb auf der Rückseite: »Ich protestiere kategorisch gegen das gesetzwidrige Terrorurteil und fordere meine sofortige Freilassung.« Der Urteilsverkünder hatte bis dahin geduldig gewartet und wurde erst zornig, als er das Geschriebene las; er zerriß den Wisch samt *Auszug.* Macht nichts: Das Urteil blieb in Kraft, war ja bloß eine Kopie.

Vera Kornejewa aber rechnete mit fünfzehn, wie groß dann ihre Freude, als sie auf dem Zettel nur fünf stehen sah. Sie begann zu lachen, ihr strahlendes Lachen, und beeilte sich zu unterschreiben, ehe sie's ihr fortnahmen. Der Offizier stutzte: »Haben Sie auch richtig verstanden, was ich Ihnen vorgelesen habe?« — »Ja, ja, besten Dank! Fünf Jahre Besserungsarbeitslager!«

Rózcas János, ein Ungar, bekam sein Zehnjahresurteil auf dem Gang vorgelesen, in Russisch und ohne Übersetzung. Er begriff nicht, daß das, was er unterschrieb, ein Urteil war, wartete noch lange auf die Gerichtsverhandlung, erinnerte sich viel später im Lager dumpf an den Vorfall, da ging's ihm auf.)

Ich kehrte mit einem Lächeln in die Box zurück. Seltsam, mit jeder Minute war's mir fröhlicher und leichter zumute. Alle brachten einen *Zehner* mit, auch Valentin. Die kindischste Frist hatte von unserer heutigen Gesellschaft der übergeschnappte Buchhalter bekommen (er saß noch immer unansprechbar da). Die nächstleichteste hatte ich.

In Sonne getaucht, vom sanften Juliwind geschaukelt, winkte uns unverdrossen der fröhliche Zweig von draußen herein. Wir redeten lebhaft durcheinander. Hie und dort kam immer häufiger ein Lachen auf. Wir lachten, daß wir glimpflich davongekommen waren; lachten über den erschütterten Buchhalter; lachten über unsere morgendlichen Hoffnungen und darüber, was sie uns in der Zelle zum Abschied alles an verschlüsselten Sendungen aufgetragen hatten: Vier Kartoffeln! Zwei Kringel!

»Die Amnestie kommt trotzdem!« behaupteten einige. »Das da tun sie doch nur so pro forma, zur Abschreckung, daß wir's uns besser merken. Stalin hat einem amerikanischen Korrespondenten gesagt ...«

»Welchem Korrespondenten denn?«

»Den Namen weiß ich nicht . . .«

Da hieß man uns die Sachen nehmen, wir stellten uns paarweise auf und wurden abermals durch den sommertrunkenen Wundergarten geführt. Wohin denn? Na, wieder in die Banja!

Das nun bewirkte ein schallendes Gelächter: Hat man so was an Blödsinn schon gesehen! Grölend zogen wir uns aus und hängten unsere Sachen auf dieselben Haken, von wo sie in dieselbe Brenne kamen, wie an diesem Tag schon einmal in der Früh. Grölend nahmen wir je eine Scheibe der scheußlichen Seife in Empfang und trotteten in den hallenden Waschraum, um uns fürs neue Leben die liederlichen Jugendsünden vom Leib zu schrubben. Wir pritschelten und plantschten im heißen reinen Wasser und führten uns alles in allem wie eine Lausbubenbande auf, die den Schulabgang mit einer Wasserschlacht feiert. Wenn ich zurückdenke, scheint mir dieses reinigende und erleichternde Lachen nicht einmal krankhaft, vielmehr für den Organismus ein lebendiger Schutz und die Rettung gewesen zu sein.

Während wir uns abtrockneten, sprach Valentin beruhigend, behaglich auf mich ein:

»Nitschewo, das geht schon, sind noch jung, wir holen uns schon noch unseren Teil vom Leben. Aber jetzt, das merk dir — *keinen Fehltritt mehr! Im Lager — kein Wort zu niemandem,* daß sie uns nicht wieder was Neues anhängen. *Ehrlich arbeiten — und schweigen, schweigen.«*

Und er glaubte so sehr an dieses Programm, er hoffte so sehr, das unschuldige Körnchen zwischen Stalins Mühlsteinen! Gern hätte ich ihm zugestimmt; wie verlockend: schön gemütlich die Strafzeit abzusitzen und das Erlebte danach aus dem Kopf zu streichen.

Doch es regte sich bereits in mir: Wenn's notwendig ist, NICHT ZU LEBEN, um zu leben — wozu dann überhaupt? . . .

Man kann nicht behaupten, daß der OSO nach der Revolution erfunden worden wäre. Schon Katharina II. hat den ihr mißliebigen Journalisten Nowikow quasi OSO-mäßig zu fünfzehn Jahren verurteilt, denn eine Gerichtsverhandlung gegen ihn ward unterlassen. Und kein späterer Herrscher verschmähte es, einen unbequemen Untertanen mitunter väterlich ins Exil zu schicken; ein Gerichtsurteil brauchte es nicht. In den sechziger Jahren des 19. Jahrhunderts gab es eine grundlegende Gerichtsreform, und es hatte den Anschein, als würde sich sowohl bei den

Machthabern als auch bei den Untergebenen etwas wie eine juristische Auffassung betreffs der Gesellschaft herausbilden. Nichtsdestoweniger konnte Korolenko auch noch in den siebziger und achtziger Jahren Fälle von außergerichtlicher, administrativer Bestrafung vermerken. So wurde auch er selbst 1876 mit noch zwei Studenten ohne jegliches Gerichtsverfahren auf Weisung des Vizeministers für Staatsgüter verschickt (ein typischer Fall von OSO). Und später noch einmal mit seinem Bruder nach Glasow. Korolenko nennt uns einen Fjodor Bogdan, einen Bauernsprecher, der bis zum Zaren vordrang und dann verschickt wurde; einen Pjankow, der, vom Gericht freigesprochen, auf allerhöchste Weisung dennoch in die Verbannung kam; und noch einige mehr. Auch Vera Sassulitsch erklärte in einem Brief aus der Emigration, daß sie sich nicht dem Gericht entziehen wolle, sondern der administrativen Willkür.

So zog sich die Tradition als flotter roter Faden dahin, zu schluderig war sie allerdings, geeignet höchstens für ein asiatisches schlummerndes Land, nicht für eines, das große Sprünge unternehmen wollte. Und dann der unpersönliche Arbeitsstil: *Wer* war am Ende der OSO? Mal der Zar, mal der Gouverneur, mal der Vizeminister. Und schließlich, verzeihen Sie mir, fehlte der Schwung; Kleinkrämerei das, solange man Namen und Fälle *aufzählen* konnte.

Den Schwung brachten die zwanziger Jahre, als zur ständigen Flankierung der Gerichte die ebenfalls *permanenten,* in Abwesenheit richtenden *Troikas* geschaffen wurden. Im Anfang trugen sie es sogar stolz zur Schau: eine GPU-*Troika*! Die Beisitzer wurden nicht nur nicht versteckt, nein, aufs Schild gehoben wurden sie! Wer hatte auf dem Solowki nicht die Namen der berühmten Moskauer Troika gekannt: Gleb Boki, Wul und Wassiljew?! Na, und spricht nicht das Wort für sich selbst? *Troika!* Es liegt ein Hauch von Schellengeläut und Faschingsrummel auf dem Wort und unterschwellig auch Geheimnisvolles: Warum »Troika«? Was soll das Dreigespann bedeuten? Es ist ja auch das Gericht keine Vierermannschaft! Die Troika aber, die ist kein Gericht! Und neunmal rätselhafter wird sie noch, weil unsichtbar für alle. Unsereins ist nicht dort gewesen und hat nichts gesehen, wir kriegen bloß den Wisch: Ihre Unterschrift gefälligst! Die Troika fiel noch schrecklicher aus als das Revolutionstribunal. Bis sie sich schließlich ganz absonderte, einhüllte, in einem Extrazimmer einsperrte und die Namen der drei verschwinden ließ. So haben wir uns auch daran gewöhnt, daß die Mitglieder der Troika nicht trinken, nicht essen und sich unter Menschen nicht zeigen. Eines schönen Tages haben sie sich ein für allemal zur Beratung zurückgezogen und schicken uns seither bloß das Urteil durch die Stenotypistinnen heraus. (Und – ließen es sich rückerstatten! Solch ein Dokument darf in niemandes Besitz bleiben.)

Diese Troikas (wir schreiben sicherheitshalber die Mehrzahl, wie wir auch von einer Gottheit niemals wissen, ob sie existiert) kamen dem zwingend sich anmeldenden Bedürfnis entgegen, die einmal Verhafteten nicht wieder freizulassen (eine Art technische Betriebskontrolle bei der GPU, damit es keinen Ausfall gebe). Und wenn einer tatsächlich nicht überführt werden konnte, ein Gerichtsverfahren ganz und gar nicht in Frage kam, dann sprang eben die Troika mit einem »minus zweiunddreißig« (Gouvernementstädte[45]) oder ein paar Jährchen Verbannung ein ... Und siehe da, das Zeichen war eingebrannt, es blieb der derart Markierte fürderhin ein »Rückfälliger«.

(Der Leser möge mir verzeihen: Wieder hat uns das Gerede von Schuld und schuldig-unschuldig ins rechtsopportunistische Fahrwasser gebracht. Ist uns doch ausreichend vorgekaut worden, daß es *nicht um die persönliche Schuld gehe, sondern um die soziale Gefährlichkeit*: Auch ein Unschuldiger ist einzusperren, wenn er uns sozial fremd ist, auch ein Schuldiger freizulassen, wenn er uns sozial nahesteht. Verzeihlich ist's jedoch für uns Rechtsunkundige, wenn sogar das Strafgesetz von 1926, der Lenker unserer Geschicke durch fünfundzwanzig Jahre, wegen seines »unzulässig bürgerlichen Herangehens«, wegen des »ungenügend klassenkämpferischen Herangehens«, wegen einer ominösen »bürgerlichen Strafbemessung mit Bezug auf die Gewichtigkeit der Straftat« kritisiert wurde*.)

Doch weh! Nicht uns wird's beschieden sein, die hinreißende Geschichte dieses *Organs* zu schreiben: wie die Troikas zu OSOs wurden; wann die Umbenennung erfolgte; ob es OSOs auch in den Gebietszentren gegeben hat oder nur in der lieblichen Hauptstadt; und wer von unseren stolzen Obermachern dazu gehört hatte; wie oft und wie lange sie tagten; ob mit Teepause oder ohne, ob mit Brötchen, mit welchen; und wie die Beratungen überhaupt vor sich gingen – ob sie dabei sprachen oder nicht einmal das? Wir werden es nicht schreiben, weil wir es nicht wissen. Wir haben bloß berichten gehört, daß dem OSO die Dreifaltigkeit zugrunde lag; zwar gänzlich außerstande, heute ihre fleißigen Beisitzer zu nennen, wissen wir dennoch darüber Bescheid, daß drei Behörden je einen ständigen Vertreter im OSO unterhielten: das ZK der Partei, das Innenministerium MWD und die Staatsanwaltschaft. Doch es sollte uns nicht verwundern, wenn wir irgendwann einmal erführen, daß es gar keine Sitzungen gegeben hat, nur ein Schreibbüro, in dem

* Aus dem Sammelband »Von der Straf- zur Erziehungsanstalt«.

erfahrene Stenotypistinnen unter der Aufsicht ihres Vorstehers Auszüge aus nichtexistenten Protokollen tippten. Die Stenotypistinnen — die hat's gegeben, dafür können wir uns verbürgen!

Bis 1924 waren die Rechte der Troikas auf drei Jahre Haft beschränkt; mit 1924 wurden sie auf fünf Jahre Lager erweitert; seit 1937 verteilten die OSOs den *Zehner*; seit 1949 übten sie sich erfolgreich im *Viertelmaß*-Ausschenken. Es gibt Leute (Tschawdarow), die bezeugen, daß die OSOs während des Krieges auch erschießen lassen durften. Nichts ist ungewöhnlich daran.

Die nirgendwo, weder in der Verfassung noch im Gesetzbuch, erwähnten OSOs erwiesen sich allerdings als handlichste Zerhackmaschine; anspruchslos und gefügig, bedurften sie keiner Gesetze zur Wartung. Das Strafgesetz war eine Sache, die OSOs eine andere, so rotierten sie denn flott, von den zweihundertfünf StGB-Paragraphen gänzlich unbelastet; die erwähnten sie auch nicht.

Im Lager hatten sie dazu ein altes Sprichwort neugefaßt: »Gegen das *Nicht* gibt's auch kein Gericht . . . nur den Sonderausschuß.«

Natürlich brauchte er zu Bedienungszwecken irgendwelche kodierte Inputsignale, doch dafür hat er sich in eigener Regie die *Buchstaben*-Paragraphen erarbeitet, eine wesentliche Erleichterung für die betriebliche Manipulation (das Kopfzerbrechen um die Anpassung an die StGB-Formulierungen erübrigte sich), deren Gesamtzahl auch ein Kind leicht im Gedächtnis behalten konnte (ein Teil wurde von uns bereits erwähnt):

ASA	— Antisowjetische Agitation
KRD	— Konterrevolutionäre Tätigkeit
KRDT	— Konterrevolutionäre trotzkistische Tätigkeit (das winzige »T« erschwerte dem *Sek* das Leben im Lager um vieles)
PSch	— Spionageverdacht (ein über den Verdacht hinausgehendes Spionieren wurde ans Tribunal weitergeleitet)
SWPSch	— Beziehungen, die zum Spionageverdacht führen (!)
KRM	— Konterrevolutionäres Denken
WAS	— Ausbrütung antisowjetischer Stimmung
SOE	— Sozial-gefährliches Element
SWE	— Sozial-schädliches Element
PD	— Verbrecherische Tätigkeit (großzügig ausgeteilt an die ehemaligen Lager-*Seki*, wenn es gar keinen anderen Anwurf mehr gab)
	Und schließlich das sehr voluminöse
TschS	— Familienmitglied (desjenigen, der unter den vorherigen Buchstaben abgeurteilt worden war).

Vergessen wir nicht, daß diese Buchstabenparagraphen keineswegs gleichmäßig über die Jahre und Menschen verstreut waren, sondern ähnlich wie die Strafparagraphen und Ukaspunkte als plötzliche Seuchen ausbrachen.

Ein weiterer Vorbehalt ist der, daß die OSOs gar keinen Anspruch darauf erhoben, Urteile zu fällen. Sie urteilten nicht — sie *verhängten Verwaltungsstrafen*, sonst nichts! Die juristische Ungebundenheit erscheint demnach durchaus einleuchtend.

Doch obwohl die Verwaltungsstrafe nicht beanspruchte, ein Gerichtsurteil zu werden, konnte sie fünfundzwanzig Jahre betragen und folgendes einschließen:

— den Verlust aller Dienstgrade und Auszeichnungen;

— die Einziehung des gesamten Vermögens;

— die Strafverbüßung im Kerker;

— das Briefverbot;

und es verschwand ein Mensch in der Versenkung, wie's ein primitiver Gerichtsbeschluß nie sicherer bewerkstelligt hätte.

Ein wichtiger Vorzug des OSO lag auch noch darin, daß es gegen seine Beschlüsse keine Berufung gab — es war niemand zum Anrufen da: keine Instanz über dem OSO und keine darunter. Er unterstand niemandem als dem Innenminister, Stalin und Luzifer.

Von nicht geringem Wert war auch die Schnelligkeit des OSO: sie wurde lediglich durch die Tippgeschwindigkeit in Grenzen gehalten.

Und schließlich kam der OSO ohne persönliche Vorführung des Angeklagten aus (somit den in- und externen Gefängnisverkehr entlastend), sie benötigten nicht einmal sein Foto. In Zeiten der intensiven Gefängnisbeschickung boten die OSOs auch noch dadurch einen Vorteil, daß der Gefangene nach Beendigung der Untersuchung sofort ins Lager abgeschoben werden konnte: statt jemand anderem den Platz auf dem Zellenboden wegzunehmen, verdiente er sich dort durch ehrliche Arbeit sein Brot. Die Durchschrift des *Auszugs* konnte er immer noch irgendwann später lesen.

In Vorzugsfällen geschah es auch so, daß man die am Bestimmungsbahnhof abgeladenen Gefangenen gleich neben dem Bahndamm niederknien ließ (es war wegen der Fluchtgefahr, sah aber wie ein Gebet für den OSO aus), um ihnen die Urteile zu verlesen. Aber auch so geschah es: Während der Mehrschläge des Jahres 1938 kannten die Insassen der Gefangenentransporte weder ihren Paragraphen noch ihre Frist, aber der Schreiber, der sie in Empfang nahm, wußte Bescheid und brauchte bloß in seinen Listen zu blättern: SWE — fünf Jahre (damals wurden dringend große Arbeitskontingente für den Bau des Moskwa-Wolga-Kanals gebraucht).

Andere wieder mußten viele Monate im Lager abreißen, ehe sie die Urteile verkündet bekamen. Dazu wurden sie (so erzählt I. Dobrjak) zu einem feierlichen Appell geholt, nicht irgendwann, sondern am 1. Mai 1938 und unter roten Fahnen, damit ihnen die Troika-Urteile für das Gebiet Stalino verlesen werden können (demnach hat sich der OSO in angespannten Zeiten doch dezentralisieren müssen): von zehn bis zwanzig Jahren für jeden. Und mein Lagerbrigadier Sinebrjuchow wurde im selben 1938 mit einem ganzen Gefangenenzug von Tscheljabinsk nach Tscherepowez abgeschoben. Monate vergingen, die Gefangenen arbeiteten fleißig. Da wurden sie plötzlich, Winter war's inzwischen und bitterkalt, an einem Sonntag in den Hof getrieben (merken Sie, welche Tage es sind? Ein Vorteil für den OSO ist klar zu erkennen), wo sie Aufstellung nahmen und ein fremder Leutnant ihnen erläuterte, daß er gekommen sei, die OSO-Beschlüsse zu verkünden. Es muß aber ein ganz passabler Bursche gewesen sein, er besah sich ihr zerrissenes Schuhwerk, hob den Blick zur frostigen Sonne hinter dem Verhau und sprach also:

»Im übrigen, Leute, warum solltet ihr in der Kälte frieren? Kurz gesagt, ihr habt alle vom OSO zehn Jahre bekommen, nur ganz selten wer auch acht. Verstanden? Weg-ge-treten...!«

Wozu aber braucht es neben dem so unverhohlenen maschinellen Betrieb der Sonderausschüsse auch noch die Gerichte? Wozu braucht man die Pferdebahn, wenn es die lautlose moderne und absprungsichere Tram gibt? Als Versorgungsposten fürs Gerichtspersonal?

Na, es muß wohl einfach unanständig für einen demokratischen Staat sein, keine Gerichte zu unterhalten. Im Jahr 1919 schrieb es der VIII. Parteitag in sein Programm: zu erreichen, daß die gesamte werktätige Bevölkerung zur Ausübung von Gerichtsämtern herangezogen werde. Die »gesamte Bevölkerung« heranzuziehen mißlang, das Gerichtswesen ist eine subtile Sache, aber ganz ohne Gericht geht's doch auch wieder nicht!

Im übrigen eiferten unsere politischen Gerichte — die Sonderkollegien der Gebietsgerichte, die Militärtribunale (warum eigentlich Tribunale in

Friedenszeiten?), gleichwie alle Obersten — einträchtig den OSOs nach; auch sie verschwendeten ihre kostbare Zeit weder an die Transparenz der Rechtsprechung noch an die Plädoyers der Parteien.

Ihr erstes und hauptsächliches Merkmal ist der Ausschluß der Öffentlichkeit. Sie sind vor allem anderen *geschlossen* — der eigenen Bequemlichkeit zuliebe.

Und wir sind es schon so gewöhnt, wenn Millionen und aber Millionen in geschlossenen Gerichtsverhandlungen verurteilt werden, wir haben uns bereits soweit damit abgefunden, daß manch ein total verwirrter Sohn, Bruder oder Neffe des Verurteilten auch noch selbst über einen Zweifler herfällt: »Wie hätt's denn dir .gepaßt? Was tun, wenn die Sache *einschlägig* ist . . .? Solln's die Feinde erfahren?«

Damit es also »die Feinde nicht erfahren«, rennen wir uns den Kopf zwischen die eigenen Knie. Wer weiß heute noch in diesem Lande — ein paar Bücherwürmer ausgenommen —, daß Karakosow, der Zarenattentäter, einen Verteidiger hatte? Daß gegen Scheljabow und alle anderen von der *Narodnaja Wolja*[46] in einem öffentlichen Verfahren verhandelt wurde, ganz ohne Furcht, daß »die Türken es erfahren könnten«? Daß Vera Sassulitsch, die, in unsere Terminologie übersetzt, einen Anschlag auf den Chef der Moskauer MWD-Verwaltung verübte (sie schoß allerdings daneben, hatte einfach schlecht gezielt), erstens nicht im Kerker vernichtet, nicht hinter verschlossenen Türen abgeurteilt worden war, und dann auch noch in einer *öffentlichen* Gerichtsverhandlung von den Geschworenen *freigesprochen* wurde, worauf sie sich in eine Karosse schwang und unter allgemeinem Jubel davonfuhr.

Mit diesen Vergleichen will ich mitnichten unterstellen, daß es in Rußland jemals ein vollkommenes Gerichtswesen gegeben hat. Wahrscheinlich ist ein würdiges Gericht die allerspäteste Frucht einer vollreifen Gesellschaft, wenn man nicht gerade auf einen König Salomo zurückgreifen kann. Wladimir Dal vermerkt, daß es in Rußland vor der Reform »kein einziges gerichtsfreundliches Sprichwort gab«! Das hat doch etwas zu bedeuten! Es scheint, daß die Zeit auch schon zu knapp war, ein einziges Sprichwort zum Lobe der *Semstwo*-Obrigkeit[47] entstehen zu lassen. Doch die Gerichtsreform von 1864 hatte zumindest für den städtischen Teil unserer Gesellschaft die Weichen nach den englischen Vorbildern gestellt, die Alexander Herzen stets so begeistert hatten.

Indem ich all dies sage, will ich auch Dostojewskis Einwände gegen unsere Geschworenengerichte nicht vergessen (*Tagebuch eines Schriftstellers*): Wenn er die rhetorischen Ausschweifungen der Anwälte anprangert (»Meine Herren Geschworenen! Was wäre das für eine Frau, wenn sie die Rivalin nicht niedergestochen hätte?! ... Meine Herren Geschworenen! Könnte es denn Ihnen nicht passieren, daß Sie ein Kind aus dem Fenster werfen ...?«) oder darauf hinweist, daß bei den Geschworenen eine momentane Regung sehr wohl das staatsbürgerliche Verantwortungsgefühl überrumpeln kann. Aber Dostojewski ist unserem Leben im Geiste sehr weit vorausgeeilt und fürchtete *nicht das,* was zu befürchten gewesen wäre! Er glaubte die Öffentlichkeit des Gerichts bereits für alle Zeiten gesichert! (Unvorstellbar war in der Tat für seine Zeitgenossen ein OSO!) An anderer Stelle schreibt auch er: »Besser ist's, in der Gnade zu irren als in der Strafe.« Oh, ja, ja, ja!

Der Mißbrauch der Redekunst ist eine Krankheit nicht nur der im Werden begriffenen Gerichtsbarkeit, sondern breiter gesehen — der gewordenen Demokratie (zwar geworden, ist sie sich über ihre sittlichen Ziele doch noch nicht im klaren). Das vorbildliche England liefert uns genug Beispiele dafür, daß ein auf Wählerfang befindlicher Oppositionsleader es ganz natürlich findet, die Regierung viel schlimmerer Verhältnisse im Lande zu zeihen, als sie tatsächlich dort herrschen.

Der Mißbrauch der Redekunst ist ein Übel. Welches Wort aber finden wir dann, um den Mißbrauch der Nichtpublizität zu bezeichnen? Dostojewski träumte es von einem Gericht, bei dem der *Staatsanwalt* alles Notwendige zur VERTEIDIGUNG des Angeklagten vorbringen würde. Wie viele Jahrhunderte sollen wir noch darauf warten? Unsere gesellschaftliche Erfahrung ward derweilen durch *Verteidiger* bereichert, die von sich aus die ANKLAGE übernahmen (»... als ehrlicher Sowjetmensch, als wahrer Patriot kann ich nichts als Abscheu angesichts dieser Schandtaten empfinden ...«).

Wie schön ist's doch bei einer geschlossenen Verhandlung! Der Talar wird überflüssig, es geht in Hemdsärmeln gradesogut. Wie leicht einem das Arbeiten fällt! — ohne Mikrofon, ohne Zeitungsleute, ohne Publikum. (Nein doch, mitunter gibt's auch Publikum: lauter Untersuchungsrichter. Tagsüber saßen sie zum Beispiel im Leningrader Gebietsgericht, um zu prüfen, wie sich ihre Schützlinge aufführten; zur nächtlichen Stunde aber statteten sie jenen einen Besuch ab, denen ins Gewissen geredet werden mußte*.)

Der zweite Wesenszug unserer politischen Gerichte ist die Exaktheit, mit der sie funktionieren. Das heißt, daß das Urteil vorausbestimmt ist**. Das heißt, daß die Richter immer wissen, was der Obrigkeit gefällig

---

* Die Gruppe von Tsch-n.
** Der oftmals erwähnte Sammelband »Von der Straf- zur Erziehungsanstalt«

ist (dazu das Telefon!). Es gibt, nach dem Muster des OSO, sogar vor-
gedruckte Urteile, in welche nur mehr der Name des Delinquenten von
Hand einzutragen ist. Und wenn irgendein Strachowitsch verzweifelt
einzuwenden versucht: »Ja, wie hat mich Ignatowski denn anwerben
können, wenn ich damals ganze zehn Jahre alt war!«, dann bringt ihm
das lediglich einen Anschnauzer vom Gerichtsvorsitzenden ein: »Unterlassen Sie gefälligst Ihre Verleumdungen der sowjetischen Abwehr!«
(Tribunal des Leningrader Militärdistrikts, 1942). Es ist längst entschieden: Tod durch Erschießen — für die ganze Gruppe Ignatowski en bloc.
Bloß mit einem gewissen Lipow weiß man nicht recht, was anfangen:
Keiner von der Gruppe kennt ihn, und auch ihm ist niemand bekannt.
Na schön, soll er zehn Jahre haben, der nirgendwo hingehörende Lipow.

Die Vorbestimmtheit der Urteile — um wieviel erleichtert sie doch
den Richtern die Ausübung ihres dornigen Amtes! Es ist nicht einmal
primär eine Erleichterung fürs Gehirn: daß man nicht zu denken
braucht, als vielmehr eine Entlastung moralischer Art. Die Skrupel bist
du los, daß du dich irren könntest und die eigenen Kinder unversorgt
zurückließest. So kommt es, daß sich auch ein so passionierter Richter
wie Ulrich — welches repräsentative Todesurteil wurde nicht durch seinen Mund verkündet? — ein wenig Bonhommie erlauben durfte; am
Urteil ändert's nichts. Da wird 1945 vor dem Militärkollegium die
Affäre der *estnischen Separatisten* verhandelt. Den Vorsitz führt der
rundliche, gutmütige Ulrich. Er versäumt keine Gelegenheit, mit den
Kollegen, aber auch mit den Angeklagten zu scherzen (das ist sie doch,
die Menschlichkeit! Ein neuer Zug, wo gibt's das sonst?). Zu Susi, dem
Advokaten: »Na, sehen Sie, jetzt kommt Ihnen Ihr Beruf zustatten!«
Na wirklich, was gibt es denn zu streiten? sich zu ereifern? Die Ver-

beliefert uns mit Material, aus dem zu ersehen ist, daß die Vorbestimmtheit der Urteile nichts Neues war, da die Rechtsprechung bereits in den
Jahren 1924 bis 1929 durch einheitliche verwaltungswirtschaftliche Überlegungen geregelt wurde. Wir lesen hier, daß die Gerichte, beginnend
mit 1924, wegen der im Lande herrschenden *Arbeitslosigkeit* angehalten
wurden, weniger Arbeitsstrafen (mit Ableistung der Besserungsarbeit am
Wohnsitz) und dafür mehr Gefängnisstrafen zu verhängen (natürlich handelte es sich um Alltagsverbrechen). Infolgedessen waren die Gefängnisse
plötzlich mit Kurzzeitbestraften überbelegt (bis zu sechs Monaten Haft),
worunter der Arbeitseinsatz in den Strafkolonien Schaden litt. Anfang
1929 erließ das Volkskommissariat für Justiz ein Rundschreiben (Nr. 5),
in dem die Verhängung kurzfristiger Strafen *verurteilt* wurde; am
6. 11. 1929 (am Vorabend des 19. Jahrestages der Revolution; der sozialistische Aufbau hatte eben begonnen) wurde es den Gerichten mit
Beschluß des Zentralen Exekutivkomitees und des Rats der Volkskommissare einfach *verboten*, bei der Strafbemessung unter ein Jahr zu gehen.

handlung nimmt ihren geruhsamen Verlauf: Da wird am Richtertisch geraucht und zur genehmen Stunde eine Mittagspause eingelegt. Und als der Abend nahte, entfernte sich das Gericht wie vorgeschrieben zur Beratung. Was? Mitten in der Nacht auch noch zu Rate sitzen? Nein, die Angeklagten blieben bis zum Morgen im Gerichtssaal sitzen, und die Richter begaben sich nach Hause. In der Früh um neun kamen sie ausgeruht und frisch rasiert zurück: Die Angeklagten erhoben sich und nahmen ihre *Zehner* in Empfang.

Sollte nun jemand einwenden wollen, daß die OSOs zumindest ohne Heuchelei auskommen, im Unterschied zu den Gerichten, die heuchlerisch so tun als ob, dann werden wir dem, mit Verlaub, ganz entschieden widersprechen. Ganz entschieden!

Na, und der dritte Wesenszug ist schließlich die *Dialektik* (früher hieß das grob: »Wohin du die Deichsel wendest, da fährst du auch hin«). Das Strafgesetz darf nicht zum unverrückbaren Stein auf dem Wege des Richters werden. Die Gesetze zählen bereits zehn, fünfzehn, zwanzig raschlebige Jahre, und es hat ja schon Faust gesagt:

> »Rast nicht die Welt in allen Strömen fort,
> Und mich soll ein Versprechen halten?«

Eine Hecke von Auslegungen, Nachträgen und Instruktionen umrankt einen jeden StGB-Paragraphen. Wenn die Straftaten des Angeklagten durch Gesetze nicht zu erfassen sind, kann er immer noch verurteilt werden:

— in Analogie (welche Möglichkeiten!)
— einfach wegen seiner *Herkunft* (7,35, d. i. Zugehörigkeit zu einem sozial-gefährlichen Milieu*)
— wegen des Unterhalts von *Beziehungen mit gefährlichen Personen*** (eine großzügige Palette! Und nur der Richter weiß, worin die Beziehungen bestehen und welche Person als gefährlich zu erachten ist).

Eins darf man nicht: von den edierten Gesetzen Genauigkeit verlangen. Es erschien am 13. Januar 1950 ein Ukas über die Wiedereinführung

---

*In der Südafrikanischen Union ist der Terror in den letzten Jahren so stark geworden, daß jeder *verdächtige* (SOE) Neger ohne Gerichtsverfahren für drei *Monate* inhaftiert werden kann! Die Schwäche des Regimes ist leicht zu erkennen: Warum nicht für drei bis zehn Jahre?
**Dies war uns unbekannt. Die Zeitung *Iswestija* hat uns darüber im Juli 1957 berichtet.

der Todesstrafe (die aus den Kellern der Lubjanka vermutlich niemals vertrieben worden war). Da stand geschrieben, daß *unterminierende* Diversionsakte mit dem Tode bestraft werden könnten. Was soll das heißen? Darüber stand nichts. Ein Faible von Väterchen Jossif Wissarionowitsch: nicht zu Ende zu sprechen, anzudeuten. Soll es sich bloß um die handeln, die Minen an Eisenbahngeleisen anbringen? Um *Mineure*? Das wird verschwiegen. »Saboteur«, das kennen wir schon lange: Wer Ausschuß produziert, ist eben ein Saboteur. Aber ein *Unterminierer*? Wenn einer zum Beispiel in der Straßenbahn gesprächsweise die Autorität der Regierung *unterminiert*? Oder ein Mädchen einen Ausländer heiratet — ist's nicht als *Unterminierung* der Würde unserer Heimat zu werten? . . .

Es richtet ja keineswegs der Richter, der Richter kassiert lediglich das Gehalt, das Richten besorgt die Instruktion. Instruktion von 1937: zehn — zwanzig — *Tod durch Erschießen*. Instruktion von 1943: zwanzig — *Zwangsarbeit — Tod durch den Strang*. Instruktion von 1945: durchgehend zehn plus fünf *Aberkennung der Bürgerrechte* (eine Arbeitskraft für insgesamt drei Fünfjahrespläne*). Instruktion von 1949: durchgehend fünfundzwanzig**.

Die Maschine stempelt. Wer einmal verhaftet ist, verliert alle seine Rechte schon mit den Knöpfen, die sie ihm an der Schwelle des GB von den Kleidern schneiden. Der Verurteilung kann er nicht entgehen. Und die Rechtskundler haben sich so daran gewöhnt, daß sie sich 1958 unsterblich blamierten, indem sie in der Presse den Entwurf der neuen »Grundlagen des Strafrechtsverfahrens in der UdSSR« veröffentlichen ließen und darin die Möglichkeit eines Freispruchs zu vermerken *vergaßen*! Das Regierungsorgan*** erteilte eine zarte Rüge: »*Es könnte der Eindruck entstehen*, als ob unsere Gerichte ausschließlich Schuldsprüche fällten.«

Andererseits klingt es vom Standpunkt der Juristen auch wieder plausibel: Warum eigentlich soll das Ende eines Verfahrens in *zwei* Varianten möglich sein, wenn bei allgemeinen Wahlen nur für *einen* Kandidaten gestimmt wird? Ein Freispruch, das ist doch ein ökonomischer Nonsens! Das würde doch heißen, daß die Spitzel, die Verhafter, die

---

* Wie's Babajew ihnen ins Gesicht gesagt hat, ein *Bytowik* allerdings: »Vom *Maulkorb* hängt mir meinetwegen dreihundert Jahre an! Für euch Wohltäter stimm ich bis zum Tod sowieso nicht!«
** So konnte ein wirklicher Spion (Schulz, Berlin 1948) 10 Jahre bekommen und einer wie Günther Waschkau, der es niemals war — 25. Weil die nächste Welle, die von 1949, begonnen hatte.
*** *Iswestija*, 10. 9. 1958.

Verhörer, die Staatsanwälte, die Gefängniswachen und die Begleitkonvois allesamt für nichts gearbeitet hätten.

Hier ein einfacher und typischer Fall fürs Tribunal.

1941 sahen sich die operativen Sonderdienstabteilungen unserer inaktiven, in der Mongolei stationierten Truppen zu besonderer Reg- und Wachsamkeit veranlaßt. Dies machte sich ein schlauer Feldscher namens Losowski zunutze, der den begründeten Verdacht hegte, daß sich ein ihm nahestehendes Frauenzimmer mit dem Leutnant Pawel Tschulpenjow eingelassen hatte. Er stellte Tschulpenjow unter vier Augen einige Fragen:

1. »Was meinst du, warum wir vor den Deutschen zurückweichen?« (Tschulpenjow: »Sie besitzen die bessere Technik und haben früher mobilgemacht.« Losowski: »Nein, es ist ein *Manöver*, wir *locken* sie ins Landesinnere.«)

2. »Glaubst du an die Hilfe der Alliierten?« (Tschulpenjow: »Ich glaube, daß sie uns helfen werden, allerdings nicht selbstlos.« Losowski: »Betrügen werden sie uns, keinen Pfifferling ist ihre Hilfe wert.«)

3. »Warum wurde gerade Woroschilow zum Oberkommandierenden der Nordwestfront gemacht?«

Tschulpenjow gab seine Antwort und vergaß die Sache. Losowski aber schrieb eine Anzeige. Tschulpenjow wird in die Politabteilung der Division geholt und wegen defaitistischer Stimmungen, Hochschätzung der deutschen Technik, Geringschätzung der Strategie unserer Führung aus dem Komsomol ausgeschlossen. Das lauteste Wort führt der Komsomolorganisator Kaljagin (der sich bei Chalchin-Gol vor Tschulpenjow als Feigling aufgeführt hatte und den Zeugen nun billig und für immer loswerden will).

Die Verhaftung. Eine einzige Gegenüberstellung mit Losowski. Ihr damaliges Gespräch wird vom Untersuchungsrichter *nicht zur Sprache gebracht*. Die einzige Frage: »Kennen Sie diesen Mann?« — »Ja.« — »Zeuge, Sie können gehen.« (Der Untersuchungsrichter befürchtet, daß die Anklage sonst zusammenbricht*.)

Nach einmonatigem zermürbendem Sitzen in der Grube wird Tschulpenjow dem Tribunal der 36. Motorisierten Division vorgeführt. Anwesend sind: Divisionskommissar Lebedew und Politchef Slessarjow. Der Zeuge Losowski wird nicht einmal vorgeladen. (Allerdings wird man

---

*Losowski ist heute Kandidat der medizinischen Wissenschaften, lebt in Moskau und hat nicht zu klagen. Tschulpenjow arbeitet als Trolleybusfahrer.

nach der Verhandlung doch noch die Unterschriften von Losowski und von Kommissar Serjogin einholen, um dem Ganzen die erforderliche juristische Verbrämung zu geben.) Die Fragen des Gerichtshofes: Haben Sie mit Losowski Gespräche geführt? Was hat er Sie gefragt? Was haben Sie geantwortet? Tschulpenjow gibt treuherzig Auskunft, er weiß noch immer nicht, was er verbrochen haben soll. »Das sagen doch viele!« meint er naiv. Das Gericht läßt mit sich reden: »Wer sagt das? Nennen Sie Namen!« Aber Tschulpenjow ist nicht von ihrem Schlag! Sie geben ihm das letzte Wort. »Ich bitte das Gericht, meinen Patriotismus nochmals auf die Probe zu stellen. Ich bitte um einen Auftrag, der mit Todesgefahr verbunden ist!« Und fährt fort, der treuherzige Riese: »Für uns gemeinsam, für mich und für die, die mich verleumdet haben!«

Hat man so was gehört! Solche ritterlichen Anwandlungen im Volk zu ersticken, gehört zu unserem Auftrag. Losowski hat Pillen zu verteilen, Serjogin die Soldaten zu erziehen*. Auch ist es nicht wichtig, ob du stirbst oder nicht. Wichtig ist, daß *wir* auf der Wacht stehn. Sie gingen, rauchten, kamen zurück: zehn Jahre Haft und drei ohne Bürgerrechte.

Derartige Fälle wurden während des Krieges pro Division nicht in läppischen Dutzenden gezählt (sonst wäre es zu kostspielig geworden, Tribunale zu unterhalten). Das Zusammenzählen aller Divisionen sei dem Leser überlassen.

Auf bedrückende Weise ähneln einander die Tagungen der Tribunale. Auf bedrückende Weise gefühl- und gesichtslos sind die Richter, wie — Gummihandschuhe. Und die Urteile kommen alle vom Fließband.

Alle haben ernste Mienen aufgesetzt, aber jeder versteht, daß es eine Posse ist, am besten verstehen es die einfacheren Burschen von der Wachmannschaft. Aus dem Nowosibirsker Durchgangsgefängnis wird 1945 eine Sträflingspartie übernommen; die Wachen rufen nach *Akten* auf: »Häftling Soundso!« — »58,1a, fünfundzwanzig Jahre.« Der Chef des Konvois merkt auf: »Wofür kriegst du die denn?« — »Für nichts!« — »Lüg nicht. *Für nichts kriegt man zehn!*«

Wenn das Tribunal in Eile ist, dauert die »Beratung« eine Minute: Das Gericht kommt, das Gericht geht. Wenn sein Arbeitstag sechzehn Stunden beträgt, sieht man durch die Tür zum Beratungszimmer den weißgedeckten Tisch, Schüsseln voller Obst. Wenn die Zeit nicht drängt, machen sie gern in Psychologie; das Urteil wird verlesen: »... zur Höchststrafe zu verurteilen ...!« Pause. Der Richter sieht dem Delin-

---

* Viktor Andrejewitsch Serjogin lebt heute in Moskau und arbeitet in einem Dienstleistungskombinat beim Moskauer Stadtsowjet. Es geht ihm gut.

quenten gespannt in die Augen: Wie nimmt er's auf? Was fühlt er wohl in diesem Augenblick? »... In Anbetracht seines reumütigen Geständnisses wird jedoch ...«

Alle Wände der gerichtlichen Wartesäle sind von Nägeln zerkratzt, mit Bleistiften bekritzelt: »... zum Tode verurteilt«, »fünfundzwanzig bekommen«, »zum Zehner verknackt«. Sie lassen die Inschriften stehen: als Mahnung. Sei furchtsam und unterwürfig und glaube ja nicht, du könntest durch dein Verhalten das geringste ändern. Auch die schönste Demosthenesrede, vor einem leeren Saal, bloß einem Häuflein von Untersuchungsrichtern vorgetragen .(Olga Sliosberg beim Obersten Gericht, 1938) wird dir nicht helfen. Den Zehner zum Genickschuß anheben — das kannst du allerdings; brauchst ihnen bloß ins Gesicht zu schleudern: »Faschisten seid ihr! Ich schäme mich, mit euch in einer Partei gewesen zu sein!« (Nikolai Semjonowitsch Daskal, Sonderkollegium der Asow-Schwarzmeerregion, Gerichtsvorsitzender Chelik, Maikop 1937), dann hängen sie dir ein neues Verfahren an, dann bist du geliefert.

Tschawdarow berichtet von einem Fall, da alle Angeklagten vor Gericht plötzlich ihre falschen Geständnisse widerriefen. Na und? Eine winzige Stockung, wenn überhaupt, ein Blick hin, ein Blick her, und der Staatsanwalt beantragte eine Unterbrechung, ohne zu begründen, warum. Aus dem Gefängnis kamen die Untersuchungsrichter mit ihren Foltergehilfen herbeigeeilt. Die Angeklagten wurden in Boxen gesteckt, abermals gut durchgeprügelt und mit der Versicherung, daß es ihnen im Wiederholungsfalle schlimmer ergehen würde, dem Gericht zurückgestellt. Die Tagung wurde wieder aufgenommen. Der Richter befragte alle von neuem — und nunmehr gestanden alle ihre Schuld.

Ganz besonders gewitzt war Alexander Grigorjewitsch Karetnikow, der Direktor eines Forschungsinstituts der Textilindustrie. Knapp vor Beginn der Sitzung des Militärkollegiums beim Obersten Gericht ließ er durch die Wache mitteilen, daß er zusätzliche Aussagen zu machen wünsche. Das machte sie natürlich neugierig. Er wurde vom Staatsanwalt empfangen. Karetnikow entblößte seine eiternde Schulter, das Schulterblatt war ihm vom Untersuchungsrichter mit einem Stuhl gebrochen worden, und erklärte: »Ich habe unterschrieben, weil ich gefoltert wurde.« Der Staatsanwalt verfluchte sich ob der Gier nach »zusätzlichen« Aussagen, jedoch zu spät. Furchtlos sind sie alle nur, solange jeder ein versteckter Teil der großen, rotierenden Maschine ist. Sobald sich persönliche Verantwortung auf einen allein konzentriert, einer allein durch den Lichtstrahl herausgeleuchtet wird — erbleicht der wackere

Mann, denn er weiß, daß auch er ein Nichts ist und genauso ausrutschen kann wie jeder andere. So hat Karetnikow den Staatsanwalt in eine Falle gelockt; der wagte nicht mehr, die Sache niederzuschlagen. Die Verhandlung begann, Karetnikow wiederholte alles auch dort ... Nun mußte sich das Militärkollegium tatsächlich zur Beratung zurückziehen! Das Urteil aber konnte nur auf Freispruch lauten, wonach Karetnikow sofort auf freien Fuß zu setzen gewesen wäre. Und darum ... darum fällten sie *gar keines!*

Als ob überhaupt nichts gewesen wäre, wurde Karetnikow wieder ins Gefängnis gebracht, dort dokterten sie eine Weile an ihm herum, und nach drei Monaten kam ein neuer, sehr höflicher Untersuchungsrichter und stellte einen neuen Haftbefehl gegen ihn aus (wenn sich das Kollegium zu einem Entschluß aufgerappelt hätte, wären Karetnikow wenigstens diese drei Monate Freiheit geblieben!). Von neuem legte er Karetnikow die Fragen des ersten Untersuchungsrichters vor. Im Vorgefühl der Freiheit blieb Karetnikow standhaft und bekannte sich in keinem Punkt schuldig. Und das Ende? ... Acht Jahre Lager auf Beschluß des OSO.

Hinreichend veranschaulicht dieses Beispiel die Möglichkeiten des armen Sünders und die Möglichkeiten des OSO. Derschawin drückte es so aus:

> »Faules Gericht ist böser als Raub.
> Feinde die Richter, wo Recht ist taub.
> Und ausgeliefert ist der Bürger,
> Sein Nacken schutzlos vor dem Würger.«

Doch nur selten widerfuhren dem Militärkollegium derartige Unannehmlichkeiten, wie es ja überhaupt nur selten seine trüben Augen aufschlug, um sich so ein Bleifigürchen in Häftlingskluft mal näher zu besehen. A. D. R., ein Elektroingenieur, wurde 1937 von zwei Wachen im Laufschritt vier Stock hochgeschleift (der Aufzug wird wohl funktioniert haben, aber es hätten bei der regen Häftlingsbeförderung am Ende gar die Angestellten davor Schlange stehen müssen). Vorbei an einem anderen, schon Verurteilten, rannten sie in den Saal. Das Militärkollegium war so in Eile, daß sie sich nicht einmal setzen konnten, sondern alle drei standen. Mühsam verschnaufend (die lange Untersuchungshaft machte sich bemerkbar), preßte R. seinen Nach-, Vor- und Vatersnamen hervor. Kurzes Geflüster, ein Blickwechsel, und Ulrich — immer derselbe! — verkündete: »Zwanzig Jahre!« Und hinaus ging's im Laufschritt mit R. Und herein im Laufschritt mit dem nächsten.

Es geschah wie im Traum: Im Februar 1963 stieg auch ich, allerdings in Begleitung eines höflichen Obersten von der Parteiorganisation, über die Stufen eben jener Treppe empor. Und in dem Saal mit dem runden Säulengang, wo, wie es heißt, der Oberste Gerichtshof tagt, mit dem riesigen hufeisenförmigen Tisch und mit noch einem runden und sieben antiken Stühlen im Innenquadrat, saßen siebzig Mitarbeiter des Militärkollegiums — jenes selbigen, das Anno dazumal Karetnikow verurteilte und R. und andere und so weiter und so fort ... Sie saßen und hörten mir zu. Und ich sagte ihnen: »Was für ein bemerkenswerter Tag! Zuerst zum Lager verurteilt gewesen und dann zur ewigen Verbannung, habe ich einen *Richter* nie zu Gesicht bekommen. Und da sehe ich Sie nun alle einträchtig versammelt!« (Auch sie sahen einen leibhaftigen *Sek*, mit offenen Augen — zum ersten Mal.)

Doch da stellte sich heraus, daß es — nicht sie waren! Jawohl. Jetzt sagten sie, daß es nicht sie gewesen seien. Sie beteuerten, daß *jene* nicht mehr da wären. Manche seien in Ehren pensioniert worden, den einen oder anderen habe man abgesetzt (wie sich herausstellte, wurde Ulrich, der hervorragendste Henker, noch unter Stalin, 1950 — wegen Schlappheit —, abgesetzt!). Einige (an den Fingern abzuzählen) seien unter Chruschtschow sogar vor Gericht gestellt worden, da drohten sie, diejenigen von der Anklagebank: »Heut richtest du uns, aber paß nur auf, morgen sind wir dran!« Doch wie alle Chruschtschowschen Unterfangen wurde auch dieses zunächst sehr energisch betriebene von ihm bald vergessen, auf halbem Wege fallengelassen und blieb mithin, noch ehe es die Schwelle der unumkehrbaren Veränderung erreichte, im Altgewohnten stecken.

So gaben sich die Veteranen der Jurisprudenz nun mehrstimmig ihren Erinnerungen hin und lieferten mir ungewollt das Material für dieses Kapitel (ach, wenn sie sich doch ans Veröffentlichen machten! Aber die Jahre vergehen, und lichter ist's nicht geworden). Sie erinnerten sich, wie die Richter bei Prozessen laut ihren Stolz bekundeten, daß es *gelungen war*, § 51 des StGB (über die mildernden Umstände) *nicht* in Anwendung zu bringen, und folglich *gelungen war*, fünfundzwanzig statt nur zehn zu geben! Oder: auf welch erniedrigende Weise die Gerichte den *Organen* hörig waren! Ein gewisser Richter bekam einen Akt zugewiesen: ein aus den Vereinigten Staaten zurückgekehrter Bürger habe die verleumderische Behauptung aufgestellt, daß es in jenem Lande gute Autostraßen gebe. Mehr nicht. Und auch die Anklage enthielt sonst nichts! Der Richter erdreistete sich, den Akt an die Untersuchungsbehörde zurückzuschicken, *damit* diese »ein vollwertiges antisowjetisches Material« zustande bringe — mit anderen Worten, damit der betreffende Häftling noch nach Kräften gefoltert und geprügelt werde. Die wohlmeinende richterliche Absicht fand jedoch kein Verständnis, vielmehr bewirkte sie eine Rüge: »Wollen Sie gar unseren Organen mißtrauen?« — und seine Verbannung auf den Posten eines Gerichtssekretärs auf der Insel Sachalin. (Unter Chruschtschow herrschte ein sanfteres Regiment: Die »schuldigen« Richter wurden — was glauben Sie wohl? — in die *Advokatur* verbannt*!) Ebenso unterwürfig liebedienerte die Staatsanwaltschaft vor den *Organen*. Als die Mißbräuche Rjumins in der Nordseeabwehr bereits zum Himmel schrien, wagte die Prokuratur nicht, aus eigener Machtbefugnis einzuschreiten; es ward Abakumow lediglich untertänigst gemeldet, daß seine Jünger etwas über die Stränge schlügen. Und da hätte Abakumow die *Organe* nicht für das Salz der Erde halten sollen! (Damals war's auch, daß er Rjumin zu sich kommen ließ und ihn zum eigenen Verderb erhöhte.)

Die Zeit war einfach zu kurz, sie hätten mir auch noch das Zehnfache erzählt. Genug zum Überlegen gibt auch dieses. Wenn das Gericht und die Prokuratur nichts als Schachfiguren des Ministers für Staatssicherheit wären, dann hätten wir uns vielleicht auch ein eigenes Kapitel über sie ersparen können . . .

Es sprudelte nur so aus ihnen hervor, ich aber sah mich um und staunte: Es sind Menschen! durchaus MENSCHEN! Da lächelt einer, dann noch ein anderer dort. Da setzen sie mir offenherzig auseinander, daß sie immer nur das Beste wollten. Na, und wenn es sich nochmals so fügt, wenn es ihnen wieder ankommt, über mich zu Gericht zu sitzen? — in diesem Saal hier (der Hauptsaal wird mir gezeigt)?

Na und? Sie werden mich richten . . . und verurteilen.

Was also war am Anfang: das Ei oder die Henne? das System oder die Menschen?

Viele Jahrhunderte hielt sich bei uns das Sprichwort: »Fürchte nicht das Gesetz — fürchte den Richter.«

Mir aber will es scheinen, daß das *Gesetz* bereits über die Menschen hinweggeschritten ist, die Menschen stehen ihm an Grausamkeit nach. Hoch an der Zeit, das Sprichwort umzudrehen: »Fürchte nicht den Richter — fürchte das *Gesetz*.«

Jenes der Abakumows, natürlich.

---

* *(Iswestija*, 9. 6. 1964) Interessant ist hier die Auffassung hinsichtlich der gerichtlichen Verteidigung. 1918 aber verlangte Lenin, daß die Richter, die allzu milde Urteile fällten, aus der Partei ausgeschlossen werden sollten.

Sie begeben sich zum Rednerpult; es wird der *Iwan Denissowitsch* diskutiert. Sie bekunden ihre Freude darüber, daß dieses Buch ihnen das Gewissen erleichtert hat (so sagen sie's, genau . . .). Sie räumen ein, daß ich ein noch sehr abgeschwächtes Bild gezeichnet habe, daß jedem von ihnen viel schlimmere Lager bekannt wären. (Also wußten sie? . . .) Von den siebzig, die rund ums Hufeisen sitzen, sind manche literarisch bewandert, auch Leser des *Nowyj Mir* sind darunter; sie dürsten nach Reformen, sie debattieren lebhaft über die Geschwüre unserer Gesellschaft, über den tristen Zustand des Dorfes . . .

Ich sitze und überlege: Wenn der erste winzige Tropfen Wahrheit die Wirkung einer psychologischen Bombe hatte — was wird dann erst in unserem Lande geschehen, wenn die Wahrheit wie ein Wasserfall herniederstürzt?

Sie bahnt sich dereinst ihren Weg, die Wahrheit. Wer vermöchte sie aufzuhalten?!

8   Das Gesetz in den Kinderschuhen

Wir vergessen alles. Wir merken uns nicht das Gewesene, nicht die Geschichte, sondern nur das gradlinige Muster, das man unserem Gedächtnis durch stetes Hämmern einzustanzen verstand.

Ich weiß nicht, ob es eine Eigenschaft der gesamten Menschheit ist, aber eine unseres Volkes ist's bestimmt. Eine mißliche Eigenschaft. Auch wenn sie von zuviel Gutmütigkeit herrühren sollte, ist sie mißlich und ärgerlich trotzdem. Zur leichten Beute macht sie uns für Lügner aller Art.

Wenn's also unerwünscht ist, daß wir uns sogar an öffentliche Prozesse erinnern, vergessen wir sie prompt. Unverhohlen war's gesagt, in den Zeitungen stand es geschrieben, aber sie haben versäumt, uns eine Kerbe ins Hirn zu schlagen — und schon ist es vergessen. (Die Kerbe im Hirn kommt nur von dem, was tagtäglich aus dem Lautsprecher schallt.) Nicht die Jungen meine ich, die wissen's nicht, sondern die Zeitgenossen jener Prozesse. Fragen Sie doch einen Durchschnittsbürger nach den spektakulären Schauprozessen — er wird den Bucharin-Prozeß, den Sinowjew-Prozeß nennen. Und nach einiger Anstrengung jenen der Industriepartei. Schluß, andere Schauprozesse gab es nicht.

Sie begannen jedoch sofort nach dem Oktober. Sie wurden bereits 1918 *en masse* und in vielen Tribunalen geführt. Als es noch keine Gesetze, keine Strafgesetzbücher gab und als den Richtern als Richtschnur einzig die Bedürfnisse der Arbeiter- und Bauernmacht galten. Sie eröffneten, so schien es damals, die Zeiten furchtloser Gesetzlichkeit. Irgendwann wird sich irgendwer noch finden, ihre detaillierte Geschichte zu schreiben, wir aber wollen uns gar nicht erst vermessen, sie in unsere Untersuchung einzubeziehen.

Ohne eine kleine Übersicht kommen wir freilich nicht aus. Da gibt's auch in diesem rosig-zarten Frühnebel verkohlte Ruinen, die herauszufühlen wir verpflichtet sind.

In jenen dynamischen Jahren brauchten die Säbel des Krieges nicht in den Scheiden zu rosten, aber auch die Revolver der Vergeltung wurden nicht zur Zierde getragen. Das ist eine spätere Erfindung: die Hinrichtungen in den Nächten, in den Kellern vorzunehmen und von rückwärts ins Genick zu schießen. 1918 indes hat der bekannte Rjasaner Tschekist

Stelmach seine Opfer bei Tageslicht im Hof niedergemacht und so, daß die nächsten aus den Gefängnisfenstern zuschauen konnten.

Einen offiziellen Terminus gab es damals: die *außergerichtliche Bestrafung*. Nicht, weil's noch keine Gerichte, sondern weil's die *Tscheka* gab*. Weil's wirkungsvoller war. Die Gerichte waren intakt und richteten, auch zu Tode, aber immer gab es neben ihnen und unabhängig von ihnen die nicht zu vergessende außergerichtliche Bestrafung. Wie hoch soll man ihren Umfang ansetzen? In seiner populären Darstellung der Tscheka-Tätigkeit** summiert M. I. Lazis für nur anderthalb Jahre (von 1918 bis Mitte 1919) und für nur zwanzig Gouvernements Zentralrußlands (»die hier vorgelegten Zahlen sind *absolut nicht vollständig*«***, vielleicht zum Teil auch aus falscher Bescheidenheit) wie folgt: von der Tscheka (d. h. ohne Gerichtsbeschluß) erschossen — 8389 Personen; an konterrevolutionären Organisationen aufgedeckt — 412 (eine phantastische Zahl, wenn man unsere geschichtlich belegte Unfähigkeit zu jeder Art Organisation und zudem die allgemeine Zersplitterung und Resignation in jenen Jahren bedenkt), insgesamt verhaftet — 87 000. (Diese Zahl hingegen scheint zu niedrig angesetzt.)

Um es richtig einzuschätzen, womit es vergleichen? Im Jahre 1907 brachte eine Arbeitsgemeinschaft linker Politiker den Sammelband »Gegen die Todesstrafe«**** heraus, worin alle von 1826 bis 1906 zum Tode Verurteilten namentlich aufgezählt wurden*****. Die Herausgeber räumen ein, daß diese Liste — zumal wegen der Namenlosen — ebenfalls unvollständig sei (jedoch gewiß nicht lückenhafter als das während des Bürgerkriegs zusammengestellte Lazis-Material). Die Liste führt 1397 Namen an; davon sind 233 zu Freiheitsstrafen Begnadigte sowie 270 Flüchtige (vornehmlich polnische Rebellen, die sich in den Westen gerettet hatten) abzuziehen. Bleiben 894 Personen. Diese auf achtzig Jahre bezogene Ziffer hält einem Vergleich mit der Berechnung von Lazis — anderthalb Jahre und das auch nicht für alle Gouvernements — in keiner Weise stand. Allerdings fügen die Herausgeber noch eine zweite mutmaßliche Statistik hinzu, derzufolge allein im Jahre 1906 1310 To-

---

*Diesen immer härter pickenden Nestling hat Trotzki aufgepäppelt: »Die Einschüchterung stellt ein mächtiges Mittel der Politik dar. Man müßte ein Heuchler sein, um dies nicht zu verstehen.« Und Sinowjew jubelte, seines eigenen Endes nicht gewahr: »Die Buchstaben *GPU* wie das Wort *Tscheka* erfreuen sich im Weltmaßstab der größten Popularität.«
**Lazis, »Zwei Jahre Kampf...« Vgl. Fußnote zu S. 41 dieses Buches.
***ebd., S. 74 ff.
****Unter der Redaktion von Gernet, 2. Ausgabe.
*****S. 385–423.

desurteile gefällt (vielleicht nicht alle vollstreckt) wurden und seit 1826 insgesamt 3419. Da wütete gerade die berüchtigte Stolypinsche Reaktion, und es gibt dazu auch noch eine andere Zahl*: 950 Hinrichtungen in sechs Monaten. (Hat ja sechs Monate nur gedauert, die Zeit der Stolypinschen Standgerichte.) Grauslich klingt das und ist trotzdem für unsere gestählten Nerven zu niedrig angesetzt: Wenn wir unsere Ziffer aufs Halbjahr berechnen, kommt immer noch das Dreifache heraus — und dies für zwanzig Gouvernements bloß und nur für die Fälle *ohne Gericht, ohne Tribunal.*

Die Gerichte agierten indessen ganz unabhängig davon seit November 1917. Trotz aller Arbeitsüberlastung wurden für sie im Jahre 1919 die »Richtlinien des Strafrechtes der RSFSR« ediert (wir haben sie nicht gelesen, nicht bekommen können, wissen aber, daß es dort den »unbefristeten Freiheitsentzug« gab, was soviel heißt, wie Gefängnis bis auf Widerruf).

Die Gerichtshöfe gab's in dreierlei Art: Volksgerichte, Gebietsgerichte, Revolutionstribunale.

Die Volksgerichtshöfe gaben sich mit zivil- und strafrechtlichen, nichtpolitischen Belangen ab. Zum Tode verurteilen durften sie nicht. Bis zum Juli 1918 schleppte sich die Justiz noch im Fahrwasser der Linken Sozialrevolutionäre dahin: lächerlich zu sagen, daß die Volksgerichte maximal *zwei* Jahre geben durften. Es waren besondere Interventionen der Regierung erforderlich, um unzulässig milde Urteile auf *zwanzig* Jahre anzuheben. Mit Juli 1919 wurde den Volksgerichtshöfen *fünf* Jahre bewilligt. Als sich dann 1922 alle Stürme des Krieges gelegt hatten, wurde den Volksgerichten das Recht beschert, zu *zehn* Jahren, und das Recht entzogen, zu *weniger als sechs Monaten* zu verurteilen.

Den Gebietsgerichten und Revolutionstribunalen war das Recht auf das Todesurteil von Anfang an gegeben und jeweils für eine kurze Zeit nur entzogen worden: den Gebietsgerichten 1920, den Revolutionstribunalen 1921. Da gibt's viele winzige Zacken, denen nachzuspüren nur einem skrupulösen Chronisten jener Jahre gelingen wird.

Vielleicht wird jener Geschichtsschreiber die Dokumente finden, die Folianten mit den Gerichtsurteilen aufschlagen, vielleicht auch eine Statistik erstellen können. (Doch kaum. Was die Zeit und die Ereignisse davon übrigließen, haben die Beteiligten vernichtet.) Wir aber wissen nur, daß die Revolutionstribunale nicht müßig waren und unermüdlich im Urteilfällen. Daß die Einnahme einer Stadt im Zuge des Bürgerkriegs nicht nur durch die von den Gewehrmündungen aufsteigenden

---

*In der Zeitschrift *Byloje* (»Vergangenes«), Nr. 2/14, Februar 1907.

Rauchfetzen in den Höfen der Tscheka gekennzeichnet war, sondern auch durch schlaflose Sitzungen des Tribunals. Und um diese Kugel zu bekommen, brauchte man nicht unbedingt ein weißer Offizier, ein Senator, Gutsherr, Mönch, Konstitutionalist, Sozialrevolutionär oder Anarchist zu sein. Schon glatte, weiße, schwielenlose Hände genügten in jenen Jahren für den tödlichen Schuldspruch. Nicht schwer aber ist's zu erraten, daß die Revolten in Ischewsk oder Wotkinsk, Jaroslawl oder Murom, Koslow oder Tambow auch den schwieligen Händen teuer zu stehen gekommen waren. In jenen Folianten, den außergerichtlichen und den tribunalischen, wird das erstaunlichste — so sie sich uns jemals entblättern — wohl die große Menge der einfachen Bauern sein. Denn die Bauernunruhen und Bauernaufstände in den Jahren 1918 bis 1921 sind ohne Zahl, gleichwohl sie nicht auf die Schmuckblätter der »Geschichte des Bürgerkriegs« kamen, nicht fotografiert, nicht gefilmt wurden: die erregten Haufen, wie sie mit Pfählen, Heugabeln und Äxten gegen die Maschinengewehre anliefen und dann mit gebundenen Händen in langen Reihen — *zehn für einen!* — zur Erschießung aufgestellt standen. So kommt's, daß man sich an den Saposchoker Aufstand nur mehr in Saposchok erinnert, an den Piteliner nur mehr in Pitelin. Im besagten Lazis-Material finden wir, für wiederum anderthalb Jahre und zwanzig Gouvernements, auch die Zahl der niedergeschlagenen Aufstände — 344*. (Die Bauernaufstände wurden seit 1918 bereits als »Kulakenrevolten« geführt, denn wie sollten *Bauern* gegen die Arbeiter- und Bauernmacht aufstehen wollen! Das erkläre uns aber einer, warum jedesmal nicht drei Höfe im Dorf rebellierten, sondern das Dorf insgesamt. Warum ging denn die Masse der armen Bauern nicht mit denselben Heugabeln und Äxten gegen die rebellierenden »Kulaken« los, sondern mit ihnen gemeinsam — gegen die Maschinengewehre? Lazis: »Die übrigen Bauern wurden [von den Kulaken] durch Versprechungen, Verleumdungen und Drohungen gezwungen, an diesen Aufständen teilzunehmen.«** Nein wirklich, versprachen sie mehr als die Losungen des Dorfarmutkomitees? Drohten sie ärger als die Maschinengewehre des TschON, der damaligen z.b.V.-Truppen?)

Wie viele Menschen aber wurden zufällig in dieses Räderwerk hineingezogen, ganz und gar unbeteiligte Menschen, in deren Vernichtung das Wesen einer jeden schießenden Revolution zur unvermeidlichen Hälfte besteht?

Hier der von einem Augenzeugen berichtete Verlauf einer Tagung

* Lazis, S. 75.
** ebd., S. 70.

des Rjasaner Revolutionstribunals im Jahre 1918; verhandelt wurde gegen den Tolstoianer I. Je-w.

Im Zuge der allgemeinen Mobilmachung für die Rote Armee (vor einem Jahr erst klang's: »Nieder mit dem Krieg! Die Bajonette in die Erde! Alle Mann nach Hause!«) wurden allein im Rjasaner Gebiet bis September 1919 »54 697 Deserteure aufgegriffen und an die Front geschickt*« (und eine unbekannte Zahl zur Abschreckung an Ort und Stelle erschossen). Je-w hingegen war keineswegs desertiert, vielmehr bekannte er ganz offen, Wehrdienstverweigerer aus Glaubensgründen zu sein. Zwangsmobilisiert, weigerte er sich auch in der Kaserne, eine Waffe zu tragen, bei Übungen mitzumachen. Der empörte Kommissar der Truppe übergibt ihn der Tscheka, da Je-w, wie das Begleitschreiben lautet, »die Sowjetmacht nicht anerkennt«. Ein Verhör. Drei Tschekisten am Tisch, drei Revolver vor ihnen. »Solche Helden kennen wir, auch du wirst um Gnade winseln! Entweder du erklärst dich sofort zum Militärdienst bereit, oder wir erschießen dich auf der Stelle!« Doch Je-w bleibt fest: Er darf nicht in den Krieg, weil er dem freien Christentum anhängt. Die Sache wird ans Tribunal verwiesen.

Die Verhandlung ist frei zugänglich, etwa hundert Plätze sind besetzt. Der Advokat ist ein liebenswürdiges altes Männlein, der gelehrte Ankläger Nikolski (das Wort »Staatsanwalt« ist bis 1922 verboten) ebenfalls ein alter Jurist. Einer der Beisitzer versucht, den Angeklagten nach seinen Ansichten zu befragen (»Wie können Sie, ein Vertreter des werktätigen Volkes, den Lehren des Aristokraten Graf Tolstoi folgen?«), der Gerichtsvorsitzende schneidet ihm das Wort ab, die beiden streiten.

Beisitzer: »Sie wollen also keine Menschen töten und versuchen, andere davon abzuhalten. Aber den Krieg haben die Weißen begonnen, wir müssen uns verteidigen, und Sie stören uns dabei. Am besten wär's, wir schickten Sie zu Koltschak, dort können Sie die Gewaltlosigkeit nach Herzenslust predigen!«

Je-w: »Ich bin bereit zu fahren, wohin Sie beschließen.«

Ankläger: »Das Tribunal ist nicht für kriminelle Delikte schlechthin, sondern nur für konterrevolutionäre Aktivitäten zuständig. Auf Grund des Tatbestands stelle ich den Antrag, diesen Fall an einen Volksgerichtshof zu verweisen.«

Vorsitzender: »Ha! Kriminelle Delikte! Seht euch mal den Juristen an! Für uns ist nicht das Gesetz maßgebend, sondern unser revolutionäres Gewissen!«

*Lazis, S. 74.

Ankläger: »Ich bestehe darauf, daß mein Antrag zu Protokoll genommen wird.«

Verteidiger: »Ich schließe mich dem Ankläger an. Der Fall ist vor einem gewöhnlichen Gericht zu verhandeln.«

Vorsitzender: »Der alte Trottel! Wo hat man den ausgegraben?«

Verteidiger: »Ich bin seit vierzig Jahren Rechtsanwalt, aber eine solche Beleidigung muß ich mir zum ersten Mal gefallen lassen. Ich bitte um Protokollierung.«

Vorsitzender (lacht schallend): »Wird gemacht, wird vermerkt!«

Gelächter im Saal. Das Gericht entfernt sich. Man hört, wie im Beratungszimmer geschrien und gestritten wird. Sie kehren mit dem Urteil zurück: *Tod durch Erschießen!*

Empörte Zwischenrufe im Saal.

Ankläger: »Ich lege gegen das Urteil Protest ein und werde mich im Justizkommissariat beschweren!«

Verteidiger: »Ich schließe mich dem Ankläger an!«

Vorsitzender: »Der Saal wird geräumt!!!«

Je-w wird abgeführt, auf dem Weg zum Gefängnis sagen die Wachen: »Es wär gut, wenn alle so wären wie du, Bruder! Da gäbe es keinen Krieg und weder Weiße noch Rote!« Wieder in der Kaserne, berufen sie eine Rotarmistenversammlung ein. Das Urteil wird für falsch erklärt, ein Protest nach Moskau geschrieben.

So verbrachte Je-w, jeden Tag den Tod erwartend, die Erschießungen draußen im Hof mit eigenen Augen erlebend, siebenunddreißig Tage. Da kam der Bescheid, das Todesurteil in fünfzehn Jahre *strenge Isolation* umzuwandeln!

Ein lehrreiches Beispiel. Wiewohl die revolutionäre Gesetzlichkeit zumindest einen Teilsieg davontrug, hat's den Gerichtsvorsitzenden doch nicht unbeträchtliche Anstrengungen gekostet! Welch ein Mangel an Ordnung, Disziplin und Bewußtsein sich da noch offenbart! Die Anklage steckt mit der Verteidigung unter einer Decke, die Soldaten mischen sich mit ihren Resolutionen in etwas, das sie gar nichts angeht. Ach, wie schwer fällt es der Diktatur des Proletariats und der neuen Justiz, errichtet zu werden. Natürlich geht es nicht bei allen Prozessen so kunterbunt zu, doch ist dieser auch nicht gerade ein Einzelfall! Wie viele Jahre werden noch vergehen, ehe sich die notwendige Linie herausbildet, ausrichtet und festigt, ehe die Verteidigung es lernt, einvernehmlich mit Staatsanwalt und Gericht zu plädieren, und der Angeklagte — einvernehmlich auszusagen, und die Massen — einvernehmlich ihre Resolutionen zu verfassen!

Diesen Weg zu verfolgen, wäre eine dankbare Aufgabe für den Historiker. Wir aber — wie sollen wir in jenem rosigen Nebel vorwärtskommen? Wen befragen? Die Erschossenen schweigen, die Verstreuten werden nichts erzählen. Und die Angeklagten, die Verteidiger, die Wachen, die Zuschauer? Auch wenn sie am Leben geblieben sein sollten, wird man uns sie nicht suchen lassen.

Und so kann uns offensichtlich nur die Anklage weiterbringen.

Wohlgesinnte Helfer ließen uns ein der Vernichtung entgangenes Exemplar der gesammelten Anklagereden von N. W. Krylenko* zukommen, der da war ein ungestümer Revolutionär, der erste Kriegskommissar, Oberkommandierende, spätere Begründer der Abteilung für Sondergerichte beim Justizkommissariat (ein Tribunentitel sollte eigens für ihn geschaffen werden, aber Lenin winkte ab**), der ruhmbeladene Ankläger in den größten Prozessen und letztlich ein entlarvter blutrünstiger Feind des Volkes. Und so wir trotz allem nicht auf unsere kurze Übersicht der öffentlichen Prozesse verzichten wollen, der Versuchung auch nicht widerstehen können, von der Gerichtsatmosphäre der ersten nachrevolutionären Jahre einen Lungenzug zu nehmen, müssen wir uns wohl oder übel an die Lektüre des Krylenko-Buches machen. Einen anderen Weg gibt es nicht. Das Fehlende aber und vom Provinziellen alles, das werden wir gedanklich ergänzen müssen.

Natürlich würden wir es vorziehen, die Stenogramme jener Prozesse zu lesen, die jenseitigen dramatischen Stimmen jener ersten Angeklagten und ersten Verteidiger zu vernehmen, als niemand noch voraussehen konnte, in welch unausweichlichem Reigen die Akteure allesamt verschlungen und auch die revolutionären Richter nicht verschont werden würden.

Es war jedoch, so erklärt Krylenko, die Drucklegung der Stenogramme »aus mehreren technischen Überlegungen unangebracht«***, angebracht war lediglich die Verbreitung seiner Anklagereden bzw. der Gerichtsurteile, welche schon damals den Forderungen des Anklägers in ausreichendem Maße entgegenkamen.

Es seien die Archive des Moskauer und Obersten Revolutionstribunals (bis zum Jahre 1923) »nicht gerade ordnungsgemäß geführt worden ... In bezug auf eine ganze Reihe von Fällen war das Stenogramm ... wie sich herausstellte ... so unverständlich niedergeschrieben wor-

---

* N. W. Krylenko, *Za pjat' let* (»In fünf Jahren [1918–1922]. Anklagereden bei den bedeutendsten Prozessen des Moskauer und des Obersten Revolutionstribunals«), Moskau/Petrograd 1923, Auflage: 7000 Exemplare.
** Lenin, »Gesammelte Werke«, Bd. 36, S. 210.
*** Krylenko, S. 4.

den, daß der Text entweder seitenweise zu streichen oder nach dem Gedächtnis zu rekonstruieren« gewesen wäre (!). Eine »Reihe von höchst bedeutungsvollen Prozessen« (darunter der Prozeß wegen der Revolte der Linken Sozialrevolutionäre und der Prozeß in Sachen Admiral Schtschastnyj) sei »ganz ohne Stenogramm geführt worden«*.

Merkwürdig. Die Verurteilung der Linken Sozialrevolutionäre war keine Bagatelle: Es war dies nach dem Februar und dem Oktober der dritte Knotenpunkt unserer Geschichte, der Übergang zum Einparteiensystem im Staate. Und nicht wenige wurden erschossen. Ein Stenogramm indes wurde nicht geführt.

Hingegen war die »militärische Verschwörung« von 1919 »von der Tscheka auf außergerichtlichem Wege liquidiert« worden**, wodurch um so unzweifelhafter »ihre Existenz erwiesen wurde«***. (Da waren insgesamt mehr als tausend Mann verhaftet worden**** — wo käme man hin, für jeden einen Gerichtsakt anzulegen!)

Versuch's also, fein säuberlich über die Gerichtsprozesse jener Jahre zu berichten . . .

Dennoch lassen sich die wichtigen Grundsätze erkennen. So berichtet uns zum Beispiel der Oberste Ankläger, daß das WZIK, Exekutivkomitee des Sowjet, das Recht besaß, in jedes schwebende Gerichtsverfahren einzugreifen. »Das WZIK kann nach eigenem Ermessen *uneingeschränkt* begnadigen und *richten*«***** (Hervorhebung von mir). Eine sechsmonatige Freiheitsstrafe wurde beispielsweise in eine zehnjährige umgewandelt (und es versammelte sich dazu, wie der Leser versteht, nicht das ganze Exekutivkomitee, es genügte, daß, sagen wir, Swerdlow in seinem Arbeitszimmer das Urteil korrigierte). Durch all dies, erläutert Krylenko, »unterscheidet sich unser System wohltuend gegenüber den verlogenen Theorien der Gewaltentrennung«°, gegenüber der Theorie von der richterlichen Unabhängigkeit. (Stimmt, das hat auch Swerdlow gesagt: »Es ist gut, daß bei uns die gesetzgebende und die ausführende Gewalt nicht wie im Westen durch eine hohe Mauer getrennt sind. Alle Probleme können *rasch gelöst* werden.« Insbesondere per Telefon.)

Noch offenherziger und präziser formuliert Krylenko in seinen damaligen Tribunalsreden die *allgemeinen Aufgaben des sowjetischen Ge-*

*Krylenko, S. 4/5.
** ebd., S. 7.
*** ebd., S. 44.
**** Lazis, S. 46.
***** Krylenko, S. 13.
° ebd., S. 14.

richts, welches »gleichzeitig der *Schöpfer des Rechts*« (Hervorhebung von Krylenko) ». . . und ein *Werkzeug der Politik*«* (Hervorhebung von mir) zu sein hätte.

Ein »Schöpfer des Rechts« — weil es vier Jahre lang überhaupt keine Gesetzbücher gab: die der Zarenzeit waren verworfen und eigene nicht geschaffen worden. »Man halte mir nicht vor, daß sich unser Gericht in seiner Arbeit ausschließlich auf vorhandene geschriebene Normen zu stützen habe. Wir leben im Prozeß der Revolution . . .«**

»Das Tribunal gehört nicht zu jener Art von Gericht, in dem juristische Feinheiten und Spitzfindigkeiten wiederaufleben sollten . . . Wir schaffen ein neues Recht und *neue ethische Normen*.«*** . . . »Soviel man hier auch über die überlieferten Gebote des Rechts, der Gerechtigkeit *und so weiter* reden möge — wir wissen . . . wie teuer uns diese zu stehen kamen.«****

(Na, vergleichen wir mal *eure* Strafmaße mit den *unsrigen*, vielleicht war's gar nicht so teuer? Vielleicht lebte sich's gar geborgener mit der überlieferten Gerechtigkeit? . . .)

Juristische Spitzfindigkeiten sind in der Tat überflüssig geworden, da man gar nicht erst klären muß, ob der Angeklagte schuldig oder unschuldig ist: Hinfällig ist der Begriff der *Schuldhaftigkeit*, ein überholter, bürgerlicher Begriff*****.

Mithin haben wir aus Krylenkos Munde vernommen, daß das Tribunal — nicht von *jener Art ein Gericht* ist! An anderer Stelle wird er uns wissen lassen, daß das Tribunal *überhaupt kein Gericht* sei: »Das Tribunal ist ein Organ des Klassenkampfes der Arbeiter, welches gegen deren Feinde eingesetzt wird« und muß sich »von den Interessen der Revolution leiten lassen . . ., wobei die für die Massen der Arbeiter und Bauern *meist erwünschten Resultate* anzustreben sind«°. (Hervorhebung überall von mir.)

Die Menschen sind nicht Menschen, sondern »bestimmte Träger bestimmter Ideen«°°; »ungeachtet der individuellen Eigenschaften [des Angeklagten] kann zu seiner Bewertung immer *nur eine einzige* Methode angewandt werden, nämlich seine Einschätzung vom Standpunkt der *klassenbedingten Zweckmäßigkeit*«°°°.

* Krylenko, S. 3.
** ebd., S. 408.
*** ebd., S. 22.
**** ebd., S. 505.
***** ebd., S. 318.
° ebd., S. 73.
°° ebd., S. 83.
°°° ebd., S. 79.

Mit anderen Worten, du darfst nur existieren, solange dies für die Arbeiterklasse zweckmäßig erscheint. Aber »sobald diese Zweckmäßigkeit es erforderlich macht, daß das strafende Schwert das Haupt des Angeklagten treffe, sind alle ... Überzeugungsversuche vermittels des Wortes machtlos«* (beispielsweise die Argumente der Anwälte und dergleichen mehr). »Bestimmend für unser Revolutionsgericht sind nicht die Gesetzesparagraphen und nicht das Gewicht der Milderungsgründe; unser Tribunal darf sich einzig von den Überlegungen der Zweckmäßigkeit leiten lassen.«**

Das geschah in jenen Jahren vielen so: Friedlich lebten sie dahin — und mußten plötzlich erfahren, daß ihre Existenz *unzweckmäßig* war.

Begreifen wir doch: Nicht dies belastet den Angeklagten, was er bereits getan, sondern jenes, was er noch zu tun *imstande* wäre, so man ihn nicht sofort erschießt. »Wir schützen uns nicht nur vor der Vergangenheit, sondern ebenso vor der Zukunft.«***

Deutlich und allumfassend sind die Deklarationen des Genossen Krylenko. In aller Plastizität rücken sie jene Gerichtsperiode vor unser Auge. Herbstliche Klarsicht tritt jäh aus den Frühlingsdünsten hervor. Vielleicht also erübrigt sich's fortzufahren? Prozeß um Prozeß aufzurollen? Sind's doch diese Deklarationen, die künftig unbeirrbar angewandt werden.

Bloß die Augen zusammenkneifen und sich den schäbigen Gerichtssaal vorstellen, wie er damals, noch ohne Goldverzierung, war; die Wahrheitsfinder vom Tribunal, damals in schlichten Feldröcken, mager noch, ohne die später angefressenen Wänste; die *Anklagebehörde* (so pflegte sich Krylenko zu nennen), das zivile Röcklein aufgeknöpft — und aus dem offenen Hemdkragen lugt das gestreifte Matrosenleibchen hervor.

Die Sprache, der sich der Oberste Ankläger befleißigte, war: »Mich interessiert die Frage des Faktums!«; »Konkretisieren Sie das Moment der Tendenz!«; »Wir operieren auf der Ebene der Analyse der objektiven Wahrheit!« Bisweilen, sieh da, läßt er ein lateinisches Sprichwort einfließen (allerdings von Prozeß zu Prozeß immer dasselbe, erst nach mehrjährigem Abstand folgt ein neues). Na, ist ja auch eine Leistung, im revolutionären Hin und Her zwei Fakultäten zu absolvieren. Was für ihn einnimmt, ist die Herzhaftigkeit des Ausdrucks: »Professionelle Schurken!« (über die Angeklagten). Auch heuchelte er nie. Das Lächeln

* Krylenko, S. 81.
** ebd., S. 524.
*** ebd., S. 82.

einer Angeklagten fand sein Mißfallen, also donnerte er los, ohne auf das Urteil zu warten: »Ihnen aber, Bürgerin Iwanowa mit dem vielsagenden Lächeln, werden wir schon beikommen, die Möglichkeit wird sich schon finden, daß Ihnen das Lachen für *immer* vergeht!«*

Nun denn, wollen wir uns auf den Weg machen? . . .

a) *Der Prozeß gegen die Russischen Nachrichten.* Einer der allerersten und frühesten Prozesse, ein Prozeß gegen das WORT. Am 24. März 1918 veröffentlichte diese bekannte »Professorenzeitung« einen Artikel von Sawinkow — »Von unterwegs«. Liebend gern hätten sie Sawinkow persönlich geschnappt, doch der *Weg*, der verfluchte, wo findest du ihn rasch? So mußte die Zeitung dran glauben: Sie wurde geschlossen, ihr greiser Redakteur Jegorow auf die Anklagebank geschleppt: »Wie haben Sie's wagen können? Sind vier Monate der Neuen Ära nicht genug, daß Sie sich dran gewöhnen?«

Jegorow rechtfertigte sich naiv: es sei der Artikel »von einem prominenten Politiker geschrieben, dessen Meinung ganz unabhängig davon, ob sie von der Redaktion geteilt werde, allgemeines Interesse verdient«. Er habe ferner keine Verleumdung in Sawinkows Behauptung erblickt: »Es möge nicht vergessen werden, daß Lenin, Natanson & Co. über Berlin gekommen sind, d. h. daß die deutschen Behörden ihnen bei der Rückkehr nach Rußland behilflich waren« — denn es sei ja tatsächlich so gewesen: das kriegführende Kaiserdeutschland habe dem Gen. Lenin die Rückkehr ermöglicht.

Darauf Krylenko: daß er gar nicht beabsichtige, die Zeitung wegen Verleumdung zu belangen (warum denn? . . .), sie sei vielmehr des *Versuchs der geistigen Beeinflussung ihrer Leser* angeklagt! (Wer könnte einer Zeitung solch einen Vorsatz erlauben?!)

Auch Sawinkows Satz »Man muß ein wahnwitziger Verbrecher sein, um allen Ernstes zu behaupten, das Weltproletariat würde uns *unterstützen*« wird der Zeitung nicht zur Last gelegt, denn es wird ja noch unterstützen . . .

Nur wegen der versuchten Einflußnahme auf die Leser ergeht das Urteil: Die Zeitung, die seit 1804 bestanden und alle erdenklichen Reaktionen — die von Loris-Melikow, Pobedonoszew, Stolypin, Kasso und von wem noch alles — überstanden hatte, ist *für immer einzustellen!* Und der Redakteur Jegorow — wie in irgendeiner Türkei, man sehe's uns nach — mit drei Monaten Einzelhaft zu bestrafen. (Entschuldbar ist's, wenn man bedenkt, daß erst 1918 geschrieben wird! Sollte der Alte am

*Krylenko, S. 296.

299

Leben bleiben, sperren sie ihn ja doch wieder ein, und wie viele Male noch!)

Seltsam, aber wahr ist's, daß auch in jenen donnernden Jahren zärtlich geschmiert und willig genommen wurde — wie seit jeher in Rußland, wie seit jeher in der Union. Und nicht sogar, sondern ganz besonders flossen die Gaben den Gerichtsorganen zu. Und, schauerlich zu sagen — der Tscheka. Die rotgebundenen und goldgeprägten Geschichtsfolianten schweigen sich aus, aber es gibt heute noch Leute, Augenzeugen von damals, die sich erinnern, daß das Schicksal politischer Häftlinge in den ersten Revolutionsjahren, anders als zu Stalins Zeiten, entscheidend von Bestechungsgeldern abhing: Man nahm sie ungeniert und ließ den Losgekauften, wie versprochen, frei. Über zwei derartige Fälle — aus nur einem Dutzend für fünf Jahre — berichtet uns Krylenko. Doch weh! auch das Moskauer, auch das Oberste Tribunal suchten die Vollkommenheit auf krummen Wegen zu erreichen und versanken im Unflat.

b) *Der Prozeß gegen drei Untersuchungsrichter des Moskauer Revolutionstribunals (April 1918).* Im März war der Goldschieber Beridse verhaftet worden. Seine Frau suchte, wie damals üblich, Mittel und Wege, um ihn freizubekommen. Es gelang ihr, sich über mehrere Bekannte bis zu einem der Untersuchungsrichter vorzutasten, dieser nahm zwei weitere mit ins Geschäft, ein Geheimtreffen fand statt, sie verlangten 250 000 Rubel, gingen nach einigem Feilschen auf 60 000 runter, die Hälfte im voraus und alle weiteren Schritte über den Rechtsanwalt Grin. Alles wäre, wie hundertmal sonst, glatt und still verlaufen, ohne je in Krylenkos Chronik und somit in unsre (und auf die Tagung des Rates der Volkskommissare sogar!) zu geraten, wenn die Frau nicht so am Geld geklebt und dem Advokaten Grin die vereinbarten 30 000 als Vorschuß gebracht hätte, was sie jedoch nicht tat. Sie legte ihm vielmehr nur 15 000 auf den Tisch und beschloß außerdem, von weiblicher Geschäftigkeit getrieben, einen solideren Anwalt zu suchen, worauf sie stracks im Büro des Rechtsanwalts Jakulow landete. Wer's wirklich war, wird nicht gesagt, aber es läßt sich vermuten, daß eben dieser Jakulow den Untersuchungsrichtern eins auszuwischen beabsichtigte.

Das Interessante an diesem Prozeß ist, daß alle Zeugen, die verhängnisvolle Gattin mitinbegriffen, bemüht waren, zugunsten der Angeklagten zu sprechen und die Anklage in die Irre zu führen (was bei einem politischen Prozeß unmöglich wäre!). Krylenko erklärt, es seien kleinbürgerliche Beweggründe gewesen — bei Zeugen, die keine Verbundenheit mit unserem Revolutionstribunal empfanden. (Wir aber wollen uns zu der kleinbürgerlichen Vermutung versteigen, daß die Zeugen in den anderthalb Jahren der proletarischen Diktatur vielleicht das FÜRCHTEN gelernt haben ... Da gehörte schon eine gute Portion Schneid dazu, die Untersuchungsrichter des Revolutionstribunals reinzulegen. Ob's einem auch gut bekommt, später?)

Interessant ist auch die Beweisführung des Anklägers. Denn die Angeklagten waren noch vor einem Monat seine Kampfgefährten, Bundesgenossen und Helfer gewesen, allesamt den Interessen der Revolution treu ergeben, ja einer sogar — Leist — selber »ein strenger Ankläger, durchaus befähigt, Blitz und Donner gegen jeden zu schleudern, der die Grundlagen untergräbt«, und nun sollte er, Krylenko, böse Worte, schlimme Vorwürfe gegen sie finden. Woher nehmen? (Denn das Sichbestechenlassen ist an sich nicht diffamierend genug.) Na klar, woher: aus der *Vergangenheit*! aus dem *Fragebogen*, dem Lebenslauf!

»Bei näherer Betrachtung [dieses Leist] ergeben sich außerordentlich bemerkenswerte Details.« Wir sind gespannt: War's ein notorischer Abenteurer? Nein, aber — der Sohn eines Moskauer Universitätsprofessors! Jener war wiederum kein einfacher Professor, sondern einer, dem es gelungen, dank seines permanenten politischen Desengagements alle zwanzig Jahre aller reaktionären Regime zu überdauern! (Obwohl doch auch Krylenko trotz der Reaktionen seine Externistenexamina bestehen durfte ...) Wen wundert's also, daß aus seinem Sohn — ein Doppelzüngler wurde?

Podgejski hingegen war der Sohn eines Gerichtsbeamten, eines erzreaktionären, versteht sich, denn wie hätte er sonst dem Zaren zwanzig Jahre treu ergeben dienen können? Auch das Söhnchen bereitete sich auf die Gerichtslaufbahn vor, da kam die Revolution — und er tauchte im Tribunal unter. Gestern noch ein Beispiel hehrer Gesinnung, war's heute widerlich zu nennen!

Doch schändlicher als diese beiden war natürlich Gugel. Ehemals Verleger — was hat er den Arbeitern und Bauern als geistige Nahrung vorgesetzt? Er »belieferte die breiten Massen mit minderwertiger Literatur«, mit Büchern namhafter bürgerlicher Professoren (jener Professoren, denen wir bald ebenfalls auf der Anklagebank begegnen werden).

Zornig und erstaunt gibt sich Krylenko: Was sind das für Menschen, die beim Tribunal Unterschlupf gefunden haben? (Wunder nimmt's auch uns: Aus wem bestehen denn die Arbeiter- und Bauerntribunale? Warum hat es das Proletariat solchen Geschöpfen aufgetragen, seine Feinde zu schlagen?)

Der Advokat Grin schließlich, der beim Untersuchungsausschuß ein und aus ging und jeden nach Belieben loseisen konnte, war — ein »typischer Vertreter jener Abart der menschlichen Gattung, die Marx die *Blutsauger des kapitalistischen Systems* nannte« und zu welcher, außer den Rechtsanwälten, auch noch alle Gendarmen, Geistlichen und ... Notare gehörten ...*

Obwohl Krylenko also wirklich keine Mühe scheute, ein unnachsichtig hartes Urteil ohne Ansehen der »individuellen Nuancen der Schuld« zu erreichen, war das ewig-muntere Tribunal von einer seltsamen Trägheit, einer merkwürdigen Starre erfaßt, am Ende kaum zu einem Lispeln fähig: sechs Monate Kerker für die Untersuchungsrichter und eine Geldstrafe für den Anwalt. (Erst durch das WZIK, welches »uneingeschränkt zu richten« befugt war, gelang es Krylenko, den Untersuchungsrichtern je zehn Jahre und dem blutsaugenden Advokaten fünf mit Konfiskation des Vermögens zu verpassen. Krylenko machte Schlagzeilen in Wachsamkeit und war sich seines *Tribunen*-Titels beinahe schon sicher.)

Wir sind uns freilich bewußt, daß dieser unglückselige Prozeß durchaus dazu angetan war, sowohl bei den damaligen revolutionären Massen als auch bei unseren heutigen Lesern den Glauben an die Heiligkeit des Tribunals zu erschüttern. Mit um so größerer Scheu wagen wir uns daher an den nächsten Prozeß heran, welcher eine noch weit erhabenere Institution betraf.

c) *Der Kossyrew-Prozeß (15. Februar 1919).* F. M. Kossyrew und seine Kumpane Liebert, Rottenberg und Solowjow dienten ehemals in der Versorgungskommission der Ostfront (als sie — noch vor Koltschak — gegen die Truppen der Konstituante kämpfte). Die Ermittlungen ergaben, daß ihre geschickt eingefädelten Geschäfte jeweils Gewinne zwischen 70 000 und 1 Million Rubel abwarfen, sie sich Traber hielten, Zechgelage mit Krankenschwestern veranstalteten. Ihre Kommission erwarb sich ein Haus und ein Auto, ihr Zahlmeister war Stammgast im exklusiven Restaurant »Jar«. (Dies Bild des Jahres 1918 ist uns ungewohnt, aber das Tribunal bezeugt seine Echtheit.)

Im übrigen gehörte das alles nicht zum Tatbestand: Wegen der Ostfrontaffäre wurden sie nicht belangt, die war ihnen sogar verziehen. Wunderbarer noch! — kaum daß ihre Versorgungskommission aufgelöst wurde, erging an die vier unter Hinzuziehung noch von Nasarenko, einem ehemaligen sibirischen Landstreicher, einem Freund Kossyrews

*Krylenko, S. 500.

aus dessen krimineller Zuchthauszeit, die Berufung, das ... Kontroll-
und Revisionskollegium der Allrussischen Tscheka zu bilden!

Dieses Kollegium aber war jene Instanz, die *bevollmächtigt war, die
Rechtmäßigkeit der Aktivitäten sämtlicher anderer Organe der Allrussischen Tscheka zu kontrollieren*, und berechtigt, die Unterlagen über jedes schwebende Verfahren in jedem Stadium der Untersuchung anzu-
fordern und zu prüfen, sowie Beschlüsse aller anderen Organe der
Tscheka, mit Ausnahme jener des Präsidiums, aufzuheben!* Ein Pappenstiel war's nicht! – und so wurde das Kollegium gleich hinter dem
Präsidium zur zweiten Macht in der Allrussischen Tscheka, zur zweiten
Garnitur nach Dserschinski-Urizki-Peters-Lazis-Menschinski-Jagoda!

Der Lebensstil des Freundeskreises blieb indes der alte, Hochmut und
Standesdünkel lagen ihnen fern: Da gibt's einen Maximytsch, einen
Ljonka, einen Rafailski und einen Mariupolski, samt und sonders Leute, die »in keinerlei Beziehung zu kommunistischen Organisationen stehen«, mit denen sie in Privatwohnungen sowie im Hotel »Savoy«, in
»luxuriöser Umgebung« Gelage veranstalteten, »bei denen Kartenspiele
(je 1000 Rubel in der Bank), Saufereien und Damen den Ton angeben«.
Kossyrew legt sich eine teure Einrichtung zu (70 000 Rubel), verschmäht es auch nicht, in der Tscheka Silberbesteck und Silbertassen zu
stibitzen (woher aber kam das in die Tscheka? ...), nimmt, wenn's
drauf ankommt, auch mit einfachen Gläsern vorlieb. »Darauf, und nicht
auf das ideelle Rüstzeug ... verschwendet er seine Aufmerksamkeit,
das und nichts anderes will er für sich aus der revolutionären Bewegung gewinnen.« (Nun, da er die Annahme von Schmiergeldern leug-
net, verlegt sich dieser führende Tschekist aufs Fabulieren und erklärt,
ohne mit der Wimper zu zucken, er habe ... eine Zweihunderttau-
send-Rubel-Erbschaft in einer Chikagoer Bank liegen! ... Für ihn
offenbar eine ungeachtet der Weltrevolution durchaus reelle Situation!)

Worauf es ankommt, ist die richtige Handhabung dieses übermensch-
lichen Rechts, wen's beliebt zu verhaften, wen's beliebt freizulassen.
Offensichtlich muß zunächst der Fisch geködert werden, der goldene
Eier trägt; von dieser Art waren in den Netzen des Jahres 1918 genug
zu finden. (Denn es wurde während der allzu eiligen Revolution manches übersehen und gar viel an Edelsteinen, Diademen, Armbändern,
Ringen und Berlocken von den bürgerlichen Madamen beizeiten versteckt.) Danach: durch einen Strohmann Kontakt mit den Verwandten
aufnehmen.

*Krylenko, S. 507.

Auch diesen Gestalten begegnen wir beim Prozeß. Da ist die zwei-undzwanzigjährige Uspenskaja, Absolventin eines Petersburger Gymnasiums, deren weitere studentische Laufbahn durch die Machtergreifung der Räte unterbunden wurde; im Frühjahr 1918 meldete sie sich bei der Tscheka und bot ihre Dienste als Zuträgerin an. Ihr Äußeres entsprach, sie wurde genommen.

Die Zuträgerei (damals mit dem Kurzwort *Seksot* — geheimer Mitarbeiter — benannt) kommentiert Krylenko folgendermaßen: es sei darin *für uns* »nichts Anrüchiges« zu sehen, »wir erachten *dies* als unsere Pflicht; . . . die Tatsache dieser Arbeit ist an und für sich nicht schändlich; sobald ein Mensch erkennt, daß sie im Interesse der Revolution notwendig sei, muß er sich dazu melden«*. Das Schlimme ist, wie sich bedauerlicherweise herausstellt, daß die Uspenskaja kein politisches Credo besitzt! Sie sagt es ja: »Ich war mit einer bestimmten prozentuellen Beteiligung [an den aufgedeckten Fällen] einverstanden« — und zahlte auch noch die Hälfte davon an irgendwen, den das Tribunal umgeht, nicht zu nennen erlaubt. Und in Krylenkos Worte gekleidet: Die Uspenskaja »wurde nicht im Personalstand der Allrussischen Tscheka geführt und *pro Stück* entlohnt«**. Im übrigen sei's auch menschlich zu verstehen, erläutert uns der Ankläger: Was konnten ihr, die's gewohnt war, das Geld nicht zu zählen, die lumpigen 500 Rubel Gehalt beim Volkswirtschaftsrat denn schon bedeuten, wenn sie bei einer Erpressung (einem Kaufmann behilflich sein, daß man ihm den Kuckuck vom Geschäft nimmt) 5000 einnahm und bei einer anderen der Gattin des verhafteten Meschtschorski-Grews 17 000 abknöpfte. Nebenbei bemerkt, blieb die Uspenskaja nicht lange als einfache *Seksotin* sitzen; dank der Unterstützung prominenter Tschekisten war sie schon in wenigen Monaten Kommunistin und Untersuchungsrichterin.

Es will und will uns jedoch nicht gelingen, zum Kern der Affäre vorzudringen. Diese Meschtschorskaja-Grews wurde von der Uspenskaja in einer Privatwohnung mit einem gewissen Godeljuk, einem Busenfreund von Kossyrew, zusammengebracht, der das Lösegeld aushandeln sollte (die Forderung lautete auf 600 000 Rubel!). Unglücklicher- und gerichtlich ungeklärterweise bekam wiederum der Rechtsanwalt Jakulow von dem Treffen Wind, jener bereits erwähnte Jakulow, der schon einmal bestechliche Untersuchungsrichter hochgehen ließ und offenkundig vom Klassenhaß gegen das ganze System der proletarischen Recht- und Unrechtsprechung besessen war. Jakulow machte die Anzeige beim

---

*Krylenko, S. 513 (Hervorhebung von mir).
**ebd., S. 507.

Moskauer Revolutionstribunal*, worauf der Tribunalsvorsitzende (ob des Regierungszornes über die Untersuchungsrichter eingedenk?) ebenfalls in einen Klassenirrtum verfiel: statt den Genossen Dserschinski zu warnen und das übrige *en famille* zu erledigen, setzte er eine Stenographistin hinter den Vorhang. Die stenographierte fleißig mit, etwa die Namen, die Godeljuk nannte: Kossyrew, Solowjow und andere mehr, die Tips, die er gab: wer sich in der Tscheka mit wie vielen Tausenden schmieren ließ; und auch die Übergabe der 12 000 Rubel Vorschuß an Godeljuk war im Stenogramm festgehalten und darauffolgend der Dank der Meschtschorskaja-Grews für den Tscheka-Passierschein, der die Unterschriften Lieberts und Rottenbergs von der Kontroll- und Revisionskommission trug (denn es sollte der Handel dortselbst fortgesetzt werden). Solcherart auf frischester Tat ertappt, verlor Godeljuk den Kopf und packte aus (während die Meschtschorskaja doch noch in der Kontroll- und Revisionskommission gewesen und der Akt ihres Mannes von dort bereits *zur Überprüfung* angefordert worden war).

Aber erlauben Sie mal! Solche Entlarvungen setzen die engelsreine Tscheka nicht gerade ins beste Licht! Ist besagter Tribunalsvorsitzender von allen guten Geistern verlassen? Was geht's ihn an, in was er sich da einmischt?

Es entsprach jedoch, wie sich herausstellt, dem *Moment*, dem in den Falten unserer glorreichen Geschichte bestens verborgenen damaligen Moment! Es stellt sich heraus, daß das erste Jahr der Tscheka-Tätigkeit sogar in der solches noch ungewohnten Partei des Proletariats einen leicht abstoßenden Eindruck hinterließ. Das erste Jahr erst, der erste Schritt erst war auf dem ruhmreichen Weg der Tscheka zurückgelegt, doch schon entstand, wie sich Krylenko etwas verschwommen ausdrückt, »ein Streit zwischen dem Gericht und seinen Funktionen — und den außergerichtlichen Funktionen der Tscheka ... ein Streit, der zu jener Zeit die Partei und die Arbeitsbezirke in zwei Lager spaltete«**. Eben darum hatte die Affäre Kossyrew entstehen (denn bis dahin waren sie alle ungeschoren geblieben) und sogar gesamtstaatliches Niveau erklimmen können.

Es galt, die Tscheka zu retten! Alarm für die Tscheka! Solowjow bit-

---

* Um den empörten Leser zu besänftigen: Dieser Jakulow, diese blutsaugende Schlange, war zum Zeitpunkt des Kossyrew-Prozesses bereits in Haft. Ein Delikt fand sich leicht. Zur Zeugenaussage wurde er unter Bewachung vorgeführt und bald danach, wie zu hoffen ist, erschossen. (Da wundern wir uns heute: Wie kam es zu der Willkür? Warum hat niemand gekämpft?)
** Krylenko, S. 14.

tet das Tribunal, ihm ein Gespräch mit dem im Taganka-Gefängnis (leider nicht auf der Lubjanka) sitzenden Godeljuk zu gewähren. Das Tribunal lehnt ab. Also dringt Solowjow ganz ohne Erlaubnis des Gerichts in Godeljuks Zelle ein. Und siehe da, welch ein Zufall: Von Stund an ist Godeljuk schwer erkrankt, ja. (»Böse Absicht von seiten Solowjows ist kaum anzunehmen«, bescheinigt Krylenko.) Und im Angesicht des nahenden Todes wird der erschütterte Godeljuk von tiefer Reue ob der begangenen Verleumdungen überwältigt; er bittet um Papier und schreibt einen schriftlichen Widerruf: Alles erlogen, wessen er Kossyrew und die anderen Kommissare der Tscheka geziehen, und auch das hinterm Vorhang Mitstenographierte sei die reinste Unwahrheit von A bis Z!*

»Und wer hat die Passierscheine ausgestellt?« will Krylenko unbedingt wissen, die sind doch der Meschtschorskaja nicht vom Himmel in den Schoß gefallen? Mitnichten will der Ankläger »behaupten, daß Solowjow damit etwas zu schaffen gehabt habe, denn ... die Beweise dafür reichen nicht aus«, aber es könnten, so mutmaßt er, »an der Sache nicht unbeteiligte und noch in Freiheit befindliche Bürger« Solowjow in die Taganka geschickt haben.

Da wär's gerade an der Zeit gewesen, Liebert und Rottenberg zu verhören, die waren auch schon vorgeladen — bloß erschienen sind sie nicht! Einfach nicht erschienen, nicht Folge geleistet ... Gestatten Sie, und die Meschtschorskaja? Stellen Sie sich nur vor, auch diese abgetakelte Aristokratin hatte die Stirn, nicht vor dem Tribunal zu erscheinen! Und keiner imstande, sie zu zwingen! Und Godeljuk hat widerrufen — und liegt im Sterben. Und Kossyrew gibt nichts zu! Und Solowjow ist rundherum unschuldig! Und zu verhören gibt's niemanden ...

Seht hingegen, welche Zeugen sich aus eigenen freien Stücken vor das Tribunal begaben: der Tscheka-Vize Genosse Peters — und sogar Félix Edmundowitsch Dserschinski in eigener beunruhigter Person. Sein schmales eiferndes Asketengesicht ist dem erstarrten Tribunal zugewandt, mit ergreifenden Worten bezeugt er Kossyrews Unschuld und dessen hohe moralische, revolutionäre und sachliche Qualitäten. Die Aussagen sind uns leider nicht überliefert, von Krylenko aber vermerkt worden: »Solowjow und Dserschinski haben uns die Vorzüge Kossy-

---

*Oh, welch eine Fülle an Sujets! Oh, Shakespeare, wo bleibst du? Durch die Wände kam Solowjow, ihr schwachen Zellengeister, und Godeljuk widerruft mit erlahmender Hand — und uns stellt man im Theater, uns stellt man im Kino die revolutionären Jahre bloß durchs Absingen der *Warszawjanka* vor.

rews in schillernden Farben beschrieben.«* (Ach, wie unvorsichtig, dieser Fähnrich! Zwanzig Jahre später werden sie ihm diesen Prozeß auf der Lubjanka heimzahlen!) Es ist leicht zu erraten, was Dserschinski gesagt haben konnte: daß Kossyrew ein eiserner Tschekist war und unbarmherzig gegen die Feinde, zudem ein guter *Genosse.* Heißes Herz, kühler Kopf, saubere Hände.

So ersteht vor uns aus dem Unrat der Verleumdung der bronzene Ritter Kossyrew. Auch zeichnet sich sein Vorleben durch eine überdurchschnittliche Willenskraft aus. Denn er war vor der Revolution mehrfach vorbestraft, meist wegen Mordes: Zuerst hatte er sich (in der Stadt Kostroma) durch Arglist Zugang zur Wohnung der greisen Smirnowa verschafft und diese *mit eigenen Händen erwürgt,* danach einen Mordanschlag auf den leiblichen Vater verübt sowie einen Kumpanen zu ermorden versucht, um in den Besitz von dessen Paß zu gelangen. In den übrigen Fällen wurde Kossyrew wegen Betrugs verurteilt, alles in allem zu vielen Jahren Zuchthaus (verständlich daher seine Sehnsucht nach dem süßen Leben), aus welchem ihn stets nur die Zarenamnestien befreiten.

An dieser Stelle wurde der Ankläger von gestrengen und gerechten Stimmen unterbrochen: Angesehene Tschekisten ermahnten ihn, daß jene vorherigen Gerichte gutsherrschaftlich-bürgerliche Gerichte gewesen und folglich von unserer neuen Gesellschaft nicht in Betracht zu ziehen seien. Doch hört! Der vorwitzige Fähnrich ließ von der hohen Kanzel des Revolutionstribunals eine Tirade los, die ideologisch eine derart unglückliche Entgleisung war, daß wir es kaum noch wagen, durch ihre Zitierung die Harmonie der ansonsten so makellos darlegbaren Tribunalsprozesse zu stören:

»Wenn es am alten zaristischen Gericht überhaupt etwas gab, was unser Vertrauen verdiente, dann war es einzig das Geschworenengericht ... Den Urteilen der Geschworenen konnte man stets vertrauen, dort waren Justizirrtümer am seltensten zu finden.«**

Um so kränkender war es, solches vom Genossen Krylenko zu vernehmen, als dieselbe Anklagebehörde noch vor drei Monaten, beim Prozeß gegen den *agent provocateur* R. Malinowski, der als Liebkind der Parteiführung trotz seiner vier kriminellen Vorstrafen ins Zentralkomitee kooptiert und zum *Duma*-Abgeordneten bestimmt wurde, eine untadelig klassenmäßige Haltung eingenommen hatte:

»In unseren Augen ist jedes Verbrechen das Produkt des gegebenen

*Krylenko, S. 522.
**ebd., S. 522.

sozialen Systems, so daß eine nach den Gesetzen der kapitalistischen Gesellschaft und des zaristischen Regimes verhängte kriminelle Vorstrafe von uns nicht als eine Tatsache erachtet wird, welche dem Verurteilten einen unlöschbaren Makel auferlegt ... Uns sind *viele Beispiele* dafür bekannt, daß sich *in unseren Reihen* Menschen befanden, *in deren Vergangenheit ähnliche Fakten* auszumachen waren, doch wir haben *niemals* daraus den Schluß gezogen, daß eine solche Person zu verstoßen wäre. Ein *Mensch, der unsere Grundsätze kennt*, braucht niemals zu befürchten, wegen einer früheren Vorstrafe außerhalb der Reihen der Revolutionäre gestellt zu werden.«*

So konnte er demnach *auch* reden, der Genosse Krylenko! Warum also mußte er hier durch seine irrigen Auslassungen Kossyrews hehre Rittergestalt ins schiefe Licht rücken? Und so ergab es sich, daß Genosse Dserschinski gezwungen war festzustellen: »Eine Sekunde lang [eine einzige Sekunde, nicht länger!] fuhr mir der Gedanke durch den Kopf, ob nicht der Bürger Kossyrew hier zum Opfer jener politischen Leidenschaften gemacht werde, die *in letzter Zeit rund um die Tscheka* entbrannten.«**

Da besann sich Krylenko: »Es liegt und lag nicht in meiner Absicht, aus diesem Prozeß gegen Kossyrew und die Uspenskaja einen Prozeß gegen die Tscheka zu machen. Dies kann ich *nicht nur nicht wollen* — dies zu bekämpfen ist meine Pflicht! ... An die Spitze der Außerordentlichen Kommission sind die ehrlichsten Genossen mit dem größten Verantwortungsgefühl und beispielhafter Selbstbeherrschung gestellt worden; sie haben die schwere Pflicht auf sich genommen, die Feinde zur Strecke zu bringen, *sogar mit dem Risiko, einen Fehler zu begehen* ... Dafür ist ihnen die Revolution zu Dank verpflichtet ... Ich unterstreiche diesen Aspekt, damit mir ... späterhin niemand sagen kann: ›Er hat sich als Werkzeug des politischen Verrats erwiesen.‹«*** (Sie werden's sagen!)

So schmal war der Grat, über den der oberste Ankläger balancierte! Aber er muß wohl noch aus der illegalen Zeit irgendwelche Kontakte gehabt haben, durch die er erfuhr, wohin morgen der Wind weht. Das läßt sich an einigen Prozessen erkennen und an diesem auch. Da gab's so Stimmungen Anfang 1919, daß es *genug* sei und höchste Zeit, die Tscheka zu bändigen! Ja, das gab's, diesen Moment, »aufs beste ausgedrückt im Artikel von Bucharin, wenn er davon spricht, daß an die Stel-

---

*Krylenko, S. 337.
**ebd., S. 509.
***ebd., S. 509 f. (Hervorhebung von mir).

le des *legitimen Revolutionsgeistes* die *revolutionäre Legalität* zu treten habe«.

Dialektik, wohin dein Auge sieht! Und es entschlüpft Krylenko der Satz: »Das Revolutionstribunal wird berufen, die Außerordentliche Kommission abzulösen« *(abzulösen??).* Dieses habe im übrigen »im Sinne der Verwirklichung des Systems der Abschreckung, des Terrors und der Bedrohung in keiner Weise milder als zu ihrer Zeit die Außerordentliche Kommission zu sein...«*

Zu ihrer Zeit?... Er hat sie also bereits begraben?! Moment mal, bitte: Ihr wollt ablösen, und die Tschekisten? Wohin mit denen? Schlimme Zeiten! Verständlich, daß der Chef in seinem fersenlangen Soldatenmantel als Zeuge vors Gericht eilt.

Vielleicht aber sind Ihre Quellen falsch, Genosse Krylenko?

Dunkel verhangen war in der Tat der Himmel über der Lubjanka in jenen Tagen. Und es hätte dieses Buch einen anderen Verlauf nehmen können. Doch mir will es scheinen, daß der Eiserne Felix zu Wladimir Iljitsch sich begab, ein wenig plauderte, die Sache klärte. Und fort waren die Wolken. Obwohl zwei Tage danach, am 17. Februar 1919 ein Beschluß des WZIK die Tscheka ihrer gerichtlichen Rechte enthob — »allerdings *nicht für lange«***!

Unsere eintägige Gerichtsverhandlung wurde indessen noch dadurch kompliziert, daß sich die spitzbübische Uspenskaja ganz ungebührlich benahm. Selbst im Gerichtssaal bemühte sie sich, andere, durch den Prozeß gar nicht belastete und höchst angesehene Tschekisten — sogar den Genossen Peters persönlich — »mit in den Dreck zu zerren«! (Wie man erfährt, hatte sie seinen reinen Namen für ihre erpresserischen Machenschaften mißbraucht; sie ging in Peters' Arbeitszimmer bereits ein und aus und war zugegen, wenn er mit anderen Agenten sprach.) Nun läßt sie Andeutungen über irgendeine dunkle vorrevolutionäre Vergangenheit des Gen. Peters in Riga fallen. Na, da hat man's: Solch eine Schlange war aus ihr in den acht Monaten geworden, die sie doch immerhin im guten tschekistischen Milieu verbrachte! Was macht man mit solch einer Type? In diesem Punkt ging Krylenko mit den Tschekisten durchaus konform: »Solange sich die neue Ordnung noch nicht gefestigt hat — und es wird dies noch lange dauern [wirklich?] ... kann es im Interesse des Schutzes der Revolution ... für die Bürgerin Uspenskaja keine andere Strafe geben als ihre Vernichtung.« So hat er's gesagt: nicht Erschießung, sondern — Vernichtung! Ist doch noch

*Krylenko, S. 511.
**ebd., S. 14.

ein junges Ding, Bürger Krylenko! Na, geben Sie ihr den Zehner, na — das Viertelmaß, und es wird bis dahin die Ordnung doch schon gefestigt sein! Aber weh: »Eine andere Antwort kann es im Interesse der Gesellschaft und der Revolution einfach nicht geben — und es darf die Frage gar nicht anders gestellt werden, denn es würde keine Art von Isolierung *in diesem Falle* fruchtbringend sein!«

Die muß ihnen die Suppe aber schön versalzen haben ... Hat sicherlich zuviel gewußt ...

Auch Kossyrew mußte geopfert — erschossen — werden. Zum besseren Heile der anderen.

Und ob wir wirklich jemals die alten Lubjanka-Archive lesen werden? Nein, die werden sie verbrennen. Haben es bereits.

Wie der Leser bemerkt hat, war's ein Prozeß von minderer Bedeutung, vielleicht auch gar nicht wert, beschrieben zu werden. Hingegen wird

d) *der Prozeß der »Klerikalen«* (*11.–16. Januar 1920*) nach Krylenkos Meinung »einen entsprechenden Platz in den Annalen der russischen Revolution einnehmen«. Just in den Annalen! Kein Zufall also, daß sie den Kossyrew an einem Tag durchdrehten und an diese da fünf Tage vergeudeten.

Hier die Hauptangeklagten: A. D. Samarin (ein in Rußland bekannter Mann, weiland Oberprokuror des Synod und zur Zarenzeit schon ein Eiferer der kirchlichen Befreiung von obrigkeitlicher Bevormundung, ein Feind Rasputins und von diesem aus dem Amt gejagt*); Kusnezow, Professor für Kirchenrecht an der Moskauer Universität; die Moskauer Oberpriester Uspenski und Zwetkow. (Über Zwetkow sagte der Ankläger selbst: »Eine bedeutende Persönlichkeit des öffentlichen Lebens, vielleicht der beste Mann, den die Geistlichkeit hervorzubringen vermochte, ein Menschenfreund.«)

Und hier ihre Schuld: Sie gründeten den »Moskauer Rat der vereinten Kirchensprengel«, welcher seinerseits eine (aus vierzig- bis achtzigjährigen Kirchgängern bestehende) freiwillige (natürlich unbewaffnete) Leibgarde für den Patriarchen aufstellte, deren Aufgabe es war, Tag und Nacht im Patriarchenhof Wache zu halten, damit das Volk, so dem Patriarchen von seiten der Behörde Gefahr drohte, durch Glockengeläut und per Telefon herbeigerufen werden konnte; dann wollten sie alle zusammen dem Patriarchen folgen, wohin er gebracht wurde, und das

---

* Der Ankläger aber hat keine Bedenken, Samarin und Rasputin in einen Topf zu werfen.

Sownarkom bitten (da steckte sie, die Konterrevolution!), den Patriarchen freizulassen!

Welch ein altrussisches, heiligrussisches Unterfangen! — die Sturmglocken läuten und mit der versammelten Gemeinde kniefällig um Gnade bitten!...

Der Ankläger begreift nicht: Was für eine Gefahr drohte denn dem Patriarchen? Woher die Idee, ihn beschützen zu müssen?

Nein, wirklich: keine andere, als daß die Tscheka seit Jahren die außergerichtliche Verfolgung von mißliebigen Bürgern betreibt; keine andere, als daß vier Rotarmisten kurz zuvor in Kiew den Metropoliten erschlagen hatten; keine andere, als daß die Anklage gegen den Patriarchen fertig, »nur noch ans Revolutionstribunal zu überweisen« war und »diese unsere Klassenfeinde bloß aus Rücksicht auf die breiten Arbeiter- und Bauernmassen, die noch unter dem Einfluß der klerikalen Propaganda stehen, von uns *einstweilen in Ruhe gelassen werden*«* — wozu also die Sorge der Christenmenschen um ihren Patriarchen? Diese zwei Jahre hatte der Patriarch Tichon nicht geschwiegen — Schreiben um Schreiben ergingen an die Volkskommissare, und an die Geistlichkeit, und an die Gemeinden; da sich Druckereien dafür nicht fanden, wurden seine Sendschreiben (hier der erste Samisdat!) auf Schreibmaschinen getippt; er wetterte gegen die Vernichtung von Unschuldigen, gegen die Verwüstung des Landes — woher also jetzt die Besorgnis um das Leben des Patriarchen?

Hier auch die zweite Schuld der Angeklagten: Im ganzen Lande wird Kircheneigentum beschlagnahmt und ausgehoben (nicht um die Schließung der Klöster, nicht um die Wegnahme der Ländereien und Waldungen geht es, sondern darüber hinaus um die Schalen, Kelche und Kronleuchter) — der Kirchensprengelrat aber verbreitete einen Aufruf an die Gläubigen, auch der Beschlagnahme mit Sturmgeläut sich zu widersetzen. (Ist's nicht natürlich? Sind nicht auch beim Tatarenansturm die Gotteshäuser auf diese Art verteidigt worden?)

Und die dritte Schuld: die unverschämte pausenlose Behelligung des *Sownarkom* mit *Eingaben* über kirchenfeindliche Akte der lokalen Behörden, über groben Frevel, Kirchenschändungen und sonstige Vergehen gegen die verkündete Gewissensfreiheit. Diese Eingaben aber waren, auch wenn ihnen nicht stattgegeben wurde (laut Aussage des *Sownarkom*-Geschäftsführers Bontsch-Brujewitsch) dazu angetan, die örtlichen Funktionäre in Mißkredit zu bringen.

Die Summe dieser drei Tatbestände vor Augen — wie wäre die Strafe

*Krylenko, S. 61.

für soviel Abscheulichkeit zu bemessen? Was flüstert dem Leser sein revolutionäres Gewissen ein? Na, NUR DIE KUGEL! Das war's auch, was Krylenko verlangte (für Samarin und Kusnezow).

Doch während sie sich noch mit der verflixten Gesetzlichkeit abmühten und allzu lange Reden allzu zahlreicher bürgerlicher Anwälte über sich ergehen ließen (welche von uns aus technischen Gründen nicht wiedergegeben werden), wurde ... die Todesstrafe abgeschafft! Eine schöne Bescherung! Was denn, wie denn? Man erfährt, daß Dserschinski diese Weisung tscheka-intern erließ (die Tscheka — und nicht mehr erschießen dürfen?...). Und die Tribunale des *Sownarkom*, betrifft's auch sie? Noch nicht. Krylenko faßt wieder Mut. Und pocht weiter auf die Todesstrafe, dies folgendermaßen begründend:

»Selbst wenn wir annehmen wollten, daß sich die Lage der Republik soweit gefestigt hat, daß ihr von diesen Personen keine unmittelbare Gefahr mehr droht, halte ich in dieser Periode der Aufbauarbeit ... eine Säuberung unserer Gesellschaft ... von den alten, sich stets geschickt tarnenden Politikern für eine Forderung der revolutionären Notwendigkeit ... Die Sowjetmacht ist stolz auf den Beschluß der Tscheka über die Abschaffung der Todesstrafe ...« Aber: dies »verpflichtet uns noch keineswegs zu der Annahme, daß die Frage der Abschaffung der Todesstrafe endgültig ... für alle Zeiten der Sowjetmacht entschieden ist«*.

Äußerst prophetisch! Die Kugel kommt wieder, sehr bald sogar! Da wartet doch noch ein Haufen Arbeit auf die Vertilger! (Und es wird Krylenko selbst die Kugel kriegen, und viele seiner Klassenbrüder auch...)

Das Tribunal war schließlich gehorsam: Es verurteilte Samarin und Kusnezow zum Tode, ließ jedoch die Amnestie walten: Konzentrationslager, hieß das, *bis zum Endsieg über den Weltimperialismus*! (Da saßen sie bis heute dort...) Und für den »besten Mann, den die Geistlichkeit hervorzubringen vermochte« — fünfzehn Jahre, die in fünf umgewandelt wurden.

Es gab auch noch andere Angeklagte, die in den Prozeß mit einbezogen wurden, weil sie ein Minimum an notwendigen Beweisstücken lieferten. Mönche und Lehrer aus Swenigorod, der Beteiligung an der Swenigoroder Affäre vom Sommer 1918 angeklagt, jedoch anderthalb Jahre lang gerichtlich nicht belangt (vielleicht aber auch schon einmal abgeurteilt und jetzt — da zweckmäßig — zum zweitenmal vor Gericht ge-

*Krylenko, S. 81.

stellt). In jenem Sommer wurde der Abt des dortigen Klosters, Iona*, von sowjetischen Funktionären aufgesucht und aufgefordert (»Sollen wir dir Beine machen?«), ihnen die Reliquien des heiligen Sabbas herauszugeben. Daß die Funktionäre bei dieser Aktion in der Kirche (und wohl auch am Altar) geraucht und natürlich die Mütze aufbehalten hatten, versteht sich von selbst, aber der eine, der den Schädel des Sabbas in die Hand nahm, spuckte auch noch hinein, um hiermit die Irrigkeit der Heiligenverehrung zu bekunden. Es blieb nicht der einzige Frevel — und darum begannen bald die Sturmglocken zu läuten, das Volk lief herbei, und es endete damit, daß die Meuternden einen der Funktionäre erschlugen. (Die übrigen leugneten später alles ab, den Frevel und das Spucken, und Krylenko gab sich mit ihrer Erklärung zufrieden**.) Nun saßen sie also vor Gericht ... Die Funktionäre? Nein — die Mönche.

Wir bitten den Leser, sich vollständig darüber im klaren zu sein, daß sich bei uns bereits seit 1918 der forensische Brauch durchsetzte, in jedem Moskauer Prozeß (mit Ausnahme des »ungerechten« Tscheka-Prozesses, versteht sich) nicht eine für sich stehende Gerichtsverhandlung zu einem zufällig entstandenen Sachverhalt zu sehen, sondern immer: ein Signal der Justizpolitik; ein Schaufenstermodell für die nachfolgende Auslieferung an die Provinz; einen *Typus*, wie im Schulbuch ein Musterbeispiel für arithmetische Schlußrechnungen, dem die Schüler alle weiteren Lösungen abgucken.

Wenn's also heißt: ein »Klerikalenprozeß«, dann müssen wir es in der Multimehrzahl verstehen. Im übrigen hält auch der Oberste Ankläger mit diesbezüglichen Erläuterungen nicht hinterm Berg: »In fast allen Tribunalen der Republik wurden ähnliche Prozesse *abgerollt*«*** (welch ein Wort!).

Vor kurzem erst hatten sich die Tribunale von Sewerodwinsk, Twer, Rjasan, die Gerichte in Saratow, Kasan, Ufa, Solwytschegodsk, Zarewo-

---

* Der frühere Chevaliergardist Firguf, der »infolge einer plötzlichen geistigen Wandlung seinen gesamten Besitz an die Armen verteilte und ins Kloster ging — daß die Besitzverteilung tatsächlich stattfand, kann ich allerdings nicht bestätigen«. Na, wo käme man auch mit der Klassentheorie hin, wenn man die Möglichkeit geistiger Wandlungen zuließe?

** Wer erinnert sich nicht an solche Auftritte? Der erste Eindruck in meinem ganzen Leben — ich muß drei oder vier gewesen sein: Wie die *Spitzköpfigen* (Tschekisten in spitzen »Budjonnyj-Helmen«) in die Kislowodsker Kirche kommen, den Gottesdienst unterbrechen, die starre, stumme Menge der Betenden auseinanderschieben und so wie sie sind, bedeckten Hauptes, in den Altarraum stapfen.

*** Krylenko, S. 81.

kokschaisk mit Geistlichen, Psalmenlesern und aktiven Gemeindemitgliedern, mit Vertretern der undankbaren »von der Oktoberrevolution *befreiten* orthodoxen Kirche«* zu befassen.

Der Leser wird einen Widerspruch wittern: Wie konnten viele dieser Prozesse das Moskauer Modell *vorweg*genommen haben? Es liegt lediglich an den Mängeln unserer Darlegung. Die gerichtliche und außergerichtliche Verfolgung der befreiten Kirche begann schon 1918 und wurde, nach der Swenigoroder Affäre zu urteilen, schon damals mit entsprechender Schärfe betrieben. Im Oktober 1918 schrieb der Patriarch Tichon in einem Brief an das *Sownarkom*, daß die Freiheit der kirchlichen Predigt unterdrückt werde, daß »bereits viele mutige Kirchenprediger den Blutzoll des Martyriums bezahlen mußten ... Ihr habt an den Kirchenbesitz Hand gelegt, der von Generationen gläubiger Menschen zusammengetragen wurde, Ihr habt euch nicht gescheut, ihren Letzten Willen zu mißachten.« (Die Volkskommissare haben den Brief natürlich nicht gelesen, die Sekretäre müssen sich krank gelacht haben: auch schon was — der Letzte Wille! Unsere Ahnen sind uns scheißegal, wir rackern uns fürs Wohl der Nachfahren ab.) »Bischöfe, Geistliche, Mönche und Nonnen werden hingerichtet; obwohl sie sich nichts zuschulden kommen ließen, werden sie wahllos und unbegründet eines nebulosen, von niemand definierten konterrevolutionären Geistes angeklagt.« Zugegeben: Beim Anmarsch von Denikin und Koltschak war ein Innehalten zu vermerken, denn es sollte den Gläubigen die Verteidigung der Revolution leichter gemacht werden. Sobald jedoch der Bürgerkrieg abflaute, machte man sich neuerlich an die Arbeit, und *rollte* tribunalisch *ab* und führte 1920 einen Schlag gegen das Dreifaltigkeitskloster des heiligen Sergius von Radonesch, dieses vermaledeiten Chauvinisten, dessen Reliquien in ein Moskauer Museum verfrachtet wurden**.

---

* Krylenko, S. 61.
** Der Patriarch zitiert den Historiker Kljutschewski: »Erst wenn wir jenen geistigen und sittlichen Besitz bis zum letzten Rest aufgezehrt haben, den uns die großen Baumeister des russischen Landes vom Schlag des ehrwürdigen Sergius vermachten, erst dann werden sich die Tore seines Klosters schließen, erst dann die Lichter vor den Ikonen verlöschen.« Das hatte sich Kljutschewski nicht vorgestellt: daß der Ausverkauf fast noch zu seinen Lebzeiten erfolgen würde.
Der Patriarch ersuchte darum, vom Vorsitzenden des Rates der Volkskommissare empfangen zu werden, ein letzter Versuch, das Kloster samt Reliquien zu retten: Gab's nicht ein Gesetz über die Lostrennung der Kirche vom Staat?! Als Antwort erging der Bescheid, der Vorsitzende sei mit wichtigen Angelegenheiten beschäftigt und könne dem Patriarchen in den nächsten Tagen keine Audienz gewähren. Desgleichen auch in den späteren nicht.

Und das Volkskommissariat für Justiz erließ (am 25. August 1920) ein Rundschreiben, die Vernichtung aller Reliquien betreffend, denn justament diese versperrten uns den Weg zur neuen gerechten Gesellschaft.

Der von Krylenko getroffenen Auswahl folgend, wenden wir uns nun dem im *Obtrib* (das war, zum Eigengebrauch, ihre neckische Abkürzung fürs Oberste Tribunal — auf uns Urtierchen ließen sie Knurrigeres los: »Aufgestanden! Das Gericht kommt!«) verhandelten

e) *Prozeß des »Taktischen Zentrums« (16.—20. August 1920)* zu: achtundzwanzig Mann auf der Anklagebank und noch etliche, gegen die in Abwesenheit verhandelt wird.

Mit frischer, vom Eifer der späteren Rede noch nicht angegriffener Stimme stellt Krylenko in klassenanalytischer Erleuchtung zunächst einmal fest, daß es außer den Gutsbesitzern und den Kapitalisten »auch noch eine andere gesellschaftliche Schicht gab — und heute noch gibt, deren soziales Sein seit langem schon die Vertreter des revolutionären Sozialismus zum *Nachdenken* zwingt . . .« (Es geht also um Sein oder Nichtsein — für diese Schicht.) »Diese Schicht ist *die sogenannte Intelligenz* . . . Im jetzt beginnenden Prozeß werden wir es mit dem *Gericht der Geschichte über die Tätigkeit der russischen Intelligenz* zu tun haben«*, bzw. mit dem Gericht der Revolution über sie.

Die sachbedingte Beschränktheit unserer Untersuchung erlaubt es uns nicht, die Art und Weise zu erfassen, in der die Vertreter des revolutionären Sozialismus über das Schicksal der sogenannten Intelligenz *nachzudenken* pflegten, ebensowenig die Ergebnisse dieses Denkens darzulegen. Es ist uns jedoch ein Trost zu wissen, daß die Unterlagen hierfür publiziert wurden, allgemein zugänglich sind und mit beliebiger Vollständigkeit gesammelt werden können. Nur im Interesse des besseren Verständnisses für die allgemeine Situation der Republik sei darum die Meinung des Vorsitzenden des Rates der Volkskommissare in Erinnerung gerufen, die dieser zur selben Zeit äußerte, als der uns interessierende Prozeß über die Bühne ging.

In Beantwortung einer Anfrage von Gorki hinsichtlich der Verhaftungen von Intellektuellen (zu denen offenbar auch manche Angeklagte dieses Prozesses gehören) und die Lage der damaligen russischen intellektuellen Masse schlechthin (die »Kadetten-Sympathisanten«) schreibt Wladimir Iljitsch in einem von uns bereits zitierten Brief vom 15. September 1919 folgendes: »*In Wirklichkeit ist dies nicht das Gehirn der*

*Krylenko, S. 34.

Nation, sondern Scheiße.«* — Ein andermal sagt er zu Gorki: »Es wird ihre [der Intelligenz] Schuld sein, wenn wir zuviel Scherben machen.« Wenn sie Gerechtigkeit sucht, warum kommt sie dann nicht zu uns? ... »Es war die Intelligenz, die mir eine Kugel verpaßte.«** (d. h. — es war die Kaplan).

Solche Empfindungen gebaren Mißtrauen, Feindseligkeit; die Intelligenzler titulierte Lenin »angefault-liberal«, »frömmlerisch«; sprach von »Schlamperei«, die »eine jener Eigenschaften der ›Gebildeten‹«*** ist; war der Ansicht, daß sie stets unverständig sei und die *Sache der Arbeiterklasse* verraten habe. (Wann hat sie denn dieser *Arbeiter*-Sache, der Diktatur der Arbeiter, die Treue geschworen?)

Diese Art, die Intelligenz zu bespötteln und zu verachten, wurde dann mit sicherer Hand von den Publizisten der zwanziger Jahre übernommen, wir finden sie in den Zeitungen dieser Jahre und im Gerede des Alltags wieder, bis schließlich auch die Intellektuellen selbst in diesen Stil verfielen — nun verfluchten sie ihre ewige Kurzsichtigkeit, ihre ewige *Zerrissenheit und Rückgratlosigkeit,* ihr hoffnungsloses *Zurückbleiben hinter der Epoche.*

Und dies zu Recht! Es dröhnt unter den Gewölben des Obtribs die Stimme der anklagenden Gewalt und zwingt uns auf die Bank zurück: »Diese gesellschaftliche Schicht ... wurde in diesen Jahren der Probe der allgemeinen Umwertung unterzogen.« Jaja, »Umwertung«, das war dazumal ein oft gebrauchtes Wort. Und was ergab die Umwertung? Bitte: »Die russische Intelligenz, die sich der Feuerprobe der Revolution mit den Losungen der Volksmacht stellte [war also doch etwas dran!], trat als Bundesgenosse der schwarzen [nicht einmal der weißen!] Generale, als Söldling [!] und gefügiger Agent des europäischen Imperialismus aus ihr hervor. Die Intelligenz hat ihre eigenen Fahnen besudelt und verraten«**** (wie in der Armee, nicht wahr?).

Wen wundert's, daß wir uns in Reue zerfleischen? Wie sollten wir uns nicht im *mea culpa* die Brust blutig kratzen? ...

Und nur darum »ist es nicht nötig, einzelne ihrer Vertreter fertigzumachen«, weil »diese soziale Gruppe ihre Zeit überlebt«***** hat.

An den Pforten des 20. Jahrhunderts! Welch eine Kraft der Prophe-

---

*Lenin, »Gesammelte Werke«, 5. Ausg., Bd. 51, S. 48 (deutsch nicht erschienen, vgl. *Werke,* Berlin 1963, und *Briefe,* Bd. 5, Berlin 1968, Anm. d. Übers.).
**Lenin i Gorkij (»Lenin und Gorki«), Moskau 1961, S. 363.
***Lenin, »Gesammelte Werke«, 4. Ausg., Bd. 26, S. 373 (deutsch in *Werke,* Bd. 26, S. 410).
****Krylenko, S. 54.
*****ebd.

tie! Oh, ihr wissenschaftlichen Revolutionäre! (Ums *Fertigmachen* kamen sie freilich nicht herum, und es dauerte noch bis ans Ende der zwanziger Jahre.)

Mit Widerwillen betrachten wir die Gesichter der achtundzwanzig Bundesgenossen der schwarzen Generale und Söldlinge des Imperialismus. Besonders anrüchig ist dieses *Zentrum*, ein Taktisches Zentrum, ein Nationales Zentrum, ein Rechtes Zentrum (und das Gedächtnis flüstert uns aus den Prozessen zweier Jahrzehnte immer weitere Zentren ein, mal Ingenieurszentren, mal menschewistische, mal trotzkistisch-sinowjewsche, mal rechts-bucharinistische, lauter Zentren, alle aufgedeckt, alle vernichtet, und nur darum sind wir, mein lieber Leser, überhaupt noch am Leben). Denn wo's ein *Zentrum* gibt, da hat natürlich der Imperialismus seine Hand im Spiel.

Es wird uns allerdings etwas leichter ums Herz, sobald wir im weiteren erfahren, daß das hier angeklagte Taktische Zentrum *keine Organisation* gewesen, weil es: 1. kein Statut; 2. kein Programm; 3. keine Mitgliedsbeiträge besessen. Was also gab's? Na dieses: *Sie kamen zusammen!* (Kalt überläuft's einen.) Und warum kamen sie zusammen? *Um die gegenseitigen Standpunkte kennenzulernen!* (Eisiger Schauer.)

Die Anklage ist schwerwiegend und durch Indizien untermauert: auf achtundzwanzig Angeklagte entfallen zwei (!) Indizien*. Es sind zwei Briefe der abwesenden Delinquenten Mjakotin und Fjodorow (sie sind im Ausland). Heute abwesend, haben sie doch vor dem Oktober mit den Anwesenden in den gleichen Komitees gesessen, woraus wir für uns das Recht ableiten, die Abwesenden mit den Anwesenden zu identifizieren. Die Briefe aber beinhalten — Erläuterungen über Differenzen mit Denikin, und zwar in so geringfügigen Fragen wie: die Bauernfrage (man sagt's uns nicht, aber es geht offensichtlich darum, daß Denikin das Land den Bauern geben *soll*), die jüdische Frage (offensichtlich: daß die früheren Beschränkungen nicht wiedereingeführt werden *sollen*), die föderalistisch-nationale Frage (schon klar), die administrative Verwaltung (Demokratie, nicht Diktatur) und andere mehr. Und die Schlußfolgerung aus den Indizien? Sehr einfach: Sie beweisen eindeutig das Vorhandensein eines Briefwechsels sowie die *Einmütigkeit, die zwischen den Anwesenden und Denikin herrschte*! (Br-r-r . . . pfui, pfui!)

Daneben gibt es direkte Anschuldigungen gegen die Anwesenden: Informationsaustausch mit Bekannten, die in den der Zentralen Sowjetmacht nicht unterstehenden Randgebieten (Kiew, zum Beispiel) leben! Das war also, zugegeben, früher einmal Rußland und wurde später im

*Krylenko, S. 38.

Interesse der Weltrevolution an Deutschland abgetreten, na und die Menschen, die hörten nicht auf, einander Brieflein zu schreiben: Wie geht's, wie steht's, Iwan Iljitsch? ... bei uns geht's so und so ... Und M. M. Kischkin (Mitglied des Kadetten-Zentralkomitees) ist unverschämt genug, auch noch auf der Anklagebank eine Rechtfertigung zu versuchen: »Der Mensch will nicht blind sein und versucht alles zu erfahren, was anderswo geschieht.«

Alles erfahren, was *anderswo* geschieht?? ... Nicht blind sein wollen? ... Zu Recht werden ihre Taten vom Ankläger als Verrat qualifiziert: als *Verrat gegenüber der Sowjetmacht*!

Nun aber ihre schlimmsten Missetaten: Mitten im Bürgerkrieg schrieben sie wissenschaftliche Abhandlungen, Memoranden, Projekte. Tatsächlich. Sie schrieben — »Kenner des Staatsrechts, der Finanzwissenschaften, der Wirtschaftsbeziehungen, des Gerichtswesens und der Volksbildung« — *wissenschaftliche Abhandlungen*! (Und, wie leicht zu erraten, ohne Bezug auf die vorhergegangenen Werke von Lenin, Trotzki und Bucharin ...) Prof. S. A. Kotljarewski über den föderalistischen Aufbau Rußlands; W. I. Stempkowski zur Agrarfrage (wohl ohne Kollektivisierung ...); W. S. Muralewitsch über das Volksbildungswesen im künftigen Rußland; N. N. Winogradski über Ökonomie. Und der (große) Biologe N. K. Kolzow (dem die Heimat nichts anderes zu bieten hatte als Verfolgungen und schließlich das Schafott) stellte diesen bürgerlichen Alleswissern für ihre Begegnungen sein Institut zur Verfügung. (In den gleichen Topf geriet auch N. D. Kondratjew, den sie im Jahre 1931 wegen der »Werktätigen Bauernpartei« endgültig zur Strecke brachten.)

Höher und höher hüpft uns im Anklageeifer das Herz: Lasset uns das Urteil vorwegnehmen, lasset uns die Generalslakaien richten! Die Strafe? *Erschießen*, was sonst? Schon ist's nicht die Forderung des Anklägers, schon ist's das *Urteil* des Tribunals! (Leider haben sie's später gemildert: Konzentrationslager bis zum Ende des Bürgerkriegs.)

Darin liegt ja die Schuld der Angeklagten, daß sie nicht still in ihren Winkeln gesessen, nicht genügsam an ihrem Stück Brot geknabbert; nein, sie mußten »zusammenkommen und große Absprachen halten, wie die staatliche Ordnung nach dem Sturz der sowjetischen auszusehen habe«.

In die moderne wissenschaftliche Sprache übersetzt: Sie suchten Alternativen.

Es donnert die Stimme des Anklägers, doch hört: Es klingt irgendwie brüchig, als ob er etwas suchte ... Ein rascher Blick auf das Pult ...

Was ist's? ein Zitat? einen Augenblick! das muß hinhaun! aus einem anderen Prozeß? egal! ist's dieses vielleicht, Nikolai Wassiljewitsch:

»Für uns ... gehört zum Begriff der *Folterung* bereits die Tatsache der Inhaftierung politischer Gefangener in Gefängnissen.«

So ist das! Die Politischen einzusperren gilt schon als Folter! Und das sagt der Ankläger — welch Weitblick! Wir stehen an der Schwelle einer neuen Jurisdiktion! Und weiter:

»... Der Kampf gegen die zaristische Regierung war ihre [der Politischen] zweite Natur, sie konnten dem Kampf gegen den Zarismus nicht entsagen!«*

Wie? Sie *konnten* nicht darauf verzichten, Alternativen zu studieren? ... Vielleicht ist das DENKEN die erste Natur des Intellektuellen?

Ojemine, es war der falsche Zettel! Ein Mißgriff — und *die* Blamage! Aber Nikolai Wassiljewitsch segelt bereits wieder in seinem Fahrwasser:

»Gesetzt den Fall sogar, daß die Angeklagten hier in Moskau keinen Finger krümmten [muß allem Anschein nach auch so gewesen sein] — egal: ... in einem solchen Augenblick stellen sogar die rund um den Teetisch geführten Diskussionen über die Art des Systems, das die angeblich stürzende Sowjetmacht abzulösen habe, einen konterrevolutionären Akt dar ... Während des Bürgerkriegs ist nicht nur jede [gegen die Sowjetmacht gerichtete] Tat verbrecherisch ... *Verbrecherisch ist die Tatenlosigkeit an sich.*«**

Nun ist's klar, nun ist alles klar. Sie werden wegen der Tatenlosigkeit zum Tode verurteilt. Wegen der Tasse Tee.

Es haben die Petrograder Intellektuellen zum Beispiel beschlossen, sich im Falle der Eroberung der Stadt durch Judenitsch »zuallererst um die Einberufung einer demokratischen Stadtduma zu bemühen« (d. h. um gegen die Generaldiktatur zu bestehen).

Krylenko: »Es reizte mich, ihnen zuzurufen: ›Sie wären zuallererst verpflichtet gewesen, darüber nachzudenken, wie Sie Ihr Leben hingeben könnten, um Judenitsch nicht in die Stadt zu lassen!‹«

Sie aber — gaben's nicht hin.

(Nikolai Wassiljewitsch übrigens auch nicht.)

Und es gab darüber hinaus Angeklagte, die *informiert waren und geschwiegen haben!* (»Gewußt — nicht gesagt«, nennen wir's.)

Und solche, die nicht mehr bloß Tatenlosigkeiten — die aktive verbrecherische Taten begingen: Über Vermittlung der L. N. Chruschtscho-

---

*Krylenko, S. 17.
**ebd., S. 39.

wa, eines Mitglieds des Politischen Roten Kreuzes (da sitzt sie auch selbst auf der *Bank*) versuchten andere Angeklagte den Häftlingen der Butyrka zu helfen; sie spendeten Geld (man stelle sich diesen Kapitalfluß vor: für den Gefängnisladen!) und Kleidungsstücke (am Ende auch noch Wollsachen?).

Unsühnbar sind ihre Missetaten! Und es treffe sie mit aller Wucht die proletarische Vergeltung!

Im unscharfen Flimmern eines wie mit fallender Kamera aufgenommenen Films huschen die achtundzwanzig vorrevolutionären männlichen und weiblichen Gesichter an uns vorbei. Wir haben ihren Ausdruck nicht erkennen können. Sind sie erschreckt, zeigen sie Verachtung? Stolz?

Denn ihre Antworten sind nicht da! Ihre letzten Worte fehlen! – aus technischen Überlegungen ... Dieses Manko überdeckend, flüstert uns der Ankläger einlullend zu: »Es war eine einzige Selbstzerfleischung, eine flehentliche Abbitte für die begangenen Fehler. Die in dieser Tatsache sich offenbarende politische Haltlosigkeit und zwischenschichtliche Natur der Intelligenz ... [genau, das gehört noch hin: die zwischenschichtliche Natur!] ... haben die von den Bolschewiki stets vertretene marxistische Einschätzung der Intelligenz im vollen Umfange bestätigt.«[*]

Ich weiß nicht. Vielleicht haben sie sich gegeißelt. Vielleicht auch nicht. Vielleicht waren sie *bereits* dem Wunsche erlegen, das Leben um jeden Preis zu retten. Vielleicht haben sie sich *noch* die alte Würde der Intelligenz bewahrt. Ich weiß es nicht.

Und die junge Frau, die da vorüberhuscht?

Es ist Tolstois Tochter Alexandra. Fragte Krylenko, was sie bei diesen Zusammenkünften getan habe. Antwortete Alexandra: »Den Samowar angeheizt!« – Drei Jahre KZ!

So ging die Sonne unserer Freiheit auf. So wuchs unser oktobergeborenes Gesetz als putzig-wohlgenährter Schlingel heran.

Wir haben es heute ganz und gar vergessen.

[*] Krylenko, S. 8.

Unsere Übersicht zieht sich in die Länge, obwohl wir noch gar nicht recht begonnen haben. Noch stehen uns alle wichtigsten, alle berühmten Prozesse bevor. Aber die Grundlinien werden allmählich sichtbar. Lasset uns denn auch im Pionierzeitalter unserem Gesetz Folge und Gesellschaft leisten.

Der längst vergessene und nicht einmal politische f) *Glawtop-Prozeß (Mai 1921)* sei darum erwähnt, weil er Ingenieure betraf, oder *Spezy*, wie man damals die »Spezialisten« nannte.

Vorbei war der härteste von allen vier Bürgerkriegswintern, vorbei die Zeit, als nichts mehr zum Verheizen übrig und die Züge auf der Strecke stehenblieben, und in den Hauptstädten Moskau und Petrograd Hunger und Kälte und Fabriksstreiks wüteten (welche letzteren nunmehr aus der Geschichte gestrichen sind). Und wer war schuld? – die berühmte Frage: WER WAR SCHULD?

Na klar: *nicht* die Allgemeine Führung. Doch auch nicht die Lokale! – hier der springende Punkt. Wenn die »Genossen, denen ihr Arbeitsgebiet oft fremd war« (Kommunisten in führenden Positionen) keine rechte Vorstellung davon hatten, war es an den Spezialisten, ihnen »das richtige Herangehen an die Frage«* nahezubringen. Kurzum: »Schuld sind nicht die führenden Funktionäre . . ., sondern jene, die den Plan erstellt, berechnet und durchkalkuliert haben« (woher Nahrung und Brennstoff beschaffen, wenn die Felder brachlagen?). Wer den Plan *erstellte*, war schuld, nicht, wer ihn *bestellte*! Der Plan hat sich als Gaukelspiel erwiesen – die Schuld traf die Spezialisten, wen sonst? Daß die Ziffern nicht stimmten – »die Spezialisten sind dafür verantwortlich, nicht der Arbeits- und Verteidigungsrat«, und nicht einmal »die leitenden Funktionäre des *Glawtop*«**. Es fehlte an Kohle, Brennholz, Erdöl – die Spezialisten schufen »die verworrene, chaotische Situation«. Und schuldig waren sie nicht minder, den eiligen Telefondepeschen Rykows nicht widerstanden und irgendwen außer Plan beliefert zu haben.

An allem sind die Spezy schuld! Doch nicht ohne Erbarmen ist das proletarische Gericht, die Spezy-Urteile sind milde. Natürlich bleibt im

---

*Krylenko, S. 381.
**ebd., S. 382 f.

proletarischen Brustkorb eine urtümliche Fremdheit gegenüber den verfluchten Spezialisten aufgespeichert, aber ohne sie läuft halt der Karren nicht, alles liegt in Trümmern. Also werden sie vom Tribunal nicht geschmäht, mehr noch: Krylenko verlautet, es könne seit 1920 »von Sabotage keine Rede sein«. Die Spezialisten sind schuldig, gewiß, aber nicht böswillige Verbrecher sollen sie genannt werden, bloß Wirrköpfe, die's nicht besser verstehen, bei den Kapitalisten nichts Besseres gelernt haben, oder einfach Egoisten und Schmiergeldnehmer.

So zeichnet sich zu Beginn der Aufbauperiode wunderlicherweise eine zart gepunktete Nachsichtigkeit gegenüber den Ingenieuren ab.

Reich an Schauprozessen war das Jahr 1922, das erste Friedensjahr, so reich, daß wir unser ganzes Kapitel an dieses eine Jahr werden verschwenden müssen. (Staunt jemand über dieses Aufleben gerichtlicher Tätigkeit just nach dem Krieg? Doch es war ja auch 1945 und 1948 der Drachen feurig aufgelebt. Ob nicht eine ganz einfache Gesetzmäßigkeit darin liegt?) Wenngleich der IX. Sowjetkongreß im Dezember 1921 beschlossen hatte, die Kompetenzen der Tscheka *einzuschränken**, zu welchem Behufe denn auch eine Schmälerung sowie die Umbenennung in GPU erfolgte, wurden die Rechte der GPU bereits im Oktober 1922 wieder erweitert, so daß Dserschinski im Dezember einem *Prawda*-Korrespondenten gegenüber erklären konnte: »Wir müssen die antisowjetischen Strömungen und Gruppierungen jetzt *besonders scharf* in Augenschein nehmen. Die GPU hat ihren Apparat eingeengt, ihn aber *qualitätsmäßig* verbessert.«**

Nicht übersehen dürfen wir am Beginn jenes Jahres
g) *den Prozeß rund um den Selbstmord des Ingenieurs Oldenborger* (Oberstes Tribunal, Februar 1922), einen von allen vergessenen, unbedeutenden und gänzlich aus der Reihe fallenden Prozeß. Darum nämlich fällt er aus der Reihe, weil er ein einziges menschliches Leben betraf und dieses Leben — bereits zu Ende war. Denn so er nicht gestorben wäre, säße eben jener Ingenieur, und obendrein zehn Mann mit ihm, als personifiziertes *Zentrum*, auf der Anklagebank des *Obtrib*, wodurch sich der Prozeß denn auch in selbige Reihe bestens eingefügt hätte. Nun aber sah man auf der Bank den prominenten Parteifunktionär Sedelnikow sowie zwei *Rabkrin*-Leute und zwei Gewerkschaftler.

Und dennoch: wie bei Tschechow die ferne gerissene Saite trägt uns

---

Sobranie uzakonenij RSFSR (»Amtliches Gesetzblatt der RSFSR«), 1922, Nr. 4, S. 42.
**Prawda*, 17. 12. 1922.

dieser Prozeß um den frühen Vorgänger der *Schachty*-Sünder und der *Industriepartei* einen Hauch von Wehmut zu.

W. W. Oldenborger hatte dreißig Jahre bei den Moskauer Wasserwerken gearbeitet und war offenbar bereits um die Jahrhundertwende zum dortigen Chefingenieur avanciert. Das Silberne Zeitalter der Kunst, vier Staatsdumas, drei Kriege, drei Revolutionen waren ins Land gegangen — aber Moskau trank unentwegt Oldenborgers Wasser. Die Symbolisten und die Futuristen, die Reaktionäre und die Revolutionäre, die Junker und die Rotgardisten, die SNK, Tscheka und RKI — alles trank Oldenborgers klares kaltes Wasser. Er war unverheiratet, kinderlos und hatte nichts anderes im Leben als diese seine Wasserleitung. 1905 versperrte er den Soldaten eines Wachtrupps den Zugang zum Werk — »denn es könnten von den Soldaten aus Ungeschicklichkeit Rohre oder Maschinen beschädigt werden«. Am zweiten Tag der Februarrevolution sagte er seinen Arbeitern, die Revolution sei vorbei, schluß und genug und alles auf die Plätze und Wasser braucht's zu jeder Zeit. Auch in den Moskauer Oktobertagen war eine intakte Wasserleitung seine einzige Sorge. Die Kollegen traten wegen des bolschewistischen Umsturzes in den Streik, wollten, daß er mitmachte. Er darauf: »Vom technischen Standpunkt, verzeihen Sie mir, streike ich nicht. Ansonsten, ansonsten, na, da mache ich mit.« Er nahm die Gelder des Streikkomitees in Verwahrung, stellte eine Quittung aus und lief fort, um Muffen für ein kaputtes Rohr aufzutreiben.

Und dennoch ist er ein Feind! Hat einem Arbeiter gesagt: »Die Sowjetmacht wird sich längstens zwei Wochen halten.« (Neue Richtlinien tauchen vor Beginn des NEP auf, Krylenko versagt es sich nicht, vor dem *Obtrib* ein wenig aus der Schule zu plaudern: »Nicht nur den Spezialisten schien es damals so — *auch uns kamen bisweilen ähnliche Gedanken.*«*)

Und dennoch ist er ein Feind! Wie Genosse Lenin uns gelehrt: Zur Überwachung der bürgerlichen Fachleute benötigen wir den Wachhund der RKI.

Zwei solche Wachhunde wurden bald ständig auf Oldenborger angesetzt. (Einer der beiden, der wegen »anstößigen Betragens« entlassene ehemalige Wasserwerksangestellte Makarow-Semljanski, ein durchtriebener Kerl, hatte sich zur RKI geschlagen, »weil die besser zahlen«, war dann zum Zentralkommissariat aufgestiegen, weil dort die Bezahlung »noch besser war«, und kam nun daher, seinen früheren Chef zu überwachen und der erlittenen Kränkung wegen aus vollem Herzen zu schi-

---

* Krylenko, S. 439 (Hervorhebung von mir).

kanieren.) Na, und die Gewerkschaft schlief natürlich auch nicht, das Komitee stets auf der Wacht der Arbeiterinteressen. Ja, und die Leitung der Wasserwerke traten Kommunisten an. »Ausschließlich Arbeiter haben bei uns an der Spitze zu stehen, ausschließlich Kommunisten die volle Führungsgewalt auszuüben! Die Richtigkeit dieses Standpunkts wird auch durch den gegenwärtigen Prozeß bestätigt.«* Na und klar, die Moskauer Parteiorganisation ließ die Wasserleitung auch nicht aus den Augen. (Und dahinter stand noch die Tscheka.) »Auf der *gesunden Gesinnung eines klassenmäßigen Widerwillens* bauten wir seinerzeit unsere Armee auf; im Namen dieses selben Widerwillens werden wir keinen einzigen verantwortungsvollen Posten einem uns nicht klassenverwandten Menschen überlassen, ohne ihm einen ... Kommissar zur Seite gestellt zu haben.«** Auf Anhieb begann jedermann den Chefingenieur zu korrigieren, dirigieren, instruieren und ohne sein Wissen das technische Personal zu versetzen (»das Nest der Geschäftemacher wurde aufgelöst«).

Die Wasserwerkserrettung mißlang trotz alledem. Nicht aufwärts ging es mit der Arbeit, sondern bergab! So schlau war der Ingenieursklüngel bei der hinterlistigen Durchführung seines bösen Plans. Mehr noch: unter Hintanstellung seiner »zwischenschichtigen Intelligenzlernatur«, welche ihm bislang verbot, starke Ausdrücke zu verwenden, erdreistete sich Oldenborger, die Handlungsweise des neuen Wasserwerkchefs Zenjuk (Krylenko: »... eine wegen ihrer inneren Struktur zutiefst sympathische Persönlichkeit«) als verbohrten Despotismus zu bezeichnen!

Da trat es mit einem Mal zutage, daß »Ingenieur Oldenborger bewußt die Interessen der Arbeiter verrate und ein direkter und offener Gegner der Diktatur der Arbeiterklasse ist«. Daraufhin wurden, eine nach der anderen, Kontrollkommissionen ins Wasserwerk beordert, die allerdings an der Wasserleitung wie am Wasser nichts auszusetzen fanden. Die *Rabkrin*-Leute gaben sich damit mitnichten zufrieden; Meldung um Meldung schwirrte in die RKI. Oldenborger setzte einfach alles dran, um »die Wasserleitung aus politischen Beweggründen zu zerstören, zu verderben, zu zertrümmern«, und brachte es lediglich nicht zustande. Na, wo's immer ging, fiel man ihm in den Arm, ob bei der verschwenderisch geplanten Kesselreparatur, ob beim Umbau der Holzbehälter auf Beton. Bei den Werksversammlungen sprachen nun die Arbeiterführer unverhohlen davon, daß der Chefingenieur »die Seele

*Krylenko, S. 433.
**ebd., S. 434.

einer organisierten technischen Sabotage« sei, weswegen man seine Weisungen nicht befolgen dürfe.

Und trotz alledem kam die Sache nicht ins Lot, wurde schlimmer mit jedem Tag!

Was jedoch ganz besonders die »angestammte proletarische Psychologie« der Rabkrin- und Gewerkschaftsfunktionäre verletzte: Die Mehrzahl der Arbeiter in den Pumphäusern stand, weil »mit kleinbürgerlicher Psychologie behaftet«, auf Oldenborgers Seite und hatte für seine Sabotage keine Augen. Da kamen zu allem Überfluß noch die Wahlen in den Moskauer Sowjet, und die Wasserwerksarbeiter schlugen Oldenborger als Kandidaten vor, worauf die Parteizelle, versteht sich, einen Gegenkandidaten aufstellen mußte. Angesichts der falschen Autorität, die Oldenborger unter den Arbeitern genoß, erwies sich jener allerdings als glattweg chancenlos. Desungeachtet verständigte die Zelle das Bezirkskomitee, alle sonstigen Instanzen und verkündete auf der Vollversammlung ihre Resolution: »Oldenborger ist das Zentrum und die Seele der Sabotage, im Mossowjet wird er unser politischer Feind sein!« Lärm und Zwischenrufe im Saal: »Stimmt nicht!«, »Lüge!« Da sagte es der Sekretär des Parteikomitees dem tausendköpfigen Proletariat rundheraus ins Gesicht: »Mit solchen Schwarzhundertlern[48] will ich gar nicht reden!«, und meinte wohl: Wir sprechen einander anderswo.

Folgende Parteisanktionen wurden ergriffen: Der Chefingenieur wurde aus dem Verwaltungskollegium der Wasserwerke ausgeschlossen, dann in eine Atmosphäre permanenter Untersuchungen versetzt, ununterbrochen vor zahlreiche Kommissionen und Subkommissionen zitiert, verhört und mit dringlichst auszuführenden Aufträgen überhäuft. Jedes Nichterscheinen wird im Protokoll vermerkt, »für den Fall einer künftigen Gerichtsverhandlung«. Über den Arbeits- und Verteidigungsrat (Vorsitzender — Genosse Lenin) setzen sie die Ernennung einer »Außerordentlichen Troika« für das Wasserwerk ein (Rabkrin, Gewerkschaftsrat und Gen. Kuibyschew).

Doch das Wasser floß schon das vierte Jahr unverdrossen durch die Rohre, die Moskauer tranken es und merkten nichts ...

Da schrieb Gen. Sedelnikow einen Artikel für das Wirtschaftsblatt *Ekonomitscheskaja Schisn:* »Angesichts der die Öffentlichkeit beunruhigenden Gerüchte über den katastrophalen Zustand der Wasserleitung« teilte er viele neue beängstigende Gerüchte mit und sogar: daß das Wasserwerk das Wasser unter die Erde pumpt und »*bewußt die Fundamente von Moskau unterschwemmt*« (welche noch von Iwan Kalita herstammten). Eine Mossowjetkommission wurde auf den Plan gerufen und befand »den Zustand der Wasserleitung für zufriedenstellend, die technische Leitung für rationell«. Darauf Sedelnikow seelenruhig: »Meine Aufgabe war es, Lärm um die Frage zu schlagen, die Frage zu klären, ist Sache der Spezialisten.«

Was blieb nun den Arbeiterführern? Welches letzte, doch sichere Mittel? Eine Anzeige bei der Tscheka! Gesagt, getan. Sedelnikow zeichnet »das Bild einer bewußten Zerstörung der Wasserleitung durch Oldenborger«, er zweifelt nicht am »Bestand einer konterrevolutionären Organisation bei den Wasserwerken, im Herzen des Roten Moskau«. Und außerdem: der katastrophale Zustand des Rubljowsker Wasserturms!

An diesem Punkt aber leistet sich Oldenborger einen taktlosen Fehltritt, einen rückgratlosen und zwischenschichtigen, intelligenzlerischen Ausfall: Eine Bestellung von neuen ausländischen Kesseln (die alten können im Augenblick in Rußland nicht repariert werden) wird ihm »gestrichen« — und er bringt sich um. (Zuviel war es für einen allein, auch hatten die Leute ja noch zuwenig Training.)

Noch ist nichts verloren, eine konterrevolutionäre Organisation kann auch ohne ihn gefunden werden; die *Rabkrinler* machen sich ans Werk. Zwei Monate vergehen mit dumpfen Manövern. Doch der Geist der beginnenden NEP gebietet es, »diesen *wie* jenen eine Lektion zu erteilen«. So beginnt der Prozeß vor dem Obersten Tribunal. Krylenko ist maßvoll streng. Krylenko ist maßvoll unerbittlich. Er übt Einsicht: »Der russische Arbeiter hatte natürlich recht, wenn er in jedem, der *nicht seinesgleichen* war, eher einen Feind, denn einen Freund sah«*, aber: »Im Zuge der weiteren Veränderung unserer praktischen und allgemeinen Politik werden wir vielleicht gezwungen sein, noch größere Zugeständnisse zu machen, uns zurückzuziehen und zu lavieren; vielleicht wird sich die Partei genötigt sehen, eine taktische Linie zu wählen, gegen die sich die primitive Logik der *ehrlichen selbstlosen Kämpfer* sträuben wird.«**

Nun ja, bei den Arbeitern, die gegen Gen. Sedelnikow und die *Rabkrin*-Leute aussagten, ließ das Tribunal tatsächlich »Milde walten«. Und unerschrocken parierte Sedelnikow die Drohungen des Anklägers: »Genosse Krylenko! Ich kenne diese Paragraphen, aber die sind gegen Klassenfeinde gemünzt, und hier wird ja *nicht gegen Klassenfeinde verhandelt*!«

Aber auch Krylenko trägt dick auf. Bewußt falsche Anzeigen bei

* Krylenko, S. 435.
** ebd., S. 438.

staatlichen Institutionen ... unter erschwerenden Umständen (persönliche Mißgunst, Austragung persönlicher Differenzen) ... Übertretung der Amtsbefugnisse ... politische Verantwortungslosigkeit ... Mißbrauch der Autorität der sowjetischen Funktionäre und Parteimitglieder ... Desorganisation der Arbeit in den Wasserwerken ... Schädigung des Mossowjet und Sowjetrußlands in Anbetracht des Mangels an solchen Spezialisten ... weil unersetzlich ... »*Über den individuellen persönlichen Verlust wollen wir gar nicht reden* ... In unserer Zeit, da der Kampf den hauptsächlichen Inhalt unseres Lebens ausmacht, haben wir uns daran irgendwie gewöhnt, solche unwiederbringlichen Verluste kaum zu berücksichtigen ... Das Oberste Revolutionstribunal muß sein gewichtiges Wort sprechen ... Die gerichtliche Vergeltung muß mit aller Strenge erfolgen! ... Wir sind nicht zum Spaßen hergekommen! ...«*

Heiliger Bimbam, was geschieht denen nun? Ist's möglich? ... Mein gelehriger Leser flüstert mir ein: *alle er*...

Vollkommen richtig. Alle er-heitern: In Anbetracht ihres reumütigen Schuldbekenntnisses wird den Angeklagten — ein öffentlicher Tadel erteilt!

Zweierlei Richtigkeit. Zweierlei Rechtlichkeit.

Sedelnikow indes bekam angeblich ein Jahr Gefängnis.

Mir fehlt, mit Verlaub, der Glaube.

Oh, ihr Minnesänger der zwanziger Jahre, die ihr sie als sprühendes Brodeln der Freude besanget! Wen sie auch nur am Rande gestreift, nur durch die Kindheitsjahre berührt — wie könnt er sie vergessen? Diese ausgefressenen Visagen, diese Fratzen — bei der Treibjagd auf die Ingenieure in eben diesen Jahren haben sie ihren ersten Speck angesetzt.

Doch wir wissen nun, daß es schon im achtzehner Jahr begann ...

Bei den nächsten zwei Prozessen werden wir den uns liebgewordenen Obersten Ankläger für eine Weile vermissen müssen: Er steckt in den Vorbereitungen zum großen Prozeß der Sozialrevolutionäre**. Da dieser grandiose Prozeß in Europa von vornherein eine gewisse Beunruhigung erweckte, besann man sich im Justizkommissariat plötzlich darauf, daß man seit nunmehr bereits vier Jahren zwar Gerichte, aber kein Strafge-

---

* Krylenko, S. 458.
** In der Provinz hat es gegen Sozialrevolutionäre schon früher Prozesse gegeben, z. B. in Saratow 1919.

setzbuch, weder ein altes noch ein neues zur Verfügung hatte. Es ist anzunehmen, daß auch Krylenko von den Kalamitäten um den Kodex nicht ganz unberührt geblieben war: Es mußte die Sache im voraus gut ausgetüftelt werden.

Hingegen waren die bevorstehenden kirchlichen Prozesse *interner* Natur, für das fortschrittliche Europa ohne jedes Interesse und darum auch ohne Strafgesetz abwickelbar.

Wir haben bereits erfahren, daß die Trennung von Kirche und Staat von letzterem dahingehend ausgelegt wurde, daß die Gotteshäuser als solche samt allem, was darin herumhing, -stand und gemalt war, dem Staate zufiele, während der Kirche nur jene Kirche zu bleiben hätte, die laut Heiliger Schrift im *inwendigen* Menschen lebte. Also machte man sich im Jahre 1918, als der Sieg bereits errungen schien, leichter und schneller als erwartet an die Konfiskation der Kirchengüter. Der erste Anlauf wurde allerdings durch die allzu große Empörung der Volksmassen gestoppt. Im Trubel des Bürgerkriegs war es unvernünftig, auch noch eine innere Front gegen die Gläubigen zu schaffen. Man sah sich gezwungen, den Dialog zwischen Kommunisten und Christen bis auf weiteres zu verschieben.

Doch am Ende des Bürgerkrieges — und als seine natürliche Folge — brach im Wolgagebiet eine ungeheure Hungersnot aus. Da sie nicht gerade eine Perle in der Krone der Sieger war, pflegt man bei uns mit ein-zwei Zeilen darüber hinwegzustottern. Der Hunger aber ging bis zur Menschenfresserei — und die Eltern aßen die eigenen Kinder. Eine Hungersnot, wie sie Rußland auch in der Zeit der Wirren nicht gekannt hatte (denn nach dem Zeugnis der Historiker blieben die ungedroschenen Getreidepuppen damals jahrelang auf den Feldern stehen). Ein einziger Film über diesen Hunger würde uns vielleicht alles erhellen, was wir gesehen und was wir über Revolution und Bürgerkrieg wissen. Doch es gibt weder Filme noch Romane noch statistische Untersuchungen — man will es vergessen, es ziert uns nicht. Obendrein sind wir's gewohnt, die Ursache jeder Hungersnot auf die *Kulaken* abzuschieben — und wer war Kulak inmitten des allgemeinen Sterbens? In seinen (entgegen den Versprechungen des Adressaten bei uns niemals veröffentlichten) »Briefen an Lunatscharski«* erklärt uns W. G. Korolenko die totale Aushungerung und Auspowerung des Landes mit dem Niedergang jeder Produktivität (die Arbeitsfähigen standen auf dem Kriegsfeld) und mit dem Niedergang des Glaubens an und des Vertrauens in ein Regime, von dem die Bauern nicht hoffen konnten, daß es ihnen auch nur

* Paris 1922; Samisdat 1967.

einen geringen Teil ihrer Ernte übrigließ. Ja, irgendwann wird irgendwer auch jene im Brester Friedensvertrag ausgehandelten, viele Monate dauernden, viele Lastzüge schweren Lebensmittellieferungen berechnen, die aus dem der Sprache des Protests beraubten Rußland, ja, selbst aus den Gebieten der kommenden Hungersnot — ins Kaiserdeutschland rollten, das im Westen seinen Krieg zu Ende focht.

Eine direkte und kurze ursächliche Folge: Weil wir es zu eilig hatten, um uns mit der Konstituante abzuplacken — aßen die Wolgabauern ihre Kinder.

Doch darin die Genialität des Politikers: auch aus der Not des Volkes Nutzen zu ziehen. Eine kurze Erleuchtung — und drei Fliegen trifft's auf einen Schlag: *Die Popen sollen das Wolgagebiet durchfüttern!* Sind doch Christen, mitleidige Seelen!

1. Weigern sie sich — hängen wir *ihnen* den ganzen Hunger an den Hals und zerschlagen außerdem die Kirche;
2. stimmen sie zu — fegen wir ihre Tempel leer;
3. und füllen so oder so die Devisenreserven auf.

Und ob nicht dieser Einfall durch die Handlungsweise der Kirche selbst heraufbeschworen wurde? Nach Aussagen des Patriarchen Tichon hatte die Kirche schon im August 1921, zu Beginn der Hungersnot, Diözesan- und Landes-Hilfskomitees für die Hungernden geschaffen und mit der Geldsammlung begonnen. Doch zuzulassen, daß die Hilfe *direkt* von der Kirche aus- und den Hungernden in den Mund hineinginge, hieße, die Diktatur des Proletariats zu untergraben. Die Komitees wurden verboten, das Geld beschlagnahmt. Der Patriarch wandte sich an den Papst, an den Erzbischof von Canterbury um Hilfe — und ward sogleich zurückgepfiffen, denn es sei die Sowjetmacht allein und ausschließlich befugt, Verhandlungen mit Ausländern zu führen. Auch gäb's zum Alarmschlagen keine Ursache; lies, was die Zeitungen schreiben: ausreichend Mittel stünden den Behörden zur Verfügung, um des Hungers selbst Herr zu werden.

An der Wolga aber aß man Gras, Schuhsohlen und nagte an den Türpfosten. Da endlich trat der *Pomgol* (das staatliche Hilfskomitee für die Hungernden) an die Kirche heran, sie möge kirchliche Wertsachen spenden — nicht alle, aber solche, die nicht zur kanonischen Verwendung im Gottesdienst gehörten. Der Patriarch stimmte zu, der Pomgol erließ eine Instruktion: vollkommene Freiwilligkeit bei allen Spenden! Am 19. Februar 1922 wurde den Kirchenräten durch eine Botschaft des Patriarchen die Bewilligung erteilt, nicht-sakrale Gegenstände für die Hungernden zu spenden.

Und so hätte alles wiederum in einem den Willen des Proletariats einlullenden Kompromiß versanden können — wie dazumal mit der Konstituante beabsichtigt, wie in allen europäischen Schwatzbuden vorexerziert.

Ein Gedanke — ein Blitzschlag! Ein Gedanke — ein Dekret! Das Dekret des WZIK vom 26. Februar: *alle* Wertsachen in den Kirchen für die Hungernden zu beschlagnahmen!

Der Patriarch schrieb an Kalinin, Kalinin antwortete nicht. Da erließ der Patriarch am 28. Februar eine neue, schicksalhafte Botschaft: es sei ein derartiger Akt vom Standpunkt der Kirche ein Sakrileg und könne von uns nicht gutgeheißen werden.

Aus der fünfzigjährigen Ferne ist es heute leicht, den Patriarchen zu tadeln. Natürlich stand es den Häuptern der christlichen Kirche nicht an, sich darum zu kümmern, ob die Sowjetmacht keine andere Geldquelle besaß, oder *wer* die Wolga ans Hungertuch gebracht, sie hätten sich an die Sachen gar nicht zu klammern brauchen, denn nicht in diesen Werten sollte die neue Glaubensfestigkeit (wenn überhaupt) erstehen. Man stelle sich aber auch die Lage dieses unglücklichen Patriarchen vor: Schon nach dem Oktober gewählt, stand er kurze Jahre einer Kirche vor, die nichts als bedrängt, verfolgt, zusammengeschossen wurde — und ihm zur Bewahrung anvertraut war.

Und die Zeitungen starteten sogleich eine gewinnsichere Hetze gegen den Patriarchen und die obersten Kirchenfürsten, die, seht, die Wolga in den grimmen Würgegriff des Hungers nahmen! Und je fester der Patriarch in seinem Beharren blieb, desto schwächer wurde sein Stand. Im März wurden auch unter der Geistlichkeit Stimmen laut, die die Auslieferung der Wertsachen und ein Übereinkommen mit der Macht verlangten. Die Befürchtungen, die es noch zu überwinden galt, legte der dem Pomgol-ZK beigetretene Bischof Antonin Granowski in einem Gespräch mit Kalinin dar: »Die Gläubigen fürchten, daß die kirchlichen Wertgegenstände für andere, ihrem Geiste fremde Zwecke verwendet werden könnten.« (Der in den Grundsätzen der Fortschrittlichen Lehre bewanderte Leser wird zugeben, daß dieses höchst wahrscheinlich war. Denn die Belange der Komintern und des erwachenden Ostens stehen jenen der Wolgabauern an Dringlichkeit nicht nach.)

Auch der Petrograder Metropolit Wenjamin war ganz Hingabe und unzweifelhafter Wille: »Dies ist Gottes, wir geben alles von selbst her.« Aber ohne Beschlagnahme, aus freien Stücken möge es ein Opfer sein. Auch er plädierte für die Kontrolle: Geistliche und Laien sollten die kirchlichen Gegenstände bis zu dem Augenblick begleiten, da sie sich in Brot für die Hungernden verwandelten. Es kam ihn arg an, daß er bei alledem dennoch das strenge Gebot des Patriarchen Tichon verletzen könnte.

In Petrograd war kein Verdruß zu erwarten. Die Sitzung des Petrograder Pomgols am 5. März 1922 weiß ein Zeuge sogar in den rosigsten Farben zu schildern. Wenjamin tat kund: »Die Orthodoxe Kirche ist bereit, alles für die Hungernden zu opfern« und sehe einzig in der Zwangseinziehung eine frevelhafte Handlung. Aber dann bedarf es ja keiner Beschlagnahme! Der Vorsitzende des Petrograder Pomgols, Kanatschikow, versicherte, daß dieser Schritt eine wohlwollende Haltung der Sowjetmacht gegenüber der Kirche bewirken werde. (Nichts da!) In warmer Bewegtheit erhob man sich von den Plätzen. Der Metropolit sagte: »Die schwerste Last sind Zwietracht und Feindseligkeit. Doch die Zeit ist nicht fern, da die russischen Menschen eins sein werden. Ich will persönlich die Betenden anführen und in der Kasan-Kathedrale die Goldeinfassung von der Muttergottesikone herabnehmen. Mit unseren süßen Tränen beweint, soll sie der Hungernden sein.« Er segnete die anwesenden Bolschewiki, sie geleiteten ihn barhäuptig bis zum Tor. Der friedliche und erfolgreiche Verlauf der Unterhandlungen wird von der *Petrograder Prawda*, die wohlwollende Worte für den Metropoliten findet, am 8., 9. und 10. März* bestätigt: »Man kam im Smolnyj überein, daß die kirchlichen Kelche und Ikoneneinfassungen in Anwesenheit der Gläubigen eingeschmolzen werden sollen.«

Wiederum biedert sich etwas wie ein Kompromiß an! Der Pesthauch des Christentums vergiftet den revolutionären Willen. Solch eine Einigung und solch eine Spendenaktion brauchen die an der Wolga Hungernden nicht! Der prinzipienlose Petrograder Pomgol wird gesäubert und in neuer Zusammensetzung etabliert, die Zeitungen bekläffen die »üblen Hirten« und »Kirchenfürsten«, und schließlich vernehmen es die Vertreter der Kirche klipp und klar: Wir brauchen eure Opfer nicht und brauchen mit euch nicht zu verhandeln! *Alles gehört der Macht —* sie wird sich nehmen, was sie für notwendig hält.

Und es begann in Petrograd wie überall die Zwangsbeschlagnahme mit Zwischenfällen.

Damit war die gesetzliche Handhabe für die einzuleitenden Kirchenprozesse gegeben**.

* Die Artikel »Kirche und Hungersnot«, »Über die Eintreibung der Kirchengüter«.
** Die Angaben stammen aus den »Aufzeichnungen zur Geschichte der Kirchenwirren« von Anatolij Lewitin, Bd. 1., Samisdat 1962, und aus dem Protokoll des Verhörs von Patriarch Tichon, Bd. 5 der Gerichtsakten.

h) *Der Moskauer Kirchenprozeß (26. April – 7. Mai 1922)* im Polytechnischen Museum, Moskauer Revolutionstribunal, Vorsitz: Bek, Staatsanwälte: Lunin und Longinow, Angeklagte: siebzehn der Verbreitung der Patriarchenbotschaft beschuldigte Oberpriester und Laien. Dieses Vergehen wiegt schwerer als die Ablieferung oder Nichtablieferung der Wertgegenstände als solche. Der Oberpriester A. N. Saoserski *hatte in seiner Kirche alles Wertvolle abgeliefert,* nur am Grundsatz der Patriarchenbotschaft hielt er fest: die Zwangsbeschlagnahme als Sakrileg anzusehen; er wurde zur Hauptfigur des Prozesses gemacht und wird alsbald ERSCHOSSEN werden. (Womit auch bewiesen ist: Nicht die Hungernden galt es satt zu bekommen, sondern die Kirche im passenden Augenblick in die Knie zu zwingen.)

Am 5. Mai wurde Patriarch Tichon als Zeuge vorgeführt. Obwohl das Publikum im Saal schon gesiebt und zweckentsprechend ausgewählt war (darin unterschied sich das Jahr 1922 nicht wesentlich von 1937 und 1968), stak im Kern doch soviel Russisches darin, nur darübergepinselt die dünne sowjetische Schicht, daß sich die Hälfte der Anwesenden erhob, den Segen des eintretenden Patriarchen zu empfangen.

Tichon nimmt die ganze Schuld für die Erstellung und Verbreitung des Patriarchenbriefes auf sich. Der Vorsitzende will darauf hinaus, daß dies unmöglich sei: wie, mit eigener Hand – bis auf die letzte Zeile? Sie haben doch gewiß nur unterschrieben, *wer aber schrieb? wer beriet Sie?* Und dann: »Warum erwähnen Sie im Brief die Hetze, die angeblich von der Presse gegen Sie geführt wird?« (Gegen *Sie* ist ja die Hetze gerichtet, also geht sie *uns* nichts an!) »Was wollten Sie damit?«

Der Patriarch: »Da müssen Sie sich bei jenen erkundigen, die die Hetze begannen.«

Der Vorsitzende: »Das hat doch gar nichts mit der Religion zu tun!«

Der Patriarch: »Es trägt historischen Charakter.«

Der Vorsitzende: »Sie erwähnen, daß noch während der Verhandlungen mit dem Pomgol *hinter Ihrem Rücken* ein Dekret erlassen wurde?«

Tichon: »Ja.«

Der Vorsitzende: »Sie sind folglich der Ansicht, daß die Sowjetmacht falsch gehandelt hat?«

Eine umwerfende Unterstellung! In millionenfacher Wiederholung wird es uns noch bei nächtlichen Verhören entgegengehalten werden! Und niemals werden wir es wagen, so einfach darauf zu antworten wie der Patriarch: »Ja.«

Der Vorsitzende: »Betrachten Sie die bestehenden Gesetze des Staates für sich als verpflichtend oder nicht?«

Der Patriarch: »Ja, ich akzeptiere sie, *sofern sie nicht den Geboten der Frömmigkeit widersprechen.*«

(Wenn alle so geantwortet hätten! Anders wäre dann unsere Geschichte geworden!)

Kanonische Fragen werden erläutert. Der Patriarch gibt Auskunft: kein Sakrileg, wenn die Kirche selbst die Wertsachen hergibt, Sakrileg, wenn man sie ihr gegen ihren Willen nimmt. In der Botschaft wurde nicht die Abgabe als solche verweigert, nur die erzwungene Eintreibung verurteilt.

(Grad darum ist's ja für uns interessant, weil — erzwungen!)

Der Vorsitzende Genosse Bek wundert sich: »Was ist letzten Endes für Sie wichtiger — der Kirchenkanon oder der Standpunkt der sowjetischen Regierung?«

(Die erwartete Antwort: »... der sowjetischen Regierung.«)

»Schön, sei's nach dem Kanon ein Sakrileg«, ruft der Ankläger aus, »aber vom Standpunkt der *Barmherzigkeit?*!!«

(Zum ersten und für die weiteren fünfzig Jahre letzten Mal erinnert sich ein Tribunal der jämmerlichen *Barmherzigkeit* ...)

Auch eine philologische Analyse wird angestellt. »*Swjatotatstwo*« — Sakrileg — kommt von »*swjato-tat*« — Kirchendieb.

Der Ankläger: »Demnach wären wir, die Vertreter der Sowjetmacht, Diebe und Kirchenräuber?«

(Langandauerndes Lärmen im Saal. Unterbrechung. Die Büttel des Gerichtskommandanten am Werk.)

Der Ankläger: »Somit bezeichnen Sie die Vertreter der Sowjetmacht, das WZIK, als Diebe?«

Der Patriarch: »Ich zitiere nur den Kanon.«

Im weiteren wird der Terminus »Schändung« abgeklärt. Bei der Beschlagnahmungsaktion in der Kirche des heiligen Basilius von Caesarea hatte eine Ikoneneinfassung nicht in die Kiste gepaßt und war daraufhin mit den Stiefeln zurechtgebogen worden. Ist der Patriarch selber dort gewesen?

Der Ankläger: »Woher wissen Sie es? Nennen Sie den Namen des Priesters, der Ihnen davon erzählte!« (Das heißt, wir sperren ihn schnurstracks ein!)

Der Patriarch nennt den Namen nicht.

Also ist's eine Lüge!

Der Ankläger, beharrlich und triumphierend: »Nein, wer hat diese niederträchtige Verleumdung in die Welt gesetzt?«

Der Vorsitzende: »Nennen Sie uns die Männer, die auf die Einfassung getrampelt haben!« (Ließen ja keine Visitenkarten zurück.) »Widrigenfalls kann Ihnen das Tribunal keinen Glauben schenken!«

Der Patriarch kann die Namen nicht nennen.

Der Vorsitzende: »Ihre Beschuldigungen sind also aus der Luft gegriffen!«

Zu beweisen bleibt noch, daß der Patriarch die Sowjetmacht stürzen wollte. Und so wird es bewiesen: »Die Agitation stellt den Versuch dar, Stimmungen vorzubereiten, durch welche in Zukunft auch ein Umsturz hätte vorbereitet werden können.«

Das Tribunal beschließt, gegen den Patriarchen ein strafrechtliches Verfahren einzuleiten.

Am 7. Mai wird das Urteil gefällt: für elf der siebzehn Angeklagten Tod durch Erschießen. (Erschossen werden fünf.)

Sagte doch Krylenko: »Wir sind nicht zum Spaßen hergekommen.«

Eine Woche darauf wurde der Patriarch seines Amtes enthoben und verhaftet. (Doch dies war noch nicht das letzte Ende. Er wird einstweilen in das Donkloster überführt; dort wird man ihn so lange in strenger Haft halten, bis sich die Gläubigen an seine Abwesenheit gewöhnt haben. Erinnern Sie sich noch Krylenkos erst kürzlich geäußerter Frage: »Ja, woher soll dem Patriarchen denn Gefahr drohen?« Es stimmt, wenn sie sich einmal herangeschlichen hat, hilft weder Glockengeläut noch das Telefon.)

Nach einer weiteren Woche wird in Petrograd auch der Metropolit Wenjamin verhaftet. Er war kein hoher kirchlicher Würdenträger, außerdem kein ernannter wie die anderen Metropoliten. Im Frühjahr 1917 hatte in Moskau und Petrograd — erstmals seit den Altnowgoroder Zeiten — eine Metropolitenwahl stattgefunden. Für jedermann zugänglich, häufiger Gast in Betrieben und Fabriken, beliebt beim Volk und bei der unteren Geistlichkeit, war Wenjamin mit deren Stimmen letztlich gewählt worden. Jedes Verständnisses für die Zeit bar, sah er seine Aufgabe darin, die Kirche von der Politik fernzuhalten. »Denn vieles hat sie deretwegen in der Vergangenheit erlitten.« Und um just diesen Metropoliten wurde

i) der Petrograder Kirchenprozeß (9. Juni — 5. Juli 1922) geführt. Etliche Dutzend auf der Anklagebank darunter gelehrte Theologen und Kirchenrechtler, Archimandriten, Priester und Laien. Die Anklage lautete auf Widerstand gegen die Aushebung der kirchlichen Wertgegenstände. Der Tribunalsvorsitzende, Semjonow, ist fünfundzwanzig Jahre alt (ein Bäcker, hört man). Der Oberste Ankläger, P. A. Krassikow, Ratsmitglied des Justizkommissariats, ist jener Lenin-Freund gleichen

Jahrgangs, gleicher Krasnojarker Verbannung und späterer Emigration, dessen Geigenspiel Wladimir Iljitsch so gern lauschte.

Bereits am Newski-Prospekt und dort, wo der Wagen mit dem Metropoliten einbog, standen Tag für Tag dichte Menschenmengen und viele sanken in die Knie und sangen »Oh, errette, Herr, wer Dir treu gedient!« (Wer von den Gläubigen allzu eifrig war, wurde klarerweise gleich auf der Straße, allenfalls im Gerichtssaal verhaftet.) Das Gros des Publikums im Saal waren Rotarmisten, doch auch sie erhoben sich jedesmal, wenn der Metropolit in der weißen Mitra erschien. Aber für den Ankläger und das Tribunal war er ein *Feind des Volkes* (das gab es schon, wohlgemerkt, dieses Wort).

Mit den Verteidigern ging es von Prozeß zu Prozeß bergab, deutlich spürbar war auch hier ihre bedrängte, entwürdigte Lage. Krylenko weiß uns darüber nichts zu erzählen, ein Augenzeuge tut's an seiner Stelle. Den Ersten Verteidiger Bobrischtschew-Puschkin selber verhaften zu lassen, drohte donnernd das Tribunal — und es war diese Drohung schon so fest in den Sitten der Zeit verankert, so glaubwürdig bereits, daß Bobrischtschew-Puschkin sich beeilte, Uhr und Brieftasche dem Anwaltskollegen Gurowitsch in Verwahrung zu geben ... Und gegen den Zeugen Professor Jegorow wurde tatsächlich an Ort und Stelle ein Haftbefehl erlassen, weil er zugunsten des Metropoliten aussagte. Bloß daß der Professor, wie sich herausstellte, darauf gefaßt war: eine dicke Aktentasche trug er bei sich, ein wenig Proviant, Wäsche und sogar einen leichten Plaid enthaltend.

Merkt es der Leser, daß das Gericht allmählich die uns bekannten Formen annimmt?

Metropolit Wenjamin ist angeklagt, in tückischer Absicht Verhandlungen mit der Sowjetmacht eingeleitet und damit eine Milderung des Dekrets über die Beschlagnahme von kirchlichen Wertgegenständen erreicht zu haben. Er habe sein Schreiben an den Pomgol böswillig unters Volk gebracht (Samisdat!) und in Absprache mit der Weltbourgeoisie gehandelt.

Der Priester Krasnizki, prominenter Parteigänger der *Lebendigen Kirche* und GPU-Agent, sagte aus, daß sich die Geistlichkeit verschworen hätte, gestützt auf die Hungersnot einen Aufstand gegen die Sowjetmacht anzuzetteln.

Nur die Zeugen der Anklage wurden angehört, die Zeugen der Verteidigung gar nicht zugelassen. (Wie gleicht sich's doch! ... Immer mehr und mehr ...)

Der Ankläger Smirnow forderte »sechzehn Köpfe«. Der Ankläger

Krassikow rief aus: »Die ganze Orthodoxe Kirche ist eine konterrevolutionäre Organisation. Es wäre im Grunde angezeigt, *die ganze Kirche ins Gefängnis zu sperren!*«

(Ein durchaus reelles Programm, in Bälde beinahe verwirklicht. Und eine treffliche Basis für den *Dialog*.)

Wir nützen die seltene Gelegenheit, einige wenige überlieferte Sätze der Verteidigung (S. J. Gurowitsch, Anwalt des Metropoliten) anzuführen:

»Es gibt keine Beweise der Schuld, es gibt keine Tatsachen und ebensowenig eine Anklage ... Was wird die Geschichte sagen?« (Ha, welcher Schrecken! Vergessen wird sie's und gar nichts sagen!) »Die Beschlagnahme der Kirchengüter ist in Leningrad ohne die geringsten Zwischenfälle vor sich gegangen, doch die Petrograder Geistlichkeit sitzt auf der Anklagebank, und es trachtet ihnen irgendwer nach dem Leben. Das von Ihnen stets unterstrichene Grundprinzip ist das Wohl der Sowjetmacht. Vergesset jedoch nicht, daß die Kirche aus dem Blut der Märtyrer wächst.« (Bei uns nicht!) »Mehr habe ich nicht zu sagen, doch es fällt mir auch schwer, das Wort abzugeben. Solange die Verhandlung dauert, sind die Angeklagten am Leben. Geht die Verhandlung zu Ende — hört das Leben auf ...«

Zehn Angeklagte verurteilt das Tribunal zum Tode. Bis zum Ende des Prozesses der Sozialrevolutionäre, mehr als einen Monat, warteten sie auf diesen Tod (als wollte man sie mit den Sozialrevolutionären gemeinsam erschießen). Dann wurden sechs vom WZIK begnadigt und die vier anderen (der Metropolit Wenjamin; der Archimandrit Sergij, ehemals Mitglied der Staatsduma; der Professor der Rechtsfakultät J. P. Nowizki; der Rechtsanwalt Kowscharow) in der Nacht vom 12. zum 13. August erschossen.

Wir wollen den Leser inständigst bitten, niemals den Grundsatz der provinziellen Multiplizität zu vergessen. Da, wo es zwei Kirchenprozesse gegeben hat, waren es zweiundzwanzig.

Wegen des Prozesses gegen die Sozialrevolutionäre beeilten sie sich sehr mit dem Strafgesetz: Es war höchste Zeit, die granitenen Festen des GESETZES zu errichten! Am 12. Mai 1922 wurde, wie vorgesehen, die WZIK-Tagung eröffnet, doch zu früh noch immer für den einzubringenden Entwurf — der war eben erst nach Gorki gebracht worden, zur Einsichtnahme für Wladimir Iljitsch. Sechs Paragraphen des Strafgesetzes sahen als Höchstmaß die Erschießung vor. Solches war keineswegs zufriedenstellend. Am 15. Mai fügte Lenin am Rande des Entwurfs sechs weitere Paragraphen mit erforderlicher Todesstrafe hinzu (darunter, laut § 69: die Propaganda und Agitation ... im besonderen der Aufruf zum passiven Widerstand gegenüber der Regierung, zur kollektiven Nichtbefolgung der Militär- oder Steuerpflicht*. Und noch einen Fall für den Erschießungstod: die unbefugte Rückkehr aus dem Ausland (na, grad als ob alle Sozialisten dazumal hin und her pendelten). Und eine weitere Strafe, die dem Tode gleichbedeutend war: die Landesverweisung. (Jene unferne Zeit schwebte Wladimir Iljitsch wohl vor, da man sich bei uns der Einreisewilligen aus Europa nicht würde erwehren können, und umgekehrt, von uns nach Europa auszureisen, keiner freiwillig zu bewegen sein würde.) Die wichtigste Schlußfolgerung erläuterte Iljitsch in einem Brief an den Volkskommissar für Justiz folgendermaßen:

»Genosse Kurski! Meiner Meinung nach muß die Anwendung der Erschießung (an deren Stelle die Landesverweisung gesetzt werden kann) ... gegenüber allen Arten von menschewistischer, sozialrevolutionärer und dgl. Tätigkeit erweitert werden; es muß eine Formulierung gefunden werden, die derlei Straftaten in eine *Beziehung zur internationalen Bourgeoisie* stellt«** (Hervorhebung von Lenin).

Die Anwendung der Erschießung muß erweitert werden! — was gibt's da groß zu verstehen? (Ob viele ins Ausland geschickt wurden?) *»Der Terror ist ein Mittel der Überzeugung«****, ist doch klar!

Aber Kurski begriff noch immer nicht ganz. Wo's bei ihm wahrscheinlich haperte, war die Formulierung und *wie* diese nämliche *Beziehung* unter Dach und Fach zu bringen sei. Also begab er sich am nächsten Tag zum Vorsitzenden des *Sownarkom*, um Rücksprache zu halten. Die Unterredung ist uns nicht bekannt, dafür aber ein zweiter Brief, den Lenin ihm aus Gorki am 17. Mai nachschickte:

»Gen. Kurski! Als Ergänzung zu unserem Gespräch schicke ich Ihnen den Entwurf eines zusätzlichen Paragraphen zum Strafgesetzbuch. Das ist ein Rohentwurf, der natürlich noch gründlich ausgearbeitet und überarbeitet werden muß. Der Grundgedanke ist hoffentlich trotz aller Mängel des Rohentwurfs klar: offen eine prinzipielle und politisch

---

*D. h., wie im Aufruf von Wiborg, für den die Urheber von der Zarenregierung drei Monate verpaßt bekamen.
**Lenin, »Gesammelte Werke«, Bd. 45, S. 189.
***ebd., Bd. 39, S. 404 f.

wahrheitsgetreue (nicht nur eine eng juristische) These aufstellen, die das *Wesen* und die *Rechtfertigung* des Terrors, seine Notwendigkeit und seine Grenzen motiviert.

Das Gericht soll den Terror nicht beseitigen — das zu versprechen wäre Selbstbetrug oder Betrug —, sondern ihn prinzipiell, klar, ohne Falsch und ohne Schminke begründen und gesetzlich verankern. Die Formulierung muß so weitgefaßt wie möglich sein, denn nur das revolutionäre Rechtsbewußtsein und das revolutionäre Gewissen legen die Bedingungen fest für die mehr oder minder breite Anwendung in der Praxis. Mit kommunistischem Gruß

Lenin«*

Dieses wichtige Dokument zu kommentieren, unterfangen wir uns nicht. Stille und Meditation wären hier am Platze.

Das Dokument ist darum von besonderer Bedeutung, weil es von den letzten irdischen Unterweisungen des noch nicht von Krankheit befallenen Lenins eines ist, wichtiger Teil seines politischen Vermächtnisses. Zehn Tage später wird er vom ersten Schlaganfall ereilt, von dem er sich nur mehr teilweise und für kurze Zeit in den Herbstmonaten des Jahres 1922 erholt. Und ob nicht beide Briefe an Kurski in demselben hellen, mit weißem Marmor verkleideten halb Arbeitszimmer, halb Boudoir geschrieben wurden, jenem Eckzimmer im ersten Stock, in dem das künftige Sterbebett des Staatsgründers schon bereitstand?

Und so ging man im folgenden mit jenem *Rohentwurf* ans Werk, jenen zwei Varianten des Zusatzparagraphen, aus dem in einigen Jahren auch der 58,4 und der ganze große Paragraph der Paragraphen, der ACHT-UNDFÜNFZIGSTE, hervorsprießen werden. Eine begeisternde Lektüre: Nun wissen wir, was es heißt, *möglichst weitgefaßt zu formulieren, was die mehr oder minder breite Anwendung bedeutet!* Da liest du's und erinnerst dich, *wie weit* die liebende Umarmung war ...

»... die Propaganda oder Agitation, oder die Teilnahme an einer Organisation, oder die Unterstützung (ob objektiv fördernd oder *potentiell förderlich*) ... von Organisationen oder Personen, deren Tätigkeit den Charakter ...«

Ja, schafft mir gleich den heiligen Augustinus her, im Nu häng ich ihm diesen Paragraphen an!

---

* Lenin, »Gesammelte Werke«, Bd. 45, S. 180 (deutsch in *Werke*, Bd. 33, S. 344).

Alles war, wie sich's gehört, eingereicht, reingeschrieben und hinsichtlich der Todesstrafe erweiternd korrigiert worden; in den letzten Maitagen konnte die WZIK-Tagung den Strafkodex annehmen und mit 1. Juni 1922 in Kraft setzen.

Auf allergesetzlichster Grundlage begann nunmehr vor dem Obersten Tribunal der zwei Monate dauernde

j) *Prozeß der Sozialrevolutionäre (8. Juni — 7. August 1922).* Der sonstige Vorsitzende Gen. Karklin wurde diesmal durch den findigen Georgij Pjatakow ersetzt: Immerhin hingen die Blicke der sozialistischen Welt an diesem so verantwortungsvollen Prozeß. (Das vorsorgliche Schicksal ist alleweil zu Schabernack aufgelegt — und läßt uns doch wieder Zeit zur Besinnung! Fünfzehn Jahre bot es Pjatakow noch . . .) Anwälte gab es nicht, die Angeklagten, prominente Sozialrevolutionäre, verteidigten sich selber. Pjatakow tat schroff und ungeduldig und fiel den Angeklagten dauernd ins Wort.

Wenn wir alle, lieber Leser, nicht schon ausreichend darin beschlagen wären, daß das wichtigste an einem Prozeß nicht die Anklage, nicht die sogenannte »Schuld«, sondern die *Zweckmäßigkeit* ist, wer weiß, ob sich ihm unsre Herzen sofort und rückhaltlos eröffnet hätten. Bei der Zweckmäßigkeit gibt es indes keine Panne: Im Unterschied zu den Menschewiki wurden die Sozialrevolutionäre für noch gefährlich, noch organisiert (unzerstreut), noch lebendig (unvertilgt) befunden, wodurch die Zweckmäßigkeit ihrer Endausrottung zum Wohle der neugeschaffenen Diktatur (des Proletariats) gegeben war.

Hingegen hätte man in Unkenntnis dieses Prinzips den ganzen Prozeß fälschlicherweise als Rache einer Partei an der anderen empfinden können.

Die von diesem Gericht geäußerte Anklage gibt unwillkürlich zu denken, wenn man sie auf die lange, ausgedehnte und bis heut sich dahinziehende Geschichte der Staaten überträgt. Mit Ausnahme der gezählten parlamentarischen Demokratien in gezählten Jahrzehnten war die Geschichte der Staaten insgesamt eine Geschichte von Machteroberungen und Umstürzen. Und wer mit dem Umstürzen flinker zu Rande kommt und fester danach in den Sattel sich setzt, der genießt fortan den stolzen Segen der Justiz, und es ist eine jede seiner früheren und kommenden Taten gesetzlich und lobpreisenswert, hingegen seiner weniger glücklichen Gegner frühere und künftige Taten sind verbrecherisch, strafbar und des Todes würdig.

Erst die Woche zuvor war das Strafgesetz angenommen worden, doch sieh — schon wird die fünfjährige nachrevolutionäre Geschichte hineingestampft. Noch vor zwanzig, vor zehn, vor fünf Jahren waren die Sozialrevolutionäre der revolutionäre Partner im Kampf um den Sturz des Zarismus und hatten (dank der Besonderheiten ihrer Taktik des Terrors) die Hauptlast der *Katorga* auf sich genommen, gegen das geringe, was die Bolschewiki davon abbekamen.

Und nun der Anklage erster Punkt: die Sozialrevolutionäre hätten als Initiatoren des Bürgerkriegs fungiert! Ja, er wurde von ihnen begonnen, *sie* waren die ersten! Sie sind angeklagt, in den Tagen des Oktoberumsturzes bewaffneten Widerstand gegen denselben geleistet zu haben. Als die von ihnen unterstützte und zum Teil von ihnen gestellte Provisorische Regierung vom MG-Feuer der Matrosen legitim hinweggefegt wurde, haben die Sozialrevolutionäre den vollkommen illegitimen Versuch unternommen, die Regierung zu retten*, und dabei sogar mit Schüssen auf Schüsse geantwortet, sogar die Junker auf die Beine gebracht, welche bei besagter stürzender Regierung im Solde standen.

Im Waffengefecht geschlagen, zeigten sie doch politisch keine Reue. Sanken nicht vor dem *Sownarkom* in die Knie, welches sich zur Regierung ernannte. Hielten stocksteif daran fest, daß die einzig legitime Regierung — die vorherige war. Wollten auch das Fiasko ihrer fünfundzwanzigjährigen politischen Linie nicht sofort anerkennen**, baten nicht um Gnade, nicht um Tilgung ihres Namens als Partei***.

Und hier der Anklage zweiter Punkt: sie hätten die Kluft des Bürgerkriegs dadurch vertieft, daß sie am 5. und 6. Januar 1918 als Demonstranten und somit als Rebellen gegen die legitime Macht der Arbeiter- und Bauernregierung auf die Straße gingen; zur Unterstützung ihrer illegitimen (durch allgemeine, gleiche, geheime und direkte Wahlen zustande gekommenen) Konstituierenden Versammlung gegen die jene Versammlung und jene Demonstranten mit Fug und Recht auseinandertreibenden Matrosen und Rotgardisten. (Na, und was hätt schon viel herausschauen können bei den geruhsamen Sitzungen der Konstituante? — nur der dreijährige Bürgerkrieg. Hat ja darum der Bürgerkrieg begonnen, weil sich die Bevölkerung nicht gleichzeitig und gehorsam den legitimen Dekreten des *Sownarkom* fügte.)

---

* Daß sie dabei auch zagten und wankten und im gleichen Atemzug widerriefen, steht auf einem anderen Blatt und tut ihrer *Schuld* keinen Abbruch.
** Ein Fiasko war's natürlich schon, bloß ließ sich das nicht mit einem Mal erkennen.
*** Die Regierungen in der Provinz und in den Grenzgebieten waren allesamt ebenso illegitim: ob in Archangelsk, Samara, Ufa oder Omsk, in der Ukraine, am Don, am Kuban, im Ural oder in Transkaukasien — sie hatten sich alle erst *nach* dem *Sownarkom* zu Regierungen deklariert.

Anklagepunkt drei: Nichtanerkennung des Brester Friedens, jenes legitimen und erlösenden Brester Friedens, der Rußland nicht den Kopf vom Rumpf, aber vom Rumpf einen Teil abhieb. Somit waren, laut Anklageschrift, »alle Merkmale des *Hochverrats* und der verbrecherischen Aktivität gegeben, welche darauf abzielte, das Land in einen Krieg zu verwickeln«.

Hochverrat! – ist auch so ein Wunderding, einmal weiß, einmal schwarz, wie man's ansieht . . .

Daraus folgert der schwerwiegende vierte Anklagepunkt: Im Sommer und Herbst 1918, als das kaiserliche Deutschland den Alliierten mit knapper Not seine letzten Monate und Wochen abtrotzte und das sowjetische Rußland es in diesem schweren Kampf getreu dem Brester Frieden mit Lebensmittellieferungen und monatlichen Goldzahlungen unterstützte, trafen die Sozialrevolutionäre Anstalten (genaugenommen war es ihrer Art entsprechend mehr ein *Herumreden,* was . . . wie . . . wenn . . .), eine Bahnstrecke just vor dem Herannahen eines solchen Goldzuges zu sprengen, auf daß das Gold der Heimat bliebe; oder, mit anderen Worten: »Vorbereitungen zur verbrecherischen Zerstörung unseres Volksgutes – der Eisenbahnen.«

(Noch galt es nicht als Schande und wurde offen eingestanden, daß es stimmte und russisches Gold ins zukünftige Reich Hitlers geliefert worden war; und Krylenko mit seinen zwei Fakultäten, der historischen und der juristischen, ging es nicht auf, und von seinen Mitarbeitern flüsterte es ihm keiner ein, daß ja auch die Goldbarren, vielleicht, wie die Schienen, die stählernen, Volksgut genannt werden könnten . . .)

Der vierte Anklagepunkt zog unerbittlich den fünften nach sich: Zur Beschaffung der technischen Mittel für den geplanten Anschlag sollten Gelder dienen, die die Sozialrevolutionäre von den Vertretern der Alliierten erhielten (um dem Wilhelm das Gold *nicht hergeben* zu müssen, wollten sie von der Entente Geld *nehmen*) – war es nicht das Äußerste an Verrat?! (Auf alle Fälle brummelte Krylenko etwas von sozialrevolutionären Beziehungen zum Ludendorff-Stab, doch das ging ins falsche Auge, und sie ließen es wieder.)

In greifbare Nähe rückt sonach Anklagepunkt Numero sechs: 1918 seien die Sozialrevolutionäre *Spione* der Entente gewesen! Gestern Revolutionäre – heute Spione! Es muß damals explosiv geklungen haben. Seither hat man sich in den vielen Prozessen speiübel daran überfressen.

Na, und im siebenten und zehnten stand die Zusammenarbeit mit Sawinkow oder Filonenko oder den Kadetten oder der »Liga zur

Wiedergeburt« (ja, hat es die überhaupt gegeben? ...) oder gar mit den weißstudentischen Adelssprößlingen oder gar mit den Weißgardisten.

Diese ganze Anklagefolge ist vom Staatsanwalt* feinstens ausgesponnen. Ob in nächtlichen Grübeleien am Schreibtisch, ob in jäher Erleuchtung am Rednerpult — er findet stets jenen herzlich-mitfühlenden, anklagend-freundschaftlichen Ton, den er in den kommenden Prozessen immer sicherer und lauter anschlagen wird und der dann 1937, voll ausgespielt, zum umwerfenden Erfolg führt. Dieser Ton stellt die anzupeilende Einheit zwischen Richtenden und Gerichteten her — gegen die ganze übrige Welt. Diese Melodie wird auf der allersensibelsten Saite des Angeklagten gespielt. Für die Sozialrevolutionäre heißt das: *Wir sind doch alle Revolutionäre!* (Wir! Wir und ihr — zusammen wir!) Wie habt ihr nur so tief sinken können, euch mit den Kadetten zu verbünden! (Blutet euch das Herz nicht darob!) mit Offizieren! die weißen Studenten in eure so blendend ausgearbeitete Konspirationstechnik einzuweihen!

Die Antworten der Angeklagten besitzen wir nicht. Ob jemand von ihnen auf den besonderen Charakter des Oktoberumsturzes hingewiesen hat: allen Parteien sogleich den Krieg zu erklären, ihnen im selben Atemzug das Bündnisrecht zu nehmen? (»Läßt man dich ungeschoren — mucke nicht auf.«) Doch man hat irgendwie die Empfindung, daß manch ein Angeklagter den Kopf hängen ließ und manch einem tatsächlich das Herz brach: Ja, wie konnten sie nur so tief gesunken sein?! Denn diese Anteilnahme des Staatsanwalts im lichten Saale, sie ist Balsam für den Häftling, der eben noch in einer dunklen Zelle saß.

Da hat auch schon Krylenko einen zweiten, ach so logischen Pfad gefunden (auf dem Wyschinski gegen Kamenew und Bucharin hurtig weiterschreiten wird): Als ihr Bündnisse mit der Bourgeoisie einginget, nahmt ihr Geldspenden von ihr an. Am Anfang — für die Sache, *nur für die Sache*, nie und nimmer für innerparteiliche Zwecke — wo aber ist die Grenze? Wer soll sie ziehen? Denn *die Sache* — ist sie nicht auch *Parteizweck*? So weit habt ihr's also gebracht, daß die Partei der Sozialrevolutionäre von der Bourgeoisie ausgehalten wird?! Und euer revolutionärer Stolz, wo bleibt der?

Das Maß der Anklagen war gerüttelt voll, und es hätte sich das Tribunal bereits zur Beratung entfernen können, um jedem das verdiente *letzte Brot zu backen* — da saß man unverhofft in der Klemme:

---

*Diese Bezeichnung hatte er wieder.

alles, dessenthalben die Sozialrevolutionäre Partei angeklagt war, geschah im Jahre 1918;

inzwischen aber war, am 27. Februar 1919, eigens für die Sozialrevolutionäre, eine Amnestie erlassen worden, welche ihnen den früheren Kampf gegen die Bolschewiki verzieh, so sie's in Zukunft sein lassen würden;

und sie haben seither nicht gekämpft!

— und man schrieb das Jahr 1922!

Und wo einen Ausweg finden?

Nicht, daß man sich's nicht überlegt hätte. Man tat es, als die Sozialistische Internationale bei der Sowjetregierung vorstellig wurde innezuhalten, die sozialistischen Brüder nicht vors Gericht zu bringen.

Es stimmt: Die Sozialrevolutionäre haben zu Beginn des Jahres 1919, angesichts der Bedrohung durch Koltschak und Denikin, ihre Losung des Aufstands zurückgezogen und im weiteren auf den bewaffneten Kampf gegen die Bolschewiki verzichtet. (Und in Samara haben die dortigen Sozialrevolutionäre den kommunistischen Brüdern sogar einen Abschnitt der Koltschak-Front geöffnet, wodurch sie sich und den anderen ja auch die Amnestie verdienten.) Und ihr ZK-Mitglied Gendelman sagte es sogar noch hier, auf dem Prozeß: »Gebt uns die Möglichkeit, die ganze Skala der sogenannten Bürgerrechte zu nutzen — und wir werden keine Gesetze verletzen.« (Ja, was die nicht alles wollen? auch noch die »ganze Skala«! Schwätzer! . . .)

Nicht genug, daß sie den Kampf einstellten — sie haben auch noch die Macht der Sowjets anerkannt (das heißt: ihrer früheren Provisorischen Regierung samt Konstituante abgeschworen)! Und nun bitten sie einzig um die Ausschreibung von *Neuwahlen* für diese Sowjets — mit freier Wahlwerbung der Parteien.

Hört! Hört! Jetzt ist es aus dem Sack! Jetzt zeigen sie ihr wahres, ihr feindlich-bürgerliches animalisches Wesen! Gott behüte! In diesem ernsten Moment?! *Von Feinden umzingelt!* (Auch nach zwanzig, auch nach fünfzig, auch nach hundert Jahren wird es so sein.) Das tät euch passen — freie Wahlagitation, ihr Hundesöhne!!

Darüber konnten, sagt Krylenko, politisch nüchtern denkende Menschen nur lachen, nur die Achseln zucken. Mit Fug und Recht erging der Beschluß, »besagten Gruppen mit allen Mitteln des staatlichen Druckes unverzüglich die Möglichkeit der Agitation gegen die Macht zu nehmen«[*]. Und zwar wurde — in Beantwortung des sozialrevolutionären

[*] Krylenko, S. 183.

Verzichts auf den bewaffneten Kampf, bzw. ihres Friedensangebots —
das ganze Zentralkomitee ihrer Partei (sofern greifbar) *ins Gefängnis
gesperrt!*

Das ist so recht nach unserer Art!

Doch einmal eingesperrt (drei Jahre schon), mußten sie nolens volens
gerichtet werden. Und wofür? »Diese Periode ist bei der gerichtlichen
Untersuchung nicht im gleichen Maße durchforscht worden«, klagt der
Staatsanwalt.

In einem war die Anklage übrigens stichfest: Im selben Februar 1919
faßten die Sozialrevolutionäre den Beschluß (der auf dem Papier blieb,
was allerdings nach dem neuen Strafgesetz aufs selbe hinauslief), heimlich unter den Rotarmisten zu agitieren, auf daß sich diese *weigern, an
Strafexpeditionen gegen Bauern teilzunehmen.*

Es war niedriger, tückischer Verrat an der Revolution, von den Strafexpeditionen jemand abbringen zu wollen!

Darüber hinaus konnten sie all dessen beschuldigt werden, was die
sogenannte »Auslandsdelegation des ZK« der Sozialrevolutionäre —
jene ihrer Oberhäupter, die sich nach Europa davongemacht hatten —
gesagt, geschrieben und getan (mehr gesagt und geschrieben) hatte.

Alles in allem war's noch immer dünn gesät. Und folgendes ward
ausgeklügelt: »Von den hier Angeklagten wären viele nicht unter Anklage gestellt worden, wenn bei ihnen nicht der Tatbestand der Organisierung von *Terrorakten* gegeben wäre!« Will heißen, daß es zum Zeitpunkt der 1919-Amnestie »keinem Funktionär der sowjetischen Justiz
eingefallen« war, daß die Sozialrevolutionäre auch noch Terrorakte gegen prominente Persönlichkeiten des sowjetischen Staates organisierten!
(Wirklich, wer wär auf *die* Idee gekommen? Russische Sozialrevolutionäre — und plötzlich Terror! Wär es einem eingefallen, hätt man's
gleich mitamnestieren müssen! Oder das geschenkte Loch in der Koltschak-Front nicht annehmen dürfen. Ein Glück geradezu, daß damals
niemand draufkam. Erst bei Bedarf fiel es den Funktionären ein.) So ist
diese Beschuldigung nach dem neuesten Stand *nicht* amnestiert (die
Amnestie betraf ja nur den *Kampf*) und wird von Krylenko vorgebracht.

Und was muß da alles aufgedeckt worden sein! Was alles!

Zunächst einmal: Was hatten die sozialrevolutionären Führer noch in
den ersten Tagen nach dem Oktoberumsturz gesagt?* Tschernow (auf
ihrem 4. Kongreß): daß die Partei sich mit geballter Kraft »wie ehedem
[unter dem Zaren] gegen jeden Anschlag auf die Rechte des Volkes

* Und was haben die nicht alles in ihrem Leben zusammengequatscht!!

wehren werde«. (Und jedermann weiß, *wie* sie's getan hat.) Goz: »Wenn die Autokraten vom Smolnyj auch davor [vor der Konstituierenden Versammlung] nicht haltmachen ... wird sich die Partei der Sozialrevolutionäre ihrer alten erprobten Taktik erinnern.«

Erinnert hat sie sich vielleicht, bloß entschließen konnte sie sich nicht. Aber das Gericht kam damit schon irgendwie aus.

»Auf diesem Gebiet unserer Untersuchung«, klagt Krylenko, werde es wegen der Konspiration »wenig Zeugenaussagen ... geben. Dadurch wird meine Aufgabe ganz außerordentlich erschwert ... Auf diesem Gebiet, d. h. des Terrors, sind wir mitunter gezwungen, im dunkeln zu tappen.«*

Krylenkos Aufgabe wird dadurch erschwert, daß der Terror gegen die Sowjetmacht auf der ZK-Sitzung der Sozialrevolutionäre im Jahre 1918 *diskutiert* und *verworfen* worden war. Und nun muß, viele Jahre danach, bewiesen werden, daß die Sozialrevolutionäre sich selbst hinters Licht führten.

Sie sagten damals: nicht ehe die Bolschewiki mit der Hinrichtung von Sozialisten beginnen. Oder 1920: Die Partei wird zu den Waffen greifen, wenn die Bolschewiki das Leben der sozialrevolutionären Geiseln in Gefahr bringen**.

Also: wozu die Wenn und Aber? Warum haben sie nicht gleich und entschieden verzichtet? Ja, wie haben sie sich erdreisten können, an Waffen überhaupt zu denken! »Warum gab es keine Äußerungen absolut negativen Charakters?« (Genosse Krylenko, und was, wenn der Terror ihre »zweite Natur« ist?)

Daß die SR-Partei keinerlei Terror ausgeübt hat, geht sogar aus der Anklagerede Krylenkos hervor. Doch es werden folgende Tatsachen herbeigezogen: Ein Angeklagter hatte im Geist den Plan ausgeheckt, die Lokomotive des Sownarkom-Zuges bei der Übersiedlung nach Moskau in die Luft zu jagen. Daraus folgt, daß sich das ZK des Terrors schuldig gemacht habe. Und die »Vollstreckerin« Iwanowa hatte mit *einem* Sprengstoffstab eine Nacht lang vor dem Bahnhof Wache gehalten, was als Anschlag auf Trotzkis Zug und als Terroraktion des ZK ausgelegt wird. Oder: Es war die Fanny Kaplan durch das ZK-Mitglied Donskoi gewarnt worden, daß ein Attentat auf Lenin ihren Parteiausschluß nach sich ziehen würde. Zu wenig! Warum war es ihr nicht kategorisch verboten worden? (Oder auch anders: Warum hatte sie keiner bei der Tscheka angezeigt?)

*Krylenko, S. 236 (und die Sprache!).
** Aber die anderen Geiseln dürfen sie getrost fertigmachen.

345

Am Ende blieb Krylenko nicht mehr an mühselig zusammengeklaubter Ausbeute, als daß die Sozialrevolutionäre es verabsäumt hatten, die individuellen Terrorakte ihrer arbeitslos verschmachtenden Einsatzleute zu unterbinden. Dieses war ihr ganzer Terror. (Und auch jene Aktivisten haben nichts gemacht. Zwei davon, die Konopljowa und Semjonow, haben 1922 die Tscheka — und nun das Tribunal — mit verdächtiger Eile durch freiwillige Aussagen bereichert, aber auch das ließ sich nicht recht ihrem ZK anhängen, und plötzlich wurden diese notorischen Terroristen ebenso unerklärlich auf freien Fuß gesetzt.)

Alle Aussagen wackeln derart, daß sie abgestützt werden müssen. So Krylenko über einen Zeugen: »Wenn der Mensch sich überhaupt etwas hätte ausdenken wollen, dann hätte er sich dabei kaum so angestellt, daß er zufällig gerade ins Schwarze traf.«* (Das ist stark! Es könnte über jede falsche Aussage dasselbe gesagt werden.) Oder (über Donskoi): Sollte man ihn wirklich »eines so durchtriebenen Scharfsinns verdächtigen, daß er haargenau nach den Wünschen der Anklage aussagt«? Zur Konopljowa heißt es umgekehrt: die Glaubwürdigkeit ihrer Aussage bestehe darin, daß sie nicht alles aussagt, was die Anklage braucht. (Jedoch genug, um die Angeklagten aufs Schafott zu bringen.) »Wenn wir die Frage stellen, ob sich die Konopljowa dies alles nicht ausgedacht hat ... dann ist die Antwort klar: *Lügen müßte sie von vorn bis hinten* [er weiß es!], entlarven — von vorn bis hinten«** — na, und sie? Sie bleibt auf halber Strecke stehen. Und auch so geht es: »Jefimow hätte es gewiß nicht nötig, die Konopljowa mir nichts, dir nichts so zu belasten, daß wir sie zum Tode verurteilen.«*** Wieder stimmt's, wieder wirkt's. Oder noch wirkungsvoller: »Hätte diese Begegnung stattfinden können? Die Möglichkeit ist nicht ausgeschlossen.« *Nicht ausgeschlossen?* — also: *ja!* Nur munter drauflos!

Dann die »Kampfgruppe«. Lange wird drumherumgeredet, plötzlich heißt es: »... wurde wegen Untätigkeit aufgelöst.« Wozu also einem die Ohren vollsäuseln? Es gab einige Bankraube, Überfälle auf sowjetische Ämter (womit denn sonst Aktionen starten, Wohnungen mieten, das Land bereisen?). Aber früher waren es stilvolle edle *Exe*, wie alle Revolutionäre die Expropriatoren zu nennen pflegten. Und heute — vor dem sowjetischen Gericht — ist es »Raub und Hehlerei«.

Aus dem gerichtlichen Anklagematerial reißt der trübe, gelbe starre Lichtkegel des Gesetzes die ganze unsichere, verzwickte, zer- und ver-

* Krylenko, S. 251.
** ebd., S. 253.
*** ebd., S. 258.

fahrene Geschichte dieser pathetisch-geschwätzigen und im Grunde konfusen, hilflosen und sogar untätigen Partei, die niemals eine würdige Führung erfahren hat. Und jeder einzelne ihrer Beschlüsse oder Nichtbeschlüsse, und alle ihre Wankungen und Schwankungen, Anläufe und Rückzüge werden nun allein in Schuld umgemünzt, immer und einzig in Schuld.

Und wenn ihr verhaftetes Zentralkomitee dem neugewählten Zentralkomitee im September 1921, zehn Monate vor Prozeßbeginn, einen Brief schrieb, daß es, das alte, nun in der Butyrka sitzende ZK, nicht *jedem* Sturz der bolschewistischen Diktatur zustimme, sondern nur einer durch die Einigung der Massen und durch Agitationsarbeit zu erreichenden (das heißt: auch im Gefängnis sitzend, will es weder durch Terror noch durch eine Verschwörung befreit werden!), dann wird ihnen auch daraus der allerstärkste Strick gedreht: Aha! dem Sturz stimmen sie zu!

Na, und wenn sie trotz allem am Umsturz unschuldig, am Terror unschuldig, für Enteignungen, die's kaum gab, nicht zu belangen und fürs übrige längst begnadigt sind? Unser herzallerliebster Staatsanwalt greift in die heimliche Vorratskiste: »Im äußersten Falle bildet die *Nichtanzeige* einen Tatbestand, der bei ausnahmslos allen Angeklagten gegeben ist und als nachgewiesen zu gelten hat.«*

Schon dadurch ist die Schuld der sozialrevolutionären Partei erwiesen, daß sie sich *nicht selbst denunzierte!* Das nun trifft sicher! Es ist eine Offenbarung juristischen Geistes im neuen Strafgesetz und jenes Weges Pflaster, auf dem die dankbaren Nachfahren bald unfreiwillig nach Sibirien rollen werden.

Aber auch schlicht seinem Zorn macht Krylenko Luft: »Verbissene ewige Feinde« sind die Angeklagten! Und dann ist's auch ohne viel Prozessieren klar, was mit ihnen zu geschehen hat.

Das Strafgesetz ist noch so neu, daß Krylenko sogar von den wichtigsten konterrevolutionären Paragraphen die Nummern durcheinanderbringt, aber wie er sie schwingt! wie tiefsinnig er sie zitiert und interpretiert! — als habe das Messer der Guillotine jahrzehntelang an dem einen Paragraphen gehangen. Und hier das Allerneueste und Wichtigste: Die Unterscheidung zwischen *Methoden* und *Mitteln,* wie dem alten zaristischen Strafkodex bekannt, *gibt es bei uns nicht!* Wird bei uns nicht berücksichtigt, weder bei der Anklageformulierung noch bei der Strafbemessung. Für uns sind Absicht und Handlung das gleiche! Ihr habt eine Resolution verfaßt — vors Gericht mit euch! Und »ob sie durchge-

* Krylenko, S. 305.

führt oder nicht durchgeführt wurde, hat keinerlei wesentliche Bedeutung«*. Ob du mit deiner Frau im Bett geflüstert: daß es gut wär, die Sowjetmacht zu stürzen; ob du bei Wahlen agitiert; ob du Bomben gelegt — es ist alles gleich. *Die Strafe ist die gleiche!*

Wie vor einem Künstler aus einigen harten Kohlestrichen plötzlich das Porträt ersteht, das sein inneres Auge schon vor sich sah, so tritt auch uns aus den Skizzen des Jahres 1922 immer deutlicher das Panorama von 1937-45-49 entgegen.

Aber nein, noch ist's nicht dasselbe. Noch ist das *Verhalten der Angeklagten* anders. Noch sind sie nicht vorpräparierte Hammel, noch sind sie — Menschen! Wenig, sehr wenig erfahren wir, genug immerhin, um zu verstehen. Manchmal führt Krylenko aus Versehen etwas an, was die Angeklagten hier vor Gericht gesprochen. So habe Berg »die Bolschewiki für die Opfer des 5. Januars verantwortlich gemacht« (als in eine Demonstration für die Konstituierende Versammlung hineingeschossen wurde). Und hier von Liberow ein unverblümtes Zitat: »Ich bekenne mich schuldig, im Jahre 1918 zu wenig für den Sturz der Sowjetmacht getan zu haben.« Jewgenija Ratner spricht vom selben, und wieder Berg: »Ich sehe meine Schuld vor dem arbeitenden Rußland darin, daß ich nicht imstande war, mit ganzer Kraft gegen die sogenannte Arbeiter- und Bauernmacht zu kämpfen, aber ich hoffe, daß meine Zeit noch nicht vorbei ist.«** (Sie ist es, mein Lieber, sie ist es.)

Die alte Leidenschaft für die wohltönende Phrase hört man noch heraus, aber auch Festigkeit, zweifellos!

Der Staatsanwalt argumentiert: Die Angeklagten stellen eine Gefahr für Sowjetrußland dar, weil sie, was sie getan, für gut befinden. »Vielleicht suchen einige der Angeklagten einen Trost darin, daß der spätere Chronist Worte des Lobes für sie oder für ihr Verhalten vor dem Gericht finden wird.«***

Und der Beschluß des WZIK, nach dem Prozeß erlassen: Sie »haben vor Gericht selbst das Recht in Anspruch genommen, ihre frühere Tätigkeit fortzusetzen«.

Und der Angeklagte Gendelman-Grabowski (selber ein Jurist) tat sich beim Prozeß durch seine Debatten mit Krylenko hervor: über die tendenziöse Auswahl der Zeugenaussagen, über »besondere Methoden des Umgangs mit Zeugen«, lies — deren offenkundige Bearbeitung durch die GPU. (Das gab's schon alles! Gab's schon alles! — weniges

* Krylenko, S. 185.
** ebd., S. 103.
*** ebd., S. 325.

348

fehlt bis zur idealen Endappretur.) Wie man erfährt, stand die Voruntersuchung unter der Aufsicht des Staatsanwalts (Krylenkos also), und es wurden dabei einige Unstimmigkeiten in den Aussagen vorsätzlich nivelliert. Manche Aussagen wurden erstmals bei der Verhandlung bekannt.

Na und? Was heißt Unstimmigkeiten ... was Lücken ...? Letzten Endes »müssen wir mit aller Deutlichkeit und Kaltblütigkeit feststellen..., daß es uns nicht um die Frage geht, *wie das Gericht der Geschichte das von uns bereitete Werk beurteilen wird*«*.

Die Unstimmigkeiten, gewiß, die werden berücksichtigt, im späteren ausgemerzt.

Einstweilen aber, in der jetzigen Not, erinnert sich Krylenko, wohl zum ersten und zum letzten Mal in der Geschichte der sowjetischen Jurisprudenz, der Ermittlung! der einleitenden, noch vor dem Untersuchungsverfahren anzustellenden Ermittlung! Und wie geschickt er sich herausredet: das, was ohne staatsanwaltliche Aufsicht geschah und vom Publikum als Untersuchung angesehen wurde — war die *Ermittlung!* Was das Publikum als staatsanwaltliche nachträgliche Korrektur auffaßt (das große Zurechtbiegen, Anpassen und Schraubenanziehen), ist nichts anderes als eben die *Untersuchung!* Die chaotischen, »durch die Untersuchung nicht verifizierten Unterlagen der Ermittlungsbehörden besitzen eine um vieles geringere gerichtliche Beweiskraft als die im Untersuchungsverfahren gewonnenen«**, sofern dieses in die rechte Bahn gelenkt wird.

Pfiffig ist der Mann, läßt sich nicht für dumm verkaufen.

Sachlich gesprochen war's für Krylenko eine Zumutung: Da stand er nun nach der halbjährigen Vorbereitungsarbeit, nach dem zweimonatigen Prozeßgebelfer, nach der fünfzehnstündigen anstrengenden Anklagerede — und mußte sich auch noch damit abplacken, den Leuten die Kugel zu sichern, wo sie doch alle »nicht nur einmal und nicht zweimal in den Händen der außerordentliche Organe« gewesen waren, zudem »in Augenblicken, da diese Organe außerordentliche Vollmachten besaßen; aber dank diesen oder jenen Umständen *gelang es ihnen, mit heiler Haut davonzukommen*«***.

»Das Urteil kann nicht anders lauten als Tod durch Erschießen für ausnahmslos alle«****, natürlich. Doch weil sich die Affäre immerhin vor

* Krylenko, S. 325.
** ebd., S. 238.
*** ebd., S. 322.
**** ebd., S. 326.

den Augen der Welt abspielt, schränkt Krylenko großmütig ein: die Ausführungen des Staatsanwalts seien »keine Anweisung fürs Gericht«, welche dieses »unmittelbar zur Kenntnis oder in Ausführung zu nehmen verpflichtet«* wäre.

Ein schönes Gericht, dem man solches erklären muß!...

Und das Tribunal ist unverschämt genug, tatsächlich nicht für »ausnahmslos alle«, sondern nur für vierzehn Angeklagte den Tod zu verkünden. Für die übrigen gibt es Gefängnis, Lager, darüber hinaus wird gegen ein zusätzliches Hundert von Personen ein »abgetrenntes Verfahren eingeleitet«.

Und merk dir's, Leser, vergiß es nicht: zum Obersten Tribunal »blicken alle übrigen Gerichte der Republik auf, es gibt ihnen die Anleitung zum Handeln«**, das Urteil des *Obtrib* wird »als höhere Direktive«*** verwendet. Wie viele noch in der Provinz kassiert werden, das male sich jeder selber aus.

Aber die Kassation des WZIK wiegt am Ende noch den ganzen Prozeß auf: Das Todesurteil wird bestätigt, die Vollstreckung jedoch verschoben. Und es hängt das Schicksal der Verurteilten fortan vom Betragen der in Freiheit verbliebenen Sozialrevolutionäre (wohl auch der emigrierten) ab. So sie *gegen* uns sind, stellen wir diese an die Wand.

Auf den Getreidefeldern Rußlands wurde indes die zweite Friedensernte eingebracht. Und nirgendwo wurde *geschossen*, nur mehr *erschossen* in den Höfen der Tscheka (in Jaroslawl — Perchurow, in Leningrad — Metropolit Wenjamin. Und allezeit, allezeit, allezeit). Strahlend blau der Himmel, himmelblau die Meereswellen, und unsere ersten Diplomaten und Journalisten schifften sich nach dem Ausland ein. Das Zentrale Exekutivkomitee der Arbeiter- und Bauerndeputierten behielt sich als Faustpfand ewige Geiseln zurück.

Die Mitglieder der regierenden Partei hatten die sechzig Nummern der *Prawda* mit den Prozeßberichten gelesen (*alle* lasen sie Zeitungen) — und sagten alle JA, JA, JA. Und keiner sagte NEIN.

Worüber hatten sie sich dann 1937 noch zu wundern? worüber zu klagen? ... Alle Grundlagen der Rechtlosigkeit, waren sie denn nicht zuerst durch das außergerichtliche Richten der Tscheka, dann durch diese frühen Prozesse und dieses blutjunge Strafgesetz gelegt worden? War das Jahr 1937 nicht ebenso *zweckmäßig* gewesen (den Zwecken Stalins gemäß, und ob nicht auch der Geschichte gefällig)?

* Krylenko, S. 319.
** ebd., S. 407.
*** ebd., S. 409.

Prophetisch also war es Krylenko entschlüpft, daß sie nicht über die Vergangenheit zu Gerichte säßen, sondern über die Zukunft.
Beschwerlich ist beim Mähen nur der erste Sensenschwung.

Um den 20. August 1924 herum überschritt Boris Viktorowitsch Sawinkow die sowjetische Grenze. Er wurde sofort verhaftet und auf die Lubjanka gebracht*.

Das Untersuchungsverfahren bestand aus einem einzigen Verhör — aus freiwilligen Aussagen und einer Einschätzung der vergangenen Tätigkeit bestehend. Am 23. August war die Anklageschrift fertig. (Die Geschwindigkeit ist frappant, verfehlte jedoch nicht ihre Wirkung. Jemand hatte richtig kalkuliert: Aus Sawinkow kümmerliche Lügen herauszupressen, hieße bloß die Glaubwürdigkeiten des Ganzen zu zerstören.)

In der Anklageschrift, in der bereits perfektionierten Umkehrterminologie — wessen wurde Sawinkow da nicht alles beschuldigt: ein »konsequenter Feind der ärmsten Bauernschaft« sei er gewesen, und »der russischen Bourgeoisie ihre imperialistischen Bestrebungen zu verwirklichen«, habe er geholfen (weil für die Fortsetzung des Krieges gegen Deutschland eingetreten), »Beziehungen zu Vertretern des Alliierten Kommandos« unterhalten (in seinem damaligen Amt als Geschäftsführer des Kriegsministeriums!) und »in provokatorischer Absicht den Soldatenkomitees« angehört (weil von den Soldatendeputierten hineingewählt), schließlich, daß die Hühner lachen! — »monarchistische Sympathien« gehegt.

Aber es gab neben diesem alten Zeug auch schon die neuen, aller künftigen Prozesse Anklagen vom Dienst: Geldannahme von den Imperialisten; Spionage für Polen (Japan haben sie vergessen! . . .) und —

* Um diese Rückkehr gab's viel Rätselraten. Bis sich vor kurzem in der Zeitschrift *Newa* (1967, XI) ein gewisser (offensichtlich mit Archiven und Funktionären des KGB in Verbindung stehender) Ardamatski meldete und mit allem aufgebauschten Firlefanz einer prätentiösen Literatur eine der Wahrheit wahrscheinlich nahekommende Geschichte erzählte. Nachdem sie einige Sawinkow-Agenten zum Verrat bewogen und andere hinters Licht geführt hatte, warf die GPU mit deren Hilfe einen sicheren Köder aus: hier in Rußland stehe eine große illegale Organisation bereit, und es fehle ihr zum Handeln einzig der würdige Kopf! Ein schmackhafterer Köder war kaum auszudenken! Und überhaupt konnte Sawinkows wirres Leben nicht einfach still in Nizza zu Ende gehen. Er konnte nicht anders als nochmals den Kampf versuchen, als nach Rußland zurückzukehren – ins Verderben.

mit Zyankali wollte er die Rote Armee Mann für Mann vergiften (hat's jedoch bei keinem einzigen Rotarmisten versucht).

Am 26. August begann der Prozeß. Vorsitzender war Ulrich (zum ersten Mal begegnen wir ihm), einen Ankläger gab's nicht, ebensowenig einen Verteidiger.

Sawinkow ließ den Prozeß fast ohne Widerstand über sich ergehen, kaum daß er sich in träge Debatten über die Indizien einließ. Für ihn war dieser Prozeß ein lyrischer Abschluß: die letzte Begegnung mit Rußland und die letzte Möglichkeit, zu Wort zu kommen. Bekennen. Bereuen. (Nicht diese vorgelegten Sünden — aber andere.)

(Und jene Melodie, die paßte nun vortrefflich und verwirrte den Angeklagten: *Sind wir nicht Russen wie Sie?!* Ihr und wir heißt *wir!* Sie lieben Rußland, zweifelsohne, wir achten Ihre Liebe, aber wir — wir lieben es auch! Rußlands Ruhm und Stärke — liegen sie nicht heute bei uns? Und gegen uns wollten Sie kämpfen? Bereuen Sie!...)

Doch am wunderlichsten war das Urteil: »Zum Schutze der revolutionären Rechtsordnung erscheint die Verhängung der Höchststrafe nicht erforderlich, und es ist daher, unter Außerachtlassung von Rachemotiven, welche dem Rechtsbewußtsein der proletarischen Massen zuwiderliefen«, die Erschießung in zehn Jahre Freiheitsentzug zu verwandeln.

Eine Sensation war dies damals und verwirrender Anlaß für viel Raten und Deuten: ob eine sanftere Welle beginnt? ob eine Systemänderung dahintersteckt? Ulrich fühlte sich sogar bemüßigt, die Begnadigung Sawinkows in der *Prawda* zu erklären und zu entschuldigen. Na, als ob die Sowjetmacht in den sieben Jahren nicht stark genug geworden wäre, daß sie sich vor einem Sawinkow nicht mehr zu fürchten brauchte?! (Daß sie in ihrem zwanzigsten Lebensjahr von Schwäche befallen werden wird, ach, nehmt es uns nicht krumm, dann schießen wir Hunderttausende übern Haufen.)

So hätte sich dieses Nicht-Todesurteil dem ersten Rätsel der unverständlichen Rückkehr als zweites Fragezeichen hinzugesellt, wäre es nicht im Mai 1925 durch ein drittes Rätsel überlagert worden: Von düsterer Stimmung getrieben, stürzte sich Sawinkow aus dem unvergitterten Fenster in den Innenhof der Lubjanka. Und die GPUler, die Schutzengel, kamen einfach nicht zurecht, seinen großen schweren Körper aufzufangen und zu retten. Ein entlastendes Dokument hat ihnen Sawinkow freilich für alle Fälle hinterlassen (damit es keine dienstlichen Beanstandungen gab), durchaus bündig und überlegt erklärte er den Fenstersturz — und so richtig, so ganz im Geist und im Stil Sawinkows war der Brief gehalten, daß sogar der Sohn des Verstorbenen, Lew Borissowitsch, daran glaubte und jedem, der es wissen wollte, in Paris bestätigte, daß niemand anderer als der Vater den Brief geschrieben haben konnte und daß sich der Vater im Bewußtsein seines politischen Bankrotts aus dem Fenster gestürzt habe.

Und wir, die dämlichen Spätgefangenen der Lubjanka, plapperten arglos die Legende nach, derzufolge die eisernen Netze im Treppenhaus der Lubjanka nach dem Tod Sawinkows gespannt worden waren. Schön und einlullend klingt es, und am Ende vergessen wir darüber, daß die Erfahrungen der Kerkermeister international sind! Denn in den amerikanischen Gefängnissen hat es solche Netze bereits um die Jahrhundertwende gegeben – wie hätte die sowjetische Technik zurückstehen können?!
1937 erzählte der in einem Lager von Kolyma sterbende ehemalige Tschekist Artur Schrubel irgendwem aus seiner Umgebung, daß er zu den vier Männern gehörte, die Sawinkow aus dem Fenster des fünften Stockes in den Lubjankahof geworfen hatten! (Kein Widerspruch liegt darin zur heutigen Schilderung des Ardamatski: das niedrige Fensterbrett, beinahe war's kein Fenster mehr, eher eine Balkontür, – das passende Zimmer! Bloß daß es nach Ardamatski ein Versäumnis der Engel war und nach Schrubel – ein gelungenes Gemeinschaftswerk.)
So finden wir das zweite Rätsel – das ungewöhnlich gnädige Urteil – durch das grobe dritte gelöst.
Das Gerücht ist dumpf, hat mich aber dennoch erreicht; ich wiederum gab es 1967 an M. P. Jakubowitsch weiter, und der sprang auf, mit all seinem ungebrochenen jugendlichen Eifer, seine Augen leuchteten: »Ich glaub's! Es stimmt! Und als Bljumkin mir's erzählte, dachte ich, er schneidet auf!« Und berichtete mir, daß ihm Bljumkin Ende der zwanziger Jahre unter dem Siegel der Verschwiegenheit anvertraute, daß er es gewesen war, der im Auftrag der GPU den sogenannten Abschiedsbrief Sawinkows schrieb. Wie sich herausstellt, hatte Bljumkin, als Sawinkow im Gefängnis saß, freien Zutritt zu dessen Zelle – als kurzweiliger Unterhalter quasi. (Ob Sawinkow spürte, daß es der Tod war, der sich allabendlich ansagte, ein einschmeichelnder, freundschaftlicher Tod, dem das Mal des Untergangs so gar nicht anzusehen war?) Und so konnte sich Bljumkin in Sawinkows Art zu sprechen und zu denken, in den Kreis seiner letzten Gedanken einleben.
Man wird fragen: Warum aus dem Fenster? Wäre Gift nicht handlicher gewesen? Wahrscheinlich, um den Leichnam jemandem zu zeigen oder zeigen zu können.
Wo sonst, wenn nicht hier, wäre auch Bljumkins Geschichte zu Ende zu erzählen, jenes Bljumkin, der einst im Zenit seines tschekistischen Ruhms von Mandelstam furchtlos in die Schranken gewiesen worden war. Ehrenburg hatte sich Bljumkin aufs Korn genommen – und trat plötzlich wie verschämt zurück. Zu erzählen aber gäbe es viel. Nach

der Zerschlagung der Linken Sozialrevolutionäre im Jahre 1918 war Mirbachs Mörder nicht nur nicht bestraft, nicht nur nicht dem Schicksal seiner anderen Parteigenossen überantwortet worden, sondern vielmehr von Dserschinski unter die Fittiche genommen (wie's auch mit Kossyrew beabsichtigt war) und äußerlich in einen Bolschewiken verwandelt worden. Er wurde offensichtlich für verantwortungsvolle dunkle Affären in Reserve gehalten. Irgendwann an der Schwelle der dreißiger Jahre fuhr er heimlich nach Paris, um Baschenow, einen abgesprungenen Mitarbeiter des Stalin-Sekretariats, zu ermorden — und hatte jenen nächtens erfolgreich aus dem Zug geworfen, als ihn Abenteurergeist oder Trotzkiverehrung auf die Prinzeninseln verschlug, um den Oberkatecheten zu befragen, ob es keine Aufträge in der UdSSR auszuführen gäbe. Trotzki hatte ein Paket für Radek. Bljumkin nahm es mit und lieferte es ab, und die ganze Reise zu Trotzki wäre nicht aufgeflogen, wenn der brillante Radek nicht schon damals als Zuträger agiert hätte. Bljumkin wurde von Radek verpfiffen und verschwand im Rachen des Ungeheuers, das er selber mit der allerersten blutigen Milch aufgepäppelt hatte.

Aber alle wichtigsten, alle berühmten Prozesse stehen uns immer noch bevor . . .

Doch wo waren sie, die Menschenscharen, die im Wahnwitz der Verzweiflung durch den Stacheldraht an unsere Grenze gekrochen kamen,
daß wir sie nach § 71 des StGB wegen unbefugter Heimkehr an die
Wand stellten? Allen wissenschaftlichen Voraussagen zum Trotz blieben die Scharen aus, und der im Brief an Kurski diktierte Paragraph
mußte ungenützt verstauben. In ganz Rußland fand sich kein zweiter
solcher Kauz wie Sawinkow, aber auch ihm jenen Paragraphen anzuhängen, war leichter gesagt als getan. Hingegen wurde die gegenteilige
Strafe — die Landesverweisung als Erschießungsersatz — umgehend
und massiv ausprobiert.

In jenen Tagen, als noch das Strafgesetz debattiert wurde, schrieb
Wladimir Iljitsch auf heißer Spur, damit der aufgeblitzte Einfall ja nicht
verlorengehe, einen Brief an Dserschinski, datiert vom 19. Mai:

»Gen. Dserschinski! Zur Frage der Ausweisung von Schriftstellern
und Professoren, die der Konterrevolution helfen. Dies muß sorgfälti-
ger vorbereitet werden. Ohne Vorbereitung werden wir Dummheiten
anstellen ... Die Sache muß so organisiert werden, daß diese ›Kriegs-
spione‹ beständig und systematisch aufgespürt, gefangen und ins Ausland geschickt werden. Ich bitte Sie, den Brief unter Geheimhaltung und
ohne Vervielfältigung den Mitgliedern des Politbüros zu zeigen.«*

Die in diesem Falle selbstverständliche Geheimhaltung war durch die
Wichtigkeit und belehrende Anschaulichkeit der Maßnahme bestimmt.
Die einleuchtend klare Gruppierung der Klassenkräfte in Rußland wurde ja letztlich nur mehr durch den gallertartigen konturlosen Haufen
der alten *bürgerlichen* Intelligenz gestört, die im ideologischen Bereich
wahrhaftig die Rolle von Kriegsspionen spielte, warum auch nichts Besseres auszudenken gewesen wäre, als den ganzen Gedankenpfuhl
schnellstens zusammenzufegen und vor die Tür zu werfen.

Gen. Lenin selber lag bereits krank darnieder, aber die Politbüromit-
glieder hatten offensichtlich zugestimmt, und Gen. Dserschinski besorgte die Aufspürung, und rund dreihundert der besten russischen Geistes-
wissenschaftler wurden gegen Ende des Jahres 1922 nicht auf einen
Schleppkahn, nein, auf einen stolzen Dampfer gesetzt und auf den euro-

---

*Lenin, »Gesammelte Werke«, Bd. 54, S. 265 f.

päischen Müllhaufen expediert. (Darunter waren von den Prominenten und in ihrem Ruhm Etablierten die Philosophen N. O. Losski, S. N. Bulgakow, N. A. Berdjajew, F. A. Stepun, B. P. Wyscheslawzew, L. P. Karsawin, S. L. Frank, I. A. Iljin; dann die Historiker S. P. Melgunow, B. A. Mjakotin, A. A. Kiesewetter, I. I. Lapschin; die Schriftsteller und Publizisten J. I. Aichenwald, A. S. Isgojew, M. A. Ossorgin, A. W. Peschechonow. In kleineren Gruppen wurden einige auch noch Anfang 1923 nachgeschickt, zum Beispiel Lew Tolstois Sekretär V. F. Bulgakow. Übler Bekanntschaften wegen gerieten auch Mathematiker in den Schub: D. F. Seliwanow u. a.)

Allein, mit dem *beständig* und *systematisch* — haperte es. Ob der Emigranten freudig hinausposaunter Dank die Einsicht brachte, man sah jedenfalls: Es war die beste Lösung nicht, schade nur um das entwichene Abschußmaterial, zumal es auf jenem Müllhaufen giftige Blüten zu treiben imstande war. Und es ward die Aktion ad acta gelegt. Und der Kehricht hinfort wie Duchonin[49] behandelt oder auf den Archipel gebracht.

Das im Jahre 1926 bestätigte und bis zur Chruschtschow-Ära in Kraft gebliebene verbesserte Strafgesetz flocht alle früheren politischen Paragraphen zum einheitlichen festen Fangnetz des achtundfünfzigsten zusammen — und wurde nunmehr nach vielerlei Beute ausgeworfen. Die Fangrechte wurden bald erweitert, die technische Intelligenz kam an die Reihe, die um so gefährlicher schien, als sie eine starke Position in der Volkswirtschaft innehatte und schwer kontrollierbar war mit Hilfe der Fortschrittlichen Lehre allein. Klar zutage trat nun auch, daß der Gerichtsprozeß in Sachen Oldenborger-Selbstmord ein Fehler gewesen (ach, welch ein reizendes *Zentrum* sich da anbot!), wie nicht minder die von Krylenko erteilte Absolution: »Von Ingenieurssabotage konnte 1920/21 keine Rede mehr sein.«* Wenn nicht Sabotage, dann eben schlimmer: *Wreditelstwo* — Schädlingsarbeit (das Wort, scheint's, war die Erfindung eines gewöhnlichen Untersuchungsrichters aus Schachty).

Kaum war's begriffen, wonach's zu suchen galt: nach *Schädlingsarbeit,* als — trotz der Neuartigkeit dieses Begriffs in der Menschheitsgeschichte — die Jagd auch schon losging und ohne große Mühe zur Aufdeckung von solchem Tun in allen Zweigen der Industrie und in allen Einzelbetrieben führte. Indes, es fehlte diesen verstreuten Funden noch die Ganzheit des Entwurfs, die Vollkommenheit der Ausführung, wie sie sowohl Stalins Naturell als auch der nach neuen Ufern drängenden Justiz vorschwebte. Und da war nun unser *Gesetz* endlich reif, der Welt

*Krylenko, S. 437.

etwas wirklich Vollendetes zu offenbaren: einen einheitlichen, großen, gut abgestimmten Prozeß, diesmal gegen Ingenieure.

An der Schwelle der klassenlosen Gesellschaft waren wir endlich imstande, auch einen *konfliktlosen* (somit die innere Konfliktlosigkeit unserer Gesellschaftsordnung widerspiegelnden) *Gerichtsprozeß* abzuwickeln, in dem Gerichtshof, Staatsanwalt, Verteidigung und Angeklagte freundschaftlich vereint das gleiche Ziel anstrebten. So begann

k) *der Schachty-Prozeß (18. Mai — 15. Juli 1928)*. Sonderkollegium des Obersten Gerichts der UdSSR, Vorsitzender: A. J. Wyschinski (noch Rektor der Ersten Moskauer Universität), Hauptankläger: N. W. Krylenko (eine denkwürdige Begegnung! gleichsam ein juristischer Staffellauf)*; 53 Angeklagte, 56 Zeugen. Grandios!!!

Doch weh, in der Großartigkeit des Prozesses lagen auch seine Schwächen verborgen: Wenn für jeden Angeklagten auch nur drei Fäden gesponnen werden sollten, machte das im gesamten schon 159 — gegen die nur zehn Finger von Krylenko und die zehn von Wyschinski. Natürlich haben sich »die Angeklagten bemüht, der Gesellschaft ihre schweren Verbrechen zu eröffnen« — jedoch nicht alle Angeklagten, nur sechzehn davon. Dreizehn wanden sich. Und vierundzwanzig bekannten sich überhaupt nicht schuldig**. Ein unzulässiger Mißklang war die Folge, die Massen konnten eine solche Darbietung gar nicht verstehen. Neben den Vorteilen (den übrigens auch schon bei früheren Prozessen erreichten) wie: Hilflosigkeit der Angeklagten und Verteidiger, ihre Unfähigkeit, die Tonnenlast des Urteils zu versetzen oder abzuwenden, sprangen einem die Mängel des neuen Prozesses geradezu in die Augen und waren für einen alten Hasen wie Krylenko schlechtweg unverzeihlich.

Obendrein war der Maßstab des Schachty-Prozesses, wo's nur um die Kohlenindustrie und nur um das Donezbecken ging, der Epoche nicht ebenbürtig.

Es ist anzunehmen, daß Krylenko noch am Tage der Urteilsverkündung im Schachty-Prozeß eine neue umfangreiche Grube zu graben begann (in welche sogar zwei seiner gestrigen Kollegen fielen: die öffentlichen Ankläger des Schachty-Prozesses Osadtschij und Schejn). Daß ihm dabei der ganze Apparat der inzwischen in die sicheren Hände Ja-

---

* Beisitzer aber waren die zwei alten Revolutionäre Wassiljew-Juschin und Antonow-Saratowski. Einnehmend war allein schon der anspruchslos-volkstümliche Klang ihrer Namen. Das behält man leicht. Und liest plötzlich 1962 in der *Iswestija* einige Nekrologe auf die Opfer der Repressionen ... von wem unterschrieben? Vom langlebigen Antonow-Saratowski!

** *Prawda*, 24. 5. 1928, S. 3.

godas übergehenden OGPU mit Eifer und Geschick behilflich war, muß erst gar nicht erwähnt werden. Eine das ganze Land umfassende Ingenieursorganisation war zu schaffen und aufzudecken. Dazu brauchte es einiger starker Schädlingsfiguren an der Spitze. Eine solche unleugbar starke, unbeugsam stolze Figur — wer kannte sie nicht in der Ingenieursgesellschaft? Pjotr Akimowitsch Paltschinski war es. Ein namhafter Bergbauingenieur schon zu Beginn des Jahrhunderts, war er im Weltkrieg Vizevorsitzender des Kriegsindustriekomitees, leitete somit den Kriegseinsatz der gesamten russischen Industrie, die gezwungen war, die Fiaskos der zaristischen Kriegsvorbereitung stehenden Fußes zu beheben. Nach dem Februar wurde er Vize im Handels- und Industrieministerium. War unterm Zaren wegen revolutionärer Tätigkeit verfolgt worden, dreimal nach dem Oktober eingekerkert (1917, 1918, 1922), wurde 1920 zum Professor am Bergbauinstitut ernannt und in den *Gosplan* als Berater berufen.

Dieser Paltschinski also wurde zum Hauptangeklagten eines neuen Monsterprozesses auserkoren. Doch es hatte der leichtsinnige Krylenko beim Betreten der ihm unbekannten Ingenieurswelt nicht nur vom Widerstand der stofflichen Materie keine Ahnung: auch vom möglichen Widerstand der Seelen wußte er, trotz seiner zehnjährigen staatsanwaltlichen donnernden Tätigkeit, entschieden zu wenig. Die von Krylenko getroffene Wahl erwies sich als Fehlgriff. Paltschinski hielt allen Mitteln des OGPU-Arsenals stand — ergab sich nicht und starb, ohne irgendeinen Unsinnswisch unterzeichnet zu haben. Den gleichen Weg gingen Nikolai von Meck und A. F. Welitschko, nach allem zu schließen, auch sie ungebrochen. Ob sie bei der Folter zugrunde gingen oder erschossen wurden, wissen wir noch nicht. Aber sie haben bewiesen, daß Widerstand *möglich* ist, daß man standhalten *kann* — und ließen damit allen nachfolgenden berühmten Angeklagten einen brennenden Widerschein des Vorwurfs zurück.

Um seine Niederlage nicht eingestehen zu müssen, veröffentlichte Jagoda am 24. Mai 1929 ein kurzes OGPU-Kommuniqué, in dem die Erschießung der in einem großen Schädlingskomplott verwickelten drei Ingenieure sowie die Aburteilung einer weiteren Zahl nicht namentlich angeführter Schädlinge bekanntgegeben wurde*.

Und die Zeit, wer zählt sie, die verlorene? Ein Jahr fast hat es sie gekostet. Und die an Verhöre verschwendeten Nächte! und der Aufwand an kriminalistischer Phantasie! Am Ende war alles umsonst, und es mußte Krylenko ganz von vorn beginnen, wieder nach einer Figur Ausschau

* *Iswestija*, 24. 5. 1929.

halten, nach einer brillanten und starken, und zugleich ganz schwachen, nach Herzenslust knetbaren. Doch es mangelte ihm so sehr an Verständnis für diese verfluchte Ingenieursrasse, daß er noch ein ganzes Jahr mit unergiebigem Herumprobieren zubrachte. Seit dem Sommer 1929 plagte er sich mit Chrennikow ab, doch Chrennikow wies die niedrige Rolle zurück und — starb. Den alten Fedotow gelang's zurechtzubiegen, aber der war auch schon zu alt, überdies ein Textilmann, und dieser Zweig gab nicht viel her. Wieder ein Jahr vergeudet! Das Land wartete auf den allumfassenden Schädlingsprozeß, Stalin wartete darauf — und bei Krylenko ging alles schief*.

Erst im Sommer 1930 kam jemandem die Erleuchtung: der Direktor des Thermotechnischen Instituts Ramsin! Ein Wort, ein Haftbefehl, und es wurde nach dreimonatiger Probezeit eine exzellente Aufführung auf die Beine gestellt, ein wahrhaft vollendetes Glanzstück unserer Justiz und ein unerreichbares Musterbild für jene der Welt —

1) *der Prozeß der Industriepartei* (25. November — 7. Dezember 1930). Sondertagung des Obersten Gerichts, derselbe Wyschinski, derselbe Antonow-Saratowski, derselbe allerliebste Krylenko.

Jetzt gab es keine »technischen Gründe« mehr, die der Erstellung eines kompletten Gerichtsprotokolls — hier ist es** — oder der Zulassung von Auslandskorrespondenten im Wege gestanden wäre.

Die Großartigkeit des Konzepts: Auf der Anklagebank sitzt die ganze Industrie des Landes, sitzen ihre sämtlichen Zweige und Planungsorgane. (Nur das Auge des Veranstalters sieht die Lücken, durch die der Bergbau und das Eisenbahnwesen hindurchgerutscht waren.) Dieses Großartige ist mit einer gewissen Sparsamkeit im Materialaufwand gepaart: Es gibt nur acht Angeklagte (die Erfahrungen des Schachty-Prozesses blieben nicht ungenutzt).

Mein Leser wird ausrufen: Was denn, acht Personen sollen die Industrie verkörpern? Na und? Zuviel ist's sogar! Drei von den Achten sind allein von der Textilindustrie, dem für die Landesverteidigung so überaus wichtigen Zweig. Dann ist wohl das Zeugenaufgebot immens? Sieben Mann, Schädlinge wie die anderen und gleicherweise verhaftet. Aber doch Stöße von belastendem Material? Zeichnungen? Projekte? Direktiven? Berichte? Überlegungen? Agentenmeldungen? private Aufzeichnungen? Nichts davon! *Kein lumpiges Blatt Papier!* Ja, wie hat sich

---

* Durchaus denkbar ist es, daß dieser sein Mißerfolg dem Väterchen im bösen Gedächtnis haften blieb und den symbolischen Untergang des unermüdlichen Staatsanwalts unter derselben Guillotine zur Folge hatte.

** *Process Prompartii* (»Der Prozeß der Industriepartei«), Moskau 1931.

die GPU nur diese Blöße geben können? — So viele verhaften und keinen winzigen Papierfetzen ergattern! »Es gab vieles«, wurde aber »alles vernichtet«. Denn: »Woher den Platz fürs Archiv nehmen?« Nur einige offenherzige Zeitungsartikel, emigrantischer und heimischer Herkunft, werden beim Prozeß verlesen. Ja, aber ... die Anklage ... worauf baut sie auf? Na, was denn? Auf Nikolai Wassiljewitsch Krylenko ist Verlaß. Wir sind ja auch nicht von gestern. »Das beste Indiz bleibt unter allen Umständen das Eingeständnis der Angeklagten.«*

Aber ein Geständnis soll es sein, das nicht erzwungen ist, beileibe nicht, sondern aus dem Herzen kommt, allwo die Reue der Brust ganze Monologe entreißt und die Lust zum Reden einen übermannt: zu reden, zu entlarven, zu geißeln! Der greise Fedotow (66 Jahre alt) wird unterbrochen: »Genug, setzen Sie sich!« Doch nein, er macht sich erbötig, weitere Erklärungen und Auslegungen vorzubringen! Fünf Tage, fünf Sitzungen lang braucht das Gericht überhaupt keine Fragen zu stellen: Die Angeklagten reden und reden und erklären und bitten abermals ums Wort, um Vergessenes zu ergänzen. Gänzlich unaufgefordert ergehen sie sich in deduktiven Darlegungen dessen, was die Anklage braucht. Ramsin fügt seinen weitläufigen Erklärungen der Verständlichkeit halber auch noch kurze Resümees hinzu, so als hätte er lauter minderbegabte Studenten vor sich. Am meisten fürchten sich die Angeklagten davor, daß etwas ungeklärt, jemand unentlarvt, jemandes Namen ungenannt, jemandes schädigungswillige Absicht unerläutert bliebe. Und erst der Schmutz, mit dem sie sich selber bewerfen! »Ich bin ein Klassenfeind«, »Ich ließ mich bestechen«, »Unsere bürgerliche Ideologie«. Der Staatsanwalt: »War es Ihr Fehler?« Tscharnowski: »Und mein Verbrechen!« Krylenko hat glattweg nichts zu tun; in den fünf Sitzungen trinkt er Tee, ißt Kekse oder was man ihm sonst dazu serviert.

Wie halten die Angeklagten dem emotionalen Ausbruch bloß stand? In Ermangelung einer Tonbandaufzeichnung hier die Beschreibung des Verteidigers Ozep: »Die Reden der Angeklagten waren sachlich kühl und geschäftsmäßig ruhig.« Da staunste! Ja, gibt's denn das? eine solche Beichtlust — und sachlich? kühl? Ja, mehr noch, auch irgendwie schläfrig und flau, denn es muß sie Wyschinski öfters ermahnen, lauter zu sprechen, deutlicher: es sei nichts zu verstehen (von ihrem reuigen und sehr glatten Text).

Die elegante Vollkommenheit des Prozesses wird auch durch die Verteidigung in keiner Weise gestört: Sie stimmt allen eingebrachten An-

* »Der Prozeß der Industriepartei«, S. 452.

trägen des Staatsanwalts zu; nennt die Anklagerede einen *historischen* Beitrag, ihre eigenen Argumente hingegen beschränkt und wider besseres Wissen und Gewissen vorgebracht, denn »der sowjetische Verteidiger ist vor allem ein Bürger des Sowjetstaates« und »empfindet wie alle Werktätigen ein Gefühl der Empörung« angesichts der Verbrechen seiner Mandanten*. Hin und wieder bringt die Verteidigung scheue und respektvolle Fragen vor, läßt sie aber sofort wieder fallen, sobald Wyschinski eingreift. Auch sind es ja nur zwei harmlose Textilingenieure, die überhaupt einen Anwalt haben, und debattiert wird weder um den Tatbestand noch um die Qualifizierung der Strafhandlungen, sondern einzig darum, ob's nicht möglich wäre, das Leben des Angeklagten zu schonen. Wer ist nutzbringender, Genosse Richter, »sein Leichnam oder seine Arbeit«?

Und was sind die zu Himmel stinkenden Verbrechen der bürgerlichen Ingenieure? Hier bitte: Sie planten ein verlangsamtes wirtschaftliches Wachstumstempo (zum Beispiel, einen jährlichen Produktionszuwachs von *nur* 20–22%, obwohl die Werktätigen 40 und 50% zu geben bereit waren). Verlangsamten die Erschließung und Aufbereitung örtlicher Brennstoffquellen. Bauten das Kusnezker Kohlenbecken ungenügend rasch aus. Nutzten wirtschaftstheoretische Debatten (ob das Donezbecken vom Dnjeprkraftwerk zu versorgen wäre? ob der Bau einer Fernverkehrsverbindung Moskau — Donbass zweckmäßig sei?) dazu aus, die Lösung wichtiger Probleme zu verzögern. (Während die Ingenieure debattieren, bleibt die Arbeit liegen!) Verzögerten die Prüfung von Bauprojekten (wollten nicht blitzschnell ihre Genehmigung geben). Betrieben in Vorlesungen über die Festigkeitslehre antisowjetische Propaganda. Ließen veraltete Maschinen montieren. Ließen Kapital einfrieren (weil in kostspielige und langfristige Projekte hineingesteckt). Führten überflüssige (!) Reparaturen durch. Verstanden es nicht, das Metall richtig zu verwenden (Unvollständigkeit des Eisensortiments). Schufen Mißverhältnisse zwischen einzelnen Produktionsstätten, dem gebotenen Rohstoff und den entsprechenden Verarbeitungsmöglichkeiten (was besonders kraß in der Textilindustrie zum Ausdruck kam: Um ein, zwei Fabriken waren zuviel gebaut worden, die eingebrachte Baumwollernte wog das nicht auf). Gingen danach sprunghaft von minimalistischen zu maximalistischen Plänen über, womit die in eindeutiger Schädlingsabsicht betriebene beschleunigte Entwicklung immer derselben unglückseligen Textilindustrie begann. Das wichtigste aber: sie planten (nirgendwo jedoch tatsächlich unternommene) Diversionsakte gegen die Energieversorgung. Ihre Schädlingstätigkeit war somit nicht eine aufs Kaputtmachen ausgerichtete, sondern eine im Planungs- und Führungsbereich angesetzte, die 1930 zu einer allgemeinen Krise, ja, zur totalen

* »Der Prozeß der Industriepartei«, S. 488.

Lahmlegung der Wirtschaft hätte führen sollen! Und wenn's dazu nicht gekommen war, dann nur dank der von den Massen erstellten Gegenpläne, der Industrie-Finanzpläne, wie sie damals genannt wurden (Verdopplung der Zahlen!).

»Na-na-na . . .«, hör ich den skeptischen Leser murmeln.

Wie? Ist's Ihnen zuwenig? Aber wenn wir bei Gericht jeden Punkt wiederholen und fünfmal, achtmal wiederkäuen — sehen Sie, dann wird's schon mehr!

Der heutige Leser bleibt unverdrossen bei seinem Na-na-na. »Na, hat es nicht gerade wegen der Gegenpläne so kommen können? Da brauchst du dich über Disproportionen nicht zu wundern, wenn jede beliebige Gewerkschaftsversammlung, ohne den *Gosplan* auch nur zu fragen, alle Proportionen umkrempeln darf.«

Ach, bitter ist des Anklägers Brot! Und jedes Wort soll veröffentlicht werden! Also werden's auch die Ingenieure lesen. Doch wer A sagt, muß auch B sagen! Und furchtlos stürzt sich Krylenko in den Wust der technischen Details! Und es füllen sich die großformatigen Zeitungsblätter und -beilagen mit dem Kleingedruckten der Produktionsfinessen. Sie setzen darauf, daß jedem Leser bald der Kopf brummt, daß ihm die Abende und Sonntage zu kurz werden, alles zu lesen; also wird er's sein lassen, soll sich ja ohnehin nur den Refrain nach jedem zweiten, dritten Absatz merken: Schädlinge! Schädlinge! Schädlinge!

Und wenn er dennoch einen Anlauf nimmt? Und gar Zeile für Zeile liest?

Dann wird er aus dem ganzen Geleier der besonders dumm und ungeschickt zusammengestellten Selbstbeschuldigungen herauslesen können, daß sich die Fänger von der Lubjanka an einer Sache versucht haben, von der sie nicht das geringste verstehn. Daß ihnen etwas durch das grobmaschige Netz hindurchgeschlüpft ist, dort, seht — da sprüht er unbändig hervor, der Geist des 20. Jahrhunderts. Die Häftlinge, da sitzen sie, gefesselt, geduckt, gehorsam, aber der Geist — er flattert auf! Selbst die verschreckten müden Zungen der Angeklagten vermögen uns alles zu nennen und zu erzählen.

Hier das Arbeitsklima, das sie umgab. Kalinnikow: »Bei uns ist ja technisches Mißtrauen geschaffen worden.« Laritschew: »Ob wir's wollten oder nicht, 42 Millionen Tonnen Erdöl mußten von uns herbeigeschafft werden [das heißt, über den Plan hinaus, wie von oben befohlen] ... denn 42 Millionen Tonnen Erdöl sind sowieso unter keinen Umständen zu gewinnen.«*

* »Der Prozeß der Industriepartei«, S. 325.

Zwischen solchen zwei Unmöglichkeiten war ja die ganze Arbeit der unglücklichen Generation unserer Ingenieure eingezwängt. — Das Thermotechnische Institut ist stolz auf seine wichtigste Forschungsarbeit: der Brennstoffnutzungsgrad wurde beträchtlich erhöht; davon ausgehend, wurde der Brennstoffbedarf im Entwicklungsplan zu niedrig angesetzt, aus welcher Fehlveranschlagung der Brennstoffbilanz *die Schädigungsabsicht klar hervorging!* — Der Transportplan sah die Umstellung aller Eisenbahnwaggons auf Selbstkupplung vor, aus welcher Kapitalstillegung *die Schädigungsabsicht klar hervorging!* (Denn die Selbstkupplung bringt die Kosten erst wieder nach langer Frist ein, wir aber wollen schon morgen Erfolge!) — Um die eingleisigen Bahnstrecken besser nutzen zu können, wurde die Vergrößerung der Loks und Waggons beschlossen. Eine Modernisierung also? Mitnichten! *Schädlingsarbeit* ist's, weil wiederum Geld in die Sanierung der Brücken und Bahnstrecken gesteckt werden müßte! — Aus der tiefschürfenden ökonomischen Überlegung, daß in Amerika — ganz anders als bei uns — das Kapital billig und die Arbeitskräfte teuer sind und wir sie darum nicht nachäffen dürfen, zog Fedotow den Schluß: Was uns heute not tut, sind nicht die teuren amerikanischen Fließbandmaschinen, günstiger wäre es für die nächsten zehn Jahre, billig die weniger komplizierten englischen Maschinen zu kaufen und mehr Arbeiter dranzustellen, denn nach zehn Jahren müssen sie, ob teuer, ob billig, ohnehin ersetzt werden, bis dahin aber können wir uns teurere leisten. *Schädigungsabsicht* auch dies! — Sparsamkeit täuscht er vor, um der sowjetischen Industrie die fortschrittlichsten Maschinen vorzuenthalten! — Neue Fabriken begann man in Eisenbeton statt im billigeren Beton zu bauen: In hundert Betriebsjahren, erklärten sie, würde sich die Sache sehr bezahlt machen — wieder *Schädlingsarbeit!* Behinderung des Kapitalumlaufs! Verschwendung von defizitärem Bewehrungsstahl! (Woll'n sie alles für Zahnkronen horten?)

Fedotow, auf der Anklagebank, gibt bereitwillig nach: »Natürlich, wenn heut jede Kopeke Goldeswert hat, kann es wohl als Schädlingsarbeit gelten. Die Engländer haben einen Spruch: ›Ich bin nicht so reich, daß ich mir billige Sachen leisten könnte...‹«

Er versucht es dem starrköpfigen Staatsanwalt sanft zu erklären: »Jedwede Art technischer Ansätze ergeben Normen, die letzten Endes schädigend sind*« (als solche ausgelegt werden!).

Ja, wie hätte es ein verschüchterter Angeklagter noch deutlicher sagen können?... Was für uns eine Theorie ist, ist für euch Schädlingsarbeit! Denn ihr wollt heute raffen, ohne im geringsten ans Morgen zu denken...

Der alte Fedotow versucht zu verdeutlichen, *wo* Hunderttausende und Millionen Rubel wegen der wilden Fünfjahresplanhast verlorengehen: Die Baumwolle wird nicht an Ort und Stelle sortiert, wie's nötig wäre, um jede Fabrik mit der ihrer Struktur entsprechenden Sorte zu beliefern, sondern wahl- und kopflos verpackt und verfrach-

---

* »Der Prozeß der Industriepartei«, S. 365.

tet. Aber der Staatsanwalt hört nicht hin! Mit der Beharrlichkeit eines versteinerten Hohlkopfs kommt er gut zehnmal während des Prozesses immer von neuem und immer wieder auf die anschaulichere, aus Würfeln zusammengesetzte Frage zurück: Warum begannen die Architekten »Fabrikpaläste« zu bauen — mit hohen Hallen, breiten Gängen und einer allzu guten Ventilation? Liegt die *Schädlingsarbeit* nicht auf der Hand? Wieviel Kapital das verschluckt! Und unwiederbringlich!!! Die bürgerlichen Schädlinge setzten ihm auseinander, daß es der Wunsch des Arbeitskommissariats war, im Land der Proletarier großzügig zu bauen und mit guter Luft für die Arbeiter (also stecken auch im Arbeitskommissariat *Schädlinge*, schon notiert!), die Ärzte verlangten eine Geschoßhöhe von neun Metern, Fedotow setzte sie auf sechs herab — warum dann nicht gleich auf fünf? *Schädlingsarbeit* also! (Hätte er sie auf viereinhalb herabgesetzt, wär's bereits schädlingshafte Unverfrorenheit: Seht, er wollte die freien sowjetischen Arbeiter den schrecklichen Bedingungen eines kapitalistischen Betriebs aussetzen.) Es handle sich, wird Krylenko klargemacht, an den Gesamtkosten der Fabrik plus Ausrüstung gemessen, um drei Prozent der Bausumme — doch nein, er ist schon wieder bei der Geschoßhöhe! Und: Wer hat ihnen die mächtigen Ventilatoren zugebilligt? Die waren für die heißesten Sommertage berechnet ... Wieso denn für die heißesten?! An den heißesten Tagen können die Arbeiter ruhig ein wenig schwitzen!

Und zwischendurch: »Die Disproportionen waren angeboren ... Von der kopflosen Organisation verschuldet, noch ehe es das Ingenieurszentrum gab«* (Tscharnowski). »Schädlingsarbeit ist gar nicht nötig ... Es genügen *entsprechende* Handlungen, das übrige kommt von selbst«** (wieder Tscharnowski). Er kann es nicht deutlicher ausdrücken — nach den vielen Monaten auf der Lubjanka und von der Anklagebank her. Es genügen entsprechende (das heißt, den von oben kommenden kopflosen Weisungen entsprechende) Handlungen — und der unmögliche Plan bringt sich ganz von selber um. — Seht ihre Schädlingsarbeit: »Wir *besaßen die Möglichkeit*, sagen wir, tausend Tonnen zu erzeugen, *mußten* aber dreitausend liefern [das heißt, dem blödsinnigen Plan entsprechend] und haben keine Maßnahmen getroffen, dieses Soll zu erfüllen.«***

Sie werden mir zustimmen, daß dies für das offizielle, geprüfte und gesäuberte Protokoll jener Jahre nicht wenig ist.

Oft treibt es Krylenko mit seinen Schauspielern zu weit, dann liest man Müdigkeit aus ihren Worten: müde sind sie des Quatschs, den sie wieder und wieder durchkauen müssen, und schämen sich bald für den Autor und müssen doch weiterspielen um ein weiteres Stückchen Leben.

---

* »Der Prozeß der Industriepartei«, S. 365.
** ebd., S. 204.
*** ebd., S. 202.

Krylenko: »Sind Sie einverstanden?«

Fedotow: »Ja — obwohl ich im allgemeinen glaube . . .«*

Krylenko: »Sie bestätigen es?«

Fedotow: »Genaugenommen . . . in einigen Details . . . mir scheint . . . im großen und ganzen . . . ja.«**

Die Ingenieure (die draußen, die noch nicht verhafteten, die nach der gerichtlichen Beschimpfung ihres Standes munter weiterarbeiten müssen) haben keinen Ausweg. Alles ist schlecht. Das *Ja* ist schlecht und das *Nein* ist schlecht. Vorwärtsgehen ist schlecht und rückwärtsblicken ist schlecht. Beeilte sich der eine, war's schädigende Hastigkeit, beeilte sich der andre nicht, war's schädigende Tempobehinderung. Wo die Industrien langsam entwickelt wurden, war's beabsichtigte Verzögerung, Sabotage; wo man sich den launischen Sprüngen der Plangebote beugte, wurden's durch Schädlinge verursachte Disproportionen. Reparaturen, Verbesserungen, großangelegte Umstellungen waren »eingefrorene Geldmittel«, und das Weiterarbeiten bis zur Totalabnutzung der Maschinen Diversion! (Und die Untersuchungsrichter werden es von ihnen selbst erfahren, so nämlich: Schlafentzug — Karzer! »Und nun nennen Sie mir selber überzeugende Beispiele, na, wo Sie uns konkret hätten schädigen können.«)

»Geben Sie mir ein krasses Beispiel! Ein krasses Beispiel für Ihre Schädlingstätigkeit!« drängt der ungeduldige Krylenko.

(Ach, ihr werdet sie schon bekommen, die krassen Beispiele in Fülle! Es wird sich ja doch bald einer finden, der die *Geschichte der Technik* dieser Jahre schreibt! Er wird euch alle Beispiele und Unbeispiele liefern. Wird euch ein Zeugnis ausstellen über alle Zuckungen eures fallsüchtigen »Planjahrfünfts in vier Jahren«. Dann werden wir erfahren, wieviel Reichtum und Kraft ihr vergeudet, dem Volke genommen habt. Dann werden wir erfahren, wie die besten Projekte allesamt eingestampft und die schlechtesten auf die schlechteste Art ausgeführt wurden. Na, wenn Kulturstürmer chinesischer Machart[50] berufen werden, brillante Ingenieure zu unterweisen — wie soll da was Rechtes draus werden? Die enthusiastischen Dilettanten, sie haben noch mehr Schaden angerichtet als die stumpfsinnigen Befehlserteiler.)

Gewiß ist es günstiger, die Einzelheiten beiseite zu lassen. Ein Zuviel an Details könnte gar das angestrebte Todesurteil untergraben.

Abwarten! Es ist noch nicht Schluß! Die wichtigsten Verbrechen kommen noch! Da sind sie, da sind sie, so einleuchtend, daß selbst ein

* »Der Prozeß der Industriepartei«, S. 425.
** ebd., S. 356.

Analphabet sie versteht! Die Industriepartei hat: 1. eine Intervention vorbereitet; 2. Geld von den Imperialisten empfangen; 3. Spionage betrieben; 4. die Ministerposten in der zukünftigen Regierung verteilt.

Schluß! Und die Mäuler stehn offen! Und alle Widerredner sind baff. Und man hört nur mehr den Marschtritt der Demonstrationen und das Brüllen hinter dem Fenster: »Den Tod! den Tod! den Tod!«

Und genauer geht's nicht? – Wozu genauer?... Na, wenn Sie drauf bestehen, bitteschön, passen Sie nur auf, daß Sie nicht das Gruseln packt ... An der Spitze stand der französische Generalstab. Denn Frankreich kennt ja weder Sorgen noch Schwierigkeiten noch das Parteiengeplänkel, brauchst bloß zu pfeifen, und schon marschieren die Truppen zur Intervention! Zunächst war sie für 1928 angesetzt. Da fehlte es an Verständigung, die Sache kam nicht zustande. Schön, sie verschoben's auf 1930. Wieder wurde nichts draus. Gut, auf 1931. Eigentlich war es so: Frankreich würde selbst keinen Krieg führen, nur die Organisation übernehmen und sich dafür die Ukraine jenseits des Dnjepr einstecken. England zieht es noch weniger in den Krieg, dennoch verspricht es, seine Flotte zur Abschreckung ins Schwarze Meer und in die Ostsee zu schicken (wofür es mit dem kaukasischen Erdöl belohnt wird). Die wichtigsten Krieger sind indes: hunderttausend Emigranten (längst über aller Herren Länder verstreut, doch bereit, aufs erste Signal herbeizueilen). Dann Polen (die Hälfte der Ukraine ist ihm versprochen). Rumänien (durch seine glanzvollen Siege im Ersten Weltkrieg bekannt, ein furchtbarer Gegner). Lettland! Und Estland! (Die zwei kleinen Länder werden die Sorge um ihre erst noch einzurichtende junge Staatlichkeit bereitwillig an den Nagel hängen und geschlossen auf Eroberung ausgehen.) Doch am allerschrecklichsten ist die Richtung des Hauptstoßes. Wie? Schon bekannt? Gewiß! Die Intervention soll in Bessarabien ihren Anfang nehmen und dann, auf das rechte Dnjeprufer gestützt, *direkt* nach Moskau führen*! Und in dieser schicksalhaften Stunde sollen an allen Eisenbahnstrecken Explosionen erfolgen?? – nein, Stauungen geschaffen werden! Und in den Kraftwerken wird die Industriepartei die Sicherungen herausschrauben, so daß die ganze Union im Dunkeln versinkt und alle Maschinen stehenbleiben, jene der Textilfabriken mit inbegriffen! Ein Ausbruch von Sabotageakten wird folgen. (Hergehört, Angeklagte! Bis zum Ausschluß des Publikums sind die Diversionsmethoden nicht zu nennen! Keine Betriebe! Keine geographischen Orte! Keine Namen, weder ausländische noch gar unsrige!)

---

*Diesen Pfeil, wer hat ihn für Krylenko auf die Zigarettenschachtel hingekritzelt? Ob nicht derselbe, der sich unsere Verteidigung für 1941 ersann?

Hinzugefügt sei noch der tödliche, bis dahin mit Sicherheit geführte Schlag gegen die Textilindustrie! Nicht unbeachtet bleibe, daß in Bjelorußland mit Schädigungsabsicht zwei bis drei Textilfabriken errichtet werden, die den Interventionisten als Stützpunkte dienen sollen*! Sobald sie die Textilfabriken in Besitz genommen haben, werden die Interventionisten unbeirrbar nach Moskau vorpreschen! Doch die hinterlistigste Verschwörung ist diese: Sie wollten (kamen nicht zurecht) die Kuban-Auen und die Sümpfe im bjelorussischen Polessje bzw. rund um den Ilmensee trockenlegen (Wyschinski verbietet es, die genauen Stellen zu nennen, aber ein Zeuge plaudert sie aus), um den Interventionstruppen den kürzesten Weg zu öffnen, auf das diese trockenen Fußes und Hufes Moskau erreichen können. (Die Tataren, warum hatten sie es so schwer? Warum fand sich Napoleon vor Moskau nicht zurecht? Ja freilich, wegen der nämlichen Sümpfe! Sie trockenlegen heißt, zur Hauptstadt Tür und Tor öffnen!) Erzählt nur ruhig weiter, ruhig weiter, daß dort (keine Ortsnamen, streng geheim!) als Sägewerke getarnt Flugzeughangars gebaut wurden, damit die Maschinen der Intenventionisten nicht im Regen zu verrosten brauchten, bequem hineinrollen konnten. Desgleichen wurden (keine Ortsnamen!) *Unterkünfte für die Interventionstruppen* errichtet! Wo hatten bloß die obdachlosen Okkupanten aller vorherigen Kriege Quartier gefunden?...) Alle diesbezüglichen Instruktionen erhielten die Angeklagten von zwei geheimnisvollen ausländischen Herren, K. und R. (unter keinen Umständen Namen nennen! auch Staaten natürlich nicht**!). In letzter Zeit aber wurde sogar »die Vorbereitung verräterischer Aktionen einiger Truppenteile der Roten Armee« in Angriff genommen (über die Truppengattung — kein Wort! keine Einheit nennen! keine Namen nennen!). Davon ließen sie allerdings unverrichterdinge ab, wohingegen es beabsichtigt war (doch mitnichten getan wurde), in irgendeiner zentralen Armeebehörde eine aus ehemaligen Offizieren der Weißen Armee zusammengetrommelte Finanz-Zelle zu schaffen. (Ach so, der Weißen Armee? Schon notiert. Verhaften!) Zellen aus antisowjetisch eingestellten Studenten ... (Wie? Studenten? Schon notiert. Verhaften!)

(Im übrigen, paß auf, allzu scharf macht schartig ... Am Ende lassen die Werktätigen noch die Köpfe hängen, daß nun alles verloren und der Sowjetmacht entglitten ist. Auch diese Seite wird ins rechte Licht gesetzt: *Vieles war ausgeheckt, doch wenig erreicht worden! Von den Industrien erlitt keine einen nennenswerten Schaden!)*

*»Der Prozeß der Industriepartei«, S. 356; es ist todernst gemeint.
**ebd., S. 409.

Aber warum hat die Intervention eigentlich nicht stattgefunden? Aus verschiedenen komplizierten Gründen. Einmal war Poincaré in Frankreich zurückgetreten, dann wieder meldeten unsere emigrierten Industriellen Zweifel an, ob ihre ehemaligen Betriebe von den Bolschewiki auch schon hinlänglich wiederaufgebaut worden waren und es nicht günstiger wäre, sie weiter dran schaffen zu lassen! Und auch mit Polen und Rumänien kam man nicht überein.

Na schön, die Intervention blieb aus, aber die Industriepartei war da! Hört ihr das Getrampel? Hört ihr das Gebrülle der werktätigen Massen: »*Den Tod! den Tod! den Tod!*« Jene marschieren dort unten, »die im Falle eines Krieges die Arbeit dieser Personen mit ihrem Leben, mit Entbehrungen und Leiden werden bezahlen müssen«*.

(Als hätt er sich den Spiegel vorgehalten. Er sagte es: Mit ihrem Leben, mit Entbehrungen und Leiden werden die vertrauensseligen Demonstranten im Jahre 1941 die Arbeit *dieser Personen* bezahlen müssen! Doch wohin zeigt Ihr Finger, Staatsanwalt? Wohin?)

Aber warum »Industrie*partei*«? Warum Partei, nicht Ingenieurszentrum? Wir waren die *Zentren* gewohnt!

Das Zentrum gab's auch, jawohl. Sie beschlossen jedoch, sich in eine *Partei* umzuwandeln. Klingt solider. Macht den Kampf um die Ministerposten in der zukünftigen Regierung leichter. »Mobilisiert die ingenieurstechnischen Massen im Kampf um die Macht.« Mit wem denn kämpfen? Na, mit anderen Parteien gemeinsam! Erstens, mit der Partei der Werktätigen Bauern, die zählt immerhin zweihunderttausend Mitglieder! Zweitens mit der Menschewistischen Partei! Und das *Zentrum*? Da war's ja, das »Vereinigte Zentrum«, von diesen drei Parteien gemeinsam erstellt. Aber die GPU zerschlug es. Und wie schön, daß sie es tat! (Die Angeklagten freuen sich alle.)

(Stalin schmeichelt es, noch drei *Parteien* zu zerschlagen! An Ruhm brächten drei »Zentren« weit weniger ein!)

Und wenn schon Partei, dann mit einem ZK, ja, einem eigenen ZK! Zugegeben, irgendwelche Konferenzen oder Wahlen hat es nie gegeben. Wer Lust hatte, wurde ZK-Mitglied, fünf oder so waren es am Ende. Jeder gab dem andern den Vortritt. Auch um den Vorsitz gab es keinen Streit. Auch Sitzungen wurden keine abgehalten, weder beim ZK (niemand kann sich an so was erinnern, nur Ramsin, der wird auspacken!) noch innerhalb der Fachschaftsgruppen. Irgendwie menschenleer wirkt das Ganze ... Tscharnowski: »Eine formelle Gründung der Industriepartei gab es gar nicht.« Und der Mitgliederstand? Laritschew: »Es fällt

* »Der Prozeß der Industriepartei«, S. 437; aus der Rede Krylenkos.

schwer, die Mitglieder zu zählen, die genaue Zusammensetzung ist unbekannt.« Wie haben sie ihr Schädlingswerk betrieben? wie Direktiven weitergegeben? Na, ganz einfach, wer gerade jemanden im Amt traf, gab sie mündlich weiter. Danach schädigte jeder nach eigenem Wissen und Gewissen. (Ramsin nennt zweitausend ohne zu zögern. Wo zwei sind, sperren sie auch fünf ein. Und insgesamt gibt es in der UdSSR nach den Angaben des Gerichts dreißig- bis vierzigtausend Ingenieure. Kurzum, jeder Siebente sitzt und den sechs fährt der Schreck in die Knochen.) Und die Kontakte mit den Werktätigen Bauern? Na, man kam eben im *Gosplan* oder im Volkswirtschaftsrat zusammen – und plante »systematische Aktionen gegen die Dorfkommunisten«.

Wo haben wir das bloß schon gesehen? Ja, natürlich, in *Aida*! Der Radames zieht ins Feld, das Orchester dröhnt, acht Krieger stehen rundum, in Helmen und mit Piken, und zweitausend sind auf den Hintergrund gemalt.

Geradeso ist's mit der Industriepartei.

Doch *nitschewo*, das Stück läuft wie geschmiert! (Heut kann man sich's gar nicht denken, wie drohend und ernst das damals ausgesehen hat.) Und der Regisseur hämmert es dem Publikum durch Wiederholungen ein, läßt jede Episode mehrmals über die Bühne gehen. Und vervielfacht damit die schrecklichen Visionen. Und schließlich müssen die Angeklagten, damit's nicht schal wirkt, auch mal um einen Pappenstiel was »vergessen«, »Ausflüchte suchen« – sofort werden sie »ins Kreuzverhör genommen«, und alles sieht goldecht aus, grad wie in Stanislawskis Moskauer Künstlertheater.

Allein: Krylenko drückte zu stark auf die Tube. Die Industriepartei auch noch von einer anderen Seite aufzurollen, nahm er sich vor, nämlich: ihre soziale Basis aufzudecken. In seinem ureigenen, dem Klassen-Element glaubte er sich auf die Analyse verlassen zu können – und wich vom Stanislawski-System ab, teilte keine Rollen aus, versuchte es mit Improvisation: Jeder mag aus seinem Leben plaudern, und wie er zur Revolution stand und der Schädlingsarbeit verfallen war.

Und diese unüberlegte Einlage, eine einzige menschliche Szene, verpatzte ihm, eh er sich's versah, alle fünf Akte.

Das erste, was wir erstaunt vernehmen: daß diese Stützen der bürgerlichen Intelligenz alle aus armen Familien stammten. Die Väter: ein Bauer, ein kinderreicher Kanzleibeamter, ein Handwerker, ein Dorfschullehrer, ein Hausierer ... Alle acht mußten sich das Studium vom Mund absparen, Stunden geben, Kohle auf der Lok schaufeln, dies von kleinauf, schon mit 12, mit 13, mit 14 Jahren! Und so ungeheuerlich es klingen mag: Niemand hat ihnen den Weg zur Bildung verstellt! Sie absolvierten ordnungsgemäß ihre Realschule, danach die Technischen Hochschulen, wurden bedeutende, angesehene Professoren. (Wie denn das? Hat's nicht geheißen, daß unterm Zarismus ... nur die Söhne der Gutsherren und Kapitalisten ...? Soll'n die Wandzeitungen lügen? ...)

Heute jedoch, in der sowjetischen Zeit, sind die Ingenieure gar arg bedrängt: Fast unmöglich ist es für sie, ihren Kindern Hochschulbildung zu verschaffen (gehören ja zur letzten Sorte, die Intellektuellenkinder ... Haben Sie's vergessen?). Das Gericht streitet es nicht ab. Auch Krylenko nicht. (Die Angeklagten beeilen sich, aus freien Stücken zu versichern, daß dies vor dem Hintergrund der allgemeinen Siege nebensächlich sei.)

Allmählich lernen wir auch die Angeklagten zu unterscheiden (bislang sagten sie fast immer das gleiche). Die Altersgrenze, die sie trennt, ist gleichzeitig die Grenze der Redlichkeit. Wer sechzig oder älter ist, erweckt Mitgefühl, nicht wegen des Alters: wegen der Haltung. Um so flegelhafter und schamloser führen sich die dreiundvierzigjährigen Ramsin und Laritschew und der neununddreißigjährige Otschkin (derjenige, der 1921 den *Glawtop* denunzierte) auf, und alle wichtigen Aussagen über die Industriepartei und die Intervention stammen von ihnen. Ramsin war ein Mensch, dem von der gesamten Ingenieurswelt (trotz seiner frühen glänzenden Erfolge) keiner die Hand reichte — er ertrug's! Bei der Verhandlung nun fängt er Krylenkos Andeutungen im Fluge auf und liefert höchst präzise Formulierungen. Alle Beschuldigungen sind ja auf Ramsins Gedächtnis aufgebaut. Die Überzeugungskraft und Selbstbeherrschung besäße er durchaus, in Paris (im Auftrag der GPU, versteht sich) kompetente Verhandlungen über die Intervention geführt zu haben. — Erfolgreich war auch Otschkin: mit neunundzwanzig genoß er bereits »das grenzenlose Vertrauen der STO und des *Sownarkom*«.

Über den zweiundsechzigjährigen Professor Tscharnowski wäre ähnliches nicht zu sagen: In der Wandzeitung wurde er von anonymen Studenten beschimpft, nach dreiundzwanzig Jahren Lehrtätigkeit vor die Studentenvollversammlung zitiert, um »Rechenschaft über seine Vorlesungen abzulegen« (ging nicht hin).

Und Professor Kalinnikow hatte sich 1921 gar an die Spitze des offenen Kampfes gegen die Sowjetmacht gestellt — und zwar einen Professorenstreik angeführt! Die Sache war die, daß sich die Moskauer Höhere Technische Lehranstalt (MWTU) bereits in den Jahren der Stolypinschen Reaktion die akademische Autonomie erfochten hatte (Stellenbesetzung, Rektorwahlen und dergleichen). 1921 wurde Kalinnikow von den MWTU-Professoren abermals zum Rektor gewählt, bloß daß das Volkskommissariat an ihm keinen Gefallen fand und einen eigenen Kandidaten ernannte. Darauf aber traten die Professoren in den Streik, die Studenten schlossen sich an (an echt proletarischem Studentenkader mangelte es ja noch), – und es blieb Kalinnikow ein Jahr lang gegen den Willen der Sowjetmacht Rektor. (Erst 1922 wurde ihre Autonomie abgemurkst, da ging es wohl auch nicht ohne Verhaftungen ab.)

Fedotow ist sechsundsechzig und hatte schon elf Jahre Ingenieurspraxis hinter sich, ehe die RSDRP gegründet wurde. Alle Spinnereien und Textilfabriken Rußlands kannte er in- und auswendig, hatte in jeder selbst gearbeitet (oh, wie verhaßt ihnen das ist, wie eilig sie es haben, solche Leute loszuwerden!). 1905 gab er den Direktorposten bei Morosow auf, scherte sich nicht um das hohe Gehalt – zog es vor, zum »Roten Begräbnis« eines von den Kosaken ermordeten Arbeiters zu gehen. Er ist krank, sieht schlecht, konnte abends nicht mehr aus dem Haus, nicht einmal ins Theater.

Und diese sollen die Intervention, den wirtschaftlichen Niedergang vorbereitet haben?

Tscharnowski war so ganz mit seinen Vorlesungen und den neuen Forschungsgebieten (Produktionsmanagement, wissenschaftliche Grundlagen der Rationalisierung) beschäftigt, daß er viele Jahre hindurch so was wie einen freien Abend nicht kannte. Genau dieses Bild hat mir meine Kindheitserinnerung bewahrt: an den Abenden wurden sie, die Ingenieure und Professoren, von Diplomanden, Projektanten, Aspiranten in Beschlag genommen, und es wurde elf, ehe sie endlich aus ihrem Arbeitszimmer kamen. Dreißigtausend sind es – fürs ganze Land, für die Ankurbelung des Fünfjahresplans –, jeder müßte sich in Stücke reißen!

Und haben die Krise anzetteln wollen? Spionage betrieben – eines Trinkgelds wegen?

Den einen ehrlichen Satz sprach Ramsin bei der Verhandlung: »Der Weg der Schädlingsarbeit ist der *inneren Beschaffenheit* des Ingenieurs fremd.«

Den ganzen Prozeß über zwingt Krylenko die Angeklagten, kniefällig Abbitte zu tun: »Ignoranten« seien sie und »Analphabeten« in der Politik. Denn es ist die Politik etwas viel Schwierigeres und Höheres als irgendeine Metallkunde, irgendein Turbinenbau! Da hilft dir weder ein guter Kopf noch eine höhere Bildung. Also antworten Sie, Angeklagter: »Als die Oktoberrevolution kam, wie dachten Sie darüber?«

— »Skeptisch.« — »Das heißt, von vornherein feindselig? Warum? Warum? Warum?«

Krylenko bedrängt sie mit seinen theoretischen Fragen — und in dem, was nicht in der Rolle steht, was ihnen mal menschlich entschlüpft, läßt sich plötzlich der Kern der Wahrheit erspähen: was *wirklich gewesen war*, woraus der ganze Schaum geblasen wurde.

Das erste, was die Ingenieure im Oktoberumsturz erblickten, war die Zerrrüttung. (Und es gab drei Jahre lang wirklich nur Verfall.) Weiter sahen sie den Verlust der primitivsten Freiheitsrechte. (Und die kehrten nie wieder zurück.) Wie hätten sie eine demokratische Republik *nicht wollen* sollen? Wie hätten *Ingenieure* die *Diktatur der Arbeiter* auffassen sollen, da sich diese ihre Gehilfen in der Industrie — so wie sie waren: wenig qualifiziert, weder die physikalischen noch die ökonomischen Gesetze der Produktion erfassend — nun aufschwangen, die wichtigsten Stühle zu besetzen, um den Ingenieuren Anweisungen zu geben? Warum sollten die Ingenieure nicht einen solchen Aufbau der Gesellschaft für natürlicher erachten, bei dem jene an der Spitze stehen, die imstande sind, ihre Tätigkeit vernünftig anzuleiten? (Und ob nicht heute die ganze soziale Kybernetik darauf abzielt, hierbei einzig die *sittliche* Führung der Gesellschaft umgehend? Ob die Berufspolitiker nicht wahrhaft Eiterbeulen am Hals der Gesellschaft sind, darum sie den Kopf nicht bewegen, die Arme nicht rühren kann?) Und warum sollten die Ingenieure auf politische Ansichten verzichten? Ist doch die Politik nicht einmal eine Abart der Wissenschaft, sondern ein empirisches Gebiet, durch keine mathematischen Formeln erfaßbar und zudem auch noch menschlichem Egoismus und blinden Leidenschaften unterworfen. (Tscharnowski sagt es sogar vor Gericht: »Die Politik muß sich trotz allem bis zu einem gewissen Grade nach den Schlußfolgerungen der Technik richten.«)

Der wilde Sturm und Drang des Kriegskommunismus mußte den Ingenieuren zuwider gewesen sein; es kann ein Ingenieur an Unsinnigem nicht teilhaben, drum hält sich auch die Mehrzahl von ihnen bis 1920 tatenlos abseits, obwohl ihnen die Not bis zum Hals stand. Die NEP begann — die Ingenieure machten sich willig ans Werk: Die NEP nahmen sie als Symptom, daß die Macht zur Vernunft gekommen war. Doch weh, die Bedingungen waren nicht die alten: Die Ingenieure galten nicht nur als sozial-verdächtige Zwischenschicht, die nicht einmal ihre Kinder an die Schulen schicken durfte; die Ingenieure wurden nicht nur viel niedriger entlohnt, als es ihrem Beitrag zur Produktion entsprach; schlimmer: man nahm ihnen, die sie mit ihrem Kopf für den

Erfolg der Produktion und für die Disziplin in den Arbeitsstätten einstehen mußten, daß Recht, diese Disziplin zu fördern. Jeder Arbeiter konnte es sich nun leisten, die Anweisungen des Ingenieurs nicht zu befolgen, aber auch noch mehr: ihn ungestraft zu beleidigen, sogar ihn zu schlagen — und blieb als Vertreter der herrschenden Klasse *immer im Recht.*

Krylenko erhebt Einspruch: »Erinnern Sie sich an den Oldenborger-Prozeß?« (Will heißen: wie wir ihn in Schutz genommen haben.)

Fedotow: »Ja. Um die Aufmerksamkeit auf die Lage des Ingenieurs zu lenken, mußte einer sein Leben verlieren.«

Krylenko (enttäuscht): »Na, na, so war die Frage nicht gemeint.«

Fedotow: »Er starb, und nicht er allein. *Er starb freiwillig. Aber viele wurden umgebracht.*«*

Krylenko schweigt. Also stimmt es. (Blättern Sie nochmals im Oldenborger-Prozeß, stellen Sie sich jene Pogromstimmung vor. Und dazu das Fazit: »Viele wurden umgebracht.«

Kurzum, der Ingenieur ist schon an allem schuld, solange er sich noch gar nichts zuschulden kommen ließ. Und irrt er sich einmal tatsächlich, ein Mensch auch er, dann zerfleischt man ihn, wenn ihn die Kollegen nicht decken. Als ob *die* oben Aufrichtigkeit schätzen könnten? So bleibt den Ingenieuren oft nichts anderes übrig, als die Parteiobrigkeit auch mal anzulügen.

Um die Autorität und das Prestige des Ingenieursberufes wiederherzustellen, wären Einigkeit und gegenseitiger Beistand wirklich vonnöten; über ihnen allen schwebt das Schwert. Doch um sich so zu vereinen, braucht's keiner Konferenzen und Mitgliedsbücher. Wie bei jeder Verständigung zwischen klugen und einsichtigen Menschen genügen auch dazu ein paar leise, vielleicht zufällig gesagte Worte. Abstimmungen sind gänzlich überflüssig. Nur beschränkte Geister können ohne Resolutionen, ohne den Rohrstock der Partei nicht auskommen. (Das ist's, was Stalin und die Untersuchungsrichter und ihre ganze Sippschaft nun einmal nicht verstehen können! Es fehlt ihnen die Erfahrung solcher menschlicher Beziehungen, *derartiges* haben sie in ihrer ganzen Parteigeschichte nicht gekannt!) Es gibt sie ja schon lange, diese Einheit der russischen Ingenieure im analphabetischen Riesenreich der Despoten, jahrzehntelang hat sie sich bereits bewährt — ehe sie nun von der neuen Macht mit jäher Besorgnis entdeckt wird.

Da begann auch schon das Jahr 1927. Wie weggewischt war die NEP-zeitige Umsicht! Ja es war die ganze NEP, wie sich herausstellte,

* »Der Prozeß der Industriepartei«, S. 228.

ein zynischer Betrug. Da werden aufgedonnerte irreale Projekte eines superindustriellen Sprungs entwickelt, unmögliche Pläne und Aufträge kundgetan. Was hat unter diesen Bedingungen die kollektive technische Vernunft, die Ingenieursspitze des *Gosplan* und des Volkswirtschaftsrates, zu tun? Dem Wahnsinn sich zu beugen? Sich zurückzuziehen? Sie selbst trifft's ja nicht so arg, aufs Papier kannst du Zahlen nach Herzenslust schreiben — aber »unsere Kameraden, die in der praktischen Arbeit stehen, würden durch solche Aufträge überfordert sein«. Demnach muß man versuchen, die Pläne zu mäßigen, sie auf einen vernünftigen Stand zu bringen, die maßlosesten Aufträge ganz zu unterdrücken; gleichsam einen eigenen Ingenieurs-*Gosplan* einrichten, um die Dummheiten der Oberen zu korrigieren und, dies das Komischste dabei, letztlich deren Interessen zu wahren! Auch die Interessen der Industrie und die des Volkes, denn die Ingenieure werden nicht aufhören, ruinöse Beschlüsse abzufangen, verstreute, sinnlos verplemperte Millionen wieder aufzuklauben; inmitten des allgemeinen Geschreis über die *Quantität*, über Pläne und Superpläne — die *Qualität*, die »Seele der Technik«, zu verteidigen. Und die Studenten dazu zu erziehen.

Das ist es, das feine, zarte Gewebe der Wahrheit. *Wie es gewesen ist.*

Doch wer spräche es 1930 laut aus? — An die Wand mit ihm!

Für die aufgebrachte Menge aber ist's zu fein, um erkannt zu werden.

Und darum muß die schweigende und fürs ganze Land segensreiche Verschwörung der Ingenieure übertüncht und in grobe Schädlingsarbeit und Intervention umgemünzt werden.

Eine eingeschobene Szene: ein körperloses — und fruchtloses Bild der Wahrheit. Die Regiearbeit gerät aus den Fugen; schon hat Fedotow etwas von schlaflosen Nächten (!) während der acht Monate seiner Haft fallenlassen, einen wichtigen GPU-Boß erwähnt, der ihm vor kurzem *die Hand schüttelte* (?) (war also eine Absprache gewesen? Spielt brav eure Rollen — dann hält die GPU ihr Wort?). Schon kommen die Zeugen aus dem Takt, obzwar mit unvergleichbar kleineren Rollen bedacht.

Krylenko: »Haben Sie an dieser Gruppenzusammenkunft teilgenommen?«

Der Zeuge Kirpotenko: »Zwei-, dreimal, als die Fragen der Intervention besprochen wurden.«

Genau nach Wunsch! Krylenko (ermutigend): »Weiter!«

Kirpotenko (nach einer Pause): »*Sonst ist mir nichts bekannt.*«

Krylenko ermahnt, Krylenko sagt vor.

Kirpotenko (stumpf): »*Außer dieser Intervention ist mir nichts bekannt.*«*

Und bei der Gegenüberstellung mit Kuprijanow bringt er sogar die Tatsachen durcheinander. Krylenko ist verärgert und schreit die begriffsstutzigen Häftlinge an:

»*Dann strengt euch eben an, daß die Antworten alle gleich sind!*«**

Doch in der Pause, hinter den Kulissen, wird alles wieder ins rechte Lot gebracht. Die Fäden sind wieder festgebunden, jeder Angeklagte wartet, bis er dran gezogen wird. Und Krylenko zieht gleich alle acht in die Höh: Seht, die Emigranten, die Fabrikbesitzer, haben einen Artikel veröffentlicht, daß es keinerlei Verhandlungen mit Ramsin und Laritschew gegeben habe, daß sie von einer »Industriepartei« nicht das geringste wüßten und daß die Aussagen der Angeklagten aller Wahrscheinlichkeit nach durch Folterungen erpreßt worden sind. Nun also: Was habt ihr dazu zu sagen? . . .

Mein Gott! Der Angeklagten bemächtigt sich helle Empörung! Jeder will sich vordrängen, als erster zu Wort kommen! Wie fortgewischt ist die gequälte Ruhe, mit der sie sich und ihre Kollegen tagelang schmähten! Wilde Entrüstung ob der Emigrantenlügen sprudelt aus ihnen hervor! Ein Wunsch sei ihnen nur gestattet: eine schriftliche Erklärung für die Zeitungen abgeben, durch eine kollektive schriftliche Erklärung der Angeklagten *die Methoden der GPU in Schutz nehmen* zu dürfen! (Na, ist's nicht eine Zierde, ist's nicht ein Juwel?) Ramsin: »Den schlagenden Beweis dafür, daß wir nicht gefoltert und gequält wurden, liefert unsere Anwesenheit hier!« (Was wäre auch die Folter wert, wenn's danach kein Gericht mehr geben könnt!) Fedotow: »Die Inhaftierung war nicht für mich allein von Nutzen . . . Ich fühle mich im Gefängnis sogar besser als in Freiheit.« Otschkin: »Auch mir, auch mir geht's besser!«

Von Krylenko und Wyschinski ist's glatter Edelmut, daß sie auf diesen Kollektivbrief verzichten. Die Angeklagten hätten ihn geschrieben! und unterschrieben!

Ob sich noch wo Verdacht eingenistet hat? Krylenko fegt ihn mit seiner brillanten Logik hinweg: »Wenn wir auch nur eine Sekunde lang annehmen, daß diese Leute die Unwahrheit sagen — warum wurden dann grade sie verhaftet und warum haben sie dann plötzlich zu sprechen begonnen?«***

* »Der Prozeß der Industriepartei«, S. 354.
** ebd., S. 358.
*** ebd., S. 452.

Welche Kraft des Geistes! In tausend Jahren waren die Ankläger nicht draufgekommen: Allein schon die Tatsache der Verhaftung liefert für die Schuldhaftigkeit den Beweis! So die Angeklagten unschuldig wären — was hätt man sie dann verhaften müssen? Doch sind sie mal verhaftet, ist daraus ihre Schuld zu folgern!

Wirklich: *Warum hatten sie zu sprechen begonnen?*

»Die Frage der Folter wollen wir beiseite werfen! ... Hingegen stellen wir die Frage psychologisch: Warum gestehen sie? Ich aber frage: *Was bleibt ihnen denn anderes übrig?*«*

Das nun ist treffend! Und wie psychologisch! Wer bei jener Behörde zu *sitzen* Gelegenheit hatte, der möge sich erinnern: Was blieb einem anderes übrig? ...

(Iwanow-Rasumnik schreibt**, daß er 1938 mit Krylenko in einer Zelle saß; Krylenkos Platz war unter den Pritschen. Ich stelle mir das sehr lebhaft vor; mußte selber drunterkriechen. Die Pritschen sind so niedrig, daß man sich über den schmutzigen asphaltbedeckten Boden nur bäuchlings vorrobben kann. Dem Neuling fehlt jedoch die Übung, er versucht's zunächst auf allen vieren. Den Kopf zwängt er grade noch zwischen Bett und Boden durch, aber der hochgestreckte Hintern bleibt unweigerlich draußen. Ich meine, dem Oberstaatsanwalt muß die Anpassung besonders schwergefallen sein, sein noch nicht abgezehrter Hintern wird wohl längere Zeit zum Ruhm der sowjetischen Justiz herausgeragt haben. Sündig ist der Mensch: Die Schadenfreude ob dieses steckengebliebenen Hinterns ist mir während der ganzen langen Beschreibung dieser Prozesse irgendwie eine Beruhigung gewesen.)

Und weiter, so der Staatsanwalt: Wenn dies alles der Wahrheit entspräche (die Folterungen betreffend), wäre es unverständlich, *was* sie zu diesem einmütigen, ohne Abweichungen und Widersprüche im Chore vorgebrachten Geständnis hätte bewegen können? ... Ja *wo* hätten sie sich denn so großartig miteinander absprechen können? Während der Untersuchungshaft? Da hatten sie doch keinerlei Kontakt miteinander!

(Nach einigen Seiten wird uns ein überlebender Zeuge erzählen, *wo* ...)

Nun sei es, umgekehrt, mal am Leser, *mir* zu erklären, worin das vielberufene »Rätsel der Moskauer Prozesse in den dreißiger Jahren« besteht (erst staunte man über die Industriepartei, dann übertrug man das Rätsel auf die Prozesse der Parteiführer).

* »Der Prozeß der Industriepartei«, S. 454.
** Iwanow-Rasumnik, *Tjur'my i ssylki* (»Kerker und Verbannung«), Chekhov Publishing Corp., New York.

Es wurden ja nicht die zweitausend Hineinverwickelten, auch nicht zweihundert oder dreihundert Mann vors Gericht gebracht, sondern nur die acht. Einen achtköpfigen Chor zu dirigieren ist kein Ding der Unmöglichkeit. Und auswählen konnte Krylenko aus Tausenden und war damit zwei Jahre lang auch beschäftigt. Ungebrochen blieb Paltschinski — und wurde erschossen (und postum zum »Führer der Industriepartei« erklärt, als solcher in den Aussagen tituliert, obwohl doch kein Wörtchen von ihm zurückgeblieben war). Dann hofften sie, aus Chrennikow das Nötige herauszuschinden — und konnten auch Chrennikow nicht bezwingen. Eine Fußnote vermerkt es in kleiner Schrift: »Chrennikow starb während der Untersuchungshaft.« Benutzt sie für die Blöden, die kleine Schrift, aber *wir* wissen es, wir schreiben es doppelt groß: WURDE IN DER UNTERSUCHUNGSHAFT ZU TODE GEFOLTERT! (Postum wird auch er zum »Führer der Industriepartei« ernannt, als hätte er auch nur die winzigste Tatsache, auch nur eine einzige Aussage zum Chor beigesteuert... Nichts stammt von ihm, denn er hat ihnen *nichts geliefert*!) Und plötzlich der große Fund: Ramsin! Er ist geballte Energie und Durchschlagskraft! Und wird, um zu *leben*, alles tun! Und bringt eine immense Begabung mit! Gegen Ende des Sommers wurde er verhaftet, kurz bevor der Prozeß begann — aber was er nun bietet, ist nicht bloß ein Aufgehen in seiner Rolle, nein, er spielt beinah, als hätte er selber das Stück herausgebracht und hat einen Berg von zusätzlichem Material verarbeitet und ist immer parat, mit jedem Namen, jeder beliebigen Tatsache zu dienen. Und spielt manchmal die träge Geziertheit des *Meisters*:

»Die Tätigkeit der Industriepartei war derart verzweigt, daß es selbst in elftägiger Gerichtsverhandlung unmöglich erscheint, sie in allen Details aufzurollen.« (Soll heißen: Sucht! sucht weiter!) »Ich bin zutiefst überzeugt, daß in den Ingenieurskreisen noch immer eine kleine antisowjetische Schicht zu finden wäre.« (Faß! faß! Herbei mit dem nächsten!) Und wie begabt er ist: Er weiß, daß es ein *Rätsel* ist — und daß ein Rätsel künstlerisch erklärt werden will. Und findet plötzlich, der wie ein Stock gefühllos ist, »Züge des russischen Verbrechers, für den die Läuterung in der öffentlichen Buße liegt«* in sich.

Demnach lag für Krylenko und die GPU die ganze Schwierigkeit darin, sich nicht in der Wahl der Personen zu irren. Allerdings war das Risiko nicht groß: Der bei der Untersuchung anfallende Ausschuß konnte

---

*Ramsin wird vom russischen Gedächtnis unverdientermaßen übergangen. Ich halte dafür, daß er es durchaus verdiente, zum Prototyp des zynischen und brillanten Verräters zu werden. Er war nicht der einzige in dieser Epoche — aber der sichtbarste.

jederzeit ins Grab befördert werden. Und wer das Sichten und Sieben überstand, brauchte nur mehr verarztet, ein wenig aufgepäppelt zu werden — und der Prozeß konnte beginnen!

Worin bestand es dann, das Rätsel? Darin, wie sie *bearbeitet* wurden? Na, etwa so: Wollt ihr *leben*? (Wenns einer nicht für sich will, dann doch für die Kinder, für die Enkel.) Ihr begreift doch, daß wir euch ohne weiteres hier auf der Stelle, im Hof der GPU, erschießen können? (Zweifellos. Wer es noch nicht begriffen hat, bekommt eine komplette Lubjankakur verordnet.) Doch es wäre für beide Seiten vorteilhafter, wenn ihr euch bereitfändet, in einem bestimmten Stück mitzuwirken, dessen Text ihr als Fachleute selber schreiben werdet; wir Anwälte werden ihn auswendig lernen und versuchen, die technischen Termini zu behalten. (Bei der Verhandlung macht Krylenko manchen Schnitzer: etwa Waggonachse statt Lokomotivachse.) Der Auftritt wird für euch unangenehm, schändlich sein — dann beißt halt die Zähne zusammen! Geht es nicht ums *Leben*? Und wo ist die Garantie, daß ihr uns danach nicht erschießt? Wozu sollten wir uns an euch rächen? Ihr seid ausgezeichnete Spezialisten, habt euch nichts zuschulden kommen lassen, wir wissen euch durchaus zu schätzen. Seht euch doch um: Überall laufen Schädlingsprozesse, und wir haben alle, die sich ordentlich aufführten, am Leben gelassen. (Das ist für den Erfolg eines künftigen Prozesses sehr wichtig: Das Leben der gehorsamen Angeklagten eines eben zu Ende gegangenen zu schonen. So wird diese Hoffnung Glied um Glied bis zu Sinowjew — Kamenew weitergegeben.) Freilich: unsere Bedingungen, die müßt ihr alle bis zur letzten erfüllen! Der Prozeß muß der sozialistischen Gesellschaft zum Nutzen gereichen!

Und die Angeklagten erfüllen alle Bedingungen ...

Das ganze Filigranwerk der intellektuellen Ingenieursopposition präsentieren sie als schmutzige Schädlingsarbeit, so daß es auch jeder gestrige Analphabet leicht verstehen kann. (Was allerdings noch fehlt, ist das gestoßene Glas in den Suppentellern der Werktätigen! — auf diese Idee ist auch die Staatsanwaltschaft noch nicht gekommen.)

Danach folgt das Motiv der *Idee* und Ideentreue. Sie haben sich ans Schädlingswerk gemacht? Von einer feindseligen Idee getrieben, sind sie aber nun geständniswillig, ja geständniseifrig! — dank der Idee, einer anderen diesmal, die sich ihnen (im Gefängnis) in der feurigen stahlträchtigen Gestalt des dritten Jahres unseres ersten Plans offenbart hat! Wohl bitten sie in Schlußworten auch um ihr Leben, doch das wichtigste ist es ihnen nicht. (Fedotow: »Für uns gibt es kein Pardon! Der Ankläger hat recht!«) Hier, an der Schwelle des Todes, besteht dieser seltsamen Angeklagten vordringliches Anliegen darin, das Volk und die ganze Welt von der Unfehlbarkeit, vom Weitblick der sowjetischen Regierung zu überzeugen.

Ramsin ergeht sich in Lobgesänge auf das »revolutionäre Bewußtsein der proletarischen Massen und ihrer Führer«, die im Gegensatz zu den Wissenschaftlern »unvergleichlich sicherere Wege der Wirtschaftspolitik zu finden vermochten« und das Wachstumstempo der Volkswirtschaft um vieles richtiger berechnet hatten. »Ich habe begriffen, daß man zum Sturmangriff blasen, daß man einen *Sprung** machen muß . . .« usw.

Laritschew: »Die Sowjetunion steht der absterbenden kapitalistischen Welt unbezwingbar gegenüber.« Kalinnikow: »Die Diktatur des Proletariats ist eine unvermeidliche Notwendigkeit.« — »Die Interessen des Volkes und die Interessen der Sowjetmacht verschmelzen zu einem einzigen Zielstreben.« Und nebenbei: »Die Generallinie der Partei [im Dorf], die Vernichtung des Kulakentums ist richtig.« In Erwartung der Hinrichtung haben sie noch Zeit, alles mögliche zu beschwatzen. Und auch diese folgende Weissagung findet einen Durchschlupf in der Kehle reuiger Intellektueller: »Im Zuge der Entwicklung der Gesellschaft muß und wird das individuelle Leben eingeengt werden . . . Der kollektive Wille ist die höchste Form.«**

Dank den vereinten Bemühungen des Achtergespannes sind am Ende alle Ziele des Prozesses erreicht:

1. Aller Mangel im Land: der Hunger, das Frierenmüssen, das Nichts-zum-Anziehen-Haben, das Durcheinander samt aller ins Auge springenden Dummheiten wird aufs Konto der schädigenden Ingenieure verbucht;

2. das Volk ist durch die drohende Gefahr der Intervention eingeschüchtert und zu neuen Opfern bereit;

3. die linken Kreise im Westen sind hinsichtlich der Machenschaften ihrer Regierungen gewarnt;

4. die Solidarität der Ingenieure ist gestört, die Intelligenzschicht als ganze verschreckt und zersplittert. Und damit nur ja keine Zweifel offen bleiben, macht Ramsin dieses Ziel der Prozesse noch mit aller Deutlichkeit kund:

»Was ich wollte, war, daß im Ergebnis dieses jetzigen Prozesses gegen die Industriepartei *unter der dunklen und schändlichen Vergangen-*

---

* »Der Prozeß der Industriepartei«, S. 504. So hieß es *bei uns* im Jahre 1930, als Mao noch zur Jugend zählte.
** ebd., S. 510.

379

heit der gesamten Intelligenz ... ein für allemal der Schlußstrich gezogen werden könnte.«*

In dieselbe Kerbe schlägt Laritschew: »Diese Kaste muß zerstört werden! ... Loyalität unter den Ingenieuren kann und darf es nicht geben!«** Und Otschkin: Die Intelligenz »ist etwas Schlammiges, sie hat, wie es der Staatsankläger gesagt hat, kein Rückgrat, verkörpert absolute Rückgratlosigkeit ... Um wieviel höher ist der Spürsinn des Proletariats!«***

Und diese Streber sollte man erschießen? ...

So wurde jahrzehntelang die Geschichte unserer Intelligenz geschrieben — vom Anathema des zwanziger Jahres (der Leser erinnert sich daran: »Nicht das Gehirn der Nation, sondern Scheiße«, »Verbündete der schwarzen Generäle«, »Söldlinge des Imperialismus«) bis zum Anathema von 1930.

Was Wunder, wenn sich das Wort »Intelligenz« bei uns als Schimpfwort eingebürgert hat.

Jetzt wissen wir, wie Schauprozesse gemacht werden! Stalins suchender Geist hatte endlich sein Ideal erreicht. (Hitler und Goebbels werden's ihm noch neiden, diese Stümper, sich mit dem Reichstagsbrand so zu blamieren ...)

Der Stil ist gefunden, das Muster ist geschaffen, nun kann das Stück mit Abwandlungen jahrelang auf dem Spielplan bleiben, in jeder Saison so oft wiederholt werden, wie's dem Schauspieldirektor beliebt. Und der läßt die nächste Aufführung schon in drei Monaten ansetzen. Die Zeit zum Einstudieren ist knapp, aber sie schaffen es, nitschewo. Hereinspaziert! Hereinspaziert! Nur in diesem Theater! Die Premiere: m) Der Prozeß des Menschewistischen Unionsbüros (1.–9. März 1931). Sonderkollegium des Obersten Gerichts; den Vorsitz führt aus irgendwelchen Gründen Nikolai Schwernik, ansonsten sind alle zur Stelle: Antonow-Saratowski, Krylenko, sein Gehilfe Roginski. Die Regisseure sind sich ihrer Sache sicher (zumal es ja eine gewohnte Materie ist, nicht Technik, sondern Partei) und lassen vierzehn Angeklagte aufmarschieren.

Und es läuft alles nicht einfach glatt, nein, betäubend glatt über die Bühne.

* »Der Prozeß der Industriepartei«, S. 49.
** ebd., S. 508.
*** ebd., S. 509. Und immer ist, wer weiß warum, das Wichtigste am Proletariat der Spürsinn. Es wird alles gerochen.

Ich war damals zwölf; seit zwei Jahren schon las ich sehr aufmerksam die ganze Politik aus der großen *Iswestija* heraus und arbeitete mich von A bis Z durch die Stenogramme dieser beiden Prozesse durch. Schon bei der »Industriepartei« empfand das Kinderherz sehr deutlich die Maßlosigkeit, Lüge und Mogelei, aber die Dekorationen, die waren dort immerhin imposant: Allgemeine Intervention! Lahmlegung der gesamten Industrie! Verteilung von Ministerposten! — Beim Prozeß der Menschewiki wurden zwar dieselben Dekorationen aufgebaut, doch sie sahen nun irgendwie verschlissen aus, die Artikulation der Schauspieler ließ zu wünschen übrig, und es war alles in allem eine stinkfade Aufführung, eine triste stümperhafte Wiederholung. (Ist's denkbar, daß Stalin es durch seine Rhinozeroshaut gefühlt hat? Wie sonst es erklären, daß er die Partei der Werktätigen Bauern abblasen und einige Jahre prozeßlos verstreichen ließ?)

Langweilig wäre es, wieder das Stenogramm durchzuackern. Hingegen besitze ich das frische Zeugnis von einem Hauptangeklagten jenes Prozesses, von Michail Petrowitsch Jakubowitsch, dessen Rehabilitierungsgesuch mit der genauen Darlegung der Fälschungen auch schon in den Samisdat, unseren Retter, durchgesickert ist, den Menschen zur Lektüre, daß sie wissen, wie dies war*. Sein Bericht gibt uns eine beweiskräftige Erklärung für die ganze Kette der Moskauer Prozesse jener dreißiger Jahre.

Wie kam das nichtexistente »Unionsbüro« zustande? Der Planauftrag an die GPU lautete: zu beweisen, daß es den Menschewiki in Verfolgung ihrer konterrevolutionären Ziele geschickt gelungen war, sich im Staatsapparat festzusetzen und wichtige Posten in die Hand zu bekommen. Die wirkliche Lage entsprach nicht dem Schema: Nirgendwo »oben« war ein echter Menschewik zu finden. Von den echten kam auch keiner auf die Anklagebank. (Es heißt, W. K. Ikow soll tatsächlich Mitglied im illegalen, still dahinsiechenden und unternehmungslosen Menschewiken-Büro gewesen sein — beim Prozeß jedenfalls wußte man nichts davon, er figurierte unter ferner liefen und bekam einen *Achter*.) Die GPU legte sich folgende Richtschnur zurecht: zwei Mann sollten vom Volkswirtschaftsrat sein, zwei vom Handelskommissariat, zwei von der *Gosbank*, einer vom *Zentrosojus*, einer vom *Gosplan*. (Wie

---

*Die Rehabilitierung wurde abgelehnt: wie denn anders, wo doch ihr Prozeß in den goldenen Tafeln unserer Geschichte eingemeißelt steht! Nähme man auch nur *einen* Stein heraus, bräche zu guter Letzt das Ganze zusammen. M. P. J. bleibt vorbestraft, aber es wurde ihm als Pflästerchen eine *Ehrenpension* für revolutionäre Verdienste ausgesetzt! Was es doch bei uns nicht alles an Verkorkstem gibt.

trostlos einfältig! Schon 1920 diktierten sie dem »Taktischen Zentrum«: zwei von der »Liga zur Wiedergeburt Rußlands«, zwei vom »Prominentenrat des Öffentlichen Lebens«, zwei vom ...) Darum wurden die Kandidaten nach diesem »Regieschema« zusammengefischt. In der Frage, ob sie wirklich Menschewiki waren, verließ man sich aufs Hörensagen. Manche, die es niemals gewesen, hatten sich nun auf Geheiß als Menschewiki zu fühlen. Die wahren politischen Ansichten der Angeklagten interessierten die GPU nicht im geringsten. Sie kannten einander nicht einmal alle. Auch als Zeugen klaubte die GPU zusammen, was ihr grad als Menschewik unter die Hände kam*. (Die Zeugen bekamen nachher allesamt ihre Fristen aufgebrummt.) Diensteifrig und wortreich trat auch wieder Ramsin in den Zeugenstand. Im übrigen aber setzte die GPU auf den Hauptangeklagten Wladimir Gustavowitsch Groman (daß er ihnen helfen würde, diese Sache aufzuziehen, wofür sie ihm die Amnestie gäben) und den *agent provocateur* Petunin. (Ich folge der Darlegung Jakubowitschs.)

An der Zeit ist's, M. P. Jakubowitsch vorzustellen. Er machte schon so früh in Revolution, daß er nicht einmal das Gymnasium absolvierte. Im März 1917 war er bereits Vorsitzender des Deputiertensowjet in Smolensk, ein starker erfolgreicher Redner — weil voll drängender Überzeugungskraft (die zog ihn stets irgendwohin). Beim Kongreß der Westfront nahm er sich jene Zeitungsleute, die zur Fortsetzung des Krieges riefen, aufs Korn und nannte sie unbedacht *Feinde des Volkes* — im April 1917, wohlgemerkt! —, wurde darauf beinahe vom Rednerpult heruntergezerrt, entschuldigte sich, redete sich sofort wieder geschickt heraus und verstand es, das Auditorium so mitzureißen, daß er die Journalisten am Ende der Rede wieder als Feinde des Volkes beschimpfte, diesmal jedoch unter stürmischem Applaus — und in die Delegation hineingewählt wurde, die zum Petrograder Sowjet fuhr. Kaum in Petrograd angekommen, wurde er mit der Leichtigkeit jener Zeit in die Militärkommission berufen, durfte bei der Ernennung von Armeekommissaren mitbestimmen**, fuhr dann selbst als Kommissar an die

---

* Einer davon war Kusma A. Gwosdew, ein Mann mit bitterstem Schicksal, jener selbige Gwosdew, Vorsitzender der Arbeitergruppe beim Kriegsindustriekomitee, den die zaristische Regierung im Überschwang an Dummheit 1916 verhaften ließ und den die Februarrevolution zum Arbeitsminister machte. Gwosdew wurde das Martyrium eines *Langzeithäftlings* des GULAG zuteil. Ich weiß nicht, wieviel er vor 1930 abgesessen hatte, aber seit 1930 saß er ununterbrochen und wurde von meinen Freunden noch 1952 im Spasski-Lager getroffen.

** Nicht zu verwechseln mit dem Generalstabsoberst Jakubowitsch, der zur selben Zeit bei denselben Sitzungen das Kriegsministerium vertrat.

Südwestfront und nahm in Winniza persönlich General Denikin gefangen (nach dem Kornilow-Putsch), bedauerte es zutiefst (auch beim Prozeß), diesen nicht sofort erschossen zu haben.

Helläugig, immer sehr aufrichtig und immer bis zum Rande von seiner, ob richtigen oder falschen Idee erfüllt, galt er bei den Menschewiki als junger Nachwuchs, was er ja auch war. Das hinderte ihn jedoch nicht, die Parteiführung ungeniert mit seinen Projekten zu bestürmen, wie zum Beispiel: im Frühjahr 1917 eine sozialdemokratische Regierung zu bilden oder 1918, als Menschewiki, der Komintern beizutreten (von Dan und den anderen wurden alle seine Varianten regelmäßig und sogar mit einem gewissen Hochmut verworfen). Der Juli 1917 traf ihn hart. Daß der sozialistische Petrograder Sowjet den Beschluß der Provisorischen Regierung zum Einsatz von Truppen gegen andere Sozialisten guthieß, hielt er für einen schicksalhaften Fehler, auch wenn diese anderen Sozialisten zu den Waffen gegriffen hatten. Der Oktoberumsturz war kaum zu Ende, als Jakubowitsch seine Partei aufforderte, die Bolschewiki voll und ganz zu unterstützen und die von ihnen geschaffene Staatsordnung durch die eigene Teilnahme zu beeinflussen und zu verbessern. Schließlich wurde er von Martow mit dem Bann belegt und kehrte den Menschewiki, nun, da er jede Hoffnung verloren hatte, sie in bolschewistische Bahnen zu lenken, 1920 endgültig den Rücken zu.

Ich zeichne seinen Werdegang darum so ausführlich auf, damit keiner im Zweifel bleibt: nicht Menschewik, sondern Bolschewik war Jakubowitsch während der ganzen Revolution, immer aufrichtig und durchaus uneigennützig. 1920 war er obendrein noch Lebensmittelkommissar im Smolensker Gouvernementskomitee (als einziger Nichtbolschewik), wurde vom Volkskommissariat sogar für Bestleistungen belobt (er behauptet, ohne Strafexpeditionen ausgekommen zu sein; ich weiß es nicht; vor Gericht erwähnte er etwas von »Sperrabteilungen«). In den zwanziger Jahren redigierte er das *Handelsblatt*, saß auch auf anderen ansehnlichen Posten. Und wurde, als die GPU dann 1930 ihren Plan für all die »eingeschlichenen« Menschewiki zu erfüllen begann, verhaftet.

Da holte ihn auch schon Krylenko zum Verhör, der wie ehedem — der Leser weiß es bereits — aus dem Chaos der Ermittlung eine geordnete Untersuchung herausorganisierte. Und siehe da, sie waren miteinander aufs beste bekannt, denn unser Krylenko war einst in selbigen Jahren (zwischen zwei Prozessen) ins selbige Smolensker Gouvernement zur Konsolidierung der Lebensmittelbeschaffungsarbeit abkommandiert worden. Nun sprach er also:

»Michail Petrowitsch, lassen Sie es mich geradeheraus sagen: In meinen Augen sind Sie ein Kommunist! [Viel Mut und Kraft schöpfte daraus Jakubowitsch.] *Ich zweifle nicht an Ihrer Unschuld. Doch es ist unser beider Parteipflicht, diesen Prozeß durchzuführen.* [Krylenko bekam von Stalin den Befehl, und Jakubowitsch bebte für die Idee, wie ein feuriges Roß, das darauf brennt, gesattelt zu werden.] Ich bitte Sie, der Untersuchung in jeder Weise zu helfen, entgegenzukommen. Und wenn es bei Gericht unvorhergesehene Komplikationen geben sollte, werde ich den Vorsitzenden bitten, Ihnen das Wort zu erteilen.«

!!!

Und Jakubowitsch versprach es. Versprach es im Bewußtsein einer zu erfüllenden Pflicht. Wahrscheinlich hatte ihm die Sowjetmacht auch noch nie einen so verantwortungsvollen Auftrag erteilt.

Und sie hätten Jakubowitsch bei der Untersuchung nicht einmal mit dem kleinen Finger antupfen müssen! Aber was: zu fein war dies für die GPU. Wie alle andern wurde auch Jakubowitsch den Fleischhauern am Verhörtisch übergeben, und sie probierten an ihm die ganze Skala aus: den kalten Karzer und den heißen luftdicht verspundeten, und das Prügeln, auf die Geschlechtsteile gezielt. Die Marter war so arg, daß sich Jakubowitsch und sein Prozeßgenosse Abram Ginsburg die Venen aufschnitten. Halbwegs wiederhergestellt wurden sie nicht mehr gefoltert und geschlagen, *nur mehr* auf zweiwöchigen Schlafentzug gesetzt. (Jakubowitsch sagt: »Nichts als einschlafen wollen! Gewissen, Ehre ... nichts mehr davon ...«) Dann werden sie auch noch den anderen, schon Gebrochenen, gegenübergestellt, die drängen aufs selbe hin: zu »gestehen«, Unsinn zu quatschen. Ja, der Untersuchungsrichter selbst (Alexej Alexejewitsch Nassedkin): »Ich weiß, ich weiß, daß es nichts davon gegeben hat! Aber — man verlangt es von uns!«

Als Jakubowitsch einmal wieder dem Untersuchungsrichter vorgeführt wird, findet er dort einen arg zerschundenen Häftling vor. Der Richter grinst: »Moissej Issajewitsch Teitelbaum hier bittet um Aufnahme in eure antisowjetische Organisation. Sprecht euch ungestört aus, ich lasse euch einstweilen allein.« Und ging. Teitelbaum begann tatsächlich flehentlich zu bitten: »Genosse Jakubowitsch! Nehmen Sie mich in Ihr Menschewistisches Unionsbüro auf! Man beschuldigt mich, Schmiergelder von ausländischen Firmen genommen zu haben, sie sagen, sie werden mich erschießen. Lieber sterbe ich als *Kontra,* nur nicht als Krimineller!«

(Besser gesagt: Ob sie ihm nicht versprochen haben, den *Kontra* am Leben zu lassen? Er sollte recht behalten: Fünf Jahre brummten sie ihm auf, eine kinderleichte Frist.) Recht karg müssen die Vorräte der GPU an Menschewiken gewesen sein, daß sie die Angeklagten aus Freiwilligen anwarb! ... (Auf Teitelbaum aber wartete eine wichtige Rolle! Kontakte mit den Auslandsmenschewiken und der Zweiten Internationale! Dennoch blieb's wie versprochen beim Fünfer: ein Mann, ein Wort.) Mit Zustimmung des Untersuchungsrichters nahm Jakubowitsch Teitelbaum ins Unionsbüro auf.

Einige Tage vor Prozeßbeginn wurde im Arbeitszimmer des Ober-Untersuchungsrichters Dmitrij Matwejewitsch Dmitrijew die erste Sitzung des Unionsbüros der Menschewiken abgehalten; sie war organisatorischen Fragen des Gesamtablaufs bzw. des Rollenstudiums gewidmet. (Nicht anders tagte auch das ZK der Industriepartei! Und Krylenko wunderte sich, *wo* denn die Angeklagten hätten »zusammenkommen können«.) Weil aber der ganze Haufen von widersinnigen Lügen nicht gleich nach der ersten Probe zu behalten war, mußten sich die Mitwirkenden, damit die Rollen endlich saßen, auch noch ein zweites Mal versammeln.

Und welche Gefühle bewegten Jakubowitsch, als er in den Gerichtssaal trat? Rache nehmen für alle erlittenen Qualen, für alle Lüge, mit der sie ihn randvoll gespickt? Das Ganze auffliegen lassen, daß die Welt den Krach nicht überhören konnte? Aber halt! —

1. Es wäre ein Dolchstoß in den Rücken der Sowjetmacht! Es wäre die Verneinung des eigenen Lebensziels, des ganzen Weges, den er, Jakubowitsch, zurückgelegt hat, um sich aus dem Gestrüpp des irrigen Menschewismus zum richtigen Bolschewismus durchzuringen;

2. sie würden ihn nach einem solchen Skandal nicht mehr sterben lassen, ihn nicht einfach erschießen, sondern von neuem foltern, diesmal aus Rache, sie würden ihn in den Wahnsinn treiben, und der Körper, der trägt noch die Male der vorigen Torturen. Wo den sittlichen Halt finden — für diese neuen, weiteren Qualen? Woraus den Mut schöpfen?

(Seine Worte klangen mir noch in den Ohren, als ich diese Argumente aufschrieb — eine der ganz seltenen Gelegenheiten war es, gleichsam »postum« den Teilnehmer eines solchen Prozesses anhören zu können. Und ich finde, daß es geradeso ist, als ob uns Bucharin oder Rykow die Gründe für ihre rätselhafte Gerichtsergebenheit erläutert hätten: die gleiche Aufrichtigkeit, die gleiche Parteitreue, die gleiche menschliche Schwäche; dem einen wie den anderen fehlte für den Kampf der sittliche Rückhalt, denn sie hatten keine EIGENSTÄNDIGE Position.)

Also hat Jakubowitsch in dem Prozeß nicht nur gehorsam das graue Lügengewäsch wiederholt (etwas Besseres zu schaffen, dazu reichte weder Stalins noch seiner Helfershelfer noch der Angeklagten Phantasie), sondern auch noch, wie dem Ankläger versprochen, die Rolle des Enthusiasten gespielt.

Die sogenannte Auslandsdelegation der Menschewiki (im Grunde die ganze Spitze ihres Zentralkomitees) distanzierte sich im deutschen *Vorwärts* von den Angeklagten. Sie nannte den Prozeß eine schändliche Gerichtskomödie, die sich auf Aussagen von Provokateuren und durch Terror erpreßte Geständnisse der unglücklichen Angeklagten stützt. Sie schrieben, daß die überwiegende Mehrzahl der Angeklagten seit mehr als zehn Jahren die Partei verlassen hätten und keiner je zurückgekommen wäre. Daß die beim Prozeß figurierenden Summen lachhaft groß seien: selbst die ganze Partei habe niemals soviel Geld besessen.

Krylenko indes verlas den Artikel und bat Schwernik, die Angeklagten aufzurufen (wieder übte er, wie bei der Industriepartei, den kräftigen Zug an allen Fäden zugleich). Und alle sagten aus. Und nahmen die Methoden der GPU gegen das menschewistische ZK in Schutz . . .

Und wenn Jakubowitsch heute an diese seine »Antwort«, gleichwie an sein letztes Wort, zurückdenkt, was sagt er dazu? Daß er sich keineswegs nur an das gegebene Versprechen hielt, daß er nicht einfach hochsprang, nein — wie ein Kienspan hinweggeschwemmt wurde von einer jähen Erbitterung, die sich im folgenden Wortschwall Luft machen mußte. Erbitterung — worüber? Nach all den Foltern, nach dem Selbstmordversuch, nach dem mehrmals erlittenen Sterben galt seine ehrliche Entrüstung nicht dem Staatsanwalt, nicht der GPU! — nein! der Auslandsdelegation!!! Da ist sie, die psychologische Umpolung! Diejenigen, die in Sicherheit und Komfort lebten (so ärmlich kann keine Emigration sein, daß sie gegenüber der Lubjanka nicht als Komfort erschiene), wie haben sie so gewissenlos und selbstgefällig über dieser Menschen Elend und Leiden hinweggehen können? Wie mußten sie doch hartgesotten sein, um sich von den Unglücklichen zu distanzieren, sie ihrem Schicksal auszuliefern? (Eine starke Antwort wurde es, die Veranstalter triumphierten.)

Noch 1967 bebte Jakubowitschs Stimme vor Zorn, sobald er auf die Auslandsdelegation, ihre Treulosigkeit, ihre Lossagung, ihren Verrat an der sozialistischen Revolution zu sprechen kam. Ja, Verrat — er hatte es schon 1917 gesagt.

Das Stenogramm des Prozesses hatten wir damals jedoch nicht zur Hand. Später beschaffte ich es mir — und staunte. So genau Jakubowitschs Gedächtnis in jeder Kleinigkeit, bei jedem Datum und Namen war, hier ließ es ihn im Stich: daß er es war, der beim Prozeß aussagte, er hätte von der Auslandsdelegation im Auftrag der Zweiten Internationale *Direktiven zur Schädlingsarbeit bekommen* — hatte er glatt vergessen. Nicht Gewissenlosigkeit, nicht Selbstgefälligkeit stand jenem Artikel Pate, sondern eben das *Mitleid* mit den unglücklichen Opfern des Prozesses, die ja wirklich seit langem keine Menschewiki mehr waren — warum hätte das nicht gesagt werden sollen? Woher kam also Jakubowitschs unversiegbarer und aufrichtiger Zorn? Was hätte die Auslandsdelegation auch tun können, damit die Angeklagten *nicht* ihrem Schicksal überlassen blieben?

Wir lassen unseren Ärger allzeit gern an Schwächeren aus, zumal wenn sie uns nichts erwidern können. Das steckt im Menschen drin. Und die Argumente, die Beweise, daß wir im Recht sind, fliegen uns wie von selbst zu.

Krylenko aber nannte Jakubowitsch in der Anklagerede einen Fanatiker der konterrevolutionären Idee und verlangte für ihn — den *Tod durch Erschießen!*

Und es war nicht nur an diesem Tag, daß Jakubowitsch eine Träne der Dankbarkeit im Auge spürte; er ist Krylenko auch noch heute — nach *x* Lagern und Kerkern — dafür dankbar, daß dieser ihn auf der Anklagebank nicht erniedrigt, nicht beleidigt, nicht verspottet, sondern richtig einen *Fanatiker* genannt (wenngleich — einer gegnerischen Idee) und die einfache, vornehme Erschießung beantragt hat, die allen Qualen ein Ende setzte! Jakubowitsch gab ja in seinem Schlußwort selbst die Zustimmung dazu: »Die Verbrechen, die ich gestanden habe [auf diese geglückte Wendung »*die ich gestanden habe*« legt er großen Wert. Wer Ohren hat, müßte es doch verstehen: nicht — *die ich begangen habe!*], sind der höchsten Strafe würdig. Ich erbitte mir keine Milde! Ich bitte nicht um mein Leben!« (Groman, neben ihm auf der Anklagebank, fuhr erschrocken auf: »Sind Sie verrückt geworden?! Sie haben kein Recht! Denken Sie an die Kameraden!«)

Na, ist das nicht ein echter Fund für die Staatsanwaltschaft?

Und nicht Erklärung genug für die Prozesse von 1936—38?

Denn ob nicht gerade dieser Prozeß Stalin die Sicherheit gab, daß er auch seine Erzfeinde, die geschwätzigen Genossen, durchaus in den Griff bekäme, um ein gleiches Spektakelstück mit ihnen zu inszenieren?

Der nachsichtige Leser sei mir gnädig! Bislang war meine Feder ohne Furcht und mein Herz ohne Bange: Sorglos glitten wir all die fünfzehn Jahre dahin, weil des Schutzes des gesetzlichen Revolutionsgeistes und der revolutionären Gesetzlichkeit gewiß. Fortan aber wird es schmerzlicher sein: Wie dem Leser erinnerlich, wie uns zehnfach, mit Chruschtschow beginnend, erklärt, setzte »etwa um 1934« »die Verletzung der Leninschen Normen der Gesetzlichkeit« ein.

Und wie jetzt in diesen Abgrund der Gesetzlosigkeit hinabsteigen? Woher die Kraft nehmen, auch noch diesen bitteren Sumpf zu durchwaten?

Außerdem gerieten die nächsten Prozesse dank ihrer prominenten Angeklagten ins Blickfeld der Welt. *Diese* Prozesse übersah man nicht, man schrieb darüber, deutete und klärte. Und wird es noch lange tun. Uns bleibt nur einiges über *das Rätsel* zu sagen.

Zunächst eine Einschränkung, wiewohl am Rande: Die veröffentlichten stenographischen Berichte decken sich nicht vollkommen mit dem auf dem Prozeß Gesagten. Ein Schriftsteller, Passierscheinbesitzer und somit zum ausgewählten Publikum gehörig, hatte sich flüchtig Notizen gemacht und war dadurch auf die Unstimmigkeiten gestoßen. Auch die kurze Panne mit Krestinski, als eine Pause eingelegt werden mußte, um ihn auf die rechte Bahn der vorgegebenen Aussagen zurückzuführen, war von den Korrespondenten nicht unbemerkt geblieben. (Ich stelle mir das so vor: Zu Prozeßbeginn wurde ein schriftlicher Notstandsplan erstellt. Man hatte ein Blatt Papier mit drei Rubriken; in der ersten stand der Name des Angeklagten, in der zweiten das an ihm im Falle einer erfolgten Textabweichung anzuwendende Mittel, in der dritten der Name des für dieses Mittel zuständigen Tschekisten. Und fällt dann ein Krestinski tatsächlich aus der Rolle, weiß man sofort, wer was und womit.)

Doch die Ungenauigkeit des Stenogramms kann am Bild nichts ändern und nichts entschuldigen. Die Welt ließ staunend drei Stücke über sich ergehen, drei kostspielige Monsteraufführungen, bei denen führende Köpfe der furchtlosen Kommunistischen Partei, jener, die einst die Welt veränderte und in Schrecken versetzte, als jämmerliche gefügige Schafe über die Bühne stolperten und alles herausblökten, was ihnen eingetrichtert wurde, und sich selbst bespien und in sklavischer Unterwürfigkeit in den Schmutz zogen und Verbrechen gestanden, die sie unmöglich begangen haben konnten.

Es hatte so was in der erinnerbaren Menschheitsgeschichte noch nicht gegeben. Es frappierte so was besonders, wenn man sich den nicht lange zurückliegenden Dimitroff-Prozeß in Leipzig vor Augen hielt: Wie ein gereizter Löwe hatte Dimitroff die Nazirichter angefahren, und hier? Hier saßen seine Genossen aus derselben unbeugsamen furchteinflößenden Kohorte, und nicht irgendwer, sondern die bedeutendsten, die man die »Leninsche Garde« nannte, hier saßen sie vor den Richtern, vom eigenen Urin übergossen.

Und obwohl man meinen könnte, daß seither vieles erklärt worden ist (am treffendsten durch Arthur Koestler[51]), ist das so gängige *Geheimnis* noch immer im Umlauf.

Hier war mal was über ein tibetisches, den Willen lähmendes Kraut zu lesen, dort über die Anwendung der Hypnose. Mitnichten sollen diese Erklärungen samt und sonders von der Hand gewiesen werden: Falls die NKWD solche Mittel besaß, war's nicht einzusehen, welche *moralische Normen* sie an ihrer Anwendung hätten hindern können. Warum denn *nicht* den Willen schwächen und vernebeln? Daß viele bekannte Hypnotiseure in den zwanziger Jahren ihre Gastspiele einstellten und in den Dienst der GPU traten, ist ein offenes Geheimnis. Unbedingt zuverlässig ist der Bericht, wonach die NKWD in den dreißiger Jahren eine Schule für Hypnotiseure unterhielt. Kamenews Frau durfte ihren Mann kurz vor dem Prozeß besuchen, sie fand ihn stumpf, träge, sich selbst nicht mehr ähnlich. (Sie konnte es gerade noch weitererzählen, bevor sie selbst verhaftet wurde.)

Und Paltschinski oder Chrennikow? Warum hat das tibetische Kraut mitsamt der Hypnose an ihnen versagt?

O nein, ohne eine höhere, eine psychologische Erklärung kommen wir hier nicht aus.

Vielen scheint das Rätsel vor allem darin zu liegen, daß es samt und sonders alte Revolutionäre waren, jeder ein gestählter, gesottener, ausgepichter usw. Kämpfer, jeder mit harter zaristischer Kerkererfahrung hinter sich. Hierin liegt jedoch ein einfacher Fehler. Es waren *nicht diejenigen* alten Revolutionäre, die . . ., es waren nur die Erben eines fremden, von den benachbarten Narodniki, Sozialrevolutionären und Anarchisten ergatterten Ruhms. *Jene*, die Bombenwerfer und Verschwörer, kannten die Katorga und saßen ihre Fristen ab, aber eine *richtige peinliche Untersuchung* bekamen auch jene niemals zu spüren (weil es eine solche in Rußland überhaupt nicht gab). *Diese* wußten weder was von einer Untersuchung noch auch was von einer längeren Haft. Für die Bolschewiki hat es irgendeinen besonders harten Kerker, ein Sachalin, eine jakutische Katorga niemals gegeben. Von Dserschinski ist bekannt, daß ihn dies am härtesten getroffen hat: ein Leben im Gefängnis. Wolln wir's aber nach unseren Normen berechnen, dann brachte er einen gewöhnlichen Zehner hinter sich, wie zu unserer Zeit ein beliebiger Kolchosbauer; ja, gewiß, drei Jahre Festungsarbeit gehörten zu jenem Zehner, na, uns bringt das heute auch nicht mehr aus der Fassung. Die Parteiführer, die uns bei den Prozessen von 1936—38 vorgesetzt wurden, hatten in ihrer revolutionären Vergangenheit einige kurze und leichte Sitzzeiten aufzuweisen, einige Verschickungen von nicht allzulanger Dauer. Die Katorga haben sie nicht mal gerochen. Bucharin hatte ein paar kleine Verhaftungen, jede ein Pappenstiel, nicht mehr; allem Anschein nach saß er kein ganzes Jahr in einem ab, war kurz mal in der Verbannung am Onegasee*. Kamenew, der langjährige Agitationsreisende durch alle Städte Rußlands, verbrachte zwei Jahre im Gefängnis und dazu anderthalb in der Verbannung. Bei uns bekamen sogar sechzehnjährige Bürschlein als mindestes fünf aufgebrummt. Sinowjew, es ist zum Lachen, *saß keine drei Monate und war nie abgeurteilt worden!* Gegen unsere simplen GULAG-Bewohner sind sie *Küken;* was ein Gefängnis ist, wußten sie nicht. Rykow und I. N. Smirnow waren mehrmals verhaftet, saßen jeder so an die fünf Jahre ab, doch stets irgendwie sehr leicht; aus allen Verbannungsorten konnten sie mühelos fliehen, dann wieder erreichte sie eine gerade fällige Amnestie. Von einem wirklichen Gefängnis, von den Krallen einer ungerechten Untersuchung hatten sie, bevor sie auf die Lubjanka kamen, nicht die leiseste Vorstellung. (Die Annahme, daß sich Trotzki, wäre er in diese Krallen geraten, anders, weniger devot verhalten hätte, hängt in der Luft: Was gab's denn, was sein Rückgrat härter gemacht hätte? Auch er hatte nur leichte Gefängnisse gekannt und keine halbwegs ernsthaften Verhöre und sonst nur zwei Jahre Verbannung in Ust-Kut. Seinen Ruf als furchtloser Kriegskommissar, den Feinden ein Schrecken, hat er sich billig erworben, wirkliche Festigkeit beweist solches nicht: Wer viele erschießen ließ — ach, und wie der winseln kann, wenn's ans eigene Sterben geht! Die eine Festigkeit hat mit der anderen nichts zu tun.) Ja, und Radek war ein Provokateur (wohl nicht er allein in allen drei Prozessen!). Und Jagoda ein Erzkrimineller.

(Diesem millionenfachen Mörder ging es nicht ins Hirn, daß sich im Herzen des noch Höheren Mörders keine Solidarität in letzter Stunde finden würde. Ihn flehte er um Gnade an, zuversichtlich eindringlich, geradeso als säße Stalin hier im Saal: »Ich wende mich an Sie! Ich habe *für Sie* zwei große Kanäle gebaut!...« Und es erzählt ein Dortgewesener, daß in dieser Minute hinter dem kleinen Fenster des ersten Stockes, wie hinter einem Schleier, ein Streichholz angezündet wurde

* Alle diesbezüglichen Angaben sind dem Enzyklopädischen Wörterbuch *Granat*, Bd. 41, entnommen, worin alle Autobiographien oder authentischen Biographien der bolschewistischen Funktionäre enthalten sind.

und im Halbdunkel kurz der Schatten einer Pfeife zu sehen war. — Wer von euch in Bachtschissarai auf der Krim gewesen ist, erinnert sich vielleicht dieses orientalischen Einfalls: Im Sitzungssaal des Staatsrats auf der Höhe des ersten Stockwerks Fenster aneinanderreihen und dann mit klein durchlöcherten Blechen abdecken; hinter den Fenstern liegt eine unbeleuchtete Galerie. Aus dem Saal unten ist nie zu erraten, ob jemand dahinter steht oder nicht. Der Khan bleibt unsichtbar und ist bei jeder Sitzung des Rates gleichsam zugegen. Denkt man an Stalins notorisch orientalischen Charakter, fällt es einem nicht schwer, daran zu glauben, daß er die Komödien im Oktobersaal von oben beobachtete. Im Gegenteil, ich halte es für schier unvorstellbar, daß er sich dieses Schauspiel, diesen Genuß entgehen ließ.)

Unser Staunen aber rührt letztlich nur daher, daß wir an die Ungewöhnlichkeit dieser Menschen glauben. Sehen wir's denn als rätselhaft an, wenn in gewöhnlichen Protokollen gewöhnliche Bürger sich selbst und der Welt die unglaublichsten Verbrechen aufhalsen? Wir nehmen es als verständlich hin: Schwach ist der Mensch und unschwer zu brechen. Hingegen sind Bucharin, Sinowjew, Kamenew, Pjatakow, I. N. Smirnow in unseren Augen von vornherein Übermenschen — nur daher kommt, im Grunde, unsere Verblüffung.

Gewiß fällt es den Regisseuren diesmal scheinbar schwerer, die passenden Akteure zu finden; anders als bei den früheren Ingenieursprozessen, wo sie aus vierzig Fässern schöpfen konnten, war diese Truppe klein, ein Starensemble. Mit Ersatzleuten hätte sich das Publikum hier nicht abspeisen lassen.

Doch ganz ohne Auslese ging's trotz allem auch wieder nicht! Wer beizeiten weitblickender und entschlossener war als die anderen Gezeichneten — ließ sich erst gar nicht schnappen, brachte sich vor der Verhaftung um (Skrypnik, Tomski, Gamarnik). Verhaften ließ sich, wer *leben wollte*. Und aus einem, der leben will, kann man Teig kneten! ... Doch es gab auch darunter welche, die sich bei den Verhören irgendwie anders verhielten, zur Besinnung kamen, nicht mehr mitmachen wollten und lautlos zugrunde gingen — aber immerhin ohne Schmach. Sie werden schon ihre Gründe gehabt haben, Männer wie Rudsutak, Postyschew, Jenukidse, Tschubar, Kossior, ja, selbst Krylenko nicht öffentlich vors Tribunal zu stellen, obwohl von diesen Namen jeder einen guten Aufputz abgegeben hätte.

Die Nachgiebigsten, die setzten sie auf die Anklagebank. Eine Auslese gab es trotz allem!

Die bescheidene Auswahl wurde indes durch den Umstand wettgemacht, daß der schnurrbärtige Regisseur jeden Kandidaten persönlich kannte. Er wußte, daß sie im ganzen Schwächlinge waren und wußte auch um jedes einzelnen Schwäche für sich. Darin lag ja seine düstere Begabung, das Überdurchschnittliche an ihm, die psychologische Weichenstellung und Errungenschaft seines Lebens: die Schwächen der Menschen auf der niedrigsten Stufe des Seins zu erkennen.

Und auch jenen einen, der uns aus der zeitlichen Ferne als stärkster und hellster Geist in der Reihe der geschändeten und erschossenen Führer erscheint (und dem die einfühlsame Untersuchung Koestlers wahrscheinlich gewidmet ist), hat Stalin durchschaut, auch ihn, N. I. Bucharin, an der untersten Ebene gemessen, wo sich der Mensch mit der Erde verbindet — hat ihn lange im Würgegriff gehalten und sich sogar, wie die Katz mit der Maus, ein kleines Spielchen mit ihm erlaubt. Unsere bis heute wirksame (unwirksame) und überaus schön anzuhörende Verfassung wurde von A bis Z von Bucharin verfaßt; leicht hatte er sich auf die oberste Ebene geschwungen, und schwebte über den Wolken, und glaubte, Freund Koba[52] genasführt zu haben: mit einer Verfassung, die diesen zwingen würde, die Zügel der Diktatur lockerer zu lassen. Und war doch selbst schon im Rachen drin.

Bucharin konnte Kamenew und Sinowjew nicht leiden und ließ, schon als sie zum ersten Mal, nach dem Kirow-Mord, vor Gericht standen, im Freundeskreis verlauten: »Na und? Das sind solche Leute. Irgend etwas wird daran schon wahr sein...« (Das klassische Sprüchlein des Spießers jener Jahre: »Irgendwas wird daran wohl gewesen sein... Bei uns sperrt man keinen umsonst ein.« Also sprach 1935 der erste Theoretiker der Partei!...) Während des zweiten Kamenew-Sinowjew-Prozesses im Sommer 1936 war Bucharin zur Jagd im Tjanschan und wußte von nichts. Als er aus den Bergen nach Frunse herabgestiegen kam, konnte er schon das Todesurteil in den Zeitungen lesen und dazu die Berichte, aus denen hervorging, wie vernichtend die beiden ihn in ihren Aussagen belasteten. Ist er hingestürzt, das ganze Morden aufzuhalten? Hat er die Partei angerufen, daß Schreckliches geschieht? Nein, lediglich ein Telegramm an Koba gesandt: die Hinrichtung von Sinowjew und Kamenew möge verschoben werden, damit... er, Bucharin, Gelegenheit erhalte, sich bei einer Gegenüberstellung zu rechtfertigen.

Zu spät! Koba nahm mit den Protokollen vorlieb, wozu brauchte er lebendige Konfrontationen?

Bucharin kamen sie allerdings noch lange nicht holen. Er verlor seinen Einfluß auf die *Iswestija*, jeglichen Posten in der Partei und lebte in seiner Kremlwohnung — im Spielgardepalast des jungen Peter — ein halbes Jahr wie im Gefängnis. (Fuhr im Herbst freilich auch auf die Datscha — und es salutierten die Kremlwachen, als wäre nichts geschehen.) Schon kam ihn niemand besuchen, schon rief ihn niemand mehr an. Und all diese Monate schrieb er unaufhörlich Briefe: »Lieber Koba!... Lieber Koba!... Lieber Koba!...«, die allesamt ohne Antwort blieben.

Er suchte noch den herzlichen Kontakt mit Stalin!

Der *liebe Koba* aber saß bereits mit zusammengekniffenen Augen überm Probenplan. Die Rollen hatte er vor Jahren zurechtgelegt und brauchte sich von *Lieb-Bucharin* nicht erst vorspielen zu lassen, um zu wissen, daß er die seine trefflich meistern würde. Der hatte sich ja bereits von seinen eingesperrten und verschickten Schülern und Anhängern (deren es im übrigen nicht viele gab) losgesagt, ihre Zerschlagung geduldet*. Hat sich die Zerschlagung und Beschimpfung seiner noch nicht einmal richtig ausgetragenen und geborenen Geistesrichtung gefallen lassen. Und nahm, pro forma noch Chefredakteur der *Iswestija*, noch immer Politbüromitglied, ebenso widerspruchslos, als sei's zu Recht geschehen, die Erschießung Kamenews und Sinowjews hin. Er hat sich nicht donnernd dagegen empört, nicht einmal leise dagegen geflüstert. Na, hätt es danach wirklich noch eines Probespiels bedurft?

Und noch früher, viel früher, als Stalin wetterte, daß er ihn (sie alle zu verschiedenen Zeiten!) aus der Partei ausschließen würde, hatte Bucharin (hatten sie alle!) widerrufen, um bloß in der Partei zu bleiben! Na, war's nicht ein Probespiel gewesen? Wenn sie sich schon als freie Männer und noch auf der Höhe des Ruhms und der Macht derart aufführten, brauchte es nur mehr der über ihren Leib und Schlaf und Eßnapf bestimmenden Souffleure von der Lubjanka, auf daß sie sich klaglos in den Text des Dramas fügten.

Und wie er nun dasaß, auf die Verhaftung wartend, worum bangte Bucharin am meisten? Zuverlässig ist es überliefert: darum, daß er aus der *Partei* ausgeschlossen würde! die *Partei* verlöre! am Leben bliebe, aber als *Außenstehender*! Und genau diese seine (ihrer aller!) Eigenheit wußte der *liebe Koba*, seitdem er selbst zur *Partei* geworden war, vortrefflichst auszuspielen. Bucharin (ihnen allen!) fehlte der EIGENSTÄNDIGE STANDPUNKT, ihnen fehlte eine wirklich oppositionelle Ideologie, aus der heraus sie sich hätten absondern und festigen können. Stalin hatte sie zur Opposition gestempelt, ehe sie noch eine solche geworden waren, und beraubte sie damit jeglicher Kraft. Und alle ihre Bemühungen rich-

---

* Lediglich Jefim Zejtlin losgeeist, doch auch dies nicht für lange.

teten sich nun aufs Festklammern an der Partei. Und sollten dabei der Partei auch nicht schaden!

Der Notwendigkeiten sind's zu viele, um unabhängig zu sein!

Für Bucharin war, im Grunde, die Titelrolle vorgesehen — da durfte nicht gehudelt werden, der Regisseur und die Zeit mußten in Ruhe an ihm arbeiten, er selbst sich ungestört in die Rolle einleben können. Auch die Dienstfahrt nach Europa, im vergangenen Winter zwecks Einholung von Marx-Manuskripten unternommen, war nicht einfach ein notwendiges Accessoire der späteren Beschuldigungen in Sachen Auslandskontakte: Die ziellose Freiheit des Lebens auf Tournee zeigte nur noch drastischer an, daß die Rückkehr auf die Hauptbühne unabwendbar war. Und nun, unter den Gewitterwolken der schwarzen Anklagen — die lange endlose Nichtverhaftung, das verzehrende Hoffen und Bangen. Der Willen des in seine vier Wände gesperrten Opfers wurde damit sicherer zerstört als durch direkten Druck der Lubjanka. (Das geht ihm ja nicht verloren, davon gibt es gleichfalls ein gut Jahr.)

Eines Tages wurde Bucharin zu Kaganowitsch gebeten und dort in Anwesenheit von führenden Tschekisten mit dem bereits verhafteten Sokolnikow konfrontiert. Sokolnikow sprach über das »parallele Rechte Zentrum« (das »parallel« bezog sich auf das trotzkistische Zentrum), über Bucharins illegale Wühlarbeit. Nachdem Kaganowitsch das Verhör mit großem Schwung abgewickelt hatte und Sokolnikow wieder abführen ließ, wandte er sich freundschaftlich an Bucharin: »Er lügt wie gedruckt, das Arschloch!«

Allein, die Zeitungen fuhren fort, die Empörung der Massen nachzudrucken. Bucharin telefonierte ins ZK. Bucharin schrieb Briefe: »Lieber Koba!...« — man möge ihn öffentlich von den Anklagen freisprechen. Darauf wurde eine verschwommene Erklärung der Staatsanwaltschaft publiziert: »Für die gegen Bucharin erhobenen Beschuldigungen ließen sich keine Beweise finden.«

Im Herbst kam ein Anruf von Radek: Man wolle sich doch treffen. Bucharin winkte ab: Wir sind beide Beschuldigte, wozu neue Anwürfe heraufbeschwören? Da aber ihre Datschen in Iswestino nebeneinanderstanden, fiel ihm Radek eines Abends ins Haus: »Egal, was ich später vielleicht sagen werde — ich bin vollkommen unschuldig, das sollst du wissen. Du wirst ja heil davonkommen; hast mit den Trotzkisten nie was zu tun gehabt.«

Und Bucharin glaubte es selbst: Ja, er wird es überstehen, nein, sie werden ihn nicht aus der Partei ausschließen — das wäre ungeheuerlich! Die Trotzkisten hat er tatsächlich stets scheel angesehen: Da haben sie sich außerhalb der Partei gestellt – und was ist daraus geworden! Man muß zusammenhalten und wenn, dann auch zusammen irren.

Bei der Novemberdemonstration (Abschied vom Roten Platz nehmen) saß das Ehepaar Bucharin auf der Gästetribüne, die *Iswestija*-Redaktion hatte einen Passierschein geschickt. Plötzlich sahen sie einen bewaffneten Rotarmisten auf sich zukommen. Ein jäher Schreck! – hier? in dieser Minute? . . . Nein, er salutierte: »Genosse Stalin wundert sich, warum Sie hier sind. Er bittet Sie, Ihren Platz auf dem Mausoleum einzunehmen.«

Ein Wechselbad war es, einmal heiß, einmal kalt, und sie schubsten ihn dieses ganze halbe Jahr hin und her. Am 5. Dezember wurde unter großem Jubel Bucharins Verfassung angenommen und für alle Ewigkeit die Stalinsche getauft. Beim Dezemberplenum des ZK wurde Pjatakow vorgeführt, mit ausgeschlagenen Zähnen, sich selbst schon nicht mehr ähnlich. Hinter seinem Rücken standen stumme Tschekisten (Jagoda-Leute, deren Chef längst auch für eine Rolle in Evidenz genommen war). Pjatakow machte schändliche Aussagen gegen Bucharin und Rykow, die saßen daneben, inmitten der übrigen Führer. Ordschonikidse (leicht schwerhörig) legte die Hand ans Ohr: »Sagen Sie mir, sind Ihre Aussagen *freiwillig*?« (Schon vermerkt! Wird auch Ordschonikidse seine Kugel kriegen!) »Vollkommen freiwillig«, stammelte Pjatakow wankend. Und in der Pause sagte Rykow zu Bucharin: »Sieh dir Tomski an, das war ein Mann! Der hat schon im August begriffen und Schluß gemacht. Und wir zwei Dummköpfe blieben am Leben.«

Dann trat Kaganowitsch zornig und verdammend in die Schranken (nichts wünschte er sich sehnlicher, als an des lieben Bucharins Unschuld zu glauben! doch weh, es ging nicht . . .) und danach Molotow. Aber Stalin! diese Weitherzigkeit! dieser Wunsch, Gutes mit Gutem zu vergelten! – »Ich glaube trotz allem, daß Bucharins Schuld nicht erwiesen ist. Rykow ist vielleicht schuldig, aber Bucharin – nein.« (Da hat ihm jemand dazwischengepfuscht, zuviel Anklagen auf Bucharin gehäuft!)

Wechselbäder. Einmal kalt, einmal heiß. So erlahmt der Wille. So lebt sich einer in die Rolle des verlorenen Helden ein.

Da begannen sie ihm ohne Unterlaß Verhörsprotokolle ins Haus zu bringen: Mit den früheren Jünglingen aus dem Institut der Roten Professur waren es Verhöre, mit Radek, mit allen anderen – und alle lieferten die schwersten Beweise für Bucharins schwarzen Verrat. Nicht als Angeklagtem brachten sie's ihm ins Haus, oh, nein! – als einem ZK-Mitglied, einzig zur Kenntnisnahme . . .

Meistens, wenn ein neuer Packen kam, reichte ihn Bucharin an seine zweiundzwanzigjährige Frau weiter, die ihm erst in diesem Frühjahr einen Sohn geboren hatte: »Lies du, ich kann nicht!« und warf sich selbst aufs Bett, das Kissen überm Kopf. Zwei Revolver hatte er in der Wohnung (und Zeit genug von Stalin erhalten!) — und machte nicht Schluß.

Nun, hat er sich nicht in die zugewiesene Rolle eingelebt?...

Und wieder war ein Schauprozeß abgerollt worden — und wieder eine Partie erschossen ... Aber Bucharin wurde geschont, aber Bucharin kam keiner holen ...

Anfang Februar 1937 beschloß er, in den Hungerstreik zu treten — das ZK möge die Sache klären und die Beschuldigungen von ihm nehmen. Er schrieb darüber an den lieben Koba und begann ehrlich zu hungern. Daraufhin wurde ein ZK-Plenum einberufen; auf der Tagesordnung standen: 1. Die Verbrechen des Rechten Zentrums; 2. das parteifeindliche Verhalten des Genossen Bucharin, welches in seinem Hungerstreik Ausdruck findet.

Da wurde Bucharin wankend: Vielleicht hat er wirklich was Parteirühriges getan?... Und er schleppte sich, unrasiert, abgemagert, ein rechter Sträfling bereits, ins Plenum. »Na, was ist dir da bloß eingefallen?« fragte der liebe Koba herzlich. »Ja, wie denn sonst? ... Diese schrecklichen Anwürfe ... Man will mich aus der Partei hinaus ...« Stalin schüttelte sich vor soviel Unsinn: »Ach laß doch, niemand wird dich aus der Partei ausschließen!«

Und Bucharin glaubte ihm, lebte auf, schlug sich vor dem Plenum willig an die Brust, kündigte an Ort und Stelle den Hungerstreik auf. (Zu Hause: »Rasch, schneid mir eine Wurst ab! Koba sagt, man schließt mich nicht aus.«) Aber Molotow und Kaganowitsch (hat man so eine Frechheit gesehen! sich glatt über Stalin hinwegzusetzen!*) schimpften Bucharin im Verlauf des Plenums einen faschistischen Söldling und forderten seinen Kopf.

Und wieder schwand Bucharins Mut, und er machte sich in seinen letzten Tagen daran, einen »Brief an das zukünftige ZK« zu schreiben. Auswendig gelernt und auf diese Art bewahrt, wurde er der ganzen Welt bekannt. Erschüttert hat er sie allerdings nicht**. Denn was war es, was dieser scharfe, brillante Theoretiker den Nachgeborenen mit seinen letzten Worten zu Gehör bringen wollte? Wieder ein Klageschrei, ihn

* Was für reichhaltige Aussagen uns aus Achtung vor Molotows ehrwürdigem Alter entgehen!!
** Wie mitnichten auch das »zukünftige ZK«!

in die Partei zurückzuholen (mit teurer Schmach hat er für diese Anhänglichkeit bezahlt!). Und eine abermalige Versicherung, daß er alles, was bis 1937 (einschließlich) geschehen war, »voll und ganz« billige. Und das heißt, nicht nur alle vorherigen schimpflichen Prozesse, sondern auch alle stinkigen Ströme unserer Großen Gefängniskanalisation. Hat somit besiegelt, daß er würdig sei, in diese einzutauchen . . .

Endlich war er reif, den Souffleuren und Regieassistenten ausgeliefert zu werden — der kräftige Mann, der Jäger und Ringer! (Wie oft hat er Koba bei scherzhaften Balgereien vor anderen ZK-Mitgliedern auf die Schultern gelegt! Wahrscheinlich konnte ihm Koba auch dies nicht verzeihen.)

Und der solcherart Zurechtgebogene und solcherart Zerstörte, auch der Folter nicht mehr Bedürftige — was hatte er dem Jakubowitsch von 1931 voraus? Worin soll seine Position stärker gewesen sein, daß sie ihn gegen die Macht der gleichen zwei Argumente hätte wappnen können? Am Ende war sie sogar schwächer, denn Jakubowitsch wünschte sich den Tod und Bucharin — fürchtete ihn.

Es blieb nur mehr der unbeschwerliche Dialog mit Wyschinski, dessen Schema da war:

»Stimmt es, daß jede Opposition gegen die Partei den Kampf gegen die Partei bedeutet?« — »Im allgemeinen — ja. De facto — ja.« — »Und der Kampf gegen die Partei muß notgedrungen in einen Krieg gegen die Partei ausarten?« — »Nach der Logik der Dinge — ja.« — »Heißt das nicht, daß oppositionelle Überzeugungen letzten Endes zu beliebigen Abscheulichkeiten gegenüber der Partei (Mord, Spionage, Verkauf des Vaterlandes) befähigen?« — »Aber erlauben Sie, die wurden nicht begangen.« — »*Hätten aber können* . . .« — »Ja-a-a, theoretisch gesehen . . .« [lauter Theoretiker! . . .] — »Dennoch stehen für Sie die Interessen der Partei am höchsten?« — »Ja, natürlich, natürlich!« — »Es bleibt demnach eine ganz kleine Abweichung: Wir müssen die Eventualität realisieren, müssen im Interesse der Brandmarkung jeder künftigen oppositionellen Idee alles, was geschehen hätte *können* als *geschehen* hinstellen. Es hätte doch geschehen *können*!« — »Jawohl . . .« — »Also muß das Mögliche als tatsächlich existent anerkannt werden, mehr nicht. Ein kleiner philosophischer Übergang. Abgemacht? . . . Ja, noch etwas! Brauch ich Ihnen ja nicht zu erklären: Wenn Sie dann bei Gericht einen Rückzieher machen und was anderes reden, na, Sie verstehen, daß Sie damit lediglich der Weltbourgeoisie in die Hand spielen und der Partei schaden würden. Na, und daß Sie dann keines leichten Todes sterben werden, versteht sich doch von selbst. Wenn aber alles glatt abläuft, lassen wir sie natürlich am Leben: Sie werden heimlich auf die Insel Monte Christo gebracht und können dort über Ökonomie des Sozialismus arbeiten.« — »Aber bei den vorherigen Prozessen — haben Sie doch erschossen?« — »Aber, aber, das kann man doch nicht vergleichen: *diese* Leute und *Sie*! Außerdem haben wir viele übriggelassen, das steht bloß in den Zeitungen so.«

Bleibt am Ende gar vom ganzen dunklen Rätsel nichts übrig?

Es tönt — durch wie viele Prozesse bereits? — die gleiche triumphale Melodie, die Dutzend Variationen zum gleichen Thema: *Wir sind doch alle zusammen Kommunisten!* Wie habt ihr euch hinreißen lassen, gegen uns aufzutreten? Bereut! Denn ihr und wir sind zusammen — *wir*!

Langsam reift in der Gesellschaft das historische Verständnis. Doch einmal reif, sieh, wie einfach es ist. Weder 1922 noch 1924 noch 1937 konnten die Angeklagten soviel festen Stand gewinnen, daß sie dieser betörenden zerstörenden Melodie erhobenen Hauptes entgegenriefen:

»Nein, MIT EUCH sind wir nicht Revolutionäre!. . . Nein, MIT EUCH sind wir nicht Russen!. . . Nein, MIT EUCH sind wir nicht Kommunisten!«

Hätt's mehr gebraucht als diesen einen Schrei? Dies rufen — und zerfallen wären die Dekorationen, abgebröckelt die Schminke, der Regisseur liefe über die Hintertreppe davon, und die Souffleure huschten in die Rattenlöcher. Und es stünde draußen — das Jahr 1967!

Aber auch die bestgelungenen Vorstellungen waren kostspielig und mühsam. Also beschloß Stalin, künftig auf Schauprozesse zu verzichten.

Genauer gesagt, schwebte ihm 1937 eine großangelegte Inszenierung von öffentlichen Prozessen *in den Bezirken* vor, auf daß die schwarze Seele der Opposition den *Massen* einsichtiger werde. Es mangelte jedoch an guten Regissseuren; eine sorgfältige Vorbereitung konnte nicht gewährleistet werden, zumal die Angeklagten selbst, ihrer größeren Primitivität wegen, des nötigen Einfühlungsvermögens entbehrten; mit einem Wort, es ward für Stalin eine Blamage, bloß daß wenige davon erfuhren. Einige Prozesse gingen schief — und man ließ es sein.

Über einen solchen Prozeß zu berichten, scheint hier angebracht; es ist der *Kadyj-Prozeß*, dem die Iwanower Gebietszeitung bereits ausführliche Berichte zu widmen begann.

Gegen Ende des Jahres 1934 wurde in einem fernen Winkel des Iwanower Gebiets, grad an der Grenze zu Kostroma und Nischnij Nowgorod, ein neuer Bezirk geschaffen und zu seinem Zentrum der alte geruhsame Marktflecken Kadyj erhoben. Die neue Führung, aus verschiedenen Orten hinbeordert, lernte einander erst in Kadyj kennen. Sie fanden sich in einer gottverlassenen tristen Gegend, ausgepowert war sie durch die ewige Getreidebeschaffung und hätte eher Hilfe gebraucht: Geld, Maschinen und eine vernünftige Wirtschaftsführung. Es ergab sich, daß der Erste Sekretär des Bezirkskomitees, Fjodor Iwanowitsch Smirnow, ein Mann mit ausgeprägtem Gerechtigkeitssinn war, und der Chef der Ländereiverwaltung, Stawrow, ein echter Bauernsohn, von den »Intensivbetrieblern« einer, und das waren in den zwanziger Jahren jene umsichtigen und gebildeten Muschiks, die ihren Hof nach wissenschaftlichen Erkenntnissen bewirtschafteten (was dazumal von der Sowjetmacht gefördert wurde; noch war der Beschluß nicht gefaßt, diese Intensivler allesamt zur Ader zu lassen). Weil Stawrow der Partei beitrat, entging er der Liquidierung als Kulak (und liquidierte vielleicht auch selber?). Auf ihrem neuen Posten versuchten sie, den Bauern irgendwie zu helfen, aber die Direktiven, die von oben auf sie niederprasselten, waren jede ein Bremsklotz, gerade als setzte die Obrigkeit mit Absicht alles dran, den Bauern das Leben zu erschweren, zu vergällen. Also wurden die Kadyjer eines Tages beim Gebietskomitee vorstellig; sie schrieben, eine *Senkung* des Getreidebeschaffungsplanes sei unerläßlich, denn es würde der Bezirk widrigenfalls bis unter eine gefährliche Grenze verelenden. Nur wer sich die Atmosphäre der dreißiger Jahre (ob nur dieser?) in Erinnerung ruft, kann ermessen, welcher Frevel gegen den Plan, welcher Aufruhr gegen die Macht darin lag. Indessen wurden die Maßnahmen, wie zu jener Zeit Brauch, nicht stracks und von oben getroffen, sondern der lokalen Laieninitiative des lokalen Laienschaffens überlassen.

Während Smirnow im Urlaub war, brachte Wassilij Fjodorowitsch Romanow, der Zweite Sekretär, im Bezirkskomitee die folgende Resolution durch: »Die Erfolge des Bezirks wären noch glänzender [?], wenn der Trotzkist Stawrow sich ihnen nicht in den Weg stellen würde.« Der Grundstein für die »Akte Stawrow« war gelegt. (An diesem Brauch verdient der Trick Beachtung: *aufspalten!* Smirnow fürs erste neutralisieren, ihn schrecken, auf daß er Stawrow fallenließ, dann hat es Zeit, auch ihm auf den Pelz zu rücken: im kleinen Maßstab ein genaues Abbild von Stalins Taktik im ZK.) Stürmische Parteiversammlungen brachten jedoch zutage, daß Stawrow ebensowenig Trotzkist wie römischer Jesuit war. Der Leiter des RajPO, der Konsumgenossenschaftsstelle des Bezirks, Wassilij Grigorjewitsch Wlassow, ein Mann von lückenhafter, zufälliger Bildung, jedoch mit jenen urwüchsigen Fähigkeiten begabt, die an den Russen immer wieder überraschen — ein Genossenschaftler, Selfmademan, schlagfertiger Diskutierer und stets bis zur Weißglut erhitzt, wenn's um etwas ging, was er für richtig hielt — dieser Wlassow also trat bei der Bezirksversammlung für den *Partei-ausschluß* — des Bezirkssekretärs Romanow ein: wegen Verleumdung! Und Romanow bekam eine Rüge! Romanows Schlußwort ist für jenen Menschenschlag sehr bezeichnend (sie wußten, auf die allgemeine Atmosphäre ist Verlaß): »Obzwar hier bewiesen wurde, daß Stawrow kein Trotzkist ist, bin ich *doch* überzeugt, daß er einer ist. *Die Partei wird sich damit befassen* und mit meiner Rüge auch.« Die Partei befaßte sich: Unmittelbar darauf wurde Stawrow von der Bezirks-NKWD verhaftet, einen Monat später folgte der Vorsitzende des Bezirksexekutivkomitees, der Este Univer, und Romanow trat den freigewordenen *Predrik*-Posten an. Stawrow wurde in die Gebiets-NKWD gebracht und gestand: ein Trotzkist gewesen zu sein, sein Leben lang mit den Sozialrevolutionären unter einer Decke gesteckt, in seinem Bezirk einer *rechten* Organisation angehört zu haben (auch dies Bukett ist jener Zeit würdig: es fehlte noch der direkte Kontakt zur Entente). Kann sein, daß er nichts gestanden hat, niemand wird es je erfahren, denn Stawrow war im Innengefängnis von Iwanowo unter der Folter gestorben. Das Protokoll, ja, das war niedergeschrieben. Und bald holten sie sich auch den Bezirkssekretär Smirnow, das Haupt der vermuteten rechten Organisation; dann den Chef der Finanzabteilung, Saburow; dann noch irgendwen.

Interessant, wie über Wlassows Schicksal entschieden wurde. Den neuen Predrik Romanow wollte er vor kurzem aus der Partei ausschließen. Über die tödliche Kränkung, die er dem Bezirksstaatsanwalt Russow versetzte, schrieben wir bereits (Kapitel 4). Dem Vorsitzenden der Bezirks-NKWD ist er dadurch in die Quere gekommen, daß er zwei seiner tüchtigen, jedoch mit einer vernebelten sozialen Herkunft behafteten Genossenschaftler vor der Verhaftung (angebliche Schädlingsarbeit) rettete. (Wlassow stellte mit Vorliebe alle möglichen »Ehemaligen« ein; sie beherrschten ihr Fach und waren zudem fleißig, wohingegen die proletarischen Neufunktionäre nichts konnten und vor allem nichts machen wollten.) Trotzdem war die NKWD noch immer bereit, sich mit der Genossenschaft zu vergleichen. Der stellvertretende NKWD-Chef erschien höchstpersönlich im RajPO; sein Angebot: die kostenlose Belieferung der NKWD (»Wirst es später mal abschreiben«) mit Stoffen im Wert von siebenhundert Rubeln (Kleider! — ihr Höchstes! für Wlassow aber waren's zwei Monatsgehälter, er nahm kein Krümchen, wo's ihm nicht zustand). »Wenn Sie ablehnen, werden Sie's bereuen.« Wlassow setzte ihn vor die Tür: »Was unterstehen Sie sich, einem Kommunisten solch ein Geschäft vorzuschlagen!« Am nächsten Tag erschien bei Wlassow ein Krylow, nunmehr Vertreter des Parteibezirkskomitees (diese Maskerade und alle schäbigen Tricks sind die Seele des Jahres 1937) und *ordnete* die Einberufung einer Parteiversammlung *an*; einziger Tagesordnungspunkt: »Die Schädlingsarbeit von Smirnow und Univer in der Konsumgenossenschaft.« Referent: Genosse Wlassow. Wahrlich: jeder Trick — eine Perle. Noch klagt niemand Wlassow an! Allerdings hätten von ihm zwei Worte über die Schädlingsarbeit des ehemaligen Sekretärs seines, Wlassows, Bezirks genügt, um die NKWD aufs Tapet zu rufen: »Und wo sind *Sie* gewesen? Warum kamen Sie nicht rechtzeitig zu uns?« Wer in eine solche Lage geriet, verlor meist den Kopf, und dann war's um ihn auch schon geschehen. Nicht so Wlassow! Er gab sofort zurück: »Ich halte kein Referat! Soll Krylow referieren, er hat die beiden verhaftet und bearbeitet den Fall Smirnow—Univer!« Krylow lehnte ab: »Ich bin nicht im Bilde.« Wlassow: »Na, wenn sogar *Sie* nicht im Bilde sind, dann sitzen die beiden ohne Grund!« Und die Versammlung fand einfach nicht statt. Ob aber viele aufzumucken wagten?

Um der Atmosphäre von 1937 voll gerecht zu werden, also auch starke Menschen und starke Entscheidungen nicht aus dem Blick zu verlieren, müssen wir erwähnen, daß am späten Abend desselben Tages zwei Männer bei Wlassow anklopften: der Oberbuchhalter vom RajPO T. und dessen Stellvertreter N.; sie legten zehntausend Rubel auf den Tisch und sagten: »Wassilij Grigorjewitsch! Sie müssen noch in dieser Nacht fort! Noch in dieser Nacht, sonst sind Sie verloren!« Wlassow aber meinte, daß es einem Kommunisten nicht anstand, die Flucht zu ergreifen. Am nächsten Morgen erschien in der Bezirkszeitung eine scharfe Attacke gegen die Arbeit des RajPO (1937 ging die *Presse*, wohlgemerkt, stets mit der NKWD konform), gegen Abend wurde Wlassow aufgefordert, einen Tätigkeitsbericht beim Bezirkskomitee vorzulegen (jeder Schritt — nach der Unionsschablone!).

Man schrieb das Jahr 1937, das zweite Jahr der *Mikojan-Prosperity* in Moskau und den anderen Großstädten, und manche Journalisten und Schriftsteller wissen sich heute zu erinnern, daß schon damals die Sattheit im Lande Einzug hielt. So ging es in die Geschichte ein und läuft Gefahr, auch so dort zu verbleiben. Dieweil wurde im November 1936, zwei Jahre nach der Aufhebung der Brotrationierung, für das Iwanower Gebiet (und andere Gebiete) eine geheime Verordnung erlassen, die den Verkauf von Mehl untersagte. Damals backten die Frauen in den Kleinstädten, besonders aber in den Dörfern, ihr Brot häufig noch zu Hause. Das Verbot des Mehlhandels bedeutete den Verzicht auf Brot.

In Kadyj, dem Bezirkszentrum, bildeten sich überlange, niemals dagewesene Brotschlangen (die wurden im übrigen auch nicht geduldet: Im Februar 1937 wurde das Backen von Schwarzbrot in den Bezirkszentren verboten, nur das teure Weißbrot durfte auf den Markt). In der Gegend von Kadyj gab es jedoch außer der zentralen keine anderen Bäckereien, und die Leute kamen aus allen Dörfern, Schwarzbrot zu kaufen. Mehl gab es ja im RajPO-Lager genug — bloß daß zwei Verbote dazwischenstanden, es den Menschen zu geben! Wlassow fand jedoch einen Ausweg, die staatlichen schlauen Auflagen zu hintergehen und den Bezirk in jenem Jahr satt zu bekommen: Er fuhr in die Kolchosen hinaus und kam mit acht Dörfern überein, daß sie in den leerstehenden »Kulaken«-Häusern öffentliche Bäckereien einrichten würden (das heißt: einfach Brennholz herbeischaffen und die Weiber an die vorhandenen russischen Öfen stellen, die jedoch als öffentliche zu gelten hatten, keine privaten waren), während sich das RajPO verpflichtete, das nötige Mehl zu liefern. Ewig ist die Lösung einfach, so man sie nur findet! Ohne Bäckereien zu bauen (wofür es keine Mittel gab), baute Wlassow an einem Tag acht. Ohne mit Mehl zu handeln, lieferte er unermüdlich welches vom Lager aus und schrieb ins Gebiet um mehr. Ohne im Bezirkszentrum Schwarzbrot zu verkaufen, brachte er den Bezirk mit Schwarzbrot durch. Gewiß, den Buchstaben des Beschlusses hat er nicht verletzt, dafür aber seinen *Geist*: Mehl sparen, das Volk schikanieren. Grund genug, ihn beim Bezirkskomitee zu *kritisieren*.

Nach dieser Kritik brachte er noch eine Nacht dahin und wurde am nächsten Tag verhaftet. Kleiner Streithahn, der er immer war (klein gewachsen, trug er die Nase immer etwas hoch, weil den Kopf zurückgeworfen), versuchte er, das Parteimitgliedsbuch nicht herzugeben (ein Ausschluß wurde bei der Sitzung gestern nicht beschlossen!), ebensowenig seine Deputiertenkarte (das Volk hat ihn gewählt und das RIK hat seine Immunität nicht aufgehoben!). Aber die Milizmänner hatten für derlei Formalitäten kein Verständnis, ein paar harte Griffe, und sie nahmen sich, was sie brauchten, mit Gewalt. Aus dem RajPO ging es bei hellichtem Tage zur NKWD; einer seiner Angestellten, ein junger Komsomolze, sah aus dem Fenster, wie sie ihn über die Straße führten. Den Leuten fehlte damals vielfach noch die Übung, anders zu reden, als einer dachte (auf dem Land besonders, der Einfalt wegen). Der Junge rief laut: »Die Schweinehunde! Nun ist mein Chef dran!« Und wurde auf der Stelle — brauchte nicht erst das Zimmer zu verlassen — aus dem Bezirkskomitee samt Komsomol ausgeschlossen und wanderte über den bekannten Pfad in die Grube.

Im Vergleich zu den Mitangeklagten hatten sie Wlassow lange draußen gelassen, der Akt war beinahe abgeschlossen und wurde eben für einen offenen Prozeß zurechtgeschustert. Sie brachten Wlassow ins Innengefängnis von Iwanowo. Sintemal er aber schon der letzte war, gab es keine peinliche Befragung mehr, nur zwei kurze Verhöre, keinen einzigen Zeugen; sie begnügten sich damit, den Untersuchungsakt mit einigen Berichten des RajPO sowie Ausschnitten aus dem Bezirksblatt aufzufüllen. Die Anklage umfaßte: 1. die Herbeiführung von Brotschlangen; 2. das minimale Warensortiment (als ob es diese Waren irgendwo gegeben und sie jemand dem RajPO von Kadyj angeboten hätte); 3. den Überschuß an gelagertem Salz (es war indes die obligatorische »Mobilmachungs«-Reserve — in Rußland hat man seit eh und je Angst, im Kriegsfall ohne Salz dazustehen).

Ende September wurden die Angeklagten nach Kadyj transportiert, wo der Prozeß stattfinden sollte. Das war kein Katzensprung dahin (welch ein Aufwand im Vergleich zu den OSOs und den geschlossenen Gerichten!): Von Iwanowo bis Kineschma ging es per Bahn im *Stolypin*-Waggon, von Kineschma bis Kadyj 110 Kilometer mit dem Auto. Die ungewohnte Autokolonne — mehr als zehn Fahrzeuge alles in allem — schlängelte sich über die menschenleere alte Landstraße, die Dörfler staunten und meinten ängstlich, es gebe bald Krieg. Für die klaglose und erschröckliche Abwicklung des Prozesses zeichnete Kljugin (Chef der für konterrevolutionäre Organisationen zuständigen Sonder-Geheimabteilung der Gebiets-NKWD) verantwortlich. Die Bewachung besorgten vierzig Mann aus der Reserve der berittenen Miliz, und so wurden die Häftlinge an jedem Tag vom 24. bis 27. September mit blanken Säbeln und schußbereiten Pistolen vom NKWD-Haus in den halbfertigen Klub und zurück geführt — durch ganz Kadyj, in dem sie noch vor kurzem die Regierung waren. Die Klubfenster hatte man schon verglast, aber die Bühne stand noch im Rohbau, es gab keinen Strom (wie nirgendwo in Kadyj), zur abendlichen Gerichtstagung zündete man Petroleumlampen an. Das Publikum wurde aus den Kolchosen herbeigeschafft, wofür es Sollziffern gab. In Scharen kam auch ganz Kadyj. Auf den Bänken und Fensterbrettern war jeder Zoll besetzt, ein dichter Haufen stand obendrein zwischen den Reihen, bald siebenhundert Seelen fanden jedesmal Platz (im Russenland hat man für derlei Attraktionen allemal was übrig). Die vorderen Reihen waren aber ständig für Kommunisten reserviert, auf daß sie dem Gericht jederzeit wohlwollenden Beistand leisteten.

Aus dem Vize des Gebietsgerichts Schubin und den Mitgliedern Ditsche und Saoserow wurde ein Sondergerichtshof zusammengestellt. Der Gebietsstaatsanwalt Karassik, Absolvent der Universität Dorpat, vertrat die Anklage (obwohl die Angeklagten alle auf die Verteidigung verzichtet hatten, wurde ihnen, damit der Prozeß nicht ganz ohne bliebe, ein Pflichtanwalt aufgehalst). Die feierlich-bedrohliche und lange Anklageschrift lief darauf hinaus, daß im Bezirks Kadyj eine illegale rechts-bucharinistische Gruppe ihr Unwesen trieb: Von Iwanowo aus gegründet (kurzum — morgen geht auch dort das Verhaften los), setzte sie sich den Sturz der Sowjetmacht im Ort Kadyj zum Ziel (ein weltvergesseneres Nest haben die *Rechten* für den Anfang gar nicht finden können!).

Obwohl Stawrow im Gefängnis gestorben war, brachte der Staatsanwalt den Antrag ein, dessen Aussagen zu verlesen und als vor Gericht gemacht zu betrachten (viel mehr als Stawrows Aussagen hatte die Anklage nicht zur Hand!). Das Gericht nahm an: es habe der Verstorbene, was seine Aussagen betrifft, quasi als Lebender zu gelten (mit dem Vorteil freilich, daß ihm von den Angeklagten keiner widersprechen konnte).

Mit soviel gelahrten Finessen wußten die Hinterwäldler von Kadyj indes nichts anzufangen, man harrte der Dinge, die da noch kommen sollten. Die Aussagen des zu Tode Gefolterten werden verlesen und von neuem protokolliert. Es beginnt die Befragung der Angeklagten — und sie *widerrufen alle*, oh, Mißgeschick, ihre in der Haft abgelegten Geständnisse!

Es steht in den Sternen, wie man in einem solchen Fall im Oktobersaal des Moskauer Gewerkschaftshauses[53] verfahren wäre — in Kadyj ging man ohne zu erröten über die kleine Peinlichkeit hinweg. Der Vorsitzende, vorwurfsvoll: »Wie kommt es nur, daß Sie bei der Untersuchung was anderes sagten?« Univer, wankend, mit kaum hörbarer Stimme: »Bei einem offenen Gerichtsprozeß kann ich als Kommunist nicht über die Verhörmethoden der NKWD aussagen.« (Da haben wir's, das Modell des Bucharin-Prozesses! Das ist es, was sie lähmt: Es könnte das Volk, Gott behüte, über die Partei was Schlechtes erfahren. Ihren Richtern bereitet dies längst kein Kopfzerbrechen mehr.)

In der Pause wandert Kljugin durch die Zellen. Zu Wlassow: »Na, was sagst du zu Smirnow und Univer, den Schweinehunden? Daß du's ihnen ja nicht nachmachst! Bekenne dich schuldig und erzähle die ganze Wahrheit!« — »Nur die Wahrheit!« stimmt ihm Wlassow, noch standhaft, bereitwillig zu. »Nur die Wahrheit, daß ihr euch in nichts von den deutschen Faschisten unterscheidet!« Kljugin sieht rot: »Paß nur auf, du

Scheißkerl, wir lassen dich zur Ader!«* Jenes Gespräch bringt Wlassow, der bis dahin im Hintergrund stand, die tragende Rolle des *geistigen Inspirators* der Gruppe ein.

Der Menge, die sich in den Durchgängen drängt, beginnt es zu dämmern, sobald das Wort »Brotschlange« fällt. Das ist für jedermann genau die empfindliche Stelle (obwohl vor dem Prozeß mit Brot natürlich nicht gespart wurde und es an diesem Tag keine Schlangen gab); das Gericht stürzt sich furchtlos auf das Thema. Frage an den Angeklagten Smirnow: »Hatten Sie von den Brotschlangen im Bezirk Kenntnis?« — »Ja natürlich, die zogen sich vom Geschäft bis zum Gebäude des Bezirkskomitees.« — »Und was unternahmen Sie?« Ein breitknochiger blonder Mann ist Smirnow, hat ein einfaches Gesicht und eine kräftige Stimme, der die Folterungen genausowenig anhaben konnten wie seiner ruhigen Gewißheit, im Recht zu sein. Er beeilt sich nicht, und der Saal vernimmt jedes Wort: »Da meine sämtlichen Vorstellungen bei den Gebietsorganisationen ergebnislos blieben, beauftragte ich den Genossen Wlassow, einen schriftlichen Bericht für den Genossen Stalin zu verfassen.« — »Und warum schriebt ihr ihn nicht?« (Sie wissen es noch nicht! ... Haben's verschlafen!) — »Wir haben es getan, der Bericht ging per Feldpost direkt ans Zentralkomitee, nicht erst ins Gebiet. Die Durchschrift muß in den Akten des Bezirks liegen.«

Der Saal hält den Atem an. Das Gericht ist aus dem Geleise geraten und würde sich am liebsten taub stellen, aber irgendwer will es genau wissen: »Und was geschah?«

Die Frage liegt jedem im Saal auf den Lippen: »Was geschah?«

Smirnow schluchzt nicht, Smirnow jammert nicht ob des untergehenden Ideals (just, was den Moskauer Prozessen fehlte!). Er antwortet laut und deutlich:

»Nichts. *Eine Antwort kam nicht.*«

Und es klingt aus seiner müden Stimme: Wie ich eigentlich nicht anders erwartet habe.

KEINE ANTWORT! Vom *Vater* und *Lehrer* — keine Antwort! Schon hat der Schauprozeß seinen Gipfel erreicht! Schon hat er die Massen die schwarze Seele des Menschenfressers schauen lassen. Schon wäre es an der Zeit, den Vorhang zu senken. Doch nein, dazu reicht ihnen weder der Verstand noch das Taktgefühl, sie werden noch ganze drei Tage Wasser mit ihrem ramponierten Sieb schöpfen.

---

* Wart, es dauert nicht lange, da lassen sie dich zur Ader! — Bald wird Kljugin mit dem Jeschow-Schub ins Netz geraten und im Lager vom Spitzel Gubaidulin erschlagen werden.

Der Staatsanwalt gerät in Rage: »Ihr Doppelzüngler! So seid ihr also! — Hier schädigen, dort Briefe an Stalin schreiben! Und habt gar noch auf Antwort gewartet?« Der Angeklagte Wlassow möge Rede und Antwort stehen: Wie war ihm die grauenhafte Schädlingsidee gekommen, kein Mehl mehr an die Leute zu verkaufen? das Backen von Roggenbrot im Bezirkszentrum zu verbieten?

Wlassow, dem Streithahn, braucht man nicht erst auf die Beine zu helfen, der drängt sich selbst vor und schreit über den ganzen Saal:

»Ich bin bereit, all das vor Gericht zu verantworten, wenn Sie, Staatsanwalt Karassik, vom Anklagepult steigen und sich neben mich setzen!«

Was? Wie? Ein Lärm, ein Radau, man hört kein Wort. Will hier niemand Ordnung schaffen!...

Solcherart das Wort sich erkämpfend, gibt Wlassow bereitwillig Auskunft:

»Für den Mehlverkauf, fürs Schwarzbrotbacken kamen die Verbote vom Präsidium des Gebietsexekutivkomitees, das ist aktenkundig. Der Gebietsstaatsanwalt ist ständiges Präsidiumsmitglied. Wenn es Schädlingsarbeit war — warum haben Sie nichts dagegen unternommen? Heißt das nicht, daß Sie *vor mir* ein Schädling waren?«

Der Staatsanwalt muß Luft schnappen, der Schlag sitzt sicher und fest. Das Gericht weiß sich auch keinen Rat. Ein Stottern:

»Wenn wir es für notwendig befinden [?], nehmen wir uns auch den Staatsanwalt vor. Aber heute stehen Sie vor Gericht.«

(Zweierlei Richtigkeit, zweierlei Rechtlichkeit — je nach dem Dienstrang!)

»Dann verlange ich, daß er das Anklagepult verläßt!« beharrt der unbezähmbare, unermüdliche Wlassow.

Pause...

Na, wo liegt in solch einem Prozeß die erzieherische Bedeutung für die Massen?

Sie lassen indes nicht locker. Nach dem Verhör der Angeklagten beginnt die Einvernahme der Zeugen. Der Buchhalter N. wird gefragt:

»Was ist Ihnen über die Schädlingstätigkeit Wlassows bekannt?«

»Nichts.«

»Wie denn das?«

»Ich war im Zeugenzimmer, ich konnte nicht hören, was hier gesprochen wurde.«

»Das sollen Sie auch nicht! Durch Ihre Hände sind viele Dokumente gegangen, sagen Sie bloß nicht, Sie hätten nichts gewußt.«

»Die Dokumente waren immer in Ordnung.«

»Da schauen Sie — ein paar Nummern der Bezirkszeitung, sogar die hat über Wlassows Schädlingsarbeit berichtet. Und Sie wollen nichts wissen?«

»Dann fragen Sie doch die Leute, die die Artikel schrieben!«

Die Leiterin des Brotgeschäfts.

»Wir möchten von Ihnen erfahren, ob die Sowjetmacht genug Brot besitzt.«

(Na, wie windest du dich heraus? . . . Wer hätte den Mut zu sagen: Ich habe es nicht gezählt?)

»Ja, wohl . . .«

»Woher kommen dann die Schlangen?«

»Weiß nicht . . .«

»Vom wem hängt das ab?«

»Weiß nicht . . .«

»Was soll das: weiß nicht, weiß nicht? Wer war Ihr Vorgesetzter?«

»Wassilij Grigorjewitsch.«

»Was, zum Teufel, Wassilij Grigorjewitsch! Der Angeklagte Wlassow! Hing es also von ihm ab?«

Die Zeugin schweigt.

Der Vorsitzende diktiert dem Sekretär: »Antwort: Infolge der Schädlingstätigkeit von Wlassow kam es in Kadyj trotz der enormen Brotreserven der Sowjetmacht zur Entstehung von Brotschlangen.«

In Überwindung der eigenen Ängste hielt der Staatsanwalt eine zornerfüllte lange Rede. Der Verteidiger verteidigte vornehmlich sich selbst: Er betonte, daß ihm die Interessen der Heimat genauso teuer seien wie jedem anderen ehrlichen Bürger auch.

In Smirnows Schlußwort war nichts von Bitten, nichts von Bereuen. Soweit es sich heute erkennen läßt, war er ein standhafter Mann und viel zu freimütig, als daß er das Jahr 1937 hätte lebend überstehen können.

Als Saburow um Gnade bat — »nicht für mich, sondern für meine kleinen Kinder schenkt mir das Leben«, zupfte ihn Wlassow ärgerlich am Rock: »Bist ein Trottel!«

Wlassow selbst ließ sich die letzte Gelegenheit, ihnen Saures zu geben, nicht entgehen:

»In meinen Augen seid ihr kein Gericht, sondern Schauspieler, die ein vorgeschriebenes Lustspiel zum besten geben. Ihr seid die Vollstrecker einer niederträchtigen Provokation der NKWD. Egal, was ich sage — ihr werdet mich ohnehin zum Tod verurteilen. Aber davon bin ich überzeugt: Die Zeit wird kommen, da man euch an unsere Stelle setzt!«*

Von sieben Uhr abends bis ein Uhr nachts schmiedete das Gericht das Urteil; im Klubsaal brannten die Petroleumlampen, mit blanken Säbeln standen die Wachen, die Leute lärmten dumpf, keiner ging weg.

Wie das Urteil lange geschrieben wurde, so wurde es auch lange verlesen, kein Wunder bei der Anhäufung der allerphantastischsten Schädlingshandlungen, -beziehungen und -pläne. Smirnow, Univer, Saburow und Wlassow wurden zum Tod durch Erschießen, zwei weitere zu je zehn, einer zu acht Jahren Lager verurteilt. Außerdem wiesen die Schlußfolgerungen des Gerichts auch noch auf eine in Kadyj zu entlarvende Komsomol-Gruppe hin (die Verhaftungen ließen nicht auf sich warten; erinnern Sie sich an den jungen Komsomolzen vom RajPO?), bzw. auf ein in Iwanowo bestehendes illegales Zentrum, welches seiner· seits natürlich Moskau unterstand (schon grub man Bucharin das Wasser ab).

Nach den feierlichen Worten »Zum Tod durch Erschießen!« schob der Richter eine Pause ein, für den Applaus, aber es lag eine derart düstere Spannung über dem Saal — fremde Leute seufzten und weinten, die Verwandten schrien, viele brachen ohnmächtig zusammen —, daß nicht einmal die ersten beiden, für Parteimitglieder reservierten Bänke zu klatschen begannen, was nun vollends ungeziemend war. »Ojemine, batjuschki, was macht ihr bloß?!« rief man den Richtern aus dem Saal zu. Herzzerreißend schluchzte Univers Frau. Und die Menge im Halbdunkel des Saales geriet in Bewegung. Wlassow fuhr die ersten Reihen an:

»Na, ihr Lumpen, was klatscht ihr denn nicht? Kommunisten!«

Der Politruk der Wachmannschaft sprang auf ihn zu, fuchtelte mit dem Revolver vor seinem Gesicht. Wlassow wollte schon den Revolver packen, da warf sich ein Milizmann dazwischen und schob den Politruk, ehe er Schlimmeres anrichten konnte, beiseite. Der Wachechef kommandierte »An die Gewehre!« — und dreißig Karabiner der Miliz samt den Revolvern der lokalen NKWDisten richteten sich auf die Angeklagten und auf die Menge (es sah wahrhaftig so aus, als würde sie gleich die Bühne stürmen, um die Verurteilten freizukämpfen).

Im Saal brannten nur wenige Petroleumlampen, die Dunkelheit verschlimmerte das Durcheinander und die Angst. Was dem Gerichtsprozeß an Überzeugungskraft fehlte, machten die angeschlagenen Karabiner wett, die Menschen stürzten in Panik zu den Türen, krochen sto-

* Im großen gesehen hat er nur darin geirrt.

ßend und tretend durch die Fenster. Man hörte Holz krachen, Scheiben klirren. Univers Frau, ohnmächtig und beinahe zertrampelt, blieb bis am Morgen unter den Stühlen liegen.

Der Applaus mußte abgeschrieben werden . . .*

Die Verurteilten aber durften mitnichten sofort erschossen werden, ganz im Gegenteil: Die waren, da sie ja nichts mehr zu verlieren hatten, noch hundertmal sorgsamer zu bewachen und zum Zwecke der Erschießung ins Gebietszentrum zu eskortieren.

Die erste Aufgabe, sie über die nächtliche Straße zur NKWD zu geleiten, meisterte man wie folgt: Jeder Verurteilte wurde von fünf Mann umringt. Der erste trug eine Laterne. Der zweite ging mit erhobener Pistole voran. Der dritte und der vierte hielten den Todeskandidaten fest und hatten die andere Hand ebenfalls für je einen Revolver frei. Der fünfte ging hintendrein und zielte dem Delinquenten in den Rücken.

Die übrige Miliz säumte in Abständen den Weg, um einen Überfall der Menge zu vereiteln.

Welcher vernünftige Mensch wird heute bestreiten, daß die NKWD, hätt sie ihre Zeit mit öffentlichen Prozessen verplempert, niemals ihrer großen Aufgabe gerecht geworden wäre!

Eben darum haben öffentliche politische Prozesse in unserem Lande nicht Schule gemacht.

---

*Eine kleine Anmerkung sei dem achtjährigen Mädchen Soja Wlassowa gewidmet. Sie liebte ihren Vater über alles. Bald konnte sie nicht mehr in die Schule. Die Kinder spotteten: »Dein Vater ist ein Schädling!«, sie prügelte sich mit jedem: »Mein Papa ist gut«! Nach dem Prozeß lebte sie nur noch ein Jahr (war vorher niemals krank), in diesem Jahr hat sie *kein einziges Mal gelacht*, ging stets mit gesenktem Kopf umher, und die alten Weiber unkten: »Sie schaut in die Erde, die macht's nicht mehr lange.« Sie starb an einer Gehirnhautentzündung und rief noch bis in den Tod: »Wo ist mein Papa? Gebt mir den Papa!«
Wenn wir die Millionen zählen, die in den Lagern zugrunde gingen, vergessen wir, mit zwei, mit drei zu multiplizieren . . .

Die Geschichte der Todesstrafe in Rußland windet sich im Zickzack durch die Zeiten. In der Gesetzessammlung des Zaren Alexej Michailowitsch waren fünfzig Verbrechen für das Schafott auserkoren und in den Militärsatzungen von Peter dem Großen bereits zweihundert entsprechende Delikte. Die Kaiserin Elisabeth hob die Todesstrafe zwar nicht auf, ließ sie aber auch keinmal anwenden. Es heißt, sie habe bei der Thronbesteigung ein Gelübde abgelegt, niemanden hinzurichten — und sie hielt sich in den zwanzig Jahren ihrer Herrschaft daran. Trotz des Siebenjährigen Krieges, den sie führte, kam sie ohne aus. Ein erstaunliches Beispiel für die Mitte des 18. Jahrhunderts: ein halbes Säkulum vor dem jakobinischen Köpferollen. Allerdings ist es uns zur zweiten Natur geworden, alles Vergangene zu bespötteln; nur kein gutes Haar daran lassen! So kann auch Elisabeth ohne große Mühe angeschwärzt werden, ersetzte sie doch die Hinrichtung — durch das Auspeitschen, das Nüsternausreißen, das Brandmarken von Dieben und die ewige Verbannung nach Sibirien. Ein gutes Wort sei aber auch zugunsten der Kaiserin vorgebracht: Wie hätte sie's, den öffentlichen Vorstellungen zum Hohn, resoluter anpacken sollen? Und ob nicht auch der heutige Todeskandidat diesen ganzen Komplex aus freien Stücken über sich ergehen ließe, daß bloß die Sonne nicht aufhört, ihm zu scheinen? Wir aber schlagen's ihm aus lauter Menschlichkeit nicht vor... Vielleicht auch wird der Leser dieses Buches alsbald geneigt sein, den Elisabethanischen Strafen gegenüber einem *Zwanziger* oder auch nur einem *Zehner* in unseren Lagern den Vorzug zu geben?

Unserer heutigen Terminologie folgend, müßten wir sagen, daß Elisabeth einen allgemein-menschlichen, Katharina II. hingegen einen Klassenstandpunkt vertrat (welcher folglich auch der richtige war). Gar niemanden hinzurichten, schien ihr befremdlich und der Staatsraison nicht bekömmlich. So ließ sie denn das Schafott zu ihrem, des Thrones und des Regimes Schutze als durchaus unerläßlich bestehen: Es stand mithin für politische Fälle (Mirowitsch, die Moskauer Pestunruhen, Pugatschow) bereit. Für die Kriminellen aber, für die *Bytowiki* durfte die Todesstrafe — warum nicht? — als aufgehoben gelten.

Unter Paul I. wurde die Abschaffung der Todesstrafe bestätigt. (Der

Kriege gab's genug, trotzdem waren die Regimenter ohne Tribunale.) Und während der ganzen langen Zeit der Herrschaft von Alexander I. wurde die Todesstrafe nur wegen einiger im Feldzug von 1812 begangenen militärischen Vergehen verhängt. (Nun wird man uns sogleich den Spießrutenlauf vorhalten: Stand nicht am Ende der gleiche Tod? Ganz gewiß hat es das heimliche Morden gegeben, wer wollte es leugnen? Bloß: Es kann einer auch durch die Gewerkschaftsversammlung in den Tod getrieben werden! Und es blieben trotz allem ein halbes Jahrhundert lang — von Pugatschow bis zu den Dekabristen — selbst die Staatsverbrecher in unserem Lande davor verschont, durch gerichtlichen Beschluß vom Leben zum Tode befördert zu werden.)

Das Blut der Dekabristen hat unserem Staat den Mund wäßrig gemacht. Seit damals und bis zur Februarrevolution wurde die Todesstrafe für Staatsverbrechen weder aufgehoben noch vernachlässigt. In den Gesetzbüchern von 1845 und 1904 verankert, wurde ihre Anwendung auch noch durch die militär- und seerechtlichen Bestimmungen erweitert.

Und wie viele sind nun innerhalb dieser Zeit in Rußland hingerichtet worden? Wir führten bereits (in Kapitel 8) die von liberalen Politikern in den Jahren 1905—07 angestellten Berechnungen an. Diese können durch die geprüften Angaben von N. S. Taganzew, einem Kenner des russischen Strafrechts, ergänzt werden*. Bis 1905 wurde die Todesstrafe in Rußland als außerordentliche Maßnahme gehandhabt. In den dreißig Jahren von 1876 bis 1904 (der Blütezeit des Terrorismus, der *Narodnaja Wolja*, der Zeit, da es nicht um in der Waschküche geäußerte *Absichten* ging; der Zeit der Massenstreiks und Bauernunruhen; der Zeit, in der alle Parteien der künftigen Revolution gegründet und gefestigt wurden) gab es 486 Hinrichtungen, das heißt etwa 17 pro Jahr (und zwar: die kriminellen Verbrecher mit inbegriffen!** In den Jahren der ersten Revolution und ihrer Niederwerfung schnellte die Zahl der Hinrichtungen hinauf — und die russischen Menschen waren konsterniert. Tolstoi trieb's die Tränen in die Augen, und Korolenko schlug Sturm, mit ihm andere und viele: von 1905 bis 1908 wurden 2200 Menschen hingerichtet (45 im Monat!). Es war, wie Taganzew schreibt, eine *Hinrichtungsepidemie*. (Kaum hatte er das geschrieben, da kam sie auch schon zum Stillstand.)

Die Provisorische Regierung hat bei ihrer Einsetzung die Todesstrafe

*N. S. Taganzew, *Smertnaja kazn'* (»Die Todesstrafe«), St. Petersburg 1913.
**In der Festung Schlüsselburg wurden von 1884 bis 1906 13 Menschen hingerichtet. Eine erschreckende Zahl — für die Schweiz.

zur Gänze aufgehoben und im Juli 1917 für die im Einsatz stehende Armee und die Frontgebiete wiedereingeführt — sie stand auf militärische Verbrechen, Mord, Vergewaltigung, Raub und Plünderung (die in jenen Gebieten damals stark um sich griffen). Das war von den unpopulärsten Maßnahmen eine, an denen die Provisorische Regierung letztlich zugrunde ging. Mit der Losung: »Nieder mit der Todesstrafe! Nieder mit Kerenski, der sie uns wiedergebracht!« riefen die Bolschewiki zum Umsturz auf.

Ein Bericht ist uns überliefert, wonach im Smolnyj[54] in der Nacht vom 25. zum 26. Oktober eine Diskussion entbrannte, ob nicht durch eines der ersten Dekrete die Todesstrafe gleich für immer abzuschaffen wäre ... Mit berechtigtem Hohn trat Lenin dem Utopismus seiner Genossen entgegen, denn *ihm* war natürlich klar, daß man der neuen Gesellschaft ohne Todesstrafe keinen Schritt näherkommen würde. Bei den Koalitionsverhandlungen mit den Linken Sozialrevolutionären mußten allerdings Konzessionen an ihre irrigen Vorstellungen gemacht werden: Am 28. Oktober 1917 wurde die Todesstrafe doch noch abgeschafft. Daß von dieser weichen Tour nichts Gutes zu erwarten war, versteht sich von selbst. (Wie stellte man es denn auch an? Anfang 1918 wurde der eben ernannte Admiral Alexej Schtschastnyj auf Trotzkis Weisung vor Gericht gestellt, weil er sich geweigert hatte, die Baltische Flotte zu versenken. Der Vorsitzende des *Obtrib*, Karklin, machte kurzen Prozeß: »In vierundzwanzig Stunden erschießen!« [Sein Russisch war holperig.] Unruhe im Saal: »Abgeschafft!« Staatsanwalt Krylenko erklärte: »Wozu die Aufregung? Abgeschafft ist die Todesstrafe. Aber Schtschastnyj wird von uns nicht hingerichtet, sondern erschossen.« Und sie erschossen ihn.)

Wenn man den offiziellen Dokumenten glauben darf, wurde die Todesstrafe im Juni 1918 im vollen Umfang — nein, nicht, »wiederhergestellt«, sondern als neue Hinrichtungs*ära* konstituiert. Wenn wir annehmen, daß Lazis* nicht zu niedrig veranschlagt, sondern lediglich über unvollständige Angaben verfügt, und davon ausgehen, daß die Revolutionstribunale in ihrer richterlichen Arbeit der außergerichtlichen Aktivität der Tscheka zumindest ebenbürtig waren, kommen wir zu dem Schluß, daß in den zwanzig zentralen Gouvernements Rußlands in 16 Monaten (vom Juni 1918 bis Oktober 1919) mehr als 16 000 Menschen erschossen wurden; *das ergibt mehr als 1000 im Monat***. (Da wurde

* Aus dem bereits zitierten Sammelband »Zwei Jahre Kampf ...«, S. 75.
** Da wir schon bei Vergleichen sind, hier noch einer: In den achtzig Gipfeljahren der Inquisition (1420–1498) wurden in ganz Spanien 10 000 »Ketzer«, d. h. etwa 10 pro Monat, zum Scheiterhaufen verurteilt.

unter anderem der Vorsitzende des ersten russischen Arbeiterrates, jenes von Petersburg des Jahres 1905, Chrustaljow-Nosarj, erschossen, und auch der Künstler, der für den ganzen Bürgerkrieg das folkloristisch-bylinenhafte Rotarmistenkostüm mit den spitzen, helmähnlichen Mützen entwarf.)

Im übrigen waren es vielleicht gar nicht diese einzelnen, durch Gerichtsurteil ausgesprochenen oder unausgesprochen gebliebenen, später zu Tausenden anschwellenden Erschießungen, durch die sich die 1918 beginnende Hinrichtungsära dem russischen Menschen schaurig und berauschend ankündigte. Schrecklicher dünkt uns jener in Mode gekommene Brauch der kriegführenden Parteien und später dann der Sieger: *ganze Lastkähne zu versenken*, jedesmal mit ungezählten, nirgendwo aufgezeichneten, nicht einmal aufgerufenen Hunderten von Menschen. (Die Seeoffiziere im Finnischen Meerbusen, im Weißen und Schwarzen und Kaspischen Meer, und noch 1920 eine Partie Geiseln im Baikalsee.) In unserer enggefaßten Gerichtsgeschichte findet das keinen Platz, dafür aber in der Geschichte der *Sitten*, woraus das weitere folgt. Wo hat es in all unseren Jahrhunderten vom ersten Rurik an eine ähnliche Ballung von Grausamkeiten und Morden gegeben wie im Bürgerkrieg?

Es hieße, eine kennzeichnende Zacke zu übersehen, würden wir die Aufhebung der Todesstrafe im Januar 1920 — ja, tatsächlich! — unerwähnt lassen. Manch ein Forscher wird sich angesichts solcher Arg- und Schutzlosigkeit der Diktatur vor ein Rätsel gestellt sehen. Noch saßen Denikin am Kuban und Wrangel auf der Krim, und die Polen begannen die Pferde zum Feldzug zu satteln... Wie konnte man da das strafende Schwert entbehren? Aber erstens einmal war jenes Dekret sehr vernünftig gefaßt: *es erstreckte sich nicht auf die Militärtribunale* (sondern nur auf die gerichtslosen Aktionen der Tscheka und die Tribunale des Hinterlands). Zum zweiten ging ihm eine wohlerwogene *Gefängnissäuberung* voraus (wer von den Häftlingen später vielleicht »unter das Dekret« gefallen wäre, wurde vorweg erschossen). Das dritte und tröstlichste aber bestand darin, daß die Gültigkeit des Dekrets mit vier Monaten nur kurz bemessen war (solang das neuerliche Auffüllen der Gefängnisse dauerte). Mit Dekret vom 28. Mai 1920 bekam die Tscheka ihr Erschießungsrecht wieder.

Die Revolution beeilte sich, alles umzubenennen, auf daß die Gegenstände alle neu erschienen. So wurde auch die Todesstrafe in *Höchstmaß* umgetauft, wobei sich das »Höchst« nicht einmal auf die »Strafe«, sondern auf den *sozialen Schutz* bezog. Aus den 1924 erlassenen Grundlagen des Strafrechts erfahren wir, daß dieses Höchstmaß provisorisch statuiert ward: *bis zur endgültigen Aufhebung durch das Zentrale Exekutivkomitee.*

Und schon 1927 wurde tatsächlich mit der *Aufhebung* begonnen: Das Höchstmaß blieb *nur* für Verbrechen gegen Staat und Armee (§ 58 und die militärischen Paragraphen dazu) bestehen, dann allerdings noch für Banditentum. (Die damals und noch heute großzügig gehandhabte politische Auslegung des »Banditentum«-Begriffes ist bekannt: Vom turkmenischen Basmatschen bis zum litauischen Partisanen war jeder bewaffnete, mit der Zentralmacht überworfene Nationalist ein »Bandit«; verständlich, daß man auf diesen Paragraphen nicht verzichten konnte. Auch die Teilnahme an Lagerrevolten, an Straßenunruhen war — »Banditentum«.) Ja, und für die StGB-Paragraphen, die Privatpersonen zu beschützen hatten, wurde die Todesstrafe zum zehnten Jahrestag der Revolution abgeschafft.

Zum fünfzehnten Jahrestag aber wurde der Todesstrafe das Gesetz vom *Siebenten Achten* zugeschlagen, jenes höchst gewichtige Gesetz des bereits anbrechenden Sozialismus, das dem Staatsbürger für jedes eingesteckte staatliche Krümelchen die Kugel versprach.

Wie immer kam das Gesetz besonders am Anfang, 1932/33, energisch in Anwendung, da ging's mit dem Erschießen hoch her. In dieser *friedlichen* Zeit (zu Kirows Lebzeiten noch . . .) warteten allein in den Leningrader Kresty im Dezember 1932 *265 Todeskandidaten gleichzeitig* auf die Vollstreckung* — und in einem Jahr werden es in diesen Kresty wohl tausend und darüber gewesen sein.

Was waren es für Missetäter? Woher die vielen Verschwörer und Querulanten? Na, da saßen zum Beispiel sechs Kolchosbauern aus der Umgebung von Zarskoje Selo, deren Schuld im folgenden bestand: auf der bereits (mit ihren Händen!) abgemähten Kolchoswiese heuten sie, was an den Erdhügeln übriggeblieben war, für die eigenen Kühe ab. *Von diesen sechs Bauern wurde kein einziger durch das WZIK begnadigt, das Urteil wurde vollstreckt!*

Welche blutrünstige Saltytschicha, welcher noch so gemeine und widerliche Feudalherr hätte es wagen können, sechs Bauern wegen ein paar Büschel Gras zu *töten*? . . . Ja schon das Auspeitschenlassen hätte genügt, daß wir seinen Namen behielten und in den Schulen verfluchten**. Und nur zu hoffen bleibt's, daß der Bericht meines lebenden

---

* Zeugenaussage von B., der in den Todeszellen das Essen austeilte.
** Bloß dies verschweigt man den Schülern, daß die Saltytschicha wegen ihrer Untaten von einem (Klassen-)Gericht verurteilt wurde und elf Jahre im unterirdischen Kerker des Iwanowo-Klosters in Moskau absaß. (Prugavin, *Monastyrskie tjur'my* [»Klostergefängnisse«], S. 39.)

Zeugen dereinst dokumentarisch bestätigt werden wird. Wenn Stalin sonst niemand und niemals mehr umgebracht hätte — in meinen Augen hätte er allein für diese sechs Bauern in den Kresty das Vierteilen verdient! Und da gibt es dann noch welche (in Peking, in Tirana, in Tbilissi, na, und auch von den Moskauer Fettwänsten genug), die sich uns anzugrunzen unterstehen: »Wie habt ihr es wagen können, ihn zu entlarven?« ... Gegen den großen Toten die Hand zu erheben? ... Stalin gehört der kommunistischen Weltbewegung!« — Ich meine jedoch: nur dem Strafgesetz. »Die Völker der Erde gedenken seiner mit Sympathie...« — nur jene nicht, die er vor seinen Karren gespannt und mit der Knute ausgepeitscht hatte.

Genug, wir kehren zu Gelassenheit und Unparteilichkeit zurück. Natürlich hätte das WZIK, da dies versprochen, das Höchstmaß »zur Gänze aufgehoben«, das Schlimme war bloß, daß das WZIK selber im Jahre 1936 vom Vater und Lehrer »zur Gänze aufgehoben« ward. Der Oberste Sowjet indes, der hielt sich schon eher ans Vorbild der Kaiserin Anna Ioannowna selig. Bald wurde nur noch ein Höchstmaß an Strafe »gewährt«, aber nicht mehr ein Höchstmaß jenes unerfindlichen »Schutzes«. Die Erschießungen von 1937/38 ließen sich auch nach Stalins Sprachgefühl nicht mehr in den »Schutz«-Begriff zwängen.

Über diese Erschießungen — wer schafft uns die approbierte Statistik herbei? welcher Rechtskundler, welcher Kriminalhistoriker? wo finden wir das *Sonderarchiv*, das sich uns öffnet und die Zahlen liefert? Es gibt sie nicht. Wird sie auch nicht geben. Darum wollen wir uns unterfangen, lediglich jene Ziffern zu wiederholen, die dazumals, 1939/40, in der Butyrka taufrisch von Zelle zu Zelle geflüstert wurden; jene Gerüchte aus erster Hand, die von den hoch- und mittelrangigen gestürzten Jeschow-Leuten herrührten, welche kurz vordem jene Zellen passiert hatten (die wußten Bescheid!). Es berichteten die Jeschow-Leute, daß in diesen zwei Jahren in der ganzen Union eine *halbe Million* »Politischer« und 480 000 Kriminelle erschossen wurden (die Kriminellen liefen unter § 59,3 und wurden als »Jagodas Komplicen« liquidiert; damit war der früheren »honorigen« Ganovenwelt der Todesstoß versetzt).

Klingt's unwahrscheinlich? Inwieweit? Wenn wir berücksichtigen, daß die Erschießungen nicht zwei Jahre, sondern nur anderthalb dauerten, müssen wir mit durchschnittlich 28 000 Exekutionen je Monat (nach § 58) rechnen. Dies für die ganze Union. Und wie viele Exekutionsorte gab es? Sehr bescheiden berechnet: etwa 150. (Natürlich waren es mehr. Allein in Pskow wurden von der NKWD unter vielen Kirchen in den früheren Einsiedlerzellen Folter- und Erschießungskammern eingerichtet. Noch 1933 waren diese Kirchen für Besichtigungen gesperrt: »Halt! Archive.« Da wurde auch der Staub Jahrzehnte nicht gefegt, in diesen »Archiven«. Vor dem Beginn der Restaurierungen brachten sie die Knochen fuhrenweise fort. Das heißt somit, daß an jedem Tag und jedem Ort sechs Menschen zur Hinrichtung geführt wurden. Ist's so phantastisch? Mein Gott, es ist sogar zu niedrig gegriffen! (Nach andern Gerüchten waren bis zum 1. Januar 1939 1,7 Millionen Menschen erschossen worden.)

In den Jahren des Vaterländischen Krieges wurde die Todesstrafe aus verschiedenen Anlässen einmal erweitert (z. B. durch die Militarisierung des Eisenbahnwesens), dann wieder durch neue Formen bereichert (mit Ukas vom April 1943 kam der *Tod durch den Strang* hinzu).

Durch all diese Ereignisse wurde die versprochene volle, endgültige und immerwährende Abschaffung der Todesstrafe etwas verzögert, aber am Ende machten sich Geduld und Treue unseres Volkes doch noch bezahlt: Im Mai 1947 legte sich Väterchen Jossif Wissarionowitsch vor dem Spiegel ein gesteiftes Jabot an; ein zufriedener Blick; er gefiel sich — und diktierte dem Präsidium des Obersten Sowjet die Aufhebung der Todesstrafe zu Friedenszeiten (und fünfundzwanzig Jahre Freiheitsentzug traten an ihre Stelle: ein guter Vorwand, das *Viertelmaß* einzuführen).

Doch unser Volk ist undankbar, verbrecherisch und unfähig, die Großmut zu würdigen. Darum mußten sich unsere Landesherren zweieinhalb Jahre lang recht und schlecht ohne Todesstrafe abmühen und am 12. Januar 1950 mit einem Gegen-Ukas herausrücken: »Angesichts der zahlreich eintreffenden Erklärungen von nationalen Republiken [die Ukraine?], Gewerkschaften [ach, die lieben Gewerkschaften, die wissen immer, was not tut], Bauernorganisationen [das ist im Schlaf diktiert: die Bauernorganisationen hat der große Wohltäter allesamt schon im Jahr der Kollektivierung zertreten], gleichwie von verschiedenen Persönlichkeiten des kulturellen Lebens [das nun klingt durchaus glaubwürdig...]« wurde die Todesstrafe für die inzwischen angesammelten »Vaterlandsverräter, Spione und unterminierenden Diversanten« wiederherbeigeschafft. (Das *Viertelmaß* wurde hierbei übersehen, es blieb.)

Na, und einmal wiedergewonnen, zog unsere gewohnte, heimische Halsabschneiderei alles Weitere mühelos nach sich: Das Jahr 1954 fügte den vorsätzlichen Mord hinzu; der Mai 1961 die Veruntreuung staatlichen Eigentums, auch noch die Geldfälschung und auch noch den Terror in Haftanstalten (wer also einen Spitzel umbringt und gegen die Lagerverwaltung Drohungen ausstößt); der Juli 1961 die Verletzung der Valutavorschriften; der Februar 1962 den Anschlag (die Faust geballt) auf das Leben eines Milizmannes oder freiwilligen Milizhelfers; und gleichzeitig – die Vergewaltigung; und im selben Atemzug – die Korruption.

Doch es gilt dies alles provisorisch, bis zur endgültigen Abschaffung nur. So steht's auch heute auf dem Papier*.

Und daraus ergibt sich, daß wir's ohne Todesstrafe am längsten unter Elisabeth ausgehalten haben.

In unserem wohlgestalten und blinden Dasein stellen sich uns die zum Tode Verurteilten als fatale und spärliche Außenseiter dar. Wir sind instinktiv überzeugt, daß *wir* ganz sicherlich niemals in die Todeszelle geraten könnten, denn es braucht dafür wenn schon nicht eine schwere Schuld, so doch jedenfalls ein außergewöhnliches Leben. Vieles müssen wir noch in unseren Köpfen zurechtrücken, ehe wir es uns vorzustellen lernen: In den Todeszellen saß eine Menge höchst durchschnittlicher Menschen mit höchst alltäglichen Vergehen, und es wurde, wer gerade Glück hatte, begnadigt, aber viel mehr bekamen die *Wyschka* (so nennen die Sträflinge das Höchstmaß, die *Wysschaja mera*: Sie können große Worte nicht leiden und benennen alles möglichst grob und kurz).

Ein Bezirksagronom wurde zum Tode verurteilt, weil ihm bei der Analyse des Kolchosgetreides Fehler unterlaufen waren (möglich auch, daß den Vorgesetzten die Analyse nicht in den Kram paßte) – 1937.

Der Vorsitzende einer Handwerkergenossenschaft (zur Herstellung von Zwirnrollen!), Melnikow, wurde zum Tode verurteilt, weil in der Werkstatt durch einen Maschinenfunken ein Brand entstand – 1937. (Er wurde allerdings begnadigt und kam mit dem *Zehner* davon.)

Auf den Tod warteten, 1932, in denselben Kresty: ein gewisser Feldman – weil man bei ihm fremde Valuta entdeckte; ein Faitelewitsch, Musikstudent – weil er Stahlbänder zur Herstellung von Schreibfedern verkaufte. Der urtümliche Handel, der die Juden von jeher ernährte und ergötzte, wurde ebenfalls für des Todes würdig befunden!

Warum sollen wir uns dann noch über die Todesstrafe für den Iwanower Bauernburschen Gerassim wundern: Am Nikolaustag im Frühling gab's Kirchtag im Nachbardorf, da hat er übern Durst getrunken

* *Vedomosti Verchovnogo Soveta SSSR* (»Nachrichten des Obersten Sowjet der UdSSSR«), Nr. 1, Grundlagen des Strafrechts der UdSSR, S. 22.

und ging mit einem Prügel gegen den Hintern — nicht des Milizmannes, nein! — des Milizpferdes los! (Zugegeben, derselben Miliz zum Trotz riß er brüllend — »Haut die Teufel!« — eine Holzlatte vom Dorfsowjet runter und dann noch das Kabel vom amtlichen Telefon.)

Unser Geschick, in die Todeszelle zu geraten, wird nicht dadurch entschieden, ob wir etwas getan oder nicht getan haben — die Entscheidung fällt bei der Drehung des großen Rades, dessen Antrieb die äußeren, mächtigen Umstände sind. Ein Beispiel: Leningrad ist unter Blockade. Wenn es nun in diesen harten Monaten keine Hinrichtungen gäbe — was müßte sich der Oberste Stadtverwalter Genosse Schdanow wohl dabei denken? Daß die *Organe* untätig herumsitzen. Stimmt's? Die Aufdeckung großer illegaler Verschwörungen ist unerläßlich. Denn: Was unter Stalin im Jahre 1919 möglich war, darf unter Schdanow 1942 auch nicht fehlen. Gesagt — getan, bestellt — erledigt: einige weitverzweigte, unter deutschem Kommando stehende Verschwörungen werden präsentiert. Noch schlafen Sie in Ihrem ungeheizten Leningrader Zimmer, aber die schwarze Hand beginnt schon die Krallen nach Ihnen auszustrecken. Etwas abzuwenden, steht nun nicht mehr in Ihrer Macht. Die Wahl hat das Opfer soundso getroffen: Generalleutnant Ignatowskis Fenster gehen auf die Newa, und an einem dieser Fenster hat er sich einmal geschneuzt, und das weiße Taschentuch — das war ein Signal! Zudem wurde Ignatowski, ein Ingenieur, des öfteren dabei ertappt, wie er sich mit Matrosen über technische Probleme unterhielt. Ignatowski wird das Handwerk gelegt. Nun packen Sie mal aus und nennen Sie uns fürs erste vierzig Mitglieder Ihrer Organisation. Er nennt sie. Wer Platzanweiser in der Oper ist, hat wenig Aussicht, genannt zu werden, hingegen ein Professor der Technologischen Hochschule die allergrößte, da steht er auch schon in den Listen (wieder die verfluchten Intelligenzler!) — na, hätten Sie's abwenden können? Wer aber in solch einer Liste steht, ist zu erschießen.

Und wird erschossen. Und daß der bedeutende russische Hydrodynamiker Konstantin Iwanowitsch Strachowitsch am Leben blieb, geschah so: Irgendeine noch höhere Instanz im Staatssicherheitsdienst war unzufrieden, daß die Listen zu kurz ausgefallen und der Erschossenen zu wenige waren. Darum wird Strachowitsch als passendes Zentrum einer weiteren aufzudeckenden Organisation in Augenschein genommen. Ein Hauptmann Altschuller läßt ihn vorführen: »Was ist? Warum haben Sie so rasch gestanden? Wollen wohl ins Jenseits abhaun, um die illegale Regierung zu decken? Welchen Posten hatten Sie darin?« So gerät Strachowitsch, immer in der Todeszelle sitzend, in eine neue Untersuchungsrunde! Er bietet sich als Unterrichtsminister an (weil er's rasch hinter sich bringen will), aber Altschuller gibt sich nicht zufrieden. Die Untersuchung läuft, die Gruppe Ignatowski wird derweilen erschossen. Bei einem der Verhöre packt Strachowitsch der Zorn: Nicht mehr ums Leben geht es ihm, bloß des Sterbens war er müde und vor allem der Lüge, die ihm plötzlich Brechreiz erweckt. Und er schlägt Krach und brüllt einem hohen Tier beim Kreuzverhör ins Gesicht: »*Sie* wird man erschießen, *Sie alle! Ich will nicht mehr lügen! Ich nehme überhaupt alle Aussagen zurück!«* Und das Aufbegehren hilft! Die Verhöre werden eingestellt und mehr noch: Er wird in seiner Todeszelle für lange vergessen.

Inmitten der allgemeinen Ergebenheit hilft ein Ausbruch der Verzweiflung wahrscheinlich immer.

So viele sind also erschossen — zuerst Tausende, dann Hunderttausende. Wir dividieren, multiplizieren, bedauern, verfluchen. Und doch sind es Zahlen. Sie frappieren, erschüttern, werden später vergessen. Aber wenn irgendwann einmal die Angehörigen der Erschossenen alle Fotografien ihrer Hingerichteten in einem Verlag zusammentrügen und der Verlag ein Fotoalbum daraus machte, mehrere Bände davon — dann könnten wir, Seite für Seite umblätternd, aus jedem letzten Blick in die verblichenen Augen sehr vieles für das uns verbliebene Leben gewinnen. Diese Lektüre, fast ohne Buchstaben, würde ewige Spuren in unsere Herzen graben.

In einer befreundeten Familie, in der es ehemalige Häftlinge gibt, pflegt man diesen Brauch: Am 5. März, dem Todestag des Obermörders, werden auf den Tischen die Bilder von Erschossenen und im Lager Zugrundegegangenen aufgestellt — einige Dutzend, soviel sich beschaffen ließ. Und den ganzen Tag ist es feierlich in der Wohnung, wie in einer Kirche, wie im Museum. Trauermusik wird gespielt, Freunde kommen, betrachten die Fotografien, schweigen, lauschen, sprechen leise zueinander; gehen ohne Abschied fort.

Wenn's überall so wäre ... Eine kleine Kerbe, eine winzige wenigstens, bliebe uns dann von all diesen Toten im Herzen.

Damit es doch nicht — UMSONST war!

Auch ich besitze einige zufällige Bilder. Seht euch zumindest diese an.

Pokrowski, Viktor Petrowitsch, erschossen 1918 in Moskau.

Schtrobinder, Alexander, Student, erschossen 1918 in Petrograd.

Anitschkow, Wassilij Iwanowitsch, erschossen 1927 auf der Lubjanka.

Swetschin, Alexander Andrejewitsch, Professor im Generalstab, erschossen 1935.

Reformatski, Michail Alexandrowitsch, Agronom, erschossen 1938 in Orjol.

Anitschkowa, Jelisaweta Jewgenjewna, erschossen 1942 in einem Lager am Jenissej.

Wie geht *das alles* vor sich? Wie *warten* die Leute? Was fühlen sie? Woran denken sie? Welche Entschlüsse reifen in ihnen? Und wie werden sie *geholt*? Und was empfinden sie in den letzten Minuten? Und wie geschieht es . . . ihnen . . . das . . .?

Verständlich ist die krankhafte Sucht der Menschen, hinter den Vorhang zu schauen (obwohl es *uns*, natürlich, niemals treffen wird). Verständlich ist es auch, daß die Überlebenden über das Letzte nichts erzählen — sie wurden ja begnadigt.

Das *Weitere* wissen die Henker. Doch die Henker werden nicht sprechen. (Der berühmte *Onkel Ljoscha* von den Kresty, der den Leuten die Arme auf dem Rücken fesselte und einen Knebel für jene bereithielt, die beim Weggehen ein »Lebt wohl, Kameraden!« in den nächtlichen Gang riefen — wozu sollte er es erzählen? Wahrscheinlich spaziert er auch heute noch durch Leningrad, ein wohlbestallter Pensionist. Wenn Sie ihm beim Fußballmatch oder in einer Bierkneipe auf den Inseln begegnen — fragen Sie ihn doch!)

Aber es weiß auch der Henker nicht alles bis zum Letzten. Wenn er im begleitenden Maschinengedröhn die Kugeln aus der Pistole in ein Genick schickt, ist er, selbst betäubt, stumpfsinnig dazu verdammt, vom Geschehenden nichts zu verstehen. Bis *zum Letzten* weiß es auch er nicht! Bis zum Letzten wissen es nur die Ermordeten — also niemand.

Ja, und der Künstler, der auch, der weiß manches, nicht klar, nur erahnt, aber doch — bis zur Kugel, bis zum Strick.

Und die Vorstellung, die wir uns von der Todeszelle geschaffen haben, verdanken wir eben ihnen, den Begnadigten und den Künstlern. So wissen wir zum Beispiel, daß in den Nächten nicht geschlafen, sondern *gewartet* wird. Daß erst der Morgen Beruhigung bringt.

In dem Roman *Imaginäre Größen* von Narokow (Martschenko)*, einem Buch, das sehr wesentlich durch den Vorsatz verdorben wurde, alles »à la Dostojewski« zu beschreiben und die Todeszelle, schlimmer noch als bei Dostojewski, mit übersteigerten Gefühlen vollzupumpen,

---

* *Mnimye veličiny*, Chekhov Publishing Corp., New York.

V. P. Pokrowski

A. Schtrobinder

W. I. Anitschkow

A. A. Swetschin

M. A. Reformatski

J. J. Anitschkowa

ist die eigentliche Hinrichtungsszene, wie mir scheint, ausgezeichnet geschildert. Nachprüfen kann man's nicht, aber es überzeugt.

Die Vermutungen früherer Künstler, Leonid Andrejews beispielsweise, in der *Erzählung von den sieben Gehenkten*, schmecken heute bereits unwillkürlich nach Urgroßmutters Zeiten. Den Menschen gibt es nicht, dessen Phantasie gereicht hätte, sich, sagen wir, die Todeszellen des Jahres 1937 auszumalen. Jeder Künstler hätte unweigerlich an seinem psychologischen Faden gewoben: Wie warten sie? Wie horchen sie nach draußen? ... Wie wären sie auch zu erdenken und zu beschreiben gewesen, solche nicht zu erwartenden Empfindungen der Todeskandidaten, wie:

1. Die zum Tode Verurteilten leiden an *Kälte.* Zum Schlafen ist der Zementboden da; beim Fenster sind es drei Grad unter Null (Strachowitsch). Bis sie dich holen, bist du erfroren.

2. Die zum Tode Verurteilten leiden an *Luft-* und *Platzmangel.* In der Einzelzelle sitzen sieben Mann zusammengepfercht (weniger waren es nie), aber auch zehn, fünfzehn oder achtundzwanzig (Strachowitsch, Leningrad, 1942). In dieser Bedrängtheit verbringen sie Wochen und *Monate!* Was Alptraum deiner *Sieben Gehenkten!* Die Leute denken nicht mehr an die Hinrichtung, nicht die Todesangst plagt sie, sondern: ob's gelingt, die Beine auszustrecken? sich auf die andere Seite zu drehen? etwas Luft zu schnappen?

Im Jahre 1937, als in den vier Gefängnissen von Iwanowo — dem Inneren, dem Nr. 1, dem Nr. 2 und dem KPS — gleichzeitig bis vierzigtausend Menschen saßen, obwohl die doch bestenfalls für drei- bis viertausend berechnet waren, wurde im Gefängnis Nr. 2 alles durcheinandergemischt, die Untersuchungshäftlinge, die zum Lager oder zum Tode Verurteilten, die Begnadigten und die Diebe dazu, und so *standen* sie alle *einige Tage lang* in einer großen Zelle, so dicht aneinandergedrängt, daß es unmöglich war, die Hand zu heben, und wer an den Pritschen zu stehen kam, mußte noch aufpassen, daß ihm die Knie nicht gebrochen wurden. Es war im Winter, aber die Häftlinge schlugen, um nicht zu ersticken, das Fensterglas ein. (Der schlohweiße Alalykin wartete hier auf die Vollstreckung seines Todesurteils; Bolschewik seit 1898, war er 1917 nach den *Aprilthesen*[55] aus der Partei ausgetreten.)

3. Die zum Tode Verurteilten leiden an *Hunger.* Sie müssen nach dem Todesurteil so lange warten, daß allmählich nicht die Todesangst, sondern der Hunger zu ihrer hauptsächlichen Qual wird. Alexander Babitsch verbrachte 1941 75 Tage in der Todeszelle des Krasnojarsker Ge-

fängnisses! Er hatte bereits resigniert, und die Erschießung schien ihm das einzig mögliche Ende seines verpfuschten Lebens. Aber er war, als sie ihm das Todesurteil in zehn Jahre umwandelten, *vor Hunger aufgedunsen* und mußte so seinen Weg durch die Lager beginnen. — Wie hoch ist überhaupt der Rekord an Todeszellentagen? Wer kennt ihn? ... Wsewolod Petrowitsch Golizyn, der Todeszellen-*Starost* (!) blieb 140 Tage drinnen (1938) — ob's die Maximaldauer war? Akademiemitglied Nikolai Wawilow, der Stolz unserer Wissenschaft, wartete einige Monate, *wenn nicht gar ein Jahr* auf die Urteilsvollstreckung; als Todgeweihter wurde er nach Saratow evakuiert, dort in eine fensterlose Kellerzelle gesperrt; als er im Sommer 1942, begnadigt, in die Gemeinschaftszelle überstellt wurde, konnte er nicht gehen und mußte zum Spaziergang von den Mithäftlingen getragen werden.

4. Die zum Tode Verurteilten leiden an *Krankheiten* und bekommen keine Hilfe. Ochrimenko wurde während des langen Sitzens in der Todeszelle schwer krank (1938). Nicht nur war von Krankenhaus nicht die Rede, auch die Ärztin ließ lange auf sich warten. Als sie endlich kam, blieb sie draußen vor der Gittertür stehen und reichte ihm, ohne Untersuchung, ohne eine einzige Frage, irgendwelche Tabletten herein. Strachowitsch bekam die Wassersucht, er zeigte dem Aufseher seine geschwollenen Beine, der schickte ihm endlich — einen Zahnarzt.

Und wenn der Arzt auch eingreift ... Soll er einen Menschen vor der Hinrichtung noch behandeln, ihm damit die Todeserwartung verlängern? Oder wär's den humanen Pflichten des Arztes gemäßer, auf eine raschere Vollstreckung zu pochen? Hier wieder eine kleine Szene, von Strachowitsch geschildert: Arztvisite in der Zelle; der Arzt spricht mit dem diensthabenden Offizier, deutet mit dem Finger auf die Todeskandidaten: »... am Sterben! ... am Sterben! ... am Sterben! ...« (Das bedeutet: Er wählt für den Offizier die Distrophiker aus und das mit Nachdruck. Es gehe doch nicht an, die Leute so zu quälen. Höchste Zeit, sie zu erschießen!)

Ja, warum ließ man sie wirklich so lange warten? Gab's zu wenig Henker? Zu berücksichtigen wäre da, daß sehr vielen Todeskandidaten die Einreichung eines Gnadengesuchs angeboten, ja, sogar nahegelegt wurde, und wenn sich einer ganz und gar sträubte, weil zu keinem Kompromiß mehr bereit, *unterschrieben sie in seinem Namen.* Na, und daß es länger als Monate brauchte, ehe das Papier alle Windungen der Maschine passierte, ist verständlich.

Zwei verschiedene Amtsbereiche stießen hier aneinander — daran muß es gelegen haben. Die Untersuchungs- und Gerichtsinstanzen (die, wie von Mitgliedern des Militärkollegiums bestätigt, eine Einheit bildeten) waren um die Aufdeckung schaurig-grauslicher Straftaten bemüht und zur angemessenen Bestrafung der Verbrecher — durch Erschießen — verpflichtet. Doch sobald das Todesurteil ausgesprochen, in den Gerichts- und Untersuchungsakten verbucht war, waren die Vogelscheuchen, alias Verurteilten, für sie ohne jeden weiteren Belang: In Wirklichkeit hat's nichts Kriminelles gegeben, und ob sie am Leben blieben oder starben, konnte am staatlichen Geschehen nicht das geringste ändern. So wurden sie denn vollständig der Kompetenz der Gefängnisinstanzen überantwortet, welche jedoch als Partner des GULAG bereits einer ökonomischen Betrachtungsweise anhingen, denn ihr *Plansoll* war: nicht möglichst viele zu erschießen, sondern möglichst viele Arbeitstiere auf den Archipel zu schicken.

Von solchen Überlegungen ließ sich der Chef vom Innengefängnis des Großen Hauses, Sokolow, in puncto Strachowitsch leiten, dem es in der Todeszelle letzten Endes *fad* wurde, worauf er um die Zuteilung von Papier und Bleistift für wissenschaftliche Studien nachsuchte. Sein erstes vollgeschriebenes Heft hieß: »Über die Wechselwirkung zwischen der Flüssigkeit und einem in ihr sich bewegenden festen Körper«, »Berechnungen von Ballisten, Federn und Stoßdämpfern«, ein weiteres: »Grundlagen der Stabilitätstheorie«. Schon war er in eine eigene »wissenschaftliche« Zelle mit besserer Kost verlegt worden; da kamen Aufträge von der Leningrader Front, er konzipierte für sie ein neues Luftabwehrsystem — und am Ende ersetzte Schdanow die Todesstrafe durch fünfzehn Jahre (die Post ging einfach zu langsam durch die Blockade: bald kam aus Moskau die gewöhnliche Begnadigung und die war freigebiger als die Schdanowsche: ein *Zehner*, nicht mehr.)*

Auf N. P., einen Mathematikdozenten, hatte der Untersuchungsrichter Kruschkow (ja, ja, derselbige, der Langfinger) ein spezielles Auge geworfen; es war nämlich dieser Kruschkow auch Student im Fernunterricht! Der Gedanke lag nahe, den Dozenten in der Todeszelle nutzbringend einzuspannen. P. wurde also *aus der Todeszelle geholt* — und mußte für die untersuchungsrichterlichen (ja, auch noch für ganz fremde) Hausarbeiten die Aufgaben zur Funktionstheorie einer komplexen Variablen lösen.

Was soll also die Literatur mit ihrem Wissen um die Todesqualen! ...

---

* Diese Gefängnishefte hat Strachowitsch bis heute aufbewahrt. Aber seine »wissenschaftliche Karriere« hinter Gittern hatte damit erst begonnen. Er sollte im folgenden die Entwicklung eines der ersten Turbojets der Sowjetunion leiten.

Schließlich und endlich kann die Todeszelle (Bericht von Tsch-w) auch als *Teilstück der Voruntersuchung,* als Methode der *Einflußnahme* eingesetzt werden. Zwei Geständnisverweigerer (Krasnojarsk) wurden überraschend einem »Gericht« vorgeführt, zum Tode »verurteilt« und in die Todeszelle gebracht. (Tsch-w formulierte falsch: »Es wurde an ihnen eine Gerichtsverhandlung inszeniert.« Wenn's aber Usus ist, jede Verhandlung zur Inszenierung zu machen, ist ein weiteres Wort für diese Art Pseudo-Gericht schwer zu finden. Bühne auf der Bühne, Theater im Theater?) Dort bekamen sie vom tödlichen Alltag bis zur Neige zu kosten. Später wurden Spitzel hinzugesetzt, angeblich ebenfalls »Todeskandidaten«. Da reute es jene zwei plötzlich, beim Verhör so unnachgiebig gewesen zu sein, und sie ließen durch den Aufseher ausrichten, daß sie bereit seien, alles zu unterschreiben. Sie bekamen Erklärungen vorgelegt, unterschrieben und wurden *am Tage* abgeführt, und das hieß: nicht zum Erschießen.

Und die *wirklichen* Todeskandidaten in jener Zelle, denen die Statistenrolle im kriminalistischen Spielchen zufiel — die müssen doch auch etwas gefühlt haben, wenn da wer »bereute« und begnadigt wurde? Na ja, das fällt unter die Unkosten der Regie.

Man sagt, Konstantin Rokossowski, der künftige Marschall, sei 1938 zweimal zur angeblichen nächtlichen Exekution in den Wald gefahren, vor die Gewehrläufe gestellt und zurück ins Gefängnis gebracht worden. Auch dies ist ein Höchstmaß, als kriminalistische Finte angewandt. Ging ja auch gut aus, er lebte und gedieh und war gar nicht böse.

Und töten läßt sich der Mensch fast immer ohne Aufbegehren. Warum wirkt nur das Todesurteil so hypnotisierend? Meistens können sich die Begnadigten nicht erinnern, daß sich in ihrer Zelle jemand gewehrt hätte. Bisweilen gab es aber auch solche Fälle, wie 1932 in den Leningrader Kresty, als die Insassen der Todeszelle die Aufseher überfielen und mit den erbeuteten Revolvern ein Feuergefecht lieferten. Danach wurde der Kaperungsvorgang neu konzipiert: Durchs Guckloch suchten sie sich zuerst ihren Mann heraus, stürmten dann zu fünft, aber unbewaffnet in die Zelle und fielen über den einen her. Insgesamt waren es in der Zelle acht bis zehn Todeskandidaten. Aber jeder hatte ein Gesuch an Kalinin abgeschickt, jeder erwartete für sich Vergebung, und darum: »Stirb du heute und ich morgen.« Sie wichen zurück und sahen teilnahmslos zu, wie sie den Ausgewählten fesselten, wie er um Hilfe schrie und sie ihm einen Kinderball in den Mund stopften. (Beim Anblick eines Kinderballs — wie soll man seine mannigfaltigen Verwendungsmöglichkeiten erraten? . . . Welch ein treffliches Beispiel für einen Vortrag über die dialektische Methode!)

Hoffnung! Wie ist das eigentlich mit dir: Machst du stärker oder anfälliger? Wenn in jeder Todeszelle die Insassen mit vereinten Kräften die eintretenden Henker erwürgt hätten — ob es mit dem Liquidieren nicht sicherer zu Ende gegangen wäre als durch die Berufungen an das WZIK? Am Scheitel des Grabes, was gäbe es da beim Widerstand noch zu verlieren?

Doch war all dies nicht schon bei der Verhaftung vorausbestimmt gewesen? Und trotzdem krochen alle Verhafteten auf den Knien, wie auf abgeschnittenen Beinen, den Weg der Hoffnung entlang.

In der Nacht nach dem Urteil, als sie ihn durch das finstere Kadyj führten, je ein revolverfuchtelnder Mann vorn, hinten und an beiden Seiten, hatte Wassilij Grigorjewitsch Wlassow, so erinnert er sich, nur die eine Angst: daß sie ihn gleich jetzt erschießen, provokatorisch, beim angeblichen Fluchtversuch. Also glaubte er noch nicht an sein Urteil! Und hoffte noch aufs Leben . . .

Nun brachten sie ihn auf die Miliz, er durfte sich auf einem Bürotisch niederlegen, zwei, drei Milizmänner hielten ständig Wache. Sie saßen um eine Öllampe, unterhielten sich: »Vier Tage lang habe ich brav zugehört, aber fragt mich nicht, weshalb man sie verurteilt hat!« — »Ach, laß doch, was schert's uns!«

In diesem Milizzimmer verbrachte er fünf Tage. Sie warteten auf die Urteilsbestätigung, um die Leute gleich in Kadyj erschießen zu können: Es war umständlich, die Hinzurichtenden anderswohin zu eskortieren. Jemand hatte für ihn ein Telegramm abgeschickt: »Bekenne mich nicht schuldig, bitte, mir das Leben zu erhalten.« Eine Antwort kam nicht. In all diesen Tagen konnte er keinen Löffel halten, weil ihm die Hände zitterten: Er schlürfte die Suppe mit dem Mund vom Teller. Kljugin suchte ihn auf, um ihn zu verspotten. (Bald nach der Kadyj-Affäre stand ihm eine Beförderung aus Iwanowo nach Moskau ins Haus. In jenem Jahr gab's für die blutroten Sterne des GULAG-Himmels manch steilen Aufstieg, manch jähes Sinken. Es lag schon in der Luft, daß sie bald in dieselbe Grube geschaufelt würden, bloß merkten sie's nicht.)

Bestätigung wie Begnadigung ließen auf sich warten, und so wurden die vier Delinquenten nach Kineschma transportiert. Man setzte sie auf vier Lastwagen, jeden für sich, und je sieben Milizmänner dazu.

In Kineschma war es das Erdgewölbe des Klosters (die der Mönchs-ideologie entledigte Klosterarchitektur kam uns trefflich zupaß!). Dort wurde die Todespartie aufgefüllt und per Gefangenenwaggon nach Iwanowo überstellt.

Im Güterbahnhof von Iwanowo wurden drei Mann abgesondert: Sa-burow, Wlassow und von der fremden Gruppe einer; die übrigen wur-den gleich fortgebracht, zur Hinrichtung also, um das Gefängnis nicht zu überlasten. Dies war Wlassows Abschied von Smirnow.

Die drei Zurückgebliebenen wurden in den Hof des Gefängnisses Nr. 1 gebracht, da mußten sie — Oktober war's, die Nässe drang bis in die Knochen — zunächst vier Stunden warten, bis andere Sträflingspartien eingeliefert, gefilzt und abgeführt waren. Noch waren sie im Grunde nicht sicher, ob sie nicht am gleichen Tag erschossen werden würden. Diese vier Stunden waren auch noch am Boden abzusitzen, versuch's einer, mit diesen Gedanken! Einen Augenblick gab's, da meinte Sabu-row, es ginge zur Exekution (doch ging's nur in die Zelle). Er schrie nicht, er verkrallte sich nur so heftig in die Hand des Nebenmannes, daß es dieser war, der vor Schmerz aufschrie. Die Wache schleifte Sabu-row weiter, stach mit den Bajonetten nach.

Vier Todeszellen gab es in dem Gefängnis, die Kinder- und die Kran-kenzelle auf demselben Gang! Die Todeszellen hatten je zwei Türen: eine gewöhnliche Holztür mit Guckloch und eine eiserne Gitter-tür, und jede Tür zwei Schlösser (getrennte Schlüssel dazu beim Aufse-her und beim Blockkommandanten, damit keiner für sich allein aufsper-ren konnte). Wand an Wand mit Nr. 43 lag ein Verhörzimmer, und nachts, wenn die Verurteilten aufs Abgeführtwerden warteten, schlugen ihnen auch noch die Schreie der Gefolterten ans Trommelfell.

Wlassow kam in Nr. 61. Es war eine Einzelzelle: fünf Meter in der Länge, knapp über einen Meter in der Breite. Zwei eiserne Betten stan-den durch dicke Eisenwinkel unverrückbar im Boden verankert, auf je-dem Bett lagen zwei Mann, Kopf oben, Kopf unten. Und weitere vier-zehn Todeskandidaten lagen quergereiht auf dem Zementboden.

Fürs Warten auf den Tod blieben jedem weniger als ein halber Meter im Quadrat! Obwohl doch längst bekannt ist, daß selbst ein Toter An-recht auf zwei Meter hat — und auch das, meinte Tschechow, sei noch zu wenig . . .

Wlassow fragte, ob sie einen gleich erschießen. »Sieh uns an, wir sit-zen schon lange und sind noch immer am Leben . . .«

So begann das Warten, wie überliefert: Die Nacht über schläft nie-mand, in völliger Erschöpfung warten sie darauf, zum Sterben abgeholt zu werden; alles horcht auf die Geräusche im Gang (auch noch dieses ausgedehnte Warten ist's, was die Widerstandsfähigkeit des Menschen sinken läßt! . . .). Besonders bange wird ihnen die Nacht, wenn am Tag gerade einer die Begnadigung bekommen hat. Vor Freude jauchzend ist er fortgegangen, in der Zelle aber ballt sich der Schrecken — denn in einem Schub mit den Begnadigungen sind heute auch die Ablehnungen von oben angeliefert worden, und in der Nacht werden sie jemanden holen kommen . . .

Manchmal rasseln in der Nacht die Schlösser, das Herz sackt ab — mich? jemand anderen? Doch es ist bloß der *Wertuchai,* der wegen irgendeines Quatschs die Holztür aufsperrt: »Nehmt die Sachen vom Fensterbrett weg!« Dieses Aufsperren hat alle vierzehn vielleicht um ein Jahr dem zukünftigen Tod nähergerückt. Vielleicht reichte es, gut fünzigmal so aufzusperren — und sie könnten sich die Kugel sparen! Doch wie dankbar sind sie ihm, daß nichts war: »Wir räumen's schon weg, Bürger Vorgesetzter!«

Nach dem morgendlichen Austreten schliefen sie, von der Angst befreit, ein. Dann brachte der Aufseher einen Kessel mit Wassersuppe herein und sagte: »Guten Morgen!« Die Vorschrift verlangte, daß die zweite, die Gittertür nur in Anwesenheit des diensthabenden Offiziers geöffnet wurde. Bekanntlich sind jedoch die Menschen an sich besser und fauler als ihre Bestimmungen und Instruktionen — folglich betrat der Aufseher die erwachende Zelle ohne den Offizier und begrüßte sie mit einem ganz menschlichen, ach nein, viel mehr als einfach menschlichen »Guten Morgen!«

Für wen sonst auf der Erde war der Morgen besser als für sie! Dankbar für die Wärme dieser Stimme, für die Wärme dieser Brühe, schliefen sie nunmehr bis in den Mittag. (In der Früh, das war ja ihr einziges Mahl! Wenn sie mittags aufwachten, konnten viele schon nicht mehr essen. Manche bekamen Pakete — den Verwandten war das Todesurteil nicht unbedingt bekannt, die Pakete waren Gemeingut, aber keiner griff zu, und das Essen verfaulte in der moderigen Feuchtigkeit.)

Tagsüber war in der Todeszelle noch etwas wie Leben. Der Blockkommandant kam, entweder der griesgrämige Tarakanow oder der wohlwollende Makarow, um Papier für allerlei Gesuche zu verteilen oder Bestellungen für Rauchwaren aufzunehmen: Wer Geld hatte, durfte sich aus dem Laden was kommen lassen. Die Fragen klangen entweder zu widersinnig oder überaus menschlich: Man gab sich den Anschein, als hätten sie wie gewöhnliche Häftlinge — zu leben.

Die Verurteilten malten Punkte auf herausgebrochene Deckel von

Zündholzschachteln und spielten Domino. Wlassow machte sich Luft, indem er Geschichten über die Kooperative zum besten gab, und das hört sich bei ihm immer recht lustig an*.

Jakow Petrowitsch Kolpakow, Vorsitzender des Bezirksexekutivkomitees von Sudogda, Bolschewik seit dem Frühjahr 1917 an der Front, saß zehn Tage lang, ohne die Stellung zu ändern, den Kopf zwischen den Händen, die Ellenbogen auf den Knien, und starrte unverwandt immer auf denselben Punkt an der Wand. (Wie lustig und leicht muß ihm wohl nun das Frühjahr von 1917 vorgekommen sein! ...) Wlassows Gesprächigkeit ärgerte und reizte ihn: »Wie kannst du nur?« — »Und du? Bereitest dich gar aufs Paradies vor?« gab Wlassow zurück. »Ich hab mir nur das eine vorgenommen ... Dem Henker, dem sag ich: ›Du bist's allein! Nicht die Richter, nicht die Staatsanwälte — du allein bist an meinem Tod schuld und mußt es von nun an tragen! Ohne euch, die freiwilligen Henker, gäb's auch keine Todesurteile!‹ Dann soll er mich totmachen, das Schwein!«

Kolpakow wurde erschossen. Erschossen wurde Konstantin Sergejewitsch Arkadjew, ehemals Leiter der Ländereiverwaltung im Alexandrowsker Bezirk (Gebiet Wladimir). Dieser Abschied war ihnen irgendwie besonders schwergefallen. Mitten in der Nacht kamen sechs Kerle von der Wache angestapft, fuhren ihn barsch an, er aber, der Sanfte, Wohlerzogene, fummelte lange an seiner Kappe herum, um noch einige Augenblicke zu gewinnen, einige Augenblicke mit den letzten irdischen Menschen. Und als er das letzte »Lebewohl« sprach, hatte er schon fast keine Stimme mehr.

Zuallererst, wenn sie aufs Opfer zeigen, atmen die anderen erleichtert auf (»nicht ich«) — aber gleich, nachdem er abgeführt ist, kommt es sie kaum leichter an als dem, der nun diesen Gang antritt. Für den ganzen nächsten Tag sind die Zurückgebliebenen verdammt, zu schweigen und nichts zu essen.

Allein Gerassim, jener, der gegen den Dorfsowjet losging, aß viel und schlief viel, echt Bauer, der sich auch dies hier zum Zuhause machte. Er konnte es gleichsam nicht glauben, daß man ihn erschießen würde. (Und wurde es auch nicht, bekam den *Zehner* statt dessen.)

Manchen sahen die Zellenkameraden in drei, vier Tagen ergrauen.

Während dieses Dauerwartens auf das Sterben wachsen den Häftlingen die Haare; die Zelle wird also zum Friseur, wird in die Banja ge-

---

* Seine Geschichten über die Konsumgenossenschaft sind beachtenswert und verdienten es, eigens nacherzählt zu werden.

führt. Der Gefängnisalltag durchläuft seine Bahn und nimmt von den Urteilen keine Notiz.

Der eine, der andere verlor die vernünftige Sprache, verlor auch die Vernunft, blieb trotzdem, wo er war, daß sein Schicksal sich erfülle. Wer in der Todeszelle verrückt wurde, den erschossen sie eben als Verrückten.

Begnadigungen gab es nicht wenige. In jenem Herbst 1937 wurden gerade, erstmals nach der Revolution, die Fünfzehn- und Zwanzigjahrstrafen eingeführt. Die schöpften viele Erschießungen ab. Auch der *Zehner* fungierte als Ersatz. Auch fünf Jahre konnten dafür gelten. In diesem Wunderland sind auch solche Wunder möglich: Gestern nacht warst du des Todes, heute morgen kam eine »Babyfrist« für dich, und du hattest als Leichtverbrecher im Lager alle Chancen, in den Status eines Unbewachten zu gelangen.

Da saß in der Zelle W. N. Chomenko, ein sechzigjähriger Kubankosak und ehemaliger Rittmeister, die »Seele der Zelle«, falls die Todeszelle eine Seele haben konnte: riß Possen, lächelte in den Bart hinein, ließ sich nicht anmerken, wie bitter ihm zumute war. Weil er bereits nach dem Japanischen Krieg für dienstuntauglich befunden wurde, verlegte er sich auf die Pferdezucht, diente in der *Semstwo*-Verwaltung des Gouvernements und war zu Beginn der dreißiger Jahre »Gebietsinspektor für den Pferdefonds der Roten Armee«, welchem es quasi oblag, dafür zu sorgen, daß die besten Pferde der Truppe zufielen. Die Verhaftung und das nachfolgende Todesurteil hatte er sich durch die schädigende Empfehlung eingebracht, die Fohlen vor dem vierten Lebensjahr zu kastrieren, was nachweislich zur »Unterminierung der Kampfkraft der Roten Armee« führte. — Chomenko legte Berufung ein. Nach fünfundfünfzig Tagen kam der Blockkommandant und machte ihn aufmerksam, daß er das Gesuch an eine falsche Instanz adressiert hatte. Chomenko strich das eine Amt aus, schrieb ein andres hinein, grad als wär's um eine Schachtel Zigaretten eine Bitte. Solcherart zurechtgekritzelt, wanderte das Gesuch weitere sechzig Tage durch die Instanzen, und Chomenko wartete den vierten Monat auf den Tod. (Und hätt er ein Jahr ums andere gewartet — schließlich müssen wir alle unsre Jahre auf ihn warten, den Sensenmann! Als ob nicht unsre ganze Welt eine Todeszelle wär? . . .) Und zurückkam — die *volle Rehabilitierung!* (In der Zwischenzeit hatte Woroschilow selbst die Order gegeben: vor dem vierten Jahr zu kastrieren.) Einmal — Kopf ab, einmal — Kopf hoch! Heute Trauer, morgen Halleluja!

Begnadigungen gab es nicht wenige, viele hofften immer stärker.

Aber Wlassow, der seinen Fall und vor allem sein Verhalten vor Gericht mit den andern verglich, fand, daß sich bei ihm arg viel angehäuft hatte. Und irgendwer muß doch auch erschossen werden! Wohl oder übel die Hälfte — oder? Und er rechnete damit, daß sie ihn erschießen würden. Und wünschte sich, nur standhaft dabei zu bleiben. Draufgänger, der er immer war, lud er sich allmählich wieder mit Trotz auf und nahm sich vor, ihnen bis zum Ende die Stirn zu bieten.

Die Gelegenheit bot sich alsbald. Tschinguli, Chef der Untersuchungsabteilung des Iwanower Sicherheitsdienstes, kam zur Gefängnisvisite und ließ sich, wer weiß, warum (am allerwahrscheinlichsten — des Nervenkitzels wegen), die Tür ihrer Zelle aufsperren. Da pflanzte er sich auf, sprach was, fragte in die Zelle hinein:

»Wer sitzt hier wegen der Kadyj-Affäre?«

Er trug ein Seidenhemd mit kurzen Ärmeln; letzter Modeschrei damals, kam so was vielen noch weibisch vor. Zudem strömte er oder das Hemd ein süßliches Parfüm aus, man roch's bald in der ganzen Zelle.

Wlassow sprang behend auf eine Pritsche und rief mit schriller Stimme:

»Was ist das für ein Kolonialoffizier?! Scher dich fort, Mörder!« — und spuckte dem Tschinguli von oben kräftig und saftig ins Gesicht.

Und traf!

Der andre wischte sich ab und wich zurück. Denn er hätte diese Zelle nur in Begleitung von sechs Wacheleuten betreten dürfen und ob überhaupt, das war auch nicht so sicher.

Ein bedachtsames Kaninchen dürfte sich so etwas nicht leisten. Was, wenn dein Akt jetzt bei eben diesem Tschinguli liegt, deine Begnadigung in seiner Hand? Hat doch nicht zufällig wissen wollen, wer hier wegen der Kadyj-Affäre saß? War darum wohl auch gekommen.

Doch es gibt einen Punkt, da es einem lästig, da es einem zuwider wird, ein bedachtsames Karnickel zu sein. Da des Karnickels Kopf von der totalen Erkenntnis erleuchtet wird, daß es aller Karnickel Bestimmung ist, bloß das Fleisch und das Fell herzugeben, so daß am Ende nur ein Aufschub, nicht das Leben zu gewinnen ist. Da man schreien möchte: »Oh, seid doch verflucht und schießt schon geschwind!« In den einundvierzig Wartetagen war es eben dieses Gefühl der Verbissenheit, das von Wlassow immer mehr Besitz ergriff. Zweimal hatten sie ihm im Iwanower Gefängnis die Einreichung eines Gnadengesuchs angeboten — und beide Male schlug er's aus. Doch am zweiundvierzigsten Tag wurde er in die Box geholt, dort ward ihm verkündet, daß das Präsidium des Obersten Sowjet die Höchststrafe in eine zwanzigjährige, in Besserungsarbeitslagern zu verbüßende Haft mit anschließend fünfjährigem Verlust der Bürgerrechte umgewandelt hat.

Wlassow grinste; blaß stand er da, aber den Mund verbieten ließ er sich auch hier nicht:

»Merkwürdig. Mich hat man wegen des Unglaubens an den Sieg des Sozialismus in einem Land verurteilt. Aber ob Kalinin dran glaubt, wenn er meint, daß es in unsrem Land auch noch in zwanzig Jahren Bedarf an Lagern geben wird?...«

Damals schien's unfaßbar: in zwanzig Jahren! Merkwürdig, man braucht sie auch noch nach dreißig...

Ach, ein gutes russisches Wort ist's — *Ostrog* — und wie kräftig, kernig! wie fest gezimmert! Die Stärke der *Zuchthausmauern* selber steckt, scheints, darin, und auch: daß es kein Entrinnen gibt. Und alles ballt sich in diesen sechs Lauten zusammen: *Strogost*, die Strenge, und *Ostroga*, der Fischspeer, auch im Heer die Pike, und *Ostrota*, die Schärfe (igelige Schärfe, so nämlich: mit den Stacheln in die Schnauze gefahren, und dem froststeifen Gesicht den Schnee in die Augen gepeitscht; die Schärfe der zugespitzten Pfähle in der Vorzone und wiederum des Stacheldrahts reißende Schärfe), und *Ostoroschnost*, die Vorsicht (der Sträflinge), liegt irgendwo ganz nah, und — freilich! — *Rog*, das Horn. Das Horn, das stößt geradezu hervor und weist geradewegs auf uns!

So man aber das gesamte russische Zuchthauswesen, die Zuchthaussitten, na, die Einrichtung als Ganzes in Augenschein nimmt, sieht man bald nicht mehr bloß ein Horn, sondern deren zwei aus der Geschichte ihrer, sagen wir, letzten neunzig Jahre hervorragen: die beiden Hörner eines wilden Stiers. Die Terroristen der *Narodnaja Wolja* traten ihre Haftzeit an der Spitze des Horns an, just dort, wo es zustößt, wo's unerträglich ist, ihm auch nur das Brustbein entgegenzuhalten — danach wurde alles allmählich runder, sanfter, zur Wurzel hin abfallend und folglich gar nicht mehr horngleich, vielmehr ein wolliges offenes Plateau ('s ist der Beginn des 20. Jahrhunderts); doch sieh, rasch lassen sich (nach 1917) die Rillen des zweiten Knochenzapfens abtasten, und es geht an ihnen entlang, an ihnen hinauf, über Verspreiztes, über Verbotenes (»Sie haben kein Recht! ...«), bis es wieder enger, strenger, horniger wird — und sich gegen Anno 1938 dem Menschen in genau dieses Grübchen überm Schlüsselbein, wo der Hals beginnt, bohrt: *Tjursak!* Und wie von einem Wehrturm ertönt nächtens und von fern her ein Glockenschlag, ein einziger pro Jahr: TON-n-n! ...*

Wollten wir diese Parabel an einem beliebigen Schlüsselburg-Häftling** nachvollziehen, würde uns bange zunächst: Jeder Sträfling hat

---

*TON — Tjurma Osobogo Nasnatschenija: Gefängnis zur besonderen Verwendung.
**Vera Figner, *Zapečatlennyj trud* (»In Erinnerung festgehaltenes Lebenswerk«).

eine Nummer, wird niemals beim Namen gerufen; die Gendarmen sind wie Lubjanka-Zöglinge: Sprechen von sich aus kein Wort. Muckt einer auf: »Wir...« — »Sprechen Sie nur von sich selbst!« Grabesstille rundherum. In den Zellen ist ewiger Dämmer, die Fenstergläser sind trüb, der Boden mit Asphalt bedeckt. Die Lüftungsklappe darf für vierzig Minuten am Tag geöffnet werden, zum Essen gibt's Grütze und Krautsuppe mit viel mehr Wasser als Kraut. Wissenschaftliche Bücher werden aus der Bibliothek nicht ausgeliehen. Zwei Jahre bekommst du keine Menschenseele zu Gesicht, erst nach drei Jahren numerierte Papierblätter in die Hand*.

Dann aber weitet und rundet sich die Sache nach und nach: Da ist das Weißbrot, da der Tee mit Zucker, jedem seine Portion; wer Geld hat, darf sich dies und das zukaufen; auch das Rauchen ist nicht verboten; durchsichtiges Glas wird eingesetzt, die Klappe darf offenbleiben; die Wände werden hell gestrichen; ei! da darf man sich schon aus der Sankt-Petersburger Bibliothek Bücher in Fernleihe kommen lassen; zwischen den Vorgärten sind Gitter, da kann man schon miteinander sprechen, gar Vorträge füreinander halten. Und schon sieht sich das Gefängnis von Häftlingswünschen bedrängt: Gebt uns mehr Erde, mehr! Und zwei ausgedehnte Gefängnishöfe werden für Grünanlagen parzelliert. Und schon gibt es an Blumen und Gemüse vierhundertfünfzig Sorten! Und bald auch wissenschaftliche Sammlungen, eine Tischlerei, eine Schmiede, wir verdienen Geld, wir kaufen uns Bücher, russische und politischen Inhalts sogar**, auch Zeitschriften aus dem Ausland. Und dürfen den Verwandten schreiben. Und spazierengehen? — ja, sei's den ganzen Tag.

Und allmählich, so erinnert sich Vera Figner, »schrie schon nicht mehr der Aufseher uns an, sondern wir ihn«. 1902 weigerte er sich, eine Beschwerde von ihr weiterzuleiten, und *sie riß ihm dafür die Achselstücke herunter!* Und die Folgen? Ein *Militäruntersuchungsrichter* kam herbeigereist und mußte sich vor Vera Figner wegen des Tölpels von Aufseher in aller Form *entschuldigen!*

Wie geschah nun dieses Abgleiten, dieses Nachlassen des Horns? Manches erklärt Figner in ihren Memoiren mit der Menschlichkeit einzelner Kommandanten, anderes wieder damit, daß »sich die Gendarmen

---

*Nach Angaben von M. Noworusski begingen in der Schlüsselburger Festung von 1884 bis 1906 drei Häftlinge Selbstmord und fünf verloren den Verstand.

**P. A. Krassikow (der nämliche, der den Metropoliten Wenjamin zum Tode verurteilen wird) liest in Schlüsselburg das *Kapital* (allerdings nur ein Jahr lang, dann wird er freigelassen).

mit den zu Bewachenden zusammengelebt«, sich an sie gewöhnt hatten. Nicht unwesentlich trugen die Standhaftigkeit der Häftlinge, ihre Würde und ihr Auftreten dazu bei. Und dennoch meine ich: Es lag in der Luft, lag an der Feuchtigkeit, an der Frische, die der Gewitterwolke voraneilte, und dieser Hauch von Freiheit, der bereits über die Gesellschaft strich — er gab den Ausschlag! Hätt's diesen Windstoß nicht gegeben, könnten die Gendarmen am bestimmten Wochentag ungestört den *Kurzen Lehrgang*[56] büffeln und die Leute drillen und schikanieren. Und Vera Figner würde fürs Herunterreißen der Achselklappen statt der Möglichkeit, Tagebücher zu schreiben, im Keller *neun Gramm* verpaßt bekommen.

Die Lockerung und Schwächung des zaristischen Gefängnissystems geschah natürlich nicht von ungefähr, sondern darum, weil die ganze Gesellschaft konform mit den Revolutionären aus Leibeskräften daran rüttelte und darüber herzog. Seinen Kopf hat der Zarismus nicht in den Straßenschießereien des Februars verspielt, sondern gut um einige Jahrzehnte früher: als es bei der Jugend aus wohlsituierten Familien als Ehre zu gelten begann, im Gefängnis gesessen zu haben, und bei den Armeeoffizieren (ja, bei der Garde sogar) als Unehre, einem Gendarmen die Hand zu reichen. Und je stärker das Gefängnissystem zerrüttet wurde, desto klarer trat die *sieghafte Ethik der Politischen* hervor, desto deutlicher empfanden die Mitglieder der revolutionären Parteien die Kraft ihrer eigenen, nicht vom Staate erlassenen Gesetze.

So hielt das Jahr 1917 in Rußland Einzug, und in seinem Gefolge — das achtzehner Jahr. Warum es uns gleich zu 1918 hinzieht? Der Gegenstand unserer Untersuchung erlaubt uns nicht, bei 1917 zu verweilen — mit dem Februar veröldeten alle politischen Gefängnisse, dahin war die Straf- und Untersuchungshaft, dahin die ganze Katorga, und man kann sich nur wundern, wie die Zuchthaus- und Katorga-Aufseher dieses Jahr überlebten: Da mußten wohl die Schrebergärten herhalten. (Ab 1918 ging es wieder bergauf mit ihnen, im Gefängnis an der Schpalernaja-Straße dienten sie gar bis 1928 dem neuen Regime ihre Zeit ab, und *nitschewo*: es klappte.)

Doch schon der letzte Monat des Jahres 1917 begann Licht in die Sache zu bringen: Ohne Zuchthäuser ging es ganz und gar nicht, immer fanden sich welche, die nirgendwo sonst unterzubringen waren als hinter Gittern (s. Kapitel 2) — na einfach, weil es in der neuen Gesellschaft keinen Platz für sie gab. So tastete sich der Strafvollzug über das sanfte Plateau zwischen den Hörnern hinweg und begann das zweite Horn des Stiers zu erklimmen.

Natürlich wurde sogleich verlautbart, daß sich die Schrecken des zaristischen Kerkers niemals wiederholen würden: daß es keine *peinigende Besserung* geben könne, nichts von Sprechverbot, Einzelhaft, getrennten Spaziergängen und derlei Kinkerlitzchen wie das Rundendrehn im Gänsemarsch, und selbst die Zellen würden unverriegelt bleiben*: Übt freie Bewegung, werte Gäste, pflegt nach Herzenslust Konversation, klagt einander das von den Bolschewiken euch zugefügte Leid. Die Strafanstaltsbehörden waren anderweitig in Anspruch genommen. Ihr Augenmerk galt der Kampfertüchtigung des äußeren Wachdienstes sowie dem Antritt der zaristischen Erbschaft in Sachen Gefängnisfonds (dies war just nicht jener Staatsapparat, der zerschlagen und neu aufgebaut werden sollte). Glücklicherweise klärte sich die Situation bald dahingehend, daß die wichtigsten Zuchthäuser, die *Zentrals* oder *Ostrogs*, im Bürgerkrieg keinen Schaden erlitten hatten. Nicht zu umgehen war lediglich der Verzicht auf diese rundum besudelten alten Wörter. Nun hießen sie *Politisolatoren*, eine Wortzusammensetzung, durch die kundgetan wurde: erstens — die Anerkennung der Mitglieder ehemaliger politischer Parteien als politischer Gegner, zweitens — die vordergründige Betonung nicht des strafenden Charakters der Gitter, sondern einzig der Notwendigkeit, besagte altmodische Revolutionäre innerhalb der vorwärtsschreitenden neuen Gesellschaft zu isolieren (auch dies, offensichtlich, provisorisch). Unter solchen Vorzeichen zogen denn die Sozialrevolutionäre, Sozialdemokraten und Anarchisten wieder in die Verliese der alten *Zentrals* ein (in Susdal, scheint's, noch vor Ende des Bürgerkriegs).

Sie waren alle mit dem Bewußtsein ihrer Häftlingsrechte gewappnet und konnten sich, was deren Verteidigung anbelangt, auf eine altbewährte Tradition stützen. Sie wußten, was ihnen zustand (vom Zaren abgerungen, von der Revolution bestätigt worden war): eine eigene Ration für die Politischen (inklusive einer halben Schachtel Zigaretten pro Tag); Selbstgekauftes vom Markt (Milch, Quark); ungestörte und zeitlich unbeschränkte Spaziergänge im Hof; das Siezen der Gefangenen (sie selber blieben vor den Anstaltsbeamten sitzen); die Zusammenlegung von Ehegatten in einer Zelle; das Recht, Zeitschriften, Zeitungen, Bücher, Schreibutensilien und persönliche Habe, auch Rasierzeug, auch Scheren in der Zelle zu behalten; dreimal monatlich der Erhalt und Versand von Briefen; monatlich ein Besuch; und ganz selbstverständlich: durch nichts verrammelte Fenster (für den »Maulkorb« gab's damals noch nicht einmal ein Wort); unbehindertes Hin und Her zwischen den

* Aus dem Sammelband »Von der Straf- zur Erziehungsanstalt«.

Zellen; grünbepflanzte Spazierhöfe und Flieder darin; freie Wahl des Promenierpartners und das Schmuggeln von Briefsäckchen aus einem Hof in den anderen; und die Verlegung von Schwangeren* — zwei Monate vor ihrer Niederkunft — vom Gefängnis in die Verbannung.

Doch es betraf dies alles nur das *Politregime*[57]. Was indes bei den Politischen der zwanziger Jahre noch in Erinnerung geblieben, war die *Selbstverwaltung* der *Politischen* und, daraus entstehend, das Gefühl, im Gefängnis ein Teil des Ganzen, ein Glied der Gemeinschaft zu sein. Die Selbstverwaltung (freie Wahl der Starosten, der Häftlingssprecher vor der Direktion) milderte den Druck des Eingesperrtseins auf den einzelnen, sofern alle standhielten, und vervielfachte jeden Protest durch den Einklang aller Stimmen.

Und dies alles zu behaupten, nahmen sie sich vor! Und dies alles abzuschaffen, machten sich die Anstaltsbehörden ans Werk! Und es begann ein stummes Ringen, eine Schlacht ohne Artilleriefeuer; hier und da nur ertönte eine Gewehrsalve und das Klirren eingetretener Fensterscheiben — wer hörte es schon weiter als in ein paar hundert Schritt Entfernung! Ein dumpfes Ringen war es um die Reste der Freiheit, um die Reste des Rechts, eine Meinung zu haben, und es dauerte fast zwanzig Jahre — eine nirgendwo verzeichnete, nirgendwo illustrierte stumme Schlacht. Fast unzugänglich sind uns heute all ihre Wandlungen, das Verzeichnis ihrer Siege und ihrer Niederlagen, denn es gibt ja auf dem Archipel auch kein Schrifttum, und was von Mund zu Mund geht, wird durch den Tod der Menschen unterbrochen. Nur Zufall ist's, wenn uns manchmal ein Fetzen von jenem Kampf zugeweht wird, im bloßen Widerschein des Mondlichts nur undeutlich erleuchtet.

Sind ja auch wir seither hoch hinauf gestochen! — haben Panzerschlachten, haben Atomexplosionen kennengelernt. Halten wir es denn noch für Kampf, wenn die Zellen zugesperrt wurden und die Häftlinge, ihres Rechts auf Kommunikation eingedenk, offen durchs Gebäude klopften, von Fenster zu Fenster riefen, Kassiber an Bindfäden von Stock zu Stock herunterließen und daran festhielten, daß zumindest die Starosten der politischen Fraktionen freien Zugang zu den Zellen haben sollten? Was ist's für ein Kampf, wenn sich die Anarchistin Anna G-wa (1926) oder die Sozialrevolutionärin Katja Olizkaja (1931) weigern, beim Eintritt des Lubjankadirektors von den Pritschen aufzustehen? (Und der Rohling denkt sich drauf eine Strafe aus: der Inhaftierten das Recht zu entziehen, den Abort außerhalb der Zelle zu benut-

---

*Ab 1918 sperrt man die Sozialrevolutionärinnen, auch wenn sie schwanger waren, ohne viel Federlesens ein.

zen.) Sehen wir's noch als Kampf an, wenn zwei junge Mädchen, Schura und Vera (1925), aus Protest gegen die repressive Lubjankaorder, nur flüsternd zu sprechen, laut zu singen beginnen (auch nur über den Flieder und den Frühling), worauf sie vom Direktor, dem Letten Dukes, an den Haaren aus der Zelle und übern Korridor zum Abort geschleift werden? Oder wenn Studenten im Gefangenen-Waggon auf der Fahrt von Leningrad (1924) Revolutionslieder singen, wofür ihnen die Wache die Wasserration streicht? Und sie schreien: »Die zaristischen Gendarmen hätten das nicht getan!« — und werden von den Wachen verprügelt? Oder wenn der Sozialrevolutionär Koslow im Durchgangslager von Kem die Wachen lauthals Henker nennt und als Strafe über die Erde gezerrt und geschunden wird?

Weil wir's doch gewohnt sind, unter *Tapferkeit* nur die militärische Tapferkeit zu verstehn (na, auch jene, die in den Weltraum fliegt), jene, die mit Orden klimpert. Die andre Tapferkeit — die *Zivilcourage* — haben wir vergessen, aber nur an ihr! an ihr! an ihr ist in unserer Gesellschaft Not! nur an ihr mangelt es uns . . .

Im Jahre 1923 hatte sich der Sozialrevolutionär Struschinski mit Genossen (wie viele? wie hießen sie? wogegen protestierend?) in einer Zelle des Wjatkagefängnisses verbarrikadiert, die Matratzen mit Benzin übergossen und sich selbst verbrannt, durchaus in der Schlüsselburger Tradition, um nicht weiter in die Geschichte zurückzugehen. Doch wieviel Lärm gab's *damals*, wie aufgerührt war die russische Gesellschaft! Jetzt erfuhren weder die Stadt Wjatka noch Moskau noch die Geschichte was davon. Allein: das Menschenfleisch schmorte wie damals im Feuer!

Darauf fußte ja auch die erste Solowezker Idee: Guter Ort ist, was ein halbes Jahr ohne Verbindung zur Außenwelt liegt. Da kannst du rufen, soviel du willst — keiner hört's, darfst dich unsertwegen auch anzünden. 1923 wurden die verhafteten Sozialisten von Pertominsk (auf einer Halbinsel im Onegasee) hierherverlegt und auf drei einsame Klausen verteilt.

Die Savatius-Klause: zwei Blocks der ehemaligen Wallfahrerherberge, ein Teil des Sees keilt sich ins Gelände der sogenannten Zone ein. In den ersten Monaten schien alles in Ordnung: Das Reglement für die Politischen wurde eingehalten, vereinzelt fanden sich auch Angehörige zum Besuch ein, und alle Verhandlungen mit der Gefängnisdirektion wurden ausschließlich von den drei Starosten der drei Parteien geführt. Ja, und die Zone der Klause war Freizone gleichsam; da drinnen durfte der Häftling sprechen, denken, tun und lassen, was er wollte.

Doch es kam schon damals, in den Kinderjahren des Archipels, das noch nicht *Parascha* genannte bleierne, hartnäckige Gerücht auf: Das Politregime soll liquidiert ... soll liquidiert werden ...

Und wirklich, nachdem um die Mitte Dezember die Schiffahrt eingestellt und jede Verbindung mit der Welt abgebrochen worden war, ließ der Leiter des Solowezker Lagers Eichmans* verlautbaren: Es stimmte, eine neue Instruktion über das Regime war eingetroffen. Natürlich würde nicht alles abgeschafft werden, o nein! – nur der Briefwechsel wird beschnitten, da steht war darüber, doch das Einschneidendste ist wohl dies: Ab 20. Dezember 1923 wird das durchgehende Verlassen der Blocks untersagt und solches auf die Tageszeit bis 18 Uhr beschränkt.

Die Fraktionen beschließen einen Protest, die Sozialrevolutionäre und Anarchisten rufen Freiwillige auf: Es soll gleich am ersten Verbotstag just nach 18 Uhr spazierengegangen werden. Dem Chef der Savatius-Klause Nogtjow setzt die Lust nach ein wenig Schießen jedoch schon so arg zu, daß die Wachen noch *vor* der verfügten Stunde (vielleicht stimmten die Uhren nicht? die Radiozeit gab's ja damals noch nicht) mit Gewehren in die Zone einrücken und auf die legitim Spazierenden das Feuer eröffnen. Drei Salven. Sechs Tote, drei Schwerverletzte.

Am nächsten Tag kam Eichmans herbeigeeilt: ein trauriges Mißverständnis sei es gewesen und Anlaß, den Kommandanten Nogtjow zu entfernen (wurde entfernt und auf höheren Posten berufen). Das Begräbnis der Toten. Über der ewigen Solowezker Stille erhebt sich der Chor:

»Unsterbliche Opfer, ihr sanket dahin ...«

(Ob es nicht zum letzten Mal war, daß diese getragene Melodie am Sarg von Ermordeten gesungen werden durfte?) Ein großer Rollstein wurde auf das Grab geschoben und die Namen der Toten hineingemeißelt**.

Unfair wäre es, der Presse Vertuschungsabsichten zu unterstellen. Die *Prawda* brachte eine Notiz in kleiner Schrift: Die Häftlinge hätten die Wachen *überfallen*, sechs Personen seien getötet worden. Die ehrliche *Rote Fahne* berichtete von einer *Meuterei* auf den Solowki***.

* Fast ein Eichmann, wie?
** 1925 wurde der Stein gewendet und die Inschrift begraben. Wer heute durch die Solowki wandert, der suche und sehe nach!
*** Unter den Sozialrevolutionären der Savatius-Klause befand sich Jurij Podbelski. Er sammelte die medizinischen Unterlagen über das Gemetzel – um sie irgendwann einmal zu veröffentlichen. Doch schon im Jahr darauf fanden sie bei der Filzung im Swerdlowsker Durchgangsgefängnis den Doppelboden in seinem Koffer und räumten das Versteck aus. So gerät die russische Geschichte ins Stolpern ...

Das Politregime aber war mit Erfolg verteidigt worden! Und es war ein ganzes Jahr lang von Änderungen keine Rede.

Das ganze Jahr 1924 lang, so war's in der Tat. Erst gegen Jahreswende tauchten wieder hartnäckige Gerüchte auf, man wolle ihnen im Dezember abermals ein neues Regime vorsetzen. Der Drachen war hungrig geworden und verlangte nach neuen Opfern.

Da gelang es den drei Sozialisten-Klausen, trotzdem sie sogar auf verschiedenen Inseln verstreut lagen, eine konspirative Absprache zu treffen, worauf alle politischen Fraktionen der Savatius-, Troizki- und Muksalma-Klause an ein und demselben Tag ein an Moskau und die Solowki-Verwaltung gerichtetes Ultimatum einbrachten: Entweder ihr bringt alle Häftlinge noch vor dem Ende der Schiffahrt aufs Festland zurück, oder ihr laßt uns das frühere Regime. Sollte das Ultimatum binnen zwei Wochen nicht erfüllt werden, würden alle Klausen in den Hungerstreik treten.

Solche Einigkeit erzwang sich Gehör. Ein solches Ultimatum war nicht in den Wind zu schlagen. Am Tag, bevor die Frist ablief, machte Eichmans einen Rundgang durch alle Klausen und erklärte, daß die Forderungen von Moskau abgelehnt worden seien. Und in allen drei Klausen (die nun auch schon abgeschnitten voneinander waren) begann am festgelegten Tag der Hungerstreik (kein »trockener«: trinken war erlaubt). In der Savatius-Klause hungerten zweihundert Mann. Die Kranken wurden vom Hungern befreit. Ein Häftlingsarzt machte tägliche Visite. Ein kollektiver Hungerstreik ist stets schwerer durchzuführen als ein individueller: Man hat sich dabei nach den Schwächsten, nicht nach den Stärksten zu richten. Das Hungern gewinnt nur dann einen Sinn, wenn die Entschlossenheit einmütig ist und jeder einzelne die anderen persönlich kennt und sicher ist, sich auf sie verlassen zu können. Wo's politische Fraktionen gibt und einige Hunderte von Beteiligten, sind Zwistigkeiten unvermeidlich, und jeder Mithungernde wird zur moralischen Belastung. Nach fünfzehn Tagen mußte in der Savatius-Klause eine geheime Abstimmung über Durchhalten oder Abbrechen durchgeführt werden (die Wahlurne wurde von Zelle zu Zelle getragen).

Moskau und Eichmans warteten indes ab: Sie waren ja satt, und die Zeitungen brachten keine Schlagzeilen über den Hungerstreik, und kein Student demonstrierte vor der Kasan-Kathedrale. Die nahtlose *Abschirmung* hatte unsere Geschichte bereits in den sicheren Würgegriff bekommen.

Die Klausen brachen den Hungerstreik ab. Sie hatten ihn nicht gewonnen. Doch wie sich herausstellte, auch nicht verloren: Den Winter über blieb es mit dem Regime beim alten, bloß das Holzschlagen im Wald kam hinzu, was jedoch nicht unbedingt der Logik entbehrte. Und im Frühjahr 1925 wollte es ihnen gar scheinen, daß der Hungerstreik doch ein Sieg war: Die Häftlinge aller drei Klausen wurden von den Solowki-Inseln fortgebracht. Aufs Festland! Wo's keine Polarnacht und keine halbjährige Abgeschiedenheit mehr geben würde!

Sehr hart war hingegen (jener Zeit nicht angemessen) die eskortierende Wachmannschaft, sehr karg der Reiseproviant. Bald auch kam der Pferdefuß zum Vorschein: Unter dem Vorwand, daß die Starosten im »Stabswaggon« neben der gesamten Proviantierung günstiger untergebracht wären, wurden die Häftlinge ihrer Häupter beraubt; der Waggon mit den Starosten wurde in Wjatka abgekoppelt, von da ging's in den Politisolator von Tobolsk. Erst jetzt wurde ihnen klar, daß der Hungerstreik des vorigen Herbstes verloren worden war: Die starke und einflußreiche Führung hatte man abgeschnitten, um bei den übrigen das Regime fester anzuziehen. Jagoda und Katanjan überwachten persönlich die Einquartierung der ehemaligen Solowki-Häftlinge in den längst bereit-, jedoch bislang leerstehenden Gitterbau des Isolators von Werchne-Uralsk, der von ihnen somit im Frühjahr 1925 »eröffnet« worden war und sich über Jahrzehnte hinaus zum tüchtigen Schreckgespenst auswachsen sollte.

Den früheren Solowki-Bewohnern wurde am neuen Platz sofort die Bewegungsfreiheit entzogen: Die Zellentüren blieben verriegelt. Noch durften sie Starosten wählen, aber mit dem Zellenrundgang war auch für Starosten Schluß. Der zwischen den Zellen früher praktizierte Austausch von Geld, Sachen und Büchern wurde untersagt. Sie riefen einander durchs Fenster an — bis ein Wachtposten vom Turm in die Zelle hineinschoß. Sie antworteten mit Obstruktion: schlugen die Fenster ein, das Inventar kaputt. (Bloß, daß man sich's in unseren Gefängnissen gut überlegen muß, ehe man Fenster einschlägt: die sind glattweg imstande, auch im Winter keine neuen einzusetzen. Das war noch unterm Zaren, daß die Glaser stracks angelaufen kamen.) Der Kampf ging weiter, doch es mischte sich schon viel Verzweiflung darein, und immer geringer wurden die Chancen auf einen Erfolg.

Im Jahre 1928 etwa kam es im Werchne-Uralsker Isolator (nach Berichten von Pjotr Petrowitsch Rubin) aus irgendeinem Grunde zum neuerlichen einmütigen Hungerstreik. Allerdings ohne die damalige strenge Feierlichkeit, ohne die kameradschaftliche Ermunterung, ohne die Visiten des eigenen Arztes. Am x-ten Tage des Hungerstreiks brachen die Wärter einfach in die Zellen ein, eine Überzahl gegen die einzelnen, Geschwächten, und begannen mit Stöcken und Stiefeln auf sie einzuschlagen. Der Hungerstreik wurde nieder*geprügelt*, und das war sein Ende.

Den naiven Glauben an die Kraft des Hungerstreiks schöpften wir aus den Erfahrungen der Vergangenheit und desgleichen — aus der Literatur der Vergangenheit. Hingegen stellt der Hungerstreik eine Waffe rein moralischen Charakters dar: Die Wirksamkeit ist überhaupt erst gegeben, wenn man voraussetzen kann, daß der Kerkermeister noch einen Rest von Gewissen besitzt — oder Angst vor der öffentlichen Meinung hat.

Die zaristischen Kerkermeister waren rechte Grünlinge: Wenn bei ihnen ein Häftling zu hungern begann, gerieten sie in Panik, welch Jammer, welche Not — und brachten ihn ins Spital. Der Beispiele gäbe es mehr als genug, aber es soll ja diese Arbeit nicht ihnen gewidmet sein. Es klingt geradezu lächerlich, daß Walentinow nur zwölf Tage zu hungern brauchte, um die *Aufhebung* der Untersuchungshaft, nicht bloß irgendwelcher Haftprivilegien, zu erreichen (worauf er sogleich in die Schweiz zu Lenin fuhr). Selbst im Orlowsker Zuchthaus, dem dortigen *Katorga-Zentral*, waren alle Hungerstreiks siegreich. 1912 wurde eine Milderung des Haftregimes erwirkt und 1913 eine weitere, den gemeinsamen Spaziergang aller politischen Strafgefangenen betreffende, welcher selbst wiederum offensichtlich so wenig von den Wachen behelligt wurde, daß sie es zustande brachten (Häftlinge eines Zentralen Katorga-Gefängnisses!), ihren »Brief an das russische Volk« zu verfassen und herauszuschmuggeln, auf daß er *veröffentlicht* werde (da kann unsereins nur den Mund aufsperren! sind die noch bei rechtem Verstand?) — so nachzulesen in den *Nachrichten aus der Katorga und der Verbannung*, Nr. 1 vom Jahre 1914* (sind ja schon die *Nachrichten* ein Kapitel für sich! ob wir nicht mit was Ähnlichem herausrücken sollten? Versuch's mal . . .). — 1914 erzwangen Dserschinski und vier seiner Kameraden mit nur fünf Tagen Hungerstreik, ohne Wasser allerdings, die Erfüllung *aller* ihrer zahlreichen (die Haftbedingungen betreffenden) Forderungen**.

In jenen Jahren war der Hungerstreik für den Häftling mit keinen

---

*Gernet, *Istorija carskich tjurem* (»Die Geschichte der zaristischen Gefängnisse«), Moskau 1963, Band 5, Kap. 8.
**ebd.

anderen Gefahren oder Beschwernissen als eben den Qualen des Hungers behaftet. Niemand durfte ihn wegen des Hungerstreiks verprügeln, zum zweiten Mal vors Gericht stellen, länger in Haft behalten oder erschießen oder anderswohin verlegen. (All dies widerfuhr ihm später.)

Während der Revolution von 1905 und in den Jahren danach fühlten sich die Häftlinge so ganz als Herr im eigenen Kerker, daß sie sich gar nicht mehr die Mühe gaben, mit dem Hungerstreik zu drohen, sondern entweder das staatseigene Inventar demolierten (Obstruktion) oder gar auf den Gedanken verfielen, in den einfachen *Streik* (ohne Hunger) zu treten, obwohl doch die Vorstellung »streikender Gefangener«, möchte man meinen, ein glatter Unsinn ist. So die 197 Häftlinge des Gefängnisses in Nikolajew, die im Jahre 1906 — nach Absprache mit *draußen*, versteht sich — einen »Streik« begannen. Die Kameraden draußen brachten aus diesem Anlaß Flugblätter heraus und führten vor dem Gefängnis tägliche Kundgebungen durch. Diese Kundgebungen (und die Häftlinge natürlich als Mitbeteiligte, weil doch die Fenster ohne Maulkörbe waren) zwangen die Direktion, die Forderungen der »Streikenden« zunächst einmal entgegenzunehmen. Danach sangen sie gemeinsam, die einen auf der Straße, die anderen an den Fenstergittern, revolutionäre Kampflieder ab. Dieses dauerte (unbehindert! und im zweiten Jahr der nachrevolutionären Reaktion) *acht* Tage lang! Und am neunten wurden alle Forderungen der Zuchthäusler erfüllt! Ähnliches geschah in Odessa, in Cherson, in Jelisawetgrad. So leicht war also damals ein Sieg zu erringen!

Interessant wäre es, bei dieser Gelegenheit Hungerstreiks unter der Provisorischen Regierung zum Vergleich heranzuziehen; aber die wenigen Bolschewiki, die vom Juli bis zum Kornilow-Putsch einsaßen (Kamenew, Trotzki, etwas länger Raskolnikow) hatten zum Hungern offensichtlich keine Ursache gefunden.

In den zwanziger Jahren beginnt sich das muntere Hungerstreiksbild zu verdüstern (was freilich auch vom Blickwinkel abhängt...). Dieses allseits bekannte und, wie es scheint, glanzvoll bewährte Kampfmittel wird natürlich nicht nur von den anerkannten Politischen, sondern auch von den nicht als solche anerkannten *Kaers* (§ 58) und allerhand sonstigen zufälligen Mitläufern übernommen. Aber die Pfeile, die ehemals so treffsicheren, waren seltsam stumpf geworden, oder schlapp, ob nicht schon am Abzug von einer eisernen Hand abgefangen? Gewiß, es werden noch immer schriftliche Ankündigungen des Hungerstreiks entgegengenommen, auch sieht die Obrigkeit bislang nichts Aufrührerisches darin. Allerdings kommen unangenehme neue Regeln in Schwang: Der Hungerstreikende muß in einer gesonderten Einzelzelle (in der Butyrka liegt sie im Pugatschow-Turm) isoliert werden, denn es darf vom Hungerstreik niemand das geringste erfahren: Nicht nur die zu Demonstrationen aufgelegte *freie Welt* nichts, nicht nur die Nebenzellen nichts, auch die eigene Zelle darf nicht wissen, daß ihr früherer Genosse streikt; auch sie ist zweifelsohne Öffentlichkeit, von der es ihn abzuschirmen gilt. Die Maßnahme wird damit begründet, daß die Direktion die Sicherheit haben müsse, es werde hier ehrlich gehungert, ohne Zufütterung durch die übrige Zelle. (Wie prüften sie's denn früher? Auf Ehren- oder Manneswort? . . .)

Doch man konnte in all diesen Jahren mit dem Hungerstreik zumindest persönliche Forderungen durchsetzen.

In den dreißiger Jahren vollzieht sich im staatlichen Denken, den Hungerstreik betreffend, eine neue Wendung. Selbst diese geschwächten, isolierten, halberstickten Hungerstreiks sind dem Staate, wie unschwer einzusehen, zu nichts nütze. Ob's dem Ideal nicht näherkäme, wenn man davon ausginge, daß die Gefangenen überhaupt keinen eigenen Willen zu haben, keine Entscheidungen zu treffen hätten — das Denken und Lenken überlaß einer der Direktion! Wenn man's so recht bedenkt, dürfte es nur für solche Sträflinge in der neuen Gesellschaft eine Existenzberechtigung geben. Und darum hörte die Obrigkeit auch in den dreißiger Jahren auf, Hungerstreiksankündigungen offiziell zur Kenntnis zu nehmen. »Der Hungerstreik als Kampfmittel *existiert nicht mehr*«, wurden Jekaterina Olizkaja 1932 und viele andere vorher und nachher belehrt. Eure Hungerstreiks sind von uns annulliert — und damit basta! Die Olizkaja aber gehorchte nicht und begann zu hungern. Und sie ließen sie *fünfzehn* Tage gewähren, brachten sie dann ins Spital, setzten ihr als Versuchung Milch mit Zwieback vor. Und doch hielt sie stand und trug am neunzehnten Tag den Sieg davon; ihre Forderungen aber waren: ein verlängerter Spaziergang, Zeitungen und Pakete vom Politischen Roten Kreuz (so mußte sich einer abmühen, um zu bekommen, was ihm rechtens zustand!). Ein nichtiger Sieg im Grunde und viel zu teuer bezahlt. Die Olizkaja weiß auch von Mitgefangenen über ähnlich unsinnige Hungerstreiks zu berichten: Um die Übergabe eines Pakets oder den Austausch des Spazierpartners zu erreichen, hungerten manche bis zu zwanzig Tagen. Lohnte es sich? Denn man bedenke: Im *Gefängnis des Neuen Typus* konnte, was einem an Kräften verlorenging, nicht wiederhergestellt werden. Koloskow, ein Sektierer, hungerte auf diese Weise — und starb am fünfundzwanzigsten Tag. Kann man sich im Gefängnis des Neuen Typus das Hungern überhaupt erlauben? Denn es standen den neuen Kerkermeistern unter den Bedingungen der Abgeschirmtheit und Geheimhaltung fortan überaus starke Mittel gegen Hungerstreiks zur Verfügung:

1. Die Langmut der Anstaltsdirektion. (Die oben angeführten Beispiele liefern dafür ein beredtes Zeugnis.)

2. Der Betrug. Auch dies ist der Abgeschirmtheit zu danken. Solange jeder Schritt von den Reportern in die Welt hinausgetragen wird, macht das Betrügen Mühe. Nicht so bei uns, da lüg einer nach Herzenslust. 1933 hielt S. A. Tschebotarjow im Gefängnis von Chabarowsk einen siebzehntägigen Hungerstreik, damit man seine Familie benachrichtige, wo er sei (sie kamen gerade von der Ostchinesischen Bahn, als er plötzlich »verschwand«, nun verzehrte er sich in Sorgen um seine Frau). Am siebzehnten Tag suchte ihn der stellvertretende Chef der Regional-OGPU Sapadnyj in Begleitung des Chabarowsker Staatsanwalts auf (am Rang der Besucher ist zu sehen, daß lange Hungerstreiks nicht allzu häufig waren); sie zeigten ihm eine Postquittung (fürs Telegramm an die Frau, natürlich) — danach ließ er sich eine Bouillon einflößen. Die Quittung aber war gefälscht! Und dennoch — warum die Besorgnis der Honoratioren? Um Tschebotarjows Leben ging's ihnen bestimmt nicht. (Offenbar gab es in der ersten Hälfte der dreißiger Jahre noch eine gewisse persönliche Verantwortung für einen hartnäckigen Hungerstreik.)

3. Die Zwangsernährung. Dieses Mittel stammt zweifellos aus der Tiergartenpraxis. Grundbedingung ist die Geheimhaltung. 1937 war die künstliche Ernährung offensichtlich schon allerorts Usus. So wurde beim kollektiven Hungerstreik der Sozialisten im Jaroslawler Zentralgefängnis am fünfzehnten Tag generell mit der künstlichen Ernährung begonnen.

Diese Art Aktion gleicht in vielem einer Vergewaltigung, ist im Grunde nichts anderes: Vier ausgewachsene Kerle werfen sich über ein schwaches Geschöpf, begierig, ein einziges Verbot zu durchbrechen, ein einziges Mal nur das Opfer zu bezwingen, und was weiter mit ihm geschieht, ist uns piepegal. Wie bei einer Vergewaltigung geht es auch hier darum, den Willen zu brechen: Wir erreichen schon, was wir wollen; deine Sache ist zu kuschen. Eine Platte stecken sie einem in den Mund und dann, wenn der Spalt zwischen den Zähnen genug groß ist, einen Schlauch: »Schlucken!« Und wenn einer nicht schluckt, stoßen sie den Schlauch weiter, bis die Nährflüssigkeit direkt in die Speiseröhre fließt. Dann massieren sie auch noch den Bauch, damit dem Häftling nicht einmal das Herausspeien bleibt. Moralisch besudelt kommt man sich vor — und fühlt, wie sich jubelnd der Magen füllt, und genießt den wohligen Geschmack im Mund.

Die Wissenschaft stand nicht still, also kamen mit der Zeit neue Fütterungsmethoden hinzu: durch den After — mit Einläufen, durch die Nase — mit Tropfen.

4. Die neue Betrachtungsweise: Der Hungerstreik bedeutet die Fortsetzung der konterrevolutionären Tätigkeit im Gefängnis und ist mit neuen Straffristen zu ahnden. Obwohl aus diesem Aspekt für die Praxis im Gefängnis des Neuen Typus eine wesentliche Bereicherung zu erwarten war, wuchs die daraus folgende Taktik über Drohungen nicht hinaus. Ihr Scheitern ist freilich nicht einem Übermaß an Humor, sondern viel eher simpler Faulheit zuzuschreiben: Wozu dies alles, wenn's mit Geduld um soviel leichter ging? Geduld und abermals Geduld — des Satten gegenüber dem Hungrigen.

Eine um die Mitte 1937 erlassene Direktive gab den Gefängnisdirektionen zu wissen, daß sie von nun an der Verantwortung für die an einem Hungerstreik Verstorbenen *zur Gänze enthoben seien!* Die Kerkermeister waren des letzten Rests von persönlicher Haftung ledig. (Nun hätte auch Tschebotarjow lange auf den Staatsanwalt warten müssen! . . .) Ein weiteres wurde für die Seelenruhe der Untersuchungsrichter getan: Die an einem Hungerstreik verlorenen Tage seien von der Untersuchungshaft abzuziehen, haben demnach nicht nur als *nichtexistent*, sondern darüber hinaus als quasi in Freiheit verbracht zu gelten! Den Hungerstreik hat's nicht gegeben, und seine einzige spürbare Folge sei darum die Ausmergelung des Gefangenen!

Mit anderen Worten: Ihr wollt krepieren? Krepiert gefälligst!

Arnold Rappoport hatte das Pech, seinen Hungerstreik im Innengefängnis von Archangelsk just bei Eintreffen dieser Direktive zu beginnen. Die Form, die er wählte, war besonders schwer und darum, wie man meinen konnte, besonders gewichtig: der »trockene« Hungerstreik, und er streikte dreizehn Tage lang (man vergleiche damit die fünf Tage von Dserschinski — übrigens: hat er sie in einer Einzelzelle verbracht? — und dessen vollen Sieg). Und in all diesen dreizehn Tagen, da er in der Einzelzelle hungerte, kam bestenfalls der Sanitäter nach ihm sehen, kein Arzt und auch niemand von der Direktion, um sich zumindest zu erkundigen, *was* er mit seinem Hungerstreik *erreichen wolle*. Danach fragten sie ihn bis zum Ende nicht . . . Die einzige Aufmerksamkeit, die ihm amtlicherseits widerfuhr, war die gründliche Durchsuchung seiner Zelle, die den versteckten Tabak und ein paar Streichhölzer zutage brachte. — Erreichen wollte er indes die Einstellung der erniedrigenden

Schikanen, deren sich der Untersuchungsrichter befleißigte. Auf den Hungerstreik bereitete sich Rappoport streng wissenschaftlich vor: Vom Paket, das er zuvor erhielt, aß er nur die Butter und die weißen Kringel, das Schwarzbrot strich er ganz aus seiner letzten Wochenration. Er brachte es mit dem Hungern soweit, daß seine Hände durchsichtig wurden gegen das Licht. Er habe eine besondere Leichtigkeit gefühlt, erzählt er, und eine schöne Klarheit im Kopf. Da kam eines Tages Marusja, eine freundliche, gutmütige Aufseherin, in die Zelle geschlüpft und flüsterte ihm zu: »Geben Sie auf, es hilft nichts, Sie sterben ja glatt! Ja, wenn's eine Woche früher gewesen wär . . .« Er hörte auf sie, gab das Hungern auf. Erreicht hat er gar nichts. Dennoch gaben sie ihm warmen Rotwein, auch ein Brötchen, dann trugen ihn die Wächter in die Gemeinschaftszelle zurück. Nach einigen Tagen setzten die Verhöre wieder ein. (Aber ganz umsonst war der Hungerstreik doch nicht gewesen: Rappoport hatte seinen Willen unter Beweis gestellt, der Untersuchungsrichter begriff, daß er zum Sterben bereit war – und milderte die Untersuchung. »Ich sehe, du bist ja ein Wolf!« sagte er beim Wiedersehen. »O ja, ein Wolf«, bestätigte Rappoport, »und werde niemals ein Hund für euch werden.«

Später dann, im Durchgangsgefängnis von Kotlas, trat Rappoport noch einmal in den Hungerstreik, aber dieser zweite nahm eher einen komischen Verlauf. Er verlangte die Einleitung einer neuen Untersuchung; bis dahin würde er sich nicht weiterverfrachten lassen. Am dritten Tag kamen sie ihn holen: »Fertigmachen zum Abtransport!« – »Ihr habt kein Recht! Ich bin im Hungerstreik!« Die vier wackeren Männer traten näher, hoben ihn auf und marschierten in die Banja, woselbst sie ihn schwungvoll abluden. Nach der Banja ging's in gleicher Manier zur Wache, und was blieb ihm anderes übrig, als aufzustehen und der Häftlingskolonne nachzutrotten, denn nun saßen ihm bereits die Hunde und die Bajonette im Nacken.

Also trug das Gefängnis des Neuen Typus den Sieg über den bürgerlichen Hungerstreik davon.

Selbst für einen starken Menschen blieb kein Weg offen, die Gefängnismaschinerie zu bekämpfen – es sei denn der Selbstmord. Doch ob der Selbstmord Kampf ist? nicht Unterwerfung?

Die Sozialrevolutionärin Jekaterina Olizkaja ist der Ansicht, daß es die Trotzkisten und die ihnen in die Gefängnisse nachfolgenden Kommunisten waren, durch die das Prestige des Hungerstreiks als altes Kampfmittel ins Wanken geriet: Sie waren allzu leicht damit zur Hand und hörten allzu leicht damit auf. Sogar ihr Führer, I. N. Smirnow, so sagt sie, der vor dem Moskauer Prozeß vier Tage lang hungerte, ließ sich rasch kleinkriegen und brach den Streik ab. Dem Vernehmen nach lehnten die Trotzkisten bis 1936 jede Art von Hungerstreik *gegen die Sowjetmacht* grundsätzlich ab, hungernde Sozialrevolutionäre und Sozialdemokraten wurden von ihnen niemals unterstützt*.

Die Geschichte möge über die Berechtigung dieses Vorwurfs entscheiden. Allerdings hat auch niemand einen höheren Preis für Hungerstreik zahlen müssen als die Trotzkisten (darüber später).

Wahrscheinlich liegt es überhaupt am Charakter ungestümer, schnell aufbrausender Menschen, daß sie ohne viel Bedenken einen Hungerstreik erklären und ihn ebenso leichtfertig wieder abbrechen. Solche Menschen gab es aber auch unter den alten russischen Revolutionären, sicherlich auch in Italien, in Frankreich, und doch war es den Behörden nirgendwo — weder in Rußland noch in Italien noch in Frankreich — gelungen, den Häftlingen den Geschmack zum Hungerstreik so gründlich auszutreiben, wie bei uns in der Sowjetunion. Wahrscheinlich war der Aufwand an körperlichen Opfern und geistiger Standhaftigkeit bei den Hungerstreiks im zweiten Viertel unseres Jahrhunderts um nichts geringer als im ersten. Doch es fehlte im Lande die öffentliche Meinung! Und das Ergebnis war das Gefängnis des Neuen Typus und für die Insassen statt der leicht zu erringenden Siege eine Kette von schwer erschufteten Niederlagen.

Jahrzehnte zogen ins Land, und die Zeit vollbrachte das ihre. Schon war der Hungerstreik, das erste und natürlichste Recht des Gefangenen, den Gefangenen selber fremd und unverständlich geworden, immer seltener verspürte einer die Lust dazu. Und in den Augen der Kerkermeister war es bald nichts als Dummheit oder böswillige Aufsässigkeit.

Als der *Bytowik* Gennadij Smelow 1960 im Leningrader Gefängnis in den Hungerstreik trat, beehrte ihn immerhin der Staatsanwalt mit einer Visite (vielleicht war's auch nur der übliche Rundgang). »Warum tun Sie sich das an?« fragte er, und Smelow darauf:

»Die Wahrheit ist mir teurer als das Leben!«

Dieser Satz muß den Staatsanwalt durch seine Zusammenhanglosigkeit derart beeindruckt haben, daß sich Smelow schon am nächsten Tag in der Sonderabteilung des Leningrader Gefängnis-Krankenhauses

---

* Umgekehrt verlangten sie von den SRs und SDs allezeit Unterstützung. Beim Häftlingstransport Karaganda-Kolyma, 1936, nannten sie alle, die sich weigerten, ihr Protestschreiben an Kalinin zu unterschreiben, »Verräter und Konterrevolutionäre«; der Protest galt »der Verschickung der *Avantgarde der Revolution* (d. h. der Trotzkisten) nach Kolyma« (berichtet Makotinski.)

(lies Irrenhaus) wiederfand, wo ihn der Arzt mit der Mitteilung empfing:

»Sie werden der Schizophrenie verdächtigt.«

Folgt man weiter den Windungen des Strafvollzugs, trifft man an dem sich bereits verjüngenden Teil des von uns beschriebenen Horns auf die ehemaligen *Zentrals* und nunmehrigen *Spezisolatoren;* man schreibt den Beginn des Jahres 1937. Was an Laschheit noch übrig war, wurde ausgetilgt, die Pumpe trieb die letzten Reste von Luft und Licht aus den Mauern. Und der Hungerstreik des zusammengeschmolzenen und müden Sozialistenhäufleins im Jaroslawler Strafisolator zu Beginn von 1937 gehörte zu den allerletzten verzweifelten Versuchen.

Noch verlangten sie alles wie früher: die Ältestenwahl, den freien Umgang zwischen den Zellen; sie forderten, aber einen Erfolg konnten sie sich wohl selbst nicht erhoffen. Durch ihr fünfzehntägiges, allerdings mit der Schlauchfütterung beendetes Hungern gelang es ihnen scheinbar, das eine und andere von der früheren Ordnung zu retten: den einstündigen Spaziergang, die Gebietszeitung, Papierblöcke zum Schreiben. Ein Erfolg gewiß, bloß daß sie umgehend ihre eigenen Sachen abliefern mußten und dafür die einheitliche Häftlingskluft hingeworfen bekamen. Und nach einer weiteren Weile wurde ihnen der Spaziergang halbiert. Und dann noch einmal; ganze fünfzehn Minuten blieben nach dem Geschnitzel.

Es waren dies immer noch dieselben Menschen, die im Reigen der Großen Patience von Gefängnis zu Gefängnis, von Verbannung zu Verbannung geschleust wurden. Da wußte einer seit zehn, und mancher gar seit fünfzehn Jahren nicht mehr, was gewöhnliches Menschenleben war, und kannte nichts als die Blechnapfkost und die Hungerstreiks. Noch lebten welche von denen, die vor der Revolution gewohnt waren, die Kerkermeister zu bezwingen. Allein, damals ging es *mit* der Zeit und gegen einen erlahmenden Feind, und jetzt hatten sich Zeit und Feind, ein erstarkender Feind, gegen sie verbündet. Auch Junge waren darunter (seltsam mutet es uns heute an), solche, die sich erst als Sozialrevolutionäre, Sozialdemokraten oder Anarchisten begriffen hatten, als die Parteien selber zerstört und aufgelöst waren, und die Neubeitretenden nur mehr mit dem Eingesperrtwerden rechnen konnten.

Und mit jedem Jahr hoffnungsloser wurde die Einsamkeit, in der die Sozialisten hinter Gittern kämpften, und mit jedem Jahr stärker der

Sog — bis sie schließlich im Vakuum standen. Unterm Zaren war's ja ganz anders: Da brauchte einer nur die Gefängnistore aufzustoßen, und die Gesellschaft überhäufte ihn mit Blumen. Nun aber schlugen sie die Zeitungen auf und lasen, wie man sie beschimpfte, hemmungslos, unflätigst (denn gerade die Sozialisten fürchtete Stalin für seinen Sozialismus am meisten) — und das Volk? Das Volk schwieg, und nichts war zu finden, was zum Glauben ermutigt hätte, daß es so was wie Mitgefühl für jene empfand, denen es einst vor langer Zeit seine Stimme für die Konstituante gegeben hatte. Und dann, nach noch ein paar Jahren, hörten auch die Zeitungen zu schimpfen auf: So ungefährlich, unbedeutend, gleichsam nichtexistent waren die russischen Sozialisten für die Welt draußen geworden. Schon sprach man dort von ihnen nur mehr in der Vergangenheit und Vorvergangenheit, der Jugend konnte es gar nicht einfallen, daß noch irgendwo lebendige Sozialrevolutionäre zu finden wären und lebendige Menschewiki. Und wie hätten sie im Reigen der Tschikmenter und Tscherdynsker Verbannung, der Werchne-Uralsker und Wladimirer Isolatoren, wie hätten sie in ihren schon maulkorbbewehrten dunklen Zellen nicht wankend werden sollen, ob nicht alles vielleicht ein Fehler gewesen: ihr Programm, die Taktik, die Praxis, und ein Irrtum, was ihre Führer geglaubt und getan? Und sie begannen all ihre Taten als endlose Untätigkeit zu sehen. Und das Leben, das nur ans Leiden hingeopfert worden war, als verhängnisvolle Verirrung.

Ihr einsamer Kampf hinter den Kerkermauern ging im Grunde um uns alle, uns zukünftige Häftlinge (obwohl sie sich selbst dessen gar nicht bewußt sein mußten), es ging darum, *wie* wir später zu sitzen haben würden, es ging um unser Gefängnisregime. Und wenn sie gesiegt hätten, hätte es das, was uns später geschah, worüber dieses Buch berichtet, wahrscheinlich gar nicht gegeben.

Doch sie wurden geschlagen, und von den alten Rechten blieb weder für sie noch für uns was zurück.

Sie lagen in den Ketten ihres Alleinseins, und das rührte zum Teil auch noch aus jenen ersten nachrevolutionären Jahren her, da sie sich von der GPU ganz selbstverständlich mit dem verdienstvollen Titel der *Politischen* beschenken ließen, aber ebenso selbstverständlich mit der GPU übereinkamen, in allem, was, angefangen mit den Kadetten, »rechts« von ihnen stand*, nicht politische zu sehen, sondern: *Kaers*, *Kontras*, Dünger der Geschichte. Und wer um Christi willen litt, wurde ein *Kaer*. Und wer um »rechts« und »links« nicht Bescheid wußte, wur-

* Ich mag diese »links« und »rechts« nicht: es sind Konventionen, umstülpbar und am Wesentlichen vorbeigehend.

de ebenfalls ein *Kaer*. So geschah es, daß sie teils gewollt, teils ungewollt, abgekapselt und hochmütig-wählerisch, dem künftigen § 58 ihren
Segen gaben — und sollten ja doch wie die anderen in dessen Schlund
verschwinden.

Gegenstände und Handlungsweisen sehen entschieden anders aus,
wenn man die Aussichtswarte wechselt. In diesem Kapitel beschrieben
wir die Haftbedingungen der Sozialisten von *ihrem* Standpunkt aus —
und siehe, ein tragischer reiner Lichtstrahl fällt darauf. Jene *Kaers* hingegen, die von den *Politischen* auf den Solowki verächtlich gemieden
wurden, jene *Kaers* also erinnern sich: »Die Politischen? Die waren irgendwie widerlich: die Nase hoch oben, immer im Abstand beim eigenen Häuflein, lauter Forderungen — um ihre Rationen und ihre Privilegien. Und andauernd gab's Zank und Streit bei ihnen.« — Wie könnte
man es überhören, daß auch hierin ein Stück Wahrheit steckt? Diese
fruchtlosen, endlosen, wenn nicht schon lächerlichen Disputationen...
Dieses Beharren auf Privilegien angesichts der anderen Hungernden
und Elenden ... In den sowjetischen Jahren erwies sich der verdienst-
volle Titel eines *Politischen* als vergiftetes Präsent. Und plötzlich stoßen
wir auch noch auf diesen Vorwurf: Warum haben die Sozialisten, sorglose Ausbrecher unter dem Zaren, im sowjetischen Gefängnis so
schmählich schlappgemacht? Warum saßen sie wie angenagelt? Im allgemeinen waren Ausbrüche und Fluchtversuche keine Seltenheit — doch
wer erinnert sich, von einem flüchtigen Sozialisten gehört zu haben?

Jene Häftlinge hingegen, die »linker« als die Sozialisten waren, die
Trotzkisten und Kommunisten, die mieden ihrerseits die Sozialisten —
für sie *Kaers* wie die übrigen — und schlossen den Wall der Einsamkeit
zu einem festen Ring.

Und da von den Trotzkisten und Kommunisten jeder seine Richtung
für die reinere und höherstehende hielt, verachteten, ja, haßten sie die
Sozialisten (und einander), obwohl sie hinter den Gittern desselben Gebäudes saßen und in denselben Gefängnishöfen spazierengeführt wurden. Da geschah es, wie sich die Olizkaja erinnert, im Durchgangslager
der Wanino-Bucht, 1937 — als Sozialisten der Männer- und Frauenzone
einander übern Zaun hinweg Nachrichten zuriefen und Namen, wer
drüben war, wer hüben —, daß sich die beiden Kommunistinnen Lisa
Kotik und Maria Krutikowa unmäßig über dieses verantwortungslose
Verhalten aufregten: wie denn, wenn nun alle dafür bestraft würden!
Ihre Worte waren: »All unser Unglück kommt von diesem sozialistischen Lumpenpack. [Eine tiefsinnige Erklärung und wie dialektisch!]
Abgemurkst gehören die!« — Und jene beiden Mädchen von 1925 auf

der Lubjanka nahmen sich nur darum den Flieder zum Besinger vor, weil die eine ein SR-Mitglied und die andere eine oppositionelle KP-Fraktionistin war, und da hat es gemeinsame politische Lieder nicht geben können, zumal die Fraktionistin überhaupt fehlgehandelt hatte, mit einer Sozialrevolutionärin ein Protestbündnis einzugehen.

Während sich die Parteien im zaristischen Kerker häufig zum gemeinsamen Kampf vereinten (denken wir an die Flucht aus dem Sewastopoler *Zentral*), suchte im sowjetischen Gefängnis jede Strömung die Reinheit ihrer Fahnen durch die Bündnisfreiheit gegen andere zu wahren. Die Trotzkisten kämpften abgesondert von Sozialisten und Kommunisten, die Kommunisten kämpften überhaupt nicht, denn wie hätten sie sich's erlauben können: gegen die eigene Macht und das eigene Gefängnis?

Und darum geschah es, daß die Kommunisten in den Isolatoren und Zuchthäusern früher und härter bedrängt wurden als die anderen. 1928, während die Sozialisten noch lärmende Debatten veranstalteten, hatte die Kommunistin Nadeschda Surowzewa, wenn sie im gemeinsamen Gänsemarsch den Hof des Jaroslawler *Zentrals* abschritt, bereits absolutes Sprechverbot. Schon durfte sie nicht mehr die Blumen im Spazierhof pflegen, die von den früheren, von den kämpfenden Häftlingen zurückgeblieben waren. Und zur gleichen Zeit, damals schon, verbot man ihr das Zeitungslesen. (Anders die Gesammelten Werke von Marx/Engels, Lenin und Hegel — die durfte sie mit Bewilligung der Geheimen Politischen Abteilung der GPU in ihrer Zelle behalten.) Das Besucherzimmer, in dem sie mit ihrer Mutter sprechen durfte, war fast vollkommen verdunkelt, die verzweifelte Mutter starb bald danach (wie arg müssen ihr die Bedingungen vorgekommen sein, unter denen die Tochter ihre Haft absaß).

Der weit zurückgehende Unterschied im Haftverhalten schlug sich im weiteren auch im Unterschied der Belohnungen nieder: denn 1937/38 saßen ja auch Sozialisten und erhielten auch sie ihre *Zehner*. Aber sie wurden in der Regel nicht zur Selbstanschwärzung gezwungen, hatten sie doch ihre besonderen Ansichten niemals verheimlicht, und für eine Verurteilung war's genug! Der Kommunist freilich, der *eigenständige* Ansichten niemals besitzt — wie hätt man ihn vor Gericht bringen sollen, wenn er das Anklagematerial nicht selbst lieferte?

Obwohl sich der riesige Archipel bereits gedehnt und geweitet hatte, gingen die Sitzgefängnisse darob noch lange nicht zugrunde. An Eiferern für die alte Zuchthaustradition mangelte es nicht, genausowenig an Traditionserneuerern. All das, war der Archipel an Neuem und Unschätzbarem zur Erziehung der Massen beitrug, bedurfte, um Vollendung zu sein, einer gewissen Abrundung — und diese lieferten die TONs und Sitzgefängnisse schlechthin.

Nicht jeder, den die Große Maschine verschlang, hatte sich unter die Stammeinwohner des Archipels zu mischen. Was ein namhafter Ausländer war oder eine allzu bekannte Person, ein geheimer Gefangener oder ein eigener abservierter *Gebist*, konnte unter keinen Umständen offen im Lager präsentiert werden: der eine zusätzlich gewonnene Schubkarren würde den *moralisch-politischen** Schaden der Publizität nicht aufwiegen. Genauso unzulässig wäre es gewesen, die notorisch auf ihre Rechte pochenden Sozialisten mit den Massen zu vermischen — und um so bequemer war es, sie just unter dem Vorwand ihrer Privilegien und Rechte gesondert zu halten und abzuwürgen. Viel später, in den fünfziger Jahren, wird man, wie wir noch erfahren, auf das zbV-Gefängnis TON auch zur Isolierung von Lagerrebellen zurückkommen. In seiner Enttäuschung über die »Besserung« von Dieben wird der greise Stalin noch die Weisung geben, auch den *Bandenchefs* den *Tjursak* und nicht das Lager aufzubrummen. Und schließlich mußten auch noch solche Delinquenten in kostenlose Staatsverpflegung genommen werden, die im Lager ihrer Schwäche wegen sofort gestorben wären und sich somit der Strafverbüßung entzogen hätten. Oder auch solche, bei denen eine Anpassung an die ortsübliche Arbeit in keiner Weise zu bewerkstelligen war (wie beispielsweise der blinde Kopejkin, ein siebzigjähriger Alter, dessen Lieder und Sprüche den Marktplatz von Jurjewez an der Wolga, seinen beliebten Aufenthaltsort, verunsicherten und ihm zehn Jahre wegen KRD einbrachten) und denen das Lager durch entsprechende Gefängnishaft ersetzt werden mußte.

Gemäß den Anforderungen vollzog sich die Bewahrung, Erneuerung, Festigung und Vervollkommnung des alten, von der Romanow-Dynastie ererbten Zuchthausbestandes. Manche *Zentrals*, so das in Jaroslawl, waren derart solid und bequem eingerichtet (eisenbeschlagene Türen, in jeder Zelle im Boden verankert ein Tisch, ein Schemel, eine Liege), daß es nur mehr der Anbringung von Maulkörben an den Fenstern und der Abzäunung von zellengroßen Spazierflecken im früheren Gefängnishof bedurfte (bis 1937 waren in den Gefängnissen alle Bäume gefällt, die

*Das Wörtchen gibt es! So etwas wie himmelblau-sumpfgrau.

Rasen und Gemüsebeete umgeackert, jedes Fleckchen Erde asphaltiert worden). Andere wieder, so das in Susdal, mußten angesichts der ursprünglich klösterlichen Bestimmung einen Umbau erfahren, was jedoch auf keinerlei Schwierigkeiten stieß, sintemal die Einkerkung des Leibes im Kloster und die rechtlich begründete Einkerkerung im Gefängnis körperlich-analoge Ziele anpeilt. Ähnlich erfolgte die Adaptation eines Teils des Suchanow-Klosters — schließlich und endlich mußten ja auch gewisse Verluste am Gesamtbestand wettgemacht werden: Man bedenke, daß die Peter-Paul-Festung und Schlüsselburg für Schaulustige freigemacht wurden. Das Wladimirer *Zentral* wurde erweitert und ausgebaut (ein großer neuer Block unter Jeschow), es ward in diesen Jahrzehnten bestens genutzt und viel frequentiert. Daß das *Zentral* in Tobolsk aktiv blieb, erfuhren wir bereits; 1925 wurde jenes von Werchne-Uralsk der dauernden und regen Nutzung zugeführt. (Zu unserem Leidwesen sind diese Isolatoren alle lebendig und bis zum Tage, an dem diese Zeilen geschrieben werden, *in Betrieb*.) Aus Twardowskis Poem »Fernen über Fernen« darf man schließen, daß unter Stalin auch das Alexandrowsk-*Zentral* nicht leerstand. Spärlicher sind die Berichte über Orjol: Es steht zu befürchten, daß das dortige *Zentral* im Vaterländischen Krieg stark beschädigt wurde. Allerdings fehlte es ihm niemals an nachbarschaftlicher Ergänzung durch das vortrefflich ausgerüstete Sitzgefängnis in Dmitrow.

In den zwanziger Jahren war die Kost in den Politisolatoren durchaus passabel: Fleisch zu jedem Mittagsmahl, frisches Gemüse im Topf, und Milch im Laden zu kaufen. Eine jähe Verschlimmerung trat 1931—33 ein, doch da gab es ja auch draußen nicht viel mehr zum Beißen. Skorbut und Hungerohnmacht waren damals in den Politisolatoren keine Seltenheit. Das mit dem Essen kam später wieder ins Lot, aber wie früher war's nimmer. I. Kornejew, der 1947 im Wladimirer TON saß, hatte unentwegt Hunger: vierhundertfünfzig Gramm Brot, zwei Stück Zucker, zwei warme, aber unausgiebige Zugaben — und nur vom heißen Wasser gab's, soviel man in den Bauch reinkriegte (na ja, wird's gleich heißen, das Jahr war auch nicht gerade typisch: Hungersnot herrschte damals im ganzen Land; dafür war's ja dem Land in jenem Jahr großzügig erlaubt, das Gefängnis mitzufüttern; Paketeinschränkungen wurden aufgehoben).

Das Licht war in den Zellen sowieso rationiert: in den dreißiger Jahren wie in den vierzigern; dank den Maulkörben und dem drahtbewehrten trüben Fensterglas lagen die Zellen im ständigen Dämmer (die Dunkelheit ist ein wichtiger Faktor der seelischen Unterjochung!). Über den Maulkorb wurde obendrein oft noch ein Netz gespannt, im Winter lag Schnee darauf und verschlang den letzten Schimmer Lichts. Beim Lesen konnte man sich nur mehr die Augen verderben, die schmerzten ohnedies. Im Wladimirer TON wurde dieser Mangel an Licht in den Nächten wettgemacht: Da strahlten die Zellen im grellen Lampenlicht und störten einen beim Schlaf. Hingegen gab es im Dmitrower Gefängnis (N. A. Kosyrew) 1938 als einzige Lichtquelle eine Ölfunzel unter der Decke, die brannte den Leuten die letzte Luft weg; 1939 kamen Lampen mit halber Rotglut in Schwang.

Die Luft war ebenfalls rationiert, die Lüftungsklappen hatten Vorhängeschlösser und wurden nur beim Austreten geöffnet (berichten Häftlinge von Dmitrow und Jaroslawl). (J. Ginsburg: Das morgens ausgeteilte Brot bedeckte sich bis zum Mittag mit Schimmel, das Bettzeug war feucht, die Wände grünten.) Wiederum gab es in Wladimir 1948 keine Beschränkungen der Luftkonsumation, die Lüftung blieb Tag und Nacht offen.

Die Dauer des Spaziergangs schwankte je nach Jahr und Gefängnis zwischen fünfzehn und fünfundvierzig Minuten. Jener Umgang mit der Erde, wie in Schlüsselburg oder auf den Solowki gepflegt, war längst ausgetilgt und alles, was da wuchs, herausgerissen, zertrampelt, mit Beton und Asphalt zugegossen. Beim Spaziergang brüllten sie schon, wenn einer nach den Wolken schaute: »Augen auf den Boden!« — erinnern sich Kosyrew und die Adamowa (im Gefängnis von Kasan).

Besuche von Verwandten wurden 1937 verboten und nicht wieder zugelassen. Briefe durfte man an die nahen Verwandten zweimal im Monat schreiben, ebensoviele von ihnen erhalten, dies in beinahe allen Jahren (aber in Kasan: »Durchlesen und am nächsten Tag ans Aufsichtspersonal zurückgeben«), desgleichen der Zukauf im Laden, solange eben die limitierten Geldüberweisungen reichten.

Ein nicht unbedeutender Teil des Strafvollzugs beruht auf der richtigen Wahl des Mobiliars. Die Adamowa beschreibt sehr eindrucksvoll die Freude, die sie empfand, als sie nach all den tagsüber aufgeklappten Liegen und am Boden verschraubten Stühlen in der Zelle von Susdal ein einfaches Holzbett mit Strohsack, einen einfachen Holztisch zu sehen bekam und betasten durfte. Im Wladimirer TON machte I. Kornejew zwei *Regime* durch: unter dem einen (1947/48) wurden dem Häftling die eigenen Kleider belassen, man durfte auch tagsüber liegen, und der *Wertuchai* kümmerte sich wenig ums Guckloch. Unter dem anderen (1949—53) wurden die Zellen doppelt versperrt (vom *Wertuchai* und vom diensthabenden Offizier), liegen war verboten, laut sprechen war verboten (in Kasan durfte man nur flüstern!), die persönlichen Sachen mußten abgegeben, eine gestreifte Häftlingskluft aus Matratzenstoff getragen werden; Brieferlaubnis gab's zweimal im Jahr, und auch das nur an zwei vom Gefängnisdirektor ohne Vorankündigung bestimmten Tagen (wer den Tag versäumte, mußte schon auf den nächsten warten), und die Länge des Briefes war auf die Hälfte eines Schreibmaschinenbogens beschränkt; grimmige Filzungen standen auf der Tagesordnung, rechte Überfälle, mit splitternacktem Antreten draußen im Gang. Am schärfsten nahmen sie Kontakte zwischen den Zellen aufs Korn; das ging soweit, daß die Aufseher nach jedem Austreten mit Laternen die Aborte durchstöberten und in jede Muschel hineinleuchteten.

Wegen einer Kritzelei an der Wand wurde die ganze Zeile in den Karzer gesteckt. Die Karzer waren die Geißel der TONs. Bloßes *Husten* konnte einem den Karzer einbringen (»Stecken Sie zum Husten gefälligst den Kopf unter die Decke!«), auch das *Hinundhergehen* in der Zelle (Kosyrew: da galt man als »tobsüchtig«) oder ein lautes Auftreten (in Kasan bekamen die Frauen Männerschuhe Größe 44 zugeteilt). Im übrigen hat die Ginsburg vollkommen recht: Der Karzer wurde nicht für Vergehen, sondern nach einem *Zeitplan* ausgeteilt: Der Reihe nach hatte jeder mal reinzukommen, auf daß er wisse, was ein Karzer ist. Die Gefängnisordnung vermerkte auch noch diese äußerst flexible Variante: »Im Falle sich der Häftling im Karzer Disziplinlosigkeiten [?] zuschulden kommen läßt, ist der Gefängnisdirektor berechtigt, die Karzerstrafe bis auf *zwanzig Tage* zu verlängern.« Und worin besteht sie, die »Disziplinlosigkeit«? . . . Hier, wie Kosyrew es erlebte (die Beschreibung des Karzers und vieler anderer Eigenarten des Regimes stimmt bei allen genau überein; das Regime war wie eine Warenmarke rechtlich geschützt). Weil er in der Zelle herumging, bekam er fünf Tage Karzer rund um die Uhr. Herbst war, der Karzer wurde nicht geheizt, Kosyrew fror erbärmlich. Kleider und Schuhe nahmen sie einem fort. Auf dem staubigen Erdboden stand ein Schemel (manchmal war der Boden auch nasser Schlamm, in Kasan standen die Häftlinge im Wasser und hatten — J. Ginsburg — auch keinen Schemel zum Sitzen). Gleich am Anfang sah sich Kosyrew schon tot, erfroren. Doch allmählich stieg eine Art innerer geheimnisvoller Wärme in ihm hoch, die die Rettung bedeutete. Er lernte im Sitzen zu schlafen. Dreimal am Tag brachten sie einen Becher voll heißen Wassers, er wurde trunken davon. In der Brotration, dreihundert Gramm, fand er einmal ein Stück Zucker: ein Wärter hatte es trotz Verbots in die Krume gedrückt. An den Brotstücken maß Kosyrew die Zeit; ein schwacher Lichtstrahl, der durch irgendein Fensterchen des Ganglabyrinths hereinfiel, half ihm dabei. Da waren nun die fünf Tage um — aber niemand kam ihn aus dem Karzer holen. Sein Gehör war ja geschärft: So vernahm er ein Geflüster im Gang, um *sechs* Tage ging es oder um den *sechsten* Tag. Darin eben lag die Provokation: Jetzt würde er reklamieren, würde die Freilassung verlangen — und sie könnten ihm daraufhin wegen begangener Disziplinlosigkeit den Karzer verlängern. Er aber saß demütig und schweigend den übrigen Tag ab — und wurde, als wäre nichts geschehen, herausgeholt. (Vielleicht hat der Gefängnisdirektor jeden einzelnen solcherart auf die Gefügigkeitsprobe gestellt. Der Karzer ist für jene da, die sich noch nicht unterworfen haben.)

Nach dem Karzer kam ihm die Zelle wie ein Schloßgemach vor. Ein halbes Jahr lang war Kosyrew taub und hatte einen vereiterten Hals. Sein Zellengenosse aber hatte vom häufigen Karzer den Verstand verloren, und Kosyrew mußte länger als ein Jahr die Zelle mit dem Irren teilen. (Nadeschda Surowzewa erinnert sich an viele Fälle von Wahnsinn in den Politisolatoren. Sie weiß allein nicht weniger davon aufzuzählen, als Noworusski an Hand der Schlüsselburger Chroniken errechnete.)

Will es dem Leser nicht scheinen, daß wir uns allmählich auf den Gipfel des zweiten Horns emporgehangelt haben — und ob er nicht gar höher, gar schärfer als der erste ist?

Die Meinungen gehen indes auseinander. Erfahrene Lagerleute wollen das Wladimirer TON der fünfziger Jahre nicht anders als einen *Kurort* bezeichnen, darin sind sie sich alle einig; auch Wladimir Borissowitsch Seldewitsch, der von der Station Abes hinkam, auch Anna Petrowna Skripnikowa, die aus den Kemerower Lagern dorthin überstellt wurde (1956). Was die Skripnikowa besonders frappierte, war die regelmäßige Annahme von Häftlingseingaben je einmal in zehn Tagen (sie schickte sich an, an die — UNO zu schreiben) sowie die vorzügliche Bibliothek, sogar mit fremdsprachigen Büchern: Sie brachten einem den kompletten Katalog in die Zelle und jeder durfte seine Jahresbestellung machen.

Doch es darf auch die Geschmeidigkeit unseres Gesetzes dabei nicht außer acht gelassen werden: Da wurden tausende Frauen (»Ehefrauen«) zu Gefängnisstrafen verurteilt. Ein Wink von oben, eine plötzliche Wende — und es hatte sich die Gefängnishaft in Lagerhaft zu verwandeln (auf Kolyma haperte es mit dem Goldlieferungsplan)! Wie befohlen, so geschehen. Ohne jeglichen Gerichtsbeschluß.

Ja, gibt es den *Tjursak* am Ende überhaupt noch? Oder ist's bloß für die Lager das Entree?

Und eben erst hier — erst hier! — hätte dieses unser Kapitel beginnen sollen. Es hätte jenes schimmernde Licht einfangen müssen, das mit der Zeit wie ein Heiligenschein der Seele eines Einzelhäftlings entsteigt. Der Hast des Lebens so absolut entrissen, daß selbst das Messen der verrinnenden Minuten zum intimen Umgang mit dem All wird, findet sich der Einzelhäftling von aller Halbheit geläutert, die ihn im vergangenen Leben quälend umfing und das Trübe in ihm sich absetzen ließ. Wie edel ist dieses Bild seiner im Erdreich grabenden, die Erdklumpen zart zerbröckelnden Finger (na, im übrigen ist's Aphalt! . . .). Wie wendet sich doch sein Haupt ganz von selbst dem Ewigen Himmel zu (na, im übrigen ist's verboten!. . .). Wieviel gerührte Aufmerksamkeit erweckt in ihm ein am Fenstersims hüpfender Spatz (na, im übrigen ist der Maulkorb davor und das Netz, und ein Eisenschloß hängt an der Lüftung . . .). Und was für klare Gedanken, was für erstaunliche Einfälle ihm zuweilen aufs zugeteilte Papier fließen (na, im übrigen kriegst du nur mit Mühe welches und nicht immer im Laden, und wenn's vollgeschrieben ist, heißt es: Zur ewigen Aufbewahrung an die Gefängniskanzlei zurück! . . .).

Doch ach, die griesgrämigen Einwürfe — sie stören unsre Kreise. Es knistert im Gebälk unseres Kapitelkonzepts, es knarrt, es kracht, und schon wissen wir nicht mehr, ob im Gefängnis des Neuen Typus, im Gefängnis zur besonderen (welcher denn?) Verwendung — ob darin die Seele des Menschen geläutert wird? oder endgültig zugrunde geht?

Wenn du an jedem Morgen zu allererst die Augen deines irrgewordenen Zellengenossen zu sehen bekommst — wodurch sollst du dich selber in den anbrechenden Tag retten? Nikolai Alexandrowitsch Kosyrew, dessen brillante astronomische Laufbahn durch die Verhaftung unterbrochen worden war, wußte sich nur durch die Gedanken an Ewiges und Unendliches zu retten: an die Weltenordnung — und ihren Obersten Geist; an die Sterne; an ihre innere Beschaffenheit; und darüber, was eigentlich *Zeit* ist, Zeit und der Lauf der Zeit.

Und so eröffnete sich ihm ein neues Gebiet der Physik. Und nur das hielt ihn im Dmitrower Gefängnis am Leben. Bald jedoch stießen seine Überlegungen an vergessene Ziffern, er konnte nicht weiterbauen, weil er viele Ziffern dazu brauchte. Woher sie nehmen: in der Einzelzelle mit der kümmerlichen Nachtfunzel, wohin auch ein Vogel sich nicht verirren konnte? Und der Gelehrte erhob seine Stimme zu Gott: »Herr! Ich habe alles getan, was ich konnte. Aber ich brauche Deine Hilfe! Hilf mir weiter!«

Zu jener Zeit stand ihm in je zehn Tagen je ein Buch zu (er war bereits in der Zelle allein). In der ärmlichen Gefängnisbibliothek gab es einige Auflagen des *Roten Konzerts* von Demjan Bednyj, und die wurden ihm wieder und wieder in die Zelle gebracht. Seit seinem Stoßgebet war eine halbe Stunde verstrichen, da kam einer von der Bibliothek das Buch austauschen und warf ihm — wie immer, ohne zu fragen — ein »Lehrbuch der Astrophysik« auf den Tisch! Woher das? Es ließ sich ja gar nicht ahnen, daß so was in der Bibliothek zu finden wäre! Lange konnte diese Begegnung nicht dauern, also stürzte sich Kosyrew in weiser Voraussicht aufs Lesen: nur alles in sich aufnehmen, nur alles sich einprägen, was ihm heute vonnöten war und was er vielleicht später brauchen würde. Zwei Tage waren noch nicht um, acht weitere standen ihm für das Buch zu — als plötzlich der Gefängnisdirektor zur Visite kam. Mit Habichtaugen merkte er sogleich die Ungebühr. »Sie sind doch von Beruf Astronom?« — »Jawohl.« — »Fort mit diesem Buch!« — Und sie nahmen es ihm weg, aber dessen mystisches Auftauchen hatte den Weg für das Weiterforschen freigemacht, auch für später, im Lager von Norilsk.

Nun also müßten wir das Kapital über die *Große Opposition* von Seele und Gitter beginnen.

Doch hört! Was ist? . . . Ein unverschämt lautes Rasseln im Schloß. Ein finsterer Korpskommandant mit einer langen Liste: »Zu-, Vor-, Vatersnamen? Geburtsjahr? Paragraph? Haftzeit? Von bis? . . . Antreten mit *Sachen*! Flink, flink!«

Na, Bruderherz, es geht zum Abtransport! . . . Wir fahren . . . Bloß — wer weiß, wohin? Gott steh uns bei! Ob wir mit heiler Haut davonkommen?

Halten wir's so: Wenn wir am Leben bleiben — erzählen wir's ein andermal zu Ende. Später. Wenn . . .

Zweiter Teil
Ewige Bewegung

Das sehn wir auch den Rädern ab,
den Rädern!
Die gar nicht gerne stille stehn,
die Räder . . .
Die Steine selbst, so schwer sie sind,
die Steine!
Sie tanzen mit den muntren Reih'n . . .
die Steine . . .

Wilhelm Müller

1   Die Schiffe des Archipels

Von der Bering-Straße bis fast zum Bosporus hin liegen die abertausend Inseln des verwunschenen Archipels verstreut. Unsichtbar sind sie, aber vorhanden, und ebenso unsichtbar, doch stetig müssen die unsichtbaren Sklaven befördert werden, jeder ein Leib, ein Volumen, ein Gewicht.

Wohin sie befördern? Womit denn?

Dazu gibt es große Häfen — die Durchgangsgefängnisse, und etwas kleinere — die Lager-Durchgangsstellen. Dazu gibt es stahlbewehrte geschlossene Schiffe — die *Sak-Waggons,* und die werden draußen an der Reede statt von Booten und Kuttern von ebensolchen stählernen, geschlossenen und flinken *Schwarzen Raben* in Empfang genommen. Die Sak-Waggons haben ihren Fahrplan. Und im Bedarfsfall werden ganze Karawanen aus roten Viehwagen abgefertigt, und sie rollen, die roten Sonderzüge, von Hafen zu Hafen quer durch den Archipel.

Ein gut eingespieltes System ist dies, in Jahrzehnten geruhsamer Arbeit von satten und bestens ausgerüsteten Männern mit Bedacht geschaffen. Die Kineschmer Wachabteilung hatte an ungeraden Tagen um 17 Uhr am Moskauer Nordbahnhof den *Schub* aus den Gefängnissen Butyrka, Presnja und Taganka zu übernehmen. Die Iwanower Wachabteilung mußte an geraden Tagen um 6 Uhr früh zum Bahnhof, um die Umsteiger nach Nerechta, Beschezk und Bologoje auszuladen und unter Aufsicht zu halten.

Es geschah in nächster Nähe, in Körpernähe von Ihnen, jedoch unsichtbar für Sie (zumal Sie die Augen schließen konnten). Wo's große Bahnhöfe waren, wurde die trübe Fracht fernab vom Personenbahnsteig gelöscht und expediert; nur den Weichenstellern und Bahnwärtern einsichtbar. In den kleineren Stationen gab es ebenfalls auserkorene Plätzchen, tote Geleise zwischen zwei Lagerhäusern, wo der Rabe im Rückwärtsgang bis genau an die Trittbretter des Sak-Waggons herangeschoben wird. Der Häftling hat keine Zeit, sich den Bahnhof anzusehen, auf Sie und auf den Zug einen Blick zu werfen, es langt gerade für die Stufen (oft reicht ihm die unterste bis zum Gürtel, woher nimmt er die Kraft, hinaufzuturnen?). Die Wachen aber, die den schmalen Gang vom Raben zum Waggon umstellen, kläffen, lärmen: »Schnell! Schnell!

... Dawai! Dawai ...!« Sei noch froh, wenn's ohne Bajonett abgeht.

Und die Leute, Sie darunter, die mit Kindern, Koffern und Einkaufsta-schen über den Bahnsteig hasten, haben's zu eilig, um zu ergründen: Wozu der zweite Gepäckwagen am Zug? Kein Schild ist drauf, und ganz wie der andre sieht er aus, bloß schräge Gitterstäbe sind an den Fenstern — und Dunkelheit dahinter. Bloß Soldaten, stramme Vater-landsverteidiger, steigen, wer weiß, warum, hinzu und marschieren, zwei Mann, an den Haltestellen rund um den Waggon, mit wachsamen Blicken unters Fahrgestell.

Der Zug fährt an — und trägt die hundert zusammengepferchten Sträflingsschicksale, die hundert gepeinigten Herzen über dieselben ver-schlängelten Gleise, hinter derselben Rauchfahne einher, an denselben Feldern, Masten und Scheunen vorbei, und bringt sie gar um einige Se-kunden früher ans Ziel, aber es hinterläßt das vorüberhuschende Leid in der Luft hinter Ihrem Fenster noch viel weniger Spuren zurück als ein Finger, der übers Wasser streicht. Und im wohlbekannten, immer gleichen Zugsalltag — Bettwäsche aufschnüren, heißen Tee beim Schaff-ner bestellen —, wie sollten Sie sich's denken können, das dunkle ge-preßte Entsetzen, das drei Sekunden zuvor am gleichen Punkt des Eukli-dischen Raums vorbeigesaust war? Der Sie über die Enge des Abteils verärgert sind, ach, alle vier Plätze belegt! — Wie sollten Sie glauben (und ob Sie's jetzt über dieser Zeile glauben?), daß in einem gleichen Abteil eben vor Ihnen vierzehn Mann dahingebraust sind? Und viel-leicht fünfundzwanzig? Und dreißig? ...

Sak-Waggon — was für eine abscheuliche Abkürzung! Wie übrigens alle von den Henkern geschaffenen Kurzwörter. Sagen wollen sie damit, daß es ein Waggon für Häftlinge, eine fahrende Haftanstalt sei. Aber das Wort hat sich nirgendwo als in den Gefängnispapieren halten kön-nen. Die Gefangenen machten sich eine andere Benennung zu eigen: *Sto-lypin-Wagen* hieß er oder einfach *Stolypin*.

Im Zuge der Verbreitung schienengebundener Verkehrsmittel in un-serem Vaterlande änderte sich auch die Form der Sträflingsbeförderung. Noch bis in die neunziger Jahre des vorigen Jahrhunderts zogen die Häftlinge zu Fuß oder auf Pferdewagen nach Sibirien. Lenin fuhr 1896 schon in einem gewöhnlichen Eisenbahnwagen 3. Klasse (unter Freien) in seine sibirische Verbannung; und beklagte sich lautstark beim Schaffner über die unerträgliche Enge. Das allseits bekannte Gemälde von Jaroschenko »Überall Leben« zeigt uns eine noch sehr naive Art des Umbaus von Personenwagen 4. Klasse für Zwecke der Häftlings-verfrachtung: Alles blieb, wie es war, die Gefangenen reisten wie gewöhnlich Menschen sonst, nur die Fenster waren beidseitig vergittert. Diese Wagen liefen lange über die russischen Bahnstrecken; manche erinnern sich, noch 1927 darin befördert worden zu sein, selbstredend nach Geschlechtern getrennt. Hingegen weiß der Sozialrevolutionär Truschin zu berichten, daß er auch schon unter dem Zaren im Stolypin fuhr, freilich altväterlich, zu sechst in einem Abteil.

Wahrscheinlich wurde diese Art Waggon unter Minister Stolypin, demnach vor 1911, erstmals auf die Reise geschickt. Die vereinte kadettisch-revolutionäre Erbitterung trug schuld daran, daß der Name fortan an ihm kleben blieb. Zu rechten Ehren kam der Waggon allerdings erst in den zwanziger Jahren; allgemein und ausschließlich angewandt wurde er erst ab 1930, als die Gleichschaltung unser ganzes Leben erfaßte; darum wäre es gerechter gewesen, ihn nicht *Stolypin*, sondern *Stalin* zu nennen. Doch gegen die Sprache aufkommen zu wollen, ist müßig.

Der Stolypin ist ein gewöhnlicher Eisenbahnwaggon mit acht Abteilen, davon fünf für die Häftlinge (wie überall im Archipel fällt die Hälfte aufs Bedienungspersonal!); diese nun haben nicht Trennwände zum Gang, sondern Gitter, die den Durchblick ins Innere freigeben. Das Gitter, gekreuzte schräge Stäbe, wie man sie auch am Bahnhof zur Einzäunung von Rasen verwendet, reicht bis hinauf zur Decke und schneidet das sonst übliche Gepäckfach über dem Gang ab. Die Gangfenster sind wie sonst, bloß ebenfalls von außen vergittert, und die Häftlingsabteile haben keine Fenster, nur ein kleines, natürlich vergittertes blindes Loch überm mittleren Liegebrett (die Fenster fehlen! Darum haben wir den Stolypin für einen Gepäckwagen angesehen). Vorm Abteil ist eine Schiebetür: ein Eisenrahmen mit gleichem Gitter.

Vom Gang her gesehen, gemahnt das Ganze auffallend an eine Menagerie: Auf dem Boden und auf den Hängebrettern krümmen sich jämmerliche, menschenähnliche Geschöpfe, stieren flehentlich durchs Gitter, betteln um Wasser und Nahrung. Aber niemals werden in einem Tiergarten so viele Tiere in *einen* Käfig gestopft.

Nach Berechnungen frei lebender Ingenieure kann ein Stolypinsches Abteil elf Mann fassen: sechs sitzen unten, drei liegen im Mittelgeschoß (die beiden Liegen sind zu einer durchgehenden Pritsche umgebaut, mit einem kleinen Ausschnitt fürs Auf- und Absteigen an der Tür) und drei im Gepäckfach oben. Sobald nun zu diesen Elf abermals elf hineingezwängt worden sind (die letzten tritt der absperrende Aufseher bereits mit den Füßen hinein), ist die durchaus normale Auslastung des Häftlingsabteils erreicht. Je zwei sitzen halb verrenkt auf dem oberen Brett, fünf legen sich aufs mittlere (fünf Glückspilze sind das, denn diese Plätze werden im Kampf erobert, eine sichere Beute der Kriminellen, wo's solche im Abteil gibt), den übrigen dreizehn bleibt das Untergeschoß: je fünf sitzen auf den Bänken, drei auf dem Boden dazwischen. Irgendwo auf und unter den Menschen liegen ihre Sachen verstreut. So fährt man denn mit eingezwängten, angezogenen Beinen Tage und Tage.

Nein, es ist keine besondere Absicht dabei, die Leute zu quälen! Der Verurteilte ist ein Soldat der Sozialistischen Arbeitsfront, wozu ihn quälen, so er zur Arbeit taugt. Doch fährt er ja auch nicht zur Schwiegermutter auf Besuch — das müssen Sie wohl zugeben? — und sollen ihn am Ende die *Freien* scheel anschaun, weil er's besser hat? Unsere Transportschwierigkeiten sind bekannt; wird schon nicht abschrappen unterwegs.

In den fünfziger Jahren, als die Fahrpläne sich eingependelt hatten, dauerte eine solche Reise nicht lange: na, anderthalb, bitteschön, zwei Tage rund um die Uhr. Im Krieg und nach dem Krieg war es schlimmer: von Petropawlowsk (in Kasachstan) bis Karaganda brauchte der Stolypin mitunter sieben Tage (mit je fünfundzwanzig Häftlingen im Abteil), von Karaganda bis Swerdlowsk acht Tage (sechsundzwanzig im Abteil). Sogar von Kuibyschew bis Tscheljabinsk fuhr Susi im August 1945 einige Tage — und es waren ihrer fünfunddreißig Mann im Abteil, einer lag einfach am andern, ein strampelndes, ringendes Menschenknäuel*. N. W. Timofejew-Ressowski fuhr im Herbst 1946 die Strecke Petropawlowsk — Moskau in einem mit *sechsunddreißig* Mann belegten Abteil! Einige Tage lang hing er zwischen den Menschen, ohne den Boden mit den Zehen zu berühren. Dann begannen welche wegzusterben, man zog sie den übrigen unter den Füßen hervor (allerdings nicht gleich, erst tags darauf) — da wurde es bequemer. Seine Reise nach Moskau dauerte alles in allem *drei Wochen***.

Ob sechsunddreißig das Limit waren? Die Zahl siebenunddreißig ist nicht bezeugt, und dennoch müssen wir, der einzig wissenschaftlichen Methode sowie des Kampfes gegen die »Grenzwertler« eingedenk, die Frage entschieden verneinen. Ein Grenzwert ist's nicht! Vielleicht irgendwo anders, aber nicht bei uns! Solange im Abteil, ob zwischen den Schultern, Köpfen oder Füßen, auch nur einige Kubikdezimeter unver-

---

* Dies, um jene zufriedenzustellen, denen der *Mangel an Kampflust* unerklärlich und tadelnswert scheint.
** In Moskau aber wurde Timofejew-Ressowski, o wunderliche Gesetze des Wunderlandes, von *Offizieren* aus dem Zug getragen; eine Limousine wartete bereits: Er fuhr, der Wissenschaft zu dienen!

drängter Luft bleiben — steht das Abteil für die Aufnahme weiterer Häftlinge bereit! Als errechenbares Limit könnte man bedingt die Zahl der bei ordentlicher und kompakter Schichtung im Gesamtvolumen des Abteils unterzubringenden Leichen annehmen.

Vera Kornejewa wurde in Moskau in ein Abteil mit *dreißig* Frauen verpackt, davon waren die meisten stockalte Mütterchen, die »wegen des Glaubens« in die Verbannung gingen (*alle* außer zweien mußten nach der Ankunft ins Krankenhaus). Sie hatten im Abteil keine Toten, weil auch einige junge, aufgeweckte und hübsche Mädchen mitfuhren (wegen »Ausländerfreundschaft« verurteilt). Die Mädchen nahmen sich die Wachen vor, versuchten, ihnen ins Gewissen zu reden: »Schämt ihr euch nicht? Sind doch eure Mütter, die ihr so behandelt!« Das fand Gehör, weniger wohl wegen der sittlichen Argumentation als des gefälligen Äußeren der Mädchen wegen — einige Frauen wurden in den *Karzer* übersiedelt. Im Stolypin aber ist der Karzer keine Strafe, sondern ein Genuß. Von den fünf Häftlingsabteilen werden nur vier als Gemeinschaftszellen verwendet, das fünfte ist in zwei Hälften geteilt: zwei Kleinkupees entstehen, Schaffner fahren sonst in solchen: eine Sitzbank unten, eine Liegebank in der Mitte. Diese Karzer dienen der Isolation; darin zu dritt, zu viert zu fahren, bedeutet das höchste an Komfort.

Nein, nicht um die Häftlinge absichtlich mit Durst zu martern, werden die Halberstickten, Halberdrückten an all den Tagen ihrer Reise nur mit Salzheringen oder trockenem Bückling gefüttert (so war es in *allen* Jahren, 1930 wie 1950, winters wie sommers, in Sibirien und in der Ukraine, die Zitierung von Beispielen erübrigt sich in diesem Fall). Nicht um die Menschen zu quälen, aber — wüßten Sie was Besseres vorzuschlagen? Womit hätte man das Pack unterwegs füttern sollen? Die warme Ration ist im Waggon nicht vorgesehen (die Küche, die in einem Abteil des Stolypin mitfährt, ja, die ist für die Wachmannschaft). Die Graupen trocken verteilen? Das geht nicht. Rohen Fisch? Geht nicht. Fleischkonserven? Daß sie sich fett fressen? Etwas Besseres als Salzheringe findest du nicht, dazu ein Stück Brot — was will man mehr?

Nimm ihn nur, nimm ihn, deinen halben Hering und sei's zufrieden! Wenn du klug bist, steckst du den Hering in die Tasche und hältst es ohne aus, im Durchgangslager kannst du sie alle auffressen, weil's dort Wasser gibt. Schlimm wird es, wenn sie in grobem Salz gewälzte nasse Asow-Sardellen verteilen; die werden dir im Sack kaputt, drum fang das Ding lieber gleich in den Rockschoß, ins Taschentuch, in die hohle Hand und iß. Der Haufen Sardellen kommt zum Aufteilen auf irgendwessen Joppe. Den trockenen Bückling schüttet die Wache direkt auf den Boden, zerstückelt wird er auf der Bank, auf den Knien*.

Sobald du deinen Fisch bekommen hast, ist dir auch das Brot gewiß und vielleicht sogar ein Stück Zucker. Schlimmer, wenn die Wache mit der Meldung angerückt kommt, für heute sei die Fütterung abgesagt, weil für die *Seki* nicht *gefaßt* werden konnte. Mag sein, daß es stimmt: Irgendein Gefängnisbuchhalter hat sich in der Rubrik verschaut. Mag genausogut sein, daß sie sehr wohl gefaßt haben, bloß selbst mit ihrer Ration nicht auskommen (kriegen auch nicht gerade viel zum Beißen), darum das Brot geangelt haben und auch das halbe Stück Salzhering nicht mehr verteilen, denn das sähe ohne Brot verdächtig aus.

Und natürlich geschieht es nicht, um den Häftling zu martern, daß sie ihm nach dem Hering kein Wasser geben, weder heißes abgekochtes (das ohnedies nie) noch einfach von der Wasserleitung welches. Begreiflich ist's: Das Bewachungspersonal ist knapp, die einen stehen im Gang auf Posten, die andern schieben im Windfang Wache, müssen in den Stationen unter den Waggon und aufs Dach kriechen, Ausschau halten, ob nirgendwo ein Loch gebohrt wurde. Ein weiterer putzt die Waffen, und schließlich darf auch die politische Schulung nicht zu kurz kommen, und die Dienstordnung will studiert werden. Die dritte Schicht, die schläft inzwischen, acht Stunden stehen ihnen zu, der Krieg ist ja vorbei. Außerdem: Das Wasser in Eimern von weither zu schleppen ist nicht nur beschwerlich, auch kränkend: Warum soll sich ein sowjetischer Krieger für die Feinde des Volkes wie ein Maulesel abrackern? Dann wieder wird der Stolypin-Wagen beim Verschieben oder Umkoppeln auf einem abgelegenen Geleise vergessen (nur fort aus der Sichtweite), da bleibt auch die eigene Rotarmistenküche ohne Wasser. Einen Ausweg gibt es freilich: aus dem Lok-Tender einen Eimer vollzuschöpfen — gelb, trüb, Schmieröl schwimmt drauf. Die *Seki* trinken's gern, *nitschewo*, die können's im Dämmer des Abteils nicht recht erkennen: Ein Fenster haben sie nicht, eine Lampe auch nicht, das Licht aus dem Korridor muß reichen. Und noch was: Das Wasser auszuschenken ist zu umständlich, eigene Becher besitzen die Häftlinge nicht; wer einen hat-

---

*P. F. Jakubowitsch (»In der Welt der Verfemten«, Moskau 1964, Bd. 1) berichtet über die neunziger Jahre des vorigen Jahrhunderts, daß die Schubgefangenen in Sibirien zur damaligen furchtbaren Zeit 10 Kopeken Taggeld fürs Essen bekamen, die Preise aber waren: ein Laib Weizenbrot (drei Kilo etwa?) fünf Kopeken, ein Krug Milch (zwei Liter etwa?) drei Kopeken. »Die Häftlinge leben im Überfluß«, schreibt er. Hingegen sind im Gouvernement Irkutsk die Preise höher, ein Pfund Fleisch kostet 10 Kopeken und »die Häftlinge leiden bittere Not«. Ein Pfund Fleisch pro Tag und Mann – kein halber Hering...

te, mußte ihn abliefern, und drum heißt's, die Leute aus den zwei staatseigenen Gefäßen zu tränken, da stehst du also, während sie sich satt trinken, daneben und schöpfst und schöpfst und bedienst sie noch. (Wenn sie wenigstens untereinander einig wären, aber nein: »Laßt zuerst die Gesunden trinken«, schrein schon wieder welche, »und dann erst die Tbc-ler, und dann die Syphilitiker!« Als ob's in der Nebenzelle nicht wieder von vorn begänne: »Zuerst die Gesunden . . .«)

Doch all dies wäre noch zu ertragen, das Wassertragen und das Ausschenken, täten sie nicht, kaum daß sie sich vollgesoffen haben, diese Säue, gleich nach dem Austreten schreien. Denn so ist es: Gibst du ihnen kein Wasser, brauchen sie nicht auszutreten, läßt du sie einmal im Tag trinken, geben sie sich mit einem Mal zufrieden, bringst du ihnen aus lauter Mitleid zweimal Wasser, müssen sie zweimal hinaus. Am günstigsten ist's noch immer, sie wasserlos zu halten.

Und nicht deswegen haben sie was gegen's Austreten, weil sie den Abort schonen wollen, sondern deswegen, weil es eine verantwortungsvolle, ja eine militärische Operation ist: ein Gefreiter und zwei Soldaten sind auf lange damit beschäftigt. Zwei Posten werden aufgestellt: einer an der Aborttür, einer am anderen Gangende (damit keiner entwischt), der Gefreite hat unentwegt die Abteiltür auf- und zuzuschieben, den Rückkehrenden hinein-, dann den nächsten herauszulassen. Die Order verbietet, mehrere auf einmal rauszulassen, es könnte Aufruhr, Fluchtversuche geben. Und so ergibt es sich, daß der eine auf seinem Weg zum Abort die dreißig Häftlinge seines Abteils und die hundertzwanzig des ganzen Waggons und dazu noch ein Wachkommando aufhält! Drum: »Dawai, dawai! . . . Schneller! Schneller!«, der Gefreite treibt ihn an, der Soldat hilft nach, der Häftling eilt und stolpert durch den Gang, als ob er diese Klobrille dem Staate stehle. (Der einbeinige Deutsche Schulz, dem das russische *Dawai* inzwischen schon verständlich war, mußte 1949 im Stolypin Moskau — Kuibyschew auf seinem einen Bein zum Klo und zurück hüpfen, die Wachen brüllten vor Lachen und wollten es noch schneller haben. Der Posten, der im Windfang vor der Klotür stand, schubste ihn beim nächsten Mal. Schulz fiel. Darob erzürnt, begann der Posten ihn auch noch zu schlagen — und Schulz, der sich unter seinen Schlägen nicht aufrappeln konnte, kroch auf den Händen in den schmutzigen Abort hinein. Die Wachen krümmten sich.)*

Um Fluchtversuche während der im Abort verbrachten Sekunden zu vereiteln, außerdem auch die Umlauffrequenz zu steigern, wird die Tür

* »Stalins Personenkult« nennen sie's heute. War das denn eine kultische Handlung?

zum Abort nicht geschlossen, und der Posten, der den Vorgang der Entleerung beobachtet, läßt sich ermunternd vernehmen: »Dawai, dawai! ... Schluß jetzt, für dich reicht's!« Manchmal lautet das Kommando von vornherein: »Nur klein!« — und dann paßt der draußen schon auf, daß es dabei bleibt. Na, und die Hände werden natürlich niemals gewaschen: Das Wasser ist knapp und die Zeit nicht minder. Der Häftling braucht bloß den Hahn am Waschtisch zu berühren, schon schnauzt ihn der Posten an: »He du, Hände weg, raus mit dir!« (Wer in seinem Bündel ein Stück Seife oder ein Handtuch hat, läßt es aus lauter Scham drinnen: das sähe sehr nach *Frajer*[58] aus.) Die Toilette schwimmt im Dreck. An den Füßen klebt der flüssige Kot, aber schneller! schneller! Der Häftling zwängt sich wieder ins Abteil, klettert über fremde Hände und Schultern nach oben, und dann hängen seine schmutzigen Schuhe von der obersten Pritsche zur mittleren herab und tropfen.

Wenn Frauen austreten, müßte die Tür nach den Geboten der Wachdienstordnung und des gesunden Menschenverstands ebenfalls offen bleiben, aber damit halten sie's nicht immer so streng: »Na schön, mach zu.« (Eine Frau muß das Klo danach auch noch putzen, da stehst ja wieder daneben, auf daß sie nicht Reißaus nimmt.)

Doch auch ungeachtet dieses raschen Tempos braucht es fürs Austreten von hundertzwanzig Menschen mehr als zwei Stunden — mehr als das Viertel einer Dreipostenschicht! Und am Ende ist alle Mühe umsonst gewesen! Es findet sich ja immer irgendein tapriger Alter, der in einer halben Stunde wieder zu flennen beginnt, und klar, daß man ihn nicht rausläßt; da scheißt er dann gleich im Abteil, und der Gefreite hat eine Sorge mehr, muß ihn alles in die Hand schaufeln und hinaustragen lassen.

Kurzum: Jedes Austreten ist zuviel! Darum gib ihnen weniger Wasser. Und weniger Essen auch — dann werden sie sich abgewöhnen, über Durchfall zu klagen und die Luft zu verpesten, ist ja zum Grausen! Man erstickt bald im Waggon!

Weniger Wasser! Den vorgeschriebenen Hering, den kriegen sie! Die Nichtzuteilung von Wasser ist ein Gebot der Vernunft, die Nichtzuteilung von Hering wäre ein Dienstvergehen.

Niemand, niemand hat sich das Ziel gesetzt, uns zu quälen! Das Vorgehen der Wache ist durchaus vernünftig! Aber wir sitzen wie die Urchristen im Käfig, und unsere wunden Zungen werden mit Salz bestreut.

Und desgleichen ist gar keine Absicht dahinter zu finden, daß die Wachmannschaft die *Achtundfünfziger* mit Kriminellen und *Bytowiki* durcheinanderwürfelt, es sind einfach viel zuviele Häftlinge in den viel zu wenigen Waggons und Abteilen unterzubringen, und rasch soll es auch noch geschehen. Von den vier Abteilen ist eines für die Frauen bestimmt, in den drei übrigen ist's bequemer, wenn überhaupt, nach Bestimmungsbahnhöfen zu sortieren, damit das Ausladen flotter geht.

Ist denn Christus darum zwischen zwei Räubern ans Kreuz geschlagen worden, weil Pilatus ihn erniedrigen wollte? Es war einfach zum Kreuzigen der fällige Tag, Golgatha gab es nur eines, die Zeit drängte.

UND ER WARD UNTER DIE ÜBELTÄTER GERECHNET.

Mir wird schon bange, auch nur daran zu denken, was ich alles hätte erleben müssen, hätte ich nicht eine Sonderstellung unter den Häftlingen eingenommen ... Die Eskorte und die Begleitoffiziere behandelten mich und meine Kameraden mit zuvorkommender Höflichkeit ... Als Politischer fuhr ich relativ komfortabel in die Katorga; in den Etappengefängnissen wurde mir ein von den Kriminellen abgesonderter Raum zur Verfügung gestellt, ich hatte ein Fuhrwerk, ein zweites fuhr mit einem Pud Gepäck hinterher ...

Ich habe im vorigen Absatz die Anführungszeichen weggelassen, damit der Leser den Text unvoreingenommen erfassen könne. Die Anführungszeichen dienen ja immer, wenn nicht der Ironie, so doch zumindest der Verfremdung. Ohne Anführungszeichen hingegen klingt der Absatz recht verwunderlich — oder?

Die Schilderung stammt von P. F. Jakubowitsch, ist über die neunziger Jahre des vorigen Jahrhunderts geschrieben. Das Buch wurde neulich wieder aufgelegt, zur Belehrung über die Geschehnisse jener düsteren Zeit. Wir erfahren, daß die Politischen auf dem Frachter eine eigene Kabine hatten und an Deck einen eigenen Platz zum Spazieren. (Lesen Sie auch Tolstois *Auferstehung*: Fürst Nechljudow, ein Unbefugter, darf lange Unterhaltungen mit den Politischen führen.) Und nur darum, weil in der Liste neben dem Namen Jakubowitsch »das magische Wort Politischer ausgelassen worden war« (so schreibt er), wurde er am Ust-Kar »vom Katorga-Inspektor ... wie ein gewöhnlicher krimineller Häftling empfangen: grob, herausfordernd, frech«. Im übrigen klärte sich das Mißverständnis glücklich auf.

Was für eine unglaubwürdige Zeit! Politische mit Kriminellen zu verwechseln glich beinahe einem Verbrechen! Die Kriminellen wurden den Leuten zum Gespött durch die Straßen getrieben, die Politischen durften zum Bahnhof eine Kutsche nehmen (Olminski, 1899). Die Politischen bekamen nicht die Gefängniskost, sondern ein Taggeld und durften nach dem Speisezettel bestellen. Der Bolschewik Olminski schickte, weil seiner Meinung zu grob, sogar die Krankenkost zurück*. Der Blockkommandant der Butyrka mußte sich wegen eines duzenden Aufsehers bei Olminski entschuldigen: »Verstehen Sie, bitte, wir haben nur selten Politische hier. Der Aufseher wußte nicht . . .«

Nur selten Politische — in der Butyrka? . . . Ist's ein Traum? Wo waren sie denn? Wo's doch die Lubjanka und das Lefortowo noch gar nicht gegeben hat . . .!

Radischtschew wurde in Ketten auf Schub gebracht und wegen des kalten Wetters mit einem »greulichen Fell«, dem Schafspelz des Wärters, zugedeckt. Indes schickte ihm Katharina, die Kaiserin, sofort eine Order nach: Ketten abnehmen, mit allem Nötigen für die Reise versorgen. Die Anna Skripnikowa wurde im November 1927 aus der Butyrka nach den Solowki eskortiert: mit Strohhut und im Sommerkleid (das sie bei der Verhaftung im Sommer getragen hatte; ihr Zimmer stand seither versiegelt, niemand wollte ihr erlauben, die eigenen warmen Sachen herauszuholen).

Die Politischen von den Kriminellen unterscheiden, heißt, sie als ebenbürtige Widersacher achten, heißt zugeben, daß Menschen ihre *Ansichten* haben dürfen. Mithin ist sich sogar der *verhaftete* Politische der politischen *Freiheit* bewußt.

Doch seitdem wir alle *Kaers* sind und sich auch die Sozialisten nicht als *Politler* zu halten vermochten — seitdem wäre Gelächter der Mithäftlinge und Verdutztheit der Wärter die einzige Antwort auf deinen Protest, du möchtest als Politischer nicht mit Kriminellen verwechselt werden. »Bei uns ist jedermann ein Krimineller« — die Wärter meinten es aufrichtig so.

Diese Vermischung, diese erste bestürzende Begegnung erfolgt entweder im Schwarzen Raben oder im Stolypin-Waggon. So arg du vorher bei den Verhören auch getreten, gefoltert und geschunden wurdest: Die Urheber waren die Blaubemützten, mit der Menschheit nicht zu verwechseln, das wußtest du und sahst in ihnen nur anmaßende Büttel. Aber deine Zellengenossen, weniger gebildet vielleicht als du und mit anderen Erfahrungen, waren alle, ganz gleich ob du mit ihnen strittest und sie dich gar verpfiffen, von demselben gewohnten, herkömmlichen

---

*Weswegen die Berufsrevolutionäre von den kleinen Ganoven (der kriminellen Masse) allerdings auch als »lumpige Adelsfatzken« bezeichnet wurden. (P. F. Jakubowitsch)

und sündigen Menschengeschlecht, in dessen Mitte du dein Leben verbracht hattest.

Während sie dich nun in ein Stolypin-Abteil stoßen, erwartest du
auch hier nur Leidensgenossen. All deine Feinde und Bedrücker blieben
auf der *anderen* Seite des Gitters, *hier* vermutest du sie nicht. Aber paß
auf, nun erhebst du deinen Blick zum quadratischen Ausschnitt in der
mittleren Pritsche, diesem einzigen Himmel über dir, und siehst dort
drei, vier — nein, nicht Gesichter, nein, nicht affige Fratzen, Affen sehen
viel gutmütiger und nachdenklicher aus! Nein, nicht Visagen, das hängt
doch noch immer mit »Antlitz« zusammen! — du siehst grausame, abscheuliche Fressen und den Ausdruck von Habgier und Belustigung darauf. Jeder schaut wie eine Spinne, die auf Fliegen lauert. Ihr Spinnen-
netz ist dieses Gitter — und du sitzt drin! Sie verziehen den Mund, als
ob sie dich hinterrücks beißen möchten, beim Sprechen zischen sie und
ziehen dieses Zischen den Mit- und Selbstlauten der Sprache vor,
was sie sprechen, klingt nur durch die Wortendungen wie Russisch, ein
Kauderwelsch ist's.

Diese seltsamen Gorillinen werden am ehesten im Ruderhemd sitzen,
denn im Stolypin ist es schwül; sieh ihre bulligen roten Nacken, die
muskelbepackten Schultern, die tätowierte braungebrannte Brust ...
Was uns ausgezehrt hat in der Haft, blieb ihnen erspart. Wer sind sie?
Woher? Doch halt: Von einem dieser Nacken hängt ein Kreuz herab!
Ja, ein kleines Aluminiumkreuz an einem Bindfaden. Du bist verwundert und ein wenig erleichtert: Gläubige gibt es unter ihnen, wie rüh-
rend; nichts Schreckliches kann dir passieren. Doch gerade dieser
»Gläubige« legt plötzlich los, Kruzifix und Teufelsmutter (zum Fluchen
bedienen sie sich teilweise des Russischen), und fährt dir mit zwei gespreizten Fingern genau in die Augen — er droht nicht, seine Finger
bohren sich tief hinein. »Ich stech dir die Augen aus, Drecksau du!«
Das ist ihr Glauben und ihre ganze Philosophie! Wenn sie schon imstande sind, deine Augen wie eine Schnecke heraustreten zu lassen,
kannst du wohl für das, was du an und bei dir hast, keine Gnade erwarten. Das Kreuz baumelt hin und her, du starrst mit deinen noch
heilen Augen auf diese wüste Maskerade und verlierst den Richtpunkt:
Wer von euch ist verrückt? Wer wird es noch?

Mit einem Mal sind alle vertrauten Gewohnheiten des menschlichen
Umgangs geborsten und in Trümmern. In deinem ganzen vorherigen
Leben, vor der Verhaftung insbesondere, aber auch danach, auch noch
während der Untersuchung zum Teil, hast du zu den anderen Menschen
Worte gesprochen und *Worte* von ihnen zurückbekommen. Diese Wor-

te hatten Wirkungen, man konnte damit überzeugen oder ablehnen oder zustimmen. Du erinnerst dich verschiedener menschlicher Beziehungen, des Bittens, Befehlens, Dankens, aber das, was dich hier ereilt, liegt außerhalb dieser Worte und außerhalb dieser Beziehungen. Als Sendbote dieser Fressen kommt einer heruntergestiegen, meist ein mickriges Bürschlein, dessen freches und anmaßendes Gehabe um so ekliger wirkt; die halbe Portion Teufel schnürt dein Bündel auf und krempelt deine Taschen um, ganz selbstverständlich, als wären's seine eigenen! Alles, was du dein nanntest, ist fortan nicht mehr dein, und du selbst bist nur mehr ein ausgestopfter, mit überflüssigen Kleidern behangener Klotz, aber das muß, was die Kleider anlangt, nicht so bleiben. Weder der kleinen bösen Ratte noch den Fressen dort oben kannst du das geringste in Worten erklären, alles Bitten, Betteln, Verweigern ist umsonst! Sie sind keine Menschen, das hast du im Augenblick erfaßt. Da gäbe es nur eines — *dreinschlagen!* Ohne abzuwarten, ohne Zeit zu verlieren, ohne vergebens die Zunge zu bemühen — dreinschlagen! Dieses Kind hier dir vorknöpfen oder das größere Gezücht oben.

Wie willst du die drei aber treffen, von unten nach oben? Und ein Kind zu schlagen, gehört sich auch nicht recht, wenn's gleich eine häßliche Ratte ist ... Ihm nur einen Schubser geben? ... Versuch's lieber nicht, denn der beißt dir auf der Stelle die Nase ab, wenn die Oberen dir nicht vorher den Schädel einschlagen (Messer haben sie ja auch, bloß: Fürs Messer bist du ihnen zu schade).

Du siehst dich nach den Nachbarn, nach den Kameraden um — wollen wir uns das gefallen lassen, nicht einmal Protest erheben? Doch sieh, deine Achtundfünfziger! da hocken sie, die noch vor deiner Ankunft einzeln ausgeraubten Kameraden, geduckt und ergeben auf der Bank und schauen bestenfalls an dir vorbei, aber meistenteils dir gerade ins Gesicht und so beiläufig, als sähen sie nicht eine Vergewaltigung, nicht einen Raub, sondern ein Naturereignis: Gras wächst, Regen fällt.

Denn es ist, meine lieben Herren, Genossen und Brüder, der rechte Augenblick verpaßt! Früher hätte es euch einfallen müssen, wer ihr seid, damals, als sich Struschinski in seiner Zelle in Wjatka selbst verbrannte, oder noch früher, als ihr zu *Kaers* erklärt wurdet.

So hältst du also still, während dir die Ratte den Mantel abnimmt und den eingenähten Zwanziger in deinem Rock ertastet — schon ist er weg, ein Stück Futter geht mit; dein Bündel ist inzwischen nach oben gewandert und alles, was dir deine sentimentale Frau nach der Urteilsverkündung für die weite Reise eingepackt hat, ist droben geblieben, nur die Zahnbürste werfen sie dir im Leinensäckchen herunter ...

Nicht alle hundert fügten sich so in den dreißiger und vierziger Jahren, aber doch neunundneunzig*. Wie konnte es kommen? Männer! Offiziere! Soldaten! Frontkämpfer!

Um tapfer zu kämpfen, muß der Mensch für den Kampf gerüstet sein, ihn erwarten, seinen Sinn begreifen. Hier aber waren alle diese Vorbedingungen nicht erfüllt. Ein Mensch, der mit der Unterwelt niemals in Berührung kam, ist auf diesen Kampf nicht gefaßt, und was noch wichtiger ist: Er sieht die Notwendigkeit des Kämpfens nicht ein, hat er doch bislang geglaubt (falsch war's), daß die Feinde nur die Blauen sind. Da braucht es noch einer langen Erziehung, ehe er einsieht, daß eine tätowierte Brust nur der Hintern der blauen Mützen ist und die Offenbarung verkörpert, die die Uniformierten nicht offen aussprechen: »Stirb du heute und ich morgen!« Der Gefängnisneuling will sich als Politischer verstehen, das heißt: Er ist fürs Volk, und der Staat steht dagegen. Und gerade da tritt er unversehens in Unrat, von hinten, von der Seite schwappt das Zeug an ihm hoch; er weiß nicht mehr die Begriffe zu unterscheiden, alle Klarheit liegt in Scherben vor ihm. (Und nicht gleich wird's dem Häftling aufgehen, daß der Unrat demnach mit den Kerkermeistern gemeinsame Sache macht.)

Um tapfer zu kämpfen, muß der Mensch eine Rückendeckung, eine ihn stützende Schulter und festen Boden unter den Füßen haben. All diese Bedingungen sind für den Achtundfünfziger zerstört. Die Hackmaschine der politischen Untersuchung hat ihn körperlich gebrochen: Er hat gehungert, nächtelang nicht schlafen dürfen, tagelang im eisigen Karzer gefroren, und die Prügel taten den Rest. Aber ach, wenn's doch nur körperlich wäre! – er ist auch seelisch gebrochen. Unermüdlich haben sie ihm eingebleut und eingetrichtert, daß alles, was er im Leben gemacht und gedacht und anderen gegenüber empfunden, falsch war und darum die Ursache seines Fiaskos. In dem Häuflein, das vom Maschinenraum des Gerichts ausgespien wird, rührt sich nur mehr Leben und keine Spur von Verstehen. Jeden endgültig zu brechen und endgültig zu *vereinzeln* – darin besteht beim § 58 die Aufgabe der Untersuchung. Die Verurteilten müssen begreifen, daß schon bei den Freien jeder Versuch, sich zu verständigen oder gar sich zu vereinigen, ausschließlich unter den Fittichen des Parteisekretärs, des Gewerkschaftsobmanns oder der Verwaltung zu erfolgen hat und widrigenfalls als

---

* Wenige Fälle wurden mir berichtet, wo drei einige (junge und gesunde) Männer gegen die Kriminellen standhielten – jedoch nicht um der allgemeinen Gerechtigkeit willen: allein um *sich*, nicht auch die übrigen Überfallenen zu schützen. Eine Art bewaffneter Neutralität.

größtes Verbrechen gilt. Im Gefängnis wächst sich das solcherart Einge-
bleute zur Angst vor jeder *Kollektivaktion* aus und das wäre: ein und
dieselbe Beschwerde zweistimmig vorzubringen oder seine Unterschrift
neben einer zweiten aufs selbe Papier zu setzen. Für lange Zeit der Lust
auf jede Art Vereinigung entwöhnt, sind die Pseudo-Politischen nunmehr auch nicht bereit, sich gegen die Kriminellen zu verbünden. Und
nicht minder fern liegt ihnen der Gedanke, daß sie sich für die Fahrt
und das Durchgangsgefängnis eine Waffe zulegen könnten: ein Messer
oder einen Schlagring. Erstens: Wozu? Gegen wen? Zweitens: Wenn
du sie anwendest, du mit deinem grimmigen § 58, dann kann es dir
beim zweiten Verfahren auch an den Kragen gehen. Drittens, und das
noch vorher: Bei der Filzung werden sie dich fürs Messer härter bestrafen als den Kriminellen; bei ihm heißt das Messer — Lausbüberei, Tradition und fehlendes Bewußtsein, bei dir — Terror.

Und schließlich sind die meisten Achtundfünfziger friedliche Leute
(oft ja auch alt, auch krank), die bis dahin mit Worten ihr Auskommen hatten und die Fäuste nicht benutzten; sie wissen auch heut nicht,
wie damit umgehen.

Die Kriminellen sind ja anders verhört worden. Ihre ganze Untersuchungshaft war: zwei Verhöre, ein leichter Prozeß, eine leichte Strafe,
und auch die werden sie nicht absitzen müssen, kommen früher aus
dem Bau: durch Amnestie oder durch Flucht*. Niemand hat dem Kriminellen seine gesetzlichen Pakete während der Untersuchungshaft unterschlagen, seine reichhaltigen Pakete, den Tribut der in Freiheit gebliebenen Diebsgenossen. Er verlor kein bißchen Gewicht, litt keinen einzigen
Tag — und hält sich nun auf der Reise an den *Frajern*** schadlos. Die
Diebstahl- und Raubparagraphen bereiten dem Kriminellen keinen
Kummer, ha, er ist stolz darauf und wird in diesem Stolz von allen
blaubelitzten Natschalniks bestärkt: »Nitschewo, bist zwar ein Bandit
und Mörder, aber doch kein Hochverräter, nein, du gehörst zu *uns*, du
wirst dich bessern.« Die Diebsparagraphen haben keinen *elften* Punkt
— über die Organisation. Der Unterwelt ist die Organisierung keineswegs verboten — warum denn? Laßt sie nur! Das fördert den für einen
Menschen unserer Gesellschaft unentbehrlichen Kollektivgeist. Und daß
man ihnen die Waffen wegnimmt, das ist nur so ein Spiel, sie werden
wegen der Waffen nicht bestraft, denn man achtet ihr *Gesetz* (»anders

---

*W. I. Iwanow (derzeit in Uchta) bekam neunmal § 162 (Diebstahl), fünf-
mal § 82 (Ausbruch) und saß von den insgesamt 37 aufgebrummten Jahren ganze fünf bis sechs ab.
**Ein *Frajer* ist *kein Dieb*, mithin *kein Mensch*. Kurz und bündig gesagt: Die
Frajer sind die übrige, nicht zu den Ganoven zählende Menschheit.

können sie nicht«). Und der neue Mord in der Zelle wird die Haftzeit des Mörders nicht verlängern, dafür aber sein Haupt mit neuen Lorbeeren bekränzen.

(Das geht alles sehr weit zurück. In den Werken des vorigen Jahrhunderts wurde das Lumpenproletariat bloß wegen einer gewissen Haltlosigkeit und Wankelmütigkeit gerügt. Und Stalin hatte von Anfang an ein Faible für die Unterwelt: Wer raubte ihm denn die Banken aus? Schon 1901 wurde er von seinen Partei- und Zellengenossen beschuldigt, sich gegen politische Widersacher der Hilfe von Kriminellen zu bedienen. In den zwanziger Jahren wurde dann der gefällige Terminus geboren: die *Sozial-Nahestehenden*. Auf dieser Ebene liegt auch Makarenko: »*Diese* können gebessert werden.« (Nach Makarenko* ist der »konterrevolutionäre Untergrund« der einzige Nährboden des Verbrechertums.) Nicht zu bessern sind die *anderen* — die Ingenieure, Popen, Sozialrevolutionäre, Menschewiken.

Warum also nicht stehlen, wenn's einem niemand verwehrt? Drei oder vier aufeinander eingespielte und unverfrorene Ganoven regieren etliche Dutzend verschreckter, verstörter Pseudo-Politischer.

Mit Billigung der Obrigkeit. Theoretisch aufs fortschrittlichste untermauert.

Aber wenn's schon mit den Fäusten nicht geht, warum versuchen es die Opfer nicht mit einer Beschwerde? Im Gang ist jeder Laut zu hören, und der Posten marschiert gerade gemächlich am Gitter vorbei.

Ja, die Frage ist richtig. Jeder Laut ist zu hören und jedes klägliche Röcheln, und der Soldat geht auf und ab, auf und ab — warum bleibt er unbeteiligt? In der halbdunklen Höhle des Abteils wird ein Mensch ausgeraubt, ein Schritt ist es nur — warum greift er nicht ein, der vom Staat besoldete Bewacher?

Na eben darum. Auch ihm ward's eingebleut.

Und mehr: Nach den vielen Jahren ihres segensreichen Daseins hat sich auch die Wache auf die Seite der Diebe geschlagen. Die Begleitmannschaft *wurde selber zum Dieb*.

Aus der Zeit von den mittdreißiger bis zu den mittvierziger Jahren, aus dem ganzen Jahrzehnt des wildesten Wütens der Kriminellen und der wildesten Unterdrückung der Politischen, ist uns kein einziger Fall überliefert, da die Wachesoldaten der Ausplünderung der Politischen, ob in der Zelle, im Waggon oder im Raben, ein Ende gesetzt hätten. Doch unzählig sind die Berichte darüber, wie die Wachen das so erbeutete Gut einsteckten und den Dieben dafür Wodka, Essen (besseres als

---

* In *Flaggen auf den Türmen*.

477

in der Ration) und Tabak brachten. Diese Teilhaberschaft ist längst eine Binsenwahrheit.

Der Wachesergeant ist ja grad so blank: Waffe, Blechnapf, Mantelrolle und Soldatenration. Hart wär's, von ihm zu verlangen, daß er sich angesichts der in teure Pelze, chromlederne Stiefel gekleideten und auch sonst mit teuren städtischen Sachen behangenen Volksfeinde mit dieser Ungleichheit abfindet. Ihnen den ganzen Luxus zu nehmen ist zweifelsohne auch als Form des Klassenkampfes zu betrachten. Welche anderen Normen gibt es denn?

1945/46, als die Häftlinge nicht von irgendwoher, sondern aus Europa herangeschleppt wurden, in der wunderbarsten europäischen Garderobe und auch noch bepackt damit, hielten selbst von den Begleitoffizieren viele nicht stand. Dasselbe dienstliche Geschick, das sie von der Front ferngehalten, hielt sie am Ende des Krieges auch von der Beute fern. Ob das Gerechtigkeit war?

Kein Zufall war es also, nicht Eile, nicht Platzmangel, sondern eigene Habgier, wenn die Bewacher in jedem Abteil ihres Stolypins die Politischen unter die Kriminellen mischten. Und auf die Unterweltler war Verlaß: Was sie von den *Bibern** runterrissen, wanderte in die Koffer der Wachen.

Wie's aber anstellen, wenn die Biber glücklich verfrachtet sind, der Zug setzt sich schon in Fahrt, und bloß von den Dieben ist kein einziger zur Hand, weit und breit keiner zu fassen, und auch keine Station in Sicht, in der heute ein Diebsschub wartet? Auch von solchen Fällen sind einige bekannt.

1947 ging von Moskau ein Gefangenenzug nach Wladimir ab, eine Gruppe von Ausländern wurde zur Haftverbüßung ins dortige Zentralgefängnis verlegt, und wie die erste Öffnung der Koffer zeigte, waren es keine unbegüterten Leute. Unter diesen Umständen machte sich die Wachmannschaft selber an die systematische *Besorgung* der Sachen. Damit auch nichts durch die Lappen gehe, wurde jeder Häftling bis auf die Haut ausgezogen und am Boden neben dem Abort niedergesetzt; mittlerweile konnten seine Sachen begutachtet und ausgesondert werden. Dabei hatten die Wachen nur übersehen, daß die Leute nicht ins Lager kamen, sondern in ein solides Gefängnis. Nach seiner Ankunft reichte I. A. Kornejew eine Beschwerde ein, wie und was, alles genau beschrieben. Die Wachmannschaft wurde aufgestöbert, selbst durchsucht. Ein Teil der Sachen war noch da, man gab sie den Eigentümern

---

* *Biber* sind reiche Seki: Besitzer von allerhand *Klamotten* und *Bazillen*, worunter Fett zu verstehen ist.

zurück und entschädigte sie für den Rest. Es heißt, die Wächter bekamen zehn und fünfzehn Jahre dafür. Zu überprüfen ist es nicht, ein Diebsparagraph war's auf jeden Fall, da werden sie drin schon nicht versauert sein.

Ein Ausnahmefall blieb es trotz allem, und wenn der Konvoichef rechtzeitig seine Gier gezügelt hätte, hätte er riechen müssen, daß das Ding ins Auge gehen könnte. Hier aber ein schlichteres Beispiel, schon darum zu Hoffnungen berechtigend, weil es nicht das einzige dieser Art war. Es begab sich, daß für den Stolypin Moskau — Nowosibirsk im August 1945 (A. Susi fuhr damit) ebenfalls keine Diebe präsent waren. Hingegen stand eine lange Reise bevor, die Stolypins ließen sich dazumal Zeit. Ohne was zu übereilen, verkündete der Konvoichef zur geeigneten Stunde eine Großdurchsuchung — Mann für Mann mit Sachen im Gang. Die Herausgerufenen wurden nach dem Gefängnisreglement ausgezogen, aber nicht darin lag die Würze, denn sie wurden ja, einmal durchgefilzt, wieder in dieselbe vollgestopfte Zelle zurückgeschickt, so daß jedes Messer, jedes verbotene Ding danach von Hand zu Hand hätte weitergegeben werden können. Die wahre Filzerei bestand in der Sichtung der ganzen persönlichen Habe, der Kleider und der Reisesäcke. Hier, vor den Säcken, stand auch, der langen Prozedur nicht müde, der Konvoichef, ein Offizier, ganz unnahbarer Hochmut, mit seinem Vertreter, einem Sergeanten. Die sündige Gier ließ sich kaum bezähmen, da half bald die gespielte Gleichgültigkeit nicht mehr. Er befand sich in der Position eines alten Wüstlings, der kleinen Mädchen auflauert, sich dabei aber vor Fremden schämt und vor den Mädchen auch, und nicht weiß, wie er's anpacken soll. Wie dringend nötig hätte er einige Diebe! Allein, die Diebe fehlten.

Es fehlten die Diebe in dieser Partie, trotzdem gab es welche, die der Atem der Unterwelt im Gefängnis bereits gestreift und angesteckt hatte. Denn das Beispiel der Diebe ist lehrreich und höchst verlockend: es zeigt, daß es sich auch im Gefängnis auf die leichte Tour leben läßt. In einem der Abteile fuhren zwei gewesene Offiziere — Sanin (von der Marine) und Mereschkow. Beide nach § 58 verurteilt, waren sie jedoch gerade im Begriff, sich umzuorientieren. Mit Mereschkows Unterstützung erklärte sich Sanin zum Abteil-Starosten und ließ durch den Posten um Audienz beim Konvoichef bitten (er hatte das hochmütige Gehabe durchschaut: Der schrie ja nach Kupplerdiensten!). Unglaublich klingt es: Sanin wurde vorgeladen, die Aussprache fand statt. Seinem Beispiel folgend, meldete sich irgendwer vom Nebenabteil. Empfangen ward auch der.

Den anderen Tag wurden nicht fünfhundertfünfzig Gramm Brot ausgeteilt, wie damals während des Transports vorgeschrieben, sondern zweihundertfünfzig.

Die Rationen waren verteilt, leiser Unmut kam auf. Unmut ... zu mehr fanden sich diese Politischen aus Furcht vor »Kollektivaktionen« nicht bereit. Ein einziger rappelte sich auf, den Brotverteiler zu fragen:

»Bürger Vorgesetzter! Was wiegt diese Portion?«

»Wie vorgeschrieben«, lautete die Antwort.

»Ich verlange, daß nachgewogen wird, sonst verweigere ich die Annahme!« erklärte der Verwegene laut.

Der Waggon hielt den Atem an. Viele brachen die Rationen nicht an, vielleicht würde man sie auch ihnen nachwiegen. Da betrat nun der Offizier die Szene, ganz Redlichkeit, ganz Unschuld. Alles schwieg, und um so wuchtiger, um so unabwendbarer trafen seine Worte:

»Wer geht hier gegen die Sowjetmacht los?«

Sie erstarrten. (Man mag uns entgegenhalten, daß es ein allerorts geübter Trick ist, draußen genauso üblich, wo jeder Natschalnik sich gern als Sowjetmacht ausgibt, geh hin und streit es ihm ab. Aber für die verschreckten, für die eben erst wegen antisowjetischer Tätigkeit abgeurteilten Häftlinge hört es sich dennoch fürchterlich an.)

»Wer will hier gegen die Sowjetmacht rebellieren?« läßt der Offizier nicht locker.

»Bürger Leutnant, ich wollte bloß ...« Der an allem schuldige Rebell rechtfertigt sich bereits.

»Ach du bist's, du Schweinehund? *Dir* paßt die Sowjetmacht nicht?«

(Wozu rebellieren? Wozu streiten? Als ob es nicht leichter gewesen wäre, die kleine Ration aufzuessen, den Hunger zu verbeißen, den Mund zu halten? ... Nun hast du das Schlamassel ...)

»Stinkiges Aas du! Konterrevolutionäres Gezücht! Gehörst selbst am Strick gewogen, nicht das Brot! Die Sowjetmacht füttert und päppelt dich Lumpen — und wieder ist's dir nicht recht. Weißt du, was dir dafür blüht ...?«

Befehl an die Mannschaft: »Schafft ihn fort!« Das Schloß rasselt. »Heraus! Hände auf den Rücken!« Der Unglückliche wird abgeführt.

»Wer noch ist unzufrieden? Wem noch ist die Ration zu klein?«

(Als ob es jemand beweisen könnte! Als ob es eine Beschwerdestelle gäbe, die dir die zweihundertfünfzig glauben würde und nicht dem Leutnant die fünfhundertfünfzig.)

Einem geprügelten Hund brauchst du bloß die Peitsche zu zeigen. Alle übrigen gaben sich ja zufrieden, und damit war die Strafration für *alle weiteren Tage* der langen Reise erschaffen. Und Zucker bekamen sie auch nicht mehr, den nahm sich die Wache.

(Dies geschah im Sommer der zwei großen Siege — über Deutschland und über Japan; jener Siege, die der Geschichte unseres Vaterlandes zum Ruhme gereichen werden, künftiger Lehrstoff für Enkel und Urenkel.)

Sie hungerten einen Tag, sie hungerten den zweiten Tag und wurden klüger darob, und Sanin sprach zu seinem Abteil: »Wißt ihr was, Leute, so geht's nicht weiter. Wär besser, ihr rückt mit den guten Sachen heraus. Ich tausch sie ein und bring euch was zum Fressen.« Mit dem größten Aplomb nahm er das eine Stück an, wies das andere zurück (auch wollte nicht jeder mitmachen, na, es zwang sie ja auch niemand!). Dann bat er, mit Mereschkow herausgelassen zu werden, seltsam — der Posten gehorchte. Sie verschwanden mitsamt den Sachen in Richtung des Mannschaftsabteils und kamen mit geschnittenem Brot und Machorka zurück. Es waren genau die Brotziegel, die sieben Kilogramm, um die das Abteil im Tag betrogen wurde, bloß daß nunmehr nicht jeder ein Stück bekam, sondern nur, wer was abgeliefert hatte.

Und es war dies durchaus gerecht: Sie hatten sich ja alle mit der beschnittenen Ration zufrieden erklärt. Und auch darum war es gerecht, weil die Sachen etwas wert waren und Bezahlung verdienten. Und in weiterer Sicht war es ebenfalls gerecht, denn das Zeug war fürs Lager eindeutig zu gut, so und so dazu bestimmt, dem Besitzer abgeknöpft oder gestohlen zu werden.

Der Machorka indes gehörte der Wache. Die Soldaten teilten ihr Ureigenstes mit den Häftlingen, auch dies durchaus im Sinne der Gerechtigkeit, denn sie aßen ja ihrerseits das Brot der Häftlinge und süßten sich den Tee mit deren Zucker, der für die Feinde ja zu gut war. Und schließlich war es gerecht, daß sich Sanin und Mereschkow, die selbst keine Sachen gespendet hatten, das meiste nahmen, denn es wäre ohne sie das ganze Geschäft nicht zustande gekommen.

So saßen sie zusammengekrümmt in der Dunkelheit, und der eine kaute an der Krume, die dem Nachbarn gehörte, und der Nachbar, der sah zu. Feuer zum Anrauchen gab der Posten allerdings nicht jedem einzeln, sondern alle zwei Stunden einmal — und der Waggon versank in Qualm, als ob's wo brannte. Wer zuerst knauserig gewesen war, den reute es bereits; einer nach dem anderen kam zu Sanin und bot seine Habseligkeiten an, doch Sanin sagte: »Später.«

Die Operation wäre lange nicht so reibungs- und lückenlos verlaufen, wenn es nicht in den Nachkriegsjahren gewesen wäre, als die Züge und die Stolypins wie Schnecken dahinkrochen, abgekoppelt, umgekoppelt und in den Stationen aufgehalten wurden; umgekehrt hätte es ohne Nachkrieg auch die Sachen nicht gegeben, die solche Mühe gelohnt hätten. Bis Kuibyschew dauerte die Fahrt eine Woche, und die ganze Woche lang gab es aus dem Staatssäckel nur die zweihundertfünfzig Gramm (nebenbei gesagt, die doppelte Leningrader Blockadenorm), trockenen Bückling und Wasser. Das restliche Brot mußte gegen Waren freigekauft werden. Bald überstieg das Angebot die Nachfrage, die Wachen wurden wählerisch und ließen sich immer seltener zu einem Tausch herbei.

Im Kuibyschewer Durchgangsgefängnis wurde Zwischenstation gemacht und aus der *Banja* ging es in derselben Zusammensetzung in dieselben Waggons zurück. Die Begleitmannschaft war neu, aber offenkundig von ihren Vorgängern hinsichtlich der Kleiderbeschaffung unterrichtet. Das erprobte Verfahren des Ankaufs der Eigenration blieb bis Nowosibirsk in Kraft. (Leicht kann man sich ausmalen, daß das ansteckende Experiment in den Bewachungsdivisionen ausreichend Nachahmer fand.)

Als in Nowosibirsk irgendein neuer Offizier vor die eben ausgeladenen, zwischen den Gleisen sitzenden Häftlinge trat und vorschriftsmäßig fragte, ob es Klagen über die Bewacher gebe, waren sie überrumpelt, und keiner antwortete ihm.

Dies hat jener erste Konvoichef schon richtig einkalkuliert — Rußland!

Zum weiteren unterscheiden sich die Fahrgäste des Stolypins von jenen des übrigen Zuges dadurch, daß sie nicht wissen, wohin die Reise geht und wo sie auszusteigen haben: Fahrkarten besitzen sie nicht, und die Schilder, die an den Waggons hängen und die Fahrtroute angeben, lesen sie nicht. In Moskau werden sie mitunter so meilenweit vom Bahnsteig verladen, daß selbst die Moskauer nicht draufkommen, in welchem der acht Bahnhöfe sie sich befinden. Etliche Stunden sitzen die Häftlinge im Gestank und Gedränge und warten auf die Verschublokomotive. Endlich kommt sie und bringt den *Sak-Waggon* zum bereits fertig rangierten Zug. Im Sommer hören sie den Lautsprecher schreien: »Der Zug Moskau — Ufa fährt von Bahnsteig drei ab ... Reisende nach Taschkent, bitte auf Bahnsteig eins ...« Also ist es der Kasaner Bahnhof, und sogleich beginnen die Kenner der verkehrsgeographischen Gegebenheiten des Archipels ihre Kameraden aufzuklären: Workuta und Petschora fallen weg, dahin gehts über Jaroslawl; desgleichen fallen die Lager bei Kirow und Gorki weg*. Nach Bjelorußland, in die Ukraine, in den Kaukasus wird aus Moskau ohnehin niemals verschickt, dort haben sie schon für die eigenen Leute keinen Platz. Wir lauschen weiter. Der Zug nach Ufa geht ab, unserer rührt sich nicht. Nach Taschkent dasselbe – wir stehen. »Der Zug nach Nowosibirsk fährt in wenigen Minuten ab. Die Begleitpersonen werden gebeten . . .« Wir fahren an. Unserer ist's! Und was beweist es? Einstweilen noch gar nichts. Ins mittlere Wolgagebiet kann es mit uns gehen und auch in den südlichen Ural. Nach Kasachstan in die Kupferminen von Dscheskasgan und nach Taischet mit dem Schwellenimprägnierwerk (wo das Kreosot, so verlautet, durch die Haut dringt, in den Knochen sich absetzt und mit seinen Dämpfen die Lungen vergiftet – und das bedeutet den Tod). Ganz Sibirien harrt noch unser. Und Kolyma gehört uns. Und Norilsk ebenso.

Im Winter jedoch, bei den dichtgemachten Fenstern, dringt der Lautsprecher nicht bis hinein. Wenn sich die Begleitmannschaft an die Vorschrift hält, kriegst du aus ihnen kein Sterbenswörtchen über die Reiseroute heraus. So fahren wir denn an und sind bald eingeschlafen, im Gewühl der Körper, im Klopfen der Räder, und ob es durch Steppe oder Wälder geht, erfahren wir erst morgen. Denn da ist ja das Fenster im Gang. Man muß nur auf dem mittleren Brett liegen; durch die Gitterstäbe, den Gang, die doppelten Fensterscheiben und nochmals Gitterstäbe sieht man trotz allem die Rangiergleise der Stationen und ein Stückchen von der Welt, die am Zug vorbeihuscht. Wenn die Scheiben nicht vereist sind, läßt sich manchmal auch der Name der Station ablesen – irgendein Awsjunino oder Undol. Wo gibt's diese Stationen? . . . Keiner je davon gehört. Manchmal kann man an der Sonne erraten, ob es nordwärts oder ostwärts geht. Oder sie setzen euch in irgendeinem Tufanowo einen zerlumpten Kerl herein, von dem ihr hören könnt, daß er als *Bytowik* zum Gericht nach Danilow gebracht wird und vor Angst vergeht, ob sie ihm nicht zwei Jahre geben. So erfahrt ihr, daß ihr in der Nacht Jaroslawl passiert habt und euch daher als erstes Durch-

---

* So mischt sich die Spreu in die Ernte des Ruhms. Spreu? Wirklich? Es gibt keine Puschkinschen, keine Gogolschen, keine Tolstoischen Lager – aber Gorkische gibt es, einen mächtigen Haufen sogar! Und eigens noch ein Sträflingsbergwerk, die »Maxim-Gorki-Goldgrube« (40 Kilometer von Elgen)! Ja, Freund Gorki – »mit Ihrem Herzen und Namen, Genosse . . .« Wenn sich der Feind nicht ergibt . . . Ein böses Wort schlüpft dir einmal raus, und ehe du dich's versiehst, bist du – aus der Literatur.

gangsgefängnis Wologda erwartet. Da meldet sich unbedingt wieder ein Kenner, der mit düsterer Miene das berühmte Sprüchlein aufsagt: »Der Knast in Wologda ist nicht zum Spaßen da!«

Doch auch trotz erkundeter Richtung seid ihr um nichts klüger geworden: Viele Gefängnisse werdet ihr noch passieren, Knotenpunkte auf eurer Fahrt, und von jedem einzelnen führen Abzweigungen weiter. Dich zieht es nicht nach Uchta, nicht nach Inta oder Workuta, du glaubst wohl, am 501. Objekt erginge es dir besser? Eine Eisenbahn bauen sie da durch die Tundra, im nördlichsten Sibirien, und es wiegt dieser Bau an Härte alle anderen auf.

Im fünften Jahr etwa nach Kriegsende, als die Häftlingsströme doch schon in geregelten Bahnen liefen (oder der MWD-Personalstand erweitert wurde?), hatte man im Ministerium endlich eine gewisse Ordnung in den millionengroßen Haufen der *Akte* gebracht, so daß man nunmehr jeden Verurteilten mit einem verschlossenen Begleitpaket versehen konnte, welches seinen Gefängnis*akt* enthielt, dem Konvoichef ausgehändigt wurde und an der Außenseite die vorgeschriebene Strecke angab (mehr als die Route brauchten die Wachen nicht zu erfahren, der Inhalt der *Akte* hätte verderblich wirken können). Da waren nun die Chancen schon größer, vorausgesetzt freilich, daß Sie auf dem mittleren Brett lagen, daß der Sergeant genau gegenüber stehenblieb, daß Sie auf dem Kopf stehende Schrift zu lesen verstanden: Ja, dann gelang es Ihnen vielleicht wirklich herauszubekommen, daß irgendwer nach Knjasch-Pogost und Sie selber ins Kargopollag[59] überführt wurden.

Der Sorgen ist kein Ende, jetzt hebt das Raten erst an. Was soll das: Kargopollag? Jemand was davon gehört? ... Wie sind die *Allgemeinen* dort? (Bei den *allgemeinen* Arbeiten gibt es solche, die tödlich sind, aber andere, leichtere, hier und da auch.) Ist's zum *Verkümmern* ein Lager oder nicht?

Ach, daß Sie in der Eile der Abfahrt Ihre Angehörigen nicht verständigt haben! Die werden Sie immer noch im Lager Stalinogorsk bei Tula vermuten! Wenn Sie sehr besorgt und sehr gewitzt sind, gelingt es Ihnen vielleicht, auch diese Aufgabe zu lösen: Bei dem einen wird sich ein zentimeterlanger Bleistiftstummel finden, beim andern ein zerknülltes Stück Papier. Mit ängstlichen Blicken auf den Posten (denn ihm ganz den Rücken zukehren, Füße zum Gang und Kopf beim Fenster, dürfen sie nicht) versuchen Sie, einen Winkel zu finden, und bringen es schließlich trotz des argen Gerüttels zustande, ein paar Zeilen aufs Papier zu kritzeln: man habe Sie unverhofft vom früheren Ort weggeholt, und es könnte sein, daß im neuen Lager nur ein Brief pro Jahr erlaubt ist, die zu Hause mögen darauf gefaßt sein. Den zum Dreieck gefalteten Brief nehmen Sie auf gut Glück zum Austreten mit. Nun muß es sich nur noch fügen, daß Sie knapp vor oder kurz nach einer Station geholt werden, na, und daß der Posten im Windfang gerade mal wegschaut — dann rasch auf das Pedal gedrückt und hinein mit dem Brief in die Öffnung, die sonst den Weg für den Unrat freigibt. Ach was, naß und verschmutzt — mit einigem Glück rutscht er durch und fällt zwischen die Schienen. Oder er kommt sogar trocken herausgeflogen, der Sog wirbelt ihn hoch, schleudert ihn unter die Räder, aber vielleicht auch dazwischen, und er segelt auf die Bahndammböschung nieder. Vielleicht wird er da liegenbleiben müssen, bis zum Regen, bis zum Schnee, bis zur Auflösung, vielleicht wird sich ein Mensch danach bücken. Und wenn nun dieser Mensch kein Verbissener ist, dann wird er die Adresse säuberlich nachziehen oder einen anderen Umschlag nehmen — und paß auf, der Brief kommt noch an. Manchmal kommen sie an, diese Briefe, unfrankiert, verwaschen, zerdrückt; kaum leserlich die Schrift und deutlich nur der Klageruf des Leids ...

Noch besser, Sie hören schnellstens auf, eben solch ein *Frajer* zu sein, ein komischer Neuling, ein Freiwild und Opfer. Fünfundneunzig zu fünf, daß der Brief nicht ankommt. Und wenn, dann bringt er auch keine Freude ins Haus. Ach, laßt es schon sein, nach Stunden und Tagen zu leben: Ihr habt das Land des Epos betreten! Hier liegen zwischen Kommen und Gehen Jahrzehnte, Vierteljahrhunderte. Eine *Rückkehr* in die frühere Welt gibt es für euch *nicht*! Je rascher ihr eure Sehnsucht nach den Daheimgebliebenen überwindet, je rascher die Daheimgebliebenen euch aus ihrer Erinnerung streichen — desto besser. Desto leichter ist's.

Und seht zu, daß eure Habe klein bleibt, dann braucht ihr darum nicht zu zittern! Habt keinen Koffer, dann kann ihn euch die Wache beim Einsteigen nicht kaputtschlagen (wenn im Abteil schon fünfundzwanzig Mann kauern — was wär denn euch in der Geschwindigkeit Besseres eingefallen?). Habt keine neuen Stiefel, habt keine modischen Schuhe, und einen Anzug aus Wollstoff habt lieber auch nicht: Ob im Stolypin oder im Raben oder spätestens bei der Aufnahme ins Durchgangsgefängnis — gestohlen wird er euch doch, vom Leib gerissen, bestenfalls eingetauscht. Gebt ihr ihn kampflos her, brennt euch die Schmach in der Seele. Versucht ihr euch zu wehren, kriegt ihr fürs eigene Gut noch die Zähne eingeschlagen. Widerlich sind uns diese unverschämten Fratzen, dieses höhnische Gehabe, dieser Auswurf von Zweifüßlern, doch ob wir nicht vor lauter Zittern um unseren Besitz die seltene Gelegenheit verpassen: zu beobachten und zu verstehen. Wißt ihr noch? Die Freibeuter, Piraten und großen Weltumsegler, die von Kipling und Gumiljow in den schillerndsten Farben Besungenen — ob sie nicht ganz dieselben Unterweltler waren? Ja doch, von genau der Sorte ... Verführerisch auf romantischen Bildern — warum sind sie uns hier ein Greuel? ...

Versucht, auch sie zu verstehen. Das Gefängnis ist ihnen das *traute Heim*. So behutsam die Obrigkeit mit ihnen umgeht, so milde sie ihnen die Urteile bemißt, so oft sie sie auch amnestiert — ein innerer Impuls treibt sie wieder und wieder zurück ... Das erste Wort in der Gesetzgebung des Archipels, sollten sie's nicht sprechen? Eine Zeitlang wurde bei uns auch in der Freiheit das Besitzrecht mit Erfolg bekriegt (später fanden die Krieger selber am *Besitzen* Gefallen), warum also soll es hinter Gittern geduldet werden? Du hast nicht aufgepaßt, hast dein Schmalz nicht rechtzeitig gegessen, bei den Kameraden mit Zucker und Tabak gegeizt — doch sieh, dein moralischer Fehler ist bald korrigiert, die Kriminellen schütteln eben den Inhalt deines Rucksacks auf die Pritsche. Nachdem sie dir *zum Wechseln* ein Paar elende Treter statt deiner handgenähten Stiefel, einen schmuddeligen Kittel statt deines Pullovers hingeworfen haben, behalten sie die Sachen auch nicht lange bei sich: Deine Stiefel sind ein guter Anlaß, sie fünfmal zu verspielen und mit besserem Blatt wieder zurückzugewinnen, der Pullover aber wird morgen gegen einen Liter Wodka und einen Kranz Wurst verschachert. Nächsten Tags sind auch sie so blank wie du. Darauf beruht der zweite Grundsatz der Thermodynamik: ein Niveau muß dem anderen angepaßt werden, man schaffe einen dauernden Ausgleich ...

Besitzlosigkeit! Besitzlosigkeit predigten uns Buddha und Christus, die Stoiker und die Zyniker. Warum findet sie bloß bei uns Habgierigen noch immer kein Gehör, die einfache Mahnung? Warum woll'n wir nicht begreifen, daß der Besitz unsere Seele verdirbt?

Der Hering mache sich's bis zum Durchgangslager in deiner Tasche bequem, damit du nicht um Wasser betteln mußt. Brot und Zucker hast du für zwei Tage bekommen? Iß es mit einem Bissen herunter. Dann kann es dir niemand stehlen, und ledig bist du der Sorgen. Und sei wie der Vogel unter dem Himmel!

Dies besitze, was auf allen Fahrten bei dir bleibt: Kenne Sprachen, kenne Länder, kenne Menschen. Als Reisesack diene dir dein Gedächt-

nis. Vergiß nichts! Vergiß nichts! Nur diese bitteren Samen werden allenfalls irgendwann in die Höhe sprießen.

Sieh dich um, Menschen umgeben dich. An jenen dort wirst du dich
vielleicht dein Leben lang erinnern, dann beißt du dir die Ohren ab, daß
du ihn nicht ausgefragt hast. Und sprich weniger — so hörst du mehr.
Von Insel zu Insel ziehen sich über den Archipel die feinen Strähnen
der menschlichen Leben. Sie winden sich, berühren einander eines
Nachts in solch einem ratternden halbdunklen Waggon und laufen danach für ewig auseinander — du aber lege dein Ohr an ihr stilles
Schwirren und horche auf das gleichmäßige Pochen unter dem Waggon.
Denn es ist die Spindel des Lebens, was du pochen und schnurren
hörst.

Was fängst du hier nicht für seltsame Geschichten auf, was gibt es
nicht alles zum Lachen!

Dort der kleine flinke Franzose am Gitter — was zappelt er in einem
fort? Was läßt ihm keine Ruh? Was hat er bis heut nicht verstehen gelernt? Erkläre es ihm! Und frage ihn nebenbei aus: Wie ist er hereinge-
raten? Einer meldete sich mit etwas Französisch, und wir erfahren: Max
Santerre, französischer Soldat. Genauso wieselig und neugierig war er
auch draußen, in seiner *douce France.* Man hat's ihm oft genug gesagt:
Zappele nicht, gib Ruh. Was nützte der gute Rat, er trieb sich von früh
bis spät beim Sammelpunkt für russische Repatrianten herum. Also lu-
den ihn die Russen zu einem Umtrunk ein, und von einem bestimmten
Augenblick konnte er sich an nichts mehr erinnern. Als er zu sich kam,
saß er bereits im Flugzeug, auf dem Boden, und sah: sich in Rotarmi-
stenbluse und Rotarmistenhose und über sich die Stiefel seines Bewa-
chers. Jetzt haben sie ihm was von zehn Jahren Lager gesagt, aber das
war natürlich ein böser Scherz, das wird sich doch aufklären? ... O ja,
mein Lieber, da wart nur darauf*! (Na, was das angeht, derlei war
1945/46 gang und gäbe.)

Nach dem französisch-russischen Sujet, hier ein russisch-französi-
sches. Aber nein, ein rein russisches im Grunde, denn wer schafft es
schon, soviel Wirrwarr zusammenzuschaufeln, als nur ein Russe? Zu allen Zeiten fanden sich bei uns Menschen, denen es *zu eng* war, wie auf
Surikows Bild dem verbannten Menschikow in der poweren Kate seines
Exils[60]. Und Iwan Kowertschenko, der hager und überhaupt nicht groß
war, stieß trotzdem an allen Ecken an. Denn es wär der Kerl wie Milch
und Blut, hätte nicht der Teufel Schnaps dazugegossen. Bereitwillig er-

* Eine Lagerstrafe wartet noch auf ihn, 25 Jahre, und erst 1957 wird er aus
  dem Oserlag heimkehren.

zählte er seine Geschichte — und mit Witz. Eine Schatzgrube sind solche Erzählungen, hör nur zu. Zwar wirst du lange nicht draufkommen können, warum sie ihn verhafteten und warum er als Politischer sitzt, aber das »politisch« brauchst du dir auch nicht zur Schaumünze aufzupolieren. Als ob's nicht egal wäre, an welchem Rechen du hängenbliebst.

Wie allen wohlbekannt, waren es die Deutschen, die mit dem chemischen Krieg liebäugelten, und nicht wir. Darum traf es uns aufs peinlichste, daß bei unserem Rücklauf vom Kuban, dank der Saumseligkeit einiger Schlafmützen von der Munitionsversorgung, ganze Stapel von chemischen Bomben auf einem Fugplatz zurückgelassen wurden. Klar, daß die Deutschen damit eine internationale Affäre hätten aufziehen können. Also wurde der Oberleutnant Kowertschenko aus Krasnodar mit zwanzig Fallschirmspringern im deutschen Hinterland abgeworfen, damit er die Teufelsbomben allesamt in der Erde vergrabe. (Die Hörer haben es bereits erraten und gähnen: dann Kriegsgefangener, jetzt Vaterlandsverräter. Nicht die Spur, nicht die allerkleinste!) Kowertschenko führte den Befehl exakt aus, kehrte mit allen zwanzig ohne Verluste über die Front zurück und wurde zum Helden der Sowjetunion vorgeschlagen.

Bis die Entscheidung kommt, dauert es aber einen Monat und zwei — und was, wenn du in diesen Helden nicht genau *hineinpaßt?* Den »Helden« bekommen stille Knaben, Vorzugsschüler der Polit- und Gefechtsausbildung; und dir, dir brennt die Seele nach Wodka — ein Schlückchen! — doch woher nehmen? Ja, verflixt noch einmal, wenn du Held der ganzen Union bist, was rücken sie nicht mit einer Draufgabe heraus? Und so setzte sich Iwan Kowertschenko aufs Pferd und ritt, ohne wirklich und wahrhaftig je von einem Caligula gehört zu haben, hoch zu Rosse zum Militärkommandanten in den Stock hinauf: »Wodka, hörst du, rück heraus!« (Präsentabler schien ihm das, einem Helden halt besser zu Gesicht stehend, und schwieriger für die droben, ihn abzuweisen.) Wurde er dafür eingesperrt? I bewahre, wo denkt ihr hin? Nur vom *Helden* zum *Roten-Banner-Orden* degradiert.

Die Not war groß und Wodka rar, das machte einem schon den Kopf warm. In Polen fuhr er den Deutschen dazwischen, als sie eine Brücke sprengen wollten — und sah nun diese Brücke für sein eigen an und trieb, solange unsere Kommandantur nicht herangerückt war, von den Polen eine Maut ein: Ohne mich gäb's ja keine Brücke, Schlaumeier ihr! Einen Tag ging das so mit dem Mauteintreiben (für Wodka), dann hatte er's satt, mußte wohl auch weiter und bot die Brücke den Anrainern zum *Kauf* an: Wie denn — ist das keine gerechte Lösung? (Ging er darum *hoch?* — Nein!) War nicht viel, was er verlangte, aber die Polen bissen nicht an. Na, da ließ *Pan Kapitan* die Brücke eben sein, hol euch der Teufel, geht halt umsonst drüber. 1949 war er in Polozk Stabschef eines Fallschirmjägerregiments, machte sich bei der Politabteilung der Division höchst unbeliebt, weil es mit der Politerziehung bei ihm haperte. Einmal wollte er eine Empfehlung für die Militärakademie, als er sie kriegte und durchlas, warf er sie ihnen auf den Tisch: »Damit finde ich rascher bei den Bendera-Leuten Aufnahme als in der Akademie!« (Deswegen? . . . Ja, es hätte für einen *Zehner* durchaus gereicht. Doch diesmal kam er noch davon.) Als dazu noch ruchbar wurde, daß er einen Soldaten gesetzwidrig in den Urlaub entlassen und höchstpersönlich im volltrunkenen Zustand einen Lastwagen zuschanden gefahren hatte, bekam er zehn . . . Tage Arrest. Im übrigen wurde er von den eigenen Soldaten bewacht, die hätten ihn auch auf Händen getragen und ließen ihn im Dorf frei herumlaufen. Am Ende hätte er der Politabteilung auch den Arrest verziehen, wenn sie nicht darangegangen wären, ihm mit dem Gericht zu drohen! Diese Drohung traf Kowertschenko hart. Na klar: Zum Bombenverstecken war der Iwan gut genug! und wegen eines schäbigen Lastwagens soll's gleich in den Knast gehen? Das griff einem schon an die Ehre. Nachts stieg er aus dem Fenster, schlug sich zur Dwina durch, wo er das Versteck von seines Freundes Motorboot wußte und — fort war er.

Ein Schnapsbruder mit kurzem Gedächtnis dürfte er doch nicht gewesen sein: Für alles, was ihm die Politabteilung angetan, wollte er nun Rache nehmen. In Litauen ließ er das Boot liegen und klopfte bei den Bauern an: »Bringt mich zu den Partisanen, Leute! Es wird euer Schaden nicht sein, denen geben wir noch Saures!« Doch die Litauer hielten ihn für einen Spitzel.

Im Mantelfutter hatte Iwan eine Kreditvollmacht eingenäht. Er nahm eine Fahrkarte heimwärts, stieg in den Zug und hatte sich, noch ehe sie Moskau erreichten, im Speisewagen vollaufen lassen. Drum blinzelte er, als er aus dem Bahnhof trat, nur kurz in die Moskauer Pracht und ließ sich von einem Taxi — in eine Botschaft fahren. »In welche denn?« — »Egal, in eine halt.« Der Fahrer folgte. — »Welche ist's?« — »Die Französische.« — »Na, schön.«

Mag sein, daß seine Gedanken wirr waren und er anfangs mit der Botschaft anderes im Schilde führte als später, aber an Geschicklichkeit und Kraft fehlte es ihm nicht. Den Milizposten vor dem Tor ließ er links liegen, schlich sich in eine Seitengasse und sprang mit einem Satz auf den glatten zweimannhohen Zaun. Im Hof der Botschaft ging es leichter: Von niemand bemerkt und aufgehalten, drang er ins Gebäude ein, öffnete eine Tür, eine zweite und fand sich plötzlich einer gedeckten Tafel gegenüber. Allerlei stand auf dem Tisch, aber am stärksten fesselten ihn die Birnen, die hatte er lange entbehrt, und stopfte sich nun alle Taschen mit ihnen voll. Da kam die Abendgesellschaft herein. »He, ihr Franzosen!« schrie Kowertschenko sie prompt an. Wie Schuppen fiel es ihm von den Augen, daß Frankreich nichts Gutes in den letzten hundert Jahren vollbracht hatte. »Wo bleibt denn eure Revolution? Wollt wohl de Gaulle an die Macht haben? Und wir — wir solln euch Kubanweizen liefern? Da habt ihr euch sauber verrechnet!« — »Wer sind Sie? Woher?« wunderten sich die Franzosen. Schlagfertig — und sofort im richtigen Ton — gab Kowertschenko prompt zurück: »Gestatten, Major des MGB.« Die Franzosen aufgeregt: »Trotzdem dürfen Sie nicht so ... direkt ... hier einbrechen. Worum geht es?« — »Ha, leckt mich doch am Arsch!!!« verkündete Kowertschenko nunmehr geradeheraus, aus tiefstem Herzen. Und so spielte er ihnen noch eine Weile den tollen Kerl vor, bis er merkte, daß im Nebenzimmer schon wer am Telefon hing. Er war noch nüchtern genug, den Rückzug anzutreten, aber die Birnen! Die kollerten aus seinen Taschen, und Schimpf und Schande begleiteten ihn ...

Aber ein Kerl war er doch und entwischte heil und schaffte es sogar noch bis zum Bahnhof, dem Kiewer, dort wachte er am nächsten Tag auf (ob's ihn nicht gar in die Westukraine zog?) — und wurde bald geschnappt.

Beim Verhör prügelte ihn Abakumow persönlich, die Striemen auf dem Rücken schwollen faustdick an. Der Minister verdrosch ihn klarerweise nicht wegen der Birnen, auch nicht wegen der berechtigten Vorwürfe an die Adresse der französischen Nation, sondern um herauszukriegen, von wem und wann er angeworben worden war. Und sie brummten ihm klarerweise fünfundzwanzig Jahre auf.

Der Geschichten ist kein Ende, aber wie jeder andere Waggon verstummt auch der Stolypin, wenn die Nacht einbricht. Nachts wird es weder Fisch noch Wasser noch ein Austreten geben.

Und dann taucht er, wie jeder andere Waggon, in das gleichmäßige Rattern der Räder, aber die Stille wird dadurch nicht im geringsten gestört. Und dann kann man, so auch noch der Soldat seinen Posten im Gang verläßt, aus dem dritten Männerabteil ganz leise mit dem vierten Frauenabteil sprechen.

Mit einer Frau im Gefängnis sprechen, das ist nicht wie sonst ein gewöhnliches Gespräch. Etwas Vornehmes liegt darin, auch wenn man sich über Paragraphen und Strafzeiten unterhält.

Ein Gespräch dieser Art dauerte einst eine ganze Nacht, und die Umstände waren wie folgt. Juli 1950 schrieb man. Das Frauenabteil war weit unterbelegt, ein einziges junges Mädchen fuhr darin, Tochter eines Moskauer Arztes, verurteilt nach § 58,10. Bei den Männern hingegen kam Lärm auf, die Wachen trieben die Insassen der drei Abteile in nur zweien zusammen (und wie viele es dann in jedem waren, danach fraget nicht). Schließlich wurde ins leere Abteil ein Verbrecher gesetzt, der gar nicht häftlingsmäßig aussah. Zum ersten war er nicht kahlgeschoren, hellblondes gewelltes Haar, eine Lockenpracht fürwahr, bedeckte herausfordernd seinen großen, rassigen Kopf. Er war jung, stattlich und trug eine britische Uniform. Es lag ein Hauch von Ehrerbietung in der Art, wie sie ihn durch den Gang führten (die Wachen bekamen's selber mit der Angst, als sie die seinem *Akt* beigelegten Instruktionen vernahmen) — und dem Mädchen war nichts davon entgangen. Aber er sah sie nicht (das schmerzte ihn später sehr).

Am Lärm und dem vielen Getue merkte sie, daß ein eigenes Abteil — das nebenan — für ihn freigemacht worden war. Klar, daß er mit niemand in Berührung kommen sollte. Um so größer wurde ihr Verlangen, mit ihm zu sprechen. Einander von einem Abteil zum anderen zu sehen, ist im Stolypin unmöglich, doch nicht, wenn's still ist, einander zu hören. Spät abends, als die Geräusche verstummten, rückte das Mädchen ganz dicht ans Gitter und rief leise hinüber. (Vielleicht summte sie anfangs auch nur vor sich hin, eine Strafe hätt's trotzdem eingebracht, aber die Wachen hatten sich müde geschrien, keiner stand im Gang.) Der Unbekannte hörte es und setzte sich, wie ihm geheißen, ebenso hin. Jetzt lehnten sie Rücken an Rücken, einzig das zolldicke Brett zwischen ihnen, und sie flüsterten durchs Gitter rund um selbiges Brett herum. Sie saßen ganz dicht beieinander, so Mund an Mund, als ob sie sich küßten, und konnten sich nicht berühren, ach was — nicht einander sehen.

Erik Arvid Andersen hatte es mit seinem Russisch so weit gebracht, daß er die anderen leidlich verstand, beim Sprechen zwar Fehler machte, aber worauf es ankam, glücklich herausbrachte. Er vertraute dem Mädchen seine wunderbare Geschichte an (von der später, im Durchgangslager, noch zu hören sein wird) und sie ihm in die ihre, eine sehr bescheidene: wie eine Moskauer Studentin den 58,10 bekam. Doch Arvid war ganz Ohr, sie mußte ihm immer mehr über die sowjetische Jugend, über das sowjetische Leben erzählen, und was er erfuhr, war sehr anders als das, was er aus linken westlichen Zeitungen wußte und bei seinem offiziellen Besuch hier gesehen hatte.

Sie sprachen die ganze Nacht durch — und alles schmolz in dieser Nacht für Arvid zusammen: der ungewohnte Häftlingswagen im fremden Land; das summende nächtliche Klopfen der Räder, das unser Herz allezeit gefangennimmt; die melodiöse Stimme, das Flüstern, der Atem des Mädchens am Ohr, ganz dicht an seinem Ohr, nur sehen, sehen durfte er sie nicht! (Und hatte seit anderthalb Jahren überhaupt keine weibliche Stimme gehört ...)

Und es verschmolz ihm dieses unsichtbare (und wahrscheinlich, und sicher, und unbedingt wunderschöne) Mädchen zu Rußland, das er jetzt erst zu sehen begann, und Rußlands Stimme erzählte ihm diese Nacht lang die Wahrheit. Auch so kann man ein Land kennenlernen ... (Morgens sollte er auch noch durchs Fenster seine dunklen Strohdächer sehen, das traurige Flüstern seiner verborgenen Gefährtin war ihm der Reiseführer dabei.)

Denn all dies ist Rußland: die dahinrollenden Häftlinge, die keine Klagen mehr wagten; das Mädchen hinter der Wand des Stolypinschen Abteils; die Wachen, die sich zur Ruhe begaben; die aus den Taschen kullernden Birnen, die vergrabenen Bomben und der Reiter, der sein Pferd über die Stiegen der Kommandantur hinaufjagt.

Gendarmen! Gendarmen! ertönte der Freudenschrei der Strafgefangenen. Ihre Freude galt dem Umstand, daß sie fürderhin nicht mehr von Soldaten, sondern von den umgänglichen Gendarmen eskortiert werden sollten.

Wieder habe ich die Anführungszeichen weggelassen. Von Korolenko stammt dieser Bericht*. Unsereins verspürte beim Anblick der blauen Mützen allerdings wenig Freude. Allein, das änderte sich jäh, wenn einer im Stolypin unter das sogenannte *Pendel* geriet.

Dem gewöhnlichen Fahrgast auf dem Bahnsteig einer kleinen Zwischenstation macht lediglich das *Einsteigen* Mühe, das *Aussteigen* ist das einfachste von der Welt: Wirf die Sachen runter und spring nach! Anders ergeht es dem Gefangenen. Wenn die örtliche Bewachungsmannschaft oder die Miliz ihn nicht abholen kommt, sich um zwei Minuten verspätet — schwupps! — dann fährt der Zug schon an und mit

---

* *Istorija moego sovremennika*, Moskau 1955, Bd. 7, S. 166 (deutsch unter dem Titel *Die Geschichte meines Zeitgenossen*, 1953).

ihm, bis zum nächsten Durchgangsgefängnis, der arme Sünder in seinem Stolypin. Gut noch, wenn nur bis dahin, denn dort kriegst du ja wieder deine Ration. Schlimmer, wenn bis ans Ende der Stolypinschen Reiseroute, denn dann bleibst du gut achtzehn Stunden im leeren Waggon sitzen, ehe sie dich mit der frischen Ladung wieder zurückfahren, und dann ist vielleicht wieder niemand da, dich ihm zu treuen Händen zu übergeben, und du sitzt von neuem in der Falle und wirst in dieser ganzen Zeit *nicht gefüttert!* Denn deine Ration war bis zur ersten Übergabe bemessen, und die Buchhaltung trifft keine Schuld, daß die im Gefängnis verschlafen haben: Du aber fällst bereits in die Kompetenz von Tulun. Daß die Wachen dich aus dem eigenen Brotsack durchfüttern, darf ihnen wirklich nicht zugemutet werden. Also pendelst du sechsmal (das gab's) hin und her: Irkutsk — Krasnojarsk, Krasnojarsk — Irkutsk, Irkutsk — Krasnojarsk, und wenn du nun auf dem Bahnsteig von Tulun eine blaue Mütze erspähtest, würdest du dich dem Träger reinweg an den Hals werfen: O danke, o Retter!

Der Stolypin macht auch in zwei Tagen solch ein ausgewrungenes, erstickendes Bündel Unglück aus dir, daß du vor einer großen Stadt selbst nicht mehr weißt, ob's besser wäre, noch eine Weile sich abzuquälen und dafür rascher ans Ziel zu gelangen oder im Durchgangslager für eine kurze Weile zu verschnaufen.

Doch da hörst du schon die Wachen unruhig werden, ein Getrappel geht los, sie kommen in voller Montur aus dem Abteil, und da weißt du, daß der ganze Waggon entladen wird.

Zuerst nehmen sie im Halbkreis um das Trittbrett der Wagentür Aufstellung, und sobald du da heruntergerutscht, -gepurzelt, -gefallen bist, schrein sie dich laut und einträchtig (sind so dressiert) von allen Seiten an: »Setzen! Setzen! Setzen!« Das wirkt, wenn's aus vielen Kehlen kommt. Und aufblicken darfst du nicht. Dir ist, als stündest du unter Artilleriebeschuß, unwillkürlich duckst du dich und rennst (obzwar: wieso eilt's dir?) und drückst dich an die Erde und läßt dich niedergefallen, sobald du die vor dir Ausgestiegenen eingeholt hast.

»Setzen!« Ein deutliches Kommando, aber als Neuling verstehst du es nicht gleich. In Iwanowo lief ich, den Koffer umschlungen (von einem Koffer, der nicht im Lager, sondern draußen gebastelt wurde, reißt im Augenblick höchster Not unbedingt der Griff ab), über ein totes Geleise und hockte mich, ohne zuvor nach den Vorderen geschaut zu haben, auf die Kofferkante nieder — wie hätte ich mich in meinem noch leidlich sauberen, noch langbeschoßten Offiziersmantel einfach auf die Schienen, auf den dunklen, ölgetränkten Sand setzen können! Der Konvoichef, rotwangiges hausbackenes Russengesicht, nahm einen Anlauf – ich begriff noch gar nicht, was? wozu? – und zielte mit dem sakrosankten Stiefel offensichtlich auf meinen vermaledeiten Buckel, doch irgend etwas hielt ihn zurück – und schlug, auf die spiegelblanken Stiefelspitzen nicht bedacht, den Kofferdeckel kaputt. »Set-zen!« verdeutlichte er. Da erst dämmerte mir, daß ich wie ein Turm zwischen den umsitzenden *Seki* emporragte, und ehe ich noch fragen konnte: »Wie denn mich setzen?« wußte ich, wie, und setzte mich samt behütetem Mantel wie alle Leute: Hunde sitzen so vorm Tor, Katzen vor der Tür.

(Der Koffer ist mir geblieben, heute noch, wenn ich auf ihn stoße, fahre ich mit dem Finger über das kantige Loch. Es kann ja nicht verheilen, wie ein anderes am Körper, am Herzen. Die Dinge sind uns im Niemals-vergessen-Können voraus.)

Auch dieses Niedersetzenlassen ist durchdacht. Wenn du direkt am Boden sitzt, die Knie vor dir aufgestützt, dann verschiebt sich der Schwerpunkt nach hinten, das Aufstehen ist schwer, das Aufspringen unmöglich. Zudem setzen sie uns möglichst dicht gedrängt, damit jeder den Nebenmann behindert, und wenn wir uns gleich absprächen, die Wachen zu überfallen, sie hätten uns niedergemacht, ehe der Knäuel entwirrt wäre.

Wir sitzen, weil wir auf den Raben warten (der holt die Leute partieweise, auf einmal geht es nicht) oder auf den Abtrieb zu Fuß. Meist suchen sie dafür einen versteckten Ort, damit die Freien weniger sehen, mitunter aber müssen sie auch mit dem Bahnsteig oder einem offenen Platz vorlieb nehmen (in Kuibyschew ist es so). Eine arge Anfechtung wird es für die Freien: Unsereins begafft sie mit Fug und Recht, und aus ehrlichen Augen, aber sie, wie sollen sie's mit uns halten? Haßerfüllt? Das erlaubt das Gewissen nicht (denn nur die Jermilows glauben, daß die Leute »verdienterweise« sitzen). Mitfühlend? Mitleidig? Und wie, wenn *die* den Namen notieren? und eine Anklage zimmern, nichts einfacher als das. Und unsere stolzen, unsere freien Bürger (»Da, lest, beneidet mich, seht, wer ich bin: Bürger der Sowjetunion.«[61]) lassen ihre schuldigen Häupter sinken und bemühen sich, uns gar nicht erst zu sehen, als wärn wir Luft. Tapferer sind alte Mütterchen: Denen kann's nicht mehr übel ankommen, die glauben auch an Gott, holen einen Brotziegel aus ihrem mageren Beutel und brechen uns ein Stück ab. Dazu die ehemaligen Lagerleute, die *Bytowiki*, die fürchten sich natürlich auch nicht. Die Lagerleute wissen: »Wer nicht drin war – kommt rein, wer's war – vergißt's nicht«, und werfen euch, siehst du, ein Päckchen Zigaretten zu, damit auch ihnen beim nächsten Mal eins zugeworfen werde. Des Mütterleins Wurf war zu schwach, das Brot fällt auf die Erde, die Zigaretten schwirren durch die Luft grad in unsere dichteste Mitte, und die Wachen entsichern schon mit lautem Geklapper die Gewehre — gegen die Alte, die Güte, das Brot: »Schau, daß du wegkommst, Weibsstück!« Und das Brot, das geheiligte gebrochene, bleibt im Staub liegen, bis sie uns endlich abführen.

Im großen und ganzen gehören diese Minuten — auf dem nackten Boden einer Eisenbahnstation — zu unseren besten. Wie damals in Omsk. Sie setzten uns auf die Schwellen zwischen zwei langen Güterzügen. Niemand kam vorbei (sie hatten wohl an jedem Ende der Strecke einen Soldaten postiert: »Halt! Verboten!« Na, und unsre Leute sind auch in Freiheit darauf gedrillt, einem Mann in Uniform zu gehorchen). Es dämmerte. August war's. Der ölige Eisenbahnkies hielt noch was von der nachmittäglichen Sonne fest und wärmte uns beim Sitzen. Der Bahnhof, zwar nicht zu sehen, war irgendwo sehr nahe hinter den Zügen. Ein Lautsprecher trällerte herüber, fröhliche Lieder, und der eintönige Lärm der Menge untermalte sie. Und es war, weiß der Himmel, warum, gar nicht erniedrigend, im gedrängten schmutzigen Haufen wie eingepfercht auf der Erde zu sitzen; nicht wie Hohn klangen uns die Tänze der fremden Burschen und Mädchen — wir werden sie nimmer tanzen; nichts Ätzendes lag in der Vorstellung, daß irgendwer dort auf dem Bahnsteig irgendwen erwartete oder begleitete, vielleicht mit Blumen sogar. Es waren zwanzig Minuten in Nahezu-Freiheit: Der Abend verdichtete sich, die ersten Sterne blinkten auf, auch die roten und grünen Lichter der Bahn, die Musik spielte. Das Leben ging ohne uns weiter — und es tat gar nicht mehr weh. Lerne, solche Minuten liebzugewinnen, dann läßt sich der Kerker leichter ertragen. Sonst reißt dich die Wut entzwei.

Wenn's gefährlich ist, die *Seki* bis zum Raben zu treiben (rundum sind Gleise und Menschen), nehmen sie ein weiteres Kommando aus dem Wachreglement zur Hilfe: »Arm in Arm marschiert!« Darin liegt nichts Erniedrigendes: Hak dich ein! Alt bei jung, Mädchen bei Großmüttern, Gesunde bei Krüppeln. Wenn dein linker Arm das Bündel trägt, faßt man dich an diesem unter, und deine Rechte greift den Nebenmann. Nun steht ihr doppelt gedrängt, im Vergleich zur üblichen Reihe, und um vieles schwerer geworden, das merkt ihr sofort, alle lahm und krumm vom einseitigen Gewicht, und hilflos miteinander und dem Zeug behangen, wankt ihr unsicher vorwärts. Schmutzige, graue, läppische Wesen, geht ihr wie Blinde, in scheinbarer Zärtlichkeit miteinander vereint — eine Parodie auf die Menschheit.

Der Rabe aber ist vielleicht gar nicht da. Und der Konvoichef ist vielleicht ein Feigling und zittert, daß er euch unterwegs verliert, und darum schleppt ihr euch und einander auch noch torkelnd und über die Sachen stolpernd durch die ganze Stadt, bis direkt vors Gefängnis.

Noch ein Kommando gibt es. Und diesmal wird's eine Gänseparodie: »Die Fersen in die Hand!« Das bedeutet: wer eine Hand frei hat, fasse damit den Fuß oberhalb des Knöchels. Und jetzt: »Vorwärts marsch!« (Na, lieber Leser, legen Sie mal das Buch beiseite und hurtig so durchs Zimmer spaziert! ... Wie war's? Die Geschwindigkeit? Was haben Sie rundherum bemerkt? Was halten Sie vom Davonlaufen?) Können Sie sich das ausmalen: drei-vier Dutzend solcher Gänse? (Kiew, 1940)

Es muß nicht immer August sein, vielleicht ist es der Dezember 1946, wo sie euch ohne *Raben* bei vierzig Grad Kälte ins Durchgangsgefängnis von Petropawlowsk treiben. Wie nicht schwer zu erraten, war's die Wachmannschaft im Stolypin leid, noch in den letzten Stunden vor dem Ziel ein Austreten zu arrangieren. Von den Verhören geschwächt, bis in die Knochen durchfroren, könnt ihr euch jetzt, besonders die Frauen, kaum noch beherrschen. Na und? Ein Pferd, ja, das muß stehenbleiben und die Hinterbeine spreizen, ein Hund, der muß einen Pfahl finden und die Pfote heben. Aber ihr Menschen könnt es auch im Gehen, bloß kein Genieren im eigenen Vaterland! Im Bau wird's trocknen ... Vera Kornejewa bückte sich, den Schuh zu schnüren, humpelte einen Schritt abseits — sofort hetzte der Soldat den Wachhund auf sie, und der Hund biß sie durch die ganze Winterkleidung hindurch in die Hinterbacke. Nicht zurückbleiben! Ein Usbeke ist niedergefallen — mit Gewehrkolben und Stiefeln prügeln sie ihn auf die Beine.

Wen schert's, ist ja kein Fotograf vom *Daily Express* dabei. Und mit dem Konvoichef wird bis ins tiefste Alter niemand je ins Gericht gehen.

Auch die *Raben* sind ein geschichtliches Relikt. Die von Balzac beschriebene Häftlingskutsche — was ist sie andres als ein Rabe? Langsamer freilich kroch sie dahin und mit weniger Fracht vollgestopft.

Allerdings zogen die Häftlinge noch in den zwanziger Jahren in Marschkolonnen durch die Städte, selbst durch Leningrad, hielten an den Kreuzungen den Verkehr auf. (»Diebsgesindel! Ist euch das Handwerk endlich gelegt?« frohlockten die Passanten. Es war ja das große Vorhaben der Kanalisation noch weithin unbekannt ...)

Doch jedem letzten Schrei der Technik aufs allerlebhafteste zugetan, verschmähte der Archipel auch den *Schwarzen Raben*, zärtlich *Woronok* genannt, nicht. Die noch gepflasterten Fahrbahnen unserer Straßen eroberten die ersten Raben zugleich mit den ebenfalls ersten LKW. Sie waren schlecht gefedert und schüttelten und rüttelten, doch die neuen Häftlinge waren auch nicht aus Glas. Die Verpackung war hingegen schon damals, 1927, die beste: kein Spalt offen, kein winziges Lämpchen drinnen, schon nichts zum Atmen, nichts zum Sehen. Und auch vollgeladen wurden die Raben schon damals zum Bersten, man mußte stehen darin. Nicht, daß das Gedränge mit Absicht inszeniert wurde, es mangelte bloß an — Rädern.

Viele Jahre lang waren sie, grau und stählern, unverhohlenes Gefängnisrequisit. Erst nach dem Krieg kam man in den Großstädten zur Besinnung und strich sie außen mit fröhlichen Farben, schrieb obendrauf: »Brot« (waren auch das Brot des Aufbaus, die Insassen), »Fleisch« (richtiger wär gewesen »Knochen«), bisweilen gar »Trink sowjetischen Champagner!«

Im Inneren kann der Rabe ein einfacher gepanzerter Kasten sein, ein leerer Verschlag fürs Vieh. Er kann Bänke rund um die Wände haben, kein Komfort dies, behüte! — die Bepackung ist allemal für flachgepreßte Menschen berechnet, also schieben sie die Leute wie Gepäckstücke, wie Ballen übereinander. Es können die Raben im hinteren Teil eine *Box* mitführen, einen schmalen Stahlschrank für eine Person, desgleichen zur Gänze *verboxt* sein: lauter Einzelschränkchen stehen längs der rechten und der linken Bordwand und sind wie Zellen versperrbar, der Gang bleibt für den *Wertuchai*.

Wenn Ihnen ein ausgelassenes Ding zuprostet: »Trink sowjetischen Champagner!« — ob Sie dann die komplizierte bienenstockartige Einrichtung vor Augen haben?

Bei der Verladung in den Raben hebt von allen Seiten das gleiche Gebrüll der Wachmannschaft an: »Dawai, dawai! Schneller!« Damit Sie sich ja nicht umsehen und rasch einen Fluchtplan aushecken, geht es mit Stößen und Püffen hinein, auf daß Sie mit dem Bündel in der schmalen Tür steckenbleiben, sich den Kopf am Rahmen wundschlagen. Die stählerne hintere Tür schnappt mit Mühe ein — und los geht es!

Natürlich dauert die Fahrt im Raben selten länger als wenige Stunden, oft nur zwanzig bis dreißig Minuten. Aber er schüttelt dafür nicht schlecht, aber er beutelt euch dafür in der halben Stunde auch die Seele aus dem Leibe, aber ein Knochenverrenker ist er und zieh den Kopf ein, wer ein Langer ist — paß auf, bald seufzt du dem gemütlichen Stolypin nach.

Darüber hinaus bedeutet der Rabe wie im Kartenspiel ein neuerliches Mischen — neue Begegnungen, von denen die einprägsamsten natürlich jene mit den Kriminellen sind. Vielleicht seid ihr im Zugabteil einem Beisammensein entgangen, vielleicht werdet ihr auch im neuen Gefängnis in eine andere Zelle gebracht — hier jedenfalls seid ihr ihnen ausgeliefert.

Manchmal ist es so eng, daß selbst die *Urkas,* die Kriminellen, mit dem *Angeln* nicht zu Rande kommen. Eure Beine, eure Arme sind zwischen den Leibern und Bündeln wie in Blöcke gespannt. Nur bei Schlaglöchern, wenn alles durcheinander gebeutelt wird samt Milz und Leber, ändert sich auch die Stellung eurer Glieder.

Manchmal fährt man luftiger, und die Urkas schaffen es in einer halben Stunde, den Inhalt der Reisesäcke zu prüfen, alles an *Bazillen* und sonst halbwegs guten Klamotten zu konfiszieren. In eine Prügelei werden Sie sich wohl nicht einlassen, feige und durchaus vernünftige Überlegungen sind am ehesten zur Hand (Körnchen um Körnchen verlieren Sie bereits von Ihrer unsterblichen Seele, denn immer noch vermuten Sie Ihre schlimmsten Feinde und wichtigsten Taten irgendwo in der Zukunft, wofür es gelte, die Kräfte aufzusparen). Vielleicht holen Sie sogar einmal aus — und haben im Nu ein Messer zwischen den Rippen stecken. (Eine Untersuchung wird es nicht geben, und wenn, dann haben die Unterweltler nichts zu fürchten, bleiben höchstens im Durchgangsgefängnis hängen, müssen nicht ins ferne Lager weiter. Im Raufhandel zwischen einen Sozial-Nahen und einem Sozial-Fremden kann der Staat, dem werden Sie wohl beipflichten, nicht die Partei des letzeren ergreifen.)

Oberst a. D. Lunin, eine Größe vom *Osoawiachim,* erzählte 1946 in einer Zelle der Butyrka, wie die Urkas in einem Moskauer Raben am Frauentag, dem 8. März, während der Fahrt vom Stadtgericht zur Taganka vor seinen Augen der Reihe nach ein junges Mädchen vergewaltigten (bei machtlosem Schweigen des übrigen Rabens). Am Morgen desselben Tages war das Mädchen, verlobt, kurz vor der Hochzeit, noch als Freie ins Gericht gekommen (es ging um mutwilliges Verlassen des Arbeitsplatzes, ihr vom Vorgesetzten aus Rache angedichtet, weil sie nicht mit ihm ins Bett wollte). Das Mädchen wurde ukasgemäß zu fünf Jahren verurteilt, keine Stunde verging, da stieß man sie in den Raben, und nun war aus ihr am hellichten Tage, irgendwo auf dem Sadowaja-Ring (»Trink sowjetischen Champagner!«) eine Lagerhure gemacht worden. Soll man sagen, es hätten die Kriminellen getan? nicht die Kerkermeister? nicht ihr Vorgesetzter, der besagte?

Zartes Ganovengemüt! Das geschändete Mädchen raubten sie auf der Stelle auch noch aus, nahmen ihr die Sonntagsschuhe, mit denen sie den Richtern zu imponieren glaubte, die Jacke, schoben das Zeug den Wachen zu, die ließen anhalten, gingen Wodka kaufen, reichten ihn herein, die Urkas hoben noch einen auf Kosten ihres Opfers.

Als die Partie in der Taganka eintraf, war das Mädchen in Tränen aufgelöst und beschwerte sich schluchzend. Der Offizier hörte es an, gähnte und sprach:

»Der Staat kann nicht jedem von euch einen Einzelwagen zur Verfügung stellen. Unsre Transportmöglichkeiten sind beschränkt.«

Ja, die Raben sind tatsächlich ein »Engpaß« des Archipels. Wie es im Stolypin nicht möglich ist, die Politischen von den Kriminellen zu trennen, so ist es im Raben unmöglich, Männer und Frauen zu sondern. Was Wunder, daß die Urkas zwischen zwei Haftanstalten ins »volle Leben« greifen?

Allerdings, wenn nicht die Urkas wären, müßte man dem Raben für diese kurzen Begegnungen mit Frauen danken! Wo sonst, wenn nicht hier kann der Gefangene sie sehen, hören und berühren?

Einmal, es war 1950, fuhr man uns aus der Butyrka zum Bahnhof nicht im üblichen Gedränge: vierzehn Mann, nicht mehr, in einem Raben mit Bänken. Alles setzte sich, und plötzlich stolperte als letzte eine Frau herein, allein. Sie kauerte sich ganz hinten an der Tür hin, ängstlich zuerst — mit vierzehn Männern im dunklen Kasten und kein Schutz irgendwo. Doch nach einigen Worten war klar, daß nur Unsrige, Achtundfünfziger, mitfuhren.

Sie nannte ihren Namen: Repina, die Frau eines Obersten, er verhaftet, sie nach ihm. Da meldete sich plötzlich ein schweigsamer Militär, sehr jung, sehr mager, der Leutnant stünde ihm gut zu Gesicht, und fragte: »Sagen Sie, haben Sie vielleicht mit einer Antonia I. gesessen?« — »Wie? Sie sind ihr Mann? Oleg?« — »Ja.« — »Oberstleutnant I. Von der Frunse-Akademie?« — »Ja.«

Ein »Ja« war das! Es kam aus zusammengepreßter Kehle, und die Angst zu *erfahren,* überwog darin die Freude. Er setzte sich neben sie. Durch die zwei kleinen Gitter der zwei hinteren Türflügel fielen verschwommene dämmerige Flecken des Sommertages herein und huschten und huschten mit jeder Wendung des Rabens über das Gesicht der Frau und des Oberstleutnants. »Ich saß während der Verhöre vier Monate in einer Zelle mit ihr.« — »Wo ist sie jetzt?« — »Die ganze Zeit dachte sie nur an Sie! All ihre Ängste waren nur um Sie. Zuerst, daß Sie nicht verhaftet würden. Dann, daß Sie eine leichte Strafe bekämen.«

— »Aber jetzt, was ist mit ihr?« — »Sie gab sich die Schuld an Ihrer Verhaftung. Sie trug es so schwer!« — »Wo ist sie jetzt?!« — »Erschrecken Sie nur bitte nicht.« Die Repina hatte ihm bereits vertraulich die Hände auf die Brust gelegt. »Diese Spannung war zuviel für sie. Man brachte sie fort. Sie war ein wenig ... verwirrt ... Sie verstehen ...?«

Und es fährt dieses winzige Gewitter in den vier Wänden des stählernen Kastens so friedlich durch den sechsbahnigen Verkehr; bleibt vor den Ampeln stehen, blinkt, bevor es einbiegt.

Diesen Oleg I. hatte ich eben erst in der Butyrka kennengelernt, und zwar so: Man trieb uns in einer Bahnhofsbox zusammen, brachte inzwischen aus der Aufbewahrung unsere Sachen. Wir wurden gleichzeitig aufgerufen, er und ich. Hinter der geöffneten Tür im Gang durchwühlte eine Aufseherin im grauen Kittel den Inhalt seines Koffers, ein goldenes Achselstück fiel auf den Boden, weiß der Himmel, wie es solo übriggeblieben war, und die Wärterin stieg, ohne es selbst zu merken, mit dem Stiefel auf die großen Sterne.

Sie trat sie mit Füßen — wie für eine Filmaufnahme.

Ich zeigte hin: »Sehen Sie das, Genosse Oberstleutnant!«

Sein Gesicht verdüsterte sich. Ihm ging das ja noch so nahe, er hing ja noch, der Offizier, am Begriff vom tadellosen Dienst.

Und nun dies — über seine Frau.

In einer knappen Stunde war beides auf ihn zugekommen — und er mußte es zusammen verkraften.

Beschaffen Sie sich eine weitläufige Karte unserer Heimat und breiten Sie sie auf einem großen Tisch aus. Setzen Sie fette schwarze Tupfen auf alle Gebietszentren, auf alle Eisenbahnknotenpunkte, alle Umschlagplätze, wo ein Streckengeleise an einem Fluß zu Ende geht oder ein Fluß eine Biegung macht und ein Fußpfad seinen Anfang nimmt. Sie trauen Ihren Augen nicht? Lauter Pestfliegen sitzen auf dem Papier. Es ist die pompöse Karte der Häfen des Archipels, was Sie nun in Händen halten.

Nicht jene zauberhaften Häfen sind's allerdings, in die uns Alexander Grin verführte, nicht jene, wo in den Tavernen Rum getrunken und exotischen Mädchen der Hof gemacht wird. Auch fehlt hier das warme blaue Meer (zum Baden gibt es einen Liter Wasser pro Kopf, oder vier Liter für vier Mann in einem gemeinsamen Schaff, damit's bequemer ist: in einem Aufwaschen, rasch!). An übriger Hafenromantik herrscht indes kein Mangel: Schmutz. Ungeziefer, wildes Gedränge und wildes Fluchen, ein Sprachgewirr und Raufereien am laufenden Band.

Selten ist ein *Sek* zu finden, der nicht drei bis fünf Etappenpunkte kennengelernt hat, viele erinnern sich an ein Dutzend, die Söhne des GULAG zählen ohne Mühe ein halbes Hundert auf. Bloß daß sie einem im Gedächtnis durcheinandergeraten, wegen der vielen Ähnlichkeiten, die da sind: rüpelhafte Bewacher; dämliches Aufrufen nach Akten; langes Warten im prallen Sonnenschein oder im herbstlichen Nieseln; noch längeres Filzen bis auf die Haut; unappetitliches Haarschneiden; kalte glitschige Banjas; stinkende Abtritte, muffige Gänge, ewig enge, stickige, fast immer dunkle und feuchte Zellen; die Wärme menschlicher Leiber zu deinen beiden Seiten, ob auf dem Boden oder auf den Pritschen; die Kanten des aus Brettern gezimmerten Kopfendes; schlecht gebackenes, fast breiiges Brot; die *Balanda*, unsere Gefängnisjauche, die sie, scheint's, aus Silofutter kochen.

Wer aber ein klares Gedächtnis besitzt, eines, dem sich die Erinnerungen einzeln und scharf einprägen, der kann sich fortan das Reisen ersparen: Dank der Durchgangsgefängnisse hat er die ganze Geographie unseres Landes im Kopf. Nowosibirsk? Kenn ich, bin dort gewesen. Feste Baracken, wie Blockhäuser aus dicken Stämmen gebaut. Irkutsk?

Das ist, wo die Fenster mehrmals zugemauert wurden, da siehst du, wie's unterm Zaren war, und danach jede Mauerung einzeln und was schließlich an Luftlöchern blieb. Wologda? Ja, ein altes Gemäuer mit Türmen. Die Aborte liegen übereinander und die Holzdecken sind morsch, da tröpfelt's von den oberen auf die unteren. Usman? Na klar! Ein lausiger stinkiger Knast, altes Mauerwerk mit Gewölben. Und sie stopfen es auch noch randvoll: Wenn eine Partie auf Schub gebracht wird, kannst du es gar nicht glauben, daß die allesamt drin waren, die Kolonne zieht sich durch die halbe Stadt.

Seien Sie nicht vorlaut bei solch einem Kenner, hüten Sie sich, ihm zu sagen, Sie wüßten eine Stadt ohne Durchgangsgefängnis. Klipp und klar wird er Ihnen beweisen, daß es derlei Städte nicht gibt — und recht behalten. Salsk? Ha, dort werden die Durchzügler zu den Untersuchungshäftlingen in die Arrestzellen gesperrt. Und in jedem Bezirkszentrum halten sie es so. Ist's was anderes als eine *Peresylka*, ein Durchgangsgefängnis? In Sol-Ilezk? Natürlich gibt's dort dasselbe! In Rybinsk? Und das Gefängnis Nr. 2 im vormaligen Kloster? Oh, die gelobte Stille darin, die gepflasterten leeren Höfe, die alten moosbewachsenen Steinplatten und in der Banja die saubereren hölzernen Bottiche. In Tschita? Das Gefängnis Nr. 1. In Nauschki? Da ist's kein Gefängnis, sondern ein Durchgangslager, was macht's für einen Unterschied? In Torschok? Na, auf dem Berg, auch wieder im Kloster.

Ja, versteh doch, Menschenskind, es kann keine Stadt ohne Durchgangsgefängnis geben! Als ob nicht in jeder Stadt Gerichte säßen?! Als ob man die Leute per Luft ins Lager expedieren könnte?!

Natürlich ist *Peresylka* und *Peresylka* nicht gleich. Müßig wär's jedoch zu streiten, welche besser, welche schlimmer ist. Wenn zwei, drei *Seki* zusammenkommen, trumpft jeder unbedingt mit der »seinen« auf.

»Na ja, berühmt ist die Iwanower Peresylka gerade nicht, aber frage einen, der im Winter von 37 auf 38 dort gesessen hat ... Der Bau wurde nicht geheizt, aber keiner fror; was heißt frieren — auf den oberen Pritschen lag unsereins blank. In den Fenstern waren alle Scheiben eingedrückt, sonst wär'n wir erstickt. In der Einundzwanzigerzelle saßen statt der zulässigen zwanzig — *dreihundertdreiundzwanzig* Mann! Unter den Pritschen stand das Wasser knöchelhoch, darüber waren Bretter gelegt, da lagen die Leute drauf geschichtet. Aber gerade dorthin zog die eisige Luft aus den zerbrochenen Fenstern. Dort unter den Pritschen war ohnedies Polarnacht: zu allem Überdruß auch noch stockfinster, kein Lichtschimmer drang zwischen den auf den Pritschen Liegenden, vor den Pritschen Stehenden hindurch. Zum Abortkübel gab's keinen

Durchlaß, man mußte am Pritschenrand entlang hinklettern. Gefüttert wurden nicht Menschen, sondern Zehnergruppen. Wenn einer von den zehnen starb, schob man ihn unter die Pritschen, dort blieb er, solange man's nicht roch. Und die übrigen durften seine Ration fassen. Und es wäre ja das alles noch zu ertragen gewesen, wenn die *Wertuchais* nicht geradezu wie von Taranteln gestochen die Leute dauernd von einer Zelle in die andere getrieben hätten, einmal hin, einmal her, ohne Unterlaß. Kaum findet man sich zurecht, heißt's: ›Aufgestanden! Marsch in eine andere Zelle!‹ Sieh zu, daß du wieder einen Platz ergatterst. Und warum diese Überfüllung? Drei Monate gab es keine Banja, die Läuse gediehen, von den Läusen bekamen die Häftlinge Geschwüre an den Füßen und Typhus. Wegen des Typhus wurde die Quarantäne verhängt, vier Monate ging kein Transport ab.«

»Ach was, Leute, das lag nicht an Iwanowo, das lag am Jahr. 1937/38, natürlich: Da brauchste gar nicht von den *Seki* reden, da stöhnten selbst die Steine von den Peresylkas. Nimm Irkutsk, war auch kein besonderes Gefängnis, aber im achtunddreißiger Jahr trauten sich die Ärzte nicht mal in die Zelle zu schauen; die marschierten bloß übern Gang, während der *Wertuchai* hineinbrüllte: ›Wer bewußtlos ist — heraustreten!‹«

»1937, meine Lieben, ging es mit der ganzen Schar über Sibirien nach Kolyma. Am Ochotskischen Meer und in Wladiwostok kam die Sache ins Stocken. Die Schiffe schafften bestenfalls dreißigtausend im Monat an die Kolyma hinüber, aber Moskau nahm darauf keine Rücksicht und schickte mehr und mehr. Bis hunderttausend beisammen waren, kapiert?«

»Wer hat's denn gezählt?«

»Wer's wissen mußte, sei unbesorgt.«

»Wenn du die *Transitka* in Wladiwostok meinst: Da warteten im Februar 1937 höchstens vierzigtausend.«

»Und blieben monatelang dort stecken. Die Wanzen zogen wie Heuschrecken über die Pritschen! Wasser? Einen halben Becher im Tag. Die sagen glatt: ›Wir haben keins und auch niemanden, es herbeizuholen!‹ Eine eigene Zone gab es für Koreaner — die starben alle an der Ruhr, alle! Aus unserer Zone wurden allmorgendlich an die hundert Mann hinausgetragen. Als sie das Leichenhaus bauten, mußten sich die *Seki* selbst vor die Karren mit den Steinen spannen. Heute ziehen, morgen selbst hingeschleppt werden. Im Herbst schlug auch noch der Flecktyphus zu. Das war auch bei uns nicht anders: Die Toten geben wir nicht her, solange es nicht stinkt — ihre Ration ist uns teuer. Von Medi-

kamenten keine Spur. Wir zum Stacheldraht: Gebt uns Medizin! Und
sie? Sie schießen von den Türmen. Später wurden die Typhuskranken
in einer Baracke abgesondert. Mit dem Hinbringen kam man nicht nach,
aber auch heraus kamen nicht viele. Etagenpritschen standen dort; na,
und wie soll einer mit Fieber zum Austreten herunterklettern? Also
läßt er's auf die Unteren ab! Rund anderthalbtausend müssen dort gelegen haben. Als Sanitäter betätigten sich Kriminelle, rissen den Toten
die Goldzähne aus. Legten sich im übrigen auch bei den Lebenden keinen Zwang auf . . .«

»Ach, verschont mich mit eurem ewigen: siebenunddreißig und acht-
unddreißig! Wollt ihr nicht von neunzehnneunundvierzig eine Kost-
probe? In der Wanino-Bucht, in der fünften Zone, sitzen fünfunddrei-
ßigtausend! Und monatelang! Wieder wegen der Verfrachtung an die
Kolyma. Und Nacht für Nacht ging's aus einer Baracke in die andre,
aus einer Zone in die nächste, fragt mich nicht, warum. Wie bei den Faschisten: Pfiffe! Schreie! ›Heraus *ohne den letzten!*‹* Und alles im
Laufschritt! Nur im Laufschritt! Eine Hundertschaft soll Brot holen —
rasch, rasch! Suppe fassen — rasch, rasch! Geschirr gab es keines! Die
Balanda fang auf, wie du willst: in den Mantelschoß, in die hohle
Hand! Das Wasser holten sie aus Zisternen, aber wohin damit? Also
schlossen sie einen Schlauch an — und los ging's: Wer den Mund unter
den Strahl hielt, hatte seine Portion. Die Leute begannen sich um die
Plätze zu raufen — vom Turm wird geschossen! Na, genau wie bei den
Faschisten. Generalmajor Derewjanko kam zur Inspektion, der Chef
des USWITL**, da trat ein Kriegsflieger aus der Menge hervor und riß
sich die Soldatenbluse auf: ›Ich habe sieben Auszeichnungen im Krieg
bekommen! Wer gibt Ihnen das Recht, in die Zone zu schießen?‹
Derewjanko, nicht verlegen: ›Wir haben geschossen und werden schießen, solange ihr euch nicht zu benehmen lernt.‹«***

»Nein, Kinder, das sind alles keine Peresylkas. In Kirow — das ist
eine! Ach, lassen wir die besonderen Jahre, nehmen wir ein einfaches —
1947, da wurden in Kirow die Leute von zwei *Wertuchais* mit den Stiefeln in die Zelle hineingestampft, anders ging die Tür nicht zu. Im September hockten die Leute schweißtriefend und nackt auf den dreistöcki-

---

* Sie meinten es ernst, wollten damit sagen: Den letzten schlage ich tot
  (wörtlich oder zumindest – er kriegt eins übers Fell); alles drängt, um nur
  ja nicht übrigzubleiben.
** USWITL – Verwaltung der nordöstlichen (d. h. an der Kolyma liegenden)
   Besserungsarbeitslager.
*** Weiß Bertrand Russells »Kriegsverbrechertribunal« davon? Warum läßt
    es sich dieses Material entgehen? Oder paßt es denen am Ende nicht?

gen Pritschen, *hockten*, weil's zum Liegen keinen Platz gab (und Kirow liegt nicht am Schwarzen Meer): Eine Reihe saß am Kopf-, eine am Fuß-ende, zwei Reihen saßen im Durchgang auf dem Boden, dazwischen standen noch welche; nach einer Weile wurde der Platz gewechselt. Die Bündel hielt man in den Armen oder auf den Knien — wohin sonst da-mit? Nur die Unterweltler rekelten sich, wo's ihnen zustand: auf den mittleren Pritschen am Fenster. Die Wanzen traten in solchen Massen auf, daß man auch tagsüber von ihnen geplagt war, sie hechteten direkt von der Decke herunter. So brachte man eine Woche hin und auch einen Monat.«

Ich würde mich ja auch gern einmischen, über die Krasnaja Presnja im August 1945*, im Sommer des Sieges erzählen, aber ich schäme mich: Bei uns konnte man in der Nacht die Beine ja doch irgendwie ausstrecken, und die Wanzen verhielten sich durchaus gesittet, und daß uns nachts bei grellem Lampenlicht die Fliegen bissen, so wie wir da-lagen, nackt und schwitzend, das gilt ja nicht, lächerlich wär's, damit auftrumpfen zu wollen. Der Schweiß brach uns bei jeder Bewegung aus den Poren, nach dem Essen rann er in wahren Bächen. In einer Zelle von der Größe eines mittleren Wohnzimmers waren hundert Menschen un-tergebracht, einer klebte am anderen, am Boden war kein Fleckchen frei. An den zwei kleinen Fenstern aber waren Maulkörbe aus Eisenplatten angebracht, die Südseite war's zudem, und nicht genug, daß die Platten keine Luft durchließen, begannen sie auch noch in der Sonne zu glühen und trieben die Hitze in die Zelle hinein.

Gerade so wirr und unsinnig wie die Durchgangsgefängnisse sind die Gespräche über sie und wird wohl auch dieses Kapitel werden: Man weiß nicht recht, wohin sich rasch wenden, was herausgreifen, womit beginnen. Und je mehr Leute in einer Peresylka zusammengetrieben werden, desto größer wird das Durcheinander. Unerträglich ist sie für den Menschen, unrentabel für den GULAG — und trotzdem für viele eine monatelange Bleibe. Dann verwandelt sich die Peresylka schlecht-hin in eine Fabrik: Die Brotrationen werden einfach in Bautragen ge-schüttet, die man sonst für Ziegelsteine verwendet. Die dampfende Ba-landa wird in riesigen Holzfässern, sechs Eimer in jedem, herbeige-schleppt, wozu man eine Brechstange durch die Henkel zieht.

Stets überlastet und offenherziger als viele andere war das Durch-

*Dieses Durchgangslager mit dem gloriosen Revolutionsnamen[62] ist den Moskauern kaum bekannt; die Fremdenführer meiden es, wie hätten sie auch wen hinführen sollen: Es ist bis dato *in Betrieb*. Nah wäre es ja, leicht zu erreichen! Von der Nowochoroschewsker Chaussee ist's mit der Vorort-ringbahn ein Katzensprung.

gangslager von Kotlas. Überlastet war's darum, weil es den ganzen europäischen russischen Nordosten erschloß, und offenherziger, weil bereits tief im Archipel liegend, wo jede Tarnung überflüssig erschien. Ein Stück nackter Erde war es einfach, mit vielen einzeln umzäunten und allesamt versperrten Koppeln. Obwohl das Lager schon in den frühen dreißiger Jahren den großen Schub der zwangsverschickten Bauern aufnahm (denen sicherlich kein Dach übern Kopf gebaut wurde, allein, wer ist übriggeblieben, davon zu berichten?), konnten auch 1938 bei weitem nicht alle Häftlinge in den wackeligen, aus Schwartenbrettern gezimmerten, mit Zeltplanen überdeckten niedrigen Baracken Unterschlupf finden. Ob im Herbst im feuchten Schnee, ob winters im Frost, sie lebten wie in Urzeiten, oben der Himmel, unten die Erde. Ganz steif werden ließ man sie allerdings nichts, stetig wurden sie gezählt, durch Appelle (zwanzigtausend Menschen gab es dort manchmal auf einem Haufen) oder unvermutete nächtliche Filzungen aus der Starrheit gerissen. Später wurden in den Koppeln Zelte aufgeschlagen, stockwerkhohe Blockhäuser gebaut, diese allerdings zwecks vernünftiger Verbilligung des Baus ohne Zwischendecken aufgeführt; statt dessen wurden die Pritschen in gleich sechs Reihen übereinander getürmt, mit Leitern an der Seite, damit sich die *Verkümmerer* wie Matrosen hinauf- und hinabhieven konnten (eine Einrichtung, die einem Schiff eher zustand als einem Hafen). — Im Winter 1944/45, als jeder ein Dach überm Kopf hatte, war das Lager mit nur siebeneinhalbtausend Insassen belegt, davon starben täglich fünfzig, und die Tragbahren, auf denen die Leichen fortgebracht wurden, kamen niemals zur Ruh. (Man wird mir erwidern, dies sei eine durchaus passable Zahl, die Sterblichkeit liege unter der Einprozentgrenze pro Tag und es könne einer unter solchen Umständen bis zu fünf Monaten schaffen. Gewiß doch, aber bedenkt, daß die hauptsächliche Knochenmühle — die Lagerarbeit — an diesem Punkt noch gar nicht zu mahlen begonnen hatte. Dieser tägliche Verlust von zwei Dritteln eines Prozentes bedeutete den reinen *Trockenschwund*, wie er nicht in jedem Gemüselager geduldet worden wäre.)

Je weiter man in die Tiefen des Archipels vordringt, desto frappierender wird der Übergang von betongemauerten Häfen zu pfählernen Anlegestellen.

Durch Karabas, das Durchgangslager bei Karaganda, dessen Namen bald für die Peresylka schlechthin stand, wurde innerhalb von einigen Jahren eine halbe Million Menschen geschleust. (Jurij Karbe war dort 1942 bereits im 433. Tausend registriert worden.) Das Lager bestand aus niedrigen Lehmbaracken auf festgestampfter Erde. Zum lustigen

Zeitvertreib wurden die Insassen täglich mit ihren Siebensachen ins Freie gejagt, während lagereigene Maler den Boden weißten und sogar bunte Teppiche darauf pinselten; am Abend legten sich die *Seki* hin und wischten mit ihren Leibern die Tünche samt den Teppichen wieder ab*.

Die Durchgangsstelle von Knjasch-Pogost (am 63. nördlichen Breitengrad) war ein Haufen von Hütten, auf Sumpf gebaut! Rund um das Gerüst aus langen Holzknüppeln wurde eine zerrissene Zeltplane gespannt, überm Boden blieb ein breiter Spalt offen. Innen standen doppelte Pritschen, ebenfalls aus (schlecht abgeästeten) Knüppeln, am Boden dazwischen waren Äste geschichtet, unter denen tagsüber das sumpfige Wasser hervorspritzte; nachts fror es ein. Auch an anderen Stellen des Lagers mußten die erschöpften Häftlinge über wackelige schmale Balkenstege balancieren, was Wunder, daß sie ein ums andere Mal ins Wasser, in den Matsch abrutschten. 1938 gab es in Knjasch-Pogost niemals was anderes zu essen als einen Papp aus Graupenhäcksel und Fischgräten. Da das Lager weder Näpfe noch Becher oder Löffel besaß und bei den Häftlingen schon gar nichts zu holen war, erwies sich diese Art Fütterung als die bequemste. Man trieb die Leute in Zehnergruppen zum Kessel und schüttete jedem einen Schöpfer voll in die Mützen oder ins druntergehaltene Gewand.

In Wogwosdino hingegen (einige Kilometer von Ust-Wym entfernt), wo gleichzeitig fünftausend Personen festgehalten wurden (je davon gehört bis zu dieser Zeile? Ein winziges Lager unter vielen ähnlich unbekannten und in jedem fünftausend *Seki*, multiplizieren Sie mal!), in Wogwosdino sparten sie nicht mit Wasser für die Suppe, obschon es auch dort keine Schüsseln gab; eine Lösung fanden sie allemal (unserem Erfindergeist sind fürwahr keine Grenzen gesetzt): die Balanda wurde in Badeschaffs für je zehn Mann zugleich ausgeteilt — mögen sie um die Wette löffeln**.

Allerdings saß in Wogwosdino niemand länger als ein Jahr. (Ein Jahr, das kam vor, wenn einer am Verkümmern war und kein Lager ihn haben wollte.)

---

* Karabas hätte von allen Durchgangslagern am ehesten verdient, ein Museum zu werden, doch weh, es existiert nicht mehr: an seiner Stelle steht ein Werk für Eisenbetonerzeugnisse.

** Galina Serebrjakowa! Boris Djakow! Aldan-Semjonow! Habt ihr niemals aus Badeschaffs zu zehnt schlürfen müssen? Natürlich habt ihr euch auch in solchen Augenblicken nicht zu den »tierischen Bedürfnissen« eines Iwan Denissowitsch erniedrigen lassen? Habt auch im Gedränge um die Badeschaffs nicht die Geliebte Partei aus dem Sinn verloren?[63]

Die Phantasie der Schriftsteller versagt aufs jämmerlichste vor dem Alltag der Eingeborenen des Archipels. Wer das allerverwerflichste, das allerschändlichste über das Gefängnis schreiben will, der schilt es immer des *Pißkübels* wegen. Der Kübel im Winkel! Er wurde in der Literatur zum Symbol des Gefängnisses, des Gefangenseins, des himmelschreienden und zum Himmel stinkenden Unrechts. Oh, ihr Leichtmütigen! Als ob der Pißkübel was Böses für den Häftling wär! Barmherzige Kerkermeister haben ihn ersonnen. Denn der Schrecken, der beginnt erst in dem Augenblick, wo besagter Kübel in der Zelle *fehlt*.

1937 hat es in etlichen sibirischen Gefängnissen *keine Latrinen gegeben*, es waren zu wenige vorrätig gewesen! Man hatte es versäumt, die Dinger rechtzeitig in Auftrag zu geben, die sibirische Industrie konnte die immense Kluft des Gefängnisschlundes nicht überbrücken, für die neueröffneten Zellen fanden sich keine Pißkübel in den Magazinen. In den alten Zellen, wo's die Abtritte gab, waren sie indes zu alt, zu klein und mußten, ein Nichts angesichts der neuen Füllkapazität, in weiser Voraussicht entfernt werden. Wenn also das Minussinsker Gefängnis Anno dazumal für fünfhundert Insassen berechnet und gebaut worden war (Wladimir Iljitsch war nicht dringewesen, er fuhr ja auf freiem Fuß in die sibirische Verbannung) und nunmehr zehntausend aufnehmen mußte, so will dies auch heißen, daß sich jeder Latrinenkübel um das zwanzigfache hätte vergrößern müssen! Er tat es jedoch nicht ...

Unsere russischen Federn berichten in großen Zügen, wir haben ein gerüttelt Maß erlebt und fast nichts davon ist beschrieben und benannt, aber ob es für die westlichen Autoren, die da gewohnt sind, die winzigsten Zellen den Seins unter die Lupe zu halten, die gewonnene Apothekerdosis der Mixtur im Strahlenbündel des Projektors zu schütteln — ob es für sie nicht eine Epopöe darstellte und weitere zehn Bände der »Suche nach der verlorenen Zeit« hergäbe: über die Kümmernisse der menschlichen Seele zu erzählen, wenn die Zelle zwanzigfach überfüllt ist und der Pißkübel fehlt und sie einen zum Austreten nur einmal am Tag holen, rund um die Uhr! Natürlich gibt's manchen Sachverhalt, der jenen Autoren nicht vertraut ist: Diese Variante, in die Kapuze der Regenjoppe zu pissen, werden sie niemals erraten und schon gar nicht den Rat des Nachbarn verstehn, in den Stiefel zu pinkeln! Ein guter Rat ist's indes, die Frucht erfahrener Weisheit, der Stiefel nimmt keinen Schaden und wird mitnichten zum Kübel degradiert. Das geht so: man zieht den Stiefel aus, kippt ihn um, stülpt den Schaft nach außen — und fertig ist das rundtraufige, schmerzlich ersehnte Behältnis! Und erst die sonstigen Usancen im selben Gefängnis von Minussinsk ...

Welch eine Fülle von psychologischen Windungen könnten die westlichen Autoren zwecks Bereicherung ihrer Literatur daraus gewinnen, ganz ohne Gefahr zu laufen, ins banale Kopieren der berühmten Meister zu verfallen! Da werden zum Essenfassen Schüsseln ausgeteilt: je eine Schüssel für vier Mann; das Trinkwasser bekommt jeder in den eigenen Becher (davon gibt's genug). Und dann — dann nützte einer von den vieren die Gelegenheit, die gemeinsame Schüssel zum Ablassen des inneren Drucks zu verwenden, gut und schön, aber vor dem Essen weigert er sich auch noch, seinen Wasservorrat fürs Waschen der besagten Schüssel herzugeben. Was für ein Konflikt! Vier Charaktere prallen aufeinander! Was für eine Fülle von Nuancen! (Ich scherze nicht. Auf solche Weise offenbart sich der Bodensatz im Menschen. Bloß daß es der russischen Feder an Zeit fehlt, dies zu beschreiben, und dem russichen Auge an Muße, es zu lesen. Ich scherze nicht, denn nur die Ärzte werden uns sagen, wie einige Monate in solch einem Gefängnis einen Menschen lebenslang zum Krüppel machen, und sei er gar unter Jeschow nicht erschossen und unter Chruschtschow rehabilitiert worden.)

Na, und wir hatten gehofft, im Hafen ein wenig verschnaufen zu können! Während der Tage, da wir mit gekrümmten Gliedern im Stolypin-Kupee eingezwängt lagen — wie sehnten wir uns nach der Peresylka! Ach, was wird das für ein Recken und Strecken! Und wir sahen uns gemächlich zum Abort marschieren! Und nach Herzenslust trinken. Dort wird uns keiner zwingen, die eigene Ration mit den eigenen Sachen von der Wachmannschaft loszukaufen. Dort werden wir auch Warmes zu Mittag bekommen. Und schließlich winkt uns auch die Banja, brauchst dich nur mit etwas heißem Wasser zu übergießen, daß das Jucken und Kratzen aufhört. Im Schwarzen Raben hat's uns noch die Seiten blaugeschlagen, und angeschrien haben sie uns »Arm in Arm marschiert!«, »Hände an die Fersen, marsch, marsch!«, aber wir redeten uns Mut zu: Macht nichts, *nitschewo*, bald sind wir am Ziel! Die Peresylka, da ist sie ja schon . . .

Am Ziel sind wir wohl, doch wenn uns gleich von unseren Wunschträumen was in Erfüllung geht — irgendwie vermiesen sie's einem doch!

Was erwartet uns in der Banja? Das kannst du nie wissen. Plötzlich beginnen sie die Frauen kahlzuscheren (Krasnaja Presnja, November 1950). Oder sie treiben uns, einen Haufen splitternackter Männer, zu lauter Friseurinnen in die Schur. Im Wologodsker Dampfbad brüllt die füllige Tante Motja: »Strammgestanden, Mannsbilder!« und läßt den

Dampf auf die ganze Reihe ab. Die Irkutsker Peresylka aber weiß es besser: Dort halten sie männliches Badepersonal für der Natur gemäßer — und daß den Frauen von Mannsleuten das Desinfektionszeug zwischen die Beine gepinselt wird. Oder in Nowosibirsk, wo im Winter im kalten Waschraum nur kaltes Wasser aus den Hähnen fließt, bis sich die Häftlinge dazu aufrappeln, nach der Obrigkeit zu rufen; ein Hauptmann kommt, läßt sich sogar herbei, die Hand unters Wasser zu halten: »Kalt soll das sein? Für mich ist es heiß — verstanden?!« Leid wird's einem bald zu erzählen, daß es Banjas auch ganz ohne Wasser gibt; daß die Kleider aus der Brenne versengt herauskommen; daß sie einen zwingen, nach der Banja barfuß und nackend durch den Schnee bis zu seinen Sachen zu laufen (Abwehr der 2. Bjelorussischen Front, Brodnizy, 1945).

Und schon nach den ersten Schritten in der Peresylka geht dir auf, daß hier nicht die Wärter, nicht die Uniformröcke und Achselstücke das Regiment führen, die sich ja doch dann und wann in plötzlicher Anwandlung an so was wie geschriebene Gesetze erinnern. Hier gerätst du in die Gewalt der *Pridurki*[64].

Jener finstere Bademeister, der euren Schub holen kommt: »Auf zum Waschen, meine Herren Faschisten!«; und jener Partieführer mit der Holztafel in der Hand, der eure Reihe mit den Augen abstiert, der euch antreibt; und jener glattrasierte, aber langmähnige *Erzieher*, der sich mit einer zusammengerollten Zeitung lässig aufs Knie trommelt, während seine Blicke eure Bündel abwägen; und die vielen euch noch unbekannten Pridurki, die mit Stielaugen wie mit Röntgenstrahlen eure Koffer durchlöchern — wie ähneln sie doch einander! Und wo seid ihr ihnen nicht schon überall begegnet während eurer kurzen Reise ins Lager? Nicht immer so glattgeschleckt, nicht immer so sauber herausgeputzt — sind sie nicht stets die gleichen bulligen Viecher mit den erbarmungslos gefletschten Zähnen?

Potztausend! Es sind ja wieder die Unterweltler! Wieder die von Utjossow besungenen Urkas! Es ist wieder ein Schenka-Schogol, Serjoga das Tier und Dimka der Wanstige, bloß daß sie nicht mehr hinter Gittern sitzen, gewaschen und geschniegelt auf staatsdienlich machen und mit großspurigem Gehabe über die Disziplin — unsere Disziplin — wachen. Wenn man sich diese Visagen genauer besieht, kann man sich mit einiger Phantasie sogar vorstellen, daß sie von unserem russischen Stamm Männer sind, einstige Bauernburschen, deren Väter simpel Klim, Prochor oder Gurij hießen, ja, daß sie sogar die gleichen Merkmale tragen wie wir: zwei Nüstern, zwei Regenbogenhäute in den Augen, eine rosige Zunge zum Verschlingen der Speisen, zum Aussprechen mancher russischer Laute, die sie allerdings zu ganz neuen Worten zusammenfügen.

Jeder Peresylka-Chef kommt früher oder später auf die Finte: alle in der Personalliste vorgesehenen Gehälter den zu Hause sitzenden Verwandten auszuzahlen oder unter den Natschalniks aufzuteilen. Dann braucht er nur noch nach den *sozial-nahen Elementen* zu pfeifen, und die Freiwilligen kommen in Scharen, ganz ohne jede Entlohnung die Arbeit zu leisten, bloß daß man sie im Gefängnis Anker werfen läßt, sie nicht weiterschickt in die Taiga, in die Kohlengruben und Erzminen. All diese Anordner, Schreiber, Buchhalter, Erzieher, Bademeister, Friseure, Magazinverwalter, Köche, Küchengehilfen, Wäscherinnen und Flickschneider sind ewige Insassen der Peresylkas, sie bekommen ihre Ration und haben ihre Zellen; die übrige Kostverbesserung fischen sie sich ganz ohne Natschalniks aus dem gemeinsamen Kessel oder aus dem Reisebündel der durchgeschleusten Häftlinge heraus. Alle diese Pridurki der Durchgangslager sind der berechtigten Überzeugung, daß sie ein besseres Leben in keinem Lager fänden. Wenn sie uns in Empfang nehmen, sind wir noch nicht vollständig ausgeplündert, also springen sie nach Herzenslust mit uns um. Auch filzen dürfen sie uns hier statt der Aufseher und fordern uns noch auf, das Geld zur Aufbewahrung abzugeben, und tragen's gar in eine Liste ein — auf Nimmerwiedersehen verschwindet die Liste mitsamt dem Geld! »Wir haben Geld abgegeben!« — »Wem denn?« wundert sich der hinzutretende Offizier. »Na, da war eben so einer...« — »Genauer, wer?« Die Pridurki haben nichts gesehen ... »Wozu habt ihr es abgeliefert?« — »Wir dachten...« — »Das Pferd denkt! Spart euch lieber das Denken!« Schluß, basta. — Sie fordern uns auf, die Kleider vor dem Waschraum liegen zu lassen: »Wer soll die schon stehlen? Wer braucht das Zeug?« Wir lassen es, könnten ja ohnedies nicht mit dem Bündel hinein. Zurück vom Bad: futsch sind die Pullover, die Pelzfäustlinge. »Wie sah er denn aus, dein Pullover?« — »Na, so hellgrau...« — »Ach der, der ist baden gegangen!« — Sie knöpfen uns auch *ehrlich* die Sachen ab: dafür, daß sie einem den Koffer ins Magazin zur Aufbewahrung nehmen; dafür, daß sie einen in eine Zelle ohne Kriminelle stopfen; dafür, daß der eine rascher weitergeschickt wird; dafür, daß der andere länger dableiben darf. Nur direkt ausplündern tun sie uns nicht.

»Ha, das sind doch gar keine Urkas!« klären uns die Kenner alsbald auf. »Das sind *Sukas*[65], faule Jungen, die sich den Natschalniks verkauft haben. Feinde sind sie der *ehrlichen* Diebe. Und die ehrlichen

Diebe, die sitzen in den Zellen.« Uns will es indes nicht recht in unser Karnickelhirn hinein. Die Gebärden sind dieselben, die Tätowierungen auch. Vielleicht stimmt's, daß sie mit *jenen* spinnefeind sind, aber auch uns sind sie ja nicht freund, da liegt der Haken . . .

Mittlerweilen setzte man uns im Hof grad unter den Fenstern der Zellen nieder. An den Fenstern sind Maulkörbe, da siehst du nicht hinein, aber von dahinter werden uns heiser wohlwollende Ratschläge zugerufen: »Hört zu, Mander! Hier heißt's beim Filzen alles Schüttige abgeben. Wer Tee und Tabak hat, schieß her damit ins Fenster, wir geben's euch später zurück.« Was wissen wir? Sind doch Frajer und Karnickel. Vielleicht nehmen sie einem wirklich Tee und Tabak ab. In der großen Literatur haben wir was von allgemeiner Häftlingssolidarität gelesen. Ein Gefangener darf den Mitgefangenen nicht betrügen! Die Anrede war sympathisch: »Mander!« Und wir *schießen* ihnen die Tabaksbeutel zum Fenster hinauf. Die reinrassigen Diebe fangen sie auf und grölen: »Haha, ihr dummen Faschistenlaffen!«

Und dies die Sprüche, mit denen uns die Peresylka empfängt: »Das Recht suchst du hier vergebens!«, »Deine Habe — wirst du abgeben müssen!« An den Wänden sind die Parolen nicht ausgehängt, aber sie hämmern's dir ein, die Aufseher, die Wachen, die Kriminellen: »Was du hast — alles abgeben!« Auf dir lastet deine Haftzeit, ein wenig zu verschnaufen ist dein Sinnen, dich auszuplündern ihr vereintes Trachten. Alles zielt darauf ab, den Politischen ins Joch zu zwingen, als fühlte er sich nicht ohnehin bedrückt und verlassen. »Was du hast — alles abgeben . . .« Der Aufseher wiegt hoffnungslos den Kopf und Ans Bernstein, im Durchgangslager von Gorki, überläßt ihm erleichtert seinen Offiziersmantel: nicht einfach so, sondern gegen zwei Zwiebeln. Wozu sich über die Kriminellen beschweren, wenn alle Aufseher in der Krasnaja Presnja in monturfremden chromledernen Stiefeln herumstolzieren? Die sind von den Unterweltlern in den Zellen geangelt, danach den Aufsehern verschoben worden. Wozu sich über die Aufseher beschweren, wenn im Lager Kemperpunkt der *Erzieher* der Kulturabteilung ein Krimineller ist, befugt und berufen, den Politischen *Zeugnisse* auszustellen? Willst du, von Kriminellen bedrängt, just im Rostower Durchgangsgefängnis dein Recht suchen? Weißt du nicht, daß es ihr alteingesessener liebteurer Erbhof ist?

Es wird berichtet, daß sich im Jahr 1942 im Durchgangslager von Gorki doch einige Offiziere fanden (Gawrilow, der Militärtechniker Schtschebetin u. a.), die sich zusammentaten, die Diebe verprügelten, ihnen etwas vom Schneid abkauften. Trotzdem mutet es immer wie eine Legende an: Ob das Gesindel nur in *einer* Zelle klein beigab? und wie lange hielt es an? und wie haben's die Blaubelitzten hinnehmen können, daß *fremde* Elemente die *nahen* verprügelten? Wenn aber erzählt wird, daß im Lager von Kotlas 1940 die Kriminellen in der Schlange vor dem Laden den Politischen das Geld aus den Händen rissen und diese plötzlich losdroschen, so daß es kein Halten mehr gab, worauf zum Schutze der Banditen Wachen mit Maschinenpistolen in die Zone einzogen — dann kannst du's glauben, das trifft haargenau!

Die unvernünftigen Anverwandten! Sie reißen sich draußen die Beine aus, sie stürzen sich in Schulden (denn soviel Geld hat niemand im Haus) und schicken dir was zum Anziehn, schicken dir was zum Essen — eine letzte Gabe der Witwe, eine vergiftete Gabe, denn aus einem hungernden, dafür aber freien Sträfling macht sie dich zum rastlosen und feigen Zitterling und beraubt dich jener beginnenden Klärung, jener sich härtenden Festigkeit, die allein dir zunutze sein kann vor dem Abstieg in den Abgrund. Oh, wie weise ist das Gleichnis vom Kamel und dem Nadelöhr! Ins himmlische Reich des befreiten Geistes kommst du mit diesen Sachen nicht hinein. Auch bei den anderen, die im Raben mit dir fuhren, hast du die gleichen Bündel gesehen. »Schuftiges Lumpenpack«, schimpften auch schon im Wagen die Ganoven, doch es waren ihrer nur zwei und der Unsrigen ein halbes Hundert, also ließen sie uns noch in Frieden. Inzwischen aber liegen wir schon zwei Tage lang auf dem Boden des Presnja-*Bahnhofs*, mitten im Schmutz, mit angezogenen Knien, doch keiner von uns hat ein Auge fürs Leben rundherum, jeder nur den einen Gedanken im Kopf: wie den Koffer in die Aufbewahrung schaffen? Obwohl's als unser Recht gilt, geben die Anordner nur nach, weil das Gefängnis in Moskau und unter den Augen der Obrigkeit liegt und wir von unserer Moskauer guten Schale noch nicht alle alles eingebüßt haben.

Endlich die Erleichterung! Die Sachen sind abgegeben (also werden wir sie nicht in diesem Gefängnis loswerden, erst in einem späteren). Nur die Bündel mit den unglückseligen Lebensmitteln baumeln noch an unseren Armen. Von uns *Bibern* sind zu viele zusammengekommen. Drum heißt's: Aufteilen — und ab in die Zellen! Ich werde irgendwo hineingestoßen, mit mir jener Valentin, der mir damals, als wir am selben Tag das OSO-Urteil unterschrieben, voller Rührung vorschlug, im Lager ein neues Leben zu beginnen. Die Zelle ist noch nicht vollgestopft, Platz genug im Durchgang und unter den Pritschen. Nach klassischer Ordnung sind die oberen Pritschen von den Kriminellen belegt: die älteren sitzen am Fenster, die jüngeren weiter weg. Auf den unteren

Pritschen drängt sich die graue neutrale Masse. Niemand fällt über uns her. Unbesehen und unbedacht kriechen wir grünen Neulinge über den Asphaltboden unter die Pritsche: da sieht es ja ganz gemütlich aus. Die Pritschen sind niedrig, um drunterzukommen muß sich ein ausgewachsener Mann bäuchlings vorrobben. Es gelingt. Still woll'n wir hier liegen, uns still unterhalten. Doch nein! Mit stummem Rascheln kommen im niedrigen Halbdunkel wie große Ratten die *Frischlinge* auf uns zugekrochen, rechte Kinder sind's noch, manche erst zwölf, nicht älter, doch mitnichten vom Strafgesetz verschmäht und ordnungsgemäß abgeurteilt, können sie den Rest ihrer Gaunerlehrzeit im Gefängnis hinter sich bringen. Man hat sie auf uns angesetzt! Schweigend pirschen sie sich von allen Seiten an uns heran und zerren und ziehen, ein Dutzend Hände, an unsrem Hab und Gut. Und all dies ohne ein Wort, nur mit bösem Schnaufen! Wir sind in einer Falle, können nicht aufstehen noch uns überhaupt rühren. Keine Minute ist vergangen, da sie uns unser Bündel mit Schmalz, Brot und Zucker entrissen haben, und schon sind sie weg, bloß wir liegen dämlich da. Unseren Proviant haben wir kampflos hergegeben, könnten nun getrost auch liegen bleiben, aber nein, das wär vollends unmöglich. Komisch mit den Beinen strampelnd, kriechen wir, den Hintern voran, unter den Pritschen hervor.

Bin ich ein Feigling? Früher glaubte ich, nein. Ein Bombenangriff in der offenen Steppe konnte mir nichts anhaben. Vor einer mit Panzerminen todsicher verminten Straße machte ich nicht halt. Blieb kaltblütig, als es galt, die Batterie aus der Einkesselung herauszuführen und nochmals zurückzukehren, um den beschädigten Wagen zu holen. Warum packe ich dann nicht eine von diesen Menschenratten: ihm mit der rosigen Schnauze mal über den schwarzen Asphalt fahren! Weil er klein ist? – Schön, nimm dir halt die älteren vor. Nein ... An der Front schöpfen wir die Kraft aus irgendeinem zusätzlichen Bewußtsein (mag sein, aus einem völlig falschen): Ist's das Nebenmanngefühl? die Gewißheit, am rechten Platz zu stehn? seine Pflicht zu erfüllen? Hier aber hast du keinen Auftrag, kein Reglement und mußt dich zu neuen Erkenntnissen durchtasten.

Wieder auf den Beinen, wende ich mich an ihren Ältesten, den *Baldower*. Auf der oberen Pritsche, ganz am Fenster, liegt der geklaute Proviant vor ihm ausgebreitet: Kein Krümelchen haben sich die Rattenfrischlinge ins eigene Maul gesteckt, die nehmen's mit der Disziplin genau. Als die Natur beim Baldower jenen vorderen Teil des Kopfes formte, der bei den Zweibeinern üblicherweise Gesicht genannt wird, muß sie mit Abscheu und Mißgunst bei der Sache gewesen sein, möglicherweise hatte auch das räuberische Leben das seine dazu beigetragen, ihn so zu schaffen: schiefäugig, schlaff, niedrig die Stirn, eine urzeitliche Narbe quer darüber, moderne Stahlkronen auf den Vorderzähnen. Aus zwei Guckern, die gerade groß genug sind, um die altbekannten Gegenstände zu erkennen und sich über die Schönheit der Welt nicht zu wundern, schaut er mich an wie ein Eber den Hirschen, ganz sicher, daß er mich jederzeit zu Boden strecken kann.

Er wartet. Und was ist mit mir? Springe ich hinauf, ihm wenigstens einmal mit der Faust in die Fresse zu fahren und in den Gang zurückzuplumpsen? Weh mir, nein.

Bin ich ein Schuft? Bisher glaubte ich, nein. Doch es behagt mir nicht, beraubt und erniedrigt, wieder bäuchlings unter die Pritsche zu kriechen. Und so wende ich mich voll Empörung an den Baldower: Könnt er uns für'n Proviant nicht zumindest einen Platz auf den Pritschen verschaffen? (Für einen Städter, einen Offizier — ist sie so unnatürlich, die Bitte?)

Und was weiter? Der Baldower ist einverstanden. Wie denn nicht, wenn ich ihm damit das Schmalz ausliefere; und seine Hoheitsgewalt anerkenne; und eine ihm verwandte Gesinnung offenbare — er tobt sich ja auch an den Schwächeren aus. Er weist zwei graue Neutrale an, den Fensterplatz auf der unteren Pritsche für uns zu räumen. Sie gehorchen und trollen sich. Wir breiten uns auf den besten Plätzen aus. Eine Zeitlang trauern wir noch um unsere Verluste (meine Uniformhose läßt die Gauner kalt, es ist nicht ihre Montur, aber Valentins Wollhose findet Gefallen, einer der Diebe befühlt bereits den Stoff). Und erst gegen Abend dringt das vorwurfsvolle Getuschel der Nachbarn an unser Ohr: Wie konntet ihr bei den Kriminellen um Schutz bitten und zwei von den *eigenen* Leuten an eurer Statt unter die Pritsche verbannen? Und erst da durchzuckt mich das Bewußtsein meiner Schuftigkeit, und es treibt mir das Blut ins Gesicht (und wird mich viele Jahre lang erröten lassen, sobald ich daran denke). Die grauen Sträflinge auf den unteren Pritschen — meine Brüder sind sie doch, Kriegsgefangene vom 58,1b. Ist's lange her, daß ich mir schwor, ihr Los auf mich zu nehmen? Und bin dabei, sie unter die Pritschen zu jagen? Freilich, auch sie haben uns vor den Dieben im Stich gelassen — doch warum hätten sie sich um unser Schmalz schlagen sollen, wenn wir es selber nicht taten? Ein gerüttelt Maß an harten Kämpfen haben sie schon in der Kriegsgefangenschaft am Edelmut zweifeln lassen. Trotz allem haben sie mir nichts Böses getan, aber ich ihnen — ja.

So schlagen wir uns, so schlagen wir uns die Rippen und die Goschen

wund, um wenigstens mit den Jahren Menschen zu werden ... Um
Menschen zu werden ...

Doch sogar dem Neuling, den die Peresylka ausnimmt und wundreibt,
ist sie nützlich, und wie! Sie schenkt ihm die Allmählichkeit beim Übergang zum Lager. Keines Menschen Herz würde diesen Übergang mit
einem Schritt ertragen. In diese Drangsal könnte sich sein Bewußtsein
nicht so jäh hineinfinden. Es muß allmählich sein.

Darüber hinaus läßt ihm das Durchgangsgefängnis den Schein einer
Noch-Beziehung zu seinem Zuhause. Hier schreibt er seinen ersten
rechtmäßig ihm zustehenden Brief: manchmal, daß er nicht erschossen
worden ist, manchmal, wohin es weiter mit ihm geht, immer sind es die
ersten ungewöhnlichen Worte heimwärts, immer von einem Menschen
geschrieben, über den der Pflug der Verhöre hinweggegangen ist. Dort,
zu Hause, kennen sie ihn noch als den, der er einstens war, aber nimmermehr sein wird — irgendeine kantige Zeile, und es bricht dieses
Neue wie ein Blitz hervor. Kantig und ungefüge ist sie darum, weil in
der Peresylka trotz der Brieferlaubnis, trotz des Briefkastens, der im
Hof hängt, weder Papier noch Bleistift aufzutreiben sind und um so
weniger etwas zum Bleistiftspitzen. Doch letzten Endes finden sich wohl
ein geglättetes Zigarettenpapier, eine gewesene Zuckertüte und dazu
auch ein Zellengenosse, der trotzdem einen Blei besitzt — und so entsteht jenes unleserliche Gekritzel, an das sich fürderhin Eintracht oder
Zwietracht der Familien knüpfen werden.

Manch unbesonnene Frau macht sich nach solch einem Brief auf die
Reise, um den Mann vor dem Abtransport zu erreichen, aber Besuche
werden niemals erlaubt; bestenfalls gelingt es ihr, ihm die mitgebrach-
ten Sachen aufzubürden. Eine dieser Frauen hat, so will's mir scheinen,
das Modell für ein Denkmal geliefert und sogar den Ort uns gewiesen,
an dem es einstmals stehen sollte, das Denkmal für alle daheimgebliebenen Häftlingsfrauen.

Es war im Kuibyschewer Durchgangslager 1950. Das Lager befand
sich in einer Talsenke (von wo man dennoch die Schiguli-Berge an der
Wolga sehen konnte), gleich dahinter und darüber erhob sich, gegen
Osten das Lager abschirmend, ein hoher und weitläufiger grasbewach-
sener Hügel. Er lag hinter der Zone, höher als die Zone, und wie man
von außen hinkam, war für uns unten nicht einsichtbar. War auch selten jemand darauf zu sehen, manchmal weidende Ziegen, herumtollen-

de Kinder. Bis eines trüben Sommertags eine städtisch gekleidete Frau am Rande des Abhangs erschien. Sie blieb stehen, hob schützend die Hand über die Augen und begann, langsam den Kopf wendend, in unsere Zone hinunterzuspähen. In verschiedenen Höfen wurden eben drei vielköpfige Zellen spazierengeführt – und da wollte sie unter diesen dreihundert gesichtslosen Käfern drunten im Abgrund den einen, den ihren, erkennen! Ob sie hoffte, daß ihr das Herz den rechten zeigen würde? Wahrscheinlich hatten sie ihr keinen Besuch bewilligt, also war sie den Hang hinaufgeklettert. Doch in den Höfen hatte man sie bemerkt, alle schauten zu ihr hinauf. Bei uns unten im Kessel war's windstill, aber oben blies es heftig, wir sahen, wie der Wind an ihrem langen Kleid zerrte, ihr das Haar zauste: Alle Liebe und Sorge, die in ihr waren, brachte der Wind zutage.

Ich glaube, daß das Standbild einer solchen Frau, genau dort, auf dem Steilhang über der Peresylka und genau wie sie dastand, mit dem Gesicht zu den Schiguli-Bergen, geeignet wäre, unseren Enkeln wenigstens ein bißchen was zu erklären*.

Sie wurde, wer weiß, warum, lange nicht fortgejagt, wahrscheinlich waren die Wachen zum Klettern nicht aufgelegt. Später stieg ein Soldat hinauf, schrie sie an, fuchtelte mit den Armen – und sie verschwand.

Und des weiteren wird dem Häftling von der Peresylka – die Weitsicht beschert. Wie's im Sprichwort heißt: »Leer der Magen, doch froh das Gemüt.« In der hiesigen rastlosen Bewegung, im wechselnden Reigen von Dutzenden und Hunderten von Gesichtern, in der Unverhohlenheit des Erzählten und Gesprochenen (im Lager spricht sich's dann anders, dort fürchtet sich jeder vor den Fängen des *Opers*) wird dein Geist immer klarer, immer frischer, wie durchlüftet ist dein Kopf, und bald be-

---

*Denn es wird doch irgendeinmal diese geheime, diese beinahe schon verlorengegangene Geschichte unseres Archipels auch in Mahnmalen sich widerspiegeln! Mir, zum Beispiel, schwebt immer auch noch ein anderes vor: irgendwo an der Kolyma ein riesiger Stalin, so groß, wie er sich selber gern gesehen hätte – mit meterlangem Schnurrbart, mit dem raubtierhaften Grinsen eines *Lagerkommandanten*, so müßte er dastehn, in der einen Hand die Zügel, in der andern die Knute hoch erhoben, gleich saust sie nieder auf die in Fünferreihen eingespannten vielen Hunderte von Menschen. Auch am Rande der Tschukotka, vor der Bering-Straße, würde sich's nicht schlecht ausmachen. (Diese Zeilen waren schon geschrieben, als ich Aldanow-Semjonows »Basrelief am Fels« las. Also ist was dran an dieser Idee! Es heißt, daß auf dem Berg Mogutowo im Schiguli-Gebirge, hoch über der Wolga, kaum einen Kilometer von unserem Lager entfernt, ein ebensolcher riesiger Stalin für die vorbeiziehenden Schiffe mit Ölfarben auf den Fels gemalt war.

ginnst du, was mit dir, mit dem Land, ja, mit der Welt geschieht, um vieles besser zu verstehen. Da findest du plötzlich einen Kauz in der Zelle, der dir Dinge eröffnet, von denen du in keinem Buch jemals was zu lesen bekamst.

Ein Wunderding setzen sie uns eines Tages in die Zelle rein, ein hochgewachsener junger Offizier ist es: römisches Profil, ungeschorenes hellblondes Lockenhaar, englische Uniform — wahrhaftig, als hätten sie von der Normandie einen Offizier der Landetruppen hergezaubert. Sein Auftritt ist beinah majestätisch, geradeso, als erwartete er, daß wir alle aufstehen würden. Wie sich indes herausstellt, hat er einfach nicht damit gerechnet, auf Freunde zu stoßen. Zwei Jahre saß er bereits, doch immer allein, und wurde auch hierher, in die Peresylka, wie geheimnisumwittert in einem Sonderabteil des Stolypin transportiert. Und siehe da, nun ward er, ob aus Versehen, ob mit Absicht, in unsren gemeinsamen Stall reingelassen. Er macht eine Runde, sieht den Wehrmachtsoffizier in der deutschen Uniform, legt sich mit ihm an — auf deutsch, und schon ist ein wilder Streit im Gange. Wenn sie Waffen hätten, würden sie, scheint's, damit aufeinander losgehen. Fünf Jahre sind seit Kriegsende vergangen, seltsam mutet uns ihre gegenseitige Rage an. Solange dieser Deutsche in unserer Mitte lag, sind wir Russen friedlich mit ihm ausgekommen, uns war's eher ein Spaß, ihn zu veralbern.

Es hätte dem Erik Arvid Andersen seine Erzählung auch niemand abgekauft, wenn er nicht die von der Schere verschonte Lockenpracht vorzuweisen gehabt hätte, fürwahr ein Wunder im Inselland GULAG; wenn nicht diese seine fremdartige Haltung, wenn nicht sein freier Umgang mit der deutschen, englischen und schwedischen Sprache gewesen wäre. Wollte man seinen Worten glauben, war er der Sohn eines schwedischen nicht nur Millionärs, sondern Milliardärs (na, ob er nicht eine Spur aufgeschnitten hat?), mütterlicherseits jedoch ein Neffe des englischen Generals Robertson, dem die britische Besatzungszone in Deutschland unterstand. Schwedischer Staatsbürger, diente er während des Krieges freiwillig in der britischen Armee und war tatsächlich in der Normandie gelandet; nach dem Krieg wurde er schwedischer Berufsoffizier. Allein, die sozialen Fragen ließen ihm ebenfalls keine Ruhe, das Verlangen nach Sozialismus überwog die Neigung zu den Reichtümern des Vaters. Mit tiefer Sympathie verfolgte er den Aufbau des sowjetischen Sozialismus, konnte sich sogar, anläßlich der Reise einer schwedischen Militärmission, mit eigenen Augen von dessen Blühen und Gedeihen überzeugen. Da wurden Bankette für die Delegation gegeben, Ausflüge ins Grüne organisiert und mitnichten Kontakte mit einfachen sowjetischen Bürgern unterbunden, mit hübschen Schauspielerinnen, die nicht fürchten mußten, zu spät zur Arbeit zu kommen, und ihm gern halfen, die Zeit zu vertreiben, dieses auch tête-à-tête. Solcherart endgültig vom Triumph unserer Ordnung überzeugt, trat Erik nach seiner Rückkehr mit rühmenden, allen Verleumdungen wehrenden Artikeln über den sowjetischen Sozialismus in der westlichen Presse auf. Damit aber hatte er übertrieben und sich sein eigenes Grab geschaufelt. In eben jenen Jahren, 1947/48, wurden aus allen Ecken und Enden fortschrittliche westliche junge Leute hervorgezogen, die bereit waren, sich öffentlich vom Westen loszusagen (und es schien, daß es nur mehr einiger weniger Dutzend bedurfte, um den Westen aus den Fugen geraten zu lassen). Derweilen er aber in Westberlin Dienst tat, seine Frau hingegen in Schweden zurückgelassen hatte, pflegte Erik aus verzeihlicher männlicher Schwäche den regelmäßigen Kontakt zu einer jungen und ledigen Ostberliner Maid. Dort schnappten sie ihn denn auch eines Nachts (und das paßt wiederum genau ins Sprichwort: »Ist mal einer zur Gevatterin gegangen, war am End im Turm gefangen.« Das muß wohl von alters her so gewesen sein, da war er nicht der erste). Man brachte ihn nach Moskau, wo ihm nun Gromyko, der einst im Hause seines Vaters diniert und dortselbst den Sohn kennengelernt hatte, im Zeichen einer höflich erwiderten Gastfreundschaft das Angebot machte, den ganzen Kapitalismus nebst Vater öffentlich zu verfluchen, wofür dem jungen Mann als Gegenleistung ein kompletter kapitalistischer Lebensunterhalt bei uns in Aussicht gestellt wurde. Doch zu Gromykos größtem Erstaunen schlug Erik, obwohl er durch die Aktion keinen materiellen Schaden erlitten hätte, das Angebot empört und mit beleidigenden Woten aus. Da sie seiner Standhaftigkeit keinen Glauben schenkten, sperrten sie ihn in eine Datscha bei Moskau, fütterten ihn wie einen Prinzen im Märchen (bisweilen gab es arge »Repressionen«: Dann durfte er sich das Menü nicht selber auswählen, mußte statt des Hähnchens mit einem Entrecôte vorliebnehmen), bearbeiteten ihn mit Werken von Marx-Engels-Lenin-Stalin und warteten ein Jahr lang auf das positive Ergebnis der Umerziehung. Erstaunlicherweise blieb auch dieses aus. Also gaben sie ihm einen Wohngenossen, einen Generalleutnant, der bereits zwei Jahre in einem Norilsker Lager auf dem Buckel hatte. Sie meinten wohl, den jungen Mann durch des Generalleutnants Schreckensberichte kleinzukriegen, doch weh, die Rechnung ging nicht auf, sei's, daß der General den Auftrag schlecht erfüllte, sei's, daß er ihn nicht erfüllen wollte. In den zehn Monaten gemeinsamen Sitzens brachte er es lediglich zuwege, Erik einige Brocken Russisch beizubringen und den in ihm erwachenden Abscheu gegen die Blaubelitzten zu festigen. Im Sommer 1950 wurde Erik nochmals zu Wyschinski geholt und lehnte nochmals ab (ganz wider alle Regeln das Sein mit dem Bewußtsein übertrumpfend!). Worauf ihm von Abakumow persönlich das Urteil verlesen wurde: zwanzig Jahre Gefängnishaft (wofür?). Längst reute es sie selber, sich mit diesem Flegel angelegt zu haben, aber was tun? doch nicht in den Westen ihn laufen lassen? Und so kam es, daß er im eigenen Abteil auf die Reise gebracht wurde, durch die Wand die Erzählung des Moskauer Mädchens zu hören und am Morgen durchs Fenster das morschlattige, strohüberdeckte Rjasaner Rußland zu sehen bekam.

Diese zwei Jahre hatten ihn in der Treue zum Westen entschieden bestärkt. Er glaubte blind an ihn, wollte seine Schwächen nicht einsehen, hielt die westlichen Armeen für unbezwingbar, seine Politiker für unfehlbar. Er glaubte uns nicht, wenn wir ihm berichteten, daß sich Stalin vor einigen Monaten zur Blockade von Berlin entschlossen und daß der Westen ihn hatte gewähren lassen. Eriks cremebleiches Gesicht flammte vor Zorn, wenn wir uns über Churchill und Roosevelt lustig machten. Um so weniger zweifelte er daran, daß der Westen seine, Eriks, Gefangennahme nicht dulden würde; es brauchte bloß eine kurze Zeit, bis die Geheimdienstagenten aus der Kuibyschewer Peresylka erfuhren, daß er nicht in der Spree ertrunken war, sondern in der Sowjetunion festsaß, aber dann, dann würden sie ihn loskaufen oder austauschen. (In diesem Glauben an die Besonderheit des eigenen Schicksals gegenüber jenem der übrigen Häftlinge glich er unseren wohlgesinnten Orthodoxen.) Trotz unserer stürmischen Wortgefechte lud er meinen Freund und mich ein, ihn bei Gelegenheit in Stockholm zu besuchen (»da kennt uns jeder«, sagte er dann mit einem traurigen Lächeln, »mein Vater hält bald den ganzen Hof des schwedischen Königs aus«). Mittlerweile aber hatte der Sohn des Milliardärs nichts, um sich abzutrocknen, und ich schenkte ihm von mir ein zerschlissenes Handtuch. Kurz darauf wurde er zur Weiterverfrachtung abgeholt*.

---

*Seither fragte ich alle zufälligen schwedischen oder nach Schweden fahrenden Bekannten, ob sie nicht wüßten, wo ich diese Familie finden könnte? Ob sie je etwas vom Fall des verschwundenen Andersen gehört hatten. Als Antwort gab es nur ein bedauerndes Lächeln: Ein Andersen ist in Schweden so was wie ein Iwanow in Rußland, und einen Milliardär solchen Namens gäbe es nicht. Und erst jetzt, 22 Jahre danach, als ich dieses Buch zum letzten Mal durchlas, kam mir plötzlich die Erleuchtung: Natürlich! Seinen richtigen Namen zu nennen, müssen sie ihm doch *verboten* haben! Natürlich hatte ihn Abakumow gewarnt, daß er widrigenfalls *vernichtet* würde! So wanderte er denn als schwedischer Iwanow durch die Peresyl·

Das große Umschichten geht unterdessen unermüdlich weiter. Neue herein, Alte hinaus, einzeln und paketweise — irgendwohin zum Transport. Nach außen hin so sachlich, so planbeflissen und durchdacht erscheint die Bewegung, daß man nicht glauben möchte, wieviel Unsinn darin steckt.

Im Jahr 1949 werden die Sonderlager geschaffen, darum treibt irgendwessen obrigkeitlicher Eifer die Massen der Frauen aus den Lagern des europäischen Nordens und von hinter der Wolga durch die Swerdlowsker Peresylka nach Sibirien, nach Taischet und ins Oserlag. Doch schon 1950 kommt es jemandem da oben in den Sinn, daß es bequemer wäre, die Frauen nicht im Oserlag, sondern im Dubrowlag in Temniki, Mordowien, zusammenzufassen. Und so müssen dieselben Frauen, alle Bequemlichkeiten einer gulagischen Reise genießend, über dieselbe Swerdlowsker Peresylka nunmehr gen Westen ziehen. 1951 werden neue Sonderlager im Kemerower Gebiet gegründet (Kamyschlag) — und sieh, gerade dort ist an Frauenarbeit größter Bedarf! Und die unglückseligen Frauen werden über immer dieselbe verfluchte Swerdlowsker Peresylka diesmal in Richtung Kemerower Lager in Trab gebracht. Dann brechen die Zeiten der Entlassungen an — doch mitnichten für alle! Und wer von den Frauen auch später, unter Chruschtschows allgemeinem Drucknachlaß, zurückblieb, um die Strafe bis zum Ende abzubrummen, der wird aus Sibirien wieder über die Swerdlowsker Peresylka nach Mordowien gepumpt. Sicherer scheint es ihnen, alle auf einem Fleck zusammenzuziehen.

Na, schließlich wirtschaften wir ja im eigenen Land, brauchen keine fremden Inseln zu pachten und lassen uns von den Entfernungen — an russische Weiten gewohnt — nicht schrecken.

Ähnliches widerfuhr auch manchem armen Teufel von gewöhnlichem Häftling. Als *ehrlicher Arbeitsmann*, wie's so schön heißt, diente Schendrik, ein lustiger, kräftiger Bursche mit einem unauffälligen Gesicht, nichts Böses ahnend, seine Haftzeit in einem Kuibyschewer Lager ab. Doch das Unheil, es nahte schon. Eine dringliche Verordnung traf im Lager ein, nicht irgendwessen Verordnung, sondern vom Innenmini-

kas. Und hatte nur dank der unverbotenen Nebensachen seiner Biographie eine Spur von seinem zertretenen Leben im Gedächtnis zufälliger Gesprächspartner hinterlassen. Genaugenommen hatte er ja noch nicht aufgegeben, auf die Rettung zu hoffen — wie jeder Mensch, wie die Millionen von Karnickeln in diesem Buch: Eine Weile muß ich überdauern, dann holt mich der Westen heraus. Er begriff die Festigkeit des Ostens nicht. Begriff auch nicht, daß *solch* ein Zeuge mit *solch* einer im schwabbeligen Westen nie vermuteten Standhaftigkeit niemals freigelassen würde. Jedoch, wer weiß, vielleicht lebt er auch heute noch. (Anmerkung von 1972)

ster persönlich eine (wieso war Schendriks Existenz dem Minister zu Ohren gekommen?): es sei Schendrik unverzüglich nach Moskau, ins Gefängnis Nr. 18 zu überstellen. Sie angelten sich ihn heraus, schleppten ihn in die Kuibyschewer Peresylka und von dort ohne Aufenthalt nach Moskau, jedoch nicht wie vorgeschrieben in die Nummer 18, sondern mit allen anderen gemeinsam auf die allseits bekannte Krasnaja Presnja. (Schendrik selber hatte von einer Nummer 18 nicht einmal was gehört, wie sollte er? — als ob sie verlautbaren, wohin's mit einem geht). Sein Unheil aber schlummerte nicht. Keine zwei Tage waren vergangen, da steckten sie ihn wieder in einen Transport, diesmal ging es an die Petschora. Immer dürftiger und düsterer wurde die Natur hinter dem Fenster. Der Junge kriegte es mit der Angst: Über die Verordnung des Ministers wußte er Bescheid, was konnte demnach der rasche Transport in den Norden anderes bedeuten, als daß der Minister bedrohliches *Material* gegen Schendrik bereithielt. Aller Mühsal der Reise nicht genug, wurde Schendrik unterwegs auch noch die Dreitagesration Brot gestohlen. Als er an der Petschora ankam, konnte er sich kaum auf den Beinen halten. Der Empfang war unwirtlich: Hungrig und noch unversorgt, wurde er im nassen Schneetreiben zur Arbeit gejagt. Noch hatte er in den zwei Tagen sein Hemd keinmal trocken bekommen, als es mit ihm auch schon wieder weiterging: nach Workuta. Alles deutete darauf hin, daß sich der Minister in den Kopf gesetzt hatte, Schendrik das Licht auszublasen, freilich, nicht ihm allein — wohl der ganzen Partie. In Workuta wurde Schendrik einen Monat lang ungeschoren gelassen. Er mußte wie die anderen schwer roboten, wo er sich von der Fahrt doch noch gar nicht erholt hatte, aber was nützt das Hadern: Allmählich fand er sich in sein Polarschicksal drein. Da holten sie ihn plötzlich hellichten Tags aus dem Schacht, trieben ihn atemlos ins Lager, das Anstaltszeug abzuliefern, und eine Stunde später rollte er bereits gegen Süden. Wenn das nicht nach persönlichem Racheakt aussah! Er landete in Moskau, im Gefängnis Nr. 18. Blieb einen Monat in der Zelle. Wurde dann vor einen Obersten geladen, der fuhr ihn an: »Na, wo stecken Sie denn die ganze Zeit? Stimmt's, daß Sie Maschinenbautechniker sind?« Schendrik gestand es. Und kam geradewegs auf die — Paradiesinseln! (Ja, auch solche gibt es im Archipel!)

Dieses Bilderbuch von Menschen, ihren Schicksalen, ihren Erzählungen verschönert einem die Zeit im Durchgangslager sehr. Das trichtern einem auch die alten Lagerhasen ein: Lieg still und gib Ruh! Zum Essen kriegst du deine Garantienorm*, dafür brauchst du dich eben auch nicht

---

* Die Ration, die der GULAG bei fehlendem Arbeitseinsatz garantiert.

schinden zu lassen. Und kannst dich ausschlafen, wenn's nicht zu gedrängt ist. Streck dich aus und lieg von einer Fütterung bis zur nächsten. Dem Magen ein Knurren, den Gliedern ein wohlig Schnurren. Nur wer im Lager von den *allgemeinen Arbeiten* gekostet hat, weiß die Peresylka als Erholung, als Segen auf unserem Weg zu schätzen. Und merke den weiteren Vorteil: Wenn du tagsüber schläfst, läuft die Haftzeit rascher ab. Den Tag gilt's hinter sich zu bringen, von der Nacht siehst du ohnehin nichts.

Freilich bringen es die Herren der Durchgangsgefängnisse allemal zuwege, auch diese ihre kümmerlichen Durchgangsarbeitskräfte in die Fron zu nehmen, sei's um Gefängnisdienste zu verrichten, sei's um durch Drittaufträge die Gefängnisfinanzen zu verbessern, denn das eine wissen sie genau: Daß der Mensch durch die Arbeit erschaffen ward und der Verbrecher nur durch Arbeit zu bessern ist.

In derselben Peresylka von Kotlas, vor dem Krieg, war diese Arbeit um nichts leichter als die *Allgemeinen* im Lager. An einem Wintertag mußten sich sechs oder sieben erschöpfte Häftlinge vor einen Traktorschlitten (!) spannen und diesen zwölf Kilometer über die Dwina bis zur Mündung der Wytschegda ziehen. Sie versanken im Schnee, brachen zusammen, der Schlitten blieb stecken. Eine größere Schinderei konnt man sich, scheint's, gar nicht ausdenken! Und doch war's noch nicht die Arbeit, erst das Aufwärmen dazu. Dort an der Wytschegda-Mündung mußten *zehn* Festmeter Holz geladen werden — um mit demselben Gespann, um mit keinem Mann mehr (ein Repin müßte her, für die neueren Künstler ist es kein verlockendes Sujet mehr — ach, grobe Wiedergabe der Natur), den Schlitten in die heimatliche Peresylka zurückziehen! Was schreckt dich also dein Lager! Da beißt du noch *vor* dem Lager in den Schnee. (Als Brigadier betätigte sich dabei ein Kolupajew, als Zugpferde der Elektroingenieur Dmitrijew, der Verwaltungsoberstleutnant Beljajew, der uns bereits bekannte Wassilij Wlassow, na und die übrigen, wer soll sie heute zusammensuchen?)

Das Durchgangsgefängnis von Arsamas fütterte seine Häftlinge während des Krieges mit Rübenkraut, dafür aber war die Arbeit auf eine solide und dauerhafte Basis gestellt. Es unterhielt Schneidereien und eine Stiefelwalkerei (im heißen mit Säure vermischten Wasser den Schaftfilz walken).

Aus den dumpfstickigen Zellen der Krasnaja Presnja im Sommer 1945 meldeten wir uns freiwillig zur Arbeit: um einen ganzen Tag lang frische Luft atmen zu können; um ungestört und ungehetzt im stillen Lattenhäuschen des Aborts sitzen zu dürfen (ein oft mißachtetes Mittel des Ansporns ist dies!), wohlig angewärmt von der Augustsonne (es waren die Tage von Potsdam und Hiroshima), friedlich umsummt von einer einsamen Biene; schließlich — um am Abend hundert Gramm Brot dazugeschlagen zu bekommen. Dies alles war uns die Arbeit entschieden wert. Unser Arbeitsplatz war ein Ladekai am Moskwa-Fluß, wo Holz gelöscht wurde. Wir mußten die Holzstämme von einem Stapel herunterrollen, zu anderen Stapeln schleppen und wieder hinaufrollen. Der Kraftaufwand war um vieles größer als der erhaltene Lohn. Und doch gingen wir gern hin.

Oft geschieht es mir, daß ich bei einer Jugenderinnerung erröten muß (und wo war sie denn verbracht, meine Jugendzeit, wenn nicht dort). Doch wo uns was betrübt, setzt es uns auch den Kopf zurecht. Meine Offiziersachselklappen, so zeigte es sich nun, hatten sich bloß knappe zwei Jahre auf meinen Schultern zu rekeln und zu wiegen brauchen — und schon war eine gute Prise goldenen Giftstaubs im Hohlraum zwischen den Rippen aufgeschüttet. Auf jenem Ladeplatz, einem Auch-Lager, einer Auch-Zone mit Wachtürmen rundherum, waren wir zugelaufene, zeitweilige Arbeitsleute, da gab's keinen Schimmer von Hoffnung, daß sie uns dort lassen würden für die ganze *Frist*. Doch als sie uns zum erstenmal aufmarschieren ließen, als der Partieführer die Reihe entlangging, mit den Augen nach provisorischen Brigadeführern suchend, da wollte mein nichtiges Herz aus der Uniformbluse ihm schier entgegenhüpfen: mich? mich! nimm mich!

Ich wurde nicht genommen. Wozu wünschte ich es mir auch? Ich hätte nur weitere schändliche Fehler begangen.

Oh, wie schwer es doch ist, hinter der Macht zurückzubleiben! ... Das will verstanden sein.

Es gab eine Zeit, da die Krasnaja Presnja beinahe so was wie die Hauptstadt des GULAG war — in dem Sinne, daß man sie, wie Moskau, nicht umgehen konnte, wohin immer man auch fuhr. Wie's sonst im Lande am bequemsten ist, aus Taschkent nach Sotschi, aus Tschernigow nach Minsk über Moskau zu reisen, so wurden auch die Häftlinge von überallher und nach überallhin über die Presnja verschoben. Und zu eben dieser Zeit trug's auch mich dorthin. Die Presnja stöhnte unter unserer Überlast. Ein zusätzlicher Block war im Bau. Nur die durchgehenden Viehfrachtzüge mit den von den Armeeabwehrdiensten Verurteilten machten via Ringbahn einen Bogen um Moskau, fuhren, auch sie, dicht an der Presnja vorbei, vielleicht daß die Lokomotiven mit Pfiffen herübergrüßten.

Doch wenn wir zum Umsteigen nach Moskau kommen, haben wir immerhin einen Fahrschein in der Tasche und rechnen damit, früher oder später unsere Reise in der gewünschten Richtung fortzusetzen. Nicht so auf der Presnja im letzten Kriegsjahr und danach, wo nicht bloß die Neuankömmlinge, sondern auch die Obersten, ja, sogar die Häupter des GULAG nicht voraussagen konnten, mit wem es nun wohin zu gehen hatte. Eine verbindliche Verfrachtungsordnung hatte sich, wie später in den fünfziger Jahren, noch nicht herauskristallisiert, Marschroute und Reiseziel waren keinem beigegeben, da stand bestenfalls ein dienstlicher Vermerk in den Papieren: »Streng zu bewachen!«, »Nur bei allgemeinen Arbeiten einzusetzen!« Die Packen mit den Gefängnisakten, mit jenen halbzerrissenen, durch fusseligen Bindfaden oder papierenen Ersatz zusammengehaltenen Mappen, wurden vom Sergeanten der Wachmannschaft in das abseits stehende Holzgebäude der Gefängnisverwaltung gebracht, dort aufs erstbeste Regal, auf oder unter den erstbesten Tisch, unter einen Sessel oder einfach in den Durchgang auf den Boden geschleudert (wie ihre in den Zellen geschichteten Prototypen), der Bindfaden ging auf, der Inhalt fiel heraus, das Zeug kam durcheinander. Ein Zimmer ums andere wurde mit diesen vermanschten *Akten* vollgestopft. Die Sekretärinnen des Gefängnisbüros, ausgefressene faule freie Frauen in buntscheckigen Kleidern, schwitzten vor Hitze, fächerten sich Luft zu und flirteten mit den Verwaltungs- und Wachoffizieren. Keine hatte Lust, auch nicht die Kraft, in diesem Chaos zu kramen. Aber die Züge, die mußten doch abgefertigt werden — wöchentlich mehrere rote Züge! Und tagtäglich waren hunderte Menschen per Auto in die näher gelegenen Lager zu verfrachten. Und jeder *Sek* unbedingt mit seinem Akt zu versehen. Wer hätte sich damit abplacken, wer die Akten sortieren und die Transporte zusammenstellen mögen?

Diese Arbeit war einigen Anordnern überantwortet, allenfalls *faulen Jungen* oder *Halbbunten** aus der Zahl der ortsansässigen Pridurki. Sie promenierten frei durch die Gänge, pendelten zwischen Verwaltung und Zelle, an ihnen lag es, deine Aktenmappe in einen *schlechten* Schub zu tun oder lange sich zu bücken, zu suchen und sie unter einen *guten* zu mischen. (In der Annahme, daß es todschlimme Lager gab, gingen die

---

* *Halbbunt* wird einer genannt, der seiner Mentalität nach der Unterwelt zugehört, sich ihr anzupassen versucht, aber noch nicht ins *Gesetz* der Unterwelt eingetreten ist bzw. noch nicht darin aufgenommen wurde.

Neulinge nicht fehl, ein Irrtum war bloß der Glauben an mögliche »gute«. Kein Lager war »gut«, nur das Los, das einem im Lager zufiel, konnte besser oder schlechter sein, und dies entschied sich erst an Ort und Stelle.) Daß deine Zukunft mit Haut und Haaren von einem ebensolchen Häftling wie du abhing, den man irgendwie zu einer *Absprache* abfangen mußte (beispielsweise durch den Bademeister), dem man vielleicht die *Pfote reichen* sollte (beispielsweise durch den Magazinverwalter), das war schlimmer, als wenn über euer Schicksal blind gewürfelt worden wäre. Diese unsichtbare, leicht zu versäumende Möglichkeit, für eine Lederjacke nach Naltschik statt nach Norilsk zu fahren, für ein Kilo Schmalz an der Moskwa zu bleiben, statt nach Taischet zu müssen (vielleicht auch um nichts und wieder nichts die Lederjacke samt dem Schmalz zu verlieren), war ein bitterer Stachel in unseren müden Herzen. Mag sein, es hat's irgendwer tatsächlich zuwege gebracht, mag sein, irgendwer hat sich's auch einrichten können, seliger waren jedoch jene, die nichts zum Hergeben hatten oder sich sonstwie dieser Verstrickung entzogen.

Nur wer sich demütig in sein Schicksal fügt, auf die willentliche Gestaltung seines Lebens ganz und gar verzichtet, sich der Erkenntnis beugt, daß es unmöglich ist, im voraus das Bessere oder Schlechtere zu finden, aber um so leichter, einen Schritt zu tun, der einen dereinst reuen wird, nur solch ein Häftling wird sich von einem Teil seiner Kettenlast befreien, Ruhe und sogar Gelassenheit gewinnen.

So lagen denn in den Zellen die zusammengepferchten Häftlinge und in den Zimmern der Gefängnisverwaltung die undurchdringlichen Papierstöße ihrer Geschicke; die Anordner aber holten sich die Mappen von jenem Ende, welches am zugänglichsten war. Und es widerfuhr den einen *Seki*, daß sie zwei und drei Monate auf dieser verfluchten Presnja verkümmern mußten, und den anderen, daß sie sie mit kosmischer Geschwindigkeit passierten. Wegen dieser Gedrängtheit und Hastigkeit, wegen des großen Durcheinanders in der Verwaltung kam es auf der Presnja mitunter (wie desgleichen in anderen Durchgangsstellen auch) zum *Fristenabtausch*. Die Achtundfünfziger waren davor gefeit, denn ihre Haftzeiten waren, um mit Gorki zu sprechen, groß geschriebene *Fristen*, nach einem Großen Vorwurf geplant, und wenn's gar schien, daß sie zu Ende gingen, war doch nichts von Ende zu sehn. Hingegen war es für schwere Diebe und Mörder durchaus von Vorteil, mit irgendeinem Gimpel von *Bytowik* zu tauschen. Also machten sie sich an den Auserwählten heran, ob selbst, ob durch einen Gefolgsmann, egal. Das Opfer wußte freilich nicht, daß ein Kurzzeitbestrafter in der Peresylka besser den Mund hielt, und erzählte ihnen offenherzig — sie fragten ja auch so teilnahmsvoll —, daß er, sagen wir, Wassilij Parfjonytsch Jewraschkin hieß, vom Jahrgang 1913 war, in Semidubje geboren, dortselbst auch gelebt und nach § 109 wegen Fahrlässigkeit ein Jahr Haft abzusitzen hatte. Danach legte sich jener Jewraschkin schlafen, mag sein auch, daß er wach blieb, bloß daß in der Zelle das eigene Wort nicht zu hören war und sich alles um den aufgeklappten Futtertrog drängte, wie sollte er sich da zur Tür durchzwängen und die dahinter eilig heruntergeleierten Namen für den nächsten Transport aufschnappen. Irgendwelche Namen wurden später noch von der Tür in die Zelle hineingeschrien, aber Jewraschkin war nicht darunter, denn da hatte ja, kaum daß er draußen im Gang genannt worden war, ein *Urka* seine Visage hinausgestreckt und unterwürfig (darauf verstehn sie sich, wenn's not tut) zurückgezischelt: »Wassilij Parfjonytsch, geboren 1913 in Semidubje, § 109, ein Jahr« — hurtig, flink, schon lief er, seine Sachen zu holen. Der echte Jewraschkin gähnte, legte sich auf die Pritsche und wartete geduldig, daß sie ihn morgen holen würden, und in einer Woche, und in einem Monat, erst dann wagte er es, den Blockkommandanten zu belästigen: warum man ihn nicht abtransportiere? (Unterdessen schreien sie sich nach irgendeinem Swjaga tagtäglich in allen Zellen die Kehle aus). Und wenn sie sich dann nach noch einem Monat oder einem halben Jahr herbeilassen, alle Fälle durchzuappellieren, dann bleibt als einziger Fall die Akte des Rückfallverbrechers Swjaga übrig: Doppelmord und Geschäftseinbruch, zehn Jahre — und ein einzelner schüchterner *Sek*, der sich für Jewraschkin ausgibt (und auf dem Foto ist nichts zu erkennen), in Wirklichkeit aber Swjaga ist und in das Straflager Iwdellag gehört — also fort mit ihm, sonst müßte man zugeben, daß sich die Peresylka geirrt hat. (Jener »Jewraschkin« aber, den sie abtransportiert haben, ist glatt nicht mehr zu finden, die Listen gingen mit. Mit seinem einen Strafjahr ist er überdies irgendwo in der Landwirtschaft gelandet, da geht er unbewacht zur Arbeit, bekommt drei Tage für einen angerechnet, und ob er nicht schon längst das Weite gesucht hat, zu Hause sitzt oder eher noch im Gefängnis mit einer neuen Frist?) — Auch solche Käuze gab es, die ihre kurzen Strafen für ein bis zwei Kilo Schmalz verkauften. Die Rechnung war, daß man später draufkommen und ihre Identität bestätigen würde. Manchmal ging sie auch auf*.

Zur damaligen Zeit, als die Häftlingsakten den Bestimmungsort nicht

---

*Der Verkauf von Fristen war übrigens, wie P. Jakubowitsch berichtet, schon im vorigen Jahrhundert im Schwang; es ist ein alter Knasttrick.

vermerkten, verwandelten sich die Durchgangsgefängnisse in Sklaven-
märkte. *Käufer* waren willkommene Gäste der Peresylkas, immer häufiger und allen Ernstes bekam man das Wort in den Gängen und Zellen
zu hören. Nicht anders als sonst überall in der Industrie, wo sich nicht
mehr ruhig abwarten ließ, was sie einem aus dem Zentrum an Zuwendungen lieferten, wo man schon selbst Aufreißer und Eintreiber aus-
schicken mußte, war es auch im GULAG: Die Ureinwohner der Inseln
starben aus; keinen Rubel zwar wert, tauchten sie dennoch in der Bilanz auf, darum hieß es, sich selbst um Nachschub zu kümmern, damit
der Plan nicht flöten ging. Einen findigen Verstand mußte so ein *Käufer*
haben, auch einen guten Blick für das, was es zu holen gab, damit man
ihm nicht Verkümmerer und Invaliden unterschob. Schlechte Käufer
waren, wer sich eine Partie nach den Mappen zusammenstellte; die gewissenhaften Kaufleute, die ließen sich die *Ware* in natura und nackend
vorführen. So nannten sie es auch, ohne zu lächeln: die *Ware*. »Na, zeigen Sie mal her, Ihre Ware!« sprach der Käufer im Bahnhof der Butyrka, nachdem er die siebzehnjährige Ira Kalina erblickt hatte; es folgte
die eingehende Musterung.

Wenn sich die menschliche Natur überhaupt ändert, dann doch auch
nicht um vieles schneller als das geologische Antlitz der Erde. Und was
die Sklavenhändler vor fünfundzwanzig Jahrhunderten bei der Auswahl einer weiblichen Ware an Neugierde, Genüßlichkeit und Kauflust
empfanden, das war natürlich auch den GULAG-Beamten nicht fremd,
als sich im Gefängnis von Usman, im Jahr 1947, zwei Dutzend Männer
in den Uniformen des MWD um einige mit weißen Bettüchern gedeckte Tische placierten (die Leintücher waren der Bedeutsamkeit halber
herbemüht worden, ganz ohne schien es doch irgendwie unpassend),
während die gefangenen Frauen, nachdem sie sich in der Nachbarbox
ausgezogen hatten, nackt und bloßfüßig an ihnen vorbeigehen, sich drehen, stehenbleiben, Fragen beantworten mußten. »Hände runter!« wurden jene angewiesen, die in die schützende Pose antiker Statuen flüchte-
ten. (Die Offiziere nahmen's halt ernst mit der Auswahl der Konkubi-
nen für sich und ihre Umgebung.)

So kommt es, daß der bleischwere Schatten des morgigen Lagerkampfes
dem Neuling die geistigen Freuden des Durchgangsgefängnisses in vielerlei Richtungen verdeckt.

Für zwei Nächte wurde ein *Sonderbeorderter* in unsere Zelle ge-
schubst, und er streckte sich neben mir hin. Die Sonderorder bedeutete
soviel, daß in der Zentralverwaltung ein Begleitschein für ihn ausgestellt

worden war; er sei Bautechniker, hieß es darin, und an jedem neuen Ort nur als solcher zu verwenden; der Schein wanderte nun mit ihm von Lager zu Lager, und obwohl ein Sonderbeorderter im gleichen Stolypin fährt, in der gleichen Gemeinschaftszelle sitzt, braucht sein Herz nicht zu bangen: Der Begleitschein ist sein Schutzbrief, zum Holzfällen werden sie ihn nicht holen.

Ein harter und entschlossener Ausdruck lag auf dem Gesicht dieses Lagersträflings, der den größeren Teil seiner Zeit bereits abgesessen hatte; es war sein hervorstechendstes Merkmal. (Noch wußte ich nicht, daß haargenau der gleiche Ausdruck mit der Zeit unser aller Gesichter prägen wird, denn der harte und entschlossene Ausdruck ist das nationale Kennzeichen der Inselbewohner des GULAG. Individuen mit einem weichen, nachgiebigen Ausdruck sterben auf den Inseln rasch weg.) Grinsend beäugte er unsere ersten Strampelversuche; einen Wurf junger Hunde schaut man sich nicht anders an.

Was erwartete uns im Lager? Mitleidig belehrte er uns:

»Vom ersten Schritt an wird euch jeder im Lager betrügen und bestehlen wollen. Glaubt niemandem, außer euch selber! Seid umsichtig, immer auf der Hut, ob nicht einer sich heranpirscht, euch zu beißen. Vor acht Jahren bin ich als gleicher Naivling ins Kargopollag gekommen. Man lud uns aus dem Zug, die Wachen machten sich fertig, uns abzuführen. Zehn Kilometer waren es bis zum Lager, im tiefen, pappigen Schnee. Drei Schlitten kamen herangefahren. Ein baumlanger Kerl verlautbart: »Kumpel, legt die Sachen drauf! Wir nehmen sie euch mit!« Die Wachen schweigen. Uns blitzt eine Erinnerung auf: Hat es nicht in den Büchern immer geheißen, die Sachen der Häftlinge würden mit Schlitten transportiert? Na, überlegen wir, 's ist doch nicht so unmenschlich im Lager, seht, wie sie sich um uns sorgen. Wir tragen die Sachen hin. Der Schlitten fährt ab. Basta. Wir haben das Zeug nie wiedergesehen. Nicht einmal mehr die leere Verpackung.«

»Wie kann das denn sein? Gibt's denn dort kein Gesetz?«

»Stellt keine blöden Fragen. Ein Gesetz gibt es wohl. Das Gesetz ist die Taiga. Aber *Recht* und *Richtigkeit* hat es im GULAG nie gegeben, und dabei wird es dort auch bleiben. Dieses Beispiel von Kargopollag ist einfach ein Symbol des GULAG. Und außerdem gewöhnt euch dran: Im Lager macht euch keiner was umsonst und keiner was aus gutem Herzen. Für alles und jedes muß man bezahlen. Wenn euch uneigennützig was angeboten wird, dann wisset, daß es eine Falle, eine Provokation ist. Und die Hauptsache: Hütet euch vor den *allgemeinen* Arbeiten! Schaut zu, daß ihr sie vom ersten Tag an vermeidet! Wer am ersten

Tag zu den *Allgemeinen* kommt, der ist verloren, diesmal für immer.«
»Die *allgemeinen* Arbeiten? . . .«

»Das sind die hauptsächlichen Arbeiten, die im betreffenden Lager abgeleistet werden, das sind die Arbeiten, auf denen dieses Lager beruht. Achtzig Prozent der Häftlinge sind dabei eingesetzt. Und alle krepieren. Alle. Und für den Nachschub heißt es wieder – zu den *Allgemeinen*. Dort werdet ihr eure letzten Kräfte lassen. Und werdet immer hungrig sein. Und immer naß bis auf die Haut. Und ohne Schuhwerk. Und um die Ration betrogen. Und um den Rock geprellt. Und in den schlechtesten Baracken untergebracht. Und wenn ihr krank seid, von niemandem behandelt. *Leben* kann im Lager nur einer, der *nicht* bei den *Allgemeinen* ist. Bemüht euch um jeden Preis, nicht zu den *Allgemeinen* eingeteilt zu werden! Vom ersten Tag an!«

Um jeden Preis!

Um jeden Preis? . . .

Ich merkte sie mir gut, diese mitnichten übertriebenen Ratschläge des hartgesottenen Sonderbeorderten auf der Krasnaja Presnja, ich nahm sie auf, hatte bloß zu fragen vergessen, wo der Gegenwert des Preises war. Und wo seine Grenze.

3

Die Sklavenkarawanen

Lausig ist die Fahrt im Stolypin, verwünscht der Schwarze Rabe, eine arge Marter wird dir bald auch die Peresylka — besser wär's, gleich drum herum geradewegs mit den roten Waggons ins Lager zu kommen.

Die Interessen des Staates und die des Individuums fallen wie immer auch hier zusammen. Für den Staat ist's ebenfalls von Vorteil, die Verurteilten direkt ins Lager zu bringen, sich die vielen Umsteigemanöver mit der daraus folgenden Belastung der öffentlichen Verkehrswege und -mittel bzw. des Peresylka-Personals zu ersparen. Im GULAG war dies längst verstanden und vorzüglich gelöst worden: Man behalf sich mit den *roten* Karawanen (aus roten Viehwaggons zusammengestellt), mit Karawanen aus Schleppkähnen und dort, wo es weder Geleise noch Flüsse gab, schlechtweg mit Fußkarawanen (Pferde und Kamele auszubeuten, stand den Sträflingen nicht zu).

Die roten Züge sind immer dann rentabel, wenn irgendwo Gerichte auf Hochtouren arbeiten oder irgendwo ein Durchgangslager überfüllt ist. Da läßt sich ein großer Haufen von Häftlingen leicht auf einmal expedieren. So wurden die Millionen von Bauern in den Jahren 1929—31 befördert. So wurde Leningrad aus Leningrad deportiert. In den dreißiger Jahren dienten sie zur Besiedlung von Kolyma. Tagtäglich spie die Hauptstadt unserer Heimat einen solchen roten Viehtransport aus; Bestimmungsorte waren die fernöstlichen Häfen Sowgawan und Wanino. Und jede Gebietsstadt schickte einen roten Zug nach dorthin, allerdings nicht an jeglichem Tag. 1941 wurde die Republik der Wolgadeutschen solcherart nach Kasachstan verfrachtet, und mit allen übrigen Nationen verfuhr man seither ebenso. 1948 fuhren Rußlands verlorene Söhne und Töchter in solchen Transporten: aus Deutschland, aus der Tschechoslowakei, aus Österreich; und wer von selbst an die westliche Grenze kam, wurde ebenfalls mitgenommen. 1949 wurden die Achtundfünfziger mit roten Zügen in die Sonderlager verlegt.

Die Stolypins haben sich an den banalen Fahrplan zu halten, die roten Transporte fahren mit wichtigen Ordern, die die Unterschrift wichtiger GULAG-Generäle tragen. Der Stolypin kann nicht einfach ins Leere fahren, er braucht einen Bestimmungsbahnhof, und sei's das letzte Krähwinkel, wo es obendrein auch mindestens eine Arrestzelle mit vier

Wänden und einem Dach darüber geben muß. Ein roter Zug kann auch ins Leere fahren: Wo er stehenbleibt, taucht aus dem Meer — dem Steppenmeer, dem Taigameer, irgendwo — sogleich eine neue Insel des Archipels auf.

Von den roten Waggons ist keineswegs jeder beliebige sogleich zum Gefangenentransport geeignet. Eine gewisse Umgestaltung tut not. Nicht in jenem Sinn muß er vorbereitet und umgebaut werden, wie der Leser vielleicht annimmt: daß sie ihn von der Kohle oder dem Kalk sauberkehren, die vor den Menschen damit befördert wurden — darauf kann verzichtet werden. Auch nicht in dem Sinne umgebaut, daß sie, wenn gerade Winter ist, die Fugen abdichten und einen Ofen reinstellen. (Als die Eisenbahnstrecke von Knjasch-Pogost bis Roptscha gebaut, aber noch nicht dem Eisenbahnnetz angeschlossen war, wurde sie sofort für den Häftlingstransport genutzt. Man verlud die Leute in Waggons, die weder Öfen noch Pritschen hatten, darin lagen sie im Winter auf dem schneebedeckten Boden, bekamen zudem nichts Warmes während der Fahrt, weil der Zug die Strecke in stets weniger als vierundzwanzig Stunden schaffte. (Wer in Gedanken diese achtzehn bis zwanzig Stunden darin erleben und überleben kann, der tu's!) Der erforderliche Umbau bestand indes in folgendem: Es mußten die Wände, Decken und Böden auf Intaktheit und Stabilität geprüft, die kleinen Fensterluken sicher vergittert, im Boden ein Abflußrohr gebohrt und selbiges durch einen nagelbeschlagenen Blechschutz abgesichert, über die ganze Zuggarnitur in regelmäßigen und zweckdienlichen Abständen Flachwagen (für Wachposten mit Maschinengewehren) verteilt, notfalls fehlende Plattformen nachbestellt, Leitern zum Besteigen der Dächer installiert, der Aufstellungsplan für die Scheinwerfer durchdacht und eine pannensichere Stromversorgung gewährleistet, langstielige Holzhammer angefertigt, ein Stabswagen mit Kupees angehängt oder in Ermangelung eines solchen ein gut eingerichteter heizbarer Güterwagen für den Konvoichef, für den Sonderbevollmächtigten und die Wachmannschaft aufgetrieben, sowie Küchen — für die Wachen und für die Häftlinge — eingerichtet werden. Erst dann kann man die Waggonreihe abmarschieren und mit Kreide markieren: »Spezialausrüstung« oder, bitte, »leichtverderblich«. (Jewgenija Ginsburg hat in ihrem Bericht über den »Siebenten Waggon« eine sehr anschauliche Beschreibung der roten Transporte gegeben, darum können wir nun auf viele Einzelheiten verzichten.)

Die Vorbereitung des Waggons ist zu Ende, zu bewältigen bleibt nur mehr die schwierige militärische Aktion der *Sek-Verfrachtung*. Hierbei sind zwei unbedingte Grundsätze im Auge zu behalten:

– die Geheimhaltung der Transaktion gegenüber der Bevölkerung und
– die Terrorisierung der Häftlinge.

Die erste Forderung ergibt sich daraus, daß solch ein Zug rund tausend Menschen auf einmal aufnimmt (es sind mindestens fünfundzwanzig Waggons), nicht wie der Stolypin eine kleine Gruppe, die auch vor Zuschauern heran- und abgeführt werden kann. Jeder weiß natürlich, daß es Verhaftungen an jedem Tag und zu jeder Stunde gibt, aber solche Furcht den Leuten einzujagen, indem sie gleich alle *zusammen* zu sehen bekämen, ist zu vermeiden. Wie sollte es in Orjol 1938 verborgen werden, daß es in der Stadt kein Haus gab, aus dem sie nicht einen geholt hatten? Es war ja auch allezeit der Platz vor dem Gefängnis von Bauernwagen mit heulenden Weibern verstopft, genau wie auf dem Surikow-Bild über die Hinrichtung der aufständischen Strelitzen. (Ach, wer malt uns das einmal! Laß die Hoffnung fahren: unmodern wäre es, unmodern ...) Dennoch dünkt es sie unangebracht, unseren sowjetischen Menschen zu zeigen, daß sich in vierundzwanzig Stunden eine volle Ladung ansammelt (in Orjol brachten sie es in jenem Jahr zuwege). Auch die Jugend braucht derlei nicht zu sehen – die Jugend ist unsere Zukunft.

Und darum halten sie sich an die Nacht, treiben nachtein, nachtaus, so etliche Monate hindurch, die schwarzen Kolonnen der fälligen Transporte zu Fuß vom Gefängnis zum Bahnhof (die Raben stehen bei neuen Verhaftungen im Einsatz). Freilich: Die Frauen sind auf der Hut, die Frauen erfahren es und schleichen in den Nächten von allen Enden der Stadt zum Bahnhof und lauern auf einem Nebengeleise dem Zug auf, laufen am *Roten* entlang, stolpern über Schwellen und Geleise und rufen in jeden Wagen den Namen hinein: »Ist der Soundso drinnen? ... der Soundso und der Soundso ...?« Und laufen zum nächsten, und neue kommen heran und rufen wieder einen Namen: »Ist er drinnen...?« Und plötzlich hören sie's aus dem versiegelten Wagen zurückrufen: »Hier! Hier bin ich!« oder »Suchen Sie weiter, er ist im anderen Wagen!« oder »Frauen, hört mich an! Meine Frau wohnt in der Nähe, beim Bahnhof! Hol sie doch bitte wer her!«

Diese unserer Gegenwart unwürdigen Szenen beweisen einzig und allein die Unfähigkeit der für die Verfrachtungsaktion verantwortlichen Männer. Aus den Fehlern werden die notwendigen Lehren gezogen: Eines Nachts dann – und in allen weiteren Nächten – stoßen die Frauen auf eine breite Sperrkette knurrender und bellender Bluthunde.

Und auch in Moskau hat sich's eisern eingebürgert, daß die Beladung der Züge, ob mit Häftlingen aus der alten Sretenka-Peresylka (an die sich heute auch die Arrestanten nicht mehr erinnern), ob mit Schüben von der Krasnaja Presnja, nur immer nachts, immer nachts abgewickelt wird.

Leichterhand auf das übliche Sonnenlicht verzichtend, macht sich der Konvoi die nächtlichen Sonnen — Scheinwerfer — zunutze. Ihre Vorzüge bestehen darin, daß man sie allesamt am gewünschten Ort scheinen lassen kann, dort, wo der verängstigte Haufen der Häftlinge sitzt, auf das Kommando wartet: »Die nächsten fünf — auf, auf! Marsch im Laufschritt zum Waggon!« (Nur im Laufschritt! Daß er sich nicht umschaut, nicht zur Besinnung kommt, daß er wie von Hunden gehetzt dahinkeucht und bloß Angst hat zu stolpern; auf dem unebenen Pfad, über den sie laufen, und auf der Leiter, über die sie hinaufklettern.) Die feindseligen schemenhaften Strahlenbündel dienen nicht allein der Beleuchtung, sie sind ein wichtiger Bestandteil des zu inszenierenden Schreckens, eine Ergänzung zum scharfen Gebrüll und Gedrohe, zu den Kolbenhieben, die auf die Nachtrabenden niedergehen; zum Kommando »Niedersetzen!« (oder manchmal, wie in Orjol auf dem Bahnhofsplatz: »Niederknien!« — und Tausende sinken wie neue Wallfahrer in die Knie); zu der ganz und gar überflüssigen, für den Schrecken aber sehr wichtigen Hasterei zum Waggon; zum wütenden Bellen der Hunde; zu den in Anschlag gebrachten Waffen (Gewehre oder MPs, je nach dem Jahrzehnt). Hauptsache: daß der Wille des Häftlings mit einem Schlag zerstört wird, damit nicht der Schimmer eines Fluchtgedankens in ihm aufkommt, damit er seines neuen Vorteils noch lange nicht gewahr wird: die Steinmauern des Gefängnisses mit den dünnen Brettern eines Viehwagens vertauscht zu haben.

Der exakte Ablauf der nächtlichen Verladung von tausend Häftlingen kann indes nur gewährleistet werden, wenn das Gefängnis schon am Morgen zuvor mit der Einsammlung und Vorpräparierung der Fracht beginnt, worauf die Wachmannschaft dann den ganzen Tag die Hände voll zu tun hat, diese zu übernehmen und strengstens zu prüfen, wozu die Ausgewählten zwecks Trennung von den im Gefängnis Verbleibenden nicht mehr in die Zellen zurückkehren, sondern viele Stunden lang im Hof, auf der Erde versammelt werden. Für die Häftlinge ist die nächtliche Verladung folglich nur der erleichternde Abschluß eines mühseligen Tages.

Neben den üblichen Appellen und Kontrollen, neben der Rasur, der Brenne und der Banja besteht der Hauptteil der Transportvorbereitung in der *Großfilzung* (lies Perlustrierung). Die Abwicklung derselben obliegt nicht dem Gefängnis, sondern der übernehmenden Wachmannschaft. Gemäß den Instruktionen über die roten Transporte, gemäß auch den eigenen operativ-strategischen Überlegungen hat die Perlustrierung auf eine Art zu erfolgen, die dem Häftling nicht den geringsten fluchtdienlichen Gegenstand übrigläßt. Eingezogen wird alles, was sticht oder schneidet; alles Bröselige und Pulverige (Zahnputzpulver, Zucker, Salz, Tabak, Tee), auf daß ein Wachsoldat damit nicht geblendet werde; alle Arten von Stricken, Bindfäden, Hosengürtel und dergleichen, denn sie könnten bei der Flucht verwendet werden (und folglich auch Riemen! darum schneiden sie dem Einbeinigen die Riemen von der Prothese — und der Krüppel packt sie auf die Schulter und hüpft, von den Nebenmännern gestützt, zum Zug). Die übrigen Sachen, die Wertsachen und die Koffer, müssen instruktionsgemäß im mitfahrenden Gepäckwagen zur Aufbewahrung abgeliefert und am Ende der Reise dem Besitzer wieder übergeben werden.

Doch schwach und zu kurz geraten ist die Macht der Moskauer Instruktion über den Konvoi in Wologda und Kuibyschew. Doch zu körperlich ist die Macht des Konvois über die Verurteilten. Mithin wird der dritte Grundsatz der Verfrachtungsaktion in Anwendung gebracht: — den Feinden des Volkes, wie's die Gerechtigkeit gebietet, die guten Sachen zugunsten seiner Söhne wegzunehmen.

»Auf die Erde niedersetzen!«, »Niederknien!«, »Die Kleider ausziehen!« In diesen vorgeschriebenen Konvoikommandos ist die Urmacht enthalten, gegen die es kein Aufbegehren gibt. Einem nackten Menschen ist die Sicherheit genommen, er kann sich nicht stolz aufrichten und mit einem Bekleideten von gleich zu gleich reden. Die Durchsuchung beginnt (Kuibyschew, Sommer 1949). Die Nackten stehen in Reih und Glied, halten ihre Sachen und die abgelegte Kleidung in der Hand, umzingelt von einem Haufen lauernder, bewaffneter Soldaten. Es sieht alles so aus, als ginge es nicht zum Abtransport, vielmehr als würde man sie gleich erschießen oder in Gaskammern verbrennen — in solcher Stimmung hört der Mensch ganz von selbst auf, sich um sein Eigentum zu sorgen. Die Wachen tun betont grob und scharf, kein Wort kommt ihnen mit menschlicher Stimme über die Lippen, das ist ja die Absicht: zu schrecken und zu bezwingen. Die Koffer werden umgekippt (die Sachen kullern auf die Erde) und abseits auf einen Haufen geworfen. Zigarettendosen, Brieftaschen und sonstige kleine Häftlings-»Wertsachen« werden herausgefischt und namenlos in ein bereitgestelltes Faß geworfen. (Und eben dies — daß es nicht ein Safe, nicht eine Truhe, nicht eine Kiste, sondern ein Faß ist — bedrückt die Nackten, weiß der Himmel, warum, am stärksten: Wozu dann noch protestieren?) Die Nackten schaffen es bestenfalls noch, ihre am Boden verstreuten durchwühlten Klamotten einzusammeln und sie hastig in ein Bündel zu stecken oder in eine Decke zu rollen. Filzstiefel? Kannst du abgeben, her damit, unterschreib in der Liste! (Nicht *sie* geben dir eine Quittung, nein, *du* unterschreibst, daß du sie auf den Haufen geworfen hast!) Und wenn dann schon im Dämmerlicht der letzte Lastwagen mit Häftlingen vom Gefängnishof fährt, sehen sie die Konvoisoldaten zum Faß stürzen und aus dem Kofferberg die besten ledernen Stücke herausfischen. Später kommen die Aufseher dran, der Rest der Beute fällt an die ortsansässigen *Pridurki*.

Ja, das war schon ein arger Tag, ehe ihr die Viehwaggons erreichtet! Aber jetzt habt ihr es hinter euch, jetzt könnt ihr euch mal auf den spanigen Brettern der Pritschen ausstrecken. Doch voreilig war die Erleichterung. Wie denn erleichtert sein in solch einem Pseudo-Waggon?! Wieder findet sich der Häftling in die Zange genommen — zwischen Kälte und Hunger, zwischen Durst und Angst, zwischen den Kriminellen und dem Wachekonvoi.

Wenn's im Wagen Unterweltler gibt (die natürlich auch im roten Zug nicht abgesondert werden), dann nehmen sie ihre traditionell besten Plätze auf den oberen Pritschen am Fenster ein. Na, und wollen wir rasch raten, wo ihre Plätze im Winter sind? Ja, freilich rund um den kleinen Ofen, den halten sie fest umlagert. Wie sich der ehemalige Dieb Minajew* erinnert, gab's für ihren »beheizten Waggon« — und für die ganze grimmigkalte Fahrt von Woronesch bis Kotlas (das sind mehrere Tage) im Winter 1949 *drei Eimer* Kohle! Da hatten die Kriminellen schon nicht mehr bloß die Plätze rund um den Ofen besetzt, nicht bloß jedes warme Stück den *Frajern* abgeknöpft und selber angezogen, sondern auch noch die Fußlappen sich von ihnen geholt — wozu zimperlich sein, wenn's um die eigenen Diebsfüße geht? Krepier du heute, ich aber erst morgen! Mit dem Essen hapert's ohnedies meist, drum wird die ganze Ration von den Kriminellen in Empfang genommen, die suchen sich das beste raus, nehmen auch einfach nach Bedarf. Loschtschilin berichtet von der Dreitagefahrt Moskau — Perebory im Jahre 1937. Wegen läppischer drei Tage wurde im Zug nicht gekocht, statt dessen bekam man Trockenrationen. Die Diebe behielten den

*Sein Brief an mich in *Literaturnaja Gaseta*, 29. 11. 1962.

Zucker, Brot und Hering durften sich die Häftlinge teilen; waren eben nicht hungrig, die Diebe. Wenn's Warmes zum *Fassen* gibt (und wer *faßt*? – die Kriminellen), dann teilen sie auch die Balanda aus, so während des dreiwöchigen Transports von Kischinew an die Petschora, 1945. Dabei verachten die Unterweltler während der Fahrt auch das simple Ausplündern nicht: Bei einem Esten erspähten sie Goldzähne, warfen ihn nieder und schlugen ihm die Zähne mit dem Schürhaken aus.

Als Vorzug der roten Züge gilt unter den *Seki* das warme Essen. Auf gottverlassenen Stationen (damit wiederum das Volk nichts sieht) machen die Züge halt: Balanda und Kascha werden ausgetragen. Doch auch warmes Essen verstehn sie so zu servieren, daß einem die Freude vermiest wird. Entweder schütten sie (wie ebenfalls im Kischinewer Transport) die Suppe in dieselben Eimer wie die Kohle vorher. Zum Auswaschen gibt es ja nichts, denn das Trinkwasser ist im Zug knapp bemessen, kostbarer noch als das Gebräu. So schlürfst du also die Suppe und löffelst die Kohlenstückchen mit. Oder sie schleppen Balanda und Kascha herbei, bloß die Schüsseln reichen nicht, für vierzig Mann sind's fünfundzwanzig; den vierzig aber gilt das Kommando: »Schnell, schnell! Wir müssen weiter, ihr seid nicht die einzigen im Zug!« Wie nun essen? Wie den Fraß teilen? Alles gerecht in die Schüsseln zu tun, ist unmöglich, also geht's nach Augenmaß, und gib nirgends zu viel rein, damit den Restlichen was bleibt. (Die ersten schreien: »Rühr doch um!«, die letzten schweigen: Soll der Satz schön am Boden bleiben.) Die ersten essen, die letzten warten gierig, weil sie hungrig sind, weil die Balanda im Faß kalt wird, weil die draußen immer unleidlicher werden: »Na, seid ihr endlich fertig?« Nun heißt es, der zweiten Partie die Portion auszuschenken, nicht mehr und nicht weniger, nicht dicker und nicht wässeriger als der ersten. Und richtig den Zuschlag zu bemessen, ihn wenigstens für zwei in einen Napf zu gießen. So recht zum Essen kommen die vierzig Mann die ganze Zeit über nicht: Sie passen wie Luchse auf, wie verteilt wird, und zernagen sich daran.

Es kümmert die nicht, uns zu wärmen, vor den Kriminellen zu schützen, zu tränken und zu füttern – aber auch schlafen lassen die uns nicht. Tagsüber können die Wachen den ganzen Zug übersehen, dazu die Strecke dahinter: Niemand darauf, der aus dem Zug gesprungen ist; im Finstern aber werden sie von Wachsamkeit geplagt. Bei jedem nächtlichen Aufenthalt klopfen sie mit ihren langstieligen Holzhämmern (ein gulagisches Standarderzeugnis) jedes Brett der Waggonwände ab: ob es nicht schon angesägt ist? In manchen Stationen wird die Tür aufgerissen, sie leuchten mit einer Laterne oder gar einem Scheinwerfer herein: »Kontrolle!« Für dich bedeutet's, daß du aufspringen und im Nu bereit sein mußt zu klettern, wohin befohlen: entweder auf die linke oder auf die rechte Seite. Soldaten mit Hämmern steigen in den Waggon (die übrigen bleiben mit MPs im Halbkreis draußen stehen) und zeigen: Alle Mann nach links! Das heißt, daß die linken liegenbleiben und die rechten hurtig hinüberspringen müssen, wie Flöhe, einer übern andern, hoppla, schnell! Wer nicht flink ist, wer nicht aufgepaßt hat, der bekommt zur Aufmunterung den Hammer in die Seite, in den Rücken, hoppla, schnell! Schon steigen Soldatenstiefel über euer ärmliches Lager, schon liegen eure Siebensachen auf dem Boden verstreut, das Licht brennt, die Hämmer klopfen: ob nirgends ein Brett angesägt ist. Nein. Also stellen sich die Wachen in der Mitte auf, nun müßt ihr, damit sie euch zählen können, von links nach rechts an ihnen vorbei:

»Eins! ... zwei! ... drei! ...« Einfaches Zählen hätte wohl gereicht, mit der Hand ein Wink — und weiter, doch da gäb's ja keine Angst, nein: anschaulicher, fehlerloser, munterer und schneller rollt die Sache, wenn man die Zahl mit immer demselben Hammer auf eure Schultern, Köpfe, wohin immer man trifft, trommelt. Das Abzählen ist zu Ende: vierzig. Nun muß noch die linke Seite vom Gerümpel freigemacht, ausgeleuchtet und abgeklopft werden. Fertig. Sie gehen, sperren den Waggon ab. Bis zum nächsten Halt könnt ihr schlafen. (Falsch wäre es, die Unruhe der Wachen vollauf lächerlich zu nennen: Aus den roten Waggons sind, einiges Geschick vorausgesetzt, auch schon welche geflohen. Da klopfen sie ein Brett ab, und sieh, es hat sich tatsächlich schon wer mit der Feile drangemacht. Ein andermal sehen sie am Morgen beim Suppenausteilen unter vielen unrasierten Gesichtern ein paar rasierte. Im Nu ist der Waggon umzingelt: »Messer her!« Es war bloß die dämliche Eitelkeit der Unter- und Halbunterweltler: sie hatten es satt, unrasiert herumzusitzen, also her mit dem Rasierzeug, wer noch eines besitzt.)

Von den anderen Expreßfernzügen unterscheidet sich der rote Eilzug dadurch, daß die Einsteigenden niemals wissen können, ob sie jemals wieder aussteigen werden. Als in Solikamsk ein Transport aus Leningrader Gefängnissen entladen wurde (1942), war der ganze Bahndamm mit Leichen bedeckt, nur wenige Insassen kamen lebend an. Die in den Wintern 1944/45 und 1945/46 in der Siedlung Schelesnodoroschnyj (Knjasch-Pogost), wie auch in anderen wichtigen Knotenpunkten des Nordens, ankommenden Häftlingstransporte aus den befreiten Gebieten — aus dem Baltikum, aus Polen, aus Deutschland — führten einen oder zwei Waggons Leichen mit sich. Das bedeutet aber, daß sie die Toten unterwegs aus den lebenden Wagen herausholten, was indes nicht immer so gehandhabt wurde. In der Station Suchobeswodnaja geschah's oft genug, daß man erst nach dem Öffnen der Waggontüren erfuhr, wie viele lebendig, wie viele tot angekommen waren: Wer nicht herausgekrochen kam, war mithin tot.

Schrecklich und tödlich ist die Fahrt im Winter, denn die Konvoisoldaten haben mit dem Wachsamsein alle Hände voll zu tun; zum Kohlenschleppen für fünfundzwanzig Öfen reicht die Kraft nicht mehr. Doch auch in der Hitze zu fahren ist kein reines Honiglecken: Von den vier kleinen Fensterluken sind zwei luftdicht zugemacht, das Dach ist glühend heiß; Wasser für tausend Menschen zu schleppen hieße von den Wachmannschaften vollends zuviel verlangen, wo sie doch schon mit einem Stolypin nicht zu Rande kommen. Als beste Transportmonate gelten darum unter den Häftlingen der April und der September. Freilich reicht auch die beste Saison nicht aus, wenn der Zug *drei Monate* unterwegs ist (Leningrad – Wladiwostok, 1935). Doch so die Reise lange dauert, ist sie auch wohldurchdacht und berechnet, zumindest, was die politische Erziehung der Konvoisoldaten und die geistige Läuterung der Häftlingsseelen betrifft: An solch einen Transport ist ein Waggon für den *Gevatter*, den Sonderbevollmächtigten, angekoppelt. Der hat seine Vorbereitungen schon lange vorher im Gefängnis getroffen, die Leute wurden nicht irgendwie in die Waggons gestopft, sondern nach von ihm visierten Listen. Von ihm ward der Starost in jedem Wagen bestimmt, von ihm der beigegebene Spitzel instruiert. Während der langen Aufenthalte bietet sich leicht eine Gelegenheit, den einen oder anderen aus dem Wagen kommen zu lassen, damit er über die Gespräche Bericht erstattet. Schämen tät sich so ein *Oper*, die Reise ohne gute Ausbeute zu beenden, also angelt er sich wen zur Vernehmung heraus, forscht und untersucht, und siehe da: Bei der Ankunft ist dem Häftling auch schon eine neue Strafe aufgebrummt.

Ach was, verflucht sei auch er, der direkte rote Viehexpreß! Und brauchst du hundertmal nicht umzusteigen – verflucht, verflucht! Wer drin gewesen, wird ihn nicht vergessen. Ach, käm doch schon endlich das Lager, schlimmer wird's wohl nimmermehr. Ach, wenn man doch schon aussteigen könnt!

Aus Hoffnung und Ungeduld besteht der Mensch. Als ob im Lager der *Oper* menschlicher und die Zuträger nicht so unverschämt wären – na, ganz im Gegenteil! Als ob sie uns, wenn wir ankommen, nicht mit den gleichen Drohungen und den gleichen Hunden auf die Erde runterhetzen: »Niedergesetzt!« Als ob, wenn sie uns jetzt runterjagen, die Fahrt auch schon zu Ende wär, ach was, da geht es noch über eine Schmalspurlinie auf offenen Plattformen weiter. Und wie die Leute auf offenen Plattformen transportieren? wie sie bewachen? Eine schwere Aufgabe für die Konvoimannschaft. Hier die Lösung: Wir sollen uns zusammenkrümmen, übereinanderlegen, heißt es, dann ziehen sie eine große Zeltplane darüber, wie bei den Matrosen vom »Potemkin« vor der Erschießung. Für die Plane ist ihnen noch zu danken! (Olenjow mußte mit seinen Kameraden im Norden im Oktober einen Tag lang auf offenen Wagen sitzen. Die Verladung war beendet, aber die Lok kam nicht. Zuerst regnete es, dann zog die Kälte an, den *Seki* froren die Lumpen am Leibe steif.) Die Bimmelbahn wird's unterwegs arg rütteln, die Seitenplanken beginnen zu krachen, bald schleudert es irgendwen unter die Räder. Und hier was zum Rätselraten: Von Dudinka führt die Schmalspurbahn über hundert Kilometer, hinter dem Polarkreis ist das; also: Wo beziehen die Kriminellen auf den offenen Plattformen Platz? Die Antwort lautet: In der Mitte, damit das »Vieh« sie von allen Seiten wärmt und obendrein nicht unter die Räder kullern läßt. Es stimmt. Und noch eine Frage: Was erblicken die Häftlinge am Endpunkt dieser Schmalspurbahn (1939)? Werden dort Gebäude stehen? Mitnichten. Erdlöcher gegraben sein? Jawohl. Bloß, daß sie schon besetzt, nicht für sie bestimmt sind. Also werden sie sogleich Unterstände in der Erde graben müssen? Mitnichten, denn wie sollte man graben, mitten im Polarwinter? Statt dessen werden sie im Bergwerk nach Metall graben. Und wo leben? – Was, leben? ... Ah, leben ... Leben werden sie in Zelten.

Doch es muß ja nicht immer grad eine Schmalspurbahn sein ... Natürlich nicht. Hier die Ankunft an Ort und Stelle: Station Jerzowo, Februar 1938. Die Waggons werden in der Nacht geöffnet. Am Zug entlang sind Feuer angezündet, sie geben das Licht für die Entladung, fürs Abzählen, fürs Aufstellen im Schnee, fürs abermalige Zählen. Draußen sind zweiunddreißig Grad Kälte. Der Schub kommt aus dem Donbas, die Verhafteten sitzen seit dem Sommer ein, haben darum Halbschuhe und Sandalen an den Füßen. Sie versuchen, sich am Feuer zu wärmen, und werden fortgejagt: Nicht zum Wärmen sind die Feuer, sondern fürs Licht. Die Zehen werden sofort steif. Die leichten Schuhe sind voll Schnee, der taut nicht einmal. Gnade ist nicht zu finden, da ertönt das Kommando: »Angetreten! ... ein Schritt nach links ... ein Schritt nach rechts ... ohne Warnung ... geschossen ... Marsch!« Die Hunde jaulen an den Ketten auf: endlich ihr geliebtes Kommando, endlich der erregende Augenblick. Die Kolonne setzt sich in Marsch, die Wachen in den Pelzjacken und die Todgeweihten in ihren Sommersachen, sie stapfen über die tiefverschneite, von gar niemandem ausgetretene Straße — irgendwohin in die finstere Taiga. Vor ihnen kein Zeichen von Behausung. Lodernd strahlt das Nordlicht, unser erstes und wahrscheinlich letztes ... Die Tannen knacken im Frost. Mit erfrierenden Fußklumpen, mit klammen Knien kämpfen sich die Barfüßler durch den Schnee.

Oder hier die Ankunft an der Petschora im Januar 1945. (»Unsere Truppen sind siegreich in Warschau eingezogen! ... Unsere Truppen haben Ostpreußen abgeschnitten!«) Ein leeres Schneefeld. Sobald die Leute aus den Waggons herausgetrieben sind, müssen sie sich zu sechst in den Schnee setzen. Das Zählen beginnt; sie irren sich, beginnen von neuem. Dann heißt's aufgestanden und sechs Kilometer durch die weglose Schneewüste marschiert. Der Transport kam ebenfalls aus dem Süden, alle tragen Lederschuhe. Die Bluthunde werden dicht an die hintere Reihe angesetzt, die springen den Zuletzttrottenden auf die Schultern, schnaufen ihnen ins Genick (zwei Priester gingen in dieser Reihe, der alte grauhaarige Fjodor Florja und der ihn stützende junge Viktor Schipowalnikow). Was sagen Sie zum trefflichen Einsatz der Bluthunde? Nein, zu ihrer beispielhaften Selbstbeherrschung: der Versuchung zu widerstehn und nicht zuzuschnappen!

Endlich sind sie am Ziel. Als erstes geht's in die Banja, also die Kleider runter und nackt durch den Hof gelaufen, Auskleideraum und Bad befinden sich in verschiedenen Hütten. Trotzdem ist dies alles schon leichter zu ertragen. Das schwerste haben sie hinter sich, Hauptsache, sie sind *angekommen*! Es dunkelt. Plötzlich wird verlautet: Im Lager ist kein Platz, die neue Partie kann nicht aufgenommen werden. Und so werden die Neuankömmlinge nach dem Bad wieder aufgestellt, abgezählt, mit ihren Sachen beladen, von Hunden umzingelt und nun in der Finsternis dieselben sechs Kilometer übers selbe Schneefeld zum Zug *zurück*gejagt. Aber die Waggons standen all diese Stunden sperrangelweit offen, die frühere kümmerliche Wärme ist verflogen, die Kohlen haben sie vor Ende der Fahrt verbraucht, neue sind jetzt nicht zu beschaffen. Sie durchfroren die Nacht, bekamen am Morgen getrocknete Plötze zu kauen (und wer Durst hat: »Friß Schnee!«), und es ging über denselben Weg zurück.

Und doch war dies ein *glücklicher* Fall! Denn das Lager war immerhin *da*, und wenn es heute auch, schlimm genug, den Häftlingen den Eintritt verwehrte, würde es ihnen doch morgen seine Tore öffnen. Angesichts der Eigenschaft der roten Transporte, ins Leere zu fahren und am Nichts anzukommen, wird die Beendigung der Fahrt hingegen nicht selten zum Anstoß für die Gründung eines *neuen* Lagers, dann kann es ihnen auch geschehen, daß man sie einfach in der Taiga unterm Nordlicht haltmachen läßt und an eine Tanne die Tafel nagelt: »Erster OLP«, was soviel wie »Erste Lager-Außenstelle« heißt. Dort werden sie auch glatt eine Woche lang Bücklinge beißen und Mehl mit Schnee vermischen.

Wenn das Lager zumindest zwei Wochen zuvor gegründet wurde, ist bereits mit Komfort zu rechnen und mit warmem Essen. Es macht nichts, daß es keine Schüsseln gibt, sie schöpfen den zweiten Gang zum ersten, wozu sie Badeschaffs für sechs Mann nehmen, die Sechsergruppe reiht sich um das Schaff (Tische und Stühle gibt es ebenfalls nicht), zwei Mann halten den Bottich mit der linken Hand in die Höh und nehmen die rechte zum Essen. Eine Wiederholung? Nein, es war in Perebory im Jahr 1937 und wurde mir von Loschtschilin berichtet. Nicht ich wiederhole mich, der GULAG tut's.

Und als weiteres kriegen die Neulinge Brigadiers aus alten Lagerhasen zugeteilt, die lehren sie bald *Mores* und wie man sich anstellt bei der Arbeit und sich duckt und mogelt. Und es geht vom ersten Morgen an zur Arbeit hinaus, denn die Uhrzeiger der Epoche rücken unentwegt vorwärts. Die Zeiten der Zarenkatorga von Akatui, wo die eben Angekommenen drei Tage Erholung bekamen, sind vorbei*.

Allmählich blüht die Wirtschaft des Insellands auf, neue Bahnlinien werden gelegt, bald geht es per Zug an Orte, wohin man erst vor kurzem nur übern Wasserweg kam. Noch sind indes Insulaner am Leben, die uns erzählen können, wie sie über den Ischma-Fluß in einer Art altrussischen Galeerenbooten fuhren, je hundert Mann pro Boot, die hundert ruderten auch. Wie's die Uchta, Ussa und Petschora in Fischkuttern hinauf- und hinabging. Und in die heimatlichen Lager in Workuta mit Schleppkähnen, bis Adswaw, dem Umschlagpunkt des Workutlag, mit großen Kähnen und von dort bis Ust-Ussa, was ein Katzensprung von zehn Tagen ist, in Flachkähnen, da wimmelte es geradezu von Läusen, drum ließ die Wache die Häftlinge einzeln an Deck kriechen und die Läuse ins Wasser schütteln. Die Schiffstransporte gingen auch nicht ohne Umsteigen vor sich, mal mußten die Boote über Trockenes gezogen, mal die Häftlinge zu Fuß weitereskortiert werden.

Eigene Durchgangslager gab es dort, aus Knüppelhütten, aus Zelten

* Jakubowitsch, a. a. O.

— Ust-Ussa, Pomosdino, Schtschelja-Jur. Und freilich eine eigene Wasserrechtsordnung. Und ein eigenes Wachreglement und natürlich eigene besondere Kommandos und besondere Finten des Konvois und besondere Lasten für die *Seki*. Jene Exotik zu beschreiben wird uns wohl kaum gelingen, drum wollen wir uns gar nicht erst daran versuchen.

Die Nördliche Dwina, der Ob und der Jenissej, die wissen, wann's mit den Schiffstransporten begann: während der *Kulakenliquidierung*. Diese Ströme flossen schnurgerade in den Norden, die Kähne waren dickbäuchig, geräumig — nur dank dessen war die rasche Verlagerung dieser ganzen grauen Masse aus dem lebendigen Rußland in den leblosen Norden zu meistern. Die Leute wurden in den trogigen Rumpf eines Kahnes hinabgestoßen, da lagen sie im Haufen und bewegten sich wie Krabben in einem Korb. Und hoch oben ragten wie auf Felsen die Konvoisoldaten in den Himmel. Mitunter wurde die Fracht auch offen verschifft, mitunter kam eine große Plane drüber, ob zum besseren Verstecken, ob zur sichereren Bewachung, jedenfalls doch nicht des Regens wegen. Schon die Fahrt auf solch einem Kahn war nicht mehr ein Transport, sondern ein Sterben auf Raten. Zudem gab man ihnen fast gar nichts zum Essen und hörte, sobald sie im Norden in der Tundra an Land geschaufelt waren, vollends damit auf. Sie wurden zurückgelassen, Aug in Aug mit der Natur zu verenden.

Die Kahntransporte über die Nördliche Dwina (und die Wytschegda desgleichen) wurden auch noch 1940 gepflegt; A. J. Olenjow fuhr damit. Die Häftlinge *standen* Mann an Mann gedrängt, und es dauerte die Reise viele Tage. Sie urinierten in Glasdosen, die wurden von Hand zu Hand gereicht und durchs Bullauge ausgeschüttet; und was einem an Ernsterem ankam, ging in die Hosen.

Die Kahntransporte über den Jenissej waren auf Jahrzehnte hinaus zur festen Einrichtung geworden. In Krasnojarsk wurden in den dreißiger Jahren am Ufer offene Schuppen gebaut, darunter kauerten die Häftlinge, einen Tag um den anderen im kalten sibirischen Frühling auf die Einschiffung wartend*. Die Transportkähne auf dem Jenissej waren mit speziell eingerichteten drei Stock tiefen, dunklen Laderäumen versehen. Nur durch den Schacht in der Mitte, wo die Steigleiter hinabführt, dringt fahles Licht in den Schiffsbauch. Die Wachen wohnen in einem Häuschen an Deck. Sie brauchen nur die Ausgänge zu bewachen und das Wasser im Auge zu behalten: ob nicht einer an der Oberfläche auftaucht. Und so laut es auch heraufstöhnt und um Hilfe jammert, die

---

*Lenin schiffte sich 1897 auf der »Sankt Nikolaus« im Passagierhafen als freier Mann ein.

Wachen steigen nie hinunter und führen die Häftlinge nie zum Spazieren an Deck. Bei den Transporten von 1937/38 und 1944/45 (leicht zu erraten, daß auch zwischendurch) gab es für die unten im Laderaum auch keine Art von ärztlicher Hilfe. Die Häftlinge sind zweireihig auf den »Stockwerken« geschichtet: Die eine Reihe liegt mit dem Kopf zur Bordwand, die andere an den Füßen der ersten. Zu den Abortkübeln führt der Weg in den Stockwerken nur über Menschen. Rechtzeitig sie hinauszutragen ist nicht immer erlaubt (das Faß mit dem Unrat über die steile Treppe hinaufzuhieven, das muß sich auch erst einer vorstellen!), sie laufen über, die Brühe fließt auf den Boden und tröpfelt bald auf die unteren Reihen. Die Balanda tragen die Kalfakter — ebenfalls Häftlinge — in Fässern aus, da wird sie hinten, in der ewigen Finsternis (vielleicht haben sie heute schon elektrisches Licht gelegt) im zuckenden Schein einer Laterne ausgeteilt. Bis nach Dudinka brauchte solch ein Kahn manches Mal einen Monat. (Heute ist's natürlich in einer Woche zu schaffen.) Wegen der Sandbänke und sonstiger Schiffahrtshindernissen konnte sich die Reise in die Länge ziehen, reichte der gefaßte Proviant nicht aus, dann wurde einige Tage überhaupt nicht gefuttert (und, versteht sich, das »Manko« später niemals wettgemacht).

Der gelehrige Leser kann sich den Rest nunmehr auch ohne Autor ausmalen: Die Kriminellen besetzen den oberen Rang und natürlich die Plätze rund um den Licht- und Luftschacht. Die Brotverteilung ist ihre Sache, die handhaben sie nach Bedarf, und wenn der Transport ein schwerer ist, dann grapschen sie ungeniert die *heilige Krücke* (nehmen der grauen Viehherde die Rationen weg). Die Zeit vertreiben sie sich während der langen Flußfahrt mit Kartenspiel: Die Karten machen sie selber*, den Spieleinsatz hingegen angeln sie sich von den Frajern. Da wird alles gefilzt, was in diesem oder im anderen Abschnitt des Schiffbauches liegt. Nachdem die eingesammelten Sachen eine Weile zwischen den Dieben hin und her wandern, einmal verspielt, einmal wiedergewonnen, werden sie nach oben zu den Wachen expediert. Es stimmt, der Leser hat es erraten: Die Wache macht mit den Unterweltlern *halbe-halbe*, wenn sie das gestohlene Zeug nicht selber behält, verkauft sie es an den Anlegestellen und schickt den Unterweltlern als Gegenleistung was zum Essen runter.

Und Widerstand? Ja, manchmal, bloß sehr selten. Hier eine überlieferte Begebenheit. Sie trug sich auf einem ebensolchen und ebenso eingerichteten, nur größeren, seetüchtigen Kahn auf der Fahrt von Wladi-

<hr>

*Siehe dazu die ausführliche Beschreibung in Schalamows »Skizzen der Verbrecherwelt«.

wostok nach Sachalin zu; sieben unbewaffnete Burschen vom § 58 taten sich zusammen, den Kriminellen (*Sukas*, »Faule«, waren es), die Stirn zu bieten. Diese Sukas, etwa achtzig Mann (und wie immer, nicht ohne Messer) hatten schon in der Wladiwostoker Peresylka »Drei-Zehn« die ganze Partie ausgemistet; aufs Filzen verstehen sie sich bestens, stehn den Kerkermeistern darin in nichts nach, kennen alle geheimen Verstecke, bloß: So gut kann niemand filzen, daß er gleich *alles* findet. Des eingedenk, ließen sie schon nach der Verladung listig verlauten: »Wer Geld hat, kann sich Tabak kaufen.« Worauf Mischa Gratschew drei wohlverwahrte Rubel aus der Jacke zog. Der Kriminelle Wolodka mit Spitznamen Tatarin brüllte ihn an: »Was, Scheißkerl, willst keine Steuern zahlen?« Und war schon dran, sie ihm aus der Hand zu reißen. Doch der Armeewachtmeister Pawel (der Familienname ist nicht überliefert) stieß ihn fort. Wolodka Tatarin machte ihm einen *Spreizer* in die Augen, Pawel warf ihn zu Boden. Im Nu sprangen zwanzig bis dreißig *Sukas* herbei, aber auch rund um Gratschew und Pawel hatte sich ein Verteidigungsring gebildet; das waren: Wolodja Schpakow, ehemals Hauptmann in der Armee, Serjoscha Potapow, Wolodja Reunow, Wolodja Tretjuchin, alles ebenfalls frühere Wachtmeister, und Wasja Krawzow. Und was geschah? Nicht mehr als eine leichte Keilerei. Ob die urtümliche und echte Feigheit der Kriminellen den Ausschlag gab (die sich allemal hinter der gespielten Angriffslust und Prahlerei verbirgt), ob sie der nahe Wachtposten irritierte (es spielte sich direkt unter der Luke ab), wo doch eine wichtigere gesellschaftliche Aufgabe ihrer harrte: den *ehrlichen Ganoven* die Alexandrowsker Peresylka (jene von Tschechow beschriebene) und die Sachalin-Baustelle abzujagen (selbstredend, nicht um zu bauen), wie immer: Sie traten den Rückzug an, ließen es bei der Drohung bewenden: »An Land machen wir Kleinholz aus euch!« (Die Schlacht fand nicht statt, das Kleinholzmachen blieb aus. In der Alexandrowsker Peresylka erwarteten die Sukas arge Unannehmlichkeiten: die *Ehrlichen* hatten sich inzwischen drin festgesetzt.)

Die Schiffe, die zur Kolyma gingen, waren den Lastkähnen in allem ähnlich, bloß im Maßstab größer. Bis heute sind, so seltsam es klingen mag, einige Häftlinge am Leben geblieben, die im Frühjahr 1938 mit der bekannten »Krassin«-Mission hinüberbefördert wurden: Es waren vier alte Eimer von Frachtern, die »Dschurma«, die »Kulu«, die »Newostroi« und die »Dnjeprostroi«, denen die »Krassin« den Weg durchs Frühlingseis aufbrach. Auch hier waren in den kalten dunklen Bunkern drei Stockwerke eingerichtet; aber auf jeder Etage noch Stockpritschen aus Knüppeln gezimmert. Nicht überall war's finster; da und dort standen Ölfunzeln und Laternen. Auch an Deck ging's schottweise zur Promenade. Jedes Schiff hatte drei- bis viertausend Mann geladen. Die Fahrt dauerte über ein Woche, da hatte das in Wladiwostok gefaßte Brot schon zu schimmeln begonnen, die Ration wurde von sechshundert Gramm auf vierhundert gesenkt. Außerdem gab es Fisch, aber an Trinkwasser ... Na, lassen wir die Schadenfreude, hinsichtlich des Trinkwassers bestanden *vorübergehende Schwierigkeiten*. Im übrigen unterschieden sich die See- von den Flußtransporten durch widrige Stürme, durch Seegang und die Seekrankheit folglich, eine riesengroße Kotzerei, und die erschöpften Menschen konnte sich nicht aufrappeln, lagen mittendrin in der ekligen Kotze, die alle Planken überzog.

Unterwegs ereignete sich ein gewisses politisches Zwischenspiel. Die Schiffe mußten die La-Pérouse-Straße passieren, ganz dicht an den Japanischen Inseln vorbei. Deshalb wurden die Maschinengewehre von den Schiffsbrücken entfernt, die Wachsoldaten in Zivil gekleidet, die Laderäume verschalkt, das Luftschnappen an Deck verboten. In den Schiffspapieren war schon in Wladiwostok wohlweislich eingetragen worden, daß gottbehüt nicht Häftlinge, sondern angeworbene Arbeitskräfte zur Kolyma gefahren würden. Ein Haufen japanischer Boote und Kleinschiffe umkreiste die Frachter, ohne das geringste zu ahnen. (Mit der »Dschurma« gab es ein anderes Mal, 1939, folgenden Vorfall: Die Kriminellen hatten sich aus dem Bunker in die Kleiderkammer eingeschlichen, was sie brauchten, geplündert und den Rest angezündet. Und dies geschah just in der Nähe des japanischen Ufers. Rauch brach aus der »Dschurma« hervor, die Japaner boten Hilfe an — doch der Kapitän schlug sie aus und *ließ nicht einmal die Luken öffnen!* Als die Japaner außer Sicht waren, wurden die Leichen der im Rauch Erstickten über Bord geworfen, hingegen die angebrannten, halbverdorbenen Lebensmittel an die Lagerküchen ausgeliefert.)*

Vor Magadan blieb der Konvoi im Eis stecken, da half auch die »Krassin« nicht mehr (es war dort noch Winter, zu früh für die Navigation, aber Kolyma brauchte dringend Arbeitskräfte). Am zweiten Mai wurde die Häftlinge fernab vom Ufer auf dem Eis ausgesetzt. Den Ankömmlingen eröffnete sich der mitnichten ermunternde Anblick des

---

*Seither sind Jahrzehnte ins Land gezogen, doch wie oft kommt es vor, daß auf den Weltmeeren, wo, scheint's, nicht mehr Häftlinge, sondern Sowjetbürger in Seenot geraten, wegen immer derselben *Abgeschirmtheit*, die sie als nationalen Stolz ausgeben, jede fremde Hilfe ausgeschlagen wird! Mögen uns die Haie verschlingen — eure Hand brauchen wir nicht! Die *Abgeschirmtheit*, sie ist ja unser Krebsgeschwür.

damaligen Magadan: tote Vulkanberge, nirgendwo ein Baum, kein Strauch, kein Vogel, paar kümmerliche Holzhütten und das einstöckige Gebäude des *Dalstroi*. Trotz allem *Besserungsarbeit* mimend, das heißt, den Schein wahrend, als wären nicht Knochen für die Pflasterung des goldträchtigen Kolyma-Gebiets, sondern vorübergehend isolierte Sowjetbürger herbeigeschafft worden, denen noch Aussicht auf eine Rückkehr ins schöpferische Leben belassen war, wurden sie mit Orchesterklängen empfangen. Das Dalstroi-Orchester spielte Märsche und Walzer, und die verquälten, halbtoten Menschen trotteten in grauen Reihen übers Eis, schleppten ihre Moskauer Sachen (dieser durchweg politische Transport hatte mit den Kriminellen noch kaum Bekanntschaft geschlossen) und trugen andere, mehr Leichen als Menschen, auf ihren Schultern: Rheumatiker oder Beinamputierte (auch die Beinamputierten kamen um die *Frist* nicht herum).

Doch es dämmert mir, daß ich mich von nun an zu wiederholen beginne, daß mir das Schreiben bald zu langweilig und dem Leser das Lesen zu langatmig werden wird, denn der weiß ohnehin, wie's nun weitergeht: Jetzt werden sie in Lastwagen über Hunderte Kilometer weitergefahren, danach noch über Dutzende Kilometer zu Fuß getrieben. Und werden dort neue Lagerpunkte eröffnen und vom ersten Augenblick an zur Arbeit gehen und Fisch und Mehl essen, Schnee dazu beißen. Und in Zelten schlafen.

Gewiß, es stimmt. Mittlerweile aber wird man sie hier in Magadan in ähnlichen Polarzelten unterbringen und an Ort *kommissionieren*, das heißt, nackt untersuchen und am Zustand des Hintern die Arbeitsfähigkeit ermitteln (und alle samt und sonders für tauglich erklären). Und freilich noch ins Bad führen, wo sie im Vorraum ihre Ledermäntel, Romanowschen Halbpelze, Wolljacken, Maßanzüge, Leder- und Filzstiefel lassen müssen (denn nicht hinterwäldlerische Muschiks waren da angekommen, sondern die Parteispitze: Zeitungsredakteure, Betriebsdirektoren, Verwaltungsbosse, Parteifunktionäre, Professoren der Politökonomie, die hatten eine gute Garderobe schon zu Beginn der dreißiger Jahre zu schätzen gelernt). »Und wer paßt darauf auf?« melden sich die Neulinge zweifelnd. »Na, als ob wer auf eure Sachen scharf ist!« Das Personal tut beleidigt. »Geht nur ruhig rein.« Und sie gehn. Aber der Ausgang führt durch eine andere Tür. Dort bekommen sie schwarze Baumwollhosen und -blusen, Wattejacken ohne Taschen, Schuhe aus Schweinsleder. (Oh, das ist keine Bagatelle! Das bedeutet den Abschied vom früheren Leben, mithin von den Titeln, von den Posten, von den Dünkeln!) »Und wo sind unsere Sachen?!« stöhnen sie auf. »*Eure* Sa-

chen sind zu Hause geblieben!« brüllt irgendein Natschalnik zurück.
»Im Lager habt ihr nichts *Eigenes.* Bei uns herrscht im Lager *Kommunismus!* Vordermann! Marsch!«

Doch da's um »Kommunismus« ging — was hätten sie erwidern sollen? Ihm haben sie ja das Leben geweiht . . .

Und außerdem gab es noch Pferde- und einfach *Fuß*transporte. Sie erinnern sich doch: Wie sie in der *Auferstehung* an einem sonnigen Tag vom Gefängnis zum Bahnhof marschieren. In Minussink aber, 194?, wurden die Leute, nachdem sie ein Jahr lang nicht einmal in den Spazierhof durften, hinausgeführt, in Kolonnen aufgestellt, und sie, die des Gehens, des Atmens, des Tageslichts entwöhnt waren, über *fünfundzwanzig* Kilometer nach Abakan getrieben. An die zehn Mann sind unterwegs gestorben. Ein großer Roman wird darüber nicht geschrieben werden, nicht einmal ein Kapitel: »Wer am Kirchhof lebt, kann nicht alle beweinen.«

Ein Fußtransport ist der Großvater der schienengebundenen Verfrachtung, der Großvater des Stolypins und der roten Viehwaggons. In unserer Zeit kommt er immer seltener vor und nur dort, wo die mechanisierte Spedition unmöglich ist. So verfuhr man mit den abgeurteilten Häftlingen aus dem belagerten Leningrad; bis zu den wartenden roten Zügen ging es eine Strecke lang über den Ladogasee (die Frauen marschierten neben den kriegsgefangenen Deutschen, wohingegen unsere Männer mit Bajonetten von den Frauen fortgejagt wurden: damit sie ihnen nicht das Brot wegnahmen. Wer zusammenbrach, wurde sofort seines Schuhwerks beraubt und lebend oder tot, egal, auf einen Lastwagen geworfen). Und so hielten sie es in den dreißiger Jahren im Durchgangslager von Kotlas: Tagtäglich ging eine Hundertmannpartie nach Ust-Wym (300 Kilometer), manchmal auch an die Tschibja (mehr als 500) ab. Einmal, 1938, wurde auch ein Schub Frauen zu Fuß expediert. Sie machten im Tag fünfundzwanzig Kilometer. Der Konvoi führte ein, zwei Hunde mit, trieb die Zurückbleibenden mit den Gewehrkolben an. Freilich muß eingeräumt werden, daß die Habe der Häftlinge, die Küche und der Proviant hintennach auf Leiterwagen folgten, wodurch die Ähnlichkeit mit den klassischen Gefangenentransporten des vorigen Jahrhunderts gegeben war. Da fehlten auch die Etappenherbergen nicht, nämlich leergeplünderte frühere Behausungen ausgesiedelter sogenannter Kulaken, fenster- und türlose, halbzerstörte Isbas. Die Buchhaltung in Kotlas schrieb den Proviant für eine theoretisch errechnete Zeit, für einen Marsch ohne Zwischenfälle aus, niemals für einen Tag mehr (das generelle Prinzip einer jeglichen Buchhaltung bei uns). Wenn es Verzögerungen unterwegs gab, wurden die Rationen »gestreckt«, durch eine Tränke aus Roggenmehl ohne Salz oder auch durch gar nichts ersetzt. Eine gewisse Abweichung von der Klassik ist somit zu vermerken.

1940 wurde die Olenjow-Partie nach der Reise mit den Lastkähnen zu Fuß durch die Taiga eskortiert (von Knjasch-Pogost bis an die Tschibja), und es ging ganz ohne Fütterung ab. Die Leute tranken Sumpfwasser, holten sich rasch die Ruhr, brachen zusammen, und die Hunde rissen den am Boden Liegenden die Kleider in Fetzen. An der Ischma fingen sie mit den Hosen Fische und fraßen sie roh auf. (Und bekamen irgendwo an einer Waldlichtung die Order: Hier sollt ihr die Bahnstrecke Kotlas-Workuta bauen!)

Und es blieben an vielen anderen Orten unseres europäischen Nordens die Fußtransporte so lange im Schwung, bis über dieselben Strecken, über die Bahndämme, die von den nämlichen Sträflingen der ersten Stunde aufgeworfen worden waren, die flinkfröhlichen, mit dem zweiten Schub befrachteten roten Züge zu rollen begannen.

Die Fußtransporte haben ihre eigene Technik, sie ist an Orten ausgearbeitet worden, wo Häftlingsabtriebe häufig und in größeren Mengen zu erfolgen hatten. Und wenn dann eine Partie über Waldpfade von Knjasch-Pogost an die Wesljana befördert wird und ein Häftling plötzlich umfällt und nicht weiterkann — was anfangen mit ihm? Überlegen Sie vernünftig: was? Doch nicht die ganze Partie haltmachen lassen?! Und auch nicht für jeden Zusammengebrochenen und Zurückgebliebenen einen Posten im Wald aufgepflanzt lassen — an Soldaten herrscht Mangel, an Häftlingen nicht. Also? ... Der Soldat bleibt für eine kurze Weile zurück, kommt dann eilig nachgetrabt, bereits allein.

Als langlebige Dauereinrichtung erwiesen sich die Fußtransporte von Karabas nach Spassk. Es waren ja nicht mehr als fünfunddreißig bis vierzig Kilometer zurückzulegen, die mußten aber an einem Tag bewältigt werden und das mit tausend Mann auf einmal und vielen rechten Siechlingen darunter. Da muß schon in Betracht gezogen werden, daß viele niederfallen, auf der Strecke bleiben, von jener tödlichen Unlust und Gleichgültigkeit gezeichnet, die auch das Drohen nutzlos macht; und würdest du sie übern Haufen schießen — sie können nimmer. Den Tod fürchten sie nicht mehr, aber vielleicht den Stock? aber den unermüdlichen, den unentwegt aufs Geratewohl niedersausenden Stock? Den Stock fürchten sie wohl, und paß auf: Sie schleppen sich weiter!

Das ist erprobt, das wirkt ohne Fehl. Und darum wird die Häftlingskolonne nicht bloß von der üblichen MP-Schützenkette umzingelt, die den
Fünfzig-Meter-Abstand hält, sondern auch noch von einer inneren Kette, von Soldaten, die statt der Waffen Stöcke tragen. Die Zurückbleibenden bekommen Prügel (wie übrigens auch vom Genossen Stalin prophezeit), Stockhiebe prasseln auf sie nieder, und sie haben keine Kräfte
mehr, die sie anspannen könnten, aber sie gehen – und kommen viele
wie durch ein Wunder ans Ziel! Sie wissen nicht, daß es die *Stockprobe*
war und daß jene, die trotz aller Schläge liegenblieben, von weiter hinten fahrenden Pferdewagen aufgeklaubt werden. Eine Erfahrung der
Organisation! (Die Frage scheint berechtigt: Warum nicht gleich alle
auf Leiterwagen laden? ... Ja, wo sie denn hernehmen und die Pferde
obendrein? Wir reiten ja auf Traktoren. Und nebenbei: Was kostet
heuer der Hafer? ...) Diese Transportart war in den Jahren 1948–50
besonders im Schwange.

In den zwanziger Jahren indes zählten die Fußtransporte noch zur
gängigen Norm. Ich bin ein kleiner Junge gewesen, kann mich trotzdem
gut erinnern, wie sie in aller Offenheit durch die Straßen von Rostow
am Don getrieben wurden. Hier fällt mir ein, daß das berühmte Kommando »... wird das Feuer ohne Vorwarnung eröffnet!« damals anders
klang, weil wiederum anderer Technik entsprechend; war doch der
Konvoi oft nur mit Säbeln ausgerüstet. Das Kommando lautete: »Wer
... einen Schritt zur Seite macht, wird *niedergeschossen, niedergesä-
belt!*« Das klingt schon nach was: »niederschießen ... niedersäbeln ...«
Da stellst du dir gleich bildlich vor, wie sie dir den Schädel von hinten
entzweispalten.

Ja, sogar noch 1936 wurde im Februar durch Nischnij Nowgorod eine
Partie graubärtiger Muschiks von jenseits der Wolga eskortiert – das
»versinkende Rußland« in handgewebten Bauernröcken, in Bastschuhen
und hochgewickelten Fußlappen. Plötzlich querten drei Autos den Weg,
der WZIK-Vorsitzende Kalinin saß in einem. Die Kolonne machte halt.
Kalinin fuhr vorbei, für ihn war's ohne Belang.

Schließen Sie mal die Augen, lieber Leser. Hören Sie das Dröhnen der
Räder? Es sind die Stolypins, die da rollen. Es sind die roten Züge, die
da fahren. Zu jeder Nacht- und Tageszeit. An jedem Tag des Jahres.
Und nun: Hören Sie es plätschern? Es sind die Lastkähne, die übers
Wasser ziehen. Und die heulenden Motoren der Schwarzen Raben, hören Sie sie? Allezeit wird irgendwer heraus-, hinein-, von dahin dorthin
gestoßen. Und dieses dumpfe Gemurmel? – die überfüllten Zellen der

Peresylkas. Und dieses Heulen? — die Klagen der Bestohlenen, Vergewaltigten, Geschundenen.

Wir haben alle Arten der Verfrachtung Revue passieren lassen und haben befunden, daß sie allesamt SCHLIMMER sind. Wir haben die Durchgangsgefängnisse durchstöbert — und keine guten erspähen können. Und am Ende ist gar die letzte menschliche Hoffnung, daß sich's mal zum Besseren wendet, daß es im Lager besser werden würde, eine falsche Hoffnung.

Im Lager wird es — schlimmer sein.

4

Aber auch einfach in einsamen Nachen werden die *Seki* von Insel zu Insel befördert. Das nennt sich: Sonderkonvoi. Es ist die am wenigsten beengte Beförderungsart, fast so was wie eine freie Reise, nur wenigen wird sie zuteil. Mir aber war's in meinem Häftlingsleben dreimal beschieden, so zu reisen.

Ein Sonderkonvoi wird auf Weisung hochgestellter Persönlichkeiten verordnet. Nicht zu verwechseln ist er mit der *Sonderorder*, die ebenfalls irgendwo in den höheren Regionen unterschrieben wird. Der Sonderbeorderte wird häufiger einem allgemeinen Transport angeschlossen, obwohl auch ihm wunderbare Reiseabschnitte zufallen (um so genußreicher dann). Da fährt zum Beispiel Ans Bernstein mit einer Sonderorder vom Norden an die untere Wolga, zum landwirtschaftlichen Einsatz. Eine Fahrt ist es in aller beschriebenen Bedrängtheit, mit allen üblichen Erniedrigungen, mit den kläffenden Hunden, mit den aufgepflanzten Bajonetten, mit dem gewohnten Gebrüll: »Ein Schritt nach rechts, ein Schritt nach links ...« — bis er plötzlich auf der kleinen Station Sansewatka abgesetzt und von einem ruhigen Aufseher, von einem allein, in Empfang genommen wird; der hat nicht mal ein Gewehr, läßt sich gähnend vernehmen: »Na schön, zum Übernachten nehm ich dich nach Hause, kannst derweil spazierengehn, morgen bring ich dich ins Lager.« Und Ans geht *spazieren*. Ja, wissen Sie denn, was das heißt, *spazierenzugehen*? Wenn einer zehn Jahre abzusitzen hat, x-mal vom Leben Abschied nahm, erst heute morgen im Stolypin fuhr und anderntags ins Lager gebracht werden sollte? Da geht er jetzt und sieht, wie die Hühner im Bahnhofsgarten scharren, wie die Bauernweiber die am Zug nicht verkaufte Butter und die übriggebliebenen Melonen zusammenpacken und sich auf den Heimweg begeben. Er macht drei, vier und fünf Schritte zur Seite, und hört niemand »Halt!« brüllen, er betastet ein Akazienblatt mit ungläubigen Fingern und weint beinah.

Der Sonderkonvoi ist ganz und gar solch ein Wunder, vom ersten bis zum letzten Tag. Einen allgemeinen Transport bekommst du diesmal nicht zu schmecken, brauchst die Hände nicht auf den Rücken nehmen, nicht auf die Erde dich setzen, nicht nackt dich ausziehen, ja, sogar die Filzung bleibt aus. Die Wache tut höflich, redet dich sogar mit Sie an.

Freilich warnen sie: »Bei Fluchtversuch wird wie üblich geschossen. Unsere Pistolen sind geladen, wir tragen sie in den Taschen. Trotzdem wollen wir doch *einfach* fahren, nicht? Benehmen Sie sich ganz ungezwungen, braucht ja niemand zu merken, daß Sie ein Häftling sind.« (Ich bitte nachdrücklich zu vermerken, daß sich auch hier, wie immer, die Interessen des einzelnen vollauf mit jenen des Staates decken!)

Mein Lagerleben verwandelte sich an jenem Tag mit einem Ruck, als ich mich mit gekrümmten Fingern (wegen des schweren Werkzeugs konnte ich sie bald nicht mehr gradbiegen) beim Morgenappell in der Zimmermannsbrigade herumdrückte, dann, vom Anordner herausgerufen, unerwartet höflich angesprochen wurde: »Weißt du, auf Beschluß des Innenministers ...«

Ich stand verdattert da. Die Arbeitsleute marschierten aus der Zone, ich fand mich von Pridurki umringt. Die einen sagten: »Die hängen dir eine neue Frist an«, die andern sagten: »Du gehst frei.« Aber alle waren sich einig, daß ich um den Minister Kruglow nicht herumkommen würde. So begann auch ich zwischen einer neuen Frist und der Entlassung zu schwanken. Ich hatte vollkommen vergessen, daß vor etwa einem halben Jahr irgendeine Type ins Lager gekommen war, um uns Kontrollkarten des GULAG ausfüllen zu lassen (damit hatten sie nach dem Krieg in den näher gelegenen Lagern begonnen, indes die Aktion wohl kaum beendet). Als wichtigste Frage stand darin die nach dem Beruf. Und die Häftlinge schrieben, um ihren Wert zu steigern, die goldsichersten GULAG-Berufe rein: »Friseur«, »Schneider«, »Bäcker«. Ich runzelte die Stirn und schrieb: »Atomphysiker«. Niemals war ich einer gewesen, habe nur vor dem Krieg mal eine Vorlesung darüber gehört, konnte die Atomteilchen und Kennwerte nennen – also los und reingeschrieben. Es war das Jahr 1946, die Atombombe war stark gefragt. Große Bedeutung maß ich jenem Karteiblatt aber selber nicht bei und hatte es bald vergessen.

Es zieht eine dumpfe, nicht im mindesten zuverlässige, von niemandem bestätigte Legende durch die Lager: daß es irgendwo auf diesem Archipel winzige *paradiesische Inseln* gibt. Keiner hat sie gesehen, keiner war dort gewesen, und wem's widerfuhr, der hüllt sich in Schweigen. Inseln solln es sein, auf denen Milch und Honig fließen, Inseln, wo ein *Sek* Geringeres als Rahm und Eier nicht zu essen bekommt; sauber soll's dort sein, immer warm, und zum Arbeiten gibt es Geistiges und hundertmal Geheimes.

Und genau auf diese paradiesischen Inseln (im Häftlingsjargon *Scharaschka* genannt) kam ich nach abgerackerter halber Frist. Ihnen verdanke ich, daß ich am Leben blieb, im Lager hätte ich die ganzen acht Jahre nicht um die Welt überlebt. Ihnen verdanke ich auch, daß ich diese Abhandlung schreibe, für sie selbst jedoch keinen Platz darin vorsehe (darüber gibt es schon den *Ersten Kreis der Hölle*). Von eben diesen Inseln wurde ich, von einer zur andern, von der zweiten zur dritten, per Sonderkonvoi befördert: zwei Wächter waren es und ich.

Wie wenn mitunter die Seelen von Verstorbenen um uns streifen, uns sehen, unsere kleinen Begehren unschwer erraten, ohne daß sie, die körperlosen, gesehen, erahnt werden, gerade so ist die Fahrt mit jener Sonderbewachung.

Du tauchst ins Dickicht des freien *Draußen*, schlenderst durch den Wartesaal, überfliegst zerstreut die Anschläge, die dich sicherlich von keiner Seite her berühren können. Sitzt auf dem altgedienten Fahrgast-»Diwan« und lauschst den seltsamen und nichtigen Gesprächen: daß irgendeine Frau von ihrem Mann verprügelt oder verlassen wurde; und die Schwiegermutter, wer weiß, warum, mit der Schwiegertochter verzankt ist; und die Wohnungsnachbarn zuviel Strom verbrauchen; obendrein die Schuhe nicht abputzen; irgend jemand irgendwem in die Quere kam; und irgend jemandem irgendwo an neuem Ort ein guter Posten versprochen wurde, doch wie soll er sich aufmachen mit Sack und Pack, ist ja keine Kleinigkeit, nicht wahr? Du hörst es alles — und plötzlich läuft dir ein Schauer der Entsagung über den Rücken: So klar erkennst du nun das wahre Maß der Dinge im Weltall ringsum! das Maß aller Schwächen und Leidenschaften! Und den Sündern neben dir ist es nicht gegeben, es zu erkennen. Wahrhaftig lebendig, wirklich lebendig bist nur du, der Körperlose, die andern da, die glauben bloß irrtümlich, daß sie lebendig seien.

Und unüberbrückbar ist die Kluft zwischen euch! Du darfst sie nicht anrufen, nicht beklagen, nicht an den Schultern packen und aufrütteln: Du bist ja ein Geist, ein Trugbild bist du und materielle Körper sind sie.

Wie es ihnen eingeben — durch Versenkung? durch Gedankenübertragung? im Traum? — Brüder! Menschen! Wozu ist euch das Leben geschenkt? Zu dumpfer Mitternachtsstunde öffnen sich die Türen der Todeszellen, und Menschen mit einer großen Seele werden zur Richtstätte geschleift. Auf allen Eisenbahnstrecken des Landes werden in diesem Augenblick, zu dieser Stunde Menschen gefahren: Die lecken nach dem Hering mit bitterer Zunge ihre trockenen Lippen, die träumen von der Wohltat ausgestreckter Beine, von der Entspannung nach dem Gang zum Abort. In Orotukan schmilzt die Erde nur im Sommer auf einen

Meter Tiefe — und erst dann können die Knochen der im Winter Verstorbenen darin begraben werden. Ihr aber habt den blauen Himmel über euch und habt unter der heißen Sonne das Recht, über euer Schicksal zu entscheiden, hinzugehen, um Wasser zu trinken, euch hinzusetzen, um die Beine zu strecken, und ohne Bewachung hinzufahren, wohin immer ihr wollt. Was solln die nicht abgestreiften Schuh? und die Schwiegermutter, was tut sie zur Sache? Das wichtigste im Leben, alle seine Rätsel: Soll ich sie vor euch ausbreiten, hier sogleich? Bemüht euch nicht um das Trügerische, nicht um Besitz, nicht um Titel: Das wird mit den Nerven bezahlt, in Jahrzehnten erworben, und in einer einzigen Nacht konfisziert. Lebt in ruhiger Überlegenheit gegenüber dem Leben — fürchtet nicht das Unglück und sehnt euch nicht nach Glück, 's ist ja einerlei. Das Bittere währt nicht ewig, und an Süßem wird das Maß nicht voll. Seid zufrieden, wenn ihr nicht friert, wenn Hunger und Durst euch nicht die Innereien zerreißen. Wenn euch das Rückgrat nicht gebrochen ist, wenn ihr auf beiden Beinen gehn, mit beiden Händen zugreifen, mit beiden Augen sehn und mit beiden Ohren hören könnt — wen braucht ihr dann noch zu beneiden? Wozu? Der Neid zehrt uns selbst am allermeisten auf. Reibt euch die Augen wach, wascht euch die Herzen rein — dann werdet ihr jene am höchsten schätzen, die euch lieben, die euch zugetan. Tut ihnen nichts zuleide, sagt kein böses Wort über sie, laßt keinen im Streit von euch scheiden: Wie solltet ihr wissen, ob es nicht euer letztes Tun vor der Verhaftung ist — wollt ihr so in ihrer Erinnerung bleiben?

Aber meine Wärter streichen zärtlich über die schwarzen Pistolengriffe in ihren Taschen. Und wir sitzen selbdritt auf der Bank, drei nüchterne Gesellen, drei friedfertige Freunde.

Ich reibe mir die Stirn, ich schließe die Augen und sehe, sie öffnend, den gleichen Traum: einen von niemand bewachten Menschenhaufen. Ich weiß ganz genau, daß ich noch diese Nacht in einer Zelle schlief und morgen in eine Zelle zurückkehren werde. Was wolln die Kontrolleure mit der Zwickzange? »Ihre Fahrkarte, bitte!« — »Dort, beim Kumpel.«

Die Waggons sind voll (na ja, nach ihren *freien* Begriffen »voll«; unter den Bänken liegt niemand, und keiner kauert im Durchgang). Mir ward geheißen, mich unauffällig zu benehmen, ich halte mich daran, wie's unauffälliger nimmer geht: Im Nebenabteil erspähe ich einen freien Fensterplatz, setze mich rasch hin. Für die Wachen aber ist in diesem Abteil kein Platz. Sie bleiben zurück und schielen von drüben mit verliebten Blicken zu mir her. In Perebory wird der Platz mir gegenüber frei, aber ehe meine Wache herbeispringt, ist er besetzt; mein neuer Gefährte hat ein rechtes Bullengesicht, eine Pelzjoppe trägt er, eine Pelzmütze und in der Hand einen einfachen, aber festen Holzkoffer. Den Koffer habe ich erkannt: ein Lagererzeugnis, *made in Archipelago*.

»Uf-f-f«, stöhnt der Bursche. Halbdunkel ist es, doch ich sehe, daß er puterrot ist; da wird's beim Einsteigen eine Rauferei gegeben haben. Er zieht eine Flasche hervor: »Magst ein Schluck Bier, Genosse?« Ich weiß, daß mein Wärter im Nebenabteil vor Angst vergeht: Ich darf doch keinen Alkohol trinken, das ist ein striktes Verbot! Aber — wir wollen uns unauffällig benehmen. Also sage ich ganz beiläufig: »Wär nicht übel, ja bitte, gern.« (Bier?? Bier!! Drei Jahre habe ich keinen Tropfen davon in die Kehle bekommen! Morgen kann ich mich in der Zelle mausig machen: Hab Bier getrunken!) Der Bursche schenkt ein, ich schlucke es erschauernd herunter. Inzwischen dunkelt es. Der Waggon hat kein Licht, Engpässe der Nachkriegszeit. In der alten Laterne über der Schiebetür brennt ein Kerzenstummel für vier Abteile zugleich: für zwei nach hinten und zwei nach vorn. Wir unterhalten uns freundschaftlich, es stört nicht, daß wir einander kaum sehen. Wie weit sich mein Wächter auch vorbeugt, er kann gegen das Rattern der Räder nicht an. Ich habe eine Postkarte für nach Hause in der Tasche stecken. Gleich werde ich mich meinem einfältigen Gegenüber zu erkennen geben und bitten, sie in einen Briefkasten zu werfen. Nach dem Koffer zu schließen, hat er selbst gesessen. Doch er kommt mir zuvor: »Hab mir mit Mühe einen Urlaub erbettelt. Ließen mich zwei Jahre nicht fort, pfui Teufel, ein hundselendiger Dienst.« — »Welcher denn?« — »Das kennst du nicht. Bin ein *Asmodi*[66], mit blauen Litzen, hast nie einen gesehn?« Verflucht und zugenäht, wieso hab ich das nicht gleich erraten: Perebory ist das Zentrum des Wolgolags, und den Koffer hat er den Häftlingen abgeluchst, mußten ihn ihm umsonst machen. Wie hat das doch unser Leben durchwoben: zwei Asmodis in zwei Zugabteilen — das war schon zu wenig, ein dritter mußte her. Und ob nicht ein vierter wo auf der Lauer liegt? Ob nicht in jedem Abteil einer sitzt? . . . Und ob nicht noch wer von den unsrigen per Sonderkonvoi mitfährt? . . .

Mein Bürschchen hört nicht auf zu flennen, sein Schicksal zu beklagen. Also werfe ich rätselhaft ein: »Und die, die du bewachst, die zehn Jahre für nichts und wieder nichts bekommen haben — glaubst du, sie haben's leichter?« Er zieht im Nu den Schwanz ein und verstummt bis zum Morgen: Im Halbdunkel hat er schon früher unklar ausmachen können, daß ich seltsames halbmilitärisches Habit trage. Weiß der Teufel, ob ich, den er für einen einfachen Heimkehrer gehalten hatte, nicht gar ein Einsatzmann bin? einer, der Flüchtlinge einfängt und drum in dem Kupee sitzt? ach, und er hat laut über die Lager hergezogen ...

Der Kerzenstummel ist beinahe abgebrannt, aber noch flackert er. Auf dem dritten, oberen, dem Gepäckbrett, erzählt ein Junge mit angenehmer Stimme über den Krieg, über den wirklichen, wie man ihn in Büchern nicht beschreibt; er war bei den Pionieren, erzählt Begebenheiten, die stimmen, wahr sind. Es tut einem wohl, daß die uneingezwängte Wahrheit trotz allem, wie hier, in irgendwessen Ohren fließt.

Auch ich hätte was zu erzählen ... Ich möchte es sogar! ... Nein doch, jetzt nimmermehr. Die vier Jahre meines Krieges sind wie fortgeblasen. Schon glaube ich nicht mehr, daß es sie je gegeben hat, mag mich nicht dran erinnern. Die zwei Jahre *hier*, die zwei Jahre auf dem Archipel haben sich vor die durchschrittenen Jahre an der Front, vor die dort erlebte Kameradschaft geschoben. Ein Keil treibt den andern.

Und siehe da: es brauchte nur die wenigen unter *Freien* verbrachten Stunden, um mich fühlen zu lassen: Meine Lippen sind stumm, ich hab unter ihnen nichts verloren, mir ist, als wär ich gebunden und geknebelt. Ich sehne mich — nach der freien Rede! Ich sehne mich — nach der Heimat! Mich zieht es nach Hause auf den Archipel!

Am Morgen *vergesse* ich die Postkarte auf der oberen Liegebank: Wenn die Wartefrau den Waggon putzt, wird sie sie finden und zum Briefkasten tragen, ist doch ein Mensch?!

Wir betreten den Platz vom Nordbahnhof her. Meine Bewacher erweisen sich wieder einmal als Neulinge, kennen sich in Moskau nicht aus. Wir nehmen die B-Tram, entscheide ich für sie. An der Haltestelle in der Mitte des Platzes ein Drängen und Stoßen; es ist die Zeit vor Arbeitsbeginn. Ein Wächter steigt zum Zugführer hinauf, zeigt ihm den Ausweis vom MWD. Wie Abgeordnete des Stadtsowjet pflanzen wir uns stolz auf der vorderen Plattform auf, auch Fahrscheine lösen wir nicht. Ein alter Mann wird runtergeschubst: Bist kein Invalide, kannst beim hinteren Einstieg rein!

Wir nähern uns der Nowoslobodskaja, steigen aus, da sehe ich das Butyrka-Gefängnis zum ersten Mal von außen, obwohl's meine vierte Einlieferung ist, den Innenplan könnt ich mit Leichtigkeit aufzeichnen. Oho! da sieh doch mal einer an, die drohende hohe Wand rund um gleich zwei Häuserblöcke! Die Herzen der Moskauer erstarren beim Anblick des sich öffnenden stählernen Torrachens. Ich aber verlasse ohne Bedauern die Moskauer Gehsteige, heimwärts geht es für mich durch den gewölbten Wachtturm, ich lächle im ersten Hof, erkenne die vertraute geschnitzte Tür des Hauptportals — und es stört mich nicht im geringsten, daß sie mich bald schon mit dem Gesicht zur Wand stellen und ihre Fragen leiern: »Sie heißen? Vor- und Vatersnamen? ... Geburtsjahr? ...«

Mein Name! ... Ich bin der Sternenwanderer! Mein Leib ist gefesselt, aber über meine Seele haben sie keine Gewalt.

Ich weiß, nach einigen Stunden unvermeidlicher Manipulationen mit meinem Körper: nach der Box, der Filzung, der Quittungsausgabe, der Ausfüllung der Eingangskarte, der Brenne und dem Bad werde ich in eine Zelle gebracht werden mit zwei Kuppeln und einem quer durch die Mitte gezogenen Bogen (alle Zellen sind gleich), mit zwei großen Fenstern und Schrank und Tisch in einem, da werde ich Menschen treffen, mir noch unbekannte, aber unbedingt kluge, interessante Menschen, die mir freundschaftlich gesinnt – und sie werden erzählen, und ich werde erzählen und am Abend nicht gleich einschlafen wollen.

Auf den Blechnäpfen aber wird eingeprägt stehen (damit keiner sie ins Lager mitnimmt): »Bu Tjur«. Sanatorium Butjur – so nannten wir's im Spaß das letzte Mal. Ein Sanatorium, das den fettsüchtigen Bonzen wenig bekannt ist. Sie schleppen ihre Wänste zur Abmagerungskur nach Kislowodsk, stapfen über markierte Wanderwege, turnen und schwitzen einen ganzen Monat, um zwei, drei Kilo loszuwerden. Im Sanatorium Butjur, gleich um die Ecke, hätte jeder von ihnen ganz ohne Strapazen zwanzig Pfund in der Woche abnehmen können.

Das ist erprobt. Das wirkt todsicher.

Eine der Erkenntnisse, zu denen du im Gefängnis gelangst, ist die, daß die Welt klein, sehr klein sogar ist. Freilich ist die Einwohnerzahl des Archipels, der sich übers gleiche Territorium erstreckt, um vieles geringer als die der Union. Wie hoch sie ist, bleibt für uns unergründbar. Man darf annehmen, daß es *gleichzeitig* in den Lagern niemals mehr als zwölf Millionen gab* (die einen wurden zu Staub, die Maschine schleppte neue herbei). Und knapp die Hälfte davon, nicht mehr, waren Politische. Sechs Millionen? – ist nicht so arg, ein kleines Land, Schweden oder Griechenland, da sind ja viele untereinander bekannt. Was Wunder also, daß man in einer jeden Zelle eines Durchgangsgefängnisses nur eine Weile hinhören, ein paar Worte mit den Zellengenossen zu wechseln braucht, um ganz gewiß gemeinsame Bekannte zu finden.

* Nach Unterlagen der Sozialdemokraten Nikolajewski und Danilin war in den Lagern mit 15 bis 20 Millionen Gefangenen zu rechnen.

(Nein, es ist nichts Wunderliches daran, wenn D., nach einem Jahr in lauter Einzelzellen, nach der Suchanowka, wo ihn Rjumin halbtot geprügelt, und nach der Krankenstation in der Lubjanka-Zelle, wo er schließlich landet, bloß seinen Namen zu nennen braucht — um schon vom flinken F. in Empfang genommen zu werden:»Ach, dann kenne ich Sie ja!« — »Woher?« D. ist auf der Hut.»Sie irren sich.« — »Mitnichten. Sie sind doch der Amerikaner Alexander D., der entführte, wie die bürgerliche Presse log und die TASS dementierte. Ich war draußen und hab's gelesen.«)

Ich mag die Augenblicke, wenn sie einen Neuen in die Zelle bringen (keinen Neuling, der schleicht sich bedrückt und verlegen herein, nein, einen altgesessenen Sek). Und habe es auch selber gern, in eine neue Zelle zu treten (im übrigen, Gott bewahre, auf weitere will ich gern verzichten), auf dem Gesicht ein sorgloses Grinsen, die Hand zum Gruß erhoben:»Hallo, Kameraden!« Das Reisebündel auf die Pritsche geworfen, und:»Na, was gibt's Neues in der Butyrka im letzten Jahr?«

Man macht sich bekannt. Ein junger Kerl, Suworow, § 58. Auf Anhieb siehst du nichts Besonderes an ihm, aber paß nur auf, paß nur auf: In der Krasnojarsker Peresylka saß er mit einem gewissen Machotkin...

»Halt, mit dem Polarflieger?«

»Ja, ja. Seinen Namen...«

»... trägt eine Insel in der Taimyr-Bucht. Er selbst sitzt nach 58,10. Sagen Sie bloß, hat man ihn nach Dudinka gelassen?«

»Woher wissen Sie das? Ja.«

Großartig. Ein weiteres Glied im Lebenslauf des mir völlig unbekannten Machotkin. Bin ihm niemals begegnet, werde vielleicht niemals Gelegenheit dazu haben, aber das emsige Gedächtnis hat alles abgelagert, was ich über ihn weiß: Machotkin bekam einen Zehner, aber die Insel war nicht umzubenennen, denn sie steht in allen Karten der Welt eingezeichnet (ist ja keine GULAG-Insel nicht). Er kam in die Flugzeug-Scharaschka in Bolschino, da litt es ihn, den Flieger, nicht unter den Ingenieuren, was sollte er ohne die Fliegerei! Jene Paradies-Scharaschka wurde geteilt, Machotkin kam in die Taganroger Hälfte, und schon schien es, als hätte ich ihn aus den Augen verloren. In der anderen, der Rybinsker Hälfte, erzählte man mir, daß sich der Junge um Flüge in den Hohen Norden bewarb. Nun erfahre ich, daß sie ihn tatsächlich hingelassen haben. Mir ist das alles zu nichts nütze, aber ich merke es mir. Und zehn Tage später werde ich in der Badebox (allerliebste Boxen sind es in der Butyrka, mit Hähnen und Bottichen, damit die große

Banja entlastet wird) einen gewissen R. treffen. Diesen R. kenne ich ebensowenig, was tut's, wenn ich von ihm erfahre, daß er ein halbes Jahr im Butyrka-Krankenrevier lag und nun nach Rybinsk in die Scharaschka abgehen soll. Nach weiteren drei Tagen werden sie in Rybinsk, im »geschlossenen Postkasten«, wo den Häftlingen jede Verbindung zur Außenwelt abgeschnitten ist, wissen, daß Machotkin in Dudinka ist, und auch, wohin es mit mir weitergeht. So ist sie, die Häftlingspost: Aufmerksamkeit, Gedächtnis, Begegnungen.

Und dort der sympathische Mann mit der Hornbrille? Er wandert durch die Zelle und summt mit angenehmem Bariton ein Schubert-Lied:

> »Ich wandle still, bin wenig froh,
> Und immer fragt der Seufzer: wo? immer wo?
> Im Geisterhauch tönt's mir zurück:
> Dort, wo du nicht bist, dort ist das Glück.«

»Zarapkin, Sergej Romanowitsch.«

»Erlauben Sie, dann kenne ich Sie doch. Biologe? Heimkehrverweigerer? Aus Berlin?«

»Woher wissen Sie?«

»Na, wieso denn nicht, die Welt ist klein! Neunzehnsechsundvierzig habe ich mit Nikolai Wladimirowitsch Timofejew-Ressowski ...«

... Ach, was war das für eine Zelle! Ob nicht gar die glanzvollste in meinem Gefängnisleben? Es war im Juli. Die geheimnisvolle »Order des Innenministers« hatte mich aus dem Lager in die Butyrka gebracht. Wir waren nach dem Mittagessen angekommen, aber die Empfangsprozedur dauerte wegen der großen Überlastung ganze elf Stunden, so daß ich erst um drei Uhr nachts und von den Boxen todmüde in der Zelle 75 ausgesetzt wurde. Von zwei grellen Birnen unter den beiden Kuppeln erleuchtet, wälzte sich die Zelle im fiebrigen Schlaf: Auch die heiße Juliluft konnte nicht durch die maulkorbverrammelten Fenster, es war zum Ersticken. Unentwegt surrten die ruhelosen Fliegen und setzten sich auf die Schlafenden, die zuckten und warfen sich hin und her. Manche hatten sich ein Taschentuch gegen das pralle Licht über die Augen gelegt. Vom Latrinenkübel zog ein scharfer Geruch rüber, die Hitze beschleunigte die Zersetzung. Die für fünfundzwanzig Mann bestimmte Zelle war nicht übermäßig vollgestopft: Achtzig Mann mögen es gewesen sein. Man lag in dichten Reihen auf den Pritschen links und rechts, auf den zusätzlichen Holzplatten, die den Gang überdeckten, und überall ragten unter den Pritschen Beine hervor, während das traditionelle Butyrka-Möbel, halb Tisch, halb Schrank, an den Abtritt herangerückt worden war. Genau dort war auch noch ein Stückchen freier Boden zu sehen, und ich legte mich hin. Wer also zum Kübel mußte, stieg bis zum Morgen über mich hinweg.

Als durch den Futtertrog das Kommando »Aufstehen!« hereingebrüllt wurde, kam die Zelle in Bewegung: Die großen Platten, die als Zusatzliegen dienten, wurden beiseite geräumt, der Tisch ans Fenster geschoben. Interviewer meldeten sich: ob ich frisch von draußen oder aus dem Lager kam. Ich erfuhr, daß in der Zelle zwei Ströme aufeinandertrafen: der gewöhnliche Strom der eben Verurteilten, auf den Abtransport ins Lager Wartenden, und ein Gegenstrom von Lagerhäftlingen, die allesamt Spezialisten — Physiker, Chemiker, Mathematiker, Konstruktionsingenieure — waren und noch nicht wußten, wohin's mit ihnen ging, bloß, daß es irgendwelche verheißungsvollen wissenschaftlichen Forschungsinstitute waren, die ihrer harrten. (Da war ich beruhigt: Auf eine neue Frist hat es der Minister bei mir nicht angelegt.) Ein Mann trat an mich heran, nicht alt, breitknochig (aber stark abgemagert), mit einer Nase, die sich nach Habichtart ein klein wenig nach unten krümmte.

»Professor Timofejew-Ressowski, Präsident der wissenschaftlich-technischen Gesellschaft der fünfundsiebzigsten Zelle. Unsere Gesellschaft versammelt sich jeden Morgen nach der Essensausgabe am linken Fenster. Könnten Sie uns vielleicht eine wissenschaftliche Mitteilung machen? Welche konkret?«

Ich stand überrumpelt vor ihm in meinem langen abgetragenen Offiziersmantel, die Wintermütze auf dem Kopf (im Winter verhaftet, mußt du auch im Sommer die Winterkleider tragen). Meine zerschrammten Hände waren noch immer zur Faust verkrampft. Was hatte ich Wissenschaftliches zu referieren? Da erinnerte ich mich, daß ich vor kurzem im Lager für ganze zwei Nächte das eingeschmuggelte Buch von Smith zu lesen bekam, den amtlichen Bericht des US-Kriegsministeriums über die erste Atombombe. Das Buch war im Frühjahr erschienen. Hat's jemand in der Zelle schon in der Hand gehabt? Eine müßige Frage, natürlich nicht. Eine Laune des Schicksals, am Ende trieb es mich doch, wie in den GULAG-Papieren eingetragen, zur Atomphysik.

Nach der Essenausgabe versammelte sich am linken Fenster die wissenschaftlich-technische Gesellschaft, zehn Mann etwa, ich machte meine Mitteilung und wurde als Mitglied aufgenommen. Manches hatte ich vergessen, anderes nicht ganz begriffen. Obwohl er schon ein Jahr saß und über die Atombombe nichts wissen konnte, sprang Nikolai Wladimirowitsch allemal ein, um die Lücken in meinem Bericht zu füllen. Eine leere Zigarettenschachtel war meine Tafel, darauf schrieb ich mit einem illegalen Griffelstumpf. Nikolai Wladimirowitsch nahm's mir immer wieder aus der Hand und zeichnete und fügte allerhand hinzu, so sicher, als wär er geradezu selbst ein Physiker vom Los-Alamos-Team.

Er hatte tatsächlich an einem der ersten europäischen Zyklotrone gearbeitet, allerdings, um Taufliegen zu bestrahlen. Er war Biologe, sicherlich den bedeutendsten Genetikern der Gegenwart zuzurechnen. Er saß bereits im Gefängnis, als Schebrak, ohne es zu wissen (oder vielleicht auch schon wissend), die Stirn hatte, in einer kanadischen Zeitschrift zu schreiben: »Die russische Biologie kann für Lyssenko nicht verantwortlich gemacht werden, die russische Biologie – das ist Timofejew-Ressowski« (als die Biologie 1948 aufs Korn genommen wurde, kreidete man's Schebrak nachträglich an). In seiner Broschüre *Was ist Leben?* fand der Physiker Erwin Schrödinger zweimal Platz für Äußerungen des längst einsitzenden Timofejew-Ressowski.

Er aber stand in unserer Mitte und wartete mit Kenntnissen aus allen möglichen Wissenschaften auf. Er besaß jene breite Vielseitigkeit, die den Wissenschaftlern späterer Generationen gar nicht mehr erstrebenswert erscheint (mag sein, daß sich auch die Erfaßbarkeit der Dinge geändert hat). Allerdings war er jetzt, nach der Untersuchungshaft, derart ausgehungert, daß ihm diese Übungen mitnichten leicht fielen. Mütterlicherseits stammte er von verarmten Landedelleuten aus dem Gebiet Kaluga ab, ihr Gut lag am Fluß Ressa, und war vom Vater her ein Seitensproß des Stepan-Rasin-Geschlechts. Das Kernige, Kosakische war in allem zu spüren, zu erkennen – an seinem breiten Knochenbau, an seiner Gründlichkeit, an der Art, wie er standhaft dem Untersuchungsrichter trotzte, aber auch daran, daß ihn der Hunger ärger plagte als uns.

Die Vorgeschichte aber war, daß der deutsche Mediziner Oskar Vogt, nachdem er in Moskau das Gehirnforschungsinstitut gegründet hatte, 1922 darum bat, zwei begabte absolvierte Studenten zur ständigen Arbeit von dort mitnehmen zu dürfen. Also wurde Timofejew-Ressowski und seinem Freund Zarapkin eine zeitlich unbegrenzte Dienstreise bewilligt. Wenngleich sie im Ausland die ideologische Anleitung entbehren mußten, konnten sie doch im eigentlich Wissenschaftlichen schöne Erfolge verbuchen, so daß es ihnen 1937 (!), als man sie nach Hause beorderte, unmöglich war, dem Befehl zu folgen – die innere Logik ihrer Arbeiten, die Geräte, die Schüler, alles liegen und im Stich zu lassen? Und es hielt sie wohl auch zurück, daß sie in der Heimat nun das in den fünfzehn Jahren in Deutschland Erarbeitete öffentlich mit Schmutz zu bewerfen hätten, um sich dadurch das Recht auf eine Existenz (ob wirklich?) zu erkaufen. So wurden sie Heimkehrverweigerer, ohne aufzuhören, Patrioten zu sein.

1945 zogen die sowjetischen Truppen in Berlin-Buch (einem nordöstlichen Vorort) ein, von Timofejew-Ressowski, der ihnen sein heil gebliebenes Institut präsentierte, mit Freuden begrüßt. Nun hatte sich alles zum besten gewendet, er brauchte vom Institut nicht Abschied zu nehmen! Funktionäre kamen, sahen sich um, sagten: »Hm, muß alles in Kisten verpackt werden, und nach Moskau damit.« — »Unmöglich!« wehrte Timofejew ab. »Dann ist alles ruiniert! Es hat Jahre gebraucht, die Anlagen in Betrieb zu setzen!« — »Hm, hm.« Die Obrigkeit tat höchst erstaunt. Über kurz wurden Timofejew und Zarapkin verhaftet und nach Moskau gebracht. Sie glaubten, die Naivlinge, daß das Institut ohne sie nicht funktionieren würde. Ums Funktionieren ging es ja nicht, sondern ums Rechtbehalten: Generallinie über alles! Auf der Großen Lubjanka wurde den Verhafteten im Handumdrehen nachgewiesen, daß sie Verräter der (*an der?* . . .) Heimat waren, sie bekamen je zehn Jahre, und was blieb nun dem Präsidenten der wissenschaftlich-technischen Gesellschaft der Zelle 75 übrig, als sich munter zu geben: nirgendwo und nimmer habe er einen Fehler begangen.

In den Butyrka-Zellen sind die Stützen unter den Pritschen sehr niedrig. Selbst der Verwaltung war es früher nie in den Sinn gekommen, daß Häftlinge darunter schlafen könnten. Darum wirfst du vorderhand dem Nachbarn deinen Mantel zu, daß er ihn unten ausbreitet, legst dich dann flach auf den Boden und kriechst hinterdrein. Übern Boden wird gelaufen, unter den Pritschen bestenfalls einmal im Monat gekehrt, die Hände kannst du dir erst beim abendlichen Austreten waschen, Seife gibt's obendrein nicht; es wär gelogen, daß du deinen Körper als Gefäß Gottes empfindest. Trotzdem war ich glücklich! Dort, auf dem Asphaltboden unter den Pritschen, im Hundeloch, wo von oben Staub und Krümel auf uns herabfielen, da war ich absolut und schrankenlos glücklich. Recht hatte Epikur: »Der Mangel an Vielfalt kann nach vorangegangenen vielfältigen Ungenüßlichkeiten als Genuß empfunden werden.« Vorüber war das Lager, endlos schien es bereits, vorüber der zehnstündige Arbeitstag, die Kälte, der Regen, der Schmerz im Rücken, ach, könnt's danach was Schöneres geben, als den ganzen lieben Tag zu liegen, zu schlafen und trotzdem die sechshundertfünfzig Gramm Brot samt der zweimaligen warmen Verpflegung, einem Eintopf aus Mischfutter, aus Delphinfleisch, zu bekommen!

Schlaf — der ist überaus wichtig. Auf den Bauch gelegt, mit dem Rücken zugedeckt, und schlafen! Schlafend verbrauchst du keine Kräfte und zerquälst dir nicht dein Herz — aber die Zeit, die läuft, aber die Haftzeit, die läuft! Wenn unser Leben knistert und Funken sprüht, verfluchen wir den Zwang, acht Stunden lang nichtsnutzig zu schlafen. Wenn wir elend sind, dann sei gelobt, du vierzehnstündiger Schlaf!

Aber ich blieb in jener Zelle zwei Monate, schlief mich aus, für ein Jahr im nachhinein, für ein Jahr im voraus, rückte unterdessen unter der Pritsche bis zum Fenster vor, kehrte wieder, diesmal auf den Pritschen, zum Abtritt zurück und kam pritschoben bis zum mittleren Bogen. Schon schlief ich wenig, schlürfte vom Elixier des Lebens und ließ es mir behaglich sein. Frühmorgens die wissenschaftlich-technische Gesellschaft, danach Schach, Bücher (davon gibt's an Brauchbarem drei, vier Stück auf achtzig Mann, man steht gleichsam Schlange), zwanzig Minuten Rundendrehn im Hof — ein Akkord in Dur! Wir sträuben uns nicht einmal, wenn's in Strömen regnet. Und die Hauptsache — Menschen, Menschen, Menschen! Nikolai Andrejewitsch Semjonow, einer der Erbauer des Dnjeprkraftwerks. Sein Freund aus den Tagen der Kriegsgefangenschaft, der Ingenieur F. F. Karpow. Der scharfzüngige, findige Viktor Kagan, Physiker von Beruf. Der Komponist und Konservatoriumsschüler Wolodja Klempner. Ein Holzfäller und Jäger aus den Wäldern von Wjatka, düster wie ein unzugänglicher Waldsee. Jewgenij Iwanowitsch Diwnitsch, ein orthodoxer Prediger aus der Emigration. Er bleibt nicht im Rahmen der Theologie, er fällt über den Marxismus her, gibt kund und zu wissen, daß diese Lehre in Europa längst von niemand mehr ernst genommen wird — und ich trete in die Schranken, ich, der Marxist. Noch vor einem Jahr, wie sicher hätt ich ihn damals auf ein Dutzend Zitate gespießt, wie hätt ich ihn glatt in den Boden verlacht! Aber dieses mein erstes Häftlingsjahr hat — wann war's geschehen? hab's gar nicht bemerkt — so viele neue Ereignisse, Ausblicke und Bedeutungen in mir abgelagert, daß ich nicht mehr sagen kann: Das gibt es nicht! eine bürgerliche Erfindung! Jetzt muß ich einräumen: Ja, es gibt sie. Und schon ist in der Kette meiner Argumente ein schwaches Glied, und ich werde spielend geschlagen.

Und wieder kommen Kriegsgefangene, immer wieder Kriegsgefangene, der Strom aus Europa fließt schon das zweite Jahr. Und wieder die russischen Emigranten, aus Europa und aus der Mandschurei. Suchst du nach Bekannten, dann frag einen nur: Aus welchem Land? Kennen Sie den und den? Natürlich kennt er ihn. (So erfahre ich von der Erschießung des Obersten Jassewitsch.)

Und der alte Deutsche, jener füllige, nunmehr abgemagerte, kranke Deutsche, den ich einst in Ostpreußen (vor zweihundert Jahren?) meinen Koffer zu tragen zwang. Oh, wie klein ist doch die Welt! ... Daß ich ihm nochmals begegnen würde! Der Alte lächelt mir zu. Hat mich ebenfalls erkannt und scheint sich sogar über mich zu freuen. Er hat mir verziehen. Bekam zehn Jahre, wird sie nicht zu Ende leben ... Und ein anderer Deutscher, schlaksig, jung, aber verschlossen, wie nicht zugegen, vielleicht, weil er kein Wort Russisch versteht. Dem sieht man auch den Deutschen nicht gleich an. Das Deutsche haben ihm die Unterweltler abgeknöpft, statt dessen trägt er eine ausgebleichte sowjetische Soldatenbluse. Er ist ein berühmtes deutsches Flieger-As. Sein erster Feldzug war der Chaco-Krieg zwischen Bolivien und Paraguay, der zweite in Spanien, der dritte in Polen, der vierte über England, der fünfte auf Zypern, der sechste in der Sowjetunion. Da er ein As war, mußte er wohl von der Luft aus Kinder und Frauen niedergemäht haben! Ein Kriegsverbrecher also, zehn Jahre und fünf Jahre Maulkorb.

Und daß es in der Zelle einen Zweihundertprozentigen (vom Schlage des Staatsanwalts Kretow) gibt, versteht sich von selbst: »Habt es sicher verdient, das Eingesperrtwerden, ihr Schweinehunde, ihr Konterrevolutionäre! Die Geschichte wird eure Knochen zu Dünger vermahlen!« — »Und deine genauso, Dreckskerl du!« schreit's ihm entgegen. »Nein, meinen Fall wird man überprüfen, ich bin unschuldig verurteilt!« Die Zelle johlt und brodelt. Der grauhaarige Russischlehrer steigt bloßfüßig auf die Pritsche und breitet wie ein neuerschienener Christus die Arme über uns aus: »Liebe Kinder mein, versöhnt euch! ... Liebe Kinder!« Das Brüllen wendet sich auch gegen ihn: »Im Brjansker Wald liegen deine Kinder! Niemandes Kinder sind wir mehr! Nur die Söhne des GULAG ...«

Nach dem Abendessen und abendlichen Austreten kommt die Nacht an die Maulkörbe der Fenster herangeschlichen, an der Decke flammen die zermürbenden Lampen auf. Der Tag entzweit die Häftlinge, die Nacht bringt sie einander näher. An den Abenden gab es keinen Streit, da wurden Vorträge gehalten oder Konzerte veranstaltet. Und wieder brillierte Timofejew-Ressowski: Ganze Abende lang wußte er über Italien, Dänemark, Norwegen, Schweden zu erzählen. Die Emigranten berichteten über den Balkan, über Frankreich. Einer hielt einen Vortrag über Le Corbusier, ein anderer über die Lebensgewohnheiten der Bienen, ein dritter über Gogol. Und geraucht wurde aus vollen Lungen! Dicker Rauch stand in der Zelle, hin und her wogend wie Nebel, der Maulkorb ließ ihn nicht durchs Fenster abziehn. Mein Altersgenosse

Kostja Kiula trat an den Tisch, rundgesichtig, blauäugig, komisch tolpatschig sogar, und trug Gedichte vor, die er im Gefängnis geschrieben: »Das erste Paket«, »An meine Frau«, »An den Sohn« — so hießen sie. Wenn man im Gefängnis Gedichte nicht liest, sondern hört, Gedichte, im selben Gefängnis geschrieben, dann kümmert es einen wenig, ob der Verfasser die Senkungen und Hebungen richtig gesetzt hat, ob er die Zeile mit Assonanzen oder vollen Reimen ausklingen läßt. Diese Gedichte sind Blut *Deines* Herzens, Tränen *Deiner* Frau. Viele weinten*.

Seit jener Zelle versuchte auch ich mich im Gedichteschreiben über das Leben in Haft. Und trug dort Jessenin vor, der vor dem Krieg so gut wie verboten war. Der junge Bubnow, ein Kriegsgefangener und vormals, glaube ich, Student, hing andächtig an den Lippen der Vortragenden, sein Gesicht verklärte sich. Er war kein Spezialist, er kam nicht aus dem Lager, sondern in das Lager, und das hieß für ihn wohl — in den Tod, denn mit solch einem reinen und gradlinigen Wesen gab es dort kein Überleben. In seinem und der anderen vorübergehend verlangsamten tödlichen Abrutschen waren diese Abende in der Zelle 75 eine unvermittelte Vision jener herrlichen Welt, die *ist* und — sein wird, bloß daß das böse Schicksal sie kein einziges kurzes Jahr, kein einziges junges Jahr darin verleben ließ.

Der Futtertrog klappte herunter, dahinter eine plärrende Aufsehervisage: »Schla-fen!« Nein doch, gewiß habe ich auch vor dem Krieg trotz der zwei Hochschulstudien, des Stundengebens und der ersten *Schreib*versuche, keine so randvollen, so aufreibenden, so ausgelasteten Tage erlebt, wie in der fünfundsiebziger Zelle in jenem Sommer . . .

»Gestatten Sie«, wende ich mich an Zarapkin, »aber ich habe seither von einem gewissen Deul, einem Jungen, der mit sechzehn einen *Fünfer* (nicht die Schulnote allerdings) wegen *antisowjetischer Agitation* bekam . . .«

»Wie, Sie kennen ihn? Er fuhr in unserem Transport nach Karaganda . . .«

». . . erfahren, daß Sie in einem medizinischen Labor untergekommen sind und Nikolai Wladimirowitsch die ganze Zeit bei den *Allgemeinen* war . . .«

»Das hat ihn sehr geschwächt. Mehr tot als lebendig kam er aus dem Stolypin in die Butyrka, da liegt er jetzt im Krankenrevier und be-

---

*Keine Nachricht gibt mir Kostja Kiula. Verschwunden ist er, und ich fürchte, nicht mehr am Leben.

kommt von der Vierten Sonderabteilung* Butter, sogar Wein zugewiesen, doch ob er durchkommt, ist schwer zu sagen.«

»Sie wurden in die Vierte vorgeladen?«

»Ja. Man wollte wissen, ob wir nach sechs Monaten in Karaganda nicht doch bereit wären, unser Institut auf heimatlichem Boden wiederaufzubauen.«

»Und Sie stimmten stürmisch zu?«

»Oh, freilich! Haben unsere Fehler inzwischen eingesehen. Außerdem ist die ganze Ausrüstung, demontiert und in Kisten verpackt, auch ohne uns rübergekommen.«

»Na, sehen Sie, das MWD läßt die Wissenschaft nicht verkommen! Darf ich Sie nun um noch ein wenig Schubert bitten?«

Und Zarapkin singt, mit traurigem Blick zu den Fenstern (sie spiegeln sich in seiner Brille, die dunklen Maulkörbe und die hellen Fensterspitzen):

> »Vom Abendrot zum Morgenlicht
> ward mancher Kopf zum Greise.
> Wer glaubt es? Meiner ward es nicht
> auf dieser ganzen Reise.«

Tolstois Traum ist in Erfüllung gegangen: Die Häftlinge werden nimmer gezwungen, am verderbten Gottesdienst teilzunehmen. Die Gefängniskapellen stehen geschlossen. Als Kirchen freilich geschlossen, nicht als Gebäude, diese hat man trefflich zur Erweiterung eben jener Gefängnisse zu nutzen gewußt. In der Butyrka-Kirche finden auf diese Weise weitere zweitausend Personen Platz, und nimmt man für jeden Schub einen zweiwöchentlichen Verbleib als Maßstab, dann ergibt es eine zusätzliche Jahreskapazität von fünfzigtausend.

Zum vierten oder fünften Mal in der Butyrka einkehrend, sicheren Schritts den Hof zwischen den Zellenblocks durcheilend, um nur rasch in die für mich bestimmte Zelle zu gelangen, ja, sogar um Kopflänge dem Wärter voran (grad wie ein Pferd, das, den Hafer witternd, ohne Peitsche und Zügel nach Hause trabt), vergesse ich bisweilen, einen Blick auf die Kirche zu werfen, die da, ein rechteckiger Bau mit einem achtkantigen Turm darauf, inmitten des Hofquadrats steht. Ihre Maul-

---

*Der Vierten Sonderabteilung des MWD oblag die Heranziehung von Häftlingen zu wissenschaftlichen Forschungsaufträgen.

körbe halten mit der Technik nicht Schritt; nicht aus bewehrtem Glas sind sie, wie im Hauptgebäude längst, sondern aus grauen morschen Brettern, die die Zweitrangigkeit des Gebäudes markieren. Die Kirche dient gleichsam als innerbutyrkische Peresylka für die frisch abgeurteilten Fälle.

Damals aber, 1945, hatte ich's als großen und wichtigen Schritt erlebt: Nach dem OSO-Urteil wurden wir in die Kirche gebracht (zur rechten Zeit! wär nicht übel zu beten!), in den ersten Stock hinaufgeführt und aus dem achtkantigen Vorraum in verschiedene Zellen geboxt. Ich kam in die südöstliche.

Es war eine große quadratische Zelle, mit dazumal zweihundert Mann darin. Zum Schlafen gab's wie überall die Pritschen (eingeschossig dort), den Boden darunter und den Boden im Durchgang, ein Kachelboden war's. Zweitklassig waren nicht allein die Maulkörbe, zweitklassig, wie nicht für die Söhne, sondern für die Stiefsöhne des GULAG bestimmt, war alles übrige auch. Diesem wimmelnden Haufen wurden weder Bücher noch Schachbretter zugestanden, zudem die Aluminiumnäpfe und die schartigen verbeulten Holzlöffel von Mahl zu Mahl eingesammelt, damit keiner in der Eile was ins Lager mitnahm. Selbst Trinkbecher waren ihnen für die Stiefsöhne zu schade, die Näpfe wurden nach der Suppenjauche ausgespült, dann durfte man das Teegebräu daraus schlürfen. Besonders schmerzlich wurde das Fehlen eigenen Geschirrs von jenen empfunden, die das Glück-Unglück hatten, von zu Hause ein Paket zu erhalten (denn gerade in den letzten Tagen vor dem Abtransport kratzten die Anverwandten die zerrinnenden Kopeken zusammen, um noch ja was reinzuschicken). Jeder Knastbildung bar, konnten die Verwandten auch bei der Gefängnisauskunftstelle nicht auf guten Rat hoffen. Darum packten sie nicht Plastikgeschirr, das einzig bewilligte, zu ihren Gaben, sondern solches aus Glas oder Blech. Durch den Futtertrog der Zelle wurde alles, was in den Dosen an Honig, Marmelade, Kondensmilch war, unbarmherzig herausgeschüttet, herausgekratzt, und der Häftling hatte was hinzuhalten, und da er in der Kirchenzelle nichts zum Hinhalten hatte, ging es in die hohle Hand, in den Mund, ins Taschentuch, in den ausgebreiteten Mantelschoß, nichts Wunderliches dabei für den GULAG — aber für Moskau, mitten im Zentrum? Und natürlich »schnell, schnell!«, der Aufseher hat's eilig, als führe ihm der Zug davon (die Eile war begründet, wollt er doch selbst die unzulässigen Dosen ausschlecken). In den Kirchenzellen war alles provisorisch, und auch noch jener Illusion von Beständigkeit beraubt, die in den Zellen der Untersuchungshäftlinge und der noch nicht Abgeurteilten herrschte. Die hiesigen Gefangenen — durch den Fleischwolf getriebene Halbfertigware für den GULAG — hatten nur jene unvermeidlichen Tage abzusitzen, die es brauchte, bis auf der Krasnaja Presnja ein wenig Platz für sie frei wurde. Das einzige hiesige Privileg bestand im selbständigen Balanda-Einholen (hier gab es niemals Kascha, dafür aber dreimal am Tag die Balanda, eine Gabe, barmherziger als der Brei, weil häufiger, heißer und fülliger für den Magen). Des Privilegs Erklärung war, daß es in der Kirche keine Aufzüge gab, wie im übrigen Gefängnis; und die Aufseher wollten sich keinen Bruch an den Kesseln heben. Diese waren schwer und groß und von weither zu schleppen, zuerst übern Hof, dann über die steile Treppe, die Kräfte reichten kaum aus — dennoch meldete man sich gern, bloß um ein weiteres Mal durch den grünen Hof zu gehen und das Vogelgezwitscher zu hören.

Die Kirchenzellen hatten ihre besondere Luft; der erste Zugwind der kommenden Peresylkas, der erste Eishauch der polaren Lager kündete sich darin an. In den Kirchenzellen vollzog sich das Ritual der Gewöhnung; so das Urteil gesprochen war und mitnichten zum Spaß — gewöhne dich daran; so du in einen neuen Lebensabschnitt trittst — zwing deinen Kopf, sich darauf einzustellen und sich, so hart es auch werden möge, darein zu fügen. Es gelang einem nicht leicht.

Auch die Zellenbelegschaft war nicht dauerhaft, anders als während der Untersuchungshaft, wo einem die Nachbarschaft zu einer Art Familie geworden war. Tagein, nachtaus wurden Häftlinge einzeln und in Gruppen herein- und hinausgeführt, darum das ständige Nachrücken auf den Pritschen, auf dem Boden, so daß man selten länger als zwei Tage neben demselben Nachbarn zu liegen kam. War dir ein interessanter Mensch untergekommen, mußtest du ihn auf der Stelle ausfragen, ehe er dir wieder fürs Leben entschwand.

So war mir der Autoschlosser Medwedew durch die Lappen gegangen. Zu Beginn unseres Gesprächs erinnerte ich mich, daß der Kaiser Michail seinen Namen erwähnte. Stimmt, es war sein Mitangeklagter, einer der ersten, die den »Aufruf an das russische Volk« gelesen und den Kaiser nicht angezeigt hatten. Medwedew bekam unverzeihlich, schimpflich wenig — ganze drei Jahre, nicht mehr! —, und dies trotz des § 58, bei dem schon fünf Jahre als kindische Frist galten. Offensichtlich war der Kaiser doch für verrückt befunden worden, da ließ man bei den übrigen den *Klassenstandpunkt* walten und Gnade für Recht ergehen. Doch kaum, daß ich mich anschickte zu erfahren, wie Medwedew selber zu alldem stand, als sie ihn auch schon »mit Sachen« holen kamen.

Einige Umstände sprachen dafür, daß es mit ihm zur Entlassung ging, womit jene ersten Gerüchte über die Stalinsche Amnestie genährt wurden, die in diesem Sommer zu uns drangen: eine *Amnestie für niemand*, eine Amnestie, nach der es unter den Pritschen um kein bißchen luftiger wurde.

Mein Pritschennachbar, ein alter Schutzbündler, wurde weggeholt (diese Schutzbündler, die im konservativen Österreich zu ersticken glaubten, wurden 1937 in der Heimat aller Proletarier durch die Bank zu je einem Zehner verknastet und fanden auf den Inseln des Archipels ihr Ende). Ihm nach rückte ein bronzehäutiges Männlein mit pechschwarzen Haaren und dunklen kirschförmigen Mädchenaugen; die Nase indes, übermäßig groß und breit, verhunzte das ganze Gesicht zur Karikatur. Einen Tag rund um die Uhr lagen wir schweigend nebeneinander, am nächsten fand er einen Vorwand, um zu fragen: »Für wen halten Sie mich?« Sein Russisch war ungezwungen, fehlerlos, aber nicht akzentfrei. Ich schwankte: Kaukasier? Armenier? Von beidem hatte er etwas. Er grinste: »Ich gab mich mühelos für einen Georgier aus, man nannte mich Jascha. Alle lachten mich aus. Ich kassierte Gewerkschaftsbeiträge.« Ich besah ihn mir genauer. Eine komische Figur, in der Tat: ein Zwerg von Mann, das Gesicht unproportioniert, das Lächeln arglos. Aber plötzlich straffte er sich, seine Züge wurden scharf, die Augen ein Spalt, und wie ein Säbelhieb trafen mich seine Worte:

»Gestatten Sie, Locotenent Vladimirescu! Geheimagent des rumänischen Generalstabs!«

Ich schrak sogar zusammen, soviel Dynamit hörte ich darin.

Nach gut zweihundert erlebten Pseudospionen hatte ich nicht ahnen können, mal einem richtigen zu begegnen. Ich glaubte, die gäbe es gar nicht.

Seinem Bericht zufolge, entsprang er einem Aristokratengeschlecht. Ward mit drei Jahren für den Generalstab bestimmt und mit sechs dem Geheimdienst in Schulung gegeben. Als künftiges Betätigungsfeld wählte er, heranwachsend, die Sowjetunion, ein Land, meinte er, mit besonderem Schwierigkeitsgrad, besaß es doch die härteste Abwehr der Welt und zudem ein System, in dem jeder jeden verdächtigte. Seine Arbeit, zog er nun Bilanz, war nicht übel gewesen. Einige Vorkriegsjahre in Nikolajew, und er hatte, scheint's, den Rumänen die Schiffswerft heil in die Hand gespielt. Dann war er im Traktorenwerk in Stalingrad »tätig«, dann beim Uralmasch in Swerdlowsk. Um Gewerkschaftsbeiträge einzutreiben, betrat er das Arbeitszimmer eines großen Abteilungsbosses, schloß sachte die Tür hinter sich, und sieh, das tölpelhafte Grinsen war von Vladimirescus Lippen gewichen, der gleiche säbelhafte Ausdruck trat an dessen Stelle: »Ponomarjow![Jener nannte sich beim Uralmasch anders.] Wir beobachten Sie seit Stalingrad. Sie haben dort Ihren Posten verlassen [der war ein hohes Tier im Stalingrader Traktorenwerk gewesen], sind hier unter falschem Namen untergeschlüpft. Was wollen Sie wählen: Die Erschießung durch Ihre Leute oder die Zusammenarbeit mit uns?« Ponomarjow wählte die Zusammenarbeit mit den Rumänen, einem erfolgsgewohnten Fettwanst sah das ähnlich. Er blieb unter des Herrn Locotenents Aufsicht, bis dieser an den deutschen Residenten in Moskau abgetreten und von letzterem nach Podolsk beordert wurde, um in seinem Fach zu arbeiten. Wie Vladimirescu erläuterte, erfahren die auf Diversionsakte getrimmten Agenten eine vielseitige Ausbildung, bei der jeder dennoch sein eigenes *enges* Fachgebiet hat. Vladimirescus diesbezügliches Spezialfach war die unmerkliche Durchtrennung der Hauptleine von Fallschirmen. In Podolsk wurde der Locotenent vor dem Fallschirmmagazin vom Wachechef (wer war's? was war's für ein Mensch?) begrüßt und für eine Nacht, acht Stunden, ins Magazin gesperrt. Über eine kleine Leiter stieg Vladimirescu an den Fallschirmstapeln empor und tastete sich, ohne das geringste zu verrücken, durch die vielen Fangleinen zum Hauptstrang vor, den schnitt er mit einer Schere zu vier Fünfteln durch, ließ das letzte Fünftel ungeschoren, daß es in der Luft zerreiße. Viele Lehr- und Trainingsjahre hatte es für diese eine Nacht gebraucht. Nun war sie da, und Vladimirescu gelang es, sagt er, in fieberhafter Arbeit nahezu zweitausend Fallschirme kaputtzumachen (je fünfzehn Sekunden pro Fallschirm?). »Ich habe eine sowjetische Fallschirmjägerdivision vernichtet!« brüstete er sich und seine Kirschenaugen funkelten schadenfroh.

Nach der Verhaftung verweigerte er jede Aussage und machte, acht Monate in einer Einzelzelle der Butyrka, den Mund keinmal auf. »Und wurden nicht gefoltert?« — »N-nein«, verzog er die Lippen, als käme diese Möglichkeit für einen Nichtsowjetbürger gar nicht in Betracht. (Prügle die eigenen Leut, damit die fremden das Fürchten lernen! ... Ein Spion aber gehört zum goldenen Fonds, der wird vielleicht ausgetauscht werden müssen.) Es kam der Tag, da sie ihm Zeitungen brachten: Rumänien hat kapituliert, pack nun aus! Er schwieg weiter (die Zeitungen hätten gefälscht sein können). Man legte ihm den Befehl des rumänischen Generalstabs vor: In Befolgung der Waffenstillstandsbedingungen mögen alle Geheimagenten ihre Tätigkeit einstellen. Er schwieg weiter (der Befehl hätte gefälscht sein können). Schließlich stellte man ihn seinem unmittelbaren Vorgesetzten gegenüber, der befahl ihm, aufzugeben und zu gestehen. Daraufhin machte Vladimirescu kaltblütig seine Aussagen, erzählte nun auch mir, da's ohnehin egal war, einiges aus seinem Spionsleben. So ein Zellentag schleppte sich langsam dahin. Er wurde nicht einmal vor Gericht gestellt, bekam nicht einmal eine Frist! (War ja auch kein heimisches Karnickel! »Ich bin Berufsspion und bleibe es bis zum Tod, mich wird man schonen.«)

»Aber Sie haben sich mir zu erkennen gegeben«, warf ich ein. »Ich könnte mir Ihr Gesicht gemerkt haben. Was, wenn Sie mir einmal auf der Straße in die Arme laufen ...«

»Wenn ich sicher bin, daß Sie mich nicht erkannt haben — bleiben Sie am Leben. Ansonsten werde ich Sie töten oder für uns zu arbeiten zwingen.«

Nein, er wollte sich's nicht mit dem Pritschennachbarn verderben. Er sagte es ganz ohne Arg, durchaus überzeugt. Ich glaubte ihm, daß es ihm nichts ausmachen würde, mich niederzuschießen oder abzustechen.

In dieser ganzen langen Häftlingschronik werden wir auf einen ähnlichen Heroen nicht noch einmal stoßen. Es blieb für mich während der elf Jahre Gefängnis, Lager und Verbannung die einzige Begegnung dieser Art, und andere wissen nicht mal eine zu berichten. Aber unsere zuhauf verbreiteten Comics gaukeln der Jugend vor, die *Organe* wären nur mit dem Einfangen solcher Leute beschäftigt.

Man brauchte sich bloß in jener Kirchenzelle umzusehen, um zu begreifen, daß es ja die Jugend war, die sie bevorzugt zusammenfingen. Der Krieg ging zu Ende, jetzt durfte man sich den Luxus erlauben, alle unter die Lupe Genommenen, gottlob, daß sie nicht mehr unter die Soldaten mußten, zu verhaften. Es hieß, daß von 1944 bis 1945 eine »Demokratische Partei« die Kleine (gebietszuständige) Lubjanka passierte. Die Partei bestand dem Vernehmen nach aus einem halben Hundert von Schuljungen, hatte ein Statut und Mitgliedsbücher. Der Älteste ging in die zehnte Klasse einer Moskauer Schule, das war der »Generalsekretär«. — Auch Studenten traf man in den Moskauer Gefängnissen im letzten Kriegsjahr, ich saß da und dort mit einem zusammen. Zählte ja auch ich noch nicht zu den Alten, aber sie waren jünger ...

Wie unmerklich war das herangekommen! Während wir — ich, meine Mitangeklagten, meine Altersgenossen — vier Jahre lang an der Front gekämpft hatten, war hier wieder eine Generation groß geworden! So lange ist's doch gar nicht her, daß wir die Universitätshallen bevölkerten, uns so jung vorkamen und so klug, klüger war niemand im ganzen Erdenrund! Aber was, plötzlich treten uns in den Gefängniszellen blasse hochmütige Jünglinge entgegen, und voll Staunen erfahren wir, daß die allerjüngsten und allerklügsten nicht mehr wir, sondern sie sind! Es kränkte mich jedoch nicht, ich stand nicht an, den Platz zu räumen. Seht, drückte ihre Haltung aus, wir haben das rechte Los gewählt und wolln es nicht bereuen. Ihr Stolz war mir verständlich. Man sah beinahe das Flimmern der Gefängnisaureole um die selbstgefälligen und klugen Bubengesicher.

Vor einem Monat, in einer anderen, als eine Art Krankenzimmer eingerichteten Butyrka-Zelle — ich hatte noch keinen Schritt ins Innere getan, mir einen Platz zu suchen — stellte sich mir im Vorgefühl eines Streitgesprächs, ja, darum geradezu flehend, ein blasser Junge in den Weg, er hatte ein jüdisch-zartes Gesicht und hüllte sich, obwohl Sommer war, fröstelnd in einen abgetragenen, durchschossenen Soldatenmantel. Sein Name war Boris Gammerow. Er fragte nach diesem und jenem, bald pendelte unser Gespräch zwischen unseren Lebensläufen und der Politik dahin. Ich erwähnte aus irgendeinem Grund ein damals in unseren Zeitungen abgedrucktes Gebet des eben verstorbenen Präsidenten Roosevelt und tat es — verstand sich das nicht von selbst? — als simple Scheinheiligkeit ab.

Da zog der junge Mann plötzlich die gelblichen Brauen zusammen, die blassen Lippen wurden vor Anspannung schmal, es schien, als wollte er aufspringen.

»Wa-rum?« fragte er. »Warum wollen Sie einem Staatsmann keine aufrichtige Gläubigkeit zubilligen?«

Und Schluß, mehr hatte er nicht gesagt. Aber die Seite, von der der Angriff kam! Solches von einem 1923 Geborenen zu hören zu bekommen? ... Ich hätte ihm sehr selbstbewußte Phrasen entgegenhalten können, aber meine Sicherheit war im Gefängnis bereits ins Wanken geraten, und wichtiger noch, da gibt es doch in uns ein irgendwie von den Überzeugungen getrennt lebendes reines Gefühl, das sagte mir nun ein, daß ich vorhin nicht aus Überzeugung gesprochen hatte, sondern Eingetrichtertes wiedergab. Und ich vermochte ihm nichts zu erwidern. Ich fragte bloß:

»Sie glauben an Gott?«

»Natürlich«, antwortete er gelassen.

Natürlich? Natürlich ... Ja, ja. Die Komsomoljugend welkt dahin, welkt schon dahin allenthalben. Und das NKGB war unter den ersten, die's bemerkten.

Trotz seiner Jugend war Boris Gammerow schon als Panzerabwehrsergeant im Krieg gewesen, hatte eine Fünfundvierzigerkanone »Leb wohl, Heimat« bedient und sich einen bislang nicht verheilten Lungendurchschuß geholt, danach kam die Tbc. Als Invalide aus der Armee entlassen, ging er an die Biologische Fakultät der Moskauer Universität. So fanden sich in ihm diese zwei Stränge verflochten, vom Soldatenleben kam der eine, vom gar nicht dummen und gar nicht toten Studentenleben bei Kriegsende der andere. Da hatte sich ein Kreis von Gleichgesinnten und Diskutierfreudigen gefunden (obzwar von niemand beauftragt, über die Zukunft nachzusinnen), aber nichts entgeht dem fanggeübten Auge der *Organe* und schwups! hingen drei an der Leine. Gammerows Vater war 1937 im Gefängnis zu Tode geprügelt oder erschossen worden, den Sohn trieb es auf den gleichen Weg. Während der Untersuchung trug Gammerow dem Richter *ausdrucksvoll* einige seiner Gedichte vor (ich bedaure sehr, daß ich mir keines gemerkt habe, und wo jetzt eins finden? ich hätte es gern hier angeführt).

Für ein paar Monate kreuzten sich unser aller vier Angeklagten Wege: In einer weiteren Butyrka-Zelle traf ich Wjatscheslaw D. Auch von seinem Schlag gibt es immer einen, wenn junge Menschen verhaftet werden: Er hielt sich eisern in seinem Kreis und begann beim Verhör sehr rasch zu singen. Er bekam die leichteste Strafe von uns allen — fünf Jahre, und vertraute, scheint's, im geheimen darauf, daß ihm der einflußreiche Papa das weitere richten würde.

Später wurde ich in der Butyrka-Zelle von Georgij Ingal eingeholt, dem ältesten unter uns. Trotz seiner Jugend war er bereits Kandidat für den Schriftstellerverband. Er schrieb eine flinke Feder, Prosa im schnodderig kontrastreichen Zickzack; hätte er nur etwas politische Demut aufgebracht, hätten ihm viele effektvolle und hohle literarische Wege offengestanden. Ein Roman über Debussy lag fast fertig in seinem Schreibtisch. Durch die ersten Erfolge indes nicht bequemer geworden, drängte er sich beim Begräbnis seines Lehrers Jurij Tynjanow mit einer Rede vor, prangerte die Hetze an, die gegen jenen getrieben — und heimste sich acht Jahre Lager ein.

Da kam uns auch schon Gammerow nach, und ich fand mich in Erwartung der Krasnaja Presnja ihrem vereinten Standpunkt gegenübergestellt. Die Konfrontation war für mich kein leichtes. Ich war zu damaliger Zeit sehr eisern in jenem Weltverständnis, das außerstande ist, eine neue Tatsache zu akzeptieren, eine neue Meinung zu erfassen, ehe sie nicht mit einer Etikette aus dem bereiten Vorratskasten versehen war: Die wankelmütige Zwiespältigkeit des Kleinbürgertums mußte es heißen oder, bitte, der militante Nihilismus der deklassierten Intelligenz. Ich kann mich nicht entsinnen, ob Ingal und Gammerow vor Marx haltmachten, sehr wohl aber, daß sie Lew Tolstoi angriffen — und von welcher Seite! Tolstoi hat die Kirche abgelehnt? Dabei aber ihre mystische und organisierende Rolle nicht beachtet! Er hat die biblischen Lehren abgelehnt? Als ob die neueste Wissenschaft Widersprüche in der Bibel sähe, mitnichten, sie findet sie nicht mal in den ersten Zeilen der Schöpfungsgeschichte. Er hat den Staat abgelehnt? Aber ohne gäbe es Chaos! Er predigte die Verschmelzung von geistiger und körperlicher Arbeit in einem Menschen? Eine sinnlose Nivellierung der Fähigkeiten wäre dies jedoch! Und schließlich kann die historische Persönlichkeit, wie an Stalins Willkür ersichtlich, sehr wohl allmächtig sein, darüber hätte sich Tolstoi nicht zu mokieren brauchen*!

Die Jungen trugen mir ihre Gedichte vor und wollten von mir was hören, ich aber konnte noch nichts vorweisen. Ganz besonders hatte es ihnen Pasternak angetan, sie hoben ihn in den Himmel. Ich hatte einmal vor Zeiten »Meine Schwester — das Leben« gelesen, es ließ mich kalt damals, schien mir zu manieriert, ausgeklügelt, von den einfachen menschlichen Wegen allzu weit entfernt. Nun lernte ich durch sie das Schlußwort des Leutnants Schmidt aus Pasternaks Poem kennen, das rührte mich jäh an, weil's so haargenau auf uns zutraf:

> »Durch dreißig Jahre habe ich
> Die Liebe zur Heimat getragen,
> Ich zähl auf eure Nachsicht nicht,
> Die Gnade, die könnt ihr euch sparen.«

Gammerow und Ingal empfanden das gleiche helle Gefühl: Wir brauchen eure Nachsicht nicht! Das *Sitzen* ist uns keine Last, wir sind stolz darauf! (Ob es aber wirklich jemand gibt, dem's keine Last ist? Ingals junge Frau sagte sich nach einigen Monaten von ihm los. Und Gammerow hatte im revolutionären Getümmel noch nicht mal Zeit gehabt, ein Mädchen zu finden.) Wird nicht just hier in den Gefängniszellen die große Wahrheit gewonnen? Eng ist die Zelle, doch noch enger vielleicht die *freie Welt*? Ist es nicht unser Volk, das geschunden und verraten neben uns auf den Pritschen und im Gang liegt?

* Auch ich hing während der Jahre davor und im Gefängnis lange der Meinung an, daß es Stalin war, der die sowjetische Staatlichkeit in die verhängnisvolle Richtung getrieben hatte. Inzwischen ist Stalin still dahingeschieden – aber der Schiffskurs, hat er sich wirklich um vieles geändert? Was er an Eigenem, Persönlichem den Ereignissen aufgeprägt, war die trostlose Stumpfheit, der starrsinnige Despotismus, die Selbstbeweihräucherung ohne Maß. In allem übrigen trat er genau in die vorgegebenen Fußstapfen.

>Das wäre schlimmer hundertfach,
Die Heimat im Stich zu lassen;
Der Weg, der mich hierhergebracht,
Wie sollte er mich nun reuen?«

Die Jugend, die mit politischen Strafparagraphen in den Kerkerzellen sitzt, ist niemals der Durchschnitt des Landes, ist der übrigen Jugend allemal um vieles voraus. Der großen jungen Schar stand dies damals noch bevor, noch bevor: die »Entartung«, die Enttäuschung, die Gleichgültigkeit, der Hang zum süßen Leben — und danach, mag sein, der bittere Aufstieg aus dieser trauten Mulde, zu einem neuen Gipfel, in zwanzig Jahren vielleicht? Aber die jungen Häftlinge des Jahres 1945, jene mit dem § 58,10, haben diese Kluft der Gleichgültigkeit mit einem Satz übersprungen, frohgemut trugen sie ihr Haupt bergan — unters Richtbeil.

Schon abgeurteilt, gefällt und dem Leben entrückt, machten die Moskauer Studenten in der Butyrka-Kirche ein Lied, das sangen sie vor der Dämmerung mit ihren noch jungenhaften Stimmen:

>»Dreimal täglich Suppe holen,
Abends alte Lieder singen
Und mit einer Schmuggelnadel
Säcke für die Reise nähen.

Sind um uns nun ohne Sorge:
Unterschrieben — fort mit Schaden!
Wann nur? Wann geht's wieder hei-ei-eimwärts?
Aus Sibiriens fernen Lagern? . . .«

Mein Gott, haben wir wirklich alles versäumt? Während wir durch den Schlamm der Brückenköpfe wateten, uns in Bombentrichtern krümmten, hinter Sträuchern versteckt nach dem Gegner Ausschau hielten — wie? Da war wahrhaftig noch eine Jugend herangewachsen und aufgebrochen! Und ob nicht gar nach DORTHIN aufgebrochen? . . . Nach dorthin, wohin wir uns nicht wagten — anders als sie erzogen.

Unsere Generation kehrt heim, die Waffen abgeliefert, die Brust voller Orden, stolz wird sie ihre Kampferlebnisse zum besten geben — und bei den jüngeren Brüdern bloß ein schiefes Grinsen ernten: Ach, was seid ihr für Tölpel! . . .

Ende des Zweiten Teils

Anhang

I Anmerkungen des Übersetzers

[1] Sitz der politischen Polizei (Tscheka, GPU, NKWD usw.) mit sogenanntem »Innerem Gefängnis«.

[2] Die *politischen Isolatoren* wurden in den ersten Jahren nach der Revolution als Sondergefängnisse für Mitglieder anderer Parteien und kommunistische Abweichler eingerichtet; in den späten dreißiger Jahren gingen sie im übrigen Gefängnissystem auf.

[3] Bekannte Autoren sowjetischer Spionageromane.

[4] *Kadetten* wurden die Mitglieder der 1905 gegründeten bürgerlichen konstitutionell-demokratischen Partei genannt, die in der ersten und zweiten Reichsduma (Volksvertretung) die Opposition stellte und nach der Februarrevolution 1917 unter Beteiligung der Sozialrevolutionäre die Provisorische Regierung bildete.

[5] Alle Zitate deutsch nach Lenin, *Werke*, Berlin 1961, Bd. 26, S. 412 f.

[6] Form der lokalen Selbstverwaltung im vorrevolutionären Rußland.

[7] Komitee der Dorfarmut.

[8] Attentat der Sozialrevolutionärin Kaplan auf Lenin.

[9] Im zaristischen Rußland Bezeichnung für Zwangsarbeit in Sibirien; auch Synonym für jede Art Plage und Schwerarbeit.

[10] Alle Zitate deutsch nach Lenin, *Briefe*, Berlin 1969, Bd. 6, S. 46 ff.

[11] Umgangssprachliche Kurzbezeichnung für die Solowezki-Inseln im Weißen Meer und das gleichnamige Kloster darauf, in das schon im Mittelalter widerspenstige Untertanen verbannt wurden. Nach der Oktoberrevolution entstand hier das erste Zwangsarbeitslager der Republik.

[12] Im Unterschied zum Gewohnheitsverbrecher wie auch zum politischen Häftling ein quasi »ziviler« Gesetzesbrecher, für dessen Bezeichnung es in der deutschen Sprache und Rechtsprechung kein Äquivalent gibt. Ein Geldbörsen stehlender Taschendieb ist ein Krimineller (*Urka, Blatnoi, Blatarj*), ein in die Kasse greifender Buchhalter ist ein *Bytowik*; die Unterscheidung ist somit nicht nur eine juristische, sondern auch eine psychologische. Über verschiedene *Bytowiki*-Delikte schreibt der Verfasser auf S. 93 ff.

[13] Die 1922 gegründete Gruppe trat als Erneuerungsbewegung (*Obnowlentschestwo*) für engere Zusammenarbeit mit der Sowjetmacht auf und stand in Opposition zum damaligen Patriarchen Tichon. Sie löste sich im Zuge der Versöhnung zwischen Stalin und der Patriarchenkirche allmählich wieder auf.

[14] Die in Paris erscheinende Zeitschrift der menschewistischen Emigranten.

[15] Anhänger einer um 1870 entstandenen literarischen und politischen anti-zaristischen Richtung, die sich eine Änderung der gesellschaftlichen Ver-hältnisse durch Aufklärung des Volkes (»ins Volk gehen«) und durch Aufrechterhaltung der traditionellen russischen Dorfgemeine *(Mir)* erhofften.

[16] Schlüsselburg: Festung am Austritt der Newa aus dem Ladogasee, in der die prominentesten Gegner des Zarenreiches langjährige Kerkerstrafen verbüßten.

[17] Hier heißt es in wörtlicher Übersetzung: ». . . und Abrechnung (bzw. Ver-geltung)«. – Alle Majakowski-Zitate in der Nachdichtung von Hugo Hup-pert aus dem Gedicht »Aufgebot« (1927), enthalten in Majakowski, *Aus-gewählte Werke*, Berlin 1966, Bd. 1, S. 265 f.

[18] Bezeichnung für das Bauvorhaben des Weißmeer-Ostsee-Kanals (Belomor-kanal) 1931/32, bei dem große Kontingente von Strafgefangenen einge-setzt wurden.

[19] Alexander Puschkin war einer der berühmtesten Absolventen des Lyzeums von Zarskoje Selo; der Ort selbst wurde 1937 in Puschkin umbenannt.

[20] Das Initialwort für dieses Sonderlager bedeutet im Russischen auch »Ele-fant« *(Slon)*.

[21] Fluß und Gebirge in Ostsibirien. In diesem Landstrich waren in der spä-teren Stalin-Ära wegen der ergiebigen Goldfelder zahlreiche und äußerst grausame Arbeitslager konzentriert.

[22] Hier und im folgenden Anspielung auf Lenins (von der offiziellen so-wjetischen Lehre aufgegriffene) Definition der Intelligenz als einer »Zwi-schenschicht«, das heißt, keiner »selbständigen ökonomischen Klasse«.

[23] *Kulak* bedeutet ursprünglich »Faust«.

[24] Selbst die Bezeichnung der Wochentage war damals abgeschafft worden. Es galt z. B. bei der Sechstagewoche jeder sechste, zwölfte, achtzehnte, vier-undzwanzigste und dreißigste Tag eines Monats als *Wychodnoi denj*, als »Ausgangstag«.

[25] Bezeichnung für Feldmarschall Kutusows Strategie, Napoleon während des Rußlandfeldzugs 1812 tunlichst keine Schlacht zu liefern, sondern ihn statt dessen – sogar unter Preisgabe Moskaus – in die Tiefen des Landes zu locken und erst dann dem französischen Heer die entscheidende Nieder-lage zu bereiten.

[26] Die sogenannte polnische Landesarmee, die im Unterschied zur zweiten polnischen Widerstandsarmee *Armija Ludowa* (Volksarmee) von der Lon-doner Exilregierung gelenkt wurde.

[27] Die geleisteten Tagewerke *(Trudodenj)* – das sind die auf ca. einen Tag berechneten Arbeitsnormen der Kolchosbauern – wurden zwar in Listen

vermerkt (*Palotschki* – Striche), doch die entsprechende Entlohnung mit Geld und Naturalien ließ meist auf sich warten. Die Kolchosernte wurde an den Staat abgeliefert; die Bauern lebten vom Ertrag ihres kleinen Hoflandes, das sie neben der Kolchosarbeit bebauten.

[28] Der Dichter Nikolai Gumiljow wurde 1921 als angeblicher Teilnehmer an einer monarchistischen Verschwörung erschossen. Anna Achmatowa war seine erste Frau und die Mutter seines Sohnes.

[29] Dieser Stalin-Artikel zu »Fragen der Kolchosbewegung«, 1930 erschienen, kritisierte »linke Übertreibungen« bei der Kollektivierung.

[30] »Russische Wahrheit«: Das von P. I. Pestel verfasste Programmdokument des radikaleren Flügels der Dekabristen, jener revolutionären Offiziere, die im Dezember 1825 bei der Vereidigung auf Zar Nikolaus I. einen Putschversuch unternahmen.

[31] Russifiziert vom deutschen Wort »Polizei«: ein Mitglied der von den deutschen Besatzungsorganen aufgezogenen einheimischen Polizeihilfstruppe.

[32] Titelgestalt der Novelle *Der Tod des Iwan Iljitsch* (1886).

[33] In diesem Absatz wurden die russischen Namen in möglichst wortgetreuer Übersetzung wiedergegeben.

[34] Von *Operatiwnyj Upolnomotschennyj* – operativer Bevollmächtigter, allgemein »Gevatter« genannt: ein Offizier des Sicherheitsdienstes bzw. Innenministeriums im Lager, dem die politische Beaufsichtigung aller Häftlinge des betreffenden Abschnitts mit allen vorhandenen Mitteln obliegt. Die Abwicklung politischer Untersuchungsverfahren innerhalb des Lagers gehört ebenfalls zu seiner Kompetenz, so daß er letztlich auch als ein mit Sondervollmachten ausgestatteter Untersuchungsrichter fungiert. Hingegen werden die »Operationen« — Verhaftungen, Haussuchungen und dergl. — von untergebenen Sergeanten durchgeführt.

[35] Angehöriger der Sicherheitsorgane (abgeleitet von GB – Staatssicherheitsdienst). Dieser Ausdruck wird so oft gebraucht (in jüngster Zeit *Kagebist*, von KGB abgeleitet), daß wir ihn als Neologismus russisch-sowjetischer Herkunft belassen wollen.

[36] Das hier vom Verfasser gebrauchte Propagandawort *Rowesnik Oktjabrja* heißt wörtlich »der Altersgenosse des Oktobers«, gemeint ist, der Oktoberrevolution 1917.

[37] Gemeint sind Zuwendungen aus den Sonderläden für Parteifunktionäre, von denen bereits die Rede war.

[38] Bis zur Einführung der Achselklappen während des Krieges waren die Rangabzeichen der Offiziere der Roten Armee an den Kragenspiegeln angebracht: Quadrate (»Würfel«) für die niederen, Rhomben für die höheren Offiziersgrade.

[39] Häuptling der berüchtigten *Opritschnina*, der Ordnungsmacht und Leibwache von Zar Iwan dem Schrecklichen.

[40] Russisch *Namordnik*. Im Häftlingsjargon der Schild vor den Fenstern der Zelle, der dem Gefangenen den Blick ins Freie versperrte, das Tageslicht hingegen durchließ. In der zweiten Bedeutung: der vom Gericht ausgesprochene, an die verbüßte Haftzeit anschließende Verlust der Bürgerrechte.

[41] Im Volksmund wurde (und wird) Lenin einfach »Iljitsch«, also mit seinem zweiten Vornamen (Vatersnamen) genannt.

[42] Richtiger *Monomachsmütze*: Krönungsreliquie der Moskauer Großfürsten und Zaren bis 1724. Sie geht der Legende nach auf den Kiewer Fürsten Wladimir Monomach (1053–1125) zurück. Das Zitat aus Puschkins *Boris Godunow*: »Oh, wie schwer bist du, Mütze des Monomach!« steht als geflügeltes Wort für die Bürde der Macht.

[43] Dekabristen-Aufstand in St. Petersburg, zehn Jahre nach dem europäischen Feldzug der russischen Armee.

[44] Spitzname von William Joyce, eines Führers der Faschistischen Partei in England. Er verließ seine Heimat kurz vor Kriegsausbruch und war von September 1939 an Sprecher und Redakteur der England-Abteilung des »Auslandsdienstes« im Reichsrundfunk in Berlin. 1945 wurde er in London des Hochverrats angeklagt und am 3. 1. 1946 hingerichtet.

[45] Nach bis heute bestehender sowjetischer Rechtsgepflogenheit das Verbot, sich in bestimmten Städten und Gebieten anzusiedeln bzw. die Zwangsausweisung eines dort Wohnhaften (vgl. Seite 45).

[46] Revolutionäre Geheimorganisation zum Sturz des Zarentums. Die 1879 begonnene Serie aufsehenerregender Terroranschläge gegen hohe Würdenträger gipfelte in der Ermordung des Zaren Alexander II. am 1. 3. 1881. Andrej Scheljabow, ein Führer der Organisation, wurde zusammen mit anderen vor Gericht gestellt und hingerichtet. – Nicht zu verwechseln mit der *Narodniki*-Bewegung, siehe Anmerkung 15.

[47] Siehe Anmerkung 6.

[48] Mitglieder des während der Revolution von 1905 gegründeten extrem rechtsorientierten »Bundes des russischen Volkes«, einer Organisation, die vor allem bei antijüdischen Pogromen und bei der »Befriedung« von Arbeiterunruhen in Aktion trat; synonym für »Erzreaktionäre« oder auch für »militante Antisemiten«.

[49] Oberbefehlshaber der russischen Armee unter der Provisorischen Regierung. Wurde, weil er sich den Befehlen des *Sownarkom* nicht beugte, Ende November 1917 von Soldaten gelyncht.

[50] Hier verwendet der Verfasser das Wort *hun-wei-bin*, die chinesische Bezeichnung für die Rotgardisten, die Träger der chinesischen Kulturrevolution.

[51] Arthur Koestler setzte sich vor allem in zwei Werken mit den Methoden der GPU auseinander: *Sonnenfinsternis* (deutsch 1948) und *Der Yogi und der Kommissar* (deutsch 1950).

[52] Stalins Deckname in der Illegalität.

[53] Im Moskauer Gewerkschaftshaus fanden die großen Schauprozesse der Jahre 1936–38 statt.

[54] Ehemalige exklusive Erziehungsanstalt für höhere Töchter, ab August 1917 Sitz des Petrograder Sowjet und des Allrussischen Exekutivkomitees (WZIK) sowie des bolschewistischen militärischen Revolutionskomitees, das den bewaffneten Aufstand am 25. 10. 1917 leitete. Danach und bis zur Verlegung der Hauptstadt nach Moskau (März 1918) auch Sitz der Regierung, des *Sownarkom*.

[55] Nach seiner Rückkehr aus der Schweiz im April 1917 konzipierte Lenin die Thesen von der Überleitung der bürgerlichen (Februar-)Revolution in eine proletarische. Daraus die Losungen: »Keinerlei Unterstützung der Provisorischen Regierung!« und »Alle Macht den Sowjets!«

[56] Anspielung auf Stalins »Kurzen Lehrgang der Geschichte der KPdSU«, den obligaten Lehrstoff ebenso obligater unzähliger Schulungskurse.

[57] Das Wort *Regime* ist hier im Sinne des sowjetischen Strafrechts gebraucht. Es bezeichnet die Art des Lagers, die innere Ordnung darin, somit den Härtegrad der zu verbüßenden Strafe. Auch heute noch unterscheidet das sowjetische Recht Lager mit gewöhnlichem, mit strengem und mit Sonderregime.

[58] Auch die deutsche Gaunersprache kennt das Wort *Freier*, doch bezeichnet es, im Unterschied zum Russischen, nicht nur den Nicht-Dieb, den Naivling, den Uneingeweihten (*Freier* – ursprünglich für *Bauer*), sondern laut Sigmund Wolfs *Wörterbuch des Rotwelschen* auch noch den »Aufgestocherten«, denjenigen, der zur Begaunerung, zum Bestohlenwerden ausgewählt wurde. Wegen dieses Bedeutungsunterschieds wollen wir im folgenden die russische Schreibform *Frajer* verwenden.

[59] Die russische Endsilbe *-lag* steht als Abkürzung für »Lager«, so z. B. Kargopollag – Lager in Kargopol, Osoblag – Sonderlager (*Osobyj*) usw.

[60] Surikow zeigt Alexander Menschikow, den ehemaligen Favoriten Zar Peters I., in seiner Verbannung in Berjosowo.

[61] Zitat aus Wladimir Majakowskis »Versen vom Sowjetpaß«; deutsche Nachdichtung von Hugo Huppert, in Majakowski, *Ausgewählte Werke*, Berlin 1966, Bd. 1, S. 344.

[62] Deutsch: »Rote Presnja«; hieß früher nur Presnja. Industriebezirk von Moskau, Zentrum des Dezemberaufstands während der Revolution von 1905.

[63] Die Angesprochenen sind Verfasser von unter Chruschtschow noch zulässigen »parteitreuen« Lagerberichten, das heißt, sie hielten sich an den von der Parteilinie abgezirkelten, amtsbeglaubigten Personenkultrahmen.

[64] Das Wort stammt von *Pridurjatsja* – sich dumm stellen und bedeutet in diesem Kontext, sich mit allen Mitteln vor den *allgemeinen* Lagerarbeiten

drücken. Die *Pridurki* selber aber gaben dem Wort als Versuch einer Selbstrechtfertigung eine andere Deutung: »Wer bei einem *Durak* (Dummkopf) im Dienst steht.« Dem deutschen Wort »Drückeberger« fehlt die spezifische Färbung, auch gibt das Wort nicht genau den Sachverhalt wieder. Vergleiche die Erläuterungen des Verfassers in diesem und in anderen Kapiteln.

[65] Es handelt sich – analog zum rotwelschen Begriff der *faulen Jungen* – um Verräter, hier im Konkreten um Kriminelle, die das Gesetz der Unterwelt verletzt haben, indem sie in die Dienste der Gefängnis- oder Lagerverwaltung traten bzw. sich überhaupt zu irgendeiner Arbeit herbeiließen.

[66] Vom Talmudischen *Aschmedai*: böser Geist, König der Dämonen; steht in der russischen Gaunersprache synonym für Aufseher, Kerkermeister.

Dieses Verzeichnis erhebt keinen Anspruch auf Vollständigkeit. Allgemein bekannte Persönlichkeiten (z. B. Tolstoi, Lenin, Roosevelt) sowie solche, die vom Verfasser ausreichend charakterisiert oder aber nur beiläufig erwähnt werden, wurden nicht aufgenommen. Ferner mußte aus Platzgründen auf die Angabe von Publikationstiteln verzichtet werden.

ABAKUMOW, W. S., Minister für Staatssicherheit von 1946 bis 1952; 1954 unter Chruschtschow verurteilt und erschossen.

ACHMATOWA (eig. Gorenko), Anna Andrejewna, 1888—1966, Lyrikerin, bedeutende Vertreterin des Akmeismus; unter Stalin Repressalien ausgesetzt; langjähriges Veröffentlichungsverbot; sowjetische (unvollständige) Werkausgaben seit 1956.

AGRANOW, Jakow Sawlowitsch, ?—1939, Tschekist, stellvertretender Leiter der NKWD unter Jagoda und Jeschow; maßgebliche Rolle bei der Vorbereitung der Moskauer Schauprozesse 1936—38; erschossen.

AICHENWALD, Julij Issajewitsch, 1872—1928, Kritiker und Essayist, Schopenhauer-Übersetzer; 1922 aus Sowjetrußland ausgewiesen.

ALDAN-SEMJONOW, Andrej Ignatjewitsch, geb. 1908, Schriftsteller; 1938—53 in fernöstlichen Zwangsarbeitslagern; veröffentlichte danach parteigenehme Lagerberichte.

ALDANOW (eig. Landau), Mark Alexandrowitsch, 1886—1957, Schriftsteller, Verfasser historischer Romane; emigrierte 1919 nach Paris.

ALLILUJEW, Sergej Jakowlewitsch, 1866—1945, prominenter Funktionär der russischen Sozialdemokratie; Vater von Nadeschda A.

ALLILUJEWA, Nadeschda Sergejewna, 1901—1932, Tochter von Sergej A., zweite Frau Stalin, Mutter seines Sohnes Wassilij und der Tochter Swetlana; beging Selbstmord.

ALLILUJEWA, Swetlana Jossifowna, geb. 1926, Tochter Stalins; emigrierte 1963 in die USA, wo sie ihre Memoiren publizierte.

AMFITEATROW, Alexander Valentinowitsch, 1862–1938, Schriftsteller, Verfasser unterhaltender Belletristik; 1920 emigriert.

ANDERS, Wladyslaw, 1892—1970, polnischer General, 1941 Oberbefehlshaber der polnischen Armee in der UdSSR, die er 1943 über Persien nach Nordafrika führte; nach 1945 polnischer Exilpolitiker in London.

ANDREJEW, Leonid Nikolajewitsch, 1871—1919, Schriftsteller expressionistischer Färbung, in seinem früheren Schaffen dem Gorki-Kreis *Snanije* nahestehend; starb im finnischen Exil.

ANDREJUSCHKIN, Pachomij Iwanowitsch, 1865–1887, Revolutionär, Mitglied der Organisation *Narodnaja Wolja*; an der Vorbereitung des Attentats auf Zar Alexander III. 1887 beteiligt; hingerichtet.

ANNA IOANNOWNA, 1693–1740, Kaiserin von 1730 bis 1740, deren Regierungszeit unter der Bezeichnung *Bironowschtschina* (nach dem Namen ihres deutschen Günstlings Ernst Johann von Biron, 1690–1772) in die Geschichte eingegangen ist; verstärkte Repressionen, Fremdenwirtschaft, allgemeine Bespitzelung, blühendes Denunziantentum.

ANTONOW-SARATOWSKI, Wladimir Pawlowitsch, 1884–1965, alter Bolschewik, Jurist; bekleidete in den zwanziger und dreißiger Jahren hohe Posten in der sowjetischen Justiz.

BABUSCHKIN, Iwan Wassiljewitsch, 1873–1906, Berufsrevolutionär, Bolschewik; von der zaristischen Polizei erschossen.

BACHTIN, Michail Michailowitsch, geb. 1895, Literaturwissenschaftler, weltbekannter Dostojewski-Forscher; erzwungene Publikationspause von 1930 bis 1963.

BAKUNIN, Michail Alexandrowitsch, 1814–1876, Revolutionär, geistiger Vater und Haupttheoretiker des Anarchismus; wegen führender Teilnahme am Dresdner Aufstand 1849 zum Tode verurteilt, an die zaristische Regierung ausgeliefert und nach Abfassung der »Beichte« und eines reumütigen Briefes an den Zaren nach Sibirien verbannt; seit 1861 in England, Mitglied der I. Internationale; 1872 wegen anarchistischer Umtriebe wieder ausgeschlossen.

BEDNYJ, Demjan (eig. Pridworow, Jefim Alexejewitsch), 1883–1945, sowjetischer Revolutions- und Propagandadichter volkstümelnder Art.

BELINSKI, Wissarion Grigorjewitsch, 1811–1848, Literaturkritiker; Begründer einer sozialbewußten Literaturkritik in Rußland; geistiger Vater der klassischen russischen Dichtung; stand unter dem Einfluß des französischen utopischen Sozialismus.

BENDERA (Bandera), Stepan, 1909–1959, ukrainischer Nationalistenführer; schloß sich während des Studiums in Lwow der ukrainisch-antisowjetischen Untergrundorganisation UVO, später der nationalistischen Unabhängigkeitsbewegung OUN an; kam trotz seiner Bereitschaft, mit Hitler-Deutschland zusammenzuarbeiten, 1941 ins KZ Sachsenhausen; nach dem Krieg übernahm er die Führung der Auslands-OUN; wurde in München von dem sowjetischen Agenten Staschynski ermordet.

BENOIS, Alexander Nikolajewitsch, 1870–1960, russischer Maler und Bühnenbildner; emigrierte 1926 nach Paris.

BERDJAJEW, Nikolai Alexandrowitsch, 1874–1948, Kultur- und Religionsphilosoph; 1922 aus Sowjetrußland ausgewiesen, seit 1924 in Paris; Vertreter einer dem Existentialismus nahestehenden christlichen Geschichtsphilosophie.

BERIJA, Lawrentij Pawlowitsch, 1899–1953, georgischer Bolschewik; Partei- und Staatskarriere unter Stalin; von 1938 an Leiter der NKWD (MWD), die

er nach den Säuberungen reorganisierte und zu seinem persönlichen Macht-
instrument ausbaute; seit 1946 Politbüromitglied; 1953 gestürzt und erschossen.

BLOK, Alexander Alexandrowitsch, 1880–1921, Lyriker, bedeutender Vertreter
des Symbolismus.

BLÜCHER, Wassilij Konstantinowitsch, 1889–1938, General; Bürgerkriegsheld;
Befehlshaber der Streitkräfte im Fernen Osten; Marschall der Sowjetunion;
1938 erschossen.

BLJUMKIN, Jakow Grigorjewitsch, 1892(?)–1929, linker Sozialrevolutionär; Mörder des deutschen Gesandten Mirbach 1918; trat später in den Dienst der
Tscheka; hingerichtet.

BOKI, Gleb Iwanowitsch, 1879–1937, Tschekist, hoher Funktionär der OGPU
und NKWD.

BONDARIN, Sergej Alexandrowitsch, geb. 1903, Schriftsteller; Literatur für und
über Kinder.

BONTSCH-BRUJEWITSCH, Wladimir Dmitrijewitsch, 1873–1955, Revolutionär;
seit 1895 Sozialdemokrat, Bolschewik und Mitarbeiter verschiedener Partei-
zeitschriften; 1917–20 Geschäftsführer des Sownarkom; nach 1945 Direktor
des Museums für Atheismus bei der Akademie der Wissenschaften.

BUCHARIN, Nikolai Iwanowitsch, 1888–1938, prominenter Parteipolitiker; Wirtschaftstheoretiker; Mitglied des Politbüros; ab 1926 Vorsitzender der Komintern; 1929 als »Rechtsabweichler« erstmals aus der Partei ausgeschlossen;
vorübergehend rehabilitiert; im 3. Moskauer Schauprozeß 1938 zum Tode verurteilt und hingerichtet.

BUDJONNYJ, Semjon Michailowitsch, 1883–1973, Marschall der Sowjetunion;
zeichnete sich in den Revolutionskämpfen und im Krieg mit Polen 1920/21
aus; seit 1938 Mitglied des Präsidiums des Obersten Sowjet; im Zweiten
Weltkrieg zeitweise Oberbefehlshaber der Südwestfront.

BULGAKOW, Michail Afanasjewitsch, 1891–1940, Schriftsteller, Satiriker; zu
Lebzeiten wegen »revolutionsfeindlichen Tendenzen« wechselnden Publika-
tionsverboten ausgesetzt; ein großer Teil seiner Werke in der UdSSR nicht
veröffentlicht.

BULGAKOW, Sergej Nikolajewitsch, 1871–1944, russischer Theologe, ursprünglich marxistischer Nationalökonom; wurde 1918 Priester und 1922 ausgewiesen; 1935 vom Moskauer Metropoliten Sergij wegen »gnostischer Häresie« in
Abwesenheit verurteilt.

BULGAKOW, Valentin Fjodorowitsch, geb. 1886, Schriftsteller und Memoiren-
schreiber; junger Mitarbeiter und Sekretär von Lew Tolstoi; emigrierte
1923 nach Prag; kehrte 1949 in die UdSSR zurück.

BUNIN, Iwan Alexejewitsch, 1870–1953, Schriftsteller, Nobelpreis 1933; von
1920 bis an sein Lebensende in Frankreich.

DAL, Wladimir Iwanowitsch, 1801—1872, Schriftsteller und Lexikograph; Verfasser eines umfangreichen Wörterbuchs der russischen Sprache.

DAN (eig. Gurwitsch), Fjodor Iljitsch, 1871—1947, einer der Führer des Menschewismus, von Beruf Arzt; seit 1894 in der russischen Arbeiterbewegung; nach 1917 Mitglied des ersten ZIK-Präsidiums; wegen seiner menschewistischen Haltung beim VII. und VIII. Sowjetkongreß 1922 des Landes verwiesen; Mitbegründer der Sozialistischen Internationale.

DENIKIN, Anton Iwanowitsch, 1872—1947, General, 1918—20 Oberkommandierender der weißen Freiwilligenarmee Südrußlands; emigrierte.

DERSCHAWIN, Gawrila Romanowitsch, 1743—1816, Dichter des Klassizismus und Staatsmann unter Katharina II.

DIAGHILEW (Djagiljow), Sergej Pawlowitsch, 1872—1929, russischer Ballettimpresario; gründete 1909 in Paris und Monte Carlo die *Ballets russes*, die entscheidenden Einfluß auf das moderne Ballett ausübten.

DIMITROFF, Georgi Michailowitsch, 1882—1949, bulgarischer Politiker und Kommunist; 1933 Hauptangeklagter im Leipziger Reichstagsbrandprozeß, freigesprochen; Vorsitzender der Komintern; 1946 Begründer der Volksrepublik Bulgarien.

DJAKOW, Boris Alexandrowitsch, geb. 1902, Schriftsteller; 1949 zu Arbeitslager verurteilt; schrieb Dokumentarprosa über seine Lagerzeit.

DSERSCHINSKI (Dzierzyński), Felix Edmundowitsch, 1877—1926, Berufsrevolutionär polnischer Herkunft, Bolschewik; erster Leiter der 1917 gegründeten Tscheka und Organisator des »Roten Terrors«.

DUCHONIN, Nikolai Nikolajewitsch, 1876—1917; zur Zeit der Oktoberrevolution Oberbefehlshaber der russischen Armee; wurde wegen Nichtbefolgung der Befehle des *Sownarkom* von den Soldaten gelyncht.

EHRENBURG, Ilja Grigorjewitsch, 1891—1967, Romancier und Jounalist, als Pressekorrespondent lange Zeit im Ausland; Memoiren über die Stalin-Zeit.

FIGNER, Vera Nikolajewna, 1852—1942, Revolutionärin; gehörte der Leitung der Organisation *Narodnaja Wolja* an; war an der Vorbereitung mehrerer Attentate beteiligt, u. a. auf Zar Alexander II. 1881; zwanzig Jahre in der Schlüsselburger Festung inhaftiert.

FJODOR IWANOWITSCH, 1557—1598, Zar von 1584 bis 1598, schwachsinniger Sohn Iwans IV.; starb kinderlos; die nachfolgende Wahl des Boris Godunow zum Zaren leitete die lange Zeit der Wirren mit zahllosen Bauernaufständen und den Feldzügen der »falschen Demetriusse« ein.

FRANK, Semjon Ludwigowitsch, 1877—1950, Religionsphilosoph; Schüler Wladimir Solowjews; 19222 aus Sowjetrußland ausgewiesen.

GAMARNIK, Jan Borissowitsch, 1894–1937, hoher Militär- und Parteifunktionär; 1929 Leiter der politischen Abteilung der Roten Armee; 1930 stellvertretender Verteidigungsminister; beging Selbstmord.

GARIN-MICHAILOWSKI, Nikolai Georgijewitsch, 1852–1906, Schriftsteller der Narodniki-Bewegung; später dem Marxismus nahestehend.

GAUTIER, Jurij Wladimirowitsch, 1873–1943, Historiker, Archäologe, Mitglied der Akademie; 1915–41 Professor an der Universität Moskau, 1929 verhaftet, später rehabilitiert.

GINSBURG, Jewgenija Semjonowna, geb. 1911, Journalistin, Schriftstellerin; Samisdat-Autorin; Lagererinnerungen, nur im Westen im Druck erschienen.

GOLIKOW, Filipp Iwanowitsch, geb. 1900, Marschall der Sowjetunion; Befehlshaber im Zweiten Weltkrieg.

GORKI, Maxim (eig. Peschkow, Alexej Maximowitsch), 1868–1936, Schriftsteller; seit 1899 mit der marxistischen Bewegung verbunden; 1921–28 in der Emigration; Begründer des Sozialistischen Realismus; Initiator des Sowjetischen Schriftstellerverbandes auf dem 1. Schriftstellerkongreß 1934; Todesursache ungeklärt.

GOWOROW, Leonid Alexandrowitsch, 1897–1955, Marschall der Sowjetunion, Befehlshaber im Zweiten Weltkrieg.

GOZ, Abram Rafailowitsch, 1888–1940, prominenter Vertreter der Partei der Sozialrevolutionäre; 1922 im Prozeß gegen die Sozialrevolutionäre verurteilt; amnestiert.

GRIBOJEDOW, Alexander Sergejewitsch, 1795–1829, Bühnendichter und Diplomat.

GRIGORENKO, Pjotr Grigorjewitsch, geb. 1907, General; Militärhistoriker, Samisdat-Autor und Bürgerrechtskämpfer; seit 1961 dauernden Maßregelungen ausgesetzt; seit 1969 in Sonderirrenanstalten inhaftiert.

GRIN (eig. Grinowski), Alexander Stepanowitsch, 1880–1932, Schriftsteller; Verfasser romantisch-phantastischer Abenteuerliteratur.

GRINEWIZKI, Ignatij Joachimowitsch, 1856–1881, Revolutionär, Angehöriger der Organisation *Narodnaja Wolja*; warf am 1. März 1881 die Bombe auf Zar Alexander II. und wurde dabei getötet.

GROMYKO, Andrej Andrejewitsch, geb. 1909, Partei- und Staatspolitiker; 1946 ständiger Vertreter der Sowjetunion bei der UNO; seit 1957 Außenminister der UdSSR.

GUL, Roman Borissowitsch, geb. 1896, Schriftsteller und Publizist; Verfasser historischer Romane; Redakteur der in New York erscheinenden Emigrantenzeitschrift *Nowyj Schurnal* (New Review).

GUMILJOW, Nikolai Stepanowitsch, 1886–1921, Lyriker; führender Vertreter des Akmeismus; erster Mann von Anna Achmatowa; wegen »konterrevolutionärer Betätigung« erschossen.

HAAS, Dr. Friedrich-Joseph (russifiziert: Gaas, Fjodor Petrowitsch), 1780–1853, Oberarzt der Moskauer Inquisitenspitäler; Forscher, Philanthrop und Verfechter einer Strafvollzugsreform.

HERZEN, Alexander Iwanowitsch, 1812—1870, Schriftsteller, Publizist und Philosoph; als Emigrant in London 1857—67 Herausgeber der einflußreichen gesellschaftskritischen Zeitschrift *Kolokol.*

HIPPIUS (Gippius) Sinaida Nikolajewna, 1869—1945, Schriftstellerin und Kritikerin; gehörte, wie ihr Gatte Mereschkowski, zur älteren Symbolistengeneration; emigrierte 1920.

ILJIN, Iwan Alexandrowitsch, 1882—1954, russischer Philosoph; Mystiker, Idealist, Neuhegelianer; 1922 aus Sowjetrußland ausgewiesen.

ISMAILOW, Nikolai Wassiljewitsch, geb. 1893, Literarhistoriker, bedeutender Textkritiker; Herausgeber der akademischen Puschkin-Werkausgabe.

IWAN KALITA (Iwan I. Danilowitsch Kalita), ?—1340, Moskauer Fürst und Großfürst von Wladimir; legte die dynastischen, politischen und territorialen Grundlagen des Moskauer Großfürstentums.

IWANOW-RASUMNIK (eig. Iwanow, Rasumnik Wassiljewitsch), 1878—1946, Literaturwissenschaftler und Soziologe; lebte nach 1941 in Deutschland.

JAGODA, Genrich Grigorjewitsch, 1891—1938, von 1934 bis 1936 Leiter der NKWD; 1938 im 3. Moskauer Schauprozeß verurteilt und hingerichtet.

JAKUBOWITSCH, Pjotr Filippowitsch, 1860—1911, Dichter, Baudelaire-Übersetzer; verbrachte als Mitglied der *Narodnaja Wolja* viele Jahre in der zaristischen Katorga; publizierte Erinnerungen an diese Zeit. – Nicht zu verwechseln mit dem im Prozeß gegen das »Menschewistische Unionsbüro« angeklagten M. P. Jakubowitsch.

JAROSCHENKO, Nikolai Alexandrowitsch, 1846—1898, Maler; Mitbegründer der Gruppe der sogenannten Wanderausstellungskünstler *(Peredwischniki).*

JENUKIDSE, Abel Safronowitsch, 1877—1937, Politiker; Sekretär des Zentralexekutivkomitees; 1935 aus der Partei ausgeschlossen; ohne Prozeß erschossen.

JERMILOW, Wladimir Wladimirowitsch, 1904—1965, sowjetischer Literaturwissenschaftler; Vorkämpfer und eifriger Verfechter der Theorie des Sozialistischen Realismus.

JESCHOW, Nikolai Iwanowitsch, 1894—1939 (?), Leiter der NKWD von 1936 bis 1938, zur Zeit des Höhepunktes der Säuberungen; 1938 gestürzt und von Berija abgelöst; vermutlich hingerichtet.

JESSENIN, Sergej Alexandrowitsch, 1895—1925, Lyriker; Vertreter des Imaginismus; beging Selbstmord; während der Stalin-Zeit totgeschwiegen.

JUDENITSCH, Nikolai Nikolajewitsch, 1862—1933, ehemals zaristischer, dann weißer General; wurde 1919 bei Petrograd von den Roten geschlagen; ging ins Exil.

KAGANOWITSCH, Lasar Moissejewitsch, geb. 1893, Partei- und Staatspolitiker; einer der engsten Mitarbeiter Stalins; seit 1930 Mitglied des Politbüros, 1957 aller Ämter enthoben.

KALININ, Michail Iwanowitsch, 1875—1946, Partei- und Staatspolitiker; seit 1926 Mitglied des Politbüros; seit 1919 Vorsitzender des Zentralexekutivkomitees, bzw. seit 1938 des Präsidiums des Obersten Sowjet (Staatsoberhaupt der UdSSR).

KAMENEW (eig. Rosenfeld), Lew Borissowitsch, 1883—1936, prominenter Parteipolitiker; 1917 Mitglied des ZK, 1919 Mitglied des Politbüros; gehörte nach Lenins Tod der Führungstroika an; 1927 aus der Partei ausgeschlossen; 1936 im 1. Moskauer Schauprozeß zum Tode verurteilt und hingerichtet.

KAPLAN, Fanny, ?—1918, Sozialrevolutionärin, verübte am 30. 8. 1918 ein Attentat auf Lenin; hingerichtet.

KARAKOSOW, Dmitrij Wladimirowitsch, 1840—1866, Angehöriger einer revolutionären Geheimorganisation in Moskau; unternahm 1866 einen Attentatsversuch auf Zar Alexander II.; hingerichtet.

KARSAWIN, Lew Platonowitsch, 1882—1952, russischer Philosoph, Mystiker, Mediävist; emigrierte 1922.

KASSO, Lew Aristidowitsch, 1865—1914, von 1910 bis 1914 Erziehungsminister; Exponent extrem reaktionärer Bildungspolitik.

KATANJAN, Ruben Pawlowitsch, 1881—?, von 1933 bis 1937 stellvertretender Generalstaatsanwalt der UdSSR.

KERENSKI, Alexander Fjodorowitsch, 1881—1970, Politiker der Partei der Sozialrevolutionäre; Juli—Oktober 1917 Ministerpräsident der Provisorischen Regierung; floh nach der Oktoberrevolution nach Frankreich.

KIESEWETTER, Alexander Alexandrowitsch, 1866—1933, Historiker und Politiker, Schüler Kljutschewskis; führender Vertreter der Kadettenpartei; 1922 aus Sowjetrußland ausgewiesen.

KIROW (eig. Kostrikow), Sergej Mironowitsch, 1886—1934, Parteipolitiker; 1926—34 Leningrader Parteisekretär; ab 1930 Mitglied des Politbüros; enger Mitarbeiter Stalins; seine Ermordung löste die »Große Säuberung« aus.

KISCHKIN, Nikolai Michailowitsch, 1864—1930, führender Politiker der Kadettenpartei; Mitglied der Provisorischen Regierung; nach der Oktoberrevolution wegen »konterrevolutionärer Tätigkeit« vor Gericht; 1921 Mitbegründer des Hungerkomitees.

KLJUJEW, Nikolai Alexejewitsch, 1887—1937, Dichter; Vertreter der sogenannten »Bauerndichtung«; zu Beginn der dreißiger Jahre nach Narym (Sibirien) verbannt.

KLJUTSCHEWSKI, Wassilij Ossipowitsch, 1841—1911, bedeutender Historiker; Begründer der soziologischen Geschichtsbetrachtung in Rußland.

KOLTSCHAK, Alexander Wassiljewitsch, 1873—1920, Admiral; bildete 1918 in Sibirien eine antibolschewistische Armee und Gegenregierung; militärisch geschlagen und erschossen.

KOLZOW, Nikolai Konstantinowitsch, 1872—1940, Biologe; Begründer der experimentiellen Biologie in Rußland; hingerichtet.

KORNILOW, Lawr Georgijewitsch, 1870—1918, General, 1917 Oberkommandierender; unternahm im August 1917 einen Putschversuch gegen die Provisorische Regierung; fiel später im Kampf.

KOROLENKO, Wladimir Galaktionowitsch, 1853—1921, Schriftsteller, der Narodniki-Bewegung nahestehend; wegen seiner publizistischen Tätigkeit in der zaristischen Zeit wiederholt vor Gericht.

KOSSAREW, Alexander Wassiljewitsch, 1903—1939, sowjetischer Jugendführer; 1929–39 Generalsekretär des Kommunistischen Jugendverbandes (Komsomol); liquidiert.

KOSSAREWA, Lena, Tochter von A. W. Kossarew.

KOSSIOR, Stanislaw Wikentjewitsch, 1889—1939, Parteipolitiker; seit 1930 Mitglied des Politbüros; 1928—38 1. Parteisekretär der Ukraine; erschossen.

KRASNOW (eig. Lewitin), Anatolij Emmanuilowitsch, geb. 1915, religiöser Publizist und Historiker; Samisdat-Autor, Bürgerrechtskämpfer; mehrjährige Lagerhaft unter Stalin; seit 1960 wiederholt gemaßregelt und zu Haftstrafen verurteilt.

KRASNOW, Pjotr Nikolajewitsch, 1869—1947, General und Schriftsteller; im Bürgerkrieg Ataman der Weißen Donkosaken; 1919 nach Deutschland emigriert; im Zweiten Weltkrieg Kommandeur russischer Einheiten auf deutscher Seite; erschossen.

KRASSIKOW, Pjotr Ananjewitsch, 1870—1939, alter Bolschewik; Mitkämpfer Lenins, bekleidete nach der Oktoberrevolution hohe Posten in der sowjetischen Staatsanwaltschaft und Justiz.

KRESTINSKI, Nikolai Nikolajewitsch, 1883—1938, Parteipolitiker; nach der Oktoberrevolution Sekretär des ZK; Diplomat; 1937 aus der Partei ausgeschlossen; im 3. Moskauer Schauprozeß verurteilt und hingerichtet.

KRUGLOW, S. W., Innenminister von 1948–53.

KRYLENKO, Nikolai Wassiljewitsch, 1885—1938 (?), Jurist; seit 1936 Volkskommissar für Justiz der RSFSR und der UdSSR; Hauptankläger vor Wyschinski; erschossen.

KUIBYSCHEW, Valerian Wladimirowitsch, 1888–1935, Partei- uund Staatspolitiker; seit 1926 Vorsitzender des Obersten Volkswirtschaftsrates, seit 1927 Mitglied des Politbüros, 1930 Vorsitzender des *Gosplan*; Todesursache ungeklärt.

KURSKI, Dimitrij Iwanowitsch, 1874—1932, Politiker; von 1918 bis 1928 Volkskommissar für Justiz.

KUSKOWA, Jekaterina Dmitrijewna, 1869–1958, prominentes Mitglied des linken Flügels der Kadettenpartei, später den Sozialrevolutionären nahestehend; Publizistin; emigriert.

KUSNEZOW, Alexej Alexandrowitsch, 1905–1949 (?), Generalleutnant; einer der Organisatoren der Verteidigung Leningrads; Sekretär des ZK; im Zusammenhang mit der »Leningrader Affäre« verurteilt.

LARIN, J. (eig. Lurié, Michail Alexandrowitsch), 1882–1932, prominenter Menschewik, seit 1917 Bolschewik; Ökonom; Begründer des *Gosplan.*

LARITSCHEW, Viktor, Vorsitzender der Brennstoffabteilung der Planungskommission der UdSSR; 1930 als einer der Führer der Industriepartei verurteilt.

LAZIS, Martyn Iwanowitsch (eig. Sudrabs, Jan Friedrichowitsch), 1888–1937, von 1918 bis 1921 prominenter Tschekist; liquidiert.

LELJUSCHENKO, Dmitrij Danilowitsch, geb. 1901, Armeegeneral im Zweiten Weltkrieg.

LERMONTOW, Michail Jurjewitsch, 1814–1841, Dichter; wegen rebellischer Verse unter Zar Nikolaus I. in die Kaukasus-Armee zwangsversetzt; wurde, wie Puschkin, in einem von einflußreichen Gegnern inszenierten Duell getötet.

LEWITIN siehe KRASNOW, Anatolij Emmanuilowitsch

LICHATSCHOW, Nikolai Petrowitsch, 1862–1936, Historiker, Schöpfer des Museums für Paläographie; verfaßte bedeutende Werke über die Ikonenmalerei; seit 1925 Mitglied der Akademie.

LJUBAWSKI, Matwej Kusmitsch, 1860–1936, Historiker, Schüler von Kljutschewski; Professor an der Universität Moskau; Mitglied der Akademie seit 1929; nachher verhaftet, später rehabelitiert.

LOMONOSSOW, Michail Wassiljewitsch, 1711–1765, Universalgelehrter und Dichter; Lebensweg vom Bauernsohn zum Akademiemitglied; in der russischen Geistesgeschichte Prototyp des aus dem Volk hervorgegangenen Genies.

LORCH, Alexander Georgijewitsch, geb. 1889, Agrobiologe, Kartoffelzüchter.

LORIS-MELIKOW, Michail Tarpelowitsch, 1825–1888; Staatsmann; 1880/81 einflußreicher Innenminister; Initiator eines nicht verwirklichten Reformprojekts.

LOSOWSKI (eig. Drisdo), Solomon Abramowitsch, 1878–1952, Revolutionär, Literat, Diplomat; hoher Funktionär der Roten Gewerkschaftsinternationale; 1939–46 stellvertretender Außenminister; liquidiert.

LOSSKI, Nikolai Onufrijewitsch, 1870–1965, Philosoph; Anhänger des personalistischen Idealismus; 1922 aus Sowjetrußland ausgewiesen.

LUNATSCHARSKI, Anatolij Wassiljewitsch, 1875–1932, Revolutionär; marxistischer Kulturtheoretiker; 1917–29 Volkskommissar für Bildungswesen.

LUNIN, Michail Sergejewitsch, 1787–1845, Oberstleutnant, Teilnehmer an den Feldzügen gegen Napoleon; seit 1817 Mitglied verschiedener Dekabristen-Gesellschaften; 1826 zu zwanzig Jahren Katorga verurteilt; verfaßte in der Verbannung philosophisch-politische Traktate; 1841 abermals verbannt, ging er in der Katorga von Akatui zugrunde.

LYSSENKO, Trofim Denissowitsch, geb. 1898, Agrobiologe und Genetiker; entwickelte eine Theorie der Vererbung umweltbedingter Eigenschaften; Günstling Stalins und 1948—64 »Diktator« der sowjetischen Biologie.

MAISKI, Iwan Michailowitsch, geb. 1884, Historiker und Diplomat; 1943—46 stellvertretender Außenminister; nahm an den Konferenzen in Jalta und Potsdam teil.

MAJAKOWSKI, Wladimir Wladimirowitsch, 1893—1930, Dichter; einer der Hauptvertreter des russischen Futurismus; sozialistisch engagiert; Herausgeber der Zeitschrift LEF; Konflikt mit der offiziellen Kulturpolitik; Selbstmord.

MAKARENKO, Anton Semjonowitsch, 1888—1939, sowjetischer Pädagoge und Schriftsteller; Leiter von Arbeitskolonien krimineller und verwahrloster Jugendlicher; entwickelte eine Pädagogik des Kollektivs.

MALINOWSKI, Roman Wazlawowitsch, 1876—1918, Parteifunktionär; ZK-Mitglied; bolschewistischer Fraktionsführer in der Duma, gleichzeitig zaristischer Agent; stellte sich 1918 freiwillig dem Gericht; hingerichtet.

MANDELSTAM, Ossip Emiljewitsch, 1891—1938 (?), Lyriker, neben Anna Achmatowa prominentester Vertreter des Akeismus; zuerst verbannt, dann verhaftet, in einem fernöstlichen Lager umgekommen.

MARTOW (eig. Zederbaum), Julij Ossipowitsch, 1873—1923, Mitbegründer der russischen Sozialdemokratie; Freund Lenins; seit dem II. Parteitag 1903 Führer der menschewistischen Fraktion; 1920 emigriert.

MECK, Nikolai Karlowitsch von, 1863—1929, Eisenbahningenieur; nach der Oktoberrevolution im Volkskommissariat für Verkehrswesen; wegen »konterrevolutionärer Tätigkeit« erschossen.

MELGUNOW, Sergej Petrowitsch, 1879—1956, Historiker und liberaler Publizist; einer der Führer der Volkssozialistischen Partei; 1923 aus Sowjetrußland ausgewiesen.

MENSCHIKOW, Alexander Danilowitsch, 1673—1729, Feldherr und Staatsmann; Günstling von Peter I. und Katharina I.; unter Peter II. entmachtet und verbannt.

MENSCHINSKI, Wjatscheslaw Rudolfowitsch, 1874—1934, 1926 Nachfolger Dserschinskis als Leiter der OGPU; im 3. Moskauer Schauprozeß wurde Jagoda des medizinischen Mordes an Menschinski bezichtigt.

MERESCHKOWSKI, Dmitrij Sergejewitsch, 1865—1941, Schriftsteller, Philosoph und Literaturwissenschaftler; Mitbegründer des Symbolismus; mit Sinaida Hippius verheiratet; emigrierte 1919 nach Paris.

MEREZKOW, Kirill Afanasjewitsch, geb. 1897, Marschall der Sowjetunion, Befehlshaber im Zweiten Weltkrieg.

MICHAILOW, Nikolai, Nachfolger Kossarews als Generalsekretär des Komsomol 1938-52; ab 1952 Sekretär des ZK, später Vorsitzender des Staatskomitees für Verlagswesen.

MIKOJAN, Anastas Iwanowitsch, geb. 1895, Partei- und Staatspolitiker; in den dreißiger Jahren Leiter verschiedener Wirtschaftskommissariate; 1935–66 Mitglied des Politbüros; enger Mitarbeiter Stalins; außenpolitischer Berater Chruschtschows.

MIKOLAJCZYK, Stanislaw, 1901–1966, polnischer Politiker der Bauernpartei; 1943/44 Ministerpräsident der polnischen Exilregierung in London; 1945–47 Vorsitzender der Bauernpartei und Mitglied der Regierung der nationalen Einheit; in die USA emigriert.

MILJUKOW, Pawel Nikolajewitsch, 1859–1943, Historiker und Politiker; Mitbegründer und Vorsitzender der Kadettenpartei; Außenminister der Provisorischen Regierung; 1920 emigriert.

MIROWITSCH, Wassilij Jakowlewitsch, 1740–1764, unter Katharina II. Organisator einer mißlungenen Palastrevolution zugunsten des Usurpators Iwan IV.

MJAKOTIN, Benedikt Alexandrowitsch, 1867–1937, Historiker und Publizist; Mitbegründer der Volkssozialistischen Partei; emigrierte 1918.

MOLOTOW (eig. Skrjabin), Wjatscheslaw Michailowitsch, geb. 1890, Partei- und Staatspolitiker; Mitbegründer der *Prawda*; enger Mitarbeiter Stalins; seit 1926 Mitglied des Politbüros; Vorsitzender des Rates der Volkskommissare; 1939 –49 und 1953–56 Außenminister; 1957 aller Ämter enthoben.

NABOKOV (eig. Sirin), Vladimir, geb. 1899, russisch-amerikanischer Schriftsteller; Sohn des Kadetten-Politikers W. D. Sirin; 1919 emigriert.

NAROKOW (eig. Martschenko), Nikolai Wladimirowitsch, geb. 1887, Schriftsteller, Emigrant.

NATANSON, Mark Andrejewitsch, 1850–1919, führender Linker Sozialrevolutionär; Teilnehmer an den internationalen Antikriegskonferenzen der radikalen Sozialisten in Zimmerwald und Kiental; zur Zusammenarbeit mit Lenin bereit.

NEKRASSOW, Nikolai Alexejewitsch, 1821–1877, russischer Dichter, Vertreter sozial engagierter Poesie; war fast zwanzig Jahre lang Herausgeber und Redakteur des bekannten revolutionär-demokratischen Organs *Sowremennik*.

NOWIKOW, Nikolai Iwanowitsch, 1744–1818, Schriftsteller und Verleger, Gesellschaftskritiker und Aufklärer; unter Katharina II. zu Festungshaft verurteilt; nach ihrem Tod begnadigt.

NOWORUSSKI, Michail Wassiljewitsch, 1861–1925, Revolutionär, Mitglied der Organisation *Narodnaja Wolja*; 1887 Teilnahme am Attentat auf Zar Alexander III.; zum Tode verurteilt; die Todesstrafe wurde in Haft auf der Festung Schlüsselburg umgewandelt.

OBOLENSKI, Jewgenij Petrowitsch Fürst, 1796–1865, Dekabrist; verwundete während des Aufstands vom 14. 12. 1825 den General Miloradowitsch; Todes->»sowjetfeindlicher Propaganda« verbannt.

OLMINSKI (eig. Alexandrow), Michail Stepanowitsch, 1863—1933, einer der ältesten Funktionäre der revolutionären Bewegung in Rußland; Mitglied der russischen Sozialdemokratie seit 1898; Berufsrevolutionär und Journalist.

ORDSCHONIKIDSE, Grigorij Konstantinowitsch, 1886—1937, Berufsrevolutionär; seit 1930 Mitglied des Politbüros; Volkskommissar für Schwerindustrie; vermutlich zum Selbstmord gezwungen.

OSSORGIN (eig. Iljin), Michail Andrejewitsch, 1878—1942, Schriftsteller; stand der revolutionären Bewegung nahe; nach der Oktoberrevolution Vorsitzender des Moskauer Schriftstellerverbandes; seit 1922 in der Emigration.

PALTSCHINSKI, Pjotr Akimowitsch, 1878—1929, Bergbauingenieur, Wirtschaftswissenschaftler; im Gefängnis erschossen.

PASTERNAK, Boris Leonidowitsch, 1890—1960, Lyriker und Erzähler, anfangs unter futuristischem Einfluß; 1958 Nobelpreis, den er unter Druck ablehnte.
PAWLOWA, Anna Pawlowna, 1882–1931, berühmte Tänzerin, seit 1909 im Diaghilew-Ballett.

PESCHKOWA-WINAWER, Jekaterina Pawlowna, 1876—1965, erste Frau Gorkis; Gründerin und Leiterin des »Politischen Roten Kreuzes«, der 1939 aufgelösten Hilfsorganisation für politische Häftlinge.

PESTEL, Pawel Iwanowitsch, 1793—1826, radikaler Dekabristenführer; Gründer und Leiter des »Südbundes der Dekabristen«; Verfasser eines Programms radikaler sozialökonomischer und politischer Reformen; hingerichtet.

PETERS, Jakow Christoforowitsch, 1886—1942, lettischer Revolutionär; nach der Oktoberrevolution hoher Tscheka-Funktionär; Inhaber verschiedener Parteiämter; liquidiert.

PILNJAK (eig. Wogau), Boris Andrejewitsch, 1894—1937 (?), Schriftsteller; wegen nicht linienteuer Darstellung des Revolutionsgeschehens schon zu Lebzeiten verfemt; 1937 verhaftet, erschossen oder im Lager umgekommen; seitdem in der UdSSR nicht verlegt.

PJATAKOW, Georgij Leonidowitsch, 1890—1937, prominenter Bolschewik; hohe Funktionen in Staat und Wirtschaft; 1927 erster Parteiausschluß; im 2. Moskauer Schauprozeß verurteilt und erschossen.

PLATONOW, Sergej Fjodorowitsch, 1860–1933, Historiker; seit 1899 Professor an der Universität St. Petersburg; 1920 Mitglied der Akademie; 1930 wegen »sowjetfeindlicher Propaganda« verbannt.

PLECHANOW, Georgij Valentinowitsch, 1856—1918, einer der Gründer, führender Theoretiker und Propagandist der russischen Sozialdemokratie; als Marxist Gegner des Agrarsozialismus der Narodniki und des reformerischen Ökonomismus; gründete mit Martow und Lenin die Zeitschrift *Iskra*; wurde später Menschewik.

PLETNJOW, Dmitrij Dmitrijewitsch, 1872—?, Arzt, Professor; im 3. Moskauer Schauprozeß medizinischer Morde angeklagt und zu fünfundzwanzig Jahren Gefängnis verurteilt.

POBEDONOSZEW, Konstantin Petrowitsch, 1827—1907, Jurist und Staatsmann; 1880—1905 Oberprokuror des Heiligen Synod; Verfechter einer reaktionären, autokratischen großrussisch-nationalistischen Staatsideologie; starker Einfluß auf Alexander III. und anfangs auf Nikolaus II.

POSTYSCHEW, Pawel Petrowitsch, 1888—1940 (?), Parteipolitiker, enger Mitarbeiter Stalins; von 1930 an ukrainischer Parteisekretär, 1934 Kandidat des Politbüros; 1938 gestürzt und erschossen.

PROKOPOWITSCH, Sergej Nikolajewitsch, 1871—1955, Wirtschaftstheoretiker und Politiker der Kadettenpartei; Gatte von J. D. Kuskowa, Mitglied der Provisorischen Regierung; 1921 Mitglied des Hungerkomitees, 1922 ausgewiesen.

PUGATSCHOW, Jemeljan Iwanowitsch, 1730/40—1775, Führer eines Kosaken- und Bauernaufstands im Ural- und Wolgagebiet; gab sich als Kaiser Peter III. aus; besiegt und hingerichtet.

RADEK (eig. Sobelsohn), Karl Bernhardowitsch, 1885 (?) — 1939 (?), kommunistischer Politiker in Rußland und Deutschland; hoher Kominternfunktionär, Journalist; 1927 erster Parteiausschluß; im 2. Moskauer Schauprozeß zu zehn Jahren Gefängnis verurteilt.

RADISCHTSCHEW, Alexander Nikolajewitsch, 1749—1802, Schriftsteller, radikaler Gesellschaftskritiker und Vertreter der revolutionären Aufklärung in Rußland; unter Katharina II. nach Sibirien verbannt, später begnadigt.

RAKOWSKAJA, Jelena, Tochter von Ch. G. Rakowski.

RAKOWSKI, Christian Georgijewitsch, 1873—1941, prominenter Sozialdemokrat in verschiedenen Ländern; seit 1917 Bolschewik; hohe Funktionen im Partei- und Staatsapparat; 1927 erster Parteiausschluß; im 3. Moskauer Schauprozeß zu zwanzig Jahren Gefängnis verurteilt.

RAMSIN, Leonid Konstantinowitsch, 1887—1948, Wärmetechniker, Professor; Direktor des Instituts für Wärmetechnik, Mitglied des Obersten Volkswirtschaftsrates; 1930 als Führer der Industriepartei verurteilt, später freigelassen und rehabilitiert; 1943 Stalinpreis.

RANSOME, Arthur, 1884–1967, britischer Journalist und Schriftsteller; während des Ersten Weltkriegs und zu Anfang der zwanziger Jahre Korrespondent des *Manchester Guardian* in Rußland; verfaßte Bücher über die Oktoberrevolution.

RASIN, Stepan Timofejewitsch, 1630(?)–1671, Führer eines Kosaken- und Bauernaufstands im mittleren und unteren Wolgagebiet; besiegt und hingerichtet; legendäre Gestalt der russischen Volksdichtung.

RASKOLNIKOW (eig. Ilym), Fjodor Fjodorowitsch, 1892—1939, sowjetischer Diplomat und Journalist; 1939 mysteriöser Tod in Paris.

RASPUTIN, Grigorij Jefimowitsch, 1872–1916, Abenteurer, Wanderprediger; seit 1907 am Zarenhof; gewann als angeblicher Heiler des Thronfolgers großen Einfluß auf die Zarenfamilie; von Angehörigen der Hofgesellschaft ermordet.

REILLY, Sidney George, ?—1925, Hauptmann im britischen Geheimdienst; 1918 in die Organisierung von Terrorakten gegen sowjetische Funktionäre verwickelt; starb beim Versuch, die sowjetisch-finnische Grenze zu überschreiten.

RJABUSCHINSKI, russische Industriellen- und Bankiersfamilie seit Mitte des 19. Jahrhunderts; am bekanntesten: Pawel Pawlowitsch R., 1871–1924, aktiver Gegner des Bolschewismus und der Oktoberrevolution.

RJUMIN, M. D., stellvertretender Minister für Staatssicherheit in der späten Stalin-Ära; 1953 unter Cruschtschow verurteilt und erschossen.

ROKOSSOWSKI, Konstantin Konstantinowitsch, 1896–1968, Marschall der Sowjetunion; 1937–41 in Haft; im Zweiten Weltkrieg Armeeführer; 1949–56 Oberbefehlshaber der polnischen Streitkräfte und polnischer Verteidigungsminister; Repräsentant der sowjetischen Politik in Polen.

ROMANOW, Pantelejmon Sergejewitsch, 1885–1938, Schriftsteller; Satiriker der NEP-Periode.

RURIK, Mitte des 9. Jahrhunderts, angeblich warägisch-normannischer Heerführer; herrschte, russischen Chroniken zufolge, nach 860 in Nowgorod; die Fürstenfamilie des Kiewer Reiches und später die Moskauer Großfürsten und Zaren bis Fjodor Iwanowitsch betrachteten die weithin legendäre Gestalt als ihren Ahnherrn.

RUDSUTAK, Jan Ernestowitsch, 1887–1938, hoher Partei- und Wirtschaftsfunktionär; 1934 Kandidat des Politbüros; erschossen.

RYKOW, Alexej Iwanowitsch, 1881–1938, prominenter Partei- und Staatsfunktionär; 1924–29 Mitglied des Politbüros und Vorsitzender des Rates der Volkskommissare; 1930 erster Parteiausschluß wegen Rechtsabweichung; 1938 im 3. Moskauer Schauprozeß verurteilt und erschossen.

RYLEJEW, Kondratij Fjodorowitsch, 1795–1826, Dichter, radikaler Dekabristenführer; hingerichtet.

RYSSAKOW, Nikolai Iwanowitsch, 1861–1881, Terrorist (Mitglied der *Narodnaja Wolja*); 1881 am Attentat auf Zar Alexander II. beteiligt; hingerichtet.

SABBAS (Sawwa), 1327–1406, Heiliger der russisch-orthodoxen Kirche; Schüler des Sergij von Radonesch; Gründer des Klosters Swenigorod.

SALTYTSCHICHA (Saltykowa), Darja Nikolajewna, 1730–1801 (?), adelige Grundherrin im Moskauer Gouvernement; bekannt wegen ihrer unmenschlichen Behandlung der Leibeigenen; gerichtlich verurteilt, starb im Gefängnis.

SALYGIN, Sergej Pawlowitsch, geb. 1913, Schriftsteller; behandelt u. a. die Problematik der Kollektivierung in Sibirien.

SAMJATIN, Jewgenij Iwanowitsch, 1884–1937, Schriftsteller der expressionistischen Richtung; übte mit seinem Roman *Wir*, einer Zukunftsvision des totalitären Staates, Einfluß auf Orwell und Huxley aus; emigrierte 1932 nach Paris.

SAMSONOW, Alexander Wassiljewitsch, 1859–1914, General, Befehlshaber der russischen Armeen in der Schlacht von Tannenberg; beging Selbstmord.

SASSULITSCH, Vera Iwanowna, 1849—1919, Revolutionärin; schoß auf den Petersburger Stadthauptmann Trepow und wurde 1878 von einem Geschworenengericht freigesprochen; später führende Menschewikin.

SAWALISCHIN, Dmitrij Irinarchowitsch, 1804—1892, Leutnant zur See, Dekabrist; zu zwanzig Jahren Katorga verurteilt; nach seiner Rückkehr aus Sibirien Journalist; Verfasser von Aufzeichnungen über das Leben der Dekabristen in der Verbannung.

SAWINKOW, Boris Viktorowitsch, 1879—1925, einer der Führer der Partei der Sozialrevolutionäre; aktiver Gegner der Oktoberrevolution; starb im Gefängnis.

SCHALAMOW, Warlam Tichonowitsch, geb. 1907, Schriftsteller, Samisdat-Autor; siebzehn Jahre im Lager an der Kolyma; distanzierte sich 1972 unter Druck der Behörden öffentlich von seinen im Westen erschienenen Lagererzählungen.

SCHALJAPIN, Fjodor Iwanowitsch, 1873—1938, weltbekannter Sänger; von 1899 bis 1918 Mitglied der Moskauer Oper; emigrierte.

SCHDANOW, Andrej Alexandrowitsch, 1896—1948, Parteiideologe; seit 1934 Sekretär der Leningrader Parteiorganisation; Mitglied des Politbüros; verantwortlich für die stalinistische Kulturpolitik (»Schdanow-Ära«) nach dem Zweiten Weltkrieg.

SCHEBRAK, Anton Romanowitsch, 1901—1965, sowjetischer Genetiker und Züchter.

SCHEJNIN, Lew Romanowitsch, geb. 1906, Schriftsteller, Verfasser von Detektiv- und Spionagegeschichten; 1923-50 Mitarbeiter der Untersuchungsbehörden der Staatsanwaltschaft.

SCHELJABOW, Andrej Iwanowitsch, 1851—1881, Revolutionär, einer der Führer der Organisation *Narodnaja Wolja*, wegen Beteiligung am Attentat auf Zar Alexander II. 1881 hingerichtet.

SCHESCHKOWSKI, Stepan Iwanowitsch, 1727—1793, höchster Untersuchungsbeamter für besonders geheime Staatsaffären unter Katharina II.; wegen der Härte seiner Verhörmethoden gefürchtet.

SCHMIDT, Pjotr Petrowitsch, 1867—1906, Leutnant der Schwarzmeerflotte; wegen Beteiligung am Sewastopoler Aufstand des Jahres 1905 hingerichtet; Hauptgestalt von Pasternaks gleichnamigem Poem.

SCHOLOCHOW, Michail Alexandrowitsch, geb. 1905, sowjetischer Schriftsteller, Nobelpreis 1965; wird in der offiziellen sowjetischen Literaturkritik als *der* Klassiker des Sozialistischen Realismus gefeiert.

SCHTSCHERBAKOW, Alexander Sergejewitsch, 1901—1945, prominenter Parteifunktionär; 1938-45 Sekretär des ZK der KPdSU; gleichzeitig auch Chef der Politischen Hauptverwaltung der Roten Armee und des *Sowinform*-Büros.

SCHUKOW, Georgij Konstantinowitsch, geb. 1896, Marschall der Sowjetunion, gefeierter Befehlshaber des Zweiten Weltkriegs; Eroberer Berlins; 1955—57 Verteidigungsminister der UdSSR.

SCHULGIN, Wassilij Vitaljewitsch, 1878–?, Schriftsteller und Journalist, auch Zeitungsherausgeber; nach der Oktoberrevolution in der Emigration.

SCHWERNIK, Nikolai Michailowitsch, 1888–1970, Arbeiterfunktionär, prominenter Partei- und Staatspolitiker; 1930–44 und 1953–56 Vorsitzender des sowjetischen Gewerkschaftsverbandes; 1946–53 Staatsoberhaupt der UdSSR.

SEREBRJAKOWA, Galina Jossifowna, geb. 1905, Schriftstellerin; lange Lagerhaft unter Stalin; Verfasserin parteigenehmer Lagererinnerungen.

SERGIJ von Radonesch, 1321–1391, Heiliger und Klostergründer (u. a. des Klosters in Sagorsk); führte den Typ des Gemeinschaftsklosters in Rußland ein; Beginn der großen Klosterkolonisation.

SEROW, Iwan Alexandrowitsch, geb. 1905, General; seit 1939 auf leitenden Posten im Staatssicherheitsdienst; 1954–58 Vorsitzender des KGB.

SIKORSKI, Wladyslaw, 1881–1943, polnischer General und Politiker; nach 1939 Ministerpräsident der polnischen Exilregierung; verhandelte erfolglos mit der Sowjetregierung; kam bei einem Flugzeugunglück ums Leben.

SINOWJEW (eig. Apfelbaum), Grigorij Jewsejewitsch, 1883–1936, prominenter Parteipolitiker; seit 1907 Mitglied des ZK, seit 1921 des Politbüros; seit 1919 Vorsitzender der Komintern; gehörte nach Lenins Tod der Führungstroika an; 1927 wegen Linksabweichung aus der Partei ausgeschlossen; 1936 im 1. Moskauer Schauprozeß verurteilt und hingerichtet.

SKOBZOWA, Jelisaweta Jurjewna (genannt »Mutter Maria«), 1891–1945, Dichterin; gehörte zur Gruppe der Akmeisten, emigrierte nach Frankreich; wurde Nonne; von den Nationalsozialisten im KZ Ravensbrück umgebracht.

SKRYPNIK, Nikolai Alexejewitsch, 1872–1933, Revolutionär, Partei- und Staatsfunktionär der Ukraine; Volkskommissar für Unterricht und Vorsitzender des *Sownarkom* der Ukraine; beging Selbstmord.

SKURATOW, Maljuta (Grigorij Lukjanowitsch), ?–1573, Häuptling der berüchtigten *Opritschnina*, der »Ordnungsmacht« und Leibwache Iwans des Schrecklichen; in der Volksdichtung Verkörperung der Schreckensherrschaft Iwans IV.

SMIRNOW, Iwan Nikitowitsch, 1880–1936, prominenter Parteifunktionär; nach der Oktoberrevolution Mitglied des Revolutionären Kriegsrates; 1927 erster Parteiausschluß; im 1. Moskauer Schauprozeß 1936 wegen Trotzkismus verurteilt und erschossen.

SOKOLNIKOW, Grigorij Jakowlewitsch, 1888–1939, prominenter Bolschewik; Inhaber verschiedener Partei- und Staatsmänner; im 2. Moskauer Schauprozeß 1937 zu zehn Jahren Gefängnis verurteilt.

SOLOWJEW, Wladimir Sergejewitsch, 1853–1900, Religionsphilosoph und Dichter; strebte eine Synthese von östlicher Glaubensüberlieferung mit westlicher Wissenschaft und römischem Katholizismus an; beeinflußte die gesamte nichtmarxistische russische Philosophie des 20. Jahrhunderts.

STANISLAWSKI (eig. Alexejew), Konstantin Sergejewitsch, 1863–1938, Schauspieler, Regisseur und Theatertheoretiker; gründete 1898 das Moskauer Künstlertheater, das weltberühmt wurde durch seine exemplarischen Inszenierungen; entwickelte die sogenannte Stanislawski-Methode des Schauspielunterrichts, die in der UdSSR als Kanon gilt.

STEPUN, Fjodor Awgustowitsch, 1884–1965, russischer Philosoph, Schriftsteller, Historiker und Soziologe; 1922 aus Sowjetrußland ausgewiesen, lebte in Deutschland; Lehrverbot während der Nazizeit.

STOLYPIN, Pjotr Arkadjewitsch, 1862–1911, Politiker; von 1906 an Innenminister und Vorsitzender des Ministerrates; Urheber einer nach ihm benannten Agrarreform, in der die Umsiedlung armer bäuerlicher Bevölkerung nach Sibirien eine große Rolle spielte; beim Attentat eines Sozialrevolutionärs tödlich verletzt.

SUCHANOW (eig. Himmer), Nikolai Nikolajewitsch, 1882–1940, Agrarwirtschaftler und Publizist, Menschewik; 1931 als Führer einer menschewistischen Untergrundorganisation verurteilt; freigelassen, 1939 ein zweites Mal verurteilt.

SURIKOW, Wassilij Iwanowitsch, 1848–1916, Maler; Schöpfer historischer Monumentalgemälde.

SUWOROW, Alexander Wassiljewitsch, 1729–1800, Feldherr und Militärstratege; liquidierte den polnischen Aufstand 1794; Italien- und Alpenfeldzug während der Kriege gegen das revolutionäre Frankreich.

SWERDLOW, Jakow Michailowitsch, 1885–1919, prominenter Bolschewik; nach der Oktoberrevolution als Vorsitzender des Zentralexekutivkomitees erstes Staatsoberhaupt Sowjetrußlands.

SWETSCHIN, Alexander Andrejewitsch, 1878–1935, Militärhistoriker und -theoretiker; Professor an der Frunse-Militärakademie und der Generalstabsakademie; erschossen.

TARLE, Jewgenij Viktorowitsch, 1875–1955, Historiker; noch vor der Oktoberrevolution Universitätsprofessor; seit 1927 Mitglied der Akademie; 1929/30 verhaftet, später rehabilitiert; zweifacher Stalinpreisträger.

TICHON (Bellawin, Wassilij), 1865–1925, Patriarch der russisch-orthodoxen Kirche; bekleidete verschiedene Episkopate in Rußland und Amerika; dann Metropolit von Moskau, im November 1917 auf der Synode zum Patriarchen gewählt.

TIMOFEJEW-RESSOWSKI, Nikolai Wladimirowitsch, geb. 1900, Genetiker; arbeitete 1924–45 am Kaiser-Wilhelm-Institut für Hirnforschung in Berlin; 1946 nach Sibirien verbannt, unter Chruschtschow rehabilitiert; Gegner der Theorien Lyssenkos, Mitbegründer der sogenannten Treffertheorie.

TOLSTAJA, Alexandra Lwowna, geb. 1884, jüngste Tochter Lew Tolstois, Verfasserin von Memoiren über ihren Vater; Gründerin des Tolstoi-Fonds für die Flüchtlingshilfe; lebt in den USA.

TOMSKI, Michail P., ?–1936, Vorsitzender der sowjetischen Gewerkschaften bis 1929; prominenter »Rechtsoppositioneller«; beging 1936 nach Einleitung eines Untersuchungsverfahrens Selbstmord.

TROTZKI (eig. Bronstein), Lew Davidowitsch, 1879—1940, prominenter revolutionärer Politiker, schloß sich 1917 Lenin an; führende Rolle in der Oktoberrevolution; leitete als erster Volkskommissar für Äußeres die Friedensverhandlungen von Brest-Litowsk; 1918 Kriegskommissar und Organisator der Roten Armee; nach Lenins Tod in Opposition gegen Stalin; 1927 Parteiausschluß; 1929 aus der Sowjetunion ausgewiesen; 1940 in Mexiko von einem Geheimagenten der NKWD ermordet.

TRUBEZKOI, Sergej Petrowitsch Fürst, 1790—1860, Oberst, Teilnehmer an den Feldzügen gegen Napoleon; Vertreter des gemäßigten Flügels der Dekabristen; blieb, obwohl zum künftigen »Diktator« bestimmt, dem Aufstand im letzten Augenblick fern; Todesstrafe in lebenslange Katorga umgewandelt; 1856 amnestiert.

TSCHUBAR, Wlas Jakowlewitsch, 1891—1939 (1941?), hoher Partei- und Regierungsfunktionär; 1923 Vorsitzender des Sownarkom der Ukraine; 1934 stellvertretender Vorsitzender des Sownarkom der UdSSR; 1935 Politbüromitglied; erschossen.

TSCHUKOWSKAJA, Lydia Kornejewna, geb. 1907, Literaturkritikerin, Schriftstellerin; Samisdat-Autorin.

TUCHATSCHEWSKI, Michail Nikolajewitsch, 1893—1937, Marschall der Sowjetunion; Bürgerkriegsheld; 1925 Generalstabschef der Roten Armee; 1931 stellvertretender Kriegskommissar; hingerichtet.

TUR (Brüder Tur: Pseudonym von D. Tubelski, 1905—1961, und P. L. Ryschej, geb. 1908), sowjetische Schriftsteller; Verfasser von Spionageromanen.

TWARDOWSKI, Alexander Trifonowitsch, 1910—1971, Lyriker, Essayist; 1949—54 und 1958—70 Chefredakteur der führenden sowjetischen Literaturzeitschrift Nowyj Mir; erster Förderer und Freund Solschenizyns.

TYNJANOW, Jurij Nikolajewitsch, 1895—1943, Schriftsteller und Literaturwissenschaftler; in den zwanziger Jahren prominenter Vertreter der Formalistischen Schule.

ULJANOW, Alexander Iljitsch, 1866—1887, ältester Bruder Lenins, Revolutionär; Mitglied des Narodnaja Wolja; nahm an der Vorbereitung des Attentats auf Zar Alexander III. 1887 teil; hingerichtet.

ULJANOWA (verehel. Jelisarowa), Anna Iljinitschna, 1864—1935, Schwester Lenins; Parteifunktionärin, Redakteurin.

ULRICH W. W., Militärjurist; Vorsitzender des Militärkollegiums des Obersten Gerichtshofes der UdSSR; führte den Vorsitz in zahlreichen politischen Prozessen der zwanziger Jahre und in den Moskauer Schauprozessen.

URIZKI, Moissej Solomonowitsch, 1873—1918, 1918 Chef der Petrograder

Tscheka; seine Ermordung durch Sozialrevolutionäre lieferte neben dem Attentat auf Lenin den Anlaß für den ersten roten Massenterror.

UTJOSSOW, Leonid Ossipowitsch, geb. 1895, bekannter Schlagersänger und Filmschauspieler der dreißiger und vierziger Jahre.

WALENTINOW, N. (eig. Wolski, Nikolai Wladislawowitsch), geb. 1879, Philosoph und Journalist; zunächst Bolschewik, dann Menschewik; forderte, von den Positionen des österreichischen Philosophen Ernst Mach ausgehend, eine Revision des Marxismus; seit 1930 Emigrant in den USA.

WASSILJEW-JUSCHIN, Michail Iwanowitsch, 1876—1937, Revolutionär, Bolschewik, Publizist; bekleidete nach der Oktoberrevolution hohe Posten in NKWD, Staatsanwaltschaft und Justiz.

WAWILOW, Nikolai Iwanowitsch, 1887—1943, bedeutender Genetiker und Pflanzenzüchter, Akademiemitglied; 1940 auf Betreiben Lyssenkos verhaftet, im Gefängnis gestorben.

WLADIMIROW (eig. Scheinfinkel), Miron Konstantinowitsch, 1879—1925, Revolutionär und Parteifunktionär; in verschiedenen Volkskommissariaten; stellvertretender Vorsitzender des Obersten Volkswirtschaftsrates.

WLASSOW, Andrej Andrejewitsch, 1901—1946, General, sowjetischer Befehlshaber im Zweiten Weltkrieg; baute nach seiner Gefangennahme 1942 eine russische Freiwilligenarmee auf seiten der Deutschen auf; nach Kriegsende an die Sowjetunion ausgeliefert und gehenkt.

WOIKOW, Pjotr Lasarewitsch, 1888—1927, seit 1924 sowjetischer Botschafter in Warschau; Opfer eines politischen Attentats.

WOLOSCHIN, Maximilian Alexandrowitsch, 1877—1932, Dichter und Aquarellist.

WOROSCHILOW, Klimentij Jefremowitsch, 1881—1969, Marschall der Sowjetunion und Politiker; Bürgerkriegskommandeur, dann enger Mitarbeiter Stalins; seit 1926 Mitglied des Politbüros; 1953—60 Vorsitzender des Präsidiums des Obersten Sowjet; nach dem XX. Parteitag kritisiert.

WRANGEL, Pjotr Nikolajewitsch Baron, 1878—1928, zaristischer General; während des Bürgerkriegs nach Denikin Oberbefehlshaber der »Streitkräfte Südrußlands«; 1920 auf der Krim geschlagen, starb im Exil.

WYSCHINSKI, Andrej Januarjewitsch, 1883—1954, Jurist; seit 1935 Generalstaatsanwalt der UdSSR; Hauptankläger bei den Moskauer Schauprozessen. Theoretiker der Stalinjustiz; 1949—53 Außenminister.

ZWETAJEWA, Msrina Iwanowna, 1892—1941, Lyrikerin, 1922 emigriert, 1939 Rückkehr in die Sowjetunion, 1941 Selbstmord; einzelne Werkausgaben in der UdSSR wieder seit 1961.

Verzeichnis der Abkürzungen

Bei der Wahl des deutschen Artikels für eine Abkürzung richteten wir uns, sofern sich dieses nicht aus dem Wort selbst ergibt (z. B. *die Gosbank*), entweder nach dem russischen Gebrauch (z. B. *der* GULAG) oder — bei Abkürzungen, die im Deutschen eingebürgert sind — nach dem üblicherweise verwendeten Artikel (z. B. *die* GPU, *die* NKWD, analog offensichtlich zu *die* Geheimpolizei, dagegen aber, wie im Russischen, *der* KGB).

I. DIE ORGANE

1. *Ihre Chronologie*

Tscheka	— Allrussische außerordentliche Kommission zur Bekämpfung der Konterrevolution und Sabotage	Dez. 1917 bis Febr. 1922
GPU	— Staatliche politische Verwaltung; nach Gründung der UdSSR in OGPU — Vereinte staatliche politische Verwaltung — umgewandelt	bis Dez. 1922 bis Juli 1934
NKWD	— Volkskommissariat für Inneres, darin die Hauptverwaltung für Staatssicherheit, die sich zum	bis 1946
NKGB	— Volkskommissariat für Staatssicherheit verselbständigte.	

nach Bildung der Ministerien:

MGB	— Ministerium für Staatssicherheit	bis März 1953
MWD	— Ministerium für Inneres	bis März 1954
KGB	— Komitee für Staatssicherheit beim Ministerrat der UdSSR	seit März 1954

2. *... und einiges Instrumentarium*

DPS	— Untersuchungsgefängnis
KPS	— Untersuchungszelle, Arrestzelle
OChra	— s. WOChR
Oper	— Einsatzbevollmächtigter, im Lager auch »Gevatter« genannt
OSO	— Sonderausschuß der NKWD
Seksot	— Geheimer Mitarbeiter, Agent, Spitzel
TschON	— Truppen zur besonderen Verfügung

| WNUS | — Innendienst der Bewachung |
| WOChR | — Militarisierte Bewachung; davor Innere Bewachungstruppe der Republik |

3. Die Buchstaben-Paragraphen und -Bezeichnungen

ASA	— Antisowjetische Agitation
Kaer oder KR	— Konterrevolutionär
KRA	— Konterrevolutionäre Agitation
KRD	— Konterrevolutionäre Tätigkeit
KRM	— Konterrevolutionäres Denken
KRTD	— Konterrevolutionäre trotzkistische Tätigkeit
NSch	— Unbewiesene Spionage
OOR	— Besonders gefährlicher Rückfallverbrecher
PD	— Verbrecherische Tätigkeit
PS	— Verbeugung vor dem Westen
PSch	— Spionageverdacht
Sek, Seki	— Häftlinge(e)
SOE	— Sozial-gefährliches Element
SWE	— Sozial-schädliches Element
SWPSch	— Beziehungen, die zu Spionageverdacht führen
TN	— Terroristische Absicht
TschS	— Familienmitglied
WAD	— Lobpreisung der amerikanischen Demokratie
WAS	— Austragung antisowjetischer Stimmungen
WAT	— Lobpreisung der amerikanischen Technik

II. DER ARCHIPEL GULAG

1. Die Verwaltungsbehörden des Archipels (zu verschiedenen Zeiten)

BITR	— Büro für Besserungsarbeiten
GUITL	— Hauptverwaltung der Besserungsarbeitslager
GUITU	— Hauptverwaltung der Besserungsarbeitsanstalten
GULAG	— Hauptverwaltung der Lager
GUMS	— Hauptverwaltung der Haftverbüßungsorte
GUPR	— Hauptverwaltung der Zwangsarbeiten
UITLK	— Verwaltung der Besserungsarbeitslager und -kolonien
USLON	— Verwaltung des Solowezker Lagers zur besonderen Verwendung
USWITL	— Verwaltung der nordöstlichen Besserungsarbeitslager

2. Einige »Ministerien« und Bauobjekte des Archipels

BAM	— Baikal-Amur-Magistrale
BBK	— Weißmeer-Ostsee-Kanal
Glawleslag	— Verwaltung der forstwirtschaftlichen Lager
Glawpromstroi	— Verwaltung der industriellen Bauunternehmen
GULGMP	— Hauptverwaltung der Lager in der Bergwerks- und Hüttenindustrie
GULSchDS	— Hauptverwaltung der Lager für den Eisenbahnbau

3. Die Arten der Haftanstalten

DOPR — Zwangsarbeitshaus
GOLP — Kopflagerpunkt
ITK — Besserungsarbeitskolonie
ITL — Besserungsarbeitslager
ITO — Besserungsarbeitsabteilung
KOLP — Kommandanten-Lagerpunkt
OKB — Sonderkonstruktionsbüro
OLP — Einzellagerpunkt, Lager-Außenstelle
Osoblag — Sonderlager
PFL — Prüf- und Filtrationslager
SLON — Solowezker Lager zur besonderen Verwendung
Tjursak — Gefängnishaft
TON — Gefängnis zur besonderen Verwendung, Sondergefängnis

4. Die Lagerinstitutionen

ATsch — Verwaltungsstelle
BUR — Baracke mit verschärftem Regime
ISTsch — Informations- und Untersuchungsstelle
KWO — Kultur- und Erziehungsabteilung
KWTsch — Kultur- und Erziehungsstelle
OP — Erholungspunkt (im Lager)
OTsch — Operative Stelle
PPTsch — Produktions- und Planungsstelle
PTsch — Lebensmittelstelle
PWTsch — Polit-Erziehungsstelle
RUR — Kompanie mit verschärftem Regime
SchIso — Strafisolator
SUR — Zone mit verschärftem Regime
SWP — Sektion (Rat) für innere Ordnung
URTsch — Erfassungs- und Verteilungsstelle

III. STAATLICHE BEHÖRDEN UND ORGANISATIONEN

Glawlit — Hauptverwaltung Literatur und Verlagswesen beim Ministerrat der UdSSR
Glawtop — Hauptkomitee für Brennstoffe
Gosbank — Staatsbank der UdSSR
Gosplan — Staatliche Plankommission
KWSchD — Ostchinesische Eisenbahn
Pomgol — Hilfskomitee für die Hungernden
RajPO — Konsumgenossenschaftsstelle des Bezirks
RIK (PredRIK) — Bezirksexekutivkomitee (des Sowjet); Vorsitzender des...
RKI (auch Rabkrin) — Arbeiter- und Bauerninspektion
SNK (auch Sownarkom) — Rat der Volkskommissare
STO — Arbeits- und Verteidigungsrat
TASS — Telegraphenagentur der Sowjetunion

Torgsin	— Unionsvereinigung für den Handel mit Ausländern; auch Laden für den Handel mit Ausländern
WOKS	— Gesellschaft für kulturelle Beziehungen mit dem Ausland
WZIK	— Allrussisches Zentral-Exekutivkomitee der Räte der Arbeiter-, Bauern- und Rotarmistendeputierten (Vorläufer des heutigen Obersten Sowjet)
Zentrosojus	— Zentralverband der Konsumgenossenschaften der UdSSR

VI. POLITISCHE BEGRIFFE, PARTEIEN UND KÖRPERSCHAFTEN

Komintern	— Kommunistische III. Internationale
Komsomol	— Kommunistischer Jugendverband der UdSSR
NEP (NÖP)	— Neue Ökonomische Politik
Osoawiachim	— Gesellschaft zur Förderung des Flugwesens und des Luft- und Gasschutzes
OUN	— Organisation der ukrainischen Nationalisten
ROA	— Russische Befreiungsarmee
RSDRP	— Sozialdemokratische Arbeiterpartei Rußlands
SD	— Sozialdemokraten
SR	— Sozialrevolutionäre
UPA	— Ukrainische Aufständische Armee
WIKSchEL	— Allrussisches Exekutivkomitee der Eisenbahnergewerkschaft

Inhalt